中华经典名著

全本全注全译丛书

李先耕◎译注

群书治要 五

中華書局

目录

第五册

卷四十一

淮南子

【题解】

本卷节录了《淮南子》一书的部分内容。

《淮南子》又名《淮南鸿烈》《刘安子》，是西汉宗室淮南王刘安及其门客共同编著的一部哲学著作。据《汉书·艺文志》："《淮南内》二十一篇，《淮南外》三十三篇。"颜师古注："《内篇》论道，《外篇》杂说。"现今所存的有二十一篇，大概都是原说的《内篇》所遗。全书内容博大精深，涵盖了天文、地理、政治、军事、经济、文化等多个领域，在继承先秦道家思想的基础上，综合了诸子百家学说中的精华部分，对后世研究秦汉时期文化起到了不可替代的作用。《淮南子》原书中有《内篇》二十一卷，《中篇》八卷，《外篇》三十三卷，至今存世的只有《内篇》。《隋书·经籍志》著录《淮南子》二十一卷，有高诱注、许慎注两种。今本据前人考证，原道训、俶真训、天文训、墬形训、时则训、览冥训、精神训、本经训、主术训、氾论训、说山训、说林训、修务训等十三篇为高诱注，缪称训、齐俗训、道应训、诠言训、兵略训、人间训、泰族训、要略等八篇为许慎注。通行注本有刘文典《淮南鸿烈集解》。

刘安（前179—前122），西汉沛郡丰（今江苏丰县）人。汉高祖刘邦之孙，淮南厉王刘长之长子。汉文帝十六年（前164）分淮南故地为三，他被立为淮南王。为人好读书鼓琴，善为文辞，才思敏捷，武帝使为《离骚传》，朝命午就。《史记·淮南衡山列传》称："淮南王安为人好读书鼓琴，不喜弋猎狗马驰骋，亦欲以行阴德拊循百姓，流誉天下。"刘安的父亲刘长本为汉文帝之弟，封为淮南王，因密谋反叛，被废爵流放，途中自杀。刘安对此怀有怨心。汉武帝元狩元年（前122），汉武帝以刘安"阴结宾客，拊循百姓，为畔逆事"等罪名派兵入淮南，刘安被迫自杀。淮南国被废除，汉武帝在这里设立了九江郡，被株连而死者达数千人。

《群书治要》从《淮南子》二十一篇中摘录了十一篇的部分内容，包括原注，共计七千七百余字，多为治国之道。如"食者，民之本也。民者，国之本也。国者，君之本也。""为治之本，务在于安民。"言辞精要，也都是李唐君臣有深刻体会的。

原道①

夫道者，覆天地而和阴阳，节四时而调五行②。故达于道者，处上而民弗重也，居前而众不害也，天下归之，奸邪畏之。以其无争于万物也，故莫能与之争。故体道者逸而不穷③，任数者劳而无功④。夫峭法刻诛者⑤，非霸王之业也；峭，峻。棰策繁用者⑥，非致远之御也。离朱之明⑦，察针末于百步之外，而不能见渊中之鱼；师旷之聪⑧，合八风之调⑨，而不能听十里之外。故任一人之能，不足以治三亩之宅；修道理之数，因天地之自然，则六合不足均也⑩。

【注释】

①原道：即道的本原。高诱注："原，本也。本道根真，包裹天地，以历万物，故曰原道，因以题篇。"

②五行：通常指水、火、木、金、土五种元素。

③体道:躬行正道。

④任数:用权谋,使心计。

⑤峭法:严峻的法令。刻诛:严酷的刑罚。

⑥棰策:赶马的鞭杖。

⑦离朱:或作离娄,传说中远古人,目力极强,能于百步之外,望见秋毫之末。明:视力。

⑧师旷:春秋晋国乐师,善于辨音。聪:听力。

⑨八风:即八音,我国古代对乐器的统称,通常为金、石、丝、竹、匏、土、革、木八种不同质材所制。

⑩六合:指上下和东西南北四方,泛指天下或宇宙。均:权衡,衡量。

【译文】

所谓道,是指覆盖天地、调和阴阳,节制四季而调和五行。所以通达大道的人,处在上位而民众不感到重压,身居前列而众人不认为有害,天下人都归附他,奸诈邪恶的人都畏惧他。因为他不和万物相争,所以没有谁能跟他争。所以躬行大道的人,安逸而不困窘;使用权谋的人,劳累却没有成效。采用严刑峻法的人,不能建立称王称霸的功业;峭,是苛酷。频繁使用鞭杖的人,不是能到达远方的驭手。离朱的眼力,能在百步之外看到针尖,而看不见深渊中的鱼;师旷的听力,能够辨别各种乐器的音调,而不能听到十里以外。所以单凭一个人的能力,不足以治理好三亩见方的家业;依循符合道的规律,顺应天地自然之势,那么天下之大不难治理好。

本经[1]

凡人之性,心平欲得则乐[2],歌舞节则禽兽跳矣。有忧则悲哀,有所侵犯则怒,怒则有所释憾矣[3]。故钟鼓管箫[4],所以饰喜也;衰绖苴杖[5],苴,麻。所以饰哀也;金鼓铁钺[6],

所以饰怒也。必有其质，乃为之文[⑦]。古者圣王在上，上下同心，君臣辑睦[⑧]，衣食有余，家足人给[⑨]，父慈子孝，兄良弟顺，天下和洽，人得其愿。故圣人为之作礼乐以和节之。末世之政，田渔重税[⑩]，关市急征[⑪]，民力竭于徭役[⑫]，财用殚于会赋[⑬]，会，计。居者无食，行者无粮，老者不养，死者不葬，赘妻鬻子[⑭]，以给上求，犹不能赡其用[⑮]。愚夫蠢妇皆有流连之心、凄怆之意[⑯]，乃始为之撞大钟、击鸣鼓、吹竽笙、弹琴瑟[⑰]，则失乐之本矣。

【注释】

①本经：指根本恒常的规律。高诱注："本，始也。经，常也。本经造化出于道，治乱之由，得失有常，故曰本经。"

②心平：心境平和。欲得：欲求获得满足。

③释憾：消除怨恨。

④钟鼓：钟和鼓。古代礼乐器。管：古乐器。箫：古代的一种竹管乐器，用一组长短不等的细竹管按音律编排而成。

⑤衰绖（cuī dié）：丧服。衰，古代用粗麻布制成的毛边丧服。绖，古代服丧期间结在头上或腰部的葛麻布带。苴（jū）杖：古代居父丧时孝子所用的竹杖。

⑥金鼓：四金和六鼓。金鼓用来励勇节气，以声为用。击鼓进军，鸣金收兵，一前进，一坚守。铁钺（fǔ yuè）：斧和钺，古代兵器，用于斩刑。铁，通"斧"。

⑦文：指礼乐仪制。

⑧辑睦：和睦。

⑨给（jǐ）：丰足，富裕。

⑩田渔：耕田和捕鱼。

⑪关市：位于交通要道的市集。急征：急迫征收赋税。

⑫徭役：古代政府规定平民成年男子在一定时期内或特殊情况下所承担的一定数量的无偿社会劳动。

⑬殚：尽，竭尽。会（kuài）：计算，总计。

⑭赘：抵押。鬻（yù）子：卖儿女。

⑮赡：供给，供养。

⑯流连：流离转徙。凄怆：凄惨悲伤。

⑰竽：古代一种簧管乐器，像笙，有三十六簧。笙：管乐器名，一般用十三根长短不同的竹管制成。

【译文】

凡是人的性情，心境平和欲求得到满足就快乐，手舞足蹈起来就像鸟兽一样跳跃。有忧愁就会悲哀，受到侵犯就会愤怒，怒气一旦发泄就能消除心中的一些怨恨。所以演奏钟鼓管箫，是用来表现喜悦的；身穿粗麻丧服手持竹杖，苴，麻。是用来表现哀伤的；敲响金鼓和铁钺，是用来表现愤怒的。一定有某种真实的情感，才能用相应的礼节仪式表现出来。古代圣王在上位，上下同心，君臣和睦，衣食有余，家家充足人人富裕，父亲慈爱儿子孝顺，兄长善良弟弟和顺，天下和睦融洽，人们能实现自己的愿望。所以圣人为他们制礼作乐来进行调节。朝代衰亡时期的政治，耕田捕鱼都有沉重的赋税，交通要道的集市急迫征收赋税，民众的劳力竭尽在所服劳役上，民众的财力竭尽在计算赋税上，会，计算。居家的没有食物，在外的没有干粮，老人没有人赡养，死去的人无法安葬，抵押妻子卖掉儿女，用来供给君主的索求，尚且还不能满足他的用度。就是愚蠢的男女，也都有离散的痛苦、悲怆的心情，竟然为他们撞击大钟、击响大鼓、吹奏竽笙、弹奏琴瑟，那就失去作乐的根本了。

古者，上求薄而民用给，君施其德，臣尽其力，父行其慈，子竭其孝，各致其爱，而无憾恨其间矣[①]。夫三年之丧，非强引而致之也，听乐不乐，食旨不甘[②]，思慕之心未能弛[③]。晚世风流俗败[④]，嗜欲多而礼义废，君臣相欺，父子相疑，怨尤充胸[⑤]，思心尽亡，被衰戴绖，戏笑其中，虽致之三年，失丧之本矣。古者天子一畿[⑥]，千里为畿。诸侯一同[⑦]，百里为同也。各守其分地，不得相侵。有不行王道、暴虐万民、乱政犯禁者[⑧]，乃举兵而伐之，戮其君，易其党，卜其子孙以代之[⑨]。天子不灭同姓，诸侯不灭国，自古之正也。晚世务广地侵壤[⑩]，并兼无已，举不义之兵而伐无罪之国，杀不辜之民而绝先圣之后，大国出攻，小国城守，驱人之马牛，系人之子女，毁人之宗庙，徙人之重宝，流血千里，暴骸满野[⑪]，以赡贪主之欲，非兵之所为主也[⑫]。故兵者所以讨暴也，非所以为暴也；乐者所以致和也，非所以为淫也[⑬]；丧者所以尽哀也，非所以为伪也。故事亲有道矣，而爱为务；朝廷有容矣，而敬为上；处丧有礼矣，而哀为主；用兵有术矣，而义为本。本立而道行，本伤而道废矣。

【注释】

①憾恨：怨恨。

②旨：味美，美味。

③思慕：思念仰慕。

④晚世：末世，指一个时代或朝代的最后时期。风流：风尚流逝。俗败：习俗败坏。

⑤怨尤：埋怨责怪。

⑥畿：古代王都所领辖的方千里地面。

⑦同：古代土地面积单位，地方百里为同。

⑧王道：君主以仁义治天下，以德政安抚臣民的统治方法。

⑨卜：选择。

⑩务：追求，要求得到。广：扩展。

⑪暴骸：指暴露的尸骸。

⑫主：主宰。别本“主”字作“生”。

⑬淫：过分，无节制。

【译文】

古时候君主的需求少而百姓的用度充足，君主施加恩德，臣子竭尽其力，父亲实施慈爱，儿子竭尽孝道，各自表达自己的爱抚之情，而没有怨恨遗憾在中间了。三年丧礼的规定，不是强制实行而使人做到的，听到音乐不感到快乐，吃到美味不觉得甘甜，是因为思念仰慕之心还没有松懈。末世风尚流散习俗败坏，嗜好欲望多而礼义道德废弛，君臣互相欺骗，父子互相怀疑，怨恨责难充满胸中，思慕之心全都丧失，穿戴着丧服，却在其间嬉笑，即使让他们服丧三年，也失去服丧的根本目的。古代天子封地一畿，一千方里是一畿。诸侯封地一同，一百方里是一同。各自守护自己的封地，不能互相侵扰。有不奉行王道、凶恶残暴地对待百姓、扰乱政事违犯禁令的人，就起兵讨伐他，杀死他的国君，更换他的同党，选择他的子孙来代替他。天子不消灭同姓诸侯，诸侯国不能灭掉，这是从古以来的正道。末世追求侵占他国扩张土地，兼并不能停止，发起不正义的战争而讨伐没有罪过的国家，屠杀没有罪责的百姓而断绝先代圣人的后裔，大国出兵进攻，小国据城防守，驱赶别人的牛马，捆绑别人的子女，毁掉别国的宗庙，搬走他国贵重的器物财宝，流血千里，横尸遍野，来满足贪婪君主的私欲，这不是发动战争的根本目的。所以战争是用来征讨残暴的，不是用来进行暴力活动的；音乐是用来陶冶性情的，不是用来进行淫乱活动的；行丧礼是用来表达哀思的，不是用来伪装的。所以事奉双亲是有规定的，而把爱作为致力的目的；君臣朝见是有固定礼容的，而要以恭敬作为最高要求；居丧是有礼节的，而要把悲哀放在首位；用兵是有方法的，而把实行道义作为根本。根本确立大道就能施行，根本受到伤害大道就会被废弃。

主术[①]

人主之术，处无为之事[②]，行不言之教，清静而不动，一动而不摇[③]，因循而任下[④]，责成而不劳[⑤]。是故心知规而师傅喻道[⑥]，口能言而行人称辞[⑦]，足能行而相者前导[⑧]，耳能听而执政者进谏。是故虑无失策，举无过事，言成文章[⑨]，而行为仪表于天下[⑩]，进退应时，动静循理，不为丑美好憎，不为赏罚喜怒，事由自然，莫出于己。故古之王者，冕而前旒[⑪]，所以蔽明[⑫]；冕，冠也。前旒，冕前珠饰也。黈纩充耳[⑬]，所以揜聪。黈纩，所以塞耳。天子外屏[⑭]，所以自障也。故所理者远，则所在者近；所治者大，则所守者小。目妄视则淫，耳妄闻则惑，口妄言则乱。三关者，不可不慎守也。

【注释】

①主术：即国君统治天下之道。高诱注："主，君也。术，道也。君之宰国，统御臣下，五帝三王以来，无不用道而兴，故曰主术也，因以题篇。"

②无为：指顺应自然，不求有所作为。

③一动：今本《淮南子》作"一度"。一度，统一法度。

④因循：沿袭旧法而不改变。

⑤责成：督责完成任务。

⑥师傅：指太师太傅。二者皆为周代三公之一。

⑦行人：官职名，掌朝觐聘问。

⑧相者：辅助主人传命或导客的人。

⑨文章：礼乐制度。

⑩仪表：准则，法式，楷模。

⑪旒（liú）：古代帝王冠冕前后悬垂的玉串。

⑫蔽明：遮掩目光。

⑬黈纩（tǒu kuàng）：黄绵所制的小球。古之冕制，用大如丸的黄绵，悬于冕之两旁，以示不听无益之言。

⑭外屏：天子的门屏。屏，对着门的小墙，后称照壁。

【译文】

君主统治天下之道，是用无为来处理事务，实行不用言语的教化，清虚安静而不妄动，统一法度而不动摇，沿用规章任用臣下，督责臣下而自己不劳累。因此内心知道规则而要太师太傅劝谕教导，口中能够表达而让行人来陈说，腿脚能行走却要赞礼之人引导，耳朵能听见而要管政事的人进言劝谏。因此思虑没有失策的地方，举止没有过错，言语成为礼乐制度，行为在天下成为准则，进退顺应时势，动静遵循一定的道理，不因为美丑而有好憎，不因为赏罚而喜悦愤怒，事情都是自然而然，没有出于自己的私念。所以古代的帝王，头上戴的冕帽前面悬挂玉串，是用来遮蔽视觉的；冕，是帽子。前旒，是帽子前面的玉珠饰物。黄绵球塞住耳朵，是用来掩盖听力的。黈纩，是用来塞住耳朵的。天子外面的屏墙，是用来阻隔自己的。所以治理的地方遥远，那么他考察的就近；治理的地方大，那么所持守的地方就很小。眼睛乱看就会淫乱，耳朵乱听就会迷惑，嘴巴胡说就会造成混乱。这三道关口，不能够不谨慎把守啊。

夫明主之听于群臣，其计可用也，不羞其位；其言可行也，不责其辩①。暗主则不然，信所爱习亲近者②，虽邪枉不正③，不能见也；疏远卑贱者，虽竭力尽忠，不能知也；有言者穷之以辞，有谏者诛之以罪④。如此而欲照海内，存万方⑤，是犹塞耳而听清浊[⑥]，掩目而视青黄也[⑦]，其离聪明亦远矣。汤、武，圣主也，而不能与越人乘舼舟[⑧]，浮江湖；伊尹，贤相也，而不能与胡人骑原马[⑨]，服騊駼[⑩]；原，国名，在益州西南[⑪]，出千里马。騊駼，野马。孔、墨博通[⑫]，而不能与山居者入榛薄[⑬]，出险阻。由此观之，则人智之于物浅矣。而欲以照海内，存万方，不因道理之数[⑭]，而专己之能，则其穷不达矣。故智不足以为治，勇不足以为强，则人才不足以任，明矣。然而君人者不下庙堂之上[⑮]，而知四海之外者，因物以识物，因人以知人也。故人主深居隐处以避燥湿[⑯]，闺门重袭以避奸贼[⑰]，内不知闾里之情[⑱]，外不知山泽之形，帷幕之外，目不能见十里之前，耳不能闻百步之外，然天下之物无所不通者，其灌输者大而斟酌者众也。是故不出户知天下，不窥牖知天道[⑲]。乘众人之智，则天下不足有也；专用其心，则独身不能守也。

【注释】

①辩：有口才，能言善辩。

②爱习：亲近熟习。

③邪枉：邪曲，不合正道。

④诛：诛责。

⑤万方：引申指天下各地。

⑥清浊：音乐的清音与浊音。高诱注："商音清，宫音浊。"

⑦青黄：青色和黄色，泛指色彩。

⑧越：古代对南部或东南部民族的统称。舼（qióng）舟：一种小船。

⑨胡人：我国古代对北方边地及西域各民族人民的称呼。原马：骏

马。原，通“骠”，赤身白腹的马。

⑩驹骖(táo tú)：北方之野马。

⑪益州：古地名，在今四川、云南、甘肃、陕西、湖北、贵州一带。

⑫博通：广泛地通晓。亦指广具各种知识。

⑬榛(zhēn)薄：聚木曰榛，深草为薄，指丛杂的草木。引申指山野僻乡。

⑭数：规律，法则。

⑮庙堂：太庙的殿堂。借指朝廷。

⑯隐处：隐居。

⑰闺门：宫苑、内室的门。重袭：一层又一层，重叠。

⑱闾里：邻里。

⑲牖(yǒu)：窗子。

【译文】

英明的君主听取群臣的建言，只要臣下的计策可以使用，并不因他的地位卑贱而感到羞耻；他的言论可以实行，不要求他能言善辩。昏聩的君主则不是这样，信任亲近熟悉的人，即使是枉邪不正的人，也不能够被发现；疏远地位卑贱的人，即使竭力尽忠，也不能够被了解；有进言的就用言辞让他困窘，有劝谏的就寻找罪过对他诛责。像这样而想遍照海内，抚恤万方，这就像塞住耳朵而听清浊之音，遮掩眼睛而去看青黄之色，这离耳聪目明也太遥远了。商汤、周武王，是圣明的君主，也不能够跟南方的越人同乘小船，泛游在江湖之中；伊尹是贤明的宰相，也不能够跟北方的胡人骑骏马，驯服野马；原，国名，在益州西南，出产千里马。驹骖，野马。孔子、墨子博学多才，也不能够跟住在深山的人进入山野僻乡的丛林草莽中，出入险阻。由此看来，人对万物的了解是肤浅的。还想要凭此遍照海内，抚恤万方，不凭借道的规律法则，而专靠自己的能力，那么他只会困窘不得志了。所以单凭智慧不足以治理天下，单凭勇力不足以变得强大，那么个人才力不够用来承担重任，是明确的了。但是统治民众的君主，不用离开朝廷之上，就知道四海之外的事情，就是凭借外物来认识外物，凭借人物来了解人物。所以君主隐居在深宫来躲避干燥潮湿，宫殿内室的门一重又一重来避开奸贼，对内不知道邻里的情况，对外不知道山岭沼泽的形势，居室之外的地方，眼睛看不见十里之前，耳朵听不到百步以外，但是天下事物没有不能通晓的，是因为他输送信息的渠道宽阔通畅，而为他出谋划策的人很多。因此足不出户就了解天下之事，眼睛不窥视窗口就知道天象。充分发挥众人的智慧，那么天下都不够拥有的；只用自己的心思考虑，那么君主独自一人也难以保全。

主道圆者①，运转而无端，化育如神，虚无因循，常后而不先者也。臣道方者②，论是处当，为事先唱③，守职分明，以立成功者也。是故君臣异道则治，同道则乱。各得其宜，处得其当，则上下有以相使也。夫载重而马羸④，虽造父不能以致远⑤；车轻而马良，中工可以追速⑥。是故圣人之举事也，岂能咈道理之数⑦，诡自然之性⑧，以曲为直，以诎为伸哉⑨？未尝不因其资而用之也。是以积力之所举，则无不胜也；众智之所为，则无不成也。贤主之用人，犹巧匠制木，大小修短，皆得所宜；规矩方圆，各有所施；殊形异材，莫不可得而用也。天下之物，莫凶于奚毒⑩，奚毒，附子。然而良医橐而藏之⑪，有所用也。是故竹木草莽之材⑫，犹有不弃者，而又况人乎？

【注释】

①主道：君主治国之道。

②臣道：为臣的道理和本分。

③唱：同“倡”，带头，倡导。

④羸（léi）：疲弱。

⑤造父：古之善御者，赵之先祖。

⑥中工：指中等车夫。

⑦咈（fú）：违背，违逆。

⑧诡：违背，不符。

⑨诎（qū）：卷曲。

⑩奚毒：乌头的别名。乌头是主根，“附乌头而生者为附子”。

⑪橐（tuó）：一种口袋，中间开口，又叫褡裢。

⑫草莽：草丛。也指草木丛生的荒原。

【译文】

君主治国之道是圆的，运行起来没有开端，化育万民如同神灵驱使，虚无广大依循法规，经常在后面而不争先。臣下的为国之道是方的，选择正确而处事恰当，做事首先倡导，忠于职守而功过分明，以便建功立业。因此君臣圆道、方道不同则能天下大治，道术相同则天下大乱。各自奉行适宜的道理，互相处于适当的位置，那么上下之间就有了相互补充的方法。疲弱的老马拉着重车，即使像造父那样善于驾驭的人也到不了远方；如果车装载得很轻而且马匹良好，即使是中等车夫也可以快速奔走。因此圣人做事，怎么能够违背道的规则，违背自然的本性，把弯曲当成笔直，把卷曲之物伸展开去呢？圣人未尝不是按照自然的特性而使用它们。因此积聚众人力量来举事，那就没有不能取胜的；会合众人的智力去做事，那就没有不能成功的。贤明的君主任用人，就像灵巧的木匠制作木器，大小长短，都能安装适宜；圆规矩尺，都用得恰到好处；特殊的形状不同的材料，没有不能用的。天下的物品，没有比乌头毒性更大的了，奚毒，是附子。但是良医装进口袋收藏起来，因为它对治病有用。因此竹木荒原的有用之物，尚且还有不能抛弃的，更何况人呢？

今夫朝廷之所不举，而乡邑之所不誉，非其人不肖，其所以官之者，非其职也。麋之上山也①，大獐不能跋也②，及其下也，牧竖能追之③，才有修短也。是故有大略者，不可责以捷巧；有小智者，不可任以大功。人有其才，物有其形，有任一而太重，有任百而尚轻。是故审于豪厘之计者④，必遗天地之数；不失小物之选者，惑于大事之举。犹狸之不可使搏牛⑤，虎之不可使捕鼠也。今人之才，有欲平九州⑥，从方外⑦，存危国，而乃责之以闺阁之礼⑧，人事之间⑨；或佞巧小具⑩，修乡曲之俗⑪，卑下众人之耳目，而乃任之以天下之权，治乱之机⑫。是犹以斧鬋毛⑬，而以刀伐木也，皆失其宜矣。

【注释】

①麋：麋鹿。也叫“四不像”。体长二米余，雄的有角，尾长于驼鹿，性温驯，喜涉水，以植物为食。

②獐：又名“牙獐”。形状像鹿，毛较粗，头上无角，雄的有长牙露出嘴外。跋：通“拔”，超越。

③牧竖：牧童。

④豪厘：一毫一厘。形容很少的数量。豪，通“毫”。

⑤狸：狸子，俗称山猫。

⑥九州：传说中的我国上古行政区划。

⑦从：今本《淮南子》作“并”，可从。方外：中国以外的地方，异域。

⑧闺阁：闺房，内室，常指女子的卧室。

⑨人事：今本《淮南子》作“奥窔”。奥窔（yào），指内室，室之东南隅曰窔，西南隅曰奥。

⑩佞巧：谄佞巧诈。具：才能，才干。

⑪修：追随。

⑫机：枢机，关键。

⑬鬋(jiǎn):同"剪",剪断。

【译文】

如今朝廷不举荐,乡里不称誉,不是那些人不贤,是用来任命他们的官职不合适。麋鹿上山的时候,獐子也赶不上,等到下山的时候,牧童都能追上,这是因为才能有长有短。因此有远大谋略的人,不可以要求他做轻便灵巧的小事;有小智慧的人,也不可以任命他做大事。每个人有其各自的才能,万物有各自的形状,有人承担一事而觉得太重,有人承担百事还嫌太轻。因此只注重审察一毫一厘小计谋的,必然失去天地之数;对于小物件的选择谨小慎微的人,就会对大计谋的实施感到迷惑。就像野猫不能让它跟牛搏斗,老虎不能让它捕捉老鼠。如今的人才,有人能够平定九州,兼并异域,让危亡的国家得以生存,却竟然用皇帝内室的礼仪去要求他,让他管理内室的事务;有人谄佞巧诈而有小才干,追随乡间卑俗,惯于低三下四,哗众取宠,却把天下大权交给他,让他掌握治乱的机枢。这就像用斧子剪断毛发,又用小刀来砍大树一样,都失去了事物所适宜的特性。

人主之赋敛于人也[①],必先计岁收,量民积聚,知民饶馑有余不足之数[②],然后取车舆衣食供养其欲。高台层榭[③],非不丽也,然民无窟室狭庐[④],窟室,土室。则明主不乐也;肥醲甘脆[⑤],非不香也,然民无糟糠菽粟[⑥],则明主不甘也;匡床衽席[⑦],非不宁也,然而民有处边城,犯危难,泽死暴骸者,则明主不安也。故古之君人者,甚憯怛于民也[⑧]。国有饥者,食不重味;民有寒者,而冬不被裘。岁丰谷登[⑨],乃始悬钟鼓,陈干戚[⑩],君臣上下同心而乐之,国无哀人。故古之为金石管弦者[⑪],所以宣乐也;兵革斧钺[⑫],所以饰怒也;觞酌俎豆[⑬],所以效喜也;衰绖菅屦[⑭],所以喻哀也。此皆有充于内，而成象于外者也。及至乱主，取民则不裁其力[15]，求下则不量其积，男女不得事耕织之业以供上之求，力勤财匮，君臣相疾。而乃始撞大钟，击鸣鼓，吹竽笙，弹琴瑟。是由贯介胄而入庙[16]，被绮罗而从军也[17]，失乐之所由生矣。

【注释】

①赋敛：田赋，税收。

②饶：富裕，丰足。馑（jǐn）：泛指庄稼歉收，灾荒。

③榭：建筑在高台上的木屋。

④窟室：地下室。狭庐：狭小简陋的房屋。

⑤肥醲（nóng）：厚味，美味。醲，厚，浓厚。甘脆：美味，佳肴。

⑥菽粟：豆和小米。泛指粮食。

⑦匡床：安适的床。衽（rèn）席：泛指卧席。引申为寝处之所。

⑧憯怛（cǎn dá）：忧伤，悲痛，伤痛。憯，惨痛。

⑨登：庄稼成熟。

⑩干戚：盾和斧。古代两种兵器。

⑪金石：指钟磬等金属石头制成的乐器。

⑫斧钺（yuè）：杀人的刑具。

⑬觞（shāng）酌：饮酒器。俎（zǔ）豆：古代祭祀时盛食物的礼器。

⑭菅屦（jiān jù）：用菅草编织为鞋，草鞋。古代服丧时所穿。菅，多年生草本，茎可作绳织履，细的茎叶可以覆盖屋顶。屦，单底鞋。多以麻、葛、皮等制成。

⑮裁：衡量。

⑯贯：穿戴。介胄：铠甲和头盔。

⑰绮罗：泛指精美的丝织品。

【译文】

君主从人民那里征收赋税，必须先考虑一年的收成，衡量民众积蓄的多少，知道民众是富裕还是饥饿、粮食有余还是不足的数量，然后再收取车马衣食来供给自己的欲望。高台亭榭，宫室相连，不是不华丽，但是人民连窑洞土房般狭小简陋的屋子都没有，窟室，是土房。那么英明的君主不会快乐；美酒佳肴醇厚酥脆，不是不甘美，但是人民连糟糠黄豆小米都吃不上，那么英明的君主吃饭是不会觉得甘甜的；卧室里有安适的床席，不是不安宁，然而人民中有住在边界城邑，冒着危难，死在沼泽湿地暴尸原野的，那么英明的君主不会安享生活。所以古代统治人民的君主，非常担忧民众。国家有饥饿的人，君主吃饭不会有两种以上的菜肴；人民中有寒冷的，君主冬天就不会穿上裘皮。年岁收成好而百姓丰足，才开始悬挂钟鼓，陈列盾和大斧，君臣上下一同庆祝丰收的喜悦，国中没有悲哀的人。所以古代制作金钟、石磬以及管弦这些乐器，是用来宣扬快乐的；兵革斧钺这些兵器，是用来掩饰愤怒的；酒器俎豆这些礼器，是用来表达喜悦的；丧服和草制的丧鞋，是用来表达哀伤之情的。这些都是内心充满情感，而成为外部可以呈现的形象。等到了昏乱的君主，从人民那里获取财物而不衡量民力，向臣下求索也不考虑他们的积蓄，男女不能从事耕田织布的事业来供给君主的需求，人民辛勤劳作而财力匮乏，君臣互相憎恨。这才开始撞击大钟，敲响大鼓，吹起竽笙，弹奏琴瑟。这就像穿着盔甲而祭祀宗庙，披上精美的丝绸去从军作战，丧失了音乐产生的根本了。

食者，民之本也。民者，国之本也。国者，君之本也。是故君人者，上因天时，下尽地财[①]，中用人力。是以群生遂长，五谷蕃殖[②]，各因其宜。所以应时修备[③]，富利国民，实旷来远者[④]，其道备矣。非能目见而足行之也，欲利之也，不忘于心，则官自备矣。心之于九窍四支也，不能一事焉，然而动静听视皆以为主者，不忘乎欲利之也。故尧为善而众善至，桀为非而众非来矣。

【注释】

①地财：大地的财富。主要指谷物等。

②五谷：五种谷物。通常指稻、黍、稷、麦、豆。蕃殖：滋生，繁殖。

③修备：整治武备。

④来远：招徕远人。来，招徕。

【译文】

粮食，是百姓的根本。百姓，是国家的根本。国家，是君主的根本。因此统治百姓的人，上要顺应天时，下要竭尽大地的财富，中间要合理使用人力。因此所有生物才能顺利生长，五谷繁殖，各自都能与其生长环境相适宜。之所以上应天时政令周全，富国利民，充实空虚的国库，招徕远方的人，是因为治国之道已经完备。并不是先王亲自察看、亲身实行，是内心想要为天下人谋利，这些都时刻铭记于心，那么百官自然会完备自己的职守了。心对于九窍四肢来说，不能用同一的方法来处置，但是人的动静、听觉视力都以心为主宰，它也没有忘记让四肢九窍都得利。所以唐尧行善而众多的美善来到，夏桀为非作歹而众多的罪恶也就一起来到。

凡人之论，心欲小而志欲大，智欲圆而行欲方，能欲多而事欲鲜。尧置欲谏之鼓[①]，舜立诽谤之木[②]，汤有司直之人[③]，武王有戒慎之铭[④]，过若毫厘，而既已备之矣。夫圣人之于善也，无小而不举；于过也，无微而不改。战战栗栗[⑤]，日慎一日。由此观之，则圣人之心小矣。武王克殷，发钜桥之粟[⑥]，散鹿台之钱[⑦]，封比干之墓[⑧]，解箕子之囚，无故无新，唯贤之亲，用非其有，使非其人，晏然若其故有之[⑨]。由此观之，则圣人之志大矣。文王周观得失[10]，遍览是非，尧、舜所以昌，桀、纣所以亡者，皆著之于明堂[11]。由是观之，则圣人之智圆矣。成、康继文、武之业，守明堂之制，观存亡之迹，见成败之变，非道不言，非义不行，言不苟出，行不苟为，择善而后从事焉。由此观之，则圣人之行方矣。孔子之通，智过苌宏[12]，苌宏，周景王之史臣，通天下鬼方之术也。勇服孟贲，孟贲，卫人。能亦多矣。然而勇力不闻，伎巧不知，专行孝道，以成素王[13]，事亦鲜矣。夫圣人之智固已多矣，其所守者约，故举而必荣；愚人之智固以少矣，其所事者又多，故动而必穷矣。

【注释】

①欲谏之鼓：即谏鼓，设立在朝廷供进谏者敲击以闻的鼓。

②诽谤之木：在交通要道竖立的让人写谏言的木牌。

③汤有司直之人：商汤有专门处罚官吏的监察之人。司直，掌管纠察是非检举不法之官。

④武王有戒慎之铭：周武王在桌几、盘碟、盆盖上写有告诫自己要谨慎的铭文。

⑤战战栗栗：因戒惧而小心谨慎的样子。战，恐惧，发抖。栗，通"慄"，因恐惧或寒冷而发抖。

⑥钜桥：商纣王时的粮仓名。仓址在今河北曲周东北。

⑦鹿台：古台名，别称南单之台。殷纣王贮藏珠玉钱帛的地方。故址在今河南汤阴南。

⑧封：封墓，增修坟墓，以旌功勋。

⑨晏然：安适，安闲。

⑩周观：纵观，遍览。

⑪明堂：古代帝王宣明政教的地方。

⑫苌宏：也作“苌弘”。字叔，又称苌叔。周景王、敬王的大臣刘文公所属大夫。

⑬素王：空王，指具有帝王之德而未居帝王之位者。

【译文】

大凡评论判定一个人，心思要细密而志向要远大，智慧要圆通而行事要方正，才能要全面而做事要简约。唐尧设置了供进谏的人敲击的鼓，虞舜树立了让人书写谏言的木牌，商汤有主管纠正过错的官员，周武王写有让他警惕戒慎的铭文，哪怕过失极其微小，他们也已经早做防备了。圣人对于行善，不因为事小而不去做；对于过错，不因为细小而不改正。他们战战兢兢，一天比一天谨慎。由此看来，圣明的帝王是多么小心了。周武王战胜商纣王，打开钜桥粮仓把粮食发放给百姓，散发鹿台贮藏的钱财，修好了比干的坟墓，把箕子从囚禁中释放出来又加以任用，无论旧人新人，只亲近贤人，使用的不是他自己原有的物品，任用的不是他自己原有的亲信，就像自己原来就有的一样。由此看来，圣人的志向很远大了。周文王纵观得失成败，遍览是非对错，把唐尧、虞舜之所以昌盛，夏桀、商纣之所以灭亡的原因，都记载在明堂之上。由此看来，圣人的智慧非常周全了。周成王、周康王继承周文王、周武王的大业，恪守明堂的制度，观察生存灭亡的迹象，考察成功失败的变化，不合乎正道的不说，不合乎仁义的不做，言论不随便说出，行事不随便去做，选择善事然后才进行处置。由此看来，圣人的行为是非常方正的。孔子博学，智慧超过苌宏，苌宏，是周景王的史官，通晓天下鬼国的方术。勇力能制服孟贲，孟贲，是卫国人。才能也足够了。但是他的勇力不为人所知，技艺也无人知晓，他专心奉行孝道，终究被人称为素王，他行事也是很简约的。圣人的才智本来就是多方面的，但他所坚守的却很简约，所以举事必定兴盛；愚人的才智本来就已经很少了，他所从事的事项又很多，所以行动必然困窘。

缪称[1]

主者，国之心也。心治则百节皆安[2]，心扰则百节皆乱。治，犹理也。节，犹事也。以体喻也。故其心治者，枝体相遗；遗，忘。其国治者，君臣相忘也。各得其所，无所思念。

【注释】

①缪称：许慎注释说："缪异之论，称物假类，同之神明，以知所贵，故曰缪称。"本篇以道家学说为主，将不同流派的学说思想糅合起来，兼收并蓄，正是以缪称为篇名的原因所在。缪，通"谬"，有差异。称，举用，采用。

②百节：指人体各个关节，各个部分。

【译文】

君主，是国家的心脏。心脏得到治理那么身体各个部分就都会安定，心脏紊乱那么身体各个部分就会发生混乱。治，是说治理。节，是说事。这是用身体来比喻。所以他的心脏得到调整，四肢和身体就会互相遗忘；遗，忘。他的国家得到治理，君臣之间也会互相遗忘。各得其所，没有任何挂念。

君子非义无以生，失义则失其所以生；小人非嗜欲无以活[1]，失嗜欲则失其所以活。故君子惧失义，小人惧失利。观其所惧，知居殊矣。

【注释】

①嗜欲：嗜好与欲望。多指贪图身体感官方面享受的欲望。

【译文】

君子没有道义就没有生存的条件，失去道义就失去了生存的理由；

小人没有嗜好跟欲望就没法生活，失去了嗜好跟欲望那就失去了活着的理由。所以君子惧怕失去道义，小人惧怕失去利益。观察他们所惧怕的，就知道二者之间的不同了。

凡人各贤其所悦，而悦其所快[①]。世莫不举贤，贤其所悦者，而悦其所行之快性，人无不举与己同者，以为贤也。或以治，或以乱。非自遁也[②]，求同于己者。遁，失。己未必贤，而求与己同者也，而欲得贤，亦不几矣。几，近也。

【注释】

①快：称心，满意。

②遁：逃离。

【译文】

大凡人都把自己所喜欢的人当作贤人，而喜欢能让自己快乐的事。世上没有君主不举荐贤人的，器重他所喜欢的人，而喜欢他的行为能让自己满意，人无不举荐跟自己趣味相同的人，并认为他们是贤人。但是，有的因为自己举荐的人而把事情办好，有的因此把事情弄乱。并不是举荐人才时有所遗失，而是因为寻求跟自己相同的人。遁，亡失。自己未必是贤人，而寻求跟自己相同的人，而又希望得到真正的贤人，那就相去甚远了。几，接近。

齐俗[①]

子路拯溺而受牛谢[②]。拯，举也。孔子曰："鲁国必好救人于患矣！"子贡赎人而不受金于府[③]，鲁国之法，赎人于他国者，受金于府。孔子曰："鲁国不复赎人矣！"子路受而劝德，子贡让而止善，孔子之明，以小知大，以近知远，通于论者也。由此观之，廉有所在，而不可公行也。故行齐于俗，可随也；事周于能，易为也。矜伪以惑世[④]，伉行以违众[⑤]，圣人不以为民俗也。

【注释】

①齐俗：许慎注释说："齐，一也。四宇之风，世之众理，皆混其俗，令为一道也，故曰'齐俗'。"意思是使风俗相一致。

②子路：仲由的字。春秋时鲁国卞人，孔子弟子。拯溺：救助溺水者。

③子贡：即端木赐，卫国人，字子贡，孔子弟子，善辞令。赎：用财物换回抵押的人或抵押品。府：国家储藏文书或财物的地方。

④矜（jīn）伪：矜持，虚伪。

⑤伉（kàng）行：高尚的操行。

【译文】

子路救助溺水的人，而接受了主人一头牛的谢礼。拯，举起。孔子说："鲁国人以后一定会喜欢从危难中解救他人了！"子贡赎回人质而不接受官府的钱财，鲁国的法令，从别的国家赎回鲁国人的，从府库接受奖赏。孔子说："鲁国人以后不再赎人了！"子路接受礼物而鼓励德行推广，子贡谦让而制止了善行的推广，孔子的明智，在于凭借小节知道大端，凭借近处知道远处，是通晓大道的人。由此看来，廉洁的美德能存在于某些人的身上，但是不能在大众中公开推行。所以一个人的行为如果合于习俗，人们就可以追随；行事跟能力密切相合，就容易做得到。用矜持虚伪的廉洁来迷惑世人，或行为高尚而违逆众愿，圣人是不能以此来齐同风俗的。

日月欲明，浮云盖之；河水欲清，沙石秽之[①]；人性欲平，嗜欲害之[②]。夫纵欲而失性，动未尝正也，以治身则失，以治国则败。是故不闻道者,无以反性。故古之圣王,能得诸己,故令行禁止[3],名传后世,德施四海。是故凡将举事,必先平意清神[4]。神清意平,物乃可正。

【注释】

①秽:使污浊、肮脏。

②害:妨害,妨碍。

③令行禁止:下令行动就立即行动,下令停止就立即停止。形容法令严正,执行认真。

④平意:意气平和,平心静气。清神:安神。

【译文】

日月想要发光,浮云把它遮盖;黄河水想要清澈,泥沙石头让它污浊;人性想要平静,嗜好欲望便来妨害他。放纵私欲而丧失本性,那么行动总不会正确的,以之修身就会失败,用来治理国家就会失败。因此不知道道义的人,没有返归本性的方法。所以古代的圣明君王,能够得到自己的本性,所以令必行,禁必止,名声传扬于后代,恩德布施于四海。因此凡是将要做事的时候,必须先平心静气,安定心神。心神安定意气平和,处理事情才可以平正。

夫载哀者,闻歌声而泣;载乐者,闻哭者而笑。何者?载使然也。是故贵虚。虚者,无所载于哀乐。故水激则波兴[1],气乱则智昏。智昏不可以为政,波水不可以为平。故圣王执一而勿失[2],万物之情测矣,四夷九州服矣!

【注释】

①激:水势受阻而腾涌或飞溅。

②执一：谓掌握根本之道。

【译文】

内心充满哀伤的人，听到歌声反而哭泣；内心充满快乐的人，听到哭声反而发笑。为什么呢？是内心承载的情感让他这样的。因此要珍视内心没有哀乐的空虚之感。虚，就意味着对于哀伤快乐没有可以承载的地方。水受到阻遏就兴起波浪，精神错乱那么神智就会昏聩。神智昏聩的人不可以执掌国政，波澜起伏的水面不可以作为水平的标准。所以圣明的君王掌握根本之道而不失去，万物的实际情况就可以推测了，四夷九州的部族便全都归服了！

天下是非无所定。世各是其所是，非其所非，所谓是与所谓非各异，皆自是而非人。今吾欲择是而居之，择非而去之，不知世之所谓是非者，孰是孰非。客有见人于宓子者[①]，宓子，子贱也。客出，宓子曰："子之所见客，独有三过：望我而笑，是僈也[②]；僈，慢。谈语而不称师，是反也[③]；交浅而言深[④]，是乱也。"客曰："望君而笑，是公也；谈语而不称师，是通也；交浅而言深，是忠也。"故客之容一体也，或以为君子，或以为小人，所自见之异也。故趣舍合[⑤]，则言忠而益亲，身疏则谋当，而见疑也[⑥]。亲母为其子治扢秃[⑦]，血流至耳，见者以为爱之至也。使在于继母，则过者以为嫉也。事之情一也，所从观者异也。从城上视牛如羊，视羊如豚[⑧]，所居高也。窥面于盘水则圆，于杯水即椭，面形不变其故，有所圆、有所椭者，所自窥之异也。

【注释】

①宓（mì）子：即宓子贱，名不齐，字子贱，春秋末年鲁国人，孔子的

得意门生，孔门七十二贤之一。

②僊（jiǎn）：傲慢。

③反：违反，违背。这里指违反礼仪。

④交浅而言深：指跟交情浅的人谈心里话。

⑤趣舍：取舍。趣，通“取”。

⑥见疑：受到怀疑。

⑦扢（gē）秃：突起的头疮。扢，通“疙”，秃。

⑧豚：小猪，也泛指猪。

【译文】

天下的是非没有一定的标准。世上的人认为他们的才是正确的，否定他们认为不正确的，所谓的是与非各自不同，都以自己为是而别人为非。如今我要选择是而遵循它，识别非而避开它，可是又弄不明白世人所谓的是与非，究竟何为是何为非。有位门客给宓子引见一位宾客，宓子，是宓子贱。客人离开后，宓子对门客说：“您所推荐的这位宾客，至少有三个过失：看到我就发笑，这是傲慢；僊，傲慢。谈话时不称呼老师，这是犯上无礼；跟我交情浅而无所不谈，这是说话没分寸。”门客说：“看见您就发笑，这是恭敬的表现；谈话时不称老师，这是变通的做法；跟交情浅的人说心里话，这是忠诚的行为。”所以宾客的仪容举止是一样的，有人认为他是君子，有人认为他是小人，这是各人看问题的角度不同啊。所以取舍相一致，那么言语越忠诚就会越亲近，关系疏远却谋划得当，就会被怀疑。亲生母亲给儿子治疗突起的头疮，鲜血流到耳朵上，看见的人认为母亲爱子心切。倘使是继母这样做，那么来访的人就认为是继母嫉恨孩子。情况是一样的，各人所观察的立场不同。从城楼上看牛像羊，看羊像猪，因为站在高处。用圆盘中的水照脸，脸就是圆的，用杯中的水照脸，脸就是椭圆形的，人的面部形状没有变化，看起来有时是圆形、有时是椭圆形，这是因为用来映照的盛水用具的形状不同。

今吾虽欲正身而待物[①]，庸遽知世之所自窥我者乎[②]？治世之职易守也，其事易为也。是以人不兼官，官不兼事，各安其性，不得相干。故伊尹之兴土功也，修胫者使之踏镢[③]，长胫以蹋插者[④]，使入深。强脊者使之负土，脊强者，任重也。眇者使之准[⑤]，伛者使之涂[⑥]，伛人涂地，因其俯也。各有所宜，而人性齐矣。胡人便于马，越人便于舟，异形殊类，易事而悖，失处而贱，得势而贵，圣人总而用之，其数一也[⑦]。

【注释】

①正身：端正自身，修身。

②庸遽（jù）：怎么，何以。

③胫：本指小腿，从膝盖到脚跟的一段。镢（jué）：锄头。这里指挖掘。

④蹋（tà）：同“踏”。

⑤眇（miǎo）：斜眼或只有一只眼睛。

⑥伛（yǔ）：驼背。

⑦数：道术。

【译文】

如今我即使想端正自身对待外物，又怎么知道世上的人是怎样看待我的呢？天下得到治理时，官吏职位是容易持守的，事情是容易办成的。因此一个人不能兼任其他官职，官吏不兼管其他事，各自安于本职，互相不干扰。所以伊尹兴建土木工程的时候，让腿长的去踩锄头，长腿踩锄头插入，让入土更深。脊骨强壮的让他们背土，脊骨强壮的，可以承担重任。独眼的让他测量水平，驼背的让他涂抹地坪，驼背的涂地，借助的是他俯身。各人都有自己适宜的工作，而人的特性也都得到全面运用。北方的胡人比较习惯骑马，南方的越人比较习惯坐船，形势不同类别相异，改变他们所从事的工作那就会混乱，失去居处的优势就会变成短处就低贱，得到有利形势短处会变成长处，圣人总括起来而加以运用，他的道术就完整了。

夫擎轻重不失铢两[①]，圣人弗用，而悬之乎权衡[②]；视高下不差尺寸，明主弗任，而求之乎浣准[③]。浣准，水望之平。何则？人材不可专用，而度量可世传也。夫待要袅、飞兔而驾之[④]，要袅、飞兔，皆一日万里也。则世莫乘车；待西施、络慕而为妃[⑤]，西施、络慕，古好女也[⑥]。则终身不家矣。然不待古之英俊而人自足者[⑦]，因其所有而遂用之也。

【注释】

①擎：举起，向上托。此指掂量。铢：古代衡制单位，二十四铢为一两。

②权衡：称量物体轻重的器具。权，秤锤。衡，秤杆。

③浣（huàn）准：即管准。古代测量水平的器具。

④要袅（niǎo）：古良马名。飞兔：骏马名。

⑤西施：又称西子，姓施，春秋末年越国美女。络慕：不详。妃：配偶，妻。

⑥好：指女子貌美。

⑦英俊：才智出众的人。

【译文】

有人用手掂量东西不差铢两，圣人不任用他，而是用秤来称量；有人目测高低不差尺寸，英明的君主不任用他，而是去寻求测量水平的管准。浣准，用水望着平齐。这是为什么呢？人的才能不可以世代专用，而度量器具却可以世代相传。如果等待要袅、飞兔这样的骏马才驾车，要袅、飞兔，都是日行万里的骏马。那么世上就没人乘车了；如果要等待西施、络慕那样的美女才能婚配，西施、络慕，古代的美女。那么人们终身不能成家了。然而不必等待古代那些才智出众的人出现而人们能够自己满足的原因，是凭借自己所具有的才能来各自发挥自己的作用。

治国之道，上无苛令，官无烦治①，士无伪行，工无淫巧，其事任而不扰，其器完而不饰。乱世则不然，为行者相扬以高②，扬，举。为礼者相矜以伪③；车舆极于雕琢④，器用遽于刻镂；求货者争难得以为宝，调文者遽于烦绕以为慧⑤；争为诡辩⑥，久稽而不决⑦，无益于治；工为奇器⑧，历岁而后成，不周于用。故神农之法曰："丈夫丁壮而不耕，天下有受其饥者；妇人当年而不织，天下有受其寒者。"故身自耕，妻亲织，以为天下先。其道民也，不贵难得之货，不器无用之物。是故其耕不强者，无以养生⑨；其织不力者，无以掩形。有余不足，各归其身。衣食饶裕⑩，奸邪不生；安乐无事，而天下均平⑪。故孔丘、曾参无所施其善，孟贲、成荆无所行其威⑫。成荆，古勇士也。衰世之俗，以其智巧诈伪，饰众无用，贵远方之货，珍难得之财，不积于养生之具，浇天下之淳，以清为浊，人失其情。

【注释】

①烦治：即烦政，指繁琐的政事。

②扬：举起。

③相矜：互相夸耀。

④雕琢：过分地修饰。

⑤调文：咬文嚼字，卖弄口才辞藻。烦绕：今本《淮南子》作"烦挠"。烦挠，杂乱，繁杂。

⑥诡辩：貌似正确而实际上却是颠倒是非、混淆黑白的议论。

⑦久稽：长期延续，长期拖延。

⑧奇器：奇巧的器物。古代以为邪僻而不合礼制。

⑨养生：保养生命，维持生计。

⑩饶裕：富足有余。

⑪均平：平正，公允。

⑫孟贲：战国时的勇士。成荆：春秋齐国的勇士。

【译文】

治理国家的方法，君主没有苛刻的政令，官员没有繁琐的政务，士人没有诈伪的行为，工匠没有过分的奇巧，那些事务职责清晰而不纷扰，那些器物完美却不加修饰。混乱国家却不是这样，施行仁义的人相互标榜，扬，举起。讲究礼仪的人互相夸耀而以对方为虚伪；车辆极力地修饰，器皿用具争着雕刻；寻求财货的人争夺难得的宝物，写文章的人卖弄辞藻却反以为聪明；官吏争着进行诡辩，长期拖延事务而不去决定，对治理没有任何好处；善于制作奇巧的器物，历经多年才制成，却不合实用。所以神农的法令说："成年男子不耕作的，天下就有人因此而挨饿；妇女成年不织布，天下就有人因此而受冻。"所以自己亲自耕种，妻子亲自织布，以此作为天下人的表率。他引导民众，不看重难得的财货，不使用无用的器物。因此那些耕作不努力的人，就没办法维持生计；那些织布不尽力的，就没有衣服来掩盖形体。不论是衣食有余还是不足，各自都归结于自身。衣食富足有余，奸邪不会产生；安乐无事，天下就会公正无欺。所以孔子、曾参没有施行善政的地方；孟贲、成荆没有施行威力的场所。成荆，古代的勇士。衰乱时世的习俗，用他们的巧诈虚伪，来粉饰众多无用的东西，看重远方的货物，珍视难得的财物，不去积累颐养生命的资财，使天下人的敦厚变得淡薄，使清净变成浑浊，人们失去了他的质朴本性。

故其为编户齐民无以异[①]，然贫富之相去也，犹人君与仆虏[②]，不足伦之。夫乘奇伎为邪施者[③]，自足乎一世之间；

守正修理，不为苟得者，不免乎饥渴之患。而欲民之去末反本[④]，是犹发其源而壅其流也[⑤]。且夫雕文刻镂[⑥]，伤农事者也；锦绣纂组[⑦]，害女功者也[⑧]。农事废业，饥之本也；女功不继，寒之源也。饥寒并至，而能无犯令干诛者，古今未之闻也。故江河决流，一乡父子兄弟相遗而走，争升陵阪、上高丘[⑨]，轻足者先[⑩]，不能相顾也。世乐志平，见邻国人溺，尚犹哀之，况亲戚乎？而人不能解也。游者不能拯溺，手足有所急也；灼者不能救火，身体有所痛也。夫民有余即让，不足即争；让则礼义生，争则暴乱起。扣门求火水，莫不与者，所饶足也；林中不卖薪，湖上不鬻鱼[⑪]，所有余也。故物隆则欲省[⑫]，求赡则争止[⑬]。故世治则小人守正，而利不能诱也；世乱则君子为奸，而刑不能禁也。

【注释】

①编户：编入户籍的平民。

②仆虏：奴仆。古以俘虏为家奴，故亦谓奴仆为仆虏。

③奇伎：奇特的技艺。邪施：斜行。也比喻不正当的言行。

④末：指工商业。本：指作为根本的农业。

⑤壅（yōng）：堵塞。

⑥雕文：指雕琢文饰。

⑦锦绣：指花纹色彩精美鲜艳的丝织品。纂组：赤色绶带。亦泛指精美的织锦。

⑧女功：指妇女从事纺织、刺绣、缝纫等。

⑨陵阪：山坡。

⑩轻足：行走迅捷。

⑪鬻（yù）：卖。

⑫隆：多，丰厚。

⑬赡：满足。

【译文】

所以他们作为平民百姓没什么不同，但是贫富的差距，就连君主跟奴仆，也不能够来同他们相比。那些凭借奇特技艺从事邪道的人，一生都能自我满足；那些恪守正道依循正理的人，不愿苟且获得的人，却免不了饥寒的担忧。而想要让百姓离开末业返回根本，这就像开发源头而堵塞水流一样。况且雕琢纹饰刻镂加工，是妨害农事的；精美鲜艳的丝绸织锦，是妨害女功的工作。农事荒废，是产生饥荒的根本；女功无人接续，是寒冷的根源。饥寒一起到来，却能够不违反法令冒着被诛杀的威胁，从古到今都没有听说过。所以长江黄河决口泄流，整个乡的父子兄弟丢下他人而逃命，争着爬上山坡、登上高丘，步伐轻快的人先上去，不能相互照顾。社会安乐心意平和，看见邻国的人溺水，尚且还哀怜他，何况自己的亲戚呢？但是也有人不能解救别人的情况。游水的人不能救援溺水者，他的手脚正在急于划水；被烧伤的人不能救火，他的身体有疼痛之处。百姓衣食有余就互相谦让，不足就会发生争夺；谦让那么礼义就会产生，争夺那么暴乱就会兴起。敲门寻求水喝，没有不给的，是因为所拥有的水很充足；树林中没有卖柴的，湖泽上没有卖鱼的，因为是有多余的。所以物资丰裕那么欲望就减少，需求得到满足那么争夺就会停止。所以世道太平那么小人也恪守正道，而利益不能引诱他；世道混乱那么君子也要干起奸邪的勾当，而法令也不能禁止。

道应

惠子为惠王为国法①，惠王，魏惠王。惠子，惠施也。已成，王甚悦之，以示翟煎②。翟煎曰："善。"王曰："可行耶？"煎曰："不可。"王曰："善而不可行，何也？"对曰："今举大木者，前呼'邪许'③，后亦应之，此举重劝力之歌也。岂无郑、卫激楚之音哉④？然而不用者，不若此其宜也。治国在礼，不在文辩⑤。"故老子曰："法令滋彰，盗贼多有⑥。"此之谓也。

【注释】

①惠子：即惠施，战国时宋国人。尝为魏惠王相，为合纵策略之组织者。善辩，与庄周友善。有《惠子》，已佚。惠王：即魏惠王，也就是梁惠王。名罃。战国时魏国国君。

②翟煎：魏惠王臣子，盖是老学而攻名家者。《太平御览》六百二十四引作"翟璜"。

③邪许：拟声词，众多人打号子的声音。

④郑：周代的诸侯国，在今河南新郑一带。卫：周代诸侯国，在今河北南部和河南北部一带。激楚：高亢凄清。

⑤文辩：华丽的辞藻。

⑥法令滋彰，盗贼多有：见于《老子·五十七章》。滋彰，更加明显清楚。

【译文】

惠子给魏惠王制定国法，惠王，魏惠王。惠子，惠施。制定完成后，惠王很高兴，拿给翟煎看。翟煎说："好。"惠王说："可以颁行吗？"翟煎说："不行。"惠王说："既然认为好而不可以实行，为什么？"回答说："如今抬大木头的，前面呼喊'邪许'的号子，后面就齐声应和，这是举重鼓劲的歌。难道就没有郑国、卫国高亢凄清的音乐吗？但是他们却不使用，是因为不如这个号子啊。治理国家在于礼法，而不在于华丽的辞藻。"所以老子说："法令越清楚明确，盗贼就越多。"说的就是这个意思。

赵襄子使攻翟而胜之[①]，襄子方将食而有忧色。左右曰："一朝而两城下[②]，此人之所喜也。今君有忧色，何也？"襄子曰："江河之大也，不过三日。三日而减。飘风暴雨[③]，日中不须臾[④]。言其不能终日。今赵氏之德行无积，一朝而两城下，亡其及我乎？"孔子闻之曰："赵氏其昌乎！"夫忧所以为昌也，而喜所以为亡也；胜非其难者也，持之其难者也。贤主以此持胜，故其福及后世。齐、楚、吴、越皆尝胜矣，然而卒取亡焉，不通乎持胜也。唯有道之主能持胜。

【注释】

①赵襄子：即赵无恤，春秋末晋国大夫。翟：同"狄"，周代北方地区民族名。

②一朝而两城下：指取老人、中人二城。老人、中人，为翟国的两座城池。

③飘风：旋风，暴风。

④须臾：顷刻，瞬间。

【译文】

赵襄子派人进攻翟人取得胜利，襄子正准备吃饭而面露忧色。左右亲信说："只用一个早晨就攻下两城，这是人们所欢喜的事情。如今您面有忧色，为什么呢？"襄子说："江河如此浩大，洪水猛涨不超过三天。三天就会衰减了。狂风暴雨，在一天之中不过顷刻之间。是说不会持续一整天。如今赵家的德行没有多少积累，一个早晨就攻下两城，灭亡恐怕要到我这里来吧？"孔子听到这件事之后，说："赵家大概是要昌盛了吧！"忧虑就是昌盛的原因，而居功自傲就成为事业失败的开始；取胜并不难，维持胜利才是困难的。贤明的君主用深思多虑来维持胜利，所以福泽可以传给后代。齐、楚、吴、越这些国家都曾经取得称霸中原的胜利，但是最终自取灭亡，就是不通晓保持胜利的道理。只有掌握了自然和社会规律的君主才能保持胜利。

齐王后死①，欲置后而未定，使群臣议。薛公欲中王之意②，薛公，田婴。因献十珥而美其一③。旦日，因问美珥之所在，因劝立以为王后。齐王大悦，遂重薛公。故人主之嗜欲见于外，则为人臣之所制。故老子曰："塞其兑，闭其门，终身不勤④。"

【注释】

①齐王后：战国齐威王之后。

②薛公：即田婴，号靖郭君。孟尝君之父，时为齐相。执政十一年，封于薛，称薛公。

③珥（ěr）：用珠子或玉石做的耳饰。美：使……美丽。

④"塞其兑"几句：见于《老子·五十二章》。兑，孔穴。

【译文】

齐威王的王后死了，想要立后但还没有确定，让群臣商议。薛公田婴想要迎合齐王的心意，薛公，指田婴。于是献给威王十枚珥并让指明哪个最美。第二天，薛公打听到了最美的珥在哪位妃子处，便劝齐王立她为王后。齐王很高兴，便特别器重薛公。所以君主的喜好欲望显现在外，那就会被臣子牵制。所以老子说："堵塞宣泄欲望的孔穴，关闭欲望的门户，一辈子都不会辛劳。"

宓子治单父三年①，宓子，子贱也。而巫马期巫马期②，孔子弟子也。往观化焉。微视之③。见夜渔者，得鱼则释之，问焉。渔者对曰："宓子不欲人之取小鱼也，所得者小鱼，是以释之。”巫马期归，以报孔子曰：“宓子之德至矣！使人暗行，若有严刑在其侧者。宓子何以至于此？”孔子曰：“丘尝问之以治，言曰：‘诚于此者形于彼。’宓子必行此术也。”

【注释】

①单父：春秋时鲁邑。在今山东单县南。

②巫马期：即巫马施，字子期，春秋时鲁国人，孔子弟子。

③微视：暗中察看。

【译文】

宓子治理单父三年，宓子，指子贱。而巫马期巫马期，孔子弟子。前往察访他的政绩变化。暗中察看他。看见夜里捕鱼的人，抓到鱼又放回水里，于是问他为什么这样做。捕鱼人回答说：“宓子不让百姓捕捉小鱼，刚才抓住的是小鱼，所以放了。”巫马期回去，把这件事禀报给孔子说：“宓子的德政好到了极致了！他能让人们暗夜里行事，就像有严刑在旁边一样。宓子凭借什么取得这样的成效呢？”孔子说：“我曾经问过他治理的诀窍，他说：‘在这件事上的仁爱之心必将对别的事产生影响。’宓子一定实施了这种施政策略啊。”

汜论[1]

天下岂有常法哉[2]？当于世事，得于人理，顺于天地，则可以正治矣[3]。夫神农、伏羲不施赏罚而民不为非[4]，然立政者不能废法而治民；舜执干戚而服有苗[5]，然征伐者不能释甲兵而制强暴。由此观之，法度者，所以论民俗而节缓急也；器械者，因时变而制宜适也。圣人作法而万民制焉，贤者立礼而不肖者拘焉。制法之民[6]，不可与远举[7]；拘礼之人，不可以应变。耳不知清浊之分者，不可令调音[⑧]；心不知治乱之源者，不可令制法度。必有独闻之听、独见之明，然后能擅道而行也[⑨]。夫殷变夏、周变殷、春秋变周，三代之礼不同，何古之从？今儒墨称三代、文武而不行也，是言其所不行也；儒墨之所言，今皆不行也。非今时之世而不改，是行其所非也。称其所是，行其所非，是以尽日极虑而无益于治，劳形竭精而无补于主[⑩]。今夫图工好画鬼魅而憎图狗马[⑪]，鬼魅无信验[⑫]，而狗马切于前也。夫存危治乱[⑬]，非智不能，而道先称古，虽愚有余。故不用之法，圣主不行；不验之言，明主不听也。

【注释】

①氾论：即普遍之论。亦作“泛论”。高诱注：“博说世间古今得失，以道为化，大归于一，故曰氾论。”

②常法：固定的法律、制度。

③正治：治理，整治。

④神农：传说中的古帝王名。始教民为耒耜，务农业。伏羲：古代传说中的三皇之一。风姓。相传其始画八卦，又教民渔猎，又称庖牺。

⑤有苗：古国名，亦称三苗。尧、舜、禹时代我国南方较强大的部族。

⑥制法：被法制所制约。

⑦远举：高飞，远扬。

⑧调音：谓制订乐律。

⑨擅：任意，随意。

⑩劳形：指使身体劳累、疲倦。竭精：竭尽精力。

⑪图工：画工。

⑫信验：证据，凭证。

⑬存危：使危亡之国生存。

【译文】

天下难道有一成不变的法律、制度吗？只要切合世事，符合人的常理，顺应天地变化，那就可以正确治理了。神农、伏羲不实施赏罚而民众不做坏事，但是后来执政者不能废除法令来治理民众；虞舜手持干戚而舞使有苗归附，但是征战的人不能放弃盔甲兵器来制服暴乱。由此看来，制定法律制度，是分析判断民情风俗和节制缓急的；器械物用，是要顺应时世变化的规律而制作合适的物件。圣人制定法令而民众受制于法令，贤人建立礼制而不贤的人拘束于礼制。受制于法令的民众，不可以跟他一起高飞；拘束于礼制的人，不能够使他适应变化。耳朵不能分辨清浊的人，不可以让他调整乐律；心中不知道治乱根本的人，不可以让他制定法律。必须要有独特的听觉、特殊的视觉，然后才能随意取道而行事。殷商取代夏朝、西周改变殷商、春秋改变西周，这三个朝代的礼制不同，要遵从哪个朝代呢？如今儒家墨家称颂夏商周三代、周文王、周武王而不能实行，这是称说他们所不能实行的；儒家墨家所言说的，如今都不能实行。非议当今的时世而不改变，这其实是实行他们所非议的。称颂他们认为正确的，实施他们所非议的，这是整天竭尽思虑却对治理没有好处，劳累身体竭尽精力对君主毫无补益。现在画工爱好画鬼魅而憎恶画狗马之类，鬼魅在世上没有出现过，而狗马近在眼前。保存危国治理乱世，没有智慧是不能实现的，而称道先古，即使愚蠢的人也足够有余。所以不能使用的法律，圣明的君主也不能够实行；没有验证的言论，英明的君主也不会听从。

今谓强者胜则度地计众[1]，富者利则量粟称金。如此，则千乘之君无不霸王，万乘之国无破亡者矣。国之亡也，大不足恃；道之行也，小不可轻。由此观之，存在得道而不在于大，亡在失道而不在于小也。乱国之君，务广其地而不务仁义，务高其位而不务道德，是释其所以存而就其所以亡也。故桀囚于焦门而不能自非其所行[2]，而悔不杀汤于夏台[3]；纣拘于宣室而不反其过[4]，而悔其不杀文王于牖里[5]。尝试处强大之势，而修道德之论，汤、武救罪之不给[6]，何谋之敢虑乎？若上乱三光之明[7]，下失万民之心，虽微汤、武，孰弗能夺？今不审其在己者，而反备诸乎人。天下非一汤、武也，杀一人即必或继之者矣！且汤、武之所以处小弱而能著者，以其有道也；桀、纣之所以处强大而终见夺者，以其无道也。今不行人之所以王，而反益己之所以夺者，趍亡之道也[8]。

【注释】

①度地：丈量土地。计众：计算人口。

②焦门：即巢门，南巢。今安徽巢湖西南。

③夏台：夏代狱名，又名均台。在今河南禹州南。

④宣室：殷代宫室名。

⑤牖（yǒu）里：古地名。亦作“羑里”，在今河南汤阴北。牖，通“羑”。

⑥不给（jǐ）：犹言不暇，来不及。

⑦三光：指日、月、星。

⑧趍（qū）亡：走向灭亡。趍，同“趋”。

【译文】

如今认为凡是强大的就会胜利，那么就会想到丈量土地统计人口；富裕的人必定有利益，那么就想到计量谷子称量金子。像这样，那么千乘之君就没有不称王称霸的，万乘之君就没有破国亡家的。国家要灭亡，即使大国也是不能依靠的；推行道义的国家，即使很小也不能够轻视。由此看来，生存在于得道而不在于国大，灭亡在于失去道义而不在于国小。混乱国家的君主，致力于增扩土地而不致力于仁义，致力于增加权势而不致力于道德，这是放弃生存的条件而走向灭亡之路。所以夏桀被囚禁在焦门，而不能反省自己的罪过，反而后悔没有在夏台杀了商汤；商纣被拘禁在宣室而不反思自己的过失，反而后悔没有在牖里杀死周文王。假如二位君主处于强大之势时，去修仁义之道，那么商汤、周武王挽救自己的罪过尚且来不及，怎么敢产生叛乱之谋呢？至于向上搅乱日、月、星的光辉，在下丧失万民之心，即使没有商汤、周武王，谁不能夺走王位？如今不认真审察自己的无道之行，反而去防备别人。天下并非只有一个商汤、周武王，杀死一个必定还有继承他的人！况且商汤、周武王之所以处在弱小地位却能称王，是因为他们有道义；夏桀、商纣之所以处在强大地位却最终被剥夺权力，是因为他们没有道义。如今不推行商汤、周武王称王的方法，却反过来增加自己被夺取政权的做法，这是走向灭亡的道路啊。

事有可行而不可言者，有可言而不可行者。或易为而难成者，或难成而易败者。所谓可行而不可言者，趣舍也；可言而不可行者，伪诈也；易为而难成者，事也；难成而易败者，治也①。此四策者，圣人之所独视而留志也②。

【注释】

①治：今本《淮南子》作“名”。

②独视：独立观察。留志：留心记住，留意。

【译文】

事情有的可以实行但是不能用言语表达，有的可以用言语表达而不可以实行。有的容易去做但很难成功，有的很难成功却容易失败。所说的可以实行而不能用言语表达的，是取舍；可以用言语表达而不可以实行的，是虚伪欺诈；容易去做却难以成功的，是事业；难以成功却容易失败的，是名声。这四个方面，是圣人独自明察而铭记于心的。

未有功而知其贤者，唯尧之知舜也；功成事立而知其贤者，市人之知舜也。夫物之相类者，世主之所乱惑也[①]；嫌疑肖象者[②]，众人之所眩耀也[③]。故狠者类智而非智也[④]，狠，慢也。愚者类君子而非君子也，戆者类勇而非勇也[⑤]。使人之相去也，若玉之与石也，葵之与苋也[⑥]，则论人易矣。

【注释】

①乱惑：昏乱迷惑。

②嫌疑：怀疑，猜疑。肖象：相似，类似。

③眩耀：迷惑，迷乱。

④狠：傲慢。

⑤戆（gàng）：鲁莽，冒失。

⑥葵：冬葵，锦葵科植物，嫩梢、嫩叶作蔬菜，种子、全草入药。苋（xiàn）：即苋菜，苋科。一年生草本植物。

【译文】

没有功绩而知道他的贤能的，只有唐尧知道虞舜；功绩成就事业建立而知道他贤能的，就像市人都知道虞舜一样。万物种类之间相类似，是世上君主昏乱迷惑的原因；怀疑相似的，是众人被迷惑的原因。所以傲慢的人类似有智慧但实际没有，狠，傲慢。愚笨的人类似于君子但却不是君子，鲁莽的人类似勇敢却不是勇敢。假使人与人之间的差距，就像美玉跟石头，葵菜跟苋菜一样大，那么评论人也就容易了。

天下莫易于为善，而莫难于为不善。所谓为善者，静而无为也；所谓为不善者，躁而多欲也。适情辞余[①]，无所诱慕[②]，修性保真[③]，无变于己，故曰“为善者易”也。越城郭[④]，逾险塞，篡杀矫诬，非人之性也，故曰“为不善难”也。今人之所以犯囹圄之罪[⑤]，而陷于刑戮之患者[⑥]，由嗜欲无厌，不修度量之故也。何以知其然？今夫陈卒设兵而相当，将施令曰：“斩首者拜爵，而曲桡者要斩[⑦]。”然而队伯之卒皆不能前遂斩首之功，而后被要斩之罪，是去恐死而就必死也。故事或欲之，适足以失之；或避之，适足以就之。有人乘船而遇大风者，波至而恐，自投水中。非不贪生而畏死，惑于恐死而反忘生也。故人之嗜欲，亦犹此也。故达道之人，不苟得，不让福。其有不弃，非其有不索也。恒盈而不溢，常虚而易足。今夫溜水足以溢壶榼[⑧]，而江、河不能实漏卮[⑨]，故人心犹此也。自当以道术度量，食充虚，衣御寒，则足以养七尺之形矣。若无道术度量，则万乘之势不足以为尊，天下之富不足以为乐矣。

【注释】

①适情：顺适性情。

②诱慕：因被诱惑而贪恋。

③保真：保全纯真的本性、天性。

④城郭：城墙。城指内城的墙，郭指外城的墙。

⑤囹圄（líng yǔ）：监牢。

⑥刑戮：受刑罚或被处死。

⑦曲桡（náo）：退缩，屈服。要：今作“腰”。

⑧溜水：即霤水，屋檐下的积水。壶榼（kē）：泛指盛酒或茶水的

容器。

⑨卮（zhī）：古代盛酒的器皿。

【译文】

天下没有什么比行善容易，也没有什么比作恶困难的了。所谓行善，就是清静而顺应自然；所谓作恶，就是躁动而多嗜欲。顺适性情抛开余物，没有什么能引诱迷惑的，修养性情保持天性，不要对自己有所改变，所以说“行善容易”。翻过城墙，逾越要塞，弑君篡位假冒欺骗，不符合人的天性，所以说“作恶困难”。今天人们犯有监禁罪，而有遭受刑罚或被杀的祸患，是由于嗜欲无度、不遵循法规行事的缘故。怎么知道是这样呢？如今陈列军队，列置武器，将领下令说：“斩杀首级的封授官爵，而退缩不前的腰斩。”即使这样队列中的士兵都不能向前完成斩杀首级的功劳，而在后面受到腰斩之罪，这是逃离可能的死亡而走向必死之路。所以想要得到的，却恰恰因此失去；有的想要躲避的，却恰恰因此得到。有人坐船遇到大风，波浪涌来极端恐惧，自己跳进水中。这并非不想贪生而畏惧死亡，而是迷惑于恐惧死亡反而忘记生命。所以人的嗜好欲望，也像这样。所以得道之人，不苟且所得，也不推让福气。自己拥有的不放弃，不为他所有的不索求。长久盈满却不外溢，经常无欲而容易满足。如今屋檐滴水足可以装满壶榼，而长江、黄河的水也不能把漏卮装满，所以人心也像这样。应当用道术来约束，吃的食物能够填饱肚子，衣服能抵御寒冷，那就能够养活人的七尺之形了。倘若没有道术衡量来对自己加以约束，那么万乘国君也不会感到尊贵，拥有天下的财富也不值得快乐了。

诠言[①]

为治之本，务在于安民。安民之本，在于足用。足用之本，在于勿夺时。勿夺时之本，在于省事[②]。省事之本，在于节欲。节欲之本，在于反性。释道而任智者必危，弃数而用材者必困。有以欲多亡者，未有以无欲危者也；有以欲治而乱者，未有以守常失者也。故智不足以免患，愚不足以至于失宁。守其分，循其理，失之不忧，得之不喜。因春而生，因秋而杀③，所生者不德④，所杀者不怨，则近于道矣！

【注释】

①诠言：阐明精微之言。许慎注云："诠，就也。就万物之指以言其征，事之所谓，道之所依也。"

②省事：减少政事。

③杀：衰败，枯死。

④德：感激。

【译文】

治理国家的根本，在于安定百姓。安定百姓的根本，在于满足他们的用度。满足用度的根本，在于不要耽误农时。不要耽误农时的根本，在于减少政事。节省政事的根本，在于节制贪欲。节制贪欲的根本，在于返回本性。放弃道义而凭智慧办事必定危险，抛开法则而使用人才的必定陷入困境。只有因为欲望多而灭亡的，没有因为无欲无求而危险的；只有因为私欲治理而乱天下的，没有因为恪守常道而失去天下的。所以智慧并不足以免除祸患，愚蠢并不足以失去安宁。保守本分，遵循事理，失去了不忧虑，得到了不欢喜。万物适应春天生长，随着秋天的到来而衰败凋零，被养育的不去感激，被杀灭的不去怨恨，达到这种境界就接近于大道了！

圣人守其所以有，不求其所未得。求其所未得，则所有者亡矣；修其所有，则所欲者至矣。故用兵者，先为不可胜，以待敌之可胜也；治国者，先为不可夺也，以待敌之可夺也。舜修之历山而海内从[①]，文王修之岐周而天下移[②]。使舜趍天下之利[③]，而忘修己之道，身犹弗能保，何尺地之有乎？故福莫大无祸，利莫美不丧。动之为物，不损则益，动，有为也。不成则毁，不利则病，皆险也，险，言危难不可行。道之者危。

【注释】

①历山：古山名。相传舜耕历山。所在地点说法不一。

②岐周：岐山下的周代旧邑。在今陕西岐山县境，周建国于此，故称。

③趍（qū）：同"趋"，追逐。

【译文】

圣人守住自己所拥有的，不索求自己所没有得到的。寻求自己所没有得到的，那么就会失去所拥有的；修养自己拥有的德行，那么想要的就会到来。所以善于用兵的人，先要做好不可胜的准备，以便等待战胜敌人的机会；善于治理国家的人，先做到不可被夺的准备，再等待夺取敌国的机会。虞舜在历山耕田而海内服从他的教化，周文王在岐周治政而天下随之转变风俗。假使虞舜追逐天下的利益，而忘记修治自己的道德，自身尚且不能保全，还有什么尺寸之地呢？所以最大的福气是没有灾祸，最美好的利益是没有丧亡。人按既有目的创造的万物，不是减损就是增益，动，是有为。不成功就毁坏，没有利就有害，这些都是险恶而不可实行的，险，是说危险不可实行。踏上这条路的人就会有危险。

说山[①]

上求材，臣残木。上求鱼，臣干谷。上求楫[②]，而下致船。上言若丝，下言若纶[③]。上有一善，下有二誉。上有三衰，下有九杀[④]。衰、杀，皆喻俭也。传曰："上之所好，下尤甚焉。"故有九杀也。

【注释】

①说山：金泽本此段无标题，此据天明本。高诱注云："山为道本，仁者所处。说道之旨，委积如山，故曰'说山'，因以题篇。"这是说本篇汇集了很多有关道的论述箴言以及相关征兆。

②楫：短的船桨，与棹相对。泛指船桨。

③纶：大绳。

④杀：减削，降格。

【译文】

君主寻求木材，臣下便去砍伐树木。君主求鱼，臣下就使溪谷干涸。君上寻求船桨，臣下就运来船只。君主说的是细丝，臣下说成是大绳。君上有一个长处，臣下便双倍赞誉。君主想要减少三分，臣下便会减少九分。衰、杀，都说的是节俭。传书上说："君主有所喜好，臣下会更过分。"所以减少九分。

人间[①]

夫言出于口者，不可止于人；行发于迩者[②]，不可禁于远。事者，难成而易败也；名者，难立而易废也。千里之堤，以蝼蚁之穴漏[③]；百寻之屋[④]，以突隙之烟焚[⑤]。突，灶突也。《尧戒》曰[⑥]："战战栗栗[⑦]，日慎一日；莫蹪于山[⑧]，而蹪于垤[⑨]。"蹪，蹶[⑩]。垤，蚁封也。是故人者皆轻小害，易微事，是以多悔。患至而后忧之，是犹病者已惓惓[⑪]，剧。而索良医也。虽有扁鹊、俞夫之巧[⑫]，犹不能生也。俞夫，黄帝时医。

【注释】

①人间：本篇主要讲如何处理人世间的各种关系。所以许慎注释说："人间之事，吉凶之中，征得失之端，反存亡之几也。"

②迩（ěr）：近。

③蝼蚁：蝼蛄和蚂蚁。

④寻：古代长度单位，八尺为一寻。

⑤突隙：烟囱的裂缝。

⑥《尧戒》：是唐尧给自己的警戒语。

⑦战战栗栗：因戒惧而小心谨慎的样子。战战，戒惧的样子。栗，通"慄"，畏惧的样子。

⑧蹪（tuí）：颠仆，跌倒。

⑨垤（dié）：蚁冢。蚂蚁做窝时堆积在洞口周围的浮土。

⑩踬（zhì）：跌倒，绊倒。

⑪惓（juàn）：危急。

⑫扁鹊：战国时名医。姓秦名越人，渤海郡鄚（今河北任丘）人。俞夫：传说为黄帝时良医。

【译文】

言语从自己口中发出，不能被别人阻止；行动从近处发生，不可以从远处禁止。事业，是难以成功而容易失败的；名声，是难以树立而容易毁弃的。千里长堤，因为蝼蛄和蚂蚁的洞穴渗漏而崩塌；百寻高的房屋，因为烟囱裂缝的火苗而被焚毁。突，灶坑的烟囱。《尧戒》说："警惕戒惧，一天比一天要小心；人不会被山陵绊倒，而跌倒在小小的蚁冢前。"蹪，跌倒。垤，蚁冢。因此人们都轻视小的害处，认为小事容易，因此多有后悔。祸患到了才会担忧，这就像生病已经病重惓，危急。才去寻求高明的医生。即使有扁鹊、俞夫的妙手，也不能让他活下去。俞夫，黄帝时的医生。

天下有三危：少德而多宠，一危也；材下而位高，二危也；身无大功而有厚禄，三危也。

【译文】

天下有三种危险：缺少德行却甚受宠爱，是第一种危险；资质低下而地位很高，是第二种危险；自身没有建立大的功劳却有丰厚的俸禄，是第三种危险。

贤主不苟得，忠臣不苟利。何以明之？中行缪伯攻鼓弗能下[①]，中行缪伯，晋大夫。鼓，北翟。馈间伦曰[②]："鼓之啬夫[③]，间伦知之，馈间伦，晋大夫。请无疲武丈夫[④]，而鼓可得也。"缪伯弗应。左右曰："不折一戟[⑤]，不伤一卒，而鼓可得也，君奚为弗取？"缪伯曰："间伦为人，佞而不仁。若使间伦下之，吾可以勿赏乎？若赏之，是赏佞人。佞人得志，是使晋国之武舍仁而为佞，虽得鼓，将何所用之？"

【注释】

①中行缪伯：即荀吴，春秋时晋国大夫，或称中行穆子。鼓：古国名。春秋时鼓国，在今河北晋州以西，为白狄的一支。后为晋所灭。

②馈（kuì）间伦：晋国大夫。

③啬（sè）夫：古代官吏名。检束群吏百姓的官员。

④武丈夫：士大夫，指中行缪伯之将军。

⑤戟：古兵器名。顶端有直刃，两旁各有横刃，可以直刺或横击。这里泛指兵器。

【译文】

贤明的君主不苟且求得，忠诚的臣子不苟且求利。用什么来说明呢？中行缪伯进攻鼓地，没能攻下，中行缪伯，是晋国大夫。鼓，属于北狄。馈间伦说:“鼓地的啬夫,间伦熟悉他,馈间伦,是晋国大夫。请不要让军队士卒疲惫,而鼓地就可以得到。”缪伯没有答应。左右亲信说:“不折断一根兵器,不损伤一位士卒,而鼓地就可以得到,您为什么不采纳呢?”缪伯说:“间伦为人处事,巧言谄媚而不讲仁义。倘若让间伦得到鼓地,我能够不奖赏他吗?倘若奖赏他,那就是奖赏巧言谄媚的人。巧言谄媚的人得志,这是让晋国的将士们舍弃仁义而去追随佞人,即使得到了鼓地,又将会有什么用呢?”

泰族[①]

圣王在上位,廓然无形[②],寂然无声,官府若无事,朝廷若无人,无隐士,无逸民[③],无劳役,无冤刑。四海之内,莫不仰上之德,象主之指[④];夷狄之国,重译而至。非户辨而家说之也[⑤],推其诚心,施之天下而已矣。《诗》曰:“惠此中国,以绥四方[⑥]。”内顺外宁矣。大王亶父处邠[⑦],狄人攻之,杖策而去[⑧],百姓携幼扶老,而国乎岐周[⑨],非令之所能召也。秦穆公为食骏马之伤也[⑩],饮之美酒,以其死力报,非券之所责也[⑪]。券,契也。宓子治单父,夜渔者得小即释之,非刑之所能禁也。孔子为鲁司寇[⑫],田渔皆让长,长者得多。而斑白不负载[⑬],斑白,须有白发。非法之所能致也。夫矢之所以射远贯坚者,弩力也[⑭];其所以中的剖微者[⑮],人心也。赏善罚暴者,政令也;其所以行者,精诚也。故弩虽强不能独中,令虽明不能独行,必有精气所与之。故总道以被民,而民不从,诚心弗施也。

【注释】

①泰族:曾国藩《淮南子读书录》中解释为:“族,聚也。群道众妙之所聚萃也。泰族者,聚而又聚者也”。泰,表示尊敬。族,丛聚,集合。

②廓然:空旷的样子。

③逸民:遁世隐居之人。

④象:效法。指:意图,意旨。

⑤户辨:向家家户户辩说。辨,通“辩”。

⑥惠此中国,以绥(suí)四方:见于《诗经·大雅·民劳》。绥,安抚。

⑦大王亶父:即太王亶父、古公亶父。周文王的祖父,周武王追尊为太王。邠:同“豳”,古诸侯国名,在今陕西彬州。

⑧杖策:策马而行。

⑨岐周:岐山下的周代旧邑。在今陕西岐山县境,周建国于此。

⑩秦穆公:春秋时秦国国君,嬴姓,名任好。

⑪券:契约,凭证。书于简牍,常分为两半,双方各执其一,以为凭证。后用纸帛书写。责:同“债”,债务。

⑫司寇:古代官名,管理刑狱、纠察等事。

⑬斑白:须发花白。

⑭弩:一种用机械力量射箭的弓,泛指弓。

⑮中的(dì):指箭射中靶心。的,靶心。剖:穿透。

【译文】

圣明的君主居于上位,空旷的样子好像没有形体,寂静的样子好像没有声音,官府好像没有政事可做,朝廷好像空无一人,没有隐居山野的士人,没有躲避时世的逸民,没有强迫的劳役,没有冤枉受刑的人。四海之内,没有谁不仰慕君主的恩德,依从君主的意旨;四方边远部族的国家,经过多重翻译来到中央之国。不是靠挨家挨户向百姓辩白说明,而是把自己的诚心,施行天下罢了。《诗经》中说:“爱护国中百姓,就可以进而安抚四方。”这样就会内部和顺而外部安宁了。太王亶父居住邠地时，狄人进攻他，他策马离开，百姓扶老携幼，在岐周建立国家，这不是靠命令所能召集的。秦穆公担心偷他骏马的人吃马肉伤害身体，给他们美酒喝，他们拼死回报穆公，这不是凭借契约所能偿还的债务。券，契约。宓子治理单父时，夜里捕鱼的人抓到小鱼就放回水中，这不是刑罚所能禁止的。孔子担任鲁国的司寇，种田打鱼的都谦让年长的人，年长的获得的多。而须发花白的人不用背着重物，斑白，指须发花白。这不是靠法令所能达到的。箭之所以能够射得远并贯穿坚硬的铠甲，是因为弓弩的力量；而它能够射中靶心穿透细微之处，是因为人的心智作用。奖赏行善惩罚暴力，是政令的威力；但是能够实行的原因，是真诚努力的结果。所以弓弩即使强劲也不能单独射中目标，命令即使严明也不能独自执行，必定靠真诚所给予的主导。所以君主阐明大道并施予民众，而民众不服从，那是因为没有对他们施行真诚之心。

天地四时，非生万物者。神明接，阴阳和，而万物生之。圣人之治天下，非易民性也①，拊循其所有而涤荡之②。故因则大，化则细矣。能因循则大矣，化而欲作则小。先王之制法也，因民之所好，而为之节文者也③。因其好色而制婚姻之礼，故男女有班④；因其好音而正《雅》《颂》之声⑤，故风俗不流；因其宁室家、乐妻子，教之以孝，故父子有亲；因其喜朋友而教之以悌，故长幼有序。然后修朝聘⑥，以明贵贱；乡饮习射⑦，以明长幼；时蒐振旅⑧，以习用兵；蒐，简车马也。入学庠序⑨，以修人伦。此皆人所有于性，而圣人所匠成也⑩。

【注释】

①民性：人的天赋本性。

②拊循：安抚，抚慰。涤荡：荡洗，清除。

③节文：指制定礼仪，使行之有度。

④班（biàn）：通"辨"，区别。

⑤《雅》《颂》：《诗经》中的两个类别，雅是周代朝廷上的乐歌，颂是古代祭祀时用的乐曲。

⑥朝聘：古代诸侯亲自或派使臣按期朝见天子。

⑦乡饮：古代嘉礼之一，指乡饮酒礼。周代乡学，三年业成，考其德行道艺优异者，荐于诸侯。将行之时，由乡大夫设酒宴以宾礼相待就是乡饮酒礼。射：射礼，古代重武习射，常举行射礼。射礼有大射、宾射、燕射、乡射四种。将祭择士为大射，诸侯来朝或诸侯相朝而射为宾射，宴饮之射为燕射，卿大夫举士后所行之射为乡射。

⑧蒐（sōu）：检阅兵马。振旅：整顿部队，操练士兵。

⑨庠（xiáng）序：古代的地方学校。

⑩匠成：培养造就。

【译文】

天地四时，不会产生万物。神明交接，阴阳调和，而万物产生。圣人治理天下，不是要改变人的天赋本性，是要抚慰人所固有的性情而去引导他改变。因势利导则成效显著，人为地改变则成效不大。能够顺应自然那就效果显著了，人为改变成效反而不大。先代君王制定法规，顺应民众的喜好，制定礼仪进行节制。顺应人喜好美色的本性而制定婚姻的礼仪，所以男女之间才有了区别；顺应人喜好音乐而端正《雅》《颂》之声，所以风俗不致趋于下流；顺应人想要家庭安宁、妻子儿女欢乐，用孝顺教导他们，所以父子之间讲究孝道；顺应人喜欢结交朋友而用遵从兄长来教导他，所以长幼有序。然后制定诸侯朝见天子的礼仪，来明确贵贱等级；制定乡饮酒礼和射礼，来明确长幼顺序；按时检阅车马整顿军队操练士兵，来熟习用兵；蒐，检阅车马。到学校学习，来修治人伦之道。这都是人性本来就具有的，而经由圣人的培养造就得以实现。

民无廉耻[①]，不可治也。非修礼义，廉耻不立。民不知礼义，法弗能正也。非崇善废丑，不向礼义。无法不可以为治也，不知礼义不可以行法。法能杀不孝者，而不能使人为孔、墨之行；法能刑窃盗者，而不能使人为伯夷之廉[②]。孔子养徒三千人，皆入孝出悌，言为文章[③]，行为仪表[④]，教之所成也。墨子服役百八十人[⑤]，皆可使赴火蹈刃[⑥]，死不还踵[⑦]，化之所致也。夫刻肌肤、鑱皮革、被创流血[⑧]，至难也，然越人为之，以求荣也。越人以箴刺其皮[⑨]，为龙文。圣王在位，明好憎以示人，经诽誉以导之[⑩]，亲贤而进之，贱不肖而退之，无被疮流血之患，而有高世尊显之名[⑪]，民孰不从？

【注释】

①廉耻：廉洁知耻。

②伯夷之廉：指伯夷、叔齐兄弟让国，不食周粟而死。

③文章：文采。

④仪表：表率。

⑤服役：弟子，仆役。

⑥赴火蹈刃：冲入火海，踏上刀刃。形容奋勇向前，不惜生命。

⑦还踵：转身，回头。

⑧鑱（chán）：用锐器刺伤。皮革：指人的皮肤。

⑨箴：同“针”。

⑩诽誉：毁谤和赞誉。

⑪高世：高超卓绝，超越世俗。

【译文】

民众没有廉耻之心，是不能够被治理的。不修治礼义，廉耻的观念就不能树立起来。民众不知道礼义，法律也不能端正他们。不崇敬美善废弃丑恶，就不会向往礼义。没有法律就不能治理，不知道礼义就不能推行法律。法律能处死不孝的人，但不能让人具有孔子、墨子的高尚品行；法律能处罚盗窃的人，但不能让人具有伯夷的廉洁。孔子教养弟子三千人，都是进了家门就孝顺父母，出了家门就顺从兄长，言谈具有文采，行为可为表率，这也是教育所达到的效果。墨子的弟子一百八十人，都可以让他们冲入火海、踏上刀刃，死也不回头，这是教化所养成的。用刀刻划肌肤，用锐器刺破皮肤，受伤不断流血，对人来说是大的灾难了，但是南方的越国人却去做，以此来求得荣耀。越人用针刺在皮肤上，刺出龙形花纹。圣明的君王处在高位，明示好恶指示百姓，衡量毁谤赞誉来引导他们，亲近贤人而任用他们，鄙视不贤而屏退他们，没有受伤流血的担忧，而拥有高超绝世、尊贵显荣的名声，民众还有谁不跟从他们呢？

古者法设而不犯，刑措而不用[①]，非可刑而不刑也。百工维时，庶绩咸熙[②]，礼义修而任贤得也[③]。故举天下之高以为三公[④]，一国之高以为九卿[⑤]，一县之高以为二十七大夫[⑥]，一乡之高以为八十一元士[⑦]。各以小大之材处其位，得其宜，由本流末[⑧]，以重制轻，上唱而民和[⑨]，上动而下随，四海之内，一心同归，背贪鄙而向义理[⑩]。于其以化民也，若风之摇草木，无之而不靡[⑪]。今使愚教智，使不肖临贤，虽严刑罚，民弗从者，小不能制大，弱不能使强也。故圣主者举贤以立功，不肖主举其所与同。文王举太公望、召公奭而王，桓公任管仲、隰朋而霸，此举贤以立功也；夫差用大宰嚭而灭[⑫]，秦任李斯、赵高而亡，此举所与同也。故观其所举，而治乱可见也；察其党与，而贤不肖可论也。

【注释】

①措:设置。

②百工维时,庶绩咸熙:见《尚书·尧典》。百工,百官。维时,按时。庶,众多。绩,事功。熙,兴。

③得:通“德”。

④高:高才,指贤德之人者。三公:古代中央三种最高官衔的合称。周以太师、太傅、太保为三公。

⑤九卿:中央行政官员的合称。

⑥大夫:古代职官名。

⑦元士:周代称天子之士为元士。按,《礼记·昏义》曰:“天子立六官、三公、九卿、二十七大夫、八十一元士。”

⑧末:末梢,不重要的或非根本的。

⑨唱:发起,倡导。

⑩贪鄙:贪婪卑鄙。义理:合于一定的伦理道德的行事准则。

⑪靡:倒下。

⑫大宰嚭(pǐ):春秋时吴国大臣。姓伯,别姓郤,名嚭。

【译文】

古代设立法规而百姓不去触犯,设置刑罚而不去使用,不是能够使用刑罚而不去使用。百官都能干好分内之事,众多功绩都可以建成了,这是修治礼义而任用贤人所达到的效果。所以举荐任用天下的高才担任三公,一国的高才担任九卿,一县的高才担任二十七大夫,一乡的高才担任八十一元士。各自凭借大小不同的才能处在自己的位置,获得合适安排,这样从根本延伸到末梢,用重的控制轻的,君上倡导而百姓应和,君主行动而臣下追随,四海之内,意念归往一处,背离贪婪卑鄙之心而趋向义理。在那样的教化百姓的行动中,就像疾风吹动草木,不管吹向何方都会倒下。如今让蠢人去教聪明人,让不贤的人居高临下对待贤人,即使施用更严酷的刑罚,百姓也不会服从,是因为小不能控制大,弱不能使唤强。所以圣明的君主举用贤人来建立功业，不贤的君主举用跟自己志趣相同的人。周文王举用太公望、召公奭而称王，齐桓公任用管仲、隰朋而称霸，这是举用贤人而建立了功业；吴王夫差任用伯嚭而被灭国，秦朝任用李斯、赵高而灭亡，这是举用和自己相同的人的结果。所以观察他所举用的人，而太平混乱就可以看清了；观察他的同党，贤德还是不贤就可以论定了。

夫圣人之屈者，以求申也；枉者，以求直也。故虽出邪僻之道[①]，行幽昧之涂[②]，将欲以兴大道，成大功。犹出林之中，不得直道；拯溺之人[③]，不得不濡足[④]。夫观逐者于其反也，观行者于其终也。

【注释】

①邪僻：乖谬不正。

②幽昧：昏暗不明。

③拯溺：救援溺水的人。

④濡（rú）足：沾湿了脚。

【译文】

圣人屈己，是为了求得施展抱负；弯曲，是用来求得正直。所以即使处在邪僻之道，行走在昏暗不明的路途中，也是要振兴大道，成就大的功业。就好像出没在山林之中，不能有笔直的道路；救援溺水的人，不得不沾湿双脚。观察追赶的人要在相反的方向，观察行走的人要看他在终点的表现。

故百川并流，不注海者，不为川谷；趍行跗驰[①]，不归善者，不为君子。故善言归乎可行，善行归乎仁义。君子之过

足以为败；所树不足以为利，而所生足以为秽。愚者惑于小利，而忘其大害，不可以为法也。

【注释】

①苛峭：指刻薄严峻。

②大政：此指善政。

③贼：伤害。

④慝（tè）：恶，邪恶。

⑤原蚕：二蚕，即夏秋第二次孵化的蚕。再：两次。

⑥家老：一族或一家中的长者。

⑦殊器：不同的器用。

⑧跣（xiǎn）：赤脚。

⑨酌：舀取。

⑩害义：损害正道、正理。

⑪结言：指用言辞订约。

⑫聘纳：指以礼娶亲。古代婚有六礼，分别为纳采、问名、纳吉、纳征、请期、亲迎。聘指问名，纳指纳征，亦称纳币。取：同“娶”。

⑬绂绕（fú miǎn）：即绂冕，古时系官印的丝带及大夫以上的礼冠。引申为官服、礼服。绕，通“冕”。亲迎：古代婚礼六礼之一。新郎到女方家里亲自迎娶新娘回家。

⑭相司：互相侦察。司，通“伺”。

⑮辍：通“掇”，取。

⑯仇雠：仇敌，仇家。

⑰隟（xì）：同“隙”。

【译文】

地位高而道德博大的人百姓便会依从，从事大业而道德低下的人凶险。所以小的痛快妨害大义，小的恩惠妨害大道，小的巧辩妨害治理，刻薄严峻的法令伤害德行。善政法令不险恶，所以百姓容易遵循；最好的治理是宽大，所以百姓不互相伤害；最高的德行是朴实，所以百姓没有邪恶。二蚕一年中可以再抽丝一次，不是没有好处，但是王法禁止这样做，是因为危害桑树生长；家中老人吃与家人不同的粮食，用不同的器具烹煮，媳妇要赤脚登上厅堂，跪着盛汤，不是不耗费精力，但是不能省去，因为省去就损害正道；等待媒人订下婚约，按照六礼娶亲，穿戴礼服礼帽到女家亲迎，不是不麻烦，但是不能改变它，是用来防止淫乱的发生；让百姓居处互相督察，有犯罪可以互相告发，用来禁止奸邪，不是不可以采取，但是不能实行，是因为伤害邻里和睦之心，而造成敌对怨恨的情绪。以前有过先例，凿开一个孔穴裂出百个孔洞，栽下一棵树苗能产生千枝万叶的情形，凿成的孔穴不能带来便利，裂开的缝隙倒是能够产生破坏；栽种的树不足以带来利益，而所生出的枝叶倒是能够造成污秽。愚蠢的人被小利迷惑，而忘记大的祸害，不可以作为榜样。

故仁、智，人材之美者也。所谓仁者，爱人也；所谓智者，知人也。爱人则无虐刑矣，知人则无乱政矣，三代之所以昌也。智伯有五过人之材，智伯，美髯长大，一材也；射御足力，二材也；伎艺毕极，三材也；巧文辩惠①，四材也；强毅果敢②，五材也。而不免于身死人手者，不爱人也；齐王建有三过人之巧③，力能引强④，走先驰马，超能越高。而身虏于秦者，不知贤也。齐王建任用后胜之计⑤，不用淳于越之言。故仁莫大于爱人，智莫大于知人。二者不立，虽察惠捷巧⑥，不免于乱矣。

【注释】

①巧文：擅长文辞。辩惠：聪明而富于辩才。

②强毅：刚强坚定，有毅力。

③齐王建：战国时齐国末代国君，名建。

④引强：挽拉强弓。

⑤后胜：战国末年齐国大臣。

⑥察惠：聪明有智慧。

【译文】

所以仁德、智慧，是人人的美好品质。所说的仁者，就是关爱他人；所说的智者，就是能够知道他人。关爱他人那就没有残酷的刑罚了，知道他人那就没有混乱的政治了，这就是夏、商、周三代之所以昌盛的原因。智伯有五种过人的资质，智伯，胡须漂亮身材高大，这是第一种资质；射箭驾车力量足，这是第二种资质；多种技能都登峰造极，这是第三条资质；擅长文辞，聪明而富于辩才，这是第四条资质；刚强坚定，果决勇敢，这是第五种资质。而免不了死在他人之手，就是因为他不关爱百姓；齐王建有三方面过人的技艺，力量能够拉开强弓，跑步能领先奔马，超越能人越过高处。而自己被秦人俘虏，是因为不知道贤人。齐王建任用后胜的计策，不用淳于越的谏言。所以仁德没有比关爱他人更重大的了，智慧没有比知道人才更重要的了。这两方面如果不能确立，即使聪明智慧迅捷灵巧，也免不了要造成混乱。

卷四十二

盐铁论

【题解】

《盐铁论》是西汉桓宽根据西汉著名的“盐铁会议”记录整理而成的史书。

汉昭帝始元六年（前81），汉朝主政的大司马大将军霍光接受谏大夫杜延年的建议，征召各郡国推举的贤良文学聚集京城，与以御史大夫桑弘羊为首的政府官员共同讨论民生疾苦问题。这次会议上，贤良文学全面抨击了汉武帝时制定的政治、经济政策，要求废除盐铁、酒类等官营政策，恢复民间自由经济。桑弘羊等人则坚持官营政策，认为这有助于加强中央集权，维护国家稳定。结果双方展开了一场激烈的辩论，被称为盐铁之议。在这次争论中，双方对民间疾苦的原因、同匈奴的和战政策以及治国方略都有交锋。三十年后，桓宽根据会议记录整理而成《盐铁论》，全书共分六十篇，并标有题目。这部书是研究西汉经济史、政治史的重要史料。全书采用对话体的写法，语言简洁流畅，生动地再现了当时的辩论场景。反映了当时社会的政治和文化状况，为后世政治、经济、文化发展提供了历史借鉴。

明朝弘治年间的涂祯本是较好的版本，现代的参考版本有郭沫若的《盐铁论读本》和王利器的《盐铁论校注》等。

桓宽，字次公，西汉汝南（今河南上蔡）人。自幼修习《公羊春秋》。

宣帝时举为郎，后官至庐江太守丞。学识渊博通达，善于属文。

《群书治要》从《盐铁论》中节录了十二篇的十二段文字，共约三千字。节录部分均出自贤良文学之口。这十二段文字各自独立，又浑然一体，详细论述了明君与诤臣、德教与刑治、居安思危等重大问题。

行远道者假于车①，济江海者因于舟②。故贤士之立功成名，因于资而假物者也。公输子能因人主之材木以构宫室台榭③，而不能自为专屋狭庐④，材不足也。欧冶能因君之铜铁以为金炉大钟⑤，而不能自为壶鼎槃杅⑥，无其用也。君子能因人主之政朝以和百姓，润众庶⑦，而不能自饶其家，势不便也。故舜耕于历山，恩不及州里⑧；太公屠牛于朝歌⑨，利不及妻子。及其见用，恩流八荒⑩，德溢四海。故舜假之尧，太公因之周。君子能修身以假道者，不能枉道而假财也。

【注释】

①行远道者假于车：本段节录自《贫富》。节录部分描述了盐铁官营导致大家产生贪欲，表达了贤良文学派对盐铁官营政策的不满。指出“君子能修身以假道者，不能枉道而假财也”。假，凭借，借助。

②济：渡，渡水。因：依靠，凭借。

③公输子：即公输般，一作公输班，也称鲁班。春秋时著名工匠，鲁国人。相传发明木作工具，建筑匠师尊为祖师。台榭：泛指楼台等建筑物。台，高而上平的方形建筑物，供观察眺望用。榭，建在高台上的木屋，多为游观之所。

④专屋：犹专室，小室。狭庐：狭小简陋的房屋。

⑤欧冶：即欧冶子，春秋时工匠，以善铸剑名。

⑥槃：同“盘”，盘子。杅（yú）：盛浆汤或食物的器皿。

⑦润：滋润，施恩。众庶：众民，百姓。

⑧州里：古代二千五百家为州，二十五家为里。本为行政建制，后泛指乡里或本土。

⑨朝歌：古邑名。商代帝乙、帝辛（纣）别都，在今河南淇县东北。

⑩八荒：八方荒远之地。

【译文】

行远路的要借助车辆，渡江海的要依靠船只。所以贤士能够建立功勋、成就名声，是凭借自己的天赋而借助外物。公输子能凭借君主的木材建造宫室台榭，却不能自己建造一个狭小简陋的房屋，是因为他手头的木材不足。欧冶子能凭国君的铜铁来制作铜香炉和大钟，而不能给自己制作壶鼎盘盆，是因为他没有可用的铜铁。君子能凭借君主的朝政来和谐百姓，施恩给众多平民，而不能让自家富饶，是因为情势不许可。所以虞舜在历山耕种，恩泽到不了本乡；姜太公在朝歌宰牛，利益到不了妻子儿女那里。等到他们被任用，恩泽流通八方，德行充溢四海。因此虞舜借助唐尧，姜太公依靠周文王和周武王。君子能借助道义修养自身，不能违背道义来借助钱财。

扁鹊不能治不受针药之疾[①]，贤圣不能正不食善言之君。故桀有关龙逢而夏亡[②]，纣有三仁而商灭[③]。故不患无夷吾、由余之论[④]，患无桓、穆之听耳。是以孔子东西无所遇[⑤]，屈原放逐于楚国也[⑥]。故曰：“直道而事人，焉往而不三黜？枉道而事人，何必去父母之邦[⑦]？”此所以言而不见从，行不得合者也。

【注释】

①扁鹊不能治不受针药之疾：本段节录自《相刺》。所谓相刺，是大夫和贤良文学对面互相讽刺的记录。扁鹊：战国时期名医。姬姓，秦氏，名越人。渤海郡鄚（今河北任丘北）人。针药，针灸、药物。

②关龙逢：夏桀时贤臣，因多次向夏桀直谏而被囚禁杀害。

③三仁：指殷末之微子、箕子、比干三位仁人。

④由余：春秋时秦国大夫。祖先为晋人，逃亡入戎族。

⑤东西：东奔西走。遇：遇合，投合。指相遇而受到赏识。

⑥屈原：战国时楚国大臣、文学家。芈姓，字原，初任左徒、三闾大夫，力主改革政治。后遭谗言攻击，被流放江南，最终投汨罗江自杀。作有《离骚》《九章》《天问》《九歌》等篇，对后世文学有极大影响。

⑦"直道而事人"几句：见于《论语·微子》。

【译文】

扁鹊不能治疗那些针灸用药都不见效的疾病，圣贤不能纠正那些不接受直言劝谏的君主。因此夏桀有关龙逢这样的忠臣，但夏朝还是灭亡，商纣有微子、箕子、比干三位仁人，但商朝依然灭亡。所以不担忧没有管仲、由余的言论计谋，而是担忧没有齐桓公、秦穆公这样能听从意见的君主罢了。因此孔子东奔西走却没有遇到赏识自己的君主，屈原在楚国被放逐。所以说："按照正直之道事奉君主，到哪里不是屡次被罢免？按照邪曲之道事奉君主，何必要离开自己父母所在的国家？"这就是说建言而君主不听从，所作所为与人不合的原因啊。

古者笃教以导民①，明辟以正刑②。刑之于治，犹策之于御也③。良工不能无策而御④，有策而勿用也。圣人假法以成教⑤，教成而刑不施，故威厉而不杀⑥，刑设而不犯。今废其纪纲而不能张⑦，坏其礼义而不能防，民陷于罪，从而猎之以刑，是犹开其阑牢[8]，发以毒矢也，不尽不止矣。曾子曰："上失其道，民散久矣。如得其，则哀矜而勿喜[9]。"夫不伤民之不治而伐己之能得奸[10]，犹弋者睹鸟兽挂罻罗而喜也[11]。今天下之被诛者，不必有管、蔡之邪、邓晢之伪也[12]。孔子曰："人而不仁，疾之以甚，乱也[13]。"故民乱反之政，政乱反之身，身正而天下定。是以君子嘉善而矜不能[14]，恩及刑人，德润穷夫[15]，施惠悦尔，行刑不乐也。

【注释】

①古者笃教以导民：本段节录自《后刑》。后刑是说用刑在后，贤良不赞成一味依靠刑杀治国，而是主张用刑罚起到威慑作用，从而达到"威厉而不杀，刑设而不犯"的施政效果。笃教，竭诚于教化。

②明辟：明法，严明法律。明，严明。辟，刑法，法律。

③策：竹制的马鞭子。

④良工：泛称技艺高超的人，这里指驾车高明的车夫。

⑤成教：成就教化。

⑥威厉：威严。

⑦纪纲：这里指法度。

⑧阑牢：养牲畜的栏圈。

⑨"上失其道"几句：见于《论语·子张》。

⑩伐：夸耀，自夸。

⑪弋者：捕射鸟的人。罻（wèi）罗：捕鸟的网。鸟兽：偏指鸟。

⑫管：管叔，姓姬，名鲜。周武王弟，周公旦之兄。武王灭商后，封于管，和蔡叔、霍叔共同统治商代遗民，史称"三监"。蔡：蔡叔，姓姬，名度，周武王弟。邓晢：即邓析，春秋末郑国大夫，善口辩，操两可之说，设无穷之词。

⑬“人而不仁”几句：见于《论语·泰伯》。

⑭嘉善：指赞美善人。矜：哀怜。

⑮德润：德泽。穷夫：鄙贱之人。

【译文】

古时候圣人竭诚教化来引导民众，严明法律来端正刑罚。刑法对于治理，就像马鞭对于驾车。好的车夫不能没有马鞭去驾车，也不能有了马鞭而不去使用。圣人借助法律来完成教化，教化成功了，刑罚就不必施用，所以法令威猛严厉而不一定杀戮，刑罚设置就没有人敢违犯。如今废弃国家的法度而不能施张，破坏国家的礼义而不能防范，民众陷入法网，随后就抓捕他们并且入刑，这就像打开养牲口的栏圈，再射出毒箭，不杀尽就不停止。曾子说：“君上失去了治国的正道，百姓离心离德已经很久了。你如果能审出罪犯真情，就应当怜悯他们而不要窃窃自喜。”不去哀伤民众不能得到治理，反而夸耀自己能抓住奸邪，就好像捕鸟的人看见鸟闯入罗网而自喜一样。如今天下被诛杀的人，不一定有管叔、蔡叔的邪恶或邓皙的诈伪。孔子说：“一个人如果不仁，憎恨他太厉害，就会作乱。”所以民众作乱就要反思政事，政事乱了就要反思自身，自身端正了那么天下就会安定。因此君子赞美善人而哀怜无能之人，恩惠施及受刑之人，德行能润泽鄙贱之人，施舍恩惠是令人高兴的事，施行刑罚并不让人快乐。

周公之相成王也①，百姓饶乐②，国无穷人，非代之耕织也，易其田畴③，薄其税敛④，则民富矣。上以奉君亲⑤，下无饥寒之忧，则教可成也。《语》曰：“‘既富矣，又何加焉？’曰：‘教之。’⑥”“教之以德，齐之以礼”⑦，则民徙义而从善⑧，莫不入孝出悌，夫何奢侈暴慢之有乎⑨？管子曰：“仓廪实而知礼节，衣食足而知荣辱⑩。”故富民易与适礼。

【注释】

①周公之相成王也：本段节录自《授时》。授时，出自《尚书·尧典》："历象日月星辰，敬授人时。"即记录天时以告民，使知时令变化，不误农时。大夫和贤良双方都注意到天时对农业生产的影响。认为为政者应该"使民务时"，就是让农民适应和掌握自然规律来发展农业生产。相：给……当宰相。

②饶乐：富饶安乐。

③易：治，整治。田畴：围有界限的耕地，泛指田地。

④税敛：税收。

⑤君亲：君王与父母。

⑥"既富矣"几句：见于《论语·子路》。是孔子跟冉有的对话。

⑦教之以德，齐之以礼：见于《论语·为政》。教，原作"道"。

⑧徙义：向正义迁移。

⑨暴慢：凶暴傲慢。

⑩仓廪实而知礼节，衣食足而知荣辱：见于《管子·牧民》。仓廪，贮藏粮食的仓库。

【译文】

周公给周成王当宰相的时候，百姓富饶安乐，国家没有穷人，不是周公代替他们耕种纺织，而是教导民众整治耕地，减轻他们的赋税，那么民众就富足了。百姓对上可以事奉君主、父母，在下就没有饥寒之忧，这样教化就可以成功。《论语》中说："'已经富裕了，还要进一步做什么？'孔子说：'教化他们。'"而"用道德教导百姓，用礼制去规范他们的行为"，那么民众就会改变观念向往礼义追随美善，没有谁不是在家孝顺父母、出门尊敬兄长，这样哪里还会有什么奢侈、浪费、凶暴、傲慢的事呢？管子说："仓库装满粮食了，民众就会知道礼节；民众衣食富足了，就会知道荣辱。"所以富裕的民众容易向往礼义。

古者政得则阴阳调[①]，星辰理[②]，风雨时。故行修于内[③]，声闻于外；为之于下，福应于天[④]。周公在上而天下太平，国无夭伤，岁无荒年。当此时，雨不破块，风不鸣条[⑤]，旬而一雨必以夜[⑥]，无丘陵高下皆孰[⑦]。今不省其所以然，而曰阴阳之运也，非所闻也。《孟子》曰："野有死殍，不知收也；狗豕食人食，不知敛也。为民父母见饥而死，则曰'非我，岁也'。何异乎以刃杀之，则曰'非我，兵也'[⑧]？"方今之务，在除饥寒之患，罢盐铁，退权利[⑨]，分土地，趣本业[⑩]，养桑麻[⑪]，尽地力也。寡功节用[⑫]，则民自富。如是，则水旱不能忧，凶年不能累也。

【注释】

①古者政得则阴阳调：本段节录自《水旱》。水旱灾害严重威胁农业生产，文学从周公之时"雨不破块，风不鸣条"，说到欲"除饥寒之患"，在于"罢盐铁""分土地"。得，通"德"，德教，教化。

②星辰理：星辰按照既定轨道运行。

③行修：品行端正。

④福应：指预示幸福吉祥的征兆。应，顺应，感应。

⑤雨不破块，风不鸣条：形容和风细雨，旧时认为这是太平盛世的瑞应。

⑥雨必以夜：下雨一定是在夜间，不影响人们生活。

⑦孰：今作"熟"，指谷物成熟。

⑧"野有死殍（piǎo）"几句：见于《孟子·梁惠王上》。原文为："狗彘食人食而不知检，涂有饿莩而不知发，人死，则曰：'非我也，岁也。'是何异于刺人而杀之，曰：'非我也，兵也'？"殍，饿死的人。狗豕，犬与猪。常比喻行为恶劣或品行卑劣的人。

⑨权利：权势与财货。

⑩趣：通“促”，促使。本业：指农业。

⑪桑麻：桑树和麻。植桑饲蚕取茧和植麻取其纤维，为古代解决衣着的最重要的经济活动。也泛指农作物或农事。

⑫功：土功，指土木建筑等事项。

【译文】

古代政令有德教，就会阴阳调和，星辰遵循规律，风雨按季节产生。所以统治者德行修于身内，名声就传扬在外；对百姓行善，福报就会感应上天。周公率先垂范而天下太平，国家没有百姓夭折伤亡，年成没有饥荒之年。在这个时候，下雨不会损坏农田，刮风不会吹响树枝，十天下一次雨，下雨必定在夜间，不管丘陵还是山地高处低处的庄稼都能成熟。如今主管官员不领悟天灾发生的原因，而说什么是阴阳的运行，这是我前所未闻的。《孟子》上说：“田野里有饿死的人，不知道收殓埋葬；猪狗吃人吃的食物，不知道约束它们。作为民众的父母官，见到民众饿死，就说‘不是我的责任，是年成不好’。这跟用武器杀了人，却说‘不是我杀的，是武器’又有什么不同呢？”当今的事务，在于除去饥饿寒冷的祸患，废除盐铁官营，退还官营权利，分土地，促进农业生产，养蚕种麻，充分发掘土地的潜力。减少兴建工程而节省国家用度，那么民众自然会富足起来。如果做到这样，那么水旱灾害不用忧虑，灾年饥荒也不能连累民众的生活。

王者崇礼施德[①]，尚仁义而贱怪力[②]，故圣人绝而不言。孔子曰：“言忠信，行笃敬，虽之蛮貊，不可弃也[③]。”今万方绝国之君[④]，奉贽献见者[⑤]，怀天子之威德[⑥]，而欲观中国之礼，宜设明堂、辟雍以示之[⑦]，扬干戚[⑧]，昭《雅》《颂》以风之[⑨]。今乃以玩好不用之器、奇虫不畜之兽、角抵之戏[⑩]，炫耀之物陈夸之，殆与周公之待远方殊也。昔周公处谦让以交卑士，执礼德以下天下。故辞越裳之贽[11]，见恭敬之礼也。既与入文王之庙，是见大孝之礼也。目睹威仪干戚之容[12]，耳听升歌《雅》《颂》之声[13]，心充至德，欣然以归，此四夷所以慕义内附，非重译狄鞮来观猛兽熊罴也[14]。夫犀象兕虎[15]，南夷之所多也；驴骡馲驼[16]，北狄之常畜也。中国所鲜，外国贱之。南越以孔雀珥门户，昆山之旁以玉璞抵乌鹊[17]。今贵人之所贱，珍人之所饶，非所以厚中国而明盛德也。隋、和[18]，世之名宝也，而不能安危存亡。故喻德示威，唯贤臣良相，不在戎马珍怪也[19]。是以圣王以贤为宝，不以珠玉为宝。昔晏子修之樽俎之间[20]，而折冲乎千里[21]。不能者，虽隋、和满箧[22]，无益于存亡矣。

【注释】

①王者崇礼施德：本段节录自《崇礼》。崇礼，即尊崇礼仪。这是贤良文学对“礼治”的主张。施德，施行恩惠。

②怪力：指神怪、勇力之事。语出《论语·述而》：“子不语怪、力、乱、神。”

③“言忠信”几句：见于《论语·卫灵公》。原文为：“言忠信，行笃敬，虽蛮貊之邦，行矣。”笃敬，忠厚严肃。蛮貊（mò），古代称南方和北方落后部族。亦泛指四方落后部族。

④绝国：极远之地。

⑤贽（zhì）：见面礼。初次见人时所执的礼物。

⑥威德：声威与德行。

⑦明堂：古代天子朝会及举行封赏、庆典等活动的地方。辟雍：本为

西周天子所设大学，建筑呈圆形，围以水池，前门外有便桥。

⑧扬：挥舞。干戚：盾和斧。

⑨昭：明，此处指演唱。风：风化，感化。

⑩玩好：玩赏与爱好。不用：不为所用。角抵：古代一种技艺表演，类似现代的摔跤。

⑪越裳：古南海国名。

⑫威仪：古代祭享等典礼中的动作仪节和待人接物的礼仪。

⑬升歌：祭祀、宴会登堂时演奏乐歌。

⑭狄鞮（dī）：古代翻译西方民族语言的人。罴（pí）：熊的一种，也叫马熊、人熊。

⑮兕（sì）：犀牛一类的兽名。一说是雌犀；一说是独角犀。

⑯驼（tuō）驼：骆驼。

⑰昆山：山名。即昆仑山为产玉之地。玉璞：未经琢磨的玉石。抵：投掷。

⑱隋、和：即隋侯珠、和氏璧，都是著名珍宝。传说古代隋国姬姓诸侯见一大蛇受伤，以药敷之而愈。后来这条蛇就在江中衔明月珠来报德，所以叫隋侯珠，又称灵蛇珠。楚人卞和在荆山得到一块璞玉，先后献给厉王和武王，均被认为是普通的石头，卞和以欺君罪被砍断两足。文王即位，使人剖璞，果得夜光宝玉，因此得名和氏璧。

⑲戎马：一作“犬马”。珍怪：珍贵奇异之物。金玉为珍，诡异为怪。

⑳樽俎：盛酒和装肉的器具，代指宴席。

㉑折冲：使敌人的战车后撤，即制敌取胜。冲，冲车，战车的一种。

㉒箧（qiè）：小竹箱。

【译文】

君主尊崇礼仪而施行恩德，崇尚仁义而轻视怪异、勇力之事，所以圣人从不谈论这些。孔子说：“言谈忠实诚信，行为笃厚恭敬，即使在蛮荒落后部族那里，也不能丢弃这些品质。”如今天下极远之地的君主都捧着敬献的礼物，感怀天子的盛德，想来观看中国的礼仪，应该设置庆典祭祀的明堂、辟雍给他们看，举起盾和大斧跳武舞，演奏《雅》《颂》来感化他们。如今朝廷竟然用玩赏爱好而没有用的器物、稀奇古怪不能饲养的兽类以及摔跤之类的游戏，用这些炫耀的东西来向人展示，这恐怕和当年周公接待远方诸侯的方式不一样。从前周公用谦卑的态度来结交卑微的士人，用周礼来治理天下。所以辞谢越裳国送来的见面礼，体现了周公恭敬的礼仪。献礼完毕后，周公与越裳国君参拜文王之庙，以此让越裳国君主亲眼看见典礼活动中庄重的礼仪、手持盾斧的武舞，亲耳听到演唱《雅》《颂》乐歌的声音，心中充满至上的美德，高高兴兴地回去，这就是四方边远部族倾慕仁义而向内归附朝廷的原因，并不是通过重重翻译过来观看熊罴之类猛兽的。犀牛、大象、犀牛、老虎，是南方边远地区所常见的；驴、骡、骆驼，是北方边远地区常见的牲畜。中国所罕见的野兽牲畜，外国人却并不重视。南越人用孔雀羽毛插在门上，在昆山旁边人们用玉矿石击打鸟鹊。如今重视人家所轻贱的东西，珍视人家所丰饶的，不是提高中国地位、宣明君主盛德的方法。隋侯珠、和氏璧是世上著名宝物，却不能使国家转危为安、让灭亡的国家生存。所以宣扬德行显示威力，只有依靠贤明的臣子和优秀的宰相，而不在于犬马珍宝。因此圣明的君王把贤才当成珍宝，而不把珍珠美玉当成珍宝。从前晏子在宴席上展示礼仪，使千里之外敌军的战车折回。如果不能做到以礼服人，即使隋侯珠、和氏璧装满箱子，对于国家存亡也是没有任何益处的。

卫灵公当隆冬兴众穿池[①]。海春以谏曰[②]：“天寒百姓冻馁[③]，愿公之罢役也。”公曰：“天寒乎哉，寒乎哉？”海春曰：“人之言曰：‘安者不能恤危[④]，饱者不能食饥。’故余粱肉者[⑤]，难为言隐约[⑥]；处逸乐者，难为言勤苦。夫高堂邃宇、广厦洞房者[7]，不知专屋狭庐、上漏下湿者之痛也。系马百驷、货财充内、储陈纳新者[8]，不知有旦无暮、称贷者之急也；乘坚驱良、列骑成行者[9]，不知负担步行者之劳也；匡床荐席、侍御满侧者[10]，不知服辂挽船、登高绝流者之难也[11]；衣轻暖、处温室、载安车者[12]，不知乘长城、眺胡代、向清风者之危寒也[13]；妻子好合、子孙保之者[14]，不知老母之憔悴、匹妇之悲恨也[15]；耳听五音、目视弄优者[16]，不知蒙流矢、推敌方外之死亡也[17]；东向仗几、振笔而调文者[18]，不知木索之急、棰楚之痛也[19]。昔商鞅之任秦也，刑人若刈菅茅[20]，用师若弹丸[21]，从军旅者暴骨长城，戍漕者辎车相望[22]，生而往，死而还，彼独非人子耶？故君子仁以恕[23]，义以度[24]，所好恶与天下共之。"

【注释】

①卫灵公当隆冬兴众穿池：本段节录自《取下》。本篇贤良文学以卫灵公听取海春之谏为例，劝诫君主应体恤下民，"仁以恕，义以度，所好恶与天下共之"，方可成就"君子"。卫灵公，春秋卫国国君，姬姓，名元。隆冬，冬天最冷的时期，深冬。穿池，开凿水池。

②海春：一作宛春，春秋时期卫国大夫。

③冻馁：饥寒交迫。

④恤：体恤，怜悯。

⑤粱肉：以粱为饭，以肉为肴。指精美的饭食。

⑥隐约：穷困。

⑦邃宇：深广的屋宇。广厦：高大的房屋。洞房：幽深的内室。

⑧系马：指在厩内系养的良马。百驷：四百匹马或四百辆车。驷，古

代一车套四马，故称四马为驷，亦称一车为驷。

⑨乘坚驱良：驾乘好车，驱赶良马，形容生活奢华。

⑩匡床：安适的床。一说方正的床。荐席：垫席。

⑪服辂（lù）：驾车。辂，古代的一种大车。挽船：用纤绳牵拉船只。挽，牵引。绝流：横流而渡。绝，横渡。

⑫安车：古代可以乘坐的小车。古车立乘，此为坐乘，故称安车。供年老的高级官员及贵妇人乘用。

⑬胡代：泛指北方。

⑭好合：夫妻和乐融洽。保，保养。

⑮匹妇：古代指平民妇女。

⑯五音：亦称“五声”。指中国五声音阶中的宫、商、角、徵、羽五个音级。这里代指音乐。弄优：等于说俳优，古代以乐舞谐戏为业的艺人。

⑰蒙：冒着，迎着。流矢：乱飞的或无端飞来的箭。距：通“拒”。方外：域外，边远地区。

⑱几：古人坐时凭依或搁置物件的小桌。振笔：奋笔，挥笔。调文：指咬文嚼字，卖弄辞藻。

⑲木索：刑具。木指三木，索即绳索，用以拘系犯人。棰楚：指鞭杖之类刑具。亦以称鞭杖之刑。

⑳刈（yì）：割取。菅（jiān）茅：茅草的一种。

㉑弹丸：弹弓发射泥丸、石丸、铁丸等。用以比喻轻易、随便。

㉒戍漕：水运边防军需品，这里指后勤运输。辎车：古代有帷盖的车子，既可载物，又可作卧车。

㉓仁以恕：仁爱而宽容。

㉔义以度：正义而揣度他人心理。

【译文】

卫灵公在严冬之际兴师动众，兴修池苑。海春劝谏说：“天气寒冷，百姓饥寒交迫,希望您停止劳役。”灵公说:“天寒冷吗?寒冷吗?”海春说:“有人说过:‘平安的人不会怜悯处境危难的人,吃饱的人不会给饥饿的人东西吃。’所以有余粮剩肉的人,很难跟他讲穷困;处境安逸快乐的人,很难跟他谈劳苦。住在高大厅堂、深广屋宇、宽广楼房和明亮房间的人,不会知道住在狭小简陋的房舍、上面漏雨下面潮湿者的痛苦。马厩里有几百匹好马、财货充满内库、储存旧谷接纳新谷的人,不知道吃了早饭没晚饭、依靠借贷为生的人的焦急;乘坐坚固的车辆驱赶良马、陈列的车骑排成行列的人,不会知道背负重担步行者的劳累;安适的床上铺着垫席、侍从站满身边的人,不会知道推车拉纤、攀登山路横渡激流者的艰难;身穿又轻又暖的衣服、居住在温暖的房屋里、乘坐着安车的人,不会知道登上长城守卫、眺望胡地边塞、迎着清冽北风者的危险寒冷;夫妻和乐融洽、子孙受到良好保养的人,不知道老母亲的憔悴、思妇的悲痛怨恨;耳朵听着美妙的音乐、眼睛看着乐舞谐戏艺人的人,不会知道那些冒着飞箭、拒敌于国门之外者的牺牲;面向东靠着几案、挥笔写公文的人,不会知道囚徒遭受刑具拘系的急迫、鞭刑杖刑的痛楚。从前商鞅在秦国执政,杀人如同割取茅草一样轻率,用兵如同用弹弓射出弹丸一样随意,从军作战的人尸骨暴露在长城脚下的荒野,后勤运输的重载大车车车相连望不到边,活着出去,死了回来,他们难道就不是父母生养的孩子吗?所以君子仁爱而宽容,正义而以理度人,所喜好的所厌恶的都与天下人相同。”

地广而不德者国危①,兵强而凌敌者身亡②。虎兕相搏,而蝼蚁得志③;两敌相抗④,而匹夫乘闲⑤。是以圣王见利虑害,见远存近⑥。

【注释】

①地广而不德者国危:本段节录自《击之》。击之的之指代匈奴。

这是围绕要不要抗击匈奴的侵扰，以保境安民的问题展开辩论。

②凌敌：侵犯敌人。

③得志：实现名利欲望的志愿。多含贬义。

④抗：原本作“机”，据陈遵默说校改。

⑤乘闲：趁机钻空子。闲，通“间”。

⑥存：存恤。

【译文】

土地广阔而不修德行的国家危险，兵力强大而欺凌敌人的人身遭伤亡。老虎与犀牛搏斗，蝼蛄蚂蚁得以实现其志；双方敌对抗衡，匹夫便会乘虚而入。因此圣明的君主，看见利益就要考虑害处，看得见遥远的未来也要关心近处的现在。

道径众[①]，民不知所由也；法令众，人不知所避也。故王者之制法也，昭乎如日月[②]，故民不迷；旷乎若大路[③]，故民不惑。幽隐远方[④]，折乎知之[⑤]；愚妇童妇，咸知所避，是故法令不犯而狱犴不用也[⑥]。昔秦法繁于秋荼[⑦]，而网密于凝脂[⑧]，然而上下相遁，奸伪萌生，有司治之，若救烂捌焦不能禁[⑨]。非网疏而罪漏，礼义废而刑罚任也。方今律令百有余篇，文章繁，罪名重，群国用之，疑惑或浅或深，自吏明习者不知所处[⑩]，而况愚民乎？律令尘蠹于栈阁[⑪]，吏不能遍睹，而况愚民乎？此断狱所以滋众而民犯禁滋多也。亲服之属甚众[⑫]，上杀下杀[⑬]，而服不过五[⑭]；五刑之属三千[⑮]，上附下附[⑯]，而罪不过五。故治民之道，务笃于教也。

【注释】

①道径众：本段节录自《刑德》。刑德，即刑法与德义，本篇所讨论的

实质上是关于“法治”和“礼治”的问题。贤良文学从儒家出发，认为要以德行教化天下，而非法治天下。道径，道路。

②昭：明白。

③旷：辽阔，宽大。

④幽隐：隐晦，隐蔽。

⑤折：判断，裁决。

⑥狱犴（àn）：亦作“狱豻”，牢狱。犴，古代乡亭一级基层单位监禁囚犯的地方。

⑦秋荼（tú）：荼至秋而繁茂，因以喻繁多。这里指繁多的刑罚。

⑧凝脂：凝固的脂油。因无间隙，比喻事之严密。多指法网。

⑨捌：同“扒”，破裂，分开。

⑩明习：明了熟习。

⑪尘蠹：被尘土污染，蠹虫蛀坏。形容陈旧破烂。栈阁：存放东西的屋子。

⑫亲服之属甚众：古代按照亲疏关系，将丧服分为斩衰、齐衰、大功、小功、缌麻五等。五服亲属人数众多。

⑬上杀（shài）下杀：以自己为基点，向上血缘关系越近，丧服越重，血缘关系越疏远，丧服越轻，依次减杀，叫做上杀。以自己为基点，向下推算，依次减杀丧服，叫做下杀。杀，原作附，据张敦仁说校改。

⑭服不过五：丧服不过五等。

⑮五刑：五种轻重不等的刑法。见于《孝经》，意谓五刑的细目有三千条。

⑯附：原作“杀”，据张敦仁说校改。

【译文】

道路众多，民众不知道该走哪一条路；法令繁杂，人们不知道如何避开惩罚。因此君主制定法令，应像日月一样昭著，所以民众不会分辨不清；应该像大路一样宽广，所以民众不会迷惑。无论是昏暗之处还是远处的人们，通过分析判断也能够知道；愚蠢幼稚的妇女，也全都知道如何避开惩罚，因此法令没有人触犯，监狱牢房空着不用。从前秦朝的法令比秋天的枯草还要繁多，而法网严密犹如凝固的油脂，但是官民上下互相欺瞒，欺诈作伪的事情层出不穷，主管官员治理这些，就像补救烂衣、扑灭烧焦之物，根本不能禁止。这不是法网疏漏而导致罪犯逃脱，而是荒废礼义而专任刑法的缘故。如今法律条令有一百多篇，条法律文繁杂，罪名设置很重，下面各诸侯国使用时，疑惑有律令的浅有的深，就连那些熟悉的官吏也不知道如何处理案件，何况是愚昧的民众呢？律令文件堆放在屋子里蒙上灰尘，被蠹虫蛀坏，官吏都不能全部看完，何况是愚昧的民众呢？这就是官员审理案件越多而民众中违犯禁令的人也越多的原因。五服亲属人数很多，无论上下减杀，但是丧服不过五等；五刑的法令有三千条，无论是向上比附还是向下比附，而判决的罪行不过五种。所以治理民众的方法，务必要厚于教化。

法能刑人而不能使人廉[①]，能杀人而不能使人仁。所贵良医者，贵其审消息而退邪气也[②]，非贵其下针石而钻肌肤也[③]。所贵良吏者，贵其绝恶于未萌[④]，使之不为非，非贵其拘之囹圄而刑杀之也[⑤]。今之所谓良吏者，文察则以祸其民[⑥]，强力则以厉其下[⑦]，不本法之所由生，而专己之残心，文诛假法，以陷不辜，累无罪，以子及父，以弟及兄，一人有罪，州里惊骇，十家奔亡，若痈疽之相漫[⑧]，色淫之相连[⑨]，一节动而百枝摇[⑩]。《诗》云："舍彼有罪，既伏其辜。若此无罪，沦胥以铺[⑪]。"伤无罪而累也。非患铫锄之不利[⑫]，患其舍草而芸苗也[⑬]；非患无准平，患其舍枉而绳直也[⑭]。故亲近为过不必诛，是锄不用也；疏远有功不必赏，是苗不养也。

故世不患无法，而患无必行之法也。

【注释】

①法能刑人而不能使人廉：本段节录自《申韩》。申韩就是申不害、韩非，二人都是法家代表人物，所以也经常代指法家。这一篇是关于“法治”和“礼治”问题的辩论。

②审：详察。消息：生息与衰减，泛指盛衰。邪气：中医指伤人致病的因素。

③针石：用砭石制成的石针。钻：刺。

④未萌：指事情发生以前。

⑤囹圄（líng yǔ）：监牢。刑杀：处以死刑。

⑥文察：根据法律条文苛察。

⑦强力：强制性运用权力。厉：残害。

⑧痈疽（yōng jū）：毒疮。

⑨色淫：好色淫乱。

⑩节：泛指植物的茎节，植物枝干交接之处。

⑪“舍彼有罪”几句：见于《诗经·小雅·雨无正》。辜，罪。沦，陷。胥，相。铺，遍。

⑫铫（yáo）：大锄，锄草翻地的农具。

⑬芸：通“耘”，除草。

⑭枉：不正，不直。绳：纠正。

【译文】

法令能给人施加刑罚但不能让人廉洁，能够判人死刑而不能让人变得仁义。人们之所以看重医术高明的医生，是看重他能准确把握脉象的阴阳盛衰而祛除疾病的邪气，而不是看重他用石针刺激肌肤穴位。人们之所以看重贤能的官吏，是看重他能在邪恶尚未萌生之前就斩断它，使人不能为非作歹，而不是看重他能把罪犯拘禁在监牢而处以死刑。如今所说的贤能官吏，根据法律条文苛察而加祸于民众，使用暴力残害下属，行事不根据立法的本意，而专擅自己残害他人之心，深文周纳，假借法令条文，来陷害无罪民众，牵连诸多无罪的亲属，儿子牵连父亲，弟弟牵连兄长，一人有罪，一州一里都为之惊骇，十户人家为之逃亡，就像毒疮持续溃烂，好色奸淫互相影响，一个茎节牵动百根枝条摇荡一样。《诗经》说道："放任那些有罪的人，让他们的罪行得以隐藏。相反这些无罪的人，一个牵连一个陷入痛苦。"这是哀伤无罪的人受到牵连啊。不是担忧锄头不锋利，而是担忧放任杂草不锄却去锄禾苗；不是担忧没有测量平面的准平，而是担忧舍弃曲木而纠正直木。所以亲近的人有了过失不坚决诛罚，相当于有锄头而不用；关系疏远的人有功劳不坚决给予赏赐，相当于禾苗得不到养育。所以世上不担忧没有法令，而是担忧没有坚决执行的法令。

古者周其礼而明其教[①]，礼周教明，不从者，然后等之以刑[②]。刑罚中[③]，民不怨矣。故舜施四罪而天下咸服[④]，诛不仁也。轻重各伏其诛，刑必加而无赦，赦维疑者。若此，则世安得不轨之人而罪之乎？今废其德教而责之礼义，是虐民也。《春秋传》曰："子有罪，执其父；臣有罪，执其君。听失之大者也[⑤]。"今以子诛父，以弟诛兄，亲戚相坐[⑥]，什伍相连[⑦]，若引根本而及华叶[⑧]，伤小指而累四体也。如此，则以有罪反诛无罪。反诛无罪，则天下之无罪者寡矣。故吏不以多断为良，医不以多刺为工。子产杀一人，刑二人，道不拾遗，而民无诬心[⑨]。故为民父母，似养疾子，长恩厚而已。自首匿相坐之法立[⑩]，骨肉之恩废，而刑罪多矣。闻父母之于子，虽有罪犹匿之，其不欲服罪尔。子为父隐[⑪]，父为子隐，未闻父子之相坐也。闻兄弟能缓追以免贼[12]，未闻兄弟之相坐也。闻恶恶止其人[13]，疾始而诛首恶[14]，未闻什伍而相坐也。

【注释】

①古者周其礼而明其教：本段节录自《周秦》。周、秦两代相继，但秦变周制，实行法治。儒家代表抨击秦朝实行严刑酷法，其目的是攻击汉武帝推行的法治。

②等：按照不同的等级。

③中：适中。

④四罪：指共工、驩兜、三苗、鲧四凶之罪。

⑤“子有罪”几句：见于《春秋公羊传·成公十六年》。

⑥相坐：指一人犯法，株连其他人一同治罪。

⑦什伍：古代户籍编制，五家为伍，十户为什，相联相保。

⑧华：同“花”。

⑨诬：欺骗。

⑩首匿：指主谋藏匿罪犯。

⑪子为父隐：儿子为父亲隐瞒劣迹。语出《论语·子路》：“父为子隐，子为父隐，直在其中矣。”

⑫兄弟能缓追以免贼：事见《汉书·邹阳传》：“庆父亲杀闵公，季子缓追免贼，《春秋》以为亲亲之道也。”说的是春秋时鲁国庆父杀人后奔逃，其弟季友纵而不追，以免其贼乱之罪的故事。免贼，免除伤害。

⑬恶恶（wù è）止其人：语出《春秋公羊传·昭公二十年》：“恶恶止其身，善善及子孙。”恶恶，憎恨邪恶之人。

⑭首恶：元凶，罪魁祸首。

【译文】

古时候周密地规定礼仪、明确地实施教化，还有不服从的人，就按照不同的程度施加刑罚。刑罚适中，民众不会怨恨。所以虞舜对四大罪人实施刑罚，天下人都为之信服，因为诛讨的是不仁之人。情节无论轻重都各自服从处罚，坚决实施刑罚而没有赦免，只赦免证据不足的疑犯。如果能做到这样，那么世上哪里还有不法之人而对他们定罪处罚呢？如今废除德教而以礼义苛责百姓，这是虐害民众。《春秋公羊传》说："如果儿子有罪，就拘捕他的父亲；臣子有罪，就拘捕他的国君。这就是听理诉讼案件上最大的失误。"如今因为儿子诛罚父亲，因为弟弟诛罚哥哥，亲戚一人有罪而连累他人，十家五家互相连坐，这就像拔起树木根本而累及花朵枝叶，伤害小指头而连累四肢身体一样。这样的话，就会因一人有罪而诛罚无罪的亲戚和邻居。反过来诛罚无罪之人，那么天下无罪的人就很少了。所以官吏不能凭借多审判诉讼案件而成为好官，医生不能凭借针灸多就算良医。子产杀死一个罪人，对两个罪人施刑，于是出现了路不拾遗的景象，而民众没有欺骗之心。所以作为老百姓的父母官，要像对待有病的儿子一样，更多地施予恩惠罢了。自从汉家设置主谋藏匿罪犯互相连坐的法令，骨肉恩情废弃，而受刑判罪的增多了。听说父母对于儿子，即使有罪也还要藏匿他，这是不想受到牵连之罪罢了。只听说过儿子为父亲隐瞒劣迹，父亲为儿子隐瞒劣迹，没听说过父子之间互相牵连。听说兄弟之间追逃缓慢以免被捕的，没听说过一人有罪互相连坐的。听说厌恶恶人只限于本人，痛恨始作俑者而惩治为首作恶的，没听说过十家五家互相连坐的。

纣为炮烙之刑[①]，而秦有收孥之法[②]。赵高以峻文决罪于内[③]，百官以峭法断割于外[④]，死者相枕席[⑤]，刑者相望[⑥]，百姓侧目重足[⑦]，不寒而栗[⑧]。方此之时，岂特冒火蹈刃哉？然父子相背，兄弟相嫚[⑨]，至于骨肉相残，上下相杀，非刑轻而罚不必，令太严而仁恩不施也。故政宽则下亲其上，政严则臣谋其主。晋厉以幽[10]，二世以弑[11]，恶在峻法之不犯[12]，严家之无格虏也[13]？圣人知之，是以务和而不务威。故高皇帝约秦苛法[14]，以慰怨毒之人[15]，而长和睦之心，唯恐刑之重而德之薄也。是以恩施无穷[16]，泽流后世。商鞅、吴起以秦、楚之法为轻而累之[17]，上危其主，下没其身[18]，或非特慈母乎？

【注释】

①纣为炮烙之刑：本段节录自《周秦》。炮烙，相传是殷纣王所用的一种酷刑。

②收孥（nú）：亦作“收帑”。古时一人犯法，妻子连坐，没为官府奴婢。孥，妻子儿女。

③赵高：秦朝二世皇帝时丞相。峻文：指苛细的法令条文。

④峭法：严峻的法令。断割：裁决。

⑤枕席：同“枕藉”，物体纵横相枕而卧。

⑥相望：互相看见，形容接连不断。极言其多。

⑦侧目：斜着眼睛看人。形容愤恨。重足：叠足不前。形容非常恐惧。

⑧不寒而栗：不冷而发抖，形容非常恐惧。栗，通“慄”，因畏惧而发抖。

⑨嫚（màn）：轻慢，侮辱。

⑩晋厉：即晋厉公，名寿曼。曾西败秦，南败楚，威震诸侯，前573年杀郤至、郤锜、郤犨，旋为栾书、中行偃二卿所杀。幽：囚禁。

⑪二世：即秦二世，姓嬴，名胡亥，前209年，陈胜吴广起义，不久被赵高逼迫自杀。

⑫恶：通“乌”，哪里。峻法：严酷的法令。

⑬严家：家规严厉的人家。格虏：强悍不驯的奴仆。

⑭高皇帝约秦苛法：见《史记·高祖本纪》载，刘邦入关后谕告民众："与父老约，法三章耳；杀人者死，伤人及盗抵罪。"

⑮怨毒：极端仇恨。

⑯恩施：施恩，恩赐。

⑰累：积累加重。

⑱没：通"殁"，死。

【译文】

纣王设立了炮烙酷刑，而秦朝有收录罪人妻子儿女为官府奴婢的法令。赵高在朝廷上用严峻的法令定罪，官员们在朝廷外用酷法裁决，被杀之人相互枕藉，受刑的人多得相望于道，百姓侧目而视，重足而立，恐惧得发抖。那个时候，难道仅仅是冒着烈火踩踏刀锋吗？但是父子互相背弃，兄弟互相侮辱，以至于骨肉互相残害，君臣互相杀戮，不是刑法太轻而是惩罚不坚决，是法令太严酷而不实施仁爱恩德的缘故。所以政治宽松那么臣下亲近君上，政治苛严就会导致民众谋害其主。晋厉公被大夫囚禁而死，秦二世被赵高杀害，哪里能说严酷的法令下就无人犯罪，严厉的家中就没有强悍不训的奴仆呢？圣人知道这些，因此务求和谐而不求威严。所以汉高祖简化秦朝苛刻的法令，来安慰对朝廷怨恨的民众，来培养民众的和睦之心，唯恐刑罚太重而德行太弱。所以施恩没有穷尽，恩惠流于后世。商鞅、吴起认为秦、楚的法令太轻而增设法令，对上危害君主，对下殃及自身，这或许不是慈母不教育孩子而导致的吧？

民之仰法[①]，犹鱼之仰水。水清则静，浊则扰。扰则不安其居，静则乐其业。乐其业则富，富则仁生，赡则争止[②]。是以成、康之世[③]，赏无所施，法无所加。非可刑而不刑，民莫犯禁也；非可赏而不赏，民莫不仁也。若斯则吏何事而可理乎？今之治民者，若拙御之御马也④，行则顿之⑤，止则击之⑥，身创于棰⑦，吻伤于衔⑧，而求其无失，何可得也？故疲马不畏鞭棰，疲民不畏刑法。虽增而累之，其有益乎？

【注释】

①民之仰法：本段节录自《诏圣》。所谓诏圣，就是诏告圣人之道。旨在批判法令严苛导致社会混乱。仰，依赖。

②赡：富足。

③成、康之世：指西周初周成王姬诵、周康王姬钊统治期间出现的治世。

④拙御：笨拙的车夫。御马：驾驭马匹。

⑤顿：使停顿。

⑥击：用马鞭击打。

⑦棰：鞭子，马鞭。

⑧吻：嘴角。衔：马嚼子。

【译文】

民众依赖法律，就像鱼依赖水一样。水清鱼就安静，水浑浊鱼就纷乱。民众纷乱那就不能安定地生活，清静就会快乐地从事自己的本业。快乐地从事本业就会富裕，富裕就会产生仁爱，富足就会停止纷争。因此周成王、周康王时期的治世，想赏赐无所施行，法令也没有施加的对象。不是可以判刑而不判刑，而是民众没有谁违犯禁令；不是可以赏赐而没有赏赐，而是民众没有谁不仁爱。像这样，官吏还有什么事情需要处理呢？如今治理民众的官员，就像笨拙的车夫驾驭马匹，行驶时却要马匹停顿，马停下来时就要鞭打它，马身上被鞭子打伤，马嘴被马嚼子勒破，在这样的情况下却要求马没有失误，哪里能够做到呢？所以疲惫的马不怕鞭打，疲倦困顿的民众不怕刑法。即使惩罚增加，难道还有益处吗？

古者明其仁义之誓[①]，使民不逾。不教而杀，是虐民也[②]。与其刑不可逾，不若义之不可逾也。闻礼义行而刑罚中，未闻刑罚任而孝悌兴也。高墙狭基[③]，不可立也；严刑峻法，不可久也。二世信赵高之计，深督责而任诛断[④]，刑者半道[⑤]，死者日积。杀人多者为忠，敛民悉者为能[⑥]，百姓不胜其求，黔首不胜其刑[⑦]，海内同忧，而俱不聊生[⑧]。故过任之事[⑨]，父不得于子；无已之求，君不得于臣。知死不再，穷鼠啮狸[⑩]，匹夫奔万乘[⑪]，舍人折弓[⑫]，陈胜、吴广是也。闻不一期而社稷为虚[⑬]，恶在其能长制群下，而久守其国也？

【注释】

①古者明其仁义之誓：本段节录自《诏圣》。

②虐：残害。

③高墙狭基：指在狭窄的地基上建筑高墙。

④督责：督察责罚，督促责备。诛断：诛杀。

⑤半道：指占了一半道路。

⑥敛民悉者：指尽力征收民众财物。

⑦黔首：古代称平民，老百姓。

⑧聊生：赖以生活。

⑨过任：超过自己的能力。

⑩穷鼠啮狸：犹言困兽犹斗。老鼠被逼得走投无路也会咬猫。比喻人被迫过甚，虽力不敌，亦必反抗。

⑪奔：奔向。

⑫舍人折弓：郑国国君子阳为人暴虐，常爱惩罚人。舍人中有人弄断了弓，因恐被子阳诛杀，便先杀了子阳。事见《吕氏春秋·适威篇》："子阳极也，好严，有过而折弓者，恐必死，遂应猘狗而弑子

阳，极也。”舍人，古代豪门贵族家里的门客。

⑬期：一年。虚：废墟。

【译文】

古时候宣明君主仁义的誓约，让民众不能违反。不经过教育就诛杀，这是残害民众。与其让刑法不可违反，不如让任义不可违反。听说礼义施行而刑罚适中，没听说过刑罚任意施行而让孝悌之风兴起。在狭窄的地基上修建高墙，不可以立住；用严峻苛刻的刑法治国，不可以长久。秦二世听信赵高的计谋，深入进行督察责罚而且任用诛杀，道路上有一半的人都受过刑，被处死的人日益增多。官吏以多杀民众为忠，以尽力征收民众财物为能，百姓承受不了他们的苛求，平民受不了朝廷的酷刑，天下民众共同忧虑，都无法生存下去。所以超过能力的事情，父亲不能得到儿子的帮助；没有止境的要求，君主不能得到臣子的尽忠。知道不能第二次死去，陷入困境的老鼠啃咬野猫，平民百姓也会奔向皇帝与他拼命，食客舍人也敢于反抗杀死主人，陈胜、吴广就是这样的人。听说不到一年，秦朝的社稷就成为废墟，哪里能够长期统治臣下，长久守住他的国家呢？

新序

【题解】

《新序》是刘向采集舜禹至汉代之间的史实逸闻，并分类编纂而成的一部历史故事汇编。原本有三十卷，但至北宋初仅存十卷。后经曾巩搜辑整理，仍厘为十卷。主要包括《杂事》五卷，《刺奢》一卷，《节士》一卷，《义勇》一卷，《善谋》二卷。材料多采自《吕氏春秋》《韩诗外传》《荀子》《庄子》《韩非子》、“春秋三传”、《国语》《战国策》《史记》等，其中有些是摘抄，有些则出于刘向的“弃取删定”，因此与这些史书所记史事颇有出入。书中包含166个条目，涉及政治、伦理、道德、哲学等多个方面。通过讲述古人的故事，展现了各种道德观念、政治理念和社会风尚，对后世产生了深远的影响。该书的思想基础是儒家学说，尤其强调统治者必须为人正直，要多听取民众意见和留心贤能和有德之士。

刘向（约前77—前6），本名更生，字子政，沛县（今属江苏）人。西汉经学家、版本目录学家、文学家。汉高祖刘邦之弟楚元王刘交四世孙、刘歆之父。宣帝时，为散骑大夫给事中。元帝时，任宗正。因弹劾外戚宦官专权下狱，不久获释。后又以反对弘恭、石显下狱，免为庶人。成帝即位后，得以进用，任光禄大夫，改名为“向”，官至中垒校尉。刘向曾受命整理皇家图书，并在此过程中编写了我国第一部图书分类目录《别录》，为我国目录学之祖。另有《说苑》《列女传》，据《汉书·艺文志》

载，刘向有辞赋三十三篇，今仅存《九叹》一篇。此外，他还对《尚书》《礼记》等经典进行了重新编订和注释，为后人对这些经典的理解和研究提供了重要的帮助。

《群书治要》摘录《新序》三十章，均与治理国家有关，如以民为本、明辨忠奸、礼贤下士、赞扬忠勇、贬斥奢侈荒淫等。特别是君臣之间的关系，认为既不能"为人臣而侮其主"，更不能"为人君而侮其臣"，仁君才有直臣。

楚文王有疾[①]，召令尹曰："常侍筦苏与我处[②]，常劝我以义。吾与处不安也，不见不思也。虽然，吾有得也，其功不细，必厚爵之。申侯伯与我处[③]，常纵恣吾[④]。吾所乐者，劝吾为之；吾所好者，先吾服之。吾与处欢乐之，不见则戚[⑤]。虽然，吾终无得也，其过不细，必亟遣之[⑥]。"令尹曰："诺。"明日王薨[⑦]，令尹即拜筦苏为上卿[⑧]，而逐申侯伯出之境。曾子曰："人之将死，其言也善[⑨]。"文王之谓也。孔子曰："朝闻道，夕死可矣[⑩]。"于是以开后嗣[⑪]，觉来世[⑫]，犹愈没身不寤者也[⑬]。

【注释】

①楚文王有疾：本段节录自《杂事第一》。节录部分讲述楚文王临终辨别忠奸、赵简子与虎会辨才、翟黄指正魏文侯、祝简驳斥中行寅、楚昭奚恤义迎秦国使者、钟无艳讽齐王等小故事，告诫君主要尊贤礼士，禁欲戒奢，辨别忠奸，劝讽纳谏，以民为本，轻徭薄赋。楚文王，底本作"楚恭王"。卢文弨《群书拾补》谓为"文王"之误。《说苑·君道》即作楚文王，《吕氏春秋·长见》作荆文王。下文同改。楚文王，芈姓，熊氏，名赀，春秋早期楚国国君。

②常侍：官名，皇帝的侍从近臣。筦（guǎn）苏：姓筦名苏，又作“管苏”。

③申侯伯：又作申侯，楚文王的宠臣。楚文王死后出奔郑。

④纵恣：肆意放纵。

⑤戚：悲伤，忧伤。

⑥亟（jí）：急速，马上。遣：打发，送走。

⑦薨（hōng）：古代称诸侯或有爵位者死为“薨”。

⑧上卿：古官名，周制天子及诸侯皆有卿，分上中下三等，最尊贵者称为上卿。

⑨人之将死，其言也善：见于《论语·泰伯》。曾子，即曾参，字子舆，春秋末期鲁国南武城（今山东平邑）人，孔子的弟子，世称“曾子”。

⑩朝闻道，夕死可矣：见于《论语·里仁》。

⑪开：开启，启发。后嗣：指子孙后裔。

⑫来世：后世，后代。

⑬没身：终身。寤：醒悟，觉醒。

【译文】

楚文王病重，召见令尹说：“常侍筦苏跟我相处，常常用道义来劝谏我。我跟他相处很不安，见不到他也不想念。虽然如此，我是有收获的，他的功劳不小，一定要赐给他更高的爵位。申侯伯跟我相处，经常让我肆意放纵，我乐意做的，就鼓励我去做；我所喜好的，在我之前就去做。我跟他相处，感到很欢乐，见不到他就悲伤。虽然如此，我始终没有收获，他的过错不小，必须马上打发他走。”令尹说：“是。”第二天，楚文王去世，令尹当即就拜筦苏为上卿，而将申侯伯驱逐出境。曾子说：“人快要死的时候，他说的话也是善良的。”这就是说楚文王啊。孔子说：“早晨领悟了真理，就算晚上死去也值得。”用这样的话来启发子孙、警诫后世，比那些至死不悟的人要强得多。

赵简子上羊肠之坂[①]，群臣皆偏袒推车[②]，而虎会独担戟行歌[③]，不推车。简子曰："群臣皆推车，会独担戟行歌，是会为人臣侮其主。为人臣侮其主者，其罪何若？"对曰："为人臣而侮其主者，死而又死。"简子曰："何谓死而又死？"会曰："身死，妻子为徒，若是谓死而又死也。君既已闻为人臣而侮其主者之罪矣，君亦闻为人君而侮其臣者乎？"简子曰："何若？"会曰："为人君而侮其臣者，智者不为谋，辨者不为使[④]，勇者不为斗。智者不为谋，则社稷危[⑤]；辨者不为使，则使不通；勇者不为斗，则边境侵。"简子曰："善！"乃以会为上客[⑥]。

【注释】

①赵简子上羊肠之坂（bǎn）：本段节录自《杂事第一》。赵简子：即赵鞅，后名志父，谥号简。春秋后期晋卿。羊肠之坂，太行山上的坂道，萦曲如羊肠，故名。北起泽州（今山西晋城），南至怀州（今河南沁阳）。坂，同"阪"，山坡，斜坡。

②偏袒：解开衣袖裸露一臂。

③虎会：赵简子家臣。戟：古代兵器名。合戈、矛为一体，略似戈，兼有戈之横击、矛之直刺两种作用。行歌：边行走边歌唱，借以发抒自己的感情。

④辨：通"辩"。

⑤社稷：古代帝王、诸侯所祭的土神和谷神。借指国家。

⑥上客：上等门客。春秋战国时代，根据门客的见识、能力，把门客分为若干等级，给予不同待遇。上客就是享受最高待遇的门客。

【译文】

赵简子登上羊肠坂，群臣都解开衣袖裸露一臂给他推车，只有虎会扛着戟边走边唱歌而不推车。简子说："臣子们都为我推车，只有你虎会扛着戟边走边唱，这是虎会作为臣子侮辱他的君主。作为臣子却侮辱他的君主，该当何罪？"虎会回答说："作为臣子而侮辱他的君主，就要死上加死。"简子说："什么叫死上加死？"虎会说："他本人要被处死，妻子孩子也要被处死，像这样就叫死上加死。您已经听说作为臣子而侮辱他的君主的罪责了，那您也听说过作为君主而侮辱他的臣子的吗？"简子说："那会怎么样？"虎会说："作为君主而侮辱臣子，有智谋的人不会为他谋划，善辩的人不会为他出使，勇士不会为他作战。有智谋的人不为他谋划，那么江山社稷就会陷入危险；善辩的人不为他出使，那么国与国之间就不会互通使节；勇士不为他作战，那么边境就会受到侵略。"简子说："说得好！"于是就尊虎会为上等门客。

魏文侯与大夫坐[①]，问曰："寡人何如君也？"群臣皆曰："君，仁君也。"次至翟黄[②]，曰："君，非仁君也。"曰："子何以言之？"对曰："君伐中山[③]，不以封君之弟而以封君之长子，臣以此知君之非仁君也。"文侯怒而出之。次至任座[④]，文侯问曰："寡人何如君也？"任座对曰："君，仁君也。"曰："子何以言之？"对曰："臣闻之，其君仁者其臣直，向翟黄之言直，臣是以知君仁君也。"文侯曰："善！"复召翟黄。

【注释】

①魏文侯与大夫坐：本段节录自《杂事第一》。魏文侯，姬姓，魏氏，名斯，战国时期魏国的建立者。尝师从子夏、田子方等，其所任将相使魏日益富强，为战国初期强国。

②翟黄：一作"翟璜"，战国时魏相，魏国下邽人。在魏国的政治改革与对外战争中发挥过重要作用，使魏国一跃成为强国。后来遭

到魏成子排挤，遂退出政治斗争。

③中山：古国名，春秋末年鲜虞人所建，在今河北灵寿至唐县一带，后为赵所灭。

④任座：魏之贤臣，文侯时为大夫，武侯时为相。

【译文】

魏文侯跟大夫们坐在一起，问道："我是个什么样的君主？"臣子们都说："国君是仁德的君主。"轮到翟黄，翟黄说："您不是仁德的君主。"魏文侯说："你为什么这样说？"翟黄回答说："您讨伐中山国，不封给您的弟弟，却封给您的长子，我因此知道您不是仁德的君主。"文侯大怒，将他驱逐出去。按次序轮到任座，文侯问道："我是个什么样的君主？"任座回答说："您是仁德的君主。"魏文侯说："你为什么这样说？"任座回答说："我听说，如果君主有仁德，那么他的臣子就会正直，刚才翟黄的言论正直，我因此知道您是仁德的君主。"魏文侯说："说得好！"于是重新召回翟黄。

中行寅将亡①，乃召其大祝而欲加罪焉②，曰："子为我祝，牺牲不肥泽耶③，且斋戒不敬耶④？使国亡，何也？"祝简对曰："昔者吾先君中行穆子皮车十乘⑤，不忧其薄也，忧德义之不足也。今主君有革车百乘⑥，不忧德义之薄，唯患车之不足也。夫船车饰则赋敛厚⑦，赋敛厚则民怨谤诅矣⑧。且君苟以为祝有益于国乎？则诅亦将为损世亡矣⑨。一人祝之，一国诅之，一祝不胜万诅，国亡不亦宜乎？祝其何罪？"中行子乃惭。

【注释】

①中行（háng）寅将亡：本段节录自《杂事第一》。中行寅，即荀寅，

又称中行文子，荀吴之子。晋文公私置三军，改“军”为“行”，中行，即中军。荀林父曾任中行元帅，后以官名为姓氏。

②大祝：即太祝。《周礼·春官》宗伯之属有太祝，掌祭祀祈祷之事。

③牺牲：供祭祀用的纯色全体牲畜。肥泽：肉质肥美。

④斋戒：古人在祭祀之前，先改变日常的生活习惯，如沐浴更衣、独居素食戒酒、停止游乐等，表示虔诚。

⑤祝简：祝即太祝，简为其名。中行穆子：即荀吴，春秋晋人，荀偃之子。卒谥穆。皮车：古代用兽皮装饰的车，这里指兵车。

⑥革车：古代兵车的一种。一说革车即重车，相对轻车而言。

⑦赋敛：征收赋税。

⑧怨：怨恨。谤诅：非议、咒骂。

⑨损世：有损于世道。

【译文】

中行寅将要逃亡，召见他的太祝想要给他定罪名，说：“你为我向鬼神祈祷，是所用的牺牲不肥美呢，还是斋戒不虔诚呢？使我亡国，是为什么？”祝简回答说：“从前我们先祖中行穆子只有十辆战车，不担忧车少，只担忧道德信义不够。如今君主您有上百辆兵车，不担忧道德信义不足，只担忧战车不够。装饰车船那么征收赋税就多，征收赋税多那么民众就因怨恨而非议、诅咒了。况且您真的认为祝祷对国家有益吗？那么诅咒也会有损害，国家就将灭亡了。一个人祝祷，全国人诅咒，一人祝祷胜不过一万个诅咒，亡国不也是自然的吗？太祝又有什么罪过呢？”中行寅于是惭愧不已。

秦欲伐楚[①]，使使者往观楚之宝器[②]。楚王闻之，召令尹子西而问焉[③]，曰：“秦欲观楚之宝器，吾和氏之璧、随侯之珠[④]，可以示诸？”令尹子西对曰：“不知也。”召昭奚恤而问焉[⑤]，昭奚恤曰：“此欲观吾国得失而图之。宝器在贤臣，珠玉玩好之物，非宝之重者也。”王遂使昭奚恤应之。昭奚恤为东面之坛一[⑥]，为南面之坛四，为西面之坛一。秦使者至，昭奚恤曰：“君，客也，请就上位东面。”令尹子西南面，太宗子敖次之[⑦]，叶公子高次之[⑧]，司马子反次之[⑨]。昭奚恤自居西面之坛，称曰：“客欲观楚之宝器，楚国之宝者，贤臣也。理百姓、实仓廪[⑩]，使民各得其所[⑪]，令尹子西在此；奉珪璧、使诸侯、解忿悁之难、交两国之欢[⑫]，使无兵革之忧[⑬]，太宗子敖在此；守封疆、谨境界、不侵邻国、邻国亦不见侵[⑭]，叶公子高在此；理师旅、整兵戎、以当强敌、提枹鼓以动百万之众[⑮]，所使皆趣汤火、蹈白刃、出万死不顾一生[⑯]，司马子反在此；怀霸王之余议、摄治乱之遗风[⑰]，昭奚恤在此。唯大国之所观。”秦使者瞿然无以对[⑱]。使者反，言于秦君曰：“楚多贤臣，未可谋也。”遂不伐楚。

【注释】

①秦欲伐楚：本段节录自《杂事第一》。秦，诸侯国名。秦襄公始立国，至秦孝公，日益富强，为战国七雄之一。传至秦始皇而统一中国。楚，诸侯国名。战国时七雄之一。熊绎受封于周成王，立国于荆山一带，都丹阳（今湖北秭归东南）。春秋战国时国势强盛，战国末，屡败于秦，公元前223年为秦所灭。

②宝器：泛指珍贵的器物。

③子西：芈姓，熊氏，名申，又称公子申。楚昭王庶兄。

④和氏之璧：据说是楚人和氏（卞和）得玉璞楚山中。历经厉王、武王、文王而得宝，于是命名为和氏之璧。随侯之珠：春秋战国时期随国的珍宝，也称为随珠，与和氏璧并称为春秋二宝。随，古国

名，在今湖北随县。

⑤昭奚恤：战国时楚宣王将，担任令尹。

⑥坛：高台。古代祭祀天地、帝王、远祖或举行朝会、盟誓及拜将的场所，多用土石等建成。

⑦太宗：古官名。即周之大宗伯。

⑧叶公子高：即沈诸梁，字子高，春秋时楚国人，沈尹戌子，楚大夫，封于叶，为叶尹，称叶公。

⑨司马：官名，周时为六卿之一，掌军旅之事。子反：即公子侧，春秋时楚庄王司马。

⑩仓廪：粮库。

⑪各得其所：指各人都得到满足。后指每个人或事物都得到恰当的位置或安排。

⑫珪（guī）璧：古代祭祀或朝聘时所用的一种玉器。忿悁（yuān）：怨怒，愤恨。

⑬兵革：兵器和甲胄的总称，泛指武器军备。此处指战争。

⑭封疆：境界，疆界。

⑮师旅：为古代军队编制，后用以指军队。兵戎：士兵。枹（fú）鼓：鼓槌与鼓。

⑯趣汤火：赴汤蹈火。趣，同“趋”。蹈白刃：踩着锋利的刀刃。

⑰议：通“义”，法则。遗风：前代或前人遗留下来的风教。

⑱瞿（jù）然：惊惧的样子。瞿，同“懼”，害怕。

【译文】

秦国想要进攻楚国，派使者前往楚国观看楚国国宝。楚王听到这个消息后，召见令尹子西，问他说：“秦国想要观看楚国的国宝，我的和氏璧、随侯珠，可以给他看吗？”令尹子西回答说：“臣不知道。”召见昭奚恤来问他，昭奚恤说：“这是想要观看我国政事的得失然后图谋利益。其目的不在于珍贵的宝器，而是想看楚国有没有贤臣，珍珠宝玉是供玩赏爱好的东西，不是重要的宝器。”于是楚王让昭奚恤应对秦国使者。昭奚恤修筑了一座面向东的坛，四座面向南的坛，一座面向西的坛。秦国使者来了，昭奚恤说：“您是贵客，请在东边上位就座。”令尹子西面向南，按次序排是太宗子敖、叶公子高、司马子反。昭奚恤自己在西面的坛上，称述说：“客人要观看楚国的国宝，楚国最为珍爱的是贤臣。治理百姓，充实粮库，让民众各得其所，有令尹子西在这里；捧着礼仪祭祀的珪璧，出使诸侯国，化解双方愤恨怨仇，建立两国友谊，使国家没有战争的忧患，有太宗子敖在这里；守卫疆界，严守国土边界，不侵扰邻国，也不被邻国侵扰，有叶公子高在这里；统率军队、整顿士兵，抵挡强敌，擂动战鼓来调动百万大军，率领的部下都能赴汤蹈火，踩着锋利的刀刃，万死不辞，不顾身家性命，有司马子反在这里；心怀天子霸主留下的法则，统摄先王治理混乱留下的教诲，有昭奚恤在这里。敬请大国使者观看。”秦国使者惊惧敬畏，无言以对。使者返回秦国，对秦国国君说：“楚国有很多贤臣，不可以打楚国的主意。”于是就不再进攻楚国。

昔者唐、虞崇举九贤[①]，布之于位，而海内大康，要荒来宾[②]，麟凤在郊[③]。商汤用伊尹[④]，而文、武用太公、闳夭[⑤]，成王任周、邵[⑥]，而海内大治，越裳重译[⑦]，祥瑞并降，遂安千载。皆由任贤之功也。无贤臣，虽五帝、三王不能以兴[⑧]。齐桓得管仲，有霸诸侯之荣；失管仲，而有乱危之辱[⑨]。虞不用百里奚而亡[⑩]，秦穆用之而霸。楚不用子胥而破，吴王阖庐用之而霸[⑪]。夫差非徒不用子胥也，又杀之，而卒以亡。燕昭王用乐毅[⑫]，推弱燕之兵，破强齐之仇，屠七十城，而惠王废乐毅[⑬]，变代以骑劫[⑭]，兵立破，亡七十城。此父用之，子不用，其事可见也。故阖庐用子胥而兴，夫差杀之而以亡；昭王用乐毅以胜，惠王逐之而以败，此的的然若白黑也[15]。秦不用叔孙通[16]，项王不用陈平、韩信而皆灭[17]，汉用之而大兴，此未远也。

【注释】

①昔者唐、虞崇举九贤：本段节录自《杂事第二》。节录部分主要讲述君主要任贤修德、礼贤下士、防止谗佞以及察纳善言、见微知著等。九贤，九位贤人。指尧舜时九官：禹、皋陶、契、后稷、伯夷、夔、龙、倕、益。

②要荒：古称王畿外极远之地。亦泛指远方之国。要，要服，古五服之一。古代王畿以外按距离分为五服。相传一千五百里至两千里为要服。荒，荒服，称离京师二千到二千五百里的边远地方。宾：服从，归顺。

③麟凤：麒麟、凤凰，传说中的神兽瑞禽。

④伊尹：商汤之贤相，为商朝立下大功。

⑤闳（hóng）夭：周文王的谋臣。辅助周武王灭商。

⑥周、邵：周公姬旦，邵（召）公姬奭。

⑦越裳：古南海国名。重译：辗转翻译。

⑧五帝：传说中的上古五位帝王。一般是指黄帝、颛顼、帝喾、唐尧、虞舜，说法不一。三王：指夏、商、周三代之君。

⑨乱危之辱：指在管仲去世后齐桓公任用易牙、竖刁、开方、常之巫等小人，致使齐国内乱。

⑩虞不用百里奚而亡：晋献公设计讨伐虞国和虢国，虞公不听宫子奇的建议，以致虞国灭亡。百里奚在虞国做大夫时，没有受到虞公的重用。虞，古国名。舜之先封于虞，故城在今山西平陆东北。秦穆，秦穆公，名任好，春秋五霸之一。

⑪阖庐：即吴王阖闾，姬姓，名光，又称公子光，春秋末期吴国君主。

⑫燕昭王：名平，一说名职。战国时燕国国君。

⑬燕惠王:战国末燕国国君,昭王子,为太子时与乐毅有隙。即位后使骑劫代毅为将,齐地尽失。在位七年,为其相公孙操所杀。

⑭骑劫:战国时燕将。乐毅伐齐,下齐七十余城。齐将田单纵反间于燕,燕惠王乃以骑劫代毅为将。田单乃设计懈燕军斗志,大败燕军,杀骑劫。

⑮的的然:分明的样子。

⑯叔孙通:秦汉之际薛(今山东滕州东南)人。秦时为博士,后初投依项梁,后降刘邦,任博士,号稷嗣君。汉朝建立,他同诸儒生共定朝仪。被任为奉常。

⑰项王:项羽。陈平:秦末阳武(今河南南阳)人,为人多智,初随魏王咎为太仆,归从项羽为都尉。楚汉战争中,投奔刘邦任护军中尉,献计刘邦。汉朝建立,封曲逆侯,惠帝、吕后时任丞相。韩信:淮阴(今江苏淮安)人,是西汉开国名将,汉初三杰之一。起初追随项梁举兵起义,后归附汉王,拜为上将军,因立下汗马功劳,历任齐王、楚王、淮阴侯等,却也因其军事才能引起猜忌。后被吕后设计杀害。

【译文】

从前唐尧、虞舜举用九位贤人为官,把他们分别安排在恰当的职位上,而天下安丰康乐,都城以外以及遥远的要荒之地也都前来归服,麒麟凤凰这样的祥瑞之兽出现在京城百里的郊外。商汤任用伊尹,周文王、周武王任用姜太公、闳夭,周成王任用周公、召公奭,天下太平,越裳国经过辗转翻译前来,吉祥的征兆一起降临,于是国家久经千年都平安无事。这都是任用贤人的功效。没有贤臣,即使五帝、三王也不能使国家兴盛。齐桓公得到了管仲,有称霸诸侯的荣耀;失去管仲,就有混乱危难的耻辱。虞国国君不任用百里奚而亡国,秦穆公任用百里奚而称霸。楚国不用伍子胥而被吴国攻破,吴王阖庐任用伍子胥而称霸。吴王夫差不仅不用伍子胥,反而杀了他,国家最终灭亡。燕昭王任用乐毅,率领弱小的燕国军队，攻破强大的齐国，攻占齐国七十座城邑，而燕惠王废弃乐毅不用，改用骑劫代替他的位置，燕兵立刻就被攻破，丢掉七十座城邑。这是父亲任用贤才，儿子却不用，事情的结果都清晰可见啊。所以阖庐任用伍子胥而兴盛，夫差杀了他而灭亡；燕昭王任用乐毅而克敌制胜，燕惠王驱逐他而惨遭失败，这就像黑白那样分明了。秦国不任用叔孙通，项羽不用陈平、韩信，结果都被消灭，汉朝任用他们而大为兴盛，这些事离现在都还不远啊。

夫失贤者其祸如彼①，用贤者其福如此。人君莫不求贤以自辅，然而国以乱亡者，所以贤者不贤也。或使贤者为之，与不肖者议之；使智者图之，与愚者谋之。不肖嫉贤，愚者妒智，是贤者之所以隔蔽也②，所以千岁不合者也。或不肯用贤，或用贤而不能久也，或久而不能终也，或不肖子废贤父之忠臣，其祸败难一二录也③。然其要在于己不明而听众口也。故谮诉不行④，斯为明矣。

【注释】

①夫失贤者其祸如彼：本段节录自《杂事第二》。

②隔蔽：指被阻隔遮蔽。

③祸败：灾祸与失败。一二：一一，逐一。

④谮（zèn）诉：谗毁攻讦。

【译文】

失去贤人的祸患就像上述那样，任用贤人的福祉也像上述那样。君主没有不寻求贤人来辅佐自己的，但是国家仍有变乱灭亡之祸，原因就是所谓的贤臣并不贤能。有的君主委派贤能之人去做事，却跟不贤之人批评议论；让才智之人决策，却又和愚昧的人谋划。不贤之人嫉妒贤能之人，愚昧之人嫉妒才智之士，这就是贤能之人被阻隔、遮蔽的原因，所以千年也难得君臣遇合。有的君王不肯任用贤能之人，有的是任用贤臣却不能长久，有的虽能长久但不能有始有终，有的是不成器的儿子废弃了贤明父王的忠臣，由此引起的祸患和失败难以一一记录。但是它的关键在于自己不明智而听信众人的谗言。所以能使谗毁攻讦之言行不通，才是君主贤明啊。

魏庞共与太子质于邯郸[①]，谓魏王曰[②]："今一人言市中有虎，王信之乎？"王曰："不信也。"曰："二人言，王信之乎？"曰："寡人疑矣。"曰："三人言，王信之乎？"曰："寡人信之矣。"庞共曰："夫市之无虎明矣，三人言而成有虎。今邯郸去魏远于市，议臣者过三人，愿王察之也。"魏王曰："寡人知之矣。"及庞共自邯郸反[③]，谗口果至矣[④]，遂不得见。

【注释】

①魏庞共与太子质于邯郸：本段节录自《杂事第二》。庞共，一作庞恭，魏国大夫。邯郸，战国时赵国都城，在今河北邯郸西南。

②魏王：魏惠王，名䓨（yīng），谥号为惠，战国时魏国国君。

③反：同"返"，返回。

④谗口：谗言，指陷害别人的坏话。

【译文】

魏国的庞共与太子一起到赵国邯郸做人质，他对魏王说："如今有一个人说集市上有老虎，大王您相信吗？"魏王说："不信。"庞共说："两个人这么说，大王您相信吗？"魏王说："我怀疑了。"庞共说："三个人这么说，大王您相信吗？魏王说："那我就相信了。"庞共说："集市上明明没有老虎，三个人说有就可以使人相信有老虎。如今邯郸离魏国要比从这里到集市远得多，而议论我的远超过三个人，希望大王您能明察那些话语。”魏王说：“我知道了。”等到庞共从邯郸返回魏国，谗言果然出现了，他最终也没能见到魏王。

昔者邹忌以鼓琴见齐威王[①]，威王善之，与语三日，遂拜以为相。有稷下先生淳于髡之属七十二人[②]，乃相与俱行，见邹忌曰：“狐白之裘补之以弊羊皮[③]，何如？”忌曰：“诺。请不敢杂贤以不肖。”髡曰：“方内而圜缸[④]，何如？”忌曰：“诺。请谨门户[⑤]，不敢留客。”髡等曰：“三人共牧一羊，羊不得食，人不得息，何如？”忌曰：“诺。请减吏省员[⑥]，使无扰民。”淳于髡等三辞，邹忌三知之，如应响[⑦]。淳于髡等辞屈[⑧]，辞而去[⑨]。

【注释】

①昔者邹忌以鼓琴见齐威王：本段节录自《杂事第二》。邹忌，亦作驺忌，以鼓琴游说齐威王，被任为齐相。后封于下邳，号曰成侯。革新政治，选用贤才，齐国从此国势日强，称雄于诸侯。鼓琴，弹琴。齐威王，底本作“齐宣王”，疑误。据《史记·田敬仲完世家》改。齐威王，田氏，名因齐，亦名引或牟，战国时齐国国君。

②稷下先生：战国齐威王、宣王时，学者多集于稷下，故称稷下先生。稷下，稷门之下，在今山东淄博，齐国君主在此设立学宫，即稷下学宫。淳于髡（kūn）：淳于，复姓。战国时齐国人，博闻强记，滑稽多辩。齐威王时游稷下学宫，被任为大夫。属：类，辈。

③狐白：狐狸腋下的白毛皮。弊：破败。

④方内（ruì）而圜缸：意同“方枘圆凿”“方枘圜凿”。方形榫头与圆形榫眼。比喻彼此不相投合，事不能成。方内，即方枘，方形的

榫头。内，榫头，后作“枘”。圜，同“圆”。缸，同“釭”，车轮的车毂内外口的铁圈，用以穿轴。这里指榫眼。

⑤门户：房屋墙院的出入处。比喻出入口或必经之地。

⑥省：简易，减免。

⑦响：回声。

⑧辞屈：指理屈词穷。

⑨辞：辞别，告辞。

【译文】

从前邹忌用弹琴谒见齐威王，威王喜欢他，与他交谈了三天，于是任命他为宰相。有稷下先生淳于髡为首的七十二人，约定一起出行，见到邹忌说：“用破羊皮来缝补用狐腋下的白毛皮做成的衣服，怎么样？”邹忌说：“受教。我不敢把不贤的人混杂进贤人之中。”淳于髡说：“榫头是方的而榫眼是圆的，怎么样？”邹忌说：“受教。一定要看守好门户，不敢收留闲杂客人。”淳于髡等人说：“三个人共同放牧一只羊，羊吃不到食物，人不能休息，怎么办？”邹忌说：“受教。裁减官吏，节省人员，使他们不要搅扰民众。”淳于髡等人三次提问刁难，邹忌三次都能知道答案，对答迅疾像回声一样。淳于髡等人理屈词穷，只好告辞离去。

梁君出猎[①]，见白雁群[②]，梁君下车彀弩欲射之[③]。道有行者，梁君谓行者止，行者不止，白雁群骇。梁君怒，欲射行者。其御公孙龙下车抚矢曰[④]：“君止。”梁君忿然作色而怒曰[⑤]：“龙不与其君[⑥]，而顾与他人，何也？”公孙龙对曰：“昔者齐景公之时[⑦]，大旱三年，卜之曰：‘必以人祠，乃雨。’景公曰：‘凡吾所以求雨者，为吾民也。今必使吾以人祠，乃且雨，寡人将自当之。’言未卒，而天大雨，方千里。何也？为有德于天，而惠于民也。今主君以白雁之故而欲射杀之，无异于虎狼矣。”梁君援其手与上车[⑧]，归入郭门[⑨]，呼万年[⑩]，曰：“幸哉今日也！人猎皆得兽，吾猎得善言而归[⑪]。”

【注释】

①梁君出猎：本段节录自《杂事第二》。梁君，即魏君。战国时国名，魏惠王将都城从安邑迁往大梁（今河南开封）后，改称梁。

②白雁：候鸟。体色纯白，似雁而小。古时多用作贽礼。

③彀（gòu）弩：彀弓，张满弓。

④御：驾车的人。公孙龙：当为梁人。抚：按，握。

⑤忿然作色：气愤得变了脸色。

⑥不与：不帮助。

⑦齐景公：名杵臼，齐灵公之子，春秋时期姜姓齐国君主。

⑧援：牵引，伸拉。

⑨郭门：外城的门。

⑩万年：祝祷之词。犹万岁，长寿。

⑪善言：有益之言，好话。

【译文】

魏国国君出外打猎，看见一群白雁，魏君下车，张满弓要射白雁。道路上有行人，魏君让行人停下来，行人没有停下，白雁群惊骇飞走。魏君发怒，要射杀行人。他的车夫公孙龙下车按住箭说：“君主快停下来。”魏君气得脸色大变说：“你不帮助自己的国君，反而帮助别人，为什么？”公孙龙回答说：“从前齐景公的时候，大旱三年，占卜说：‘必须用人作牺牲来祭祀，才会下雨。’景公说：‘我之所以求雨，是为了我的民众。如今必须用人作牺牲来祭祀，才会下雨，那就用我当祭品吧。’话还没说完，就下起了方圆千里的大雨。为什么呢？是因为他对上天有德行，对民众有恩惠。如今君主您因为行人惊吓了白雁就想要将其射杀，跟虎狼没有什么不同了。”魏君拉着他的手跟他一起上车，回到外城门时，高呼万岁，说："今日真是幸运啊！别人打猎得到了野兽，我打猎却是得到善言回来的。"

晋文公出田[①]，逐兽，砀入大泽[②]，迷不知所出。其中有渔者，文公谓曰："我若君也，道安从出。"渔者曰："臣愿有献。"文公曰："出泽而受之。"于是送出泽。渔者曰："鸿鹄保河海之中，厌而欲数移徙之小泽，则必有丸矰之忧[③]；鼋鼍保深渊[④]，厌而出之浅渚[⑤]，则必有罗网钓射之忧[⑥]。今君逐兽，砀入至此，何行之太远也！"文公曰："善哉！"谓从者记渔者名。渔者曰："君何以名为？君其尊天事地，敬社稷，固四国，慈爱万民，薄赋敛，轻租税者，臣亦与焉。君不敬社稷，不固四国，外失礼于诸侯，内逆民心，一国流亡，渔者虽有厚赐，不得保也。"遂辞不受，曰："君亟归国，臣亦反渔所。"

【注释】

①晋文公出田：本段节录自《杂事第二》。出田，外出打猎。田，狩猎。

②砀（dàng）：同"荡"，冲荡。大泽：大湖沼。

③丸：弹丸。矰：一种丝绳，系住用来射鸟的箭，以便取回猎物。

④鼋鼍（yuán tuó）：大鳖和鳄鱼。

⑤渚（zhǔ）：水中的小洲。

⑥钓射：钓钩和弓箭。

【译文】

晋文公外出打猎，追逐野兽，四处冲荡误入一大片沼泽地，迷路不知道从哪里出去。沼泽中有一个渔夫，文公对他说："我是你的君主，哪条路能出去呢？"捕鱼人说："我想给您有所献言。"文公说："等从沼泽出去之后再受教。"于是渔夫把文公送出沼泽。渔夫说："天鹅安居在河流海洋之中，厌倦了而想要移居到小的沼泽，那么必定会有弹丸绳箭射击的危险；大鳖和鳄鱼安居在深渊之中，厌倦了而要迁居到水浅的小洲上，那么必定会有罗网、钓钩及弓箭的危险。如今国君您追逐野兽，突然冲入这个地方，为什么走得这样远呢！”文公说：“说得好啊！”吩咐跟从的人记下渔夫的姓名。渔夫说：“国君您记我的名字干什么？您尊奉上天服事大地，恭敬慎重地对待国家基业，保卫四方边境，慈爱千万民众，减轻赋税，减少各种税款，那么我也能跟着受惠了。您要是不恭敬慎重地对待国家基业，不保卫四方边境，对外失礼于诸侯，对内背逆民心，全国民众被迫离开家乡，我这个渔夫即使得到了丰厚的赏赐，也保不住。”于是推辞不接受，说：“国君您赶快回国都吧！我也该回到打鱼的地方了。”

晋文公逐麋而失之[①]，问农夫老古曰：“吾麋何在[②]？”老古以足指曰：“如是往矣。”文公曰：“寡人问子，子以足指，何也？”老古振衣而起曰[③]：“壹不意人君之如此也[④]。虎豹之居也，厌闲而近人，故得；鱼鳖之居也，厌深而之浅，故得。诸侯厌众而亡其国。《诗》曰：‘维鹊有巢，维鸠居之[⑤]。’君放不归，人将居之矣。”于是文公恐。归遇栾武子[⑥]，栾武子曰：“猎得兽乎？侯有悦色。”文公曰：“吾逐麋而失之，得善言，故有悦色。”武子曰：“其人安在？”曰：“吾未与来。”武子曰：“处上位而不恤其下[⑦]，骄也；缓令急诛[⑧]，暴也；取人言而弃其身，盗也。”文公曰：“善。”还车载老古与俱归。

【注释】

①晋文公逐麋而失之：本段节录自《杂事第二》。麋，麋鹿，鹿科动物，俗称四不像。

②老古：《太平御览》卷八百三十二引作“老者”，下同。

③振衣：抖衣去尘，整衣。

④壹：助词，在词的前面表示加强语气。不意：没有想到。

⑤维鹊有巢，维鸠居之：见于《诗经·召南·鹊巢》。鹊，喜鹊。鸠，鸤鸠，布谷鸟。

⑥栾武子：即栾书，春秋晋人。按，栾书主要活动于晋文公孙子晋景公（前599—前581在位）和重孙晋厉公（前580—前573在位）时期，晚于晋文公四十多年，二人不同时，此处疑有误。

⑦恤：体恤，体察。

⑧诛：要求，索求。

【译文】

晋文公追逐麋鹿而追丢了，问农夫老古说："我的麋鹿跑哪儿去了？"老古用脚指着说："往这边跑了。"文公说："我问您话，您用脚来指，为什么？"老古整理衣服抖去灰尘，起身说："想不到一国国君会像这个样子。虎豹在山林居住，它们厌倦安静的生活而要靠近人群，所以被猎获；鱼鳖居住在水里，却厌倦深水而去到水浅的地方，所以被捕获。诸侯厌倦和群臣共事就会亡国。《诗经》说道：'喜鹊有鸟巢，斑鸠来侵占。'您在外放纵不归，别人将要住在您的宫殿了。"于是晋文公恐惧。回去的路上遇到栾武子，栾武子说："捕到野兽了吗？君主您面有喜色。"文公说："我追逐麋鹿追丢了，却得到了善言，所以面有喜色。"武子说："那个人在哪里？"文公说："我没让他跟来。"武子说："处在国君的地位却不顾惜他的臣下，是骄傲自大；命令迟缓要求急迫，是残暴；接受别人的善言却把别人丢弃，是盗窃。"文公说："说得对。"于是返回去载着老古一同回去了。

魏文侯出游①，见路人反裘而负刍②。文侯曰："胡为反裘而负刍？"对曰："臣爱其毛。"文侯曰："若不知其里尽而毛无所恃矣③。"明年，东阳上计④，钱布十倍⑤，大夫毕贺。文侯曰："此非所以贺我也，譬无异夫路人反裘而负刍也。

将爱其毛，不知其里尽，毛无所恃也。今吾田地不加广，士民不加众，而钱十倍，必取之士大夫也。吾闻之，下不安者，其上不可居，此非所以贺我也。”

【注释】

①魏文侯出游：本段节录自《杂事第二》。

②反裘：反穿皮衣。裘，皮衣。刍（chú）：喂牲口的柴草。

③恃：依托。

④东阳：古地区，魏国城邑。在今太行山以东。上计：战国、秦、汉时地方官于年终将境内户口、赋税、盗贼、狱讼等项编造计簿，遣吏逐级上报，奏呈朝廷，借资考绩，叫做上计。

⑤钱布：钱币。布，古代一种铲形的货币。

【译文】

魏文侯外出游历，看见路上有人反穿皮袄，背着柴草。文侯说：“你为什么反穿皮袄来背柴草？”路人回答说：“我爱惜皮衣上的毛。”文侯说：“你不知道皮袄的皮磨破，毛就没有可以依附的地方了。”第二年，东阳地区上报赋税收入，钱币是前一年的十倍，大夫们都来庆贺。文侯说：“这不是向我祝贺的理由，打比方说，这和道路上的人反穿皮袄背柴草没有区别。他是爱惜毛，却不知道皮磨坏，毛就没有依托的地方了。如今我的土地没有扩大，民众没有增多，而税款却增加十倍，这一定是士大夫从百姓那里获取的。我听说，下面不安定，居于上位的人也不能安居。这不是向我祝贺的理由。”

齐有妇人①，极丑，号曰无盐女②。臼头深目③，长壮大节，卬鼻结喉④，肥项少发⑤，折腰出胸⑥，皮肤若漆⑦。行年三十⑧，无所容入。于是乃自诣宣王曰：“妾，齐之不售女也[9]，闻君王之圣德，愿备后宫之扫除[10]。”谒者以闻[11]。宣王方置酒于渐台[12]，左右闻之，莫不掩口而笑，曰：“此天下强颜女子也[13]。”于是宣王乃召而见之，但扬目衔齿[14]，举手拊肘[15]，曰：“殆哉殆哉！”如此者四。宣王曰：“愿遂闻命。”对曰：“今大王之君国也，西有衡秦之患[16]，南有强楚之仇。外有三国之难[17]，内聚奸臣，众人不附。春秋四十[18]，壮男不立，故不务众子而务众妇，尊所好而忽所恃。一旦山陵崩阤[19]，社稷不定，此一殆也。渐台五重，黄金白玉，翡翠珠玑[20]，莫落连饰[21]，万民疲极，此二殆也。贤者伏匿于山林，谄谀强进于左右[22]，邪伪立于本朝[23]，谏者不得通入，此三殆也。酒浆沈湎[24]，以夜续朝，女乐俳优[25]，从横大笑[26]，外不修诸侯之礼，内不秉国家之治[27]，此四殆也。故曰‘殆哉殆哉’。”于是宣王掩然无声[28]，喟然而叹曰：“痛乎无盐君之言，今乃壹闻，寡人之殆，几不全也[29]。”于是立毁渐台，罢女乐，退谄谀，去雕琢[30]，选兵马，实府库，招进直言，延及侧陋[31]，择吉日立太子，拜无盐君以为王后。而齐国大安，丑女之功也。

【注释】

①齐有妇人：本段节录自《杂事第二》。

②无盐女：即钟离春，相传为战国时齐国无盐女子。貌极丑，年四十未嫁，请见齐宣王面述国家危殆之状，宣王感动，立其为正后。无盐，战国时齐邑，在今山东东平。

③臼（jiù）头：头顶像臼一样凹下。臼，舂米用的器具。

④卬鼻：谓鼻露而向上。结喉：指喉头凸出隆起。

⑤项：颈的后部，泛指脖子。

⑥折腰：弯腰驼背。出胸：胸骨向前突出。

⑦漆：用漆树皮的黏汁做成的涂料，老漆色深黑。

⑧行年：经历的年岁，指当时年龄。

⑨不售女：指没有出嫁的女子。

⑩备：充数。扫除：打扫，去除。

⑪谒者：官名。始置于春秋、战国时，秦汉因之。掌宾赞受事，即为天子传达。

⑫渐台：齐宫中台名，用来赏月的高台。

⑬强颜：厚颜，不知羞耻。

⑭扬目衔齿：仰头上视，咬着牙齿。

⑮拊：拍，轻击。

⑯衡：通“横”，强横。

⑰三国：一说“三”指韩、赵、魏三国；一说指秦、楚以外其他敌国。

⑱春秋：这里指人的年龄。

⑲山陵崩阤（zhì）：比喻诸侯帝王去世。崩阤，塌毁。

⑳翡翠：即硬玉。色彩鲜艳的天然矿石，主要用做装饰品和工艺美术品。珠玑：珠宝，珠玉。玑，不圆的珠子，珍珠的一种。

㉑莫落连饰：覆盖缠绕，牵引缀结。

㉒谄谀：谄媚阿谀。强进：指勉强进用。

㉓邪伪：邪恶诈伪。

㉔酒浆沈湎：沉溺于美酒之中。

㉕女乐：歌舞伎。俳（pái）优：古代以乐舞谐戏为业。

㉖从横：肆意横行，无所顾忌。从，同“纵”。

㉗秉：执掌，操持。

㉘掩然：黯然，感伤沮丧貌。

㉙不全：不能保全。

㉚雕琢：指精美的修饰。

㉛侧陋：处在僻陋之处的贤人或地位卑贱的贤者。

【译文】

齐国有个妇人，面貌极丑，人们称她无盐女。头顶中部下凹，眼睛深陷，身长体壮，骨节粗大，鼻孔朝天，喉结突出，脖子肥大，头发稀少，驼背凸胸，皮肤漆黑。年龄已经三十岁了，还是没有人愿意娶她。于是就自己来到齐宣王那里说："我是齐国那个嫁不出去的女子，听说君王圣明的德行，愿为大王打扫后宫。"谒者把这事报告给宣王。宣王正在渐台设宴饮酒，左右近臣听说这件事之后，没有不捂嘴大笑的，说："这真是天底下最厚颜无耻的女子。"于是宣王就召见了她，她只是眼睛朝上，咬着牙齿，举手拍着胳膊肘，说："危险了，危险了！"像这样说了四次。宣王说："希望能听到您的指教。"无盐女回答说："如今大王您治理国家，西边有强横秦国的忧患，南边有楚国这样强大的仇敌。外面有其他国家的威胁，内部聚集诸多奸臣，民心涣散。年纪四十，还没有成年的儿子可以立为继承人，不致力于教导众多儿子却致力于为众多姬妾操心，尊崇自己喜好的人而忽视应该依靠的人。一旦大王您不幸归天，江山必不稳定，这是第一个危险。渐台有五层高，黄金白玉、翡翠珠宝覆盖缠绕，牵引缀饰，万民已疲惫到极点，这是第二个危险。贤人躲藏在山林之中，谄媚阿谀的人拼命进用在君王身边，邪恶诈伪的人在朝中得势，劝谏的人不能入朝见到君王，这是第三个危险。大王沉溺在美酒之中，夜以继日，歌伎舞女肆意横行、大笑不止，对外不修治与诸侯之间的礼仪，对内不操持国家的治理，这是第四个危险。所以说是'危险了，危险了'。"于是宣王黯然无语，长叹一声道："哀痛啊！无盐君的话，如今一听，我的危险处境几乎到了不能保全国家的地步。"于是立刻拆毁渐台，遣散歌舞伎，斥退谄媚阿谀的人，去掉那些精美的修饰，挑选精兵良马，充实国库储备，招纳进用直言劝谏的人，延请处在鄙陋之处和地位卑贱的贤人，选择良辰吉日册立太子，拜封无盐君为王后。齐国大为安定，都是这位丑女的功劳啊！

有司请事于桓公[①]，桓公曰："以告仲父[②]。"有司又请，桓公曰："以告仲父。"若是者三。在侧者曰："一则告仲父，二则告仲父，易哉为君！"桓公曰："吾未得仲父则难，已得仲父之后，则曷为其不易也！故王者劳于求贤，逸于得人。舜举众贤在位，垂衣裳、恭己无为而天下治[③]；汤、文用伊、吕[④]，成王任周、邵，刑措不用[⑤]，用众贤故也。"

【注释】

①有司请事于桓公：本段节录自《杂事第四》。请事，请示，述职。

②仲父：本是古代称父亲的大弟，后春秋时齐桓公尊管仲为仲父。

③垂衣裳：指定衣服之制，示天下以礼。后用以称颂帝王无为而治。恭己：指恭谨以律己。

④伊、吕：伊尹、吕尚，泛指辅弼重臣。

⑤措：放置。

【译文】

有关官吏向齐桓公请示事情，桓公说："去禀告仲父。"官吏又来请示，桓公说："去禀告仲父。"像这样很多次。陪侍桓公左右之人说："第一次就说告诉仲父，第二次还是说告诉仲父，做国君真容易啊！"桓公说："我没有得到仲父的时候做君主很困难，得到仲父之后，怎么能不容易呢！所以君主在寻求贤人上劳累，得到人才后便会安逸。虞舜举用众多贤人使其各得其所，自己长衣下垂、恭谨律己无所作为而天下太平；商汤、周文王任用伊尹、吕尚，周成王任用周公、邵公，设置刑罚而不用，这是任用众多贤人的缘故。"

公季成谓魏文侯曰[①]："田子方虽贤人[②]，然而非有土君也[③]。君常与之齐礼[④]，假有贤于子方者，君有何以加之？"

文侯曰："如子方者，非成所得议也。子方，仁人也。仁人也者，国之宝也；智士也者，国之器也[5]；博通之士也者，国之尊也。故国有仁人，则群臣不争；国有智士，则无四邻诸侯之患；国有博通之士，则人主尊。固非成之所得议也。"公季成自退于郊[6]。

【注释】

①公季成谓魏文侯曰：本段节录自《杂事第四》。公季成，即魏成子、楼季，姓姬，魏氏，名成。魏文侯弟，魏驹之子。任魏相，礼贤好施，食禄千钟，十分之九用于周济士民，以此获誉于当时。

②田子方：名无择，字子方，战国初魏国人。受学于子贡，为魏文侯师。

③有土君：指拥有封地的君主。

④齐礼：与君主对等的礼节。

⑤器：重器，古代标志名位、爵号的器物。

⑥郊：城市周围的地区。

【译文】

公季成对魏文侯说："田子方虽然是位贤德之人，但不是拥有封地的君主。您总是用与君主同等的礼节来对待他，假使有比子方更贤德的人，您将用什么礼节来对待他呢？"文侯说："像子方这样的人，不是公季成所能非议的。子方，是仁德之人。仁德之人，是国家的宝器；智谋之士，是国家的利器；博学通达的士人，是国家的尊长。所以国家有了仁德之人，那么群臣就不会争宠；国家有智谋之士，那么就没有四邻诸侯进攻的忧患；国家有博学通达的士人，那么君主就会受到拥戴。所以这不是公季成你所能非议的。"公季成于是便退至郊外。

孟尝君问于白圭曰："魏文侯名过于齐桓[①]，而功不及五伯者何[②]？"白圭对曰："文侯师子夏[③]，友田子方，敬段干木[④]，此名之所以过于桓公也。卜相则曰[⑤]：'成与黄孰可？'此功之所以不及五伯也。以私爱妨公举，在职者不堪其事，故功废也。然而名号显荣者，三士翊之也[⑥]。如相三士，则王功成，岂特霸哉！"

【注释】

①孟尝君问于白圭曰：本段节录自《杂事第四》。孟尝君，即田文，战国四公子之一，齐国宗室大臣。白圭，战国时魏国大商贾。提出经商致富的理论。

②五伯：春秋五霸。伯，通"霸"。

③子夏：即卜商，字子夏。春秋末卫国人，孔子弟子，孔门十哲之一，以文学见称。

④段干木：段干，复姓，名木。子夏弟子，居于魏，隐居不仕。

⑤卜：选择。

⑥翊（yì）：通"翼"，辅佐，帮助。

【译文】

孟尝君问白圭道："魏文侯名声超过齐桓公，而功绩却赶不上春秋五霸，这是为什么？"白圭回答说："文侯师从子夏，跟田子方交朋友，尊敬段干木，这就是名声超过齐桓公的原因。选择宰相却说：'公季成和翟黄谁可以？'这就是功绩赶不上五霸的原因。用私人的喜爱妨害公正的选拔，担任官职的人不能胜任工作，所以功业不立。然而他的名声之所以显荣于世，是因为三位贤臣的辅佐。如果举用三人为宰相，那么王道的功业也能成就，岂止是称霸呢！"

晋平公问于叔向曰[①]:“昔齐桓公九合诸侯[②],一匡天下,不识其君之力乎,其臣之力乎?”叔向对曰:“管仲善制割[③],隰朋善削齐[④],宾胥无善补缘[⑤],桓公知衣而已,亦其臣之力也。”师旷侍曰:“臣请譬之以五味[⑥],管仲善断割之[⑦],隰朋善煎熬之[⑧],宾胥无善齐和之[⑨]。羹已熟矣,奉而进之,而君不食,谁能强之[⑩]?亦其君之力也。”

【注释】

①晋平公问于叔向曰:本段节录自《杂事第四》。晋平公,姬姓,晋氏,名彪。春秋时期晋国国君。叔向:即羊舌肸,春秋时晋国人,名肸,字叔向。食邑在杨,或称杨肸。当时著名贤臣。

②九合:多次会盟。

③制割:裁剪制衣。

④削齐:缝连大小之布而得其宜。比喻对大政方针进行补充、削正。

⑤宾胥无:即宾须无,春秋时齐国大夫。与管仲、隰朋、鲍叔牙、甯戚五人并称为“齐国五贤人”。补缘:给衣服鞋帽边缘作装饰。比喻对政策进行完善。

⑥五味:酸、甜、苦、辣、咸五种味道。这里泛指各种味道或调和众味而成的美味食品。

⑦断割:切剥。

⑧煎熬:煎、熬为两种烹饪方法。

⑨齐(jì)和:使食物的滋味调和适口。齐,通“剂”,这里指各种佐料。

⑩强:勉强。

【译文】

晋平公问叔向道:“从前齐桓公多次会盟诸侯,匡正天下,不知道是那君主的功劳呢,还是臣子的功劳呢?”叔向回答说:“管仲善于裁剪制衣，隰朋善于缝纫，宾胥无善于给衣服边缘作装饰，桓公只是知道穿上衣服罢了，这是臣子的功劳。”师旷在旁边陪坐，说：“我请求用烹制美味食品来做比喻，管仲善于切割食材，隰朋善于烹饪，宾胥无善于用佐料调和适口。羹汤已经熟了，捧着进献给君主，而君主不吃，谁能勉强他呢？这也是君主的功劳啊。”

晋文公田于虢[①]，遇一老夫而问曰：“子处此故也，虢亡，其有说乎？”对曰：“虢君断则不能[②]，谋则不与也[③]。不能断，又不能用人，此虢之所以亡也。”文公辍田而归[④]，遇赵衰而告之[⑤]。衰曰：“古之君子，听其言而用其身；今之君子，听其言而弃其身。哀哉！晋国之忧也。”文公乃召赏之。于是晋国乐纳善言，文公卒以霸也。

【注释】

①晋文公田于虢：本段节录自《杂事第四》。虢，古诸侯国名。春秋时为晋献公所灭，故址在今山西平陆境地。

②断：判断，决断。

③与：赞同。

④辍：停止，中止。

⑤赵衰：字子馀，即赵成子，随重耳流亡，助文公创建霸业。

【译文】

晋文公在虢地田猎，遇见一个老人就问他说：“您居住在这里很久了，虢国灭亡，有什么说法吗？”老人回答说：“虢国的君主决断国家政事犹豫不决，别人进谏他也不采纳。不能决断，又不能任用贤臣，这就是虢国灭亡的原因。”文公听了之后就停止田猎而回去，遇见赵衰就把这件事告诉了他。赵衰说：“古代的君主，采纳别人的建议就任用他；现在的君主,采纳了别人的建议却放弃他这个人。悲哀呀!这是晋国的忧患啊。”文公于是召见老人并赏赐他。从此晋国乐于采纳良言,晋文公最终也因此称霸诸侯。

晋平公过九原而叹曰①:“嗟乎!此地之蕴吾良臣多矣②,若使死者可起也,吾将谁与归乎?”叔向对曰:“赵武乎③。”公曰:“子党于子之师也④。”对曰:“臣敢言赵武之为人也,立若不胜衣,言若不出口,然其身所举士于白屋下者四十六人⑤,是其无私德也⑥。臣故以为贤也。”平公曰:“善。”

【注释】

①晋平公过九原而叹曰:本段节录自《杂事第四》。九原,春秋时晋国卿大夫的墓地,在今山西新绛北。

②蕴:积聚,蓄藏。

③赵武:赵朔之子,又称赵文子、赵孟。

④党:偏私,偏袒。

⑤白屋:用茅草覆盖的屋。为贫寒之士或平民所居。

⑥私德:指私人的恩惠。

【译文】

晋平公路过卿大夫的墓地九原感叹说:“唉!这地方埋藏着我们晋国多少贤臣啊,倘若死人能够复生,我将要跟谁一起回去呢?”叔向回答说:“是赵武吧。”平公说:“你偏袒你的老师。”叔向回答说:“我冒昧地说一下赵武的为人处世,他站着时好像连衣服都承受不住,说话的时候好像又不善言辞,但是他亲自举用的出身平民的士人就有四十六人,这说明他待人没有私人的恩惠。所以臣下认为他是位贤臣。”平公说:“说得好。”

周文王作灵台[①]，及为池沼[②]，掘地得死人之骨，吏以闻于文王。文王曰："更葬之。"吏曰："此无主矣。"文王曰："有天下者，天下之主也；有一国者，一国之主也。寡人固其主，又安求主？"遂令吏以衣棺更葬之[③]。天下闻之，皆曰："文王贤矣，泽及朽骨，又况于人乎？"或得宝以危国，文王得朽骨以喻其意，而天下归心焉。

【注释】

①周文王作灵台：本段节录自《杂事第五》。灵台，周代的台名，一说用以观星象、妖祥灾异的建筑。一说为游乐之处。

②池沼：即灵台附近的灵沼。

③更葬：改葬。

【译文】

周文王建造灵台，等到修建池沼时，挖掘土地挖出死人骨头，官吏把这事禀报给文王。文王说："换个地方埋葬他。"官吏说："这都没有主人了。"文王说："拥有天下的人，是天下的主人；拥有一个国家的人，是一个国家的主人。我本来就是他的主人，又到哪里去寻求他的主人？"于是就命令官吏用衣服棺木，另寻地方埋葬他。天下人听说了这件事，都说："文王真是贤明啊，恩惠已经延及死人的骨殖那里，更何况活着的人呢？"有些人得到宝物而危害国家，文王得到死人的骨殖来表明他的仁爱之心，于是天下人都心悦诚服而归附了。

甯戚欲干齐桓公[①]，穷困无以自进[②]，于是为商旅赁车以适齐[③]，暮宿于郭门之外[④]。桓公郊迎客，夜开门，辟赁车[⑤]。甯戚饭牛于车下，击牛角，疾商歌[⑥]。桓公闻之，曰："异哉此歌者，非常人也。"命后车载之[⑦]。桓公反，甯戚见，说桓公以全境内⑧。明日复见，说桓公以为天下。桓公大悦，将任之，而群臣争之，曰："客卫人，去齐不远，不若使人问之，而贤也，用之未晚也。"桓公曰："不然。问之恐有小恶，以其小恶忘人之大美，此人主之所以失天下之士也。且人固难全，权用其长者。"遂举而授之以为卿。当此举也，桓公得之矣，所以成霸也。

【注释】

①甯戚欲干齐桓公：本段节录自《杂事第五》。甯戚，春秋时卫国人，桓公时任大夫，为其主要辅佐者之一。干，干谒，求见。

②自进：自己出仕做官。

③商旅：往来各地买卖货物的商人。赁：租赁，租借。

④郭门：外城的门。

⑤辟：通"避"，使……避开。

⑥疾：声音急促、激昂。商歌：商声曲调凄凉悲切，故称。后以"商歌"比喻自荐求官。

⑦后车：副车，侍从所乘的车。

⑧说（shuì）：劝说，说服。

【译文】

甯戚想要求见齐桓公，但他贫穷至极不能自己进见，于是作为行商租借车辆到齐国去，晚上住在齐国外城门外。齐桓公到城郊迎接客人，晚上打开城门，让租借的车避开。甯戚在车下喂牛，击打着牛角，用急促、激昂的声音唱着悲凉的商歌。桓公听到了他的歌声，说："奇怪啊，这个唱歌的人，不是平常人。"于是命令副车载甯戚回城。桓公回来以后，甯戚谒见，用齐国全境的事情劝说桓公。第二天又见面，劝说桓公治理天下。桓公很高兴，将要任用他，而臣子们进谏说："客人是卫国人，离齐国不远，不如派人去打听他的为人，如果是贤明之士，再任用他也不晚。”桓公说：“不是这样。打听后恐怕会问出他的小缺陷，因为他的小缺陷而放弃人家大的才德，这就是君主失去天下贤士的原因。况且人本来就不是完美的，权衡之后用他的长处就可以了。”于是举用任命甯戚为卿。在这件事上，桓公得到贤才，所以成就霸业。

齐桓公见小臣稷①，一日三至，不得见。从者曰：“万乘之主见布衣士，一日三至而不得见，亦可以止矣。”桓公曰：“不然。士之傲爵禄者②，固轻其主；其主傲霸王者，亦轻其士。纵夫子傲爵禄，吾庸敢傲霸王乎？”五往而后得见。天下闻之，皆曰：“桓公犹下布衣之士③，而况国君乎？”于是相率而朝，靡有不至④。

【注释】

①齐桓公见小臣稷：本段节录自《杂事第五》。小臣稷，名稷，齐国人。生平不详。

②傲：藐视，傲视。

③下：屈尊谦下。

④靡：无，没有。

【译文】

齐桓公去拜访小臣稷，一天去了三趟都没有见到。跟从的人说：“大国君主去见平民士人，一天去了三趟还不能见到，也就可以停止了。”桓公说：“不是这样的。那些藐视官爵禄位的士人，本来就轻视那些君主；那些藐视王霸之业的君主，也就轻视那些士人。纵使先生藐视官爵禄位，我哪里敢藐视王霸之业呢？”去了五次然后才见到小臣稷。天下诸侯听说这件事，都说：“桓公对平民士人尚且能屈尊请见，况且对国君呢？”

于是相继前来朝见，没有谁不去的。

魏文侯过段干木之闾而轼[①]，其仆曰："君何为轼？"曰："此非段干木之闾与？段干木盖贤者也，吾安敢不轼？且段干木光于德，寡人光于地；段干木富乎义，寡人富乎财。地不如德，财不如义。寡人当事之者也。"遂致禄百万，而时问之，国人皆喜。居无几何，秦兴兵而欲攻魏，司马唐且谏秦君曰[②]："段干木，贤者也，而魏礼之，天下莫不闻，无乃不可加兵乎？"秦君以为然，乃案兵而辍[③]，不攻魏。文侯可谓善用兵矣。夫君子之用兵也，莫见其形而功已成，此之谓也。野人之用兵也，鼓声则似雷，号呼则动地，尘气充天，流矢如雨[④]，扶伤举死[⑤]，履肠涉血[⑥]，无罪之民，其死者已量于泽矣[⑦]。而国之存亡，主之死生，犹未知也，其离仁义亦远矣。

【注释】

①魏文侯过段干木之闾而轼：本段节录自《杂事第五》。闾，里巷的大门。轼，古代车箱前面用作扶手的横木。此处用作动词，指行车途中，双手扶着轼敬礼。

②司马唐且：战国时秦国大夫。《淮南子·修务训》作"司马庾"。注云："庾，秦大夫也，或作唐。"《群书拾补》云："吕氏（春秋）无且字，淮南修务训注云：'庾，秦大夫也。或作唐。'唐且是魏人，此在秦者，非其人也。古今人表有司马庾。"

③案兵：止兵，屯兵不动。案，通"按"，抑止，停止。辍：这里指罢兵。

④流矢：乱飞的箭。

⑤举：通"舆"，装载。

⑥履肠涉血：形容死伤惨重。履，踩踏。涉血，形容血流遍地，流血

多。涉，步行过水。

⑦量（liáng）：充满。

【译文】

魏文侯经过段干木的里巷门口时，起身双手扶着车轼致敬，他的马夫说："您为什么要扶着车轼致敬呢？"文侯说："这不是段干木住的里巷吗？段干木是贤人，我哪里敢不扶轼致敬呢？况且段干木因有德行而荣耀，我因有土地而荣耀；段干木在道义上富有，我在钱财上富有。土地不如德行，钱财不如道义。我应当拜他为师。"于是就送给段干木百万俸禄，而且时常去问候他，魏国人知道后都很喜悦。过了不久，秦国想要发兵攻打魏国，司马唐且劝谏秦王说："段干木，是贤人，而且魏国国君对他礼遇，天下人没有不知道的，向他们发兵恐怕是不太合适吧？"秦王认为有道理，于是停止发兵，放弃进攻魏国。文侯可以称得上是善于用兵的了。君子用兵，没有人看见用兵的情形就已大功告成，说的就是这种情况。普通人用兵，战鼓声音就像雷鸣，厮杀喊叫惊动天地，烟尘飞扬，乱飞的箭就像下雨，士兵们扶着伤员、抬着尸体，踩着肠子、踏着血水，无辜的百姓死伤无数，尸体充满沼泽。而国家的存亡、君主的生死，还是不能预料，这离仁义也太远了。

晋平公问于叔向曰[①]："国家之患孰为大？"对曰："大臣重禄而不极谏，近臣畏罪而不敢言，下情不上通[②]，此患之大者也。"公曰："善。"

【注释】

①晋平公问于叔向曰：本段节录自《杂事第五》。晋平公，姬姓，名彪，春秋时晋国国君。叔向，晋大夫，姬姓，羊舌氏，名肸（xī），字叔向。

②下情：指下级或群众的情况或心意。上通：指下情上达于君。

【译文】

晋平公问叔向道："国家的祸患，什么最大？"叔向回答说："大臣看重俸禄而不尽力规劝，左右亲近的臣子畏惧惩罚而不敢进言，下情不能上达君主，这是国家最大的祸患了。"平公说："说得好。"

子张见鲁哀公①，见七日，哀公不礼，托仆夫去②，曰："臣闻君好士，故不远千里之外，百舍重趼③，不敢休息以见君，见七日，而君不礼。君之好士也，有似叶公子高之好龙也④。叶公子高好龙，钩以写龙⑤，凿以写龙⑥，屋室雕文以写龙⑦。于是也，天龙闻而下之，窥头于牖⑧，拖尾于堂，叶公见之，弃而还走，失其魂魄。是叶公非好龙也，好夫似龙而非龙者也。今臣闻君好士，故不远千里之外以见君，七日不礼。君非好士也，好夫似士而非士者也。《诗》曰：'中心臧之，何日忘之⑨。'敢托而去⑩。"

【注释】

①子张见鲁哀公：本段节录自《杂事第五》。子张，即颛孙师，春秋时陈国人。孔门弟子之一。鲁哀公，姬姓，名将，定公子。春秋时鲁国国君。

②仆夫：驾驭车马之人。

③百舍重趼（jiǎn）：形容长途奔走，十分辛劳。百舍，百里一宿。谓长途跋涉。重趼，重茧，手脚上的厚茧。

④叶（shè）公子高：即沈诸梁，字子高。春秋时楚国大夫。称叶公。

⑤钩：衣带上的钩。写：绘饰。

⑥凿：凿子，木工穿孔挖槽用的工具。

⑦雕文：雕绘文采。

⑧牖（yǒu）：窗户。

⑨中心臧之，何日忘之：见于《诗经·小雅·隰（xí）桑》。臧，善，好。

⑩敢：谦辞，自言冒昧。

【译文】

子张拜见鲁哀公，过了七天，哀公也不以礼相待，子张托仆人带话给鲁哀公，说："我听说您喜欢贤士，所以不远千里前来，旅途百日，手脚都磨出了厚茧，到了之后来不及休息就赶来见您，等了七天都不见您以礼相待。您的喜好贤士，就像叶公子高喜好龙一样。叶公子高喜好龙，在衣带钩上绘饰龙，在酒器上刻画龙，房间里雕刻的花纹也是龙。于是，天上的真龙听说后就从天而降，从窗子探出头来，尾巴拖到厅堂里。叶公看见了，吓得掉头就跑，魂飞魄散。这样看来叶公不是喜好真的龙，是喜好像龙而不是龙的东西。如今我听说您喜好贤士，所以不远千里来拜见您，七天而不见您礼遇。您不是喜好贤士，是喜好像贤士而不是贤士的人。《诗经》说道：'心中喜好他，没有一天能够忘记他。'所以我冒昧地托人向您告辞。"

孟子见齐宣王于雪宫[①]，王左右顾曰："贤者亦有此乐耶？"孟子对曰："有。人不得则非其上矣。不得而非其上者，非也；为人之上者，而不与民同乐者，亦非也。乐民之乐者，人亦乐其乐；忧人之忧者，民亦忧其忧。乐以天下，忧以天下，然而不王者，未之有也。"

【注释】

①孟子见齐宣王于雪宫：今本《新序》无此段，当为佚文。雪宫，战国时齐国的离宫名。故址在今山东淄博东北。

【译文】

孟子在雪宫拜见齐宣王，宣王环视四周，对孟子说："贤人也有这样的快乐吗？"孟子回答说："有。如果人们得不到这种快乐，就会非议他的君主。得不到就非议他的君主，这不对；作为君主，而不跟民众同乐，这也不对。君主以民众的快乐为快乐，百姓也以君主的快乐为快乐；君主以民众的忧愁为忧愁，民众也以君主的忧愁为忧愁。以全天下的快乐为快乐，以全天下的忧愁为忧愁，这样却还不能称王统一天下的，从来不曾有过。"

邹穆公有令[①]，食凫雁者必以秕[②]，无以粟[③]。于是仓秕尽而求易于民，二石粟而得一石秕。吏以费，请以粟食之。穆公曰："去！非汝所知也。夫百姓暴背而耕[④]，勤而不敢惰者，岂为鸟兽也哉！米粟，人之上食也，奈何其以养鸟？且汝知小利而不知大会也[⑤]。周谚曰：'囊漏贮中[⑥]。'汝独不闻耶！夫君者，人之父母也，取仓之粟移之于民，此非吾粟耶？鸟食邹之秕，不害邹之粟而已。粟之在仓与在民，于我何择耶？"民闻之，皆知其私积之与公家为一体也[⑦]。此之谓知富国矣。

【注释】

①邹穆公有令：本段节录自《刺奢第六》。邹穆公，邹国国君，生平不详。邹，古诸侯国名，在今山东邹县。

②食（sì）：饲养，喂养。凫雁：野鸭与大雁。有时单指大雁或野鸭，也指鸭与鹅。秕（bǐ）：空壳无实或子实不饱满的谷粒。

③粟：北方通称谷子，去皮后为小米。

④暴背：曝晒。

⑤会（kuài）：算账，总计。

⑥贮：储藏。

⑦私积：私人的积蓄。

【译文】

邹穆公下命令，喂养鸭鹅必须用不饱满或空壳的秕谷粒，不能用谷子。这样一来仓库里没有秕谷了，只好跟民众交换，二石谷子才能得到一石秕谷。官吏认为这样做耗费资财，请求用谷子来喂养鸭鹅。穆公说："下去吧！这不是你所能明白的。百姓脊背曝晒在烈日下耕作，勤劳不敢懒惰，难道是为了鸟兽吗！小米，是人的上等食物，怎么能拿来养鸟？况且你只知道算小账而不会算大账。周朝的谚语说：'口袋漏的粮食仍在仓库之中'。你难道没有听说吗！君主，是民众的父母，取用仓库里的谷子挪到民众那里去，这就不是我的谷子了吗？让鸟吃邹国的秕谷，是为了不消耗邹国的谷子罢了。谷子在仓库里还是在民众手里，对我来说有什么区别呢？"邹国的民众听说这件事，都懂得他们私人的积存跟国库储粮是一体的。这就叫做懂得国家富足的道理了。

齐有田巴先生者[①]，行修于内[②]，智明于外[③]。齐王闻其贤，聘而将问政焉[④]。田巴先生改制新衣，髫饰冠带[⑤]，顾谓其妾曰："何若？"其妾曰："佼[⑥]。"将出门，问其从者曰："何若？"从者曰："佼。"过于淄水自窥[⑦]，丑恶甚矣。遂见齐王，齐王问政焉，对曰："政在正身，正身之本，在于群臣。今者大王召臣，臣改制髫饰，将造公门[⑧]。问于妾，妾爱臣，谀臣曰'佼'。将出门，问从者，从者畏臣，曰'佼'。臣临淄水而观影，然后自知丑恶也。今齐之臣妾谀王者，非特二人也。王能临淄水，见己之恶，过而自改，斯齐国治矣。"

【注释】

①齐有田巴先生者：今本《新序》无此段，唐宋类书有节录，当为佚文。田巴，战国时齐国辩士。相传其辩于徂丘，议于稷下，一日服十人。见《鲁连子》。

②行修：品行端正。行，品行。

③明：明显，显扬。

④聘：聘请，招请。

⑤鬋（jiǎn）：通“剪”，剪断。冠带：戴帽子束腰带。

⑥佼：美好。

⑦淄水：古水名，又作菑水，即今山东淄河。窥（kuī）：从夹缝、小孔或隐蔽处偷看。泛指观看。

⑧公门：古称国君之外门为公门。

【译文】

齐国有一个名叫田巴的先生，内在品行端正，聪明智慧显扬于外。齐王听说他贤明，就聘请他来讨论如何处理政事。田巴先生改制了新衣服，削剪修饰胡须头发、整理好帽子腰带，回头问他的宠妾说：“怎么样？”宠妾说：“美极了。”他要出门时，又问侍从说：“怎么样？”侍从也说：“美极了。”路过淄水时，对着河水看自己的影子，发现自己非常丑陋。于是他去见齐王，齐王问他怎样处理政事，田巴回答说：“处理政事最重要的就在于端正自身，端正自身的根本在于群臣。如今君王召见我，我改制了新衣服，削剪修饰胡须头发，整理好帽子腰带，准备进入王宫。问我的宠妾，宠妾因为爱臣，就恭维说‘美极了’。将要出门时，问侍从，侍从因为畏惧我，也说‘美极了’。当我路过淄水观看水中的倒影，然后才知道自己实际上很丑陋。而现在齐王您身边的臣子、宠妾，阿谀奉承大王的人，可不止两个人。如果齐王您能够像我在淄水边照镜子一样，看见自己的不足，有过失马上就改正，这样，齐国就能得到治理了。”

臧孙行猛政[1]，子赣非之[2]。臧孙召子赣而问曰："我不法耶？"曰："法矣。""我不廉耶？"曰："廉矣。""我不能事耶？"曰："能事矣。"臧孙曰："三者吾唯恐不能，今尽能之，子尚何非耶？"子赣曰："子法矣，好以害人；子廉矣，好以骄上；子能事矣，好以陵下。夫政者犹张琴瑟也，大弦急则小弦绝矣[3]。是以位尊者，德不可以薄；官大者，治不可以小；地广者，制不可以狭；民众者，法不可以苛。天性然也。故曰：'罚得则奸邪止矣，赏得则下欢悦矣。'由此观之，子之贼心已见矣[4]。

【注释】

①臧孙行猛政：本段及以下几段未见于今本《新序》，唐宋类书有节录，当为佚文。臧孙，复姓。春秋时，鲁孝公子彄食采于臧，为臧氏。其后人达生武仲纥，为臧孙氏。猛政，严酷的政治。

②子赣：即子贡，端木赐，复姓端木，字子贡，春秋末年卫国黎（今河南鹤壁）人。善辞令，经商于曹、鲁间，富至千金。非：责怪，反对。

③大弦：弦乐器的粗弦，也叫老弦。急：紧。小弦：指弦乐器的细弦。绝：断。

④贼心：害人之心。

【译文】

臧孙实行严苛的政治，子贡指责他。臧孙召见子贡问道："我没有依循法制行事吗？"子贡回答说："依循法制了。""我不廉洁吗？"子贡回答说："做到廉洁了。""我不能处理政事吗？"回答说："能处理政事了。"臧孙说："这三件事我唯恐不能做到，如今全都能做到，您还指责什么呢？"子贡说："您能依循法制行事，但喜欢用刑法杀害人；您是做到廉洁了，但喜欢用廉洁在国君面前表现出骄傲怠慢；您是能处理政事了，但喜欢以此来欺凌下属。处理政事就像把弦装在琴瑟上,大弦调得太紧小弦就会崩断。因此地位尊贵的人,德行不能薄弱;官位高的人,治理就不能太烦琐;辖地广阔的,制度就不能狭隘;民众众多的,法律就不能苛刻。自然法则就是这样的。所以说:'刑罚得当那么奸邪就止步了,赏赐得当那么臣下就欢悦了。'由此看来,您的邪曲之心已经显现了。

“独不闻夫子产之相郑乎?其论材推贤举能也[①],抑恶而扬善。故有大略者,不问其所短;有德厚者,不问其小疵;有大功者,宿恶灭息。成人之美,不成人之恶也[②]。其牧民之道[③],养之以仁,教之以礼,使之以义。修法练教,必遵民所乐。故从其所便而处之,因其所欲而与之,顺其所好而劝之。赏之疑者从重,罚之疑者从轻。其罚审,其赏明,其刑省,其德纯,其治约[④],而教化行矣。

【注释】

①论材:选拔人才。论,通“抡”,选择。

②成人之美,不成人之恶也:见于《论语·颜渊》。

③牧民:治理民众。

④约(yào):要领,关键。

【译文】

“难道您没有听说过子产做郑国宰相的事情吗?他选择人才是推举贤能,抑制人的恶习而发扬人的长处。所以有远大谋略的人,不责问他的短处;德行笃厚的人,不责问他小的缺陷;有大功劳的人,原来的罪恶就既往不咎。帮助别人成就善事,不助他人成就恶事。他治理民众的方法,是用仁德来培养他们,用礼制来教导他们,用道义来役使他们。无论是修治法律还是训练教导,必须是遵循民众所喜好的。所以顺从民众的便利而处理民事，按照民众的愿望而给予分配，顺应民众的喜好而勉励他们。如果奖赏有疑点，就从重奖赏；如果惩罚有疑点，就从轻惩罚。他的处罚清楚，奖赏明确，刑法节省，德行纯正，治理简要，这样教化就可以行遍天下，广布宇内了。

“治郑七年，而风俗和平，灾害不生，国无刑人，囹圄空虚[①]。及死，国人闻之，皆叩心流涕[②]，曰：‘子产已死，吾将安归？夫使子产命可易，吾不爱家一人。’其生也，则见爱；其死也，而可悲。仕者哭于廷，商人哭于市，农人哭于野，处女哭于室，良人绝琴瑟，大夫解佩玦[③]，妇人脱簪珥[④]，皆巷哭。然则思者仁恕之道也。君子之治，始于不足见，而终于不可及，此之谓也。

【注释】

①囹圄（líng yǔ）：监狱。

②叩心：捶胸。悔恨、悲痛的样子。

③佩玦：有缺口的环形佩玉。

④簪珥：发簪和耳饰。古代多为高贵妇女的首饰。

【译文】

“子产治理郑国七年，风俗和顺，没有发生灾害，国家没有受刑的人，监狱空荡无人。等到他死的时候，全国的百姓听说后，都痛哭流涕，说：‘子产已经死去，我还能归附谁呢？如果可以和子产交换性命，我不吝惜家里任何一个人。’子产活着的时候，被百姓爱戴；他死了之后，使全国百姓都陷入悲痛之中。官吏在朝堂上哭，商人在集市上哭，农民在田地哭，姑娘在闺房哭，美人断绝了琴瑟的弦，大夫解下了环状佩玉，妇人拆下了发簪和耳饰，都在街上痛哭。因此，贤能而有智慧的人推行的是仁义宽恕之道。君子治理国家，开始似乎看不出他的政绩，而最终却没人能赶得上，说的就是这种情况。

“盖德厚者报美，怨大者祸深，故曰：‘德莫大于仁，而祸莫大于刻[①]。’夫善不可以为求[②]，而恶不可以乱去。今子方病，民喜而相贺曰：‘臧孙子已病，幸其将死。’子之病少愈，而民以相惧，曰：‘臧孙子病又愈矣，何吾命之不幸也，臧孙子又不死矣。’子之病也，人以相喜；生也，人以相骇。子之贼心亦甚深矣。为政若此，如之何不非也。”于是臧孙子惭焉，退而避位[③]。

【注释】

①刻：苛刻，刻薄。

②为：通“伪”，虚伪。

③避位：让位，辞职。

【译文】

“德行深厚的人一定得到美好的回报，积怨很深的人其祸患必然严重，所以说：‘德行没有比仁义更大的了，灾祸没有比苛刻更大的了。’美善不可以用诈伪的方式来谋求，罪恶不可以用紊乱的统治去除。如今您刚生病，民众便高兴地互相祝贺说：‘臧孙已经得病了，幸亏他就要死去。’您的病稍有好转，民众便互相畏惧，说道：‘臧孙的病又要好了，我们的命运怎么这样不幸呢，臧孙又死不了了。’您生病，人们相互庆喜；您活着，人们又相互惊骇。您的邪曲之心也太深了。执政到了这种地步，怎么能不让人指责呢？”于是臧孙感到十分惭愧，就辞职让位了。

子路治蒲三年[①]，孔子过之，入其境曰：“善哉由乎！恭敬以信矣。”入其邑曰：“善哉由乎！忠信以宽矣。”至于其廷曰：“善哉由乎！明察以断矣[②]。”子贡执辔而问曰[③]：“夫子未见由，而三称其善，可得闻乎？”孔子曰：“我入其境，田畴尽易[④]，草莱甚辟[⑤]，沟洫甚深[⑥]，此其恭敬以信，故其民尽力也。入其邑，墙屋甚崇，树木甚茂，此忠信以宽，故其民不偷也。入其廷，廷甚闲，此明察以断，故其民不扰也。”

【注释】

①子路治蒲三年：今本《新序》无此段，又见于《孔子家语》等书，当为佚文。子路，即仲由，春秋时鲁国卞人，孔子弟子，孔门十哲之一。蒲，古地名，春秋卫地，战国属魏。在今河南长垣。

②明察：指观察入微，不受蒙蔽。

③执辔：指手持马缰绳驾车。

④田畴：田地。易：治，治理。

⑤草莱：指荒芜之地。辟：开辟，开垦。

⑥沟洫（xù）：水道，沟渠。

【译文】

子路治理蒲地三年，孔子经过那儿，进入蒲地之境说：“子路真好啊！处理政事恭敬而有诚信。”进入城邑说：“子路真好啊！对待百姓忠信而且宽容了。”进入县府公堂说：“子路真好啊！对事情观察入微而做出决断。”子贡手持马缰绳问道：“先生还没有见到子路，却三次称赞他的好，能告诉我原因吗？”孔子说：“我进入蒲地县境，看到田地治理得很好，荒芜之地都已开垦，沟渠开挖很深，这是子路恭敬又诚信，所以民众能够尽力耕种。进入他的城邑，看到房屋很高大，树木很茂盛，这是子路对待百姓忠信又宽恕，所以民众做事不懈怠。进入他的公堂，看到门庭很闲散，这是他做事观察入微然后才去决断，所以民众不来申诉烦扰。”

卷四十三

说苑

刘向

【题解】

《说苑》又名《新苑》，是古代杂史小说集，由西汉刘向所编纂，成书于鸿嘉四年（前17）。原书共二十卷，后仅存五卷，大部分已经散佚，后经宋人曾巩搜辑，复为二十卷。每卷各有标目，按各类记述春秋战国至汉代的逸闻轶事，每类之前列总说，事后加按语。体例类似《国语》《战国策》，以记言为主兼采记事，主旨是通过书中历史人物的言论事例来劝诫君臣，阐述儒家选贤尊贤的治国理念。《说苑》中保存的史事，有的可与现存典籍互相印证，有的则为其他古籍所散佚的内容提供参考。书中也载录了其他学派人物的言谈事迹乃至许多“街谈巷议”的小说家言，可补《国语》《战国策》之不足。

刘向，其生平见前文。

《群书治要》节录了《说苑》君道、臣术、贵德、复恩、政理、尊贤、正谏、法诫、善说、修文、反质等十一篇的部分段落，仍以治理国家的相关论述为主。魏徵等人把刘向所记载的历史故事作为例证，向李世民分析待人处事的原则方法，从而进一步阐述王道、霸道治国的取舍问题。

君道[1]

河间献王曰[2]:“尧存心于天下,加志于穷民[3],痛万姓之罹罪[4],忧众生之不遂也[5]。有一民饥,则曰:‘此我饥之也。’有一民寒,则曰:‘此我寒之也。’一民有罪,则曰:‘此我陷之也。’仁昭而义立,德博而化广,故不赏而民劝[6],不罚而民治。先恕而后教[7],是尧道也。”

【注释】

①君道:指为君之道。节录部分指出,“社稷安危,国家治乱,在于一人而已”,可见其重要性。

②河间献王:刘德,汉景帝刘启第三子,汉景帝前元二年(前155)受封河间王。为王二十六载,始终没有被卷入政治漩涡,他致力于对古籍的收集与整理,现今影响很大的《毛诗》和《左传》,就是因刘德的整理得以流传后世。

③穷民:指鳏、寡、孤、独等无依无靠的人。泛指贫苦百姓。

④万姓:万民。罹(lí):遭受,蒙受。

⑤遂:顺利。引申为顺利生长。

⑥劝:鼓励,受到鼓励。

⑦恕:推己及人,设身处地先为他人着想。

【译文】

河间献王说:“唐尧心怀天下,用心对待贫苦百姓,痛心万民遭罪,担忧民众不能顺利成长。有一人饥饿,就会说:‘这是我让他饥饿的。’有一人寒冷,他就会说:‘这是我让他寒冷的。’有一人犯罪,他就会说:‘这是我让他陷入法网的。’唐尧仁爱之心昭明而道义确立,德行大而教化广阔,所以不用奖赏而民众也能受到鼓励,不用刑罚民众也能得到治理。先宽容然后施以教化,这就是唐尧的治国之道。”

河间献王曰："禹称'民无食，则我不能使也；功成而不利于民，则我不能劝也'。故疏河而道之[①]，凿江通于九派[②]，洒五湖而定东海[③]。民亦劳矣，然而不怨苦者，利归于民也。"

【注释】

①河：黄河。道：今作"导"，疏通。

②江：长江。九派：长江在湖北、江西一带分为很多支流。因而用九派称这一带的长江。

③洒（xǐ）：同"釃"，疏导分散水流。五湖：泛指太湖流域一带的湖泊。

【译文】

河间献王说："夏禹说过'民众没有吃的，那么我就不能役使他们；成就功业而对民众没有益处，那么我就不能勉励他们'。所以疏通黄河引导水流，开凿长江与九个支流相通，疏导五湖之水流入东海。民众也确实辛劳，然而却不怨恨叫苦，是因为利益都归于民众。"

禹出见罪人，下车问而泣之。左右曰："罪人不顺道使然[①]，君王何为痛之至于此也？"禹曰："尧、舜之民，皆以尧、舜之心为心。今寡人为君也，百姓各自以其心为心，是以痛之也。"

【注释】

①顺道：顺从道义，遵循规律。顺，遵循。

【译文】

夏禹出巡时见到犯罪的人，下车询问他情况并为他哭泣。左右近臣说："有罪的人自己不顺从道义，才会变成这样，君王您为什么为他悲痛到这种地步呢?”夏禹说:“唐尧、虞舜的民众,都把唐尧、虞舜的心意当成自己的心意。如今我作为君主,百姓却各自按照自己的想法行事,因此我为他感到痛心。”

当尧之时,舜为司徒①,契为司马②,禹为司空③,后稷为田畴④,夔为乐正⑤,倕为工师⑥,伯夷为秩宗⑦,皋陶为大理⑧,益掌驱禽⑨。尧不能为一焉。尧为君,而九子者为臣,其何故也?尧知九职之事⑩,使九子各受其事,皆胜其任以成功,尧遂乘成功以王天下。是故知人者主道也⑪,知事者臣道也。主道知人,臣道知事,毋乱旧法,而天下治矣。

【注释】

①司徒:古代官名,周时为六卿之一,即地官大司徒,掌管国家土地以及民众教化。

②契(xiè):古人名,中国商朝的祖先名。传说是舜的臣,助禹治水有功而封于商,赐姓子氏。司马:古代官名,周时为六卿之一,即夏官大司马,掌军旅之事。

③司空:古代官名,周为六卿之一,即冬官大司空,掌管工程。

④后稷:周之先祖。田畴:围有界限的耕地。此处是农官名。

⑤夔(kuí):古人名,相传为尧、舜时乐官之长。乐正:古时乐官之长。《仪礼·乡射礼》:“乐正先升,北面立于其西。”郑玄注:“正,长也。”

⑥倕:人名。相传为中国上古尧舜时代的一名巧匠,善作弓、耒、耜等。工师:古代官名,上受司空领导,下为百工之长。专掌营建工程和管教百工等事。

⑦伯夷:舜的臣子,齐太公的祖先。秩宗:古代掌宗庙祭祀的礼官。

⑧皋陶（gāo yáo）：传说虞舜时的司法官。大理：古代官名，掌刑法。秦为廷尉，汉景帝中元六年（前144）更名大理，汉武帝建元四年（前137）复为廷尉。北齐为大理卿，隋唐以后沿之。

⑨益：即伯益，又称伯翳，古代部落首领。相传为嬴姓各族的祖先，擅长畜牧和狩猎，被舜任为虞官。驱禽：指狩猎。驱，此指主管狩猎的官职。

⑩九职：指尧设置的九种官职。

⑪知：执掌，主持。主道：君主治国之道。

【译文】

唐尧主持天下的时候，虞舜担任掌管土地和教化民众的司徒，契担任掌管军事的司马，夏禹担任管理工程的司空，后稷担任主管田地的农官，夔担任乐官之长的乐正，倕担任管理百工的工师，伯夷担任掌管宗庙祭祀的秩宗，皋陶担任掌管刑狱的大理，伯益是掌管狩猎的虞官。唐尧不能担任其中的任何一个职位。唐尧为君主，而那九人却做他的臣子，其中的原因是什么呢？唐尧懂得这九种官员的职事，让这九人各自承担自己的职事，且都能胜任并获得成功，唐尧于是借助他们成就自己的功业，因此称王天下。因此知人善任是君主之道，掌管具体职事是臣子之道。君主之道是知人善任，臣子之道是掌管职事，不要扰乱原有的法制，这样天下就太平了。

明主者有三惧：一曰处尊位而恐不闻其过，二曰得意而恐骄，三曰闻天下之至言而恐不能行①。

【注释】

①至言：至理名言，最好的言论和道理。

【译文】

英明的君主有三个警戒：一是处在尊贵的帝位而恐怕不知道自己的

过失，二是得意时恐怕骄傲自满，三是听到了至理名言却唯恐自己不能实行。

师经鼓琴①，魏文侯起舞②，赋曰："使我言而无见违③。"师经援琴而撞文侯④，不中⑤，中旒⑥，溃之⑦。文侯顾谓左右曰："为人臣而撞其君，其罪何如？"左右曰："罪当烹⑧。"提师经下堂一等⑨。师经曰："臣可得一言而死乎？"文侯曰："可。"师经曰："昔尧、舜之为君也，唯恐言而人不违；桀、纣之为君也，唯恐言而人违之。臣撞桀、纣，非撞吾君也。"文侯曰："释之，是寡人之过也。悬琴于城门，以为寡人符⑩；不补旒，以为寡人戒。"

【注释】

①师经：战国时魏国乐师，善鼓琴。曾劝谏魏文侯。鼓琴：弹琴。

②魏文侯：姬姓，魏氏，名斯。战国时期魏国的开国君主。

③见违：违背我。

④援：操持，执拿。

⑤中：击中。

⑥旒（liú）：古代冠冕下垂的流苏。

⑦溃：溃散，毁坏。

⑧烹：古代一种酷刑，用鼎锅来煮杀人。

⑨一等：一级台阶。

⑩符：古代君王用以传达命令、调兵遣将的凭证。这里指魏文侯将师经撞过他的琴作为他犯错的凭证。

【译文】

师经弹琴，魏文侯起身舞蹈，吟诵说："让我说话没人违背我吧。"师经拿着琴撞击魏文侯，没有击中，击中了礼帽上的玉旒，把玉旒撞散了。文侯看着左右近臣说："作为臣子而撞击他的国君，该如何治罪？"左右臣僚说："应该用鼎烹煮。"于是将师经拖下朝堂。师经说："我能说一句话再死吗？"文侯说："可以。"师经说："从前唐尧、虞舜做君主的时候，唯恐说话别人不违背；夏桀、商纣做君主的时候，唯恐说话有人违背。我撞击的是夏桀、商纣，并没有撞击我的君主。"文侯说："放了他，这是我的过错。把这张琴悬挂在城门上，用它作为我有过错的凭证；撞散的玉旒也不要修补，用它作为我的鉴戒。"

臣术①

人臣之行，有六正则荣，犯六邪则辱②。何谓六正？一曰萌牙未动③，形兆未见④，昭然独见存亡之机⑤，得失之要，豫禁乎未然之前⑥，使主超然立乎显荣之处⑦。如此者，圣臣也。二曰虚心白意⑧，进善通道，勉主以礼义，谕主以长策⑨，将顺其美⑩，匡救其恶。如此者，良臣也。三曰夙兴夜寐⑪，进贤不懈，数称于往古之行事，以厉主意⑫。如此者，忠臣也。四曰明察极⑬，见成败，早防而救之，塞其间⑭，绝其源，转祸以为福，使君终以无忧。如此者，智臣也。五曰守文奉法⑮，任官职事，不受赠遗，衣服端齐，食饮节俭。如此者，贞臣也。六曰国家昏乱，所为不谀⑯，敢犯主之严颜⑰，面言主之过失。如此者，直臣也。是谓六正也。

【注释】

①臣术：指为臣之术，即作为臣子应掌握的原则、应具备的才能以及应坚持的操守。节录部分主要论述臣子要行"六正"而避"六

邪”以及必须建全“三公、九卿、大夫、列士”的官僚体制，选择大臣要以“道德仁义”为标准。

②犯：触犯。

③萌牙：萌芽，比喻事物开始产生。

④形兆：征兆，形迹。见：同“现”。

⑤机：事情的细微迹象或动向、关键。

⑥豫：通“预”，预备，事先做准备。未然：还没有成为事实。

⑦超然：高超出众。

⑧虚心白意：形容心怀坦荡，没有私心杂念。

⑨长策：好的计策。

⑩将顺：奉行顺从。将，奉行。

⑪夙兴夜寐：早起晚睡，形容勤劳。夙，早。兴，起来。寐，睡眠。

⑫厉：同“励”，激励，劝勉。

⑬明察：指观察入微，不受蒙蔽。

⑭间（jiàn）：间隙，空隙。

⑮守文：本谓遵循文王法度。后泛指遵循先王法度。

⑯谀：谄媚，奉承。

⑰严颜：盛怒，威严。

【译文】

身为臣子的操行，拥有六正就荣耀，触犯六邪就会自寻耻辱。什么叫六正？第一是事物萌芽未发，征兆还没有显现，只有他能清楚地看见存亡的细微迹象，掌握得失的关键，在事态变化之前就预先制止，使君主能超脱地居于显贵荣华的位置。像这样的，是圣明之臣。二是心胸坦荡没有私念，进呈善言通达正道，用礼义来勉励君主，用好的计策来晓谕君主，奉行顺从君主的美善，匡正挽救君主的恶行。像这样的，是贤良之臣。三是早起晚睡，勤奋事务，推荐进用贤能之士从不松懈，多次称述古代圣贤的行为事迹，来激励君主的意志。像这样的，是忠心之臣。四是观察入微至极，发现成败征兆，早做防备并进行补救，堵塞漏洞，杜绝根源，把祸患转变为福佑，让君主最终能没有忧虑。像这样的，是智慧之臣。五是遵循奉行法制，任用官吏主管职事，不接受赠送的财物，衣服端庄整齐，饮食节俭。像这样的，是忠贞之臣。六是国家昏暗混乱时，臣子不做谄媚逢迎之事，敢于触犯君主的威严，当面直言君主的过失。像这样的，是正直之臣。这就叫做六正。

何谓六邪？一曰安官贪禄①，不务公事，与世沉浮②，左右观望。如此者，具臣也③。二曰主所言皆曰善，主所为皆曰可，隐而求主之所好而进之④，以快主之耳目，偷合苟容⑤，与主为乐，不顾其后害。如此者，谀臣也。三曰中实险诐⑥，外貌小谨，巧言令色⑦，又心疾贤⑧，所欲进则明其美，隐其恶，所欲退则明其过⑨，匿其美。使主赏罚不当，号令不行。如此者，奸臣也。四曰智足以饰非⑩，辩足以行说⑪，内离骨肉之亲，外妒乱朝廷。如此者，谗臣也。五曰专权擅势⑫，以为轻重⑬，私门成党⑭，以富其家，擅矫主命，以自显贵。如此者，贼臣也。六曰谄主以邪，坠主于不义，朋党比周⑮，以蔽主明，使白黑无别，是非无闻，使主恶布于境内，闻于四邻。如此者，亡国之臣也。是谓六邪。贤臣处六正之道，不行六邪之术，故上安而下治。生则见乐，死则见思，此人臣之术也。

【注释】

①贪禄：贪恋禄位。

②与世沉浮：指趋时随俗，随波逐流。

③具臣：备位充数之臣。

④进：进献，进呈。

⑤偷合：苟且迎合。苟容：苟且容生。

⑥险诐（bì）：邪恶不正。诐，不正，偏颇。

⑦巧言令色：形容用花言巧语和媚态伪情来迷惑、取悦他人。巧言，花言巧语。令色，讨好的表情，指谄媚。

⑧疾：通“嫉”，嫉妒。

⑨退：贬退。

⑩饰非：粉饰掩盖错误。

⑪行说：游说。

⑫专权：独揽大权。擅势：独揽权势。

⑬轻重：权衡，褒贬。

⑭私门：权势之家，权贵者。

⑮比周：结党营私。

【译文】

什么叫做六邪？一是安享官爵贪恋禄位，不务公事，随世俗沉浮，遇事左右观望。像这样的，是备位充数之臣。二是君主所说的都称好，君主所做的都赞同，暗中寻求君主所喜好的去进献，以满足君主耳目之乐，苟且迎合取容于世，与君主寻欢作乐，不顾以后的祸害。像这样的，是阿谀逢迎之臣。三是心中充满邪僻险恶，外表小心谨慎，花言巧语、虚伪讨好，又嫉妒贤能，想要进用的人那就宣扬他的美德，隐藏他的恶行，想要贬退的那就宣扬他的过失而藏匿他的美德。让君主赏罚不当，号令不通。像这样的，是奸佞之臣。四是智慧足够用来粉饰错误，辩才足够用来进行游说，对内离间骨肉之恩，对外嫉妒贤能扰乱朝廷。像这样的，是谄谀之臣。五是专横独揽权势，自为好恶进行褒贬，权贵私家结为朋党，来使自己家富足。擅自篡改君主的命令，来让自己显贵。像这样的，是乱臣贼子。六是用邪恶谄媚君主，陷君主于不义，结党营私，以此来蒙蔽君主的明察，让他分不清黑白，不明是非，让君主的恶名传布于国内，传到四方邻国。像这样的，是亡国之臣。这就叫做六邪。贤臣处在六正的大道上，不实行六邪之术，所以居于上位的君主安定而在下的百姓太平。他活着时能享受安乐，死后就会被人们怀念，这就是为臣之道。

汤问伊尹曰："三公九卿[①]，大夫列士[②]，其相去何如？"对曰："智通于大道，应变而不穷。辨于万物之情，其言足以调阴阳[③]，正四时，节风雨，如是者，举以为三公。故三公之事，常在于道也。不失四时，通于地理[④]；能通不通，能利不利，如此者，举以为九卿。九卿之事，常在于德也。通于人事，行猷举绳[⑤]，通于关梁[⑥]，实于府库[⑦]，如是者，举以为大夫。大夫之事，常在于仁也。忠正强谏[⑧]，而无有奸诈，去私立公，而言有法度，如是者，举以为列士。列士之事，常在于义也。故道德仁义定而天下正。凡此四者，明王臣而不臣。"汤曰："何谓臣而不臣？"对曰："君之所不名臣者四：诸父[⑨]，臣而不名；诸兄，臣而不名；先王之臣，臣而不名；盛德之士[⑩]，臣而不名。是谓大顺也[⑪]。

【注释】

①三公：古代中央三种最高官衔的合称。周代以司马、司徒、司空为三公，或以太师、太傅、太保为三公。九卿：古代中央政府的九个高级官职。位在三公之下，大夫、士之上。

②大夫：古代官职名，位居卿之下、士之上。后以为任官职者之称。列士：即元士。

③调阴阳：谓使阴阳有序，风调雨顺。

④地理：土地、山川等的环境形势。

⑤猷（yóu）：谋略，计划。举绳：弹墨线，比喻作准绳。

⑥关梁：关口和桥梁，泛指水陆交通必经之处。

⑦府库：旧指国家贮藏财物、兵甲的处所。

⑧强谏：极力诤谏。

⑨诸父：古代天子对同姓诸侯、诸侯对同姓大夫，皆尊称为“父”，对多数就称为“诸父”。

⑩盛德：高尚的品德。

⑪大顺：天下太平。指根据封建礼教法制治理天下而达到的社会安定境界。

【译文】

商汤问伊尹说：“三公、九卿，大夫、列士，这些职位有什么区别？”伊尹回答说：“智慧通达大道，应对变化而不会陷入困境。分辨万物的实际情况，他的言论足够调和阴阳，掌握四季气候规律，节制风雨阴晴，像这样的人，可以举荐为三公。所以三公的职事，常在于把握道义。不错过四时，通晓土地山川形势；能疏通不通达的，能让不利变为有利，像这样的人，可以举荐为九卿。九卿的职事，常在于谋利造福。通晓人事，行动有谋划，举止有标准，让水陆枢纽通畅，让府库充实，像这样的人，可以举荐为大夫。大夫的职事，常常在于仁爱。忠诚正直极力谏诤，而且没有奸诈之心，去除私心树立公德，言谈符合法度，像这样的人，可以举荐为列士。列士的职事，常常在于行事符合正义。所以道德仁义确定了，天下就能稳定。凡是这四种，圣明的君王以他们为臣，却不称他们为臣。”商汤问：“什么叫以他们为臣却不称为臣？”伊尹回答说：“君主不称为臣子的有四种：众父辈做臣的而不称为臣；众兄长做臣的而不称为臣；做过先王臣子的不称为臣，有高尚道德的贤臣不称为臣。这就是天下太平啊！”

贵德[①]

圣人之于天下也，譬犹一堂之上也[②]。今有满堂饮酒者，有一人独索然向隅而泣[③]，则一堂之人皆不乐矣。圣人之于天下也，譬犹一堂之上也。有一人不得其所者，则孝子不敢以其物荐进也[④]。

【注释】

①贵德：就是重视道德品行的修养。节录部分说明治理天下，当为政以德，仁爱万民。

②堂：正房。古代房屋阶上室外叫堂，堂后叫室。

③索然：流泪的样子。向隅：面对着屋子的一个角落。隅，墙角。

④荐进：进献。

【译文】

圣人治理天下，好像处在一堂之上。如今满堂都是饮酒的人，却有一个人独自面对墙角哭泣，那么满堂的人都不会快乐了。圣人治理天下，就好像处在一堂之上，堂上有一个人得不到合适的位置，那么孝子就不敢把他的物品进献上来。

复恩[①]

晋文公亡时[②]，陶叔狐从[③]。文公反国，三行赏而不及。见咎犯曰[④]：“吾从君而亡，十有三年，颜色黧黑[⑤]，手足胼胝[⑥]。今君反国，三行赏而不及我，意者君忘我与[⑦]？我有大故与？”咎犯言之文公，文公曰：“嘻，我岂忘是子哉！夫耽我以道[⑧]，说我以仁，昭明我名[⑨]，使我为成人者[⑩]，吾以为上赏。防我以礼[11]，谏我以义，使不得为非者，吾以为次赏。勇壮强御[12]，难在前则居前，难在后则居后，免我于患难中者，吾复以为次赏。且子独不闻乎？死人者，不如存人之身；亡人者，不如存人之国。三行赏之后，而劳苦之士次之。劳苦之士，子固为首矣。吾岂敢忘子哉！”周内史叔兴闻之曰[13]：“文公其霸乎！昔者圣王先德后力，文公其当之矣[14]。”

【注释】

①复恩：就是报恩。节录部分通过举例强调“投桃报李”“有恩必报”的思想。

②晋文公亡时：晋文公在骊姬之乱中流亡在外十九年。

③陶叔狐：陶氏，名狐。叔，排行第三，故称陶叔狐。春秋时晋国大夫。

④咎犯：即狐偃。春秋晋国大夫，字子犯，狐突子，晋文公重耳之舅，又称舅犯。随从重耳流亡在外十九年。重耳即位晋文公，他任上军佐。

⑤黧黑：脸色黑。

⑥胼胝（pián zhī）：俗称老茧。手掌或脚底因长期摩擦而生的厚皮。

⑦意者：表示测度。大概，或许，恐怕。

⑧耽：沉溺，入迷。

⑨昭明：显扬，显明。

⑩成人：德才兼备的人。犹完人。

⑪防：防止，防范。引申为约束。

⑫强御：强而有力，有力的保卫者。

⑬内史：官名。西周始置，协助天子管理爵、禄、废、置等政务。叔兴：春秋时周王内史。

⑭当：承担，承受。

【译文】

晋文公逃亡在外时，陶叔狐跟随他。晋文公回到晋国，颁行三次赏赐都没轮到陶叔狐。陶叔狐拜见咎犯说："我跟从君主流亡，有十三年，脸色发黑，手脚都磨起老茧。如今君主回国，颁行三次赏赐都没有轮到我，想来是君主忘记我了吗？还是我有大的过错呢？"咎犯便向文公说了这件事，文公说："唉，我怎么能忘记这个人呢！用道义让我专注，用仁爱来劝说我，显扬我的名声，让我成为德才兼备的人，我为他颁行上等的赏赐。用礼义来约束我，用正义来劝谏我，让我不做错事的，我给他颁发次等的赏赐。勇猛强壮善于御敌，危难在前面就奋身向前，危难在后面就在后方排解，使我从患难中解脱出来的人，我给他颁发再次等的赏赐。况且您难道没有听说过吗？为人殉死，不如让人存活；跟人逃亡，不如保存那人的国家。三次颁行赏赐之后，其次就是有劳苦功绩的人了。有劳苦功绩的人中，陶叔狐当然是为首的了，我怎么敢忘记他呢！"周内史叔兴听说这件事后说："晋文公将要称霸了！从前圣王先论德后论力，文公应该可以承担这样的评价吧。"

楚庄王赐群臣酒[①]，日暮，酒酣[②]，华烛灭，乃有引美人衣者[③]。美人援绝其冠缨[④]，告王曰："今烛灭，有引妾衣者，援得其缨，待之矣。促上火[⑤]，视绝缨者。"王曰："赐人酒，使醉失礼，奈何欲显妇人节而辱士乎？"乃命左右："今与寡人饮，不绝冠缨者不欢。"群臣皆绝缨而上火，尽欢而罢。居二年，晋与楚战，有一臣常在前，五合五获首而却敌[⑥]，卒得胜之。庄王怪而问之，对曰："臣往者醉失礼，王隐忍不暴而诛[⑦]，常愿肝脑涂地[⑧]，用颈血湔敌久矣[⑨]。臣乃夜绝缨者也。"

【注释】

①楚庄王：芈姓，名旅，一作侣或吕。春秋时楚国国君，春秋五霸之一。

②酒酣：谓酒喝得尽兴、畅快。

③引：拉，牵引。

④援绝：扯断。冠缨：帽带。结于颔下，使帽固定于头上。

⑤上火：燃亮灯火。

⑥合：接战，交锋。却：使退却。

⑦暴：猝然，马上。

⑧肝脑涂地：形容竭尽忠诚，不惜一死。

⑨湔（jiàn）：同“溅”，溅洒。

【译文】

楚庄王赐群臣饮酒，天晚了，酒喝得畅快，灯烛熄灭，有人拽美人的衣服。美人拽断了他的帽带，告诉庄王说：“刚才灯烛熄灭，有人牵拉我的衣服，我已拽断了他的帽带，拿在手里了。赶快点亮灯火，看看谁是断了帽带的人。”庄王说：“赐人饮酒，让人喝醉后失礼，怎么能为了显示妇人的节操而侮辱勇士呢？”于是命令左右的人说：“今天与我饮酒，不扯断帽带的人不算尽兴。”群臣都扯断帽带后才点燃灯火，最后尽兴而散。过了两年，晋国跟楚国打仗，有一位臣子总是冲杀在庄王前面，五次交锋五次斩获敌人首级而退敌，最终战胜晋国。庄王感到奇怪，就问他，他回答说：“我以前喝醉酒后失礼，大王您隐忍不马上诛杀我，因此我常想竭尽忠诚、用自己一腔热血溅洒敌人已经很久了。我就是以前那夜被美人扯断了帽带的人。”

阳虎得罪[①]，北见简子曰[②]：“自今已来，不复树人矣[③]。”简子曰：“何哉？”对曰：“夫堂上之人[④]，臣所树者过半矣；朝廷之吏，臣所立者亦过半矣；边境之士，臣所立者亦过半矣。今夫堂上之人，亲却臣于君；朝廷之吏，亲危臣于法；边境之士，亲劫臣于兵[⑤]。”简子曰：“唯贤者为能复恩，不肖者不能。夫树桃李者，夏得休息，秋得食焉；树蒺藜者[⑥]，夏不得休息，秋得其刺焉。今子之所种者，蒺藜也，非桃李也。自今已来，择人而树之，毋已树而择之也。”

【注释】

①阳虎：又叫阳货，初为鲁季孙氏家臣，事季平子。平子卒，虎遂专权。

②简子：即赵鞅，又称赵孟。嬴姓，赵氏，原名鞅，后名志父，谥号“简”。为晋正卿。

③树人：培养造就人才。

④堂上：为古代帝王主持政事、宣明政教的地方。

⑤劫：胁迫，威逼。兵：兵器，武器。

⑥蒺藜：一年生草本，茎平铺在地，羽状复叶，小叶长椭圆形，开黄色小花，果皮有尖刺。种子可入药，有滋补作用。这种植物的果实，也称蒺藜。

【译文】

阳虎在卫国获罪，北去晋国谒见赵简子说：“从今往后，我不再培养人才了。”简子说：“为什么呢？”阳虎回答说：“朝堂主事的长官，我培养的超过了半数；朝廷的官吏，我所培养的也超过了半数；边境的将士，我所培养的也超过了半数。如今朝堂主事之人，亲自在君主面前排斥我；朝廷的官吏，亲自用刑法危害我；边境上的将士，亲自用武力胁迫我。”赵简子说：“只有贤人才能报恩，不贤的人是不能的。种植桃李的人，夏天能在树荫下休息，秋天能吃到果实；栽种蒺藜的人，夏天不能休息，秋天得到的只是棘刺。如今你栽种的，是蒺藜，并不是桃李。从今往后，要选择人才培养，不要已经培养了才去选择他。”

政理[1]

政有三品[2]：王者之政化之，霸者之政威之，强国之政胁之。夫此三者，各有所施，而化之为贵矣。夫化之不变，而后威之；威之不变，而后胁之；胁之不变，而后刑之。夫至于刑者，则非王者之所贵也。是以圣王先德教而后刑罚，立荣耻而明防禁[3]，崇礼义之节以示之，贱货利之弊以变之[4]，则下莫不慕义节之荣[5]，而恶贪乱之耻。其所由致之者，化使然也。

【注释】

①政理：为政的道理。指的是治国治民的政治思想、纲领及具体办法。节录部分旨在强调君主应施行“礼治”和“仁政”。

②三品：上中下三个等级。也指三种类型。

③防禁：防备禁戒。

④贱：轻视，看轻。货利：货物财利。弊：通“币”，钱财。

⑤义节：道义节操。

【译文】

政治有三种类型：王者的政治是教化百姓，霸道的政治是威慑百姓，强国的政治是胁迫百姓。这三种政治，各有施行的意义，而以教化百姓最可贵。如果教化不能改变，那就威慑他们；威慑不能改变，那就胁迫他们；胁迫不能改变，那就用刑罚处治他们。那种非用刑罚不可的政治，并不是王者所推重的。因此圣王先从事德教而后才使用刑罚，树立荣辱观念并明确防备禁戒，崇尚礼义大节来给百姓做示范，轻视财利金钱来改变他们的贪欲，那么在下的臣民没有谁不仰慕礼义的尊荣，没有谁不厌恶贪财淫乱之类可耻的事情。他们之所以能够到达如此地步的原因，是仁德教化的影响。

治国有二机[①]，刑、德是也。王者尚其德而稀其刑，霸者刑德并凑[②]，强国先其刑而后其德。夫刑德者，化之所由兴也。德者，养善而进之者也[③]；刑者，惩恶而禁后者也。故德化之崇者至于赏，刑罚之甚者至于诛。夫诛赏者，所以别贤不肖，而列有功与无功也。诛赏缪[④]，则善恶乱矣。夫有功而不赏，则善不劝矣；有过而不诛，则恶不惧矣。善不劝，而能以行化乎天下者，未尝闻也。

【注释】

①机：事物的关键。

②并凑：并用。凑，会合，这里指合用。

③进之：让他们上进。《说苑》原文作“进阙”。

④缪（miù）：通“谬”，乖错。

【译文】

治理国家有两个关键，就是刑罚、德教。王者崇尚德教而很少使用刑罚，霸者刑罚与德教并用，强暴之国先用刑罚而后用德教。刑罚与德教，教化所以由此产生。德教，是培养良善而让他们上进的；刑罚，是惩罚邪恶并禁止后来者效法。所以受德行教化成就高就得到赏赐，犯罪受刑罚严重的就应被诛杀。诛杀和赏赐，是区别贤与不贤，并分列有功与没有功的方法。诛杀与赏赐错乱了，那么善与恶也就混乱了。如果有功而不赏赐，那么善良的人就得不到鼓励；有罪过而不诛杀，那么罪恶的人就不会惧怕。善良的人得不到鼓励，而能够用德行感化天下的，未曾听说过。

齐桓公逐鹿而远入山谷之中①，见一老，公问之曰："是为何谷？"对曰："为愚公之谷也。"公曰："何故？"对曰："以臣名之。"公曰："何为以公名之？"对曰："臣故畜牸牛②，子大，卖之而买驹③。少年曰：'牛不能生马。'遂持驹去。傍邻闻之，以臣为愚。故名此谷为'愚公之谷'。"桓公曰："诚愚矣，夫何为而与之？"桓公遂归，以告管仲④。管仲曰："此夷吾之过也！使尧在上，咎繇为理⑤，安有取人之驹，见暴如此叟者也⑥？是公知狱讼不正，故与之耳。请退而修政⑦。"孔子曰："弟子记之，桓公，霸君也；管仲，贤佐也，犹有以智为愚者，况不及桓公、管仲者乎！"

【注释】

①齐桓公：春秋时期齐国国君。姜姓，名小白。春秋五霸之一。

②牸（zì）牛：母牛。

③驹：少壮的马。

④管仲：春秋初齐国国相，名夷吾，字仲。

⑤咎繇：即皋陶。相传尧舜时掌刑狱的大臣。理：治理狱讼的官。

⑥见暴：被暴力欺凌。

⑦修政：修明政教。

【译文】

齐桓公追逐鹿而远远地进入山谷之中，看见一位老翁，桓公问他说："这是什么山谷？"老翁回答说："是愚公之谷。"桓公问："什么缘故？"老翁回答说："用我的名字命名的。"桓公说："为什么用你的名字呢？"回答说："我原来养了一头母牛，生下的牛犊长大后，卖了牛犊买了一匹马驹。有个青年说：'牛是不能生马的。'于是便牵着马驹离开了。旁边的邻居听说这件事，认为我太愚笨了。所以把这个山谷命名为'愚公之谷'。"

桓公说："你确实太愚笨了，为什么要把马驹给他呢？"桓公于是回去，把这件事告诉管仲。管仲说："这是我的过错阿！假使唐尧在君位，皋陶做刑狱官，哪里能有牵走人家的马驹，有老人像这样被欺凌呢？这位老先生知道诉讼案件不公正，所以才把马驹给他罢了。请让我下去修明政教。"孔子说："学生们记住这件事，齐桓公是建立霸业的君主；管仲，是贤明的辅佐，尚且还有把智者当成愚者的，何况赶不上齐桓公、管仲的人呢！"

宓子贱治单父①，弹鸣琴，身不下堂，而单父治。巫马期亦治单父②，以星出③，以星入，日夜不处④，以身亲之，而单父亦治。巫马期问其故于子贱，子贱曰："我之谓任人，子之谓任力。任力者固劳，任人者固逸也。"人曰："宓子贱则君子矣！逸四支⑤，全耳目⑥，平心气，而百官治。巫马期则不然，弊性事情⑦，劳烦教诏⑧，虽治，犹未至也。"

【注释】

①宓（fú）子贱：春秋时鲁国人。名不齐，字子贱，孔子弟子。单父（shàn fǔ）：春秋鲁国邑名。故址在今山东单县南。

②巫马期：即巫马施，字子旗，春秋时鲁国人。或作陈人，字子期。孔子弟子。

③以星：指有星星之时。

④不处：不居，不休息。处，指居家。

⑤四支：四肢。

⑥全：保全，使……完整。

⑦弊性事（zì）情：损伤性情。弊性，败坏本性。事，刺入，插入，这里引申为伤害。

⑧教诏：教化宣谕。

【译文】

宓子贱治理单父，弹奏琴曲，身不下公堂而单父得到治理。巫马期也治理过单父，星星升起就离家出去，星星落下才回家，日夜不能安居，亲自处理政事，而单父也得到治理。巫马期向宓子贱问其中的缘故，子贱说："我这样叫做用人，你那样叫做用力。用力的人当然辛劳，用人的当然安逸。"有人说："宓子贱是君子啊！让四肢安逸，不劳耳目，心气平和，但各级官员都得到治理。巫马期就不是这样了，他损伤自己的性情，烦劳不倦地去教诲，即使能够治理，还是不能达到宓子贱那样。"

孔子谓宓子贱曰："子治单父而众悦，语丘所以为之者。"曰："不齐父其父①，子其子②，恤诸孤而哀丧纪③。"孔子曰："善，小节也④。小人附矣，犹未足也。"曰："不齐所父事者三人，所兄事者五人，所友者十一人。"孔子曰："父事三人，可以教孝矣；兄事五人，可以教悌矣；友十一人，可以教学矣⑤。中节也，中民附矣，犹未足也。"曰："民有贤于不齐者五人，不齐事之，皆教不齐所以治之术。"孔子曰："欲其大者，乃于此在矣。昔者尧、舜清微其身⑥，务来贤人⑦。夫举贤者，百福之宗也⑧，而神明之主也⑨。惜也不齐之所治者小，所治者大，其与尧、舜继矣。"

【注释】

①父其父：像事奉自己父亲一样事奉。

②子其子：像对待自己孩子一样对待。

③恤：体恤，怜悯。丧纪：丧事。

④小节：细小的操守。

⑤教学：教导学习。

⑥清微：清净和平。

⑦来：招致，招徕。

⑧宗：起源。

⑨神明：指人的精神、心思。

【译文】

孔子对宓子贱说："你治理单父而众人喜悦，告诉我你是如何做到这样的。"子贱说道："我事奉百姓的父亲像事奉自己的父亲一样，对待百姓的孩子像对待自己孩子一样，抚恤那些孤儿并为百姓家中的丧事而哀痛。"孔子说："好，这是细小的操守。能使平民归附，但还不够啊。"子贱说道："我像事奉父亲一样事奉的有三个人，像对待兄长一样对待的有五个人，像对待朋友一样的有十一个人。"孔子说："像事奉父亲一样的三个人，可以教导人们尽孝了；像对待兄长一样的五个人，可以教导人们敬爱兄长了；像对待朋友一样的十一个人，可以教导人们互相学习了。这些是中等的节操，中等阶层的民众依附了，但还不够啊。"子贱说道："民众中有比我贤明的五个人，我事奉他们，他们都教我如何治理的方法。"孔子说："想要成就大事，就在于这里了。从前唐尧、虞舜自身清廉谦恭，致力于招徕贤人。举荐贤人，是各种福佑的起源，也是精神英明的主宰。可惜啊！子贱治理的地方太小，如果他治理的地方很大，就能继承唐尧、虞舜了。"

齐桓公问于管仲曰："国何患？"对曰："患夫社鼠[①]。"桓公曰："何谓也？"对曰："夫社，束木而涂之[②]，鼠因往托焉。熏之则恐烧其木，灌之则恐坏其涂。此鼠所以不可得杀者，以社故也。夫国亦有社鼠，人主左右是也。内则蔽善恶于君上[③]，外则卖权重于百姓[④]。不诛之则为乱，诛之则为人主所案[⑤]，据腹有之[⑥]，此亦国之社鼠也。人有酤酒者[⑦]，为器甚洁清，置表甚长[8]，而酒酸不售。问之里人其故，里人曰：'公之狗猛，人挈器而入且酤公酒[9]，狗迎而噬之[10]，此酒所以酸不售之故也。'夫国亦有猛狗，用事者也[11]。有道术之士[12]，欲明万乘之主，而用事者迎而龁之[13]，此亦国之猛狗也。左右为社鼠，用事者为猛狗，则道术之士不得用矣，此治国之所患也。"

【注释】

①社鼠：社庙中的鼠。比喻有所依恃的小人。社，土地神和祭祀土地神的地方。

②束木：用木头捆扎。束，捆缚。涂：涂上泥巴。

③蔽：蒙蔽。

④权重：权力，大权。

⑤案：通"按"，抑止，停止。

⑥据腹有之：《说苑》原文作"腹而有之"。《韩诗外传》此句作"覆而育之"。据腹，指占据腹心地位。

⑦酤（gū）酒：卖酒。

⑧置表：悬挂酒旗。表，特指幌子，酒旗。

⑨挈（qiè）：提，拎。

⑩噬（shì）：啮啃，咬。

⑪用事：当权，执政。

⑫道术：道德学术。

⑬龁（hé）：咬。

【译文】

齐桓公向管仲问道："治理国家担忧的是什么？"管仲回答说："担忧土地神庙中的老鼠。"桓公说："这话什么意思？"管仲回答说："土地神，是用木头捆扎后涂上泥巴做成的，老鼠于是借此托身。点火熏怕烧了木材，用水灌又怕弄坏涂上的泥巴。老鼠之所以不能被杀掉，是因为土地神的缘故。国家也有社鼠，君主的左右亲信就是。他们在宫内对君主蒙蔽善恶，在宫外就利用大权对百姓为非作歹。不诛杀他们就会酿成祸乱，诛杀他们就会被君主制止，他们就会占据腹心地位而拥有权力，这些人就是国家的社鼠。有个卖酒的人，器具很清洁，酒旗悬挂得很高，但是把酒放酸了也没卖出去。他向邻里的人询问缘故，里人说：‘你的狗凶猛，有人提着酒器进来要买你的酒，狗迎面就咬他，这就是酒酸卖不掉的缘故。’国家也有猛狗，就是当权的人。有治国之术的人，想要让大国君主贤明，但当权的人却像狗一样迎头咬他，这种人就是国家凶猛的狗。左右的亲信是社鼠，当权的人是猛狗，那么有道德学问的贤士就得不到任用了，这是治理国家所要担忧的事情。”

齐侯问于晏子曰①：“为政何患？”对曰：“患善恶之不分。”公曰：“何以察之？”对曰：“审择左右，左右善则百僚各获其所宜，而善恶分矣。”孔子闻之曰：“此言信矣！善进则不善无由入矣②，不善进则善亦无由入矣。”

【注释】

①齐侯：春秋时齐国国君。此齐侯或为齐景公。晏子：晏婴，字仲，谥平，历任齐灵公、齐庄公、齐景公三朝的卿相，辅政长达五十余年。

②善进：善良的人被任用。无由：指没有途径。

【译文】

齐侯向晏子询问道：“执政要担忧的是什么？”晏子回答说：“担忧善恶不分。”齐侯说：“怎么审察呢？”晏子回答说：“审慎地选择左右亲信，左右的人善良那么百官各自会有合适的人选，并且好人坏人也就能分清了。”孔子听到后说：“这话确实可信啊！好人被进用，那么坏人就没有办法进入政权中心了；坏人被进用，那么好人也就无法进入政权中心了。”

尊贤[1]

人君之欲平治天下而垂荣名者[2]，必尊贤而下士[3]。《易》曰：“自上下下，其道大光[4]。”又曰：“以贵下贱，大得民[5]。”夫明王之施德而下下，将怀远而致近也[6]。朝无贤人，犹鸿鹄之无羽翼[7]，虽有千里之望，犹不能致其意之所欲至矣。是故绝江海者[8]，托于船；致远道者，托于乘；欲霸王者，托于贤。非其人而欲有功，若夏至之日而欲夜之长也，射鱼指天而欲发之当也。虽舜、禹犹亦困，而又况乎俗主哉！

【注释】

①尊贤：即尊敬和重用德才兼备的贤人。节录部分主要阐明尊贤对于治国的重要性。

②平治：治理，整治。荣名：令名，美名。

③下士：屈身礼待贤士。

④自上下下，其道大光：见于《周易·益卦》。下下，指谦恭地对待在下的臣民。其道大光，意思是前途十分光明。

⑤以贵下贱，大得民：见于《周易·屯卦》。得民，谓得民心。

⑥怀远：怀柔安抚边远的人。

⑦鸿鹄：即鹄。俗称天鹅。比喻有远大抱负的人。

⑧绝：横渡，越过。

【译文】

君主想要治理天下并且在后世永留荣耀的名声，必须尊重贤人并屈身礼待贤士。《周易》上说:“在上的人谦恭对待臣下,那前途就很光明。”又说:“以尊贵的身份而谦恭地对待身份卑贱之人,必能大得民心。”英明的君王施行恩德而且谦恭对待在下的臣民,就能怀柔安抚远方的民众并招徕近处的百姓。朝中没有贤人,就像天鹅没有翅膀,即使有飞翔千里的愿望,还是不能到达自己想要飞往的地方。所以想要横渡长江大海的人得依托舟船;要想到达远方的人,得依托车马;想要称霸称王的人得依托贤人。不在合适的位置而想要有功劳,就像夏至那天而想要让夜晚变长,对着天空射击游鱼还想要射中。即使虞舜、大禹那样的君王尚且也办不到,又何况世俗的君主呢!

禹以夏王,桀以夏亡。汤以殷王,纣以殷亡。阖庐以吴战胜[①],无敌于天下,而夫差以见禽于越[②]。穆公以秦显名尊号[③],而二世以劫于望夷[④]。其所以君王者同,而功迹不等者,所任异也。是故成王处襁褓而朝诸侯[⑤],周公用事也。赵武灵王年五十而饿于沙丘[⑥],任李兑故也[⑦]。桓公得管仲,九合诸侯[⑧],一匡天下[⑨];失管仲,任竖刁、易牙[⑩],而身死不葬[⑪],为天下笑。一人之身,荣辱俱施焉,在所任也。故魏有公子无忌[⑫],削地复得;赵任蔺相如[⑬],秦兵不敢出;楚有申包胥[⑭],而昭王反位[⑮];齐有田单[⑯],襄王得国[⑰]。由此观之,国无贤佐俊士而能以成功立名、安危继绝者[⑱],未尝有也。故国不务大而务得民心,佐不务多而务得贤俊。得民心者,民往之;有贤佐者,士归之。文王请除炮烙之刑而殷民从[⑲],汤去张网之三面而夏民从[⑳],以其所为顺于民心也。故声同则处异而相应,德合则未见而相亲,贤者立于本朝,则天下之豪相率而趍之矣[㉑]。故无常安之国,无恒治之民。

得贤者则安昌，失之者则危亡。自古及今，未有不然者也。

【注释】

①阖庐：一作阖闾，名光。春秋时期吴国国君。

②夫差：吴王阖闾之子。禽：通“擒”，捕捉，擒杀。

③穆公：秦穆公。显名：显扬名声。

④二世：秦二世。劫：威逼，胁迫。望夷：秦代宫名。故址在今陕西泾阳东南，因东北临泾水以望北夷而名。赵高迫杀秦二世于此。

⑤成王：周成王。襁褓：背负婴儿用的宽带和包裹婴儿的被子。

⑥赵武灵王：战国时赵国国君。名雍，赵肃侯之子。沙丘：宫名，即沙丘台。在今河北广宗西北八里大平台，为殷纣所筑。

⑦李兑：嬴姓，李氏，名兑。赵国大臣，历仕武灵王、惠文王。

⑧九合诸侯：指齐桓公多次会盟诸侯，成为霸主。

⑨一匡天下：匡正混乱局势，使天下安定下来。匡，纠正，匡正。

⑩竖刁：即寺人貂，谀事桓公，颇受宠信。桓公卒，寺人貂等恃宠争权，杀群吏，立公子无亏，齐国因此发生内乱。易牙：又称狄牙、雍巫。齐桓公宠臣，传说曾烹其子为羹以献桓公。

⑪身死不葬：齐桓公病重，易牙与竖刁等行拥立事公子无亏，齐国五公子发生内战。易牙等堵塞宫门，假传君命，不许任何人进宫，桓公在饥渴中死去。众公子忙于争夺君位，桓公尸体停放六十七天后方才下葬，其时蛆虫遍地。

⑫公子无忌：即信陵君魏无忌，战国时魏国大臣。

⑬蔺相如：战国时期赵国大臣。

⑭申包胥：又称王孙包胥、棼冒勃苏。楚昭王时大夫。

⑮昭王：楚昭王，名珍。

⑯田单：战国时齐国临淄人，初为临淄市吏。燕将乐毅破齐，他坚守即墨，立为将军。

⑰襄王：齐襄王，名法章，湣王子，战国时齐国国君。

⑱俊士：才智杰出的人。继绝：指恢复已灭绝的宗祀，承续已断绝的后代。

⑲文王：周文王姬昌。炮烙：相传是殷纣王所用的一种酷刑，堆炭架烧铜柱，令人行走其上，以致落火被焚身亡。

⑳汤去张网之三面：此典故出自《史记·殷本纪》，商汤见田野四面张网，于是就除去三面，诸侯听说后，认为商汤德至高，恩及禽兽。

㉑趍：同"趋"，归附。

【译文】

大禹依靠夏朝成就王业，夏桀却因夏朝而自取灭亡。商汤依靠殷商建立王业，商纣却因殷商而自取灭亡。阖庐凭着吴国战胜而天下无敌，而夫差却因此被越王所擒。秦穆公因为秦国显扬名声尊崇称号，而秦二世却因此被胁杀在望夷宫。他们作为君王是相同的，但功业事迹却不一样，是因为他们所任用的人不同。因此周成王在年幼时就使诸侯朝拜，是因为有周公摄政。赵武灵王到五十岁却饿死在沙丘宫，是任用李兑的缘故。齐桓公得到管仲，多次会盟诸侯，成为霸主，匡正天下；管仲去世后，任用竖刁、易牙，身死而不能安葬，被天下人耻笑。一个人的身上，既享受了荣耀也遭受了耻辱，就在于他所任用的人不同。所以魏国有信陵君，被割去的土地可以重新收复；赵国任用蔺相如，秦兵不敢出击；楚国有申包胥，楚昭王便能够重返王位；齐国有田单，齐襄王能得到齐国。由此看来，国家没有贤能的辅臣、才智杰出的士人而能够使事业成功树立名声、安定危难而延续亡国的，从未有过。所以国家不追求大而务求得民心，辅佐不求多而务求贤能俊才。得民心的人，民众追随他；有贤臣辅佐的人，士人归附他。周文王废除炮烙酷刑而殷民顺从，商汤除去张开的三面网而夏朝的民众顺从，因为他们所做之事顺从民心。所以意气相投的人在异地也能互相感应，德行相合的人，虽然不曾见面内心也会亲近。贤人站在本朝之中，那么天下的豪杰都会相继奔赴而来。所以没有始终安定的国家,没有永远顺从的民众。得到贤人的就会平安昌盛,失去贤人的就会危险灭亡。从古到今,没有不是这样的。

周公摄天子位七年[①],布衣之士[②],执贽而所师见者十人[③],所友见者十二人;穷巷白屋[④],所先见者四十九人,进善者百人[⑤],教士者千人[⑥],官朝者万人[⑦]。当此之时,诚使周公骄而且悋[⑧],则天下贤士至者寡矣。苟有至者,则心贪而尸禄者也[⑨]。尸禄之臣,不能存君也。

【注释】

①摄:代理。

②布衣之士:没有做官的贫寒士人。

③贽:初次进见尊长时所持的礼物。

④穷巷:冷僻简陋的小巷。白屋:指白茅覆盖的房屋。古代指平民或贫寒之士的住屋。

⑤进善者:选用优秀的人。

⑥教士者:受教化的士人。

⑦官朝者:在馆驿中接待朝见者。官,同“馆”,房舍,馆舍。

⑧诚使:假使。悋(lìn):同“吝”,鄙俗。

⑨尸禄:占据职位,空受俸禄而无所事事。

【译文】

周公代理天子之位七年,他带着礼物以师礼相见的贫寒士人有十个人,像朋友一样接见的有十二个人;优先接见的住在陋巷茅屋之中的有四十九人,进用的优秀人才有上百人,教化的士人有上千人,在馆驿上接待朝见的有上万人。在这个时候,假如周公对待别人既傲慢又鄙俗,那么天下贤士来到的就很少了。即使有来的人,那一定是贪心而不做事白拿俸禄的人。不做事而白拿俸禄的臣子，不能保全君主。

齐桓公设庭燎[①]，期年而士不至[②]。于是有以九九之术见者[③]。公曰："九九足以见乎？"对曰："臣非以九九为足以见。臣闻主君待士，期年而士不至。夫士之所以不至者，君天下之贤君也，四方之士皆自以不及，故不至也。夫九九薄能耳，而君犹礼之，况贤于九九者乎？"公曰："善。"乃因礼之。期月，四方之士相携而并至[④]。

【注释】

①庭燎：庭中照明的火炬。古代庭中置火炬为接待宾客的盛礼。

②期年：一整年。

③九九之术：九九算术，即九九乘法。

④相携：互相搀扶，相伴。

【译文】

齐桓公在庭院中设置照明的火炬接待登门的士人，过了一年，没有士人来。这时候有人凭着会九九算术来求见。桓公说："仅凭会九九算术就来求见吗？"这人回答说："我并不认为仅凭会九九算术可以求见，我听说君主您等待士人，过了一年却没有士人来。士人之所以不来，是因为君主您是天下贤明的君主，四方士人都认为自己不如你，所以不来。会九九算术只是微小的技能罢了，但君主您尚且能礼遇，何况比懂得九九算术更贤能的呢？"桓公说："好。"于是就礼待他。过了一个月，四面八方的士人相伴着一起来到。

齐宣王坐[①]，淳于髡侍[②]。王曰："先生论寡人何好？"髡曰："古者所好四，王所好三焉。"王曰："可得闻乎？"髡曰：

“古者好马，王亦好马；古者好味，王亦好味；古者好色，王亦好色。古者好士，王独不好士。”王曰：“国无士耳。有则寡人亦悦之矣。”髡曰：“古者有骅骝骐骥[③]，今无有，王选于众，王好马矣。古者有豹象之胎[④]，今无有，王选于众，王好味矣。古者有毛嫱、西施[⑤]，今无有，王选于众，王好色矣。王必将待尧、舜、禹、汤之士而后好之，则禹、汤之士亦不好王矣。”宣王默然无以应。

【注释】

①齐宣王：名辟疆，田姓，战国时齐国国君。喜好文学游说之士，在国都临淄稷门外稷下广置学官，招揽学者。邹衍、田骈、慎到、环渊等会集于此，讲学议论。

②淳于髡：战国时齐国大臣。滑稽善辩，足智多谋。齐威王时游稷下学官，是稷下学官中最具有影响力的学者之一，被任为大夫。

③骅骝骐骥：骅骝和骐骥都是指骏马、千里马。

④豹象之胎：豹子、大象的胎盘。意指珍贵的肴馔。语出《韩非子·喻老》：“象箸玉杯，必不羹菽藿，则必旄象豹胎。”

⑤毛嫱（qiáng）：春秋时期越国的美女。西施：又称西子。姓施。春秋末年越国美女。

【译文】

齐宣王闲坐，淳于髡陪坐。齐宣王说：“先生评论一下我喜好什么？”淳于髡说：“古人所喜好的是四件事，君王您喜好的是三件事。”齐宣王说：“可以告诉我吗？”淳于髡说：“古人喜好马，君王也喜好马；古人喜好奇珍异味，君王也喜好奇珍异味；古人喜好美色，君王也喜好美色；古人喜好士人，君王唯独不喜好士人。”齐宣王说：“国内没有贤士罢了，如果有的话，那么我也喜好了。”淳于髡说：“古代有骅骝骐骥这样的骏马，如今没有,君王从众马中选择好马,君王是喜好马了;古代有豹象胎盘做成的美味,如今没有,君王从众多美味中选择,君王是喜好美味了;古代有毛嫱、西施这样的美女,如今没有,君王从众多美女中挑选,君王是好色了。君王一定要等待唐尧、虞舜、夏禹、商汤时代那样的士人然后才喜好他们,那么夏禹、商汤时代那样士人也不会喜好君王了。"齐宣王默不作声,无言以对。

卫君问于田让曰[1]:"寡人封侯尽千里之地,赏赐尽御府缯帛[2],而士不至,何也?"对曰:"君之赏赐,不可以功及;君之诛罚,不可以理避。犹举杖而呼狗,张弓而祝鸡矣[3]。虽有香饵而不能致者[4],害之必也。"

【注释】

①卫君:卫国国君,具体何人不详。田让:为墨家巨子。孙诒让认为田让就是田襄子。田襄子,名盘,或作壁。

②御府:帝王的府库。缯帛:丝织物的总称。

③弓:弹弓,发弹丸的器具。祝鸡:发出祝祝声呼鸡。祝,唤鸡声。

④香饵:香美的诱饵。

【译文】

卫国君主问田让道:"我用尽千里的土地分封侯爵,用尽仓库里的丝绸来赏赐,而贤士不来这里,为什么呢?"田让回答说:"您的赏赐,不能凭功劳获取;您的诛罚,不能凭法理规避。就像举起木杖招呼狗,拉开弓弦而呼叫鸡一样了。即使有香美的诱饵也不能唤来鸡狗,因为知道一定会伤害它们。"

魏文侯从中山奔命安邑[1],田子方后[2]。太子击遇之[3],

下车而趍[④]，子方坐乘如故。告太子曰："为我请君，待我朝哥[⑤]。"太子不悦，谓子方曰："不识贫穷者骄人乎[⑥]？富贵者骄人乎？"子方曰："贫穷者骄人，富贵者安敢骄人？人主骄人而亡其国，大夫骄人而亡其家。贫穷者若不得意，纳履而去[⑦]，安往而不得贫穷乎？"太子及文侯，道子方之语。文侯叹曰："微吾子之故，吾安得闻贤人之言。吾下子方以仁[⑧]，得而友之。自吾友子方也，君臣益亲，百姓益附，吾是以得友士之功。我欲伐中山，吾以武下乐羊[⑨]，三年而中山为献于我，我是以得友武之功。吾所以不少进于此者[⑩]，吾未见以智骄我者也。若得以智骄我者，岂不及古之人乎？"

【注释】

①中山：古诸侯国名，春秋末年鲜虞人所建，公元前296年，最终为赵所灭。奔命：奉命奔走。此指匆忙赶路。安邑：春秋战国时魏国都城。故址在今山西夏县北。

②田子方：战国时人。受学于子贡，为魏文侯师。

③太子击：名击。前386年继位，是为魏武侯。

④趍：同"趋"，古代的一种礼节，以碎步疾行表示敬意。

⑤朝哥：即朝歌，曾为商王朝都城，战国时魏国属地。在今河南淇县。

⑥骄人：对人傲慢无礼。

⑦纳履：穿上鞋子。指辞别而去。

⑧下：谦下，降低身份去交往。

⑨以武：用武将之礼。乐羊：又称乐阳。魏文侯将，灭中山。

⑩少进：稍有进展。

【译文】

魏文侯从中山匆匆赶回安邑，田子方跟在后面。太子击遇见了，就下车快步向前，子方坐在车上不动。他告诉太子说："替我请示君主，在朝歌等我。"太子不高兴，对子方说："不知道是贫穷的人可以傲慢待人呢，还是富贵的人可以傲慢待人呢？"子方说："是贫穷的人可以傲慢待人，富贵的人哪里敢傲慢待人呢？君主傲慢待人就亡国，大夫傲慢待人就会失去自己的封地。贫穷的人不满意，穿上鞋就辞别而去，去哪里不是贫穷呢？"太子追赶上魏文侯，转述了子方的话。文侯叹息说："要不是你的缘故，我哪里能听到贤人的这番话。我用行动来礼敬子方，得以与他交好。自从我跟子方做了朋友，君臣更加亲密，百姓更加归附，我因此得到了跟贤士为友的功效。我想要征伐中山国，我用武将之礼对待乐羊，三年就把中山国攻克献给了我，我因此得到了跟武将交友的功效。我之所以不能比现在稍有进展，是因为我还没有见到可以凭智慧轻慢我的人。倘若能够得到用智慧轻慢我的人，我难道还赶不上古人吗？"

齐桓公使管仲治国，对曰："贱不能临贵①。"桓公以为上卿，而国不治。公曰："何故？"对曰："贫不能使富。"公赐之齐国之市租一年②，而国不治。公曰："何故？"对曰："疏不能制亲。"公立以为仲父③，齐国大安，而遂霸天下。孔子曰："管仲之贤，不得此三权者，亦不能使其君南面而霸矣④。"

【注释】

①贱不能临贵：地位低贱不能治理地位尊贵的人。临，统管，治理。

②市租：指市场交易税收。

③仲父：古代称父亲的大弟。此指齐桓公对管仲的尊称。

④南面：古代以坐北朝南为尊位，帝王、诸侯见群臣，皆面南而坐。故用以指居帝王、诸侯、卿大夫之位。

【译文】

齐桓公让管仲治理国家，管仲回答说："地位卑贱的人不能管理地位高贵的人。"齐桓公任命他为上卿，而国家没有治理好。齐桓公问："这是什么缘故？"管仲回答说："贫穷的人不能驱使富人。"齐桓公赐给他齐国一年的市场交易税收，而国家没有治理好。齐桓公问："这是什么缘故？"管仲回答说："关系疏远的不能控制关系亲近的人。"齐桓公就尊他为仲父，于是齐国大为安定，并最终称霸天下。孔子说："管仲这样的贤才，如果得不到这三项权力，也不能让他的君主南面称霸啊。"

桓公问于管仲曰："吾欲使酒腐于爵[①]，肉腐于俎[②]，得毋害于霸乎？"管仲对曰："此极非其贵者耳，然亦无害于霸也。"桓公曰："何如而害霸乎？"对曰："不知贤，害霸也；知而不用，害霸也；用而不任，害霸也；任而不信，害霸也；信而复使小人参之，害霸也。"桓公曰："善。"

【注释】

①爵：古代饮酒之器。腐：朽烂，变质。

②俎：古代祭祀或宴会时放牲体的礼器。

【译文】

齐桓公向管仲问道："我想让酒腐烂在爵里，肉腐烂在俎中，该不会妨害称霸吧？"管仲回答说："这些远不是最值得重视的事，也对称霸没有妨害。"齐桓公说："怎么样能妨害称霸呢？"回答说："不能识别贤人，妨害称霸；识别了贤人却不任用，妨害称霸；任用却不予以重任，妨害称霸；重用了却不信任他，妨害称霸；信任他却又让小人与他并立，妨害称霸。"桓公说："说得好。"

田忌去齐奔楚[1]，楚王问曰："楚齐常欲相并，为之奈何？"对曰："齐使申孺将[2]，则楚发五万人，使上将军将之[3]，至禽将军首而反耳[4]。齐使眄子将[5]，则楚悉发四封之内[6]，王自出将，仅存耳。"于是齐使申孺将，楚发五万人。使上将军将，斩其首而反。于是齐王更使眄子将，楚悉发四境之内，王自出将，仅而得免。至舍，王曰："何先生知之早耶？"忌曰："申孺为人，侮贤者而轻不肖者，贤不肖俱不为用，是以亡也。眄子之为人也，尊贤者而爱不肖者，贤不肖俱负任[7]，是以王仅得存耳。"

【注释】

①田忌：妫姓，田氏，名忌，字期，又曰期思。封于徐州，又称徐州子期。战国时齐国名将。

②申孺：齐国将领。或作申缚（《战国策·齐策一》）、申纪（《史记·楚世家》）。

③上将军：武官名，行军作战时军中的主帅。

④禽：同"擒"，捕获，捉拿。

⑤眄（miǎn）子：《战国策·齐策一》《史记·田敬仲完世家》皆作"盼子"。或称盼子、田盼子。齐宣王时与田忌同为将军。

⑥四封：四境之内，四方。

⑦负任：担负重任。

【译文】

田忌离开齐国投奔楚国，楚王问他说："楚、齐经常想互相吞并，这该怎么办？"田忌回答说："如果齐国派申孺领兵，那么楚国就发兵五万人，派上将军率领军队，大军到后，就能提着齐国将军的首级回来；如果齐国派眄子领兵，那么楚国即使出动四境之内的全部人马，大王亲自率兵出征，也只能使您自己得以保全。”正在这时，齐国派申孺率兵攻打楚国，楚国发兵五万人，派上将军率军迎敌，斩下了齐将的首级而回师。于是齐国另派眄子率军攻楚，楚国出动国内的全部军队，楚王亲自率军作战，但楚王仅免于被擒而已。回到馆舍，楚王问道：“为什么先生早就知道这样的结局呢？”田忌说：“申孺的为人，轻慢贤人又看不起不贤之人，贤人和不贤之人都不肯为他出力，所以他会败亡；眄子的为人，既尊重贤人又爱护不贤之人，贤人和不贤之人都能担负重任，因此大王仅能保全自己。”

正谏①

《易》曰：“王臣謇謇，匪躬之故②。”人臣之所以謇謇为难，而谏其君者，非为身也，将欲以匡君之过，矫君之失也。君有过失，危亡之萌也。见君之过失而不谏，是轻君之危亡也。夫轻君之危亡者，忠臣不忍为也。

【注释】

①正谏：就是直言进谏。节录部分强调正谏是忠臣的责任。

②王臣謇謇，匪躬之故：见于《周易·蹇》，原文作“王臣蹇蹇，匪躬之故”。王臣，匡正王室之臣。謇謇，正直、忠诚的样子。躬，自身。

【译文】

《周易》中说：“王室的臣子忠心耿耿，不是为了自身的缘故。”臣子之所以刚正忠直，冒着危险还是要劝谏君主，不是为了自身，是要用来匡正君主的过错，纠正君主的失误。君主有过失，是危国亡身的萌芽。见到君主有过失而不劝谏，就是轻视君主危亡的行为。轻视君主的危亡，忠臣是不忍心做的。

法诫[①]

昔成王封伯禽于鲁[②]，将辞去。周公戒之曰："往矣。子其无以鲁国骄士也[③]。我文王之子、武王之弟、今王之叔父也，又相天子，吾于天下不轻矣。然尝一沐而三捉发[④]，一食而三吐哺[⑤]，犹恐失天下之士。吾闻之曰：'德行广大而守以恭者荣，土地博裕而守以俭者安[⑥]，禄位尊盛而守以卑者贵[⑦]，人众兵强而守以畏者胜[⑧]，聪明睿智而守以愚者益，博闻多记而守以浅者广。'此六守者，皆谦德也。贵为天子，富有四海，德不谦者，失天下，亡其身，桀、纣是也，可不慎乎！故《易》曰：'有一道，大足以守天下，中足以守国家，小足以守其身，谦之谓也[⑨]。'夫天道毁满而益谦，地道变满而流谦，鬼神害满而福谦[⑩]，人道恶满而好谦。《易》曰：'谦，亨，君子有终，吉[⑪]。'子其无以鲁国骄士矣。"

【注释】

①法诫：即效法警诫。今本《说苑》作"敬慎"，也就是做人要恭敬谨慎，这也是治理国家的根本。节录部分指出"敬慎"关系到个人和国家的存亡祸福，关键在于自身。

②成王：周成王。伯禽：西周鲁国国君。姬姓，字伯禽，亦称禽父。

③骄：对……傲慢无礼，傲慢对待。

④一沐而三捉发：指洗一次头发须三度握其已散之发。形容求贤殷切或事务繁劳。沐，洗头发。捉，用手攥住。

⑤一食而三吐哺：指一饭之间，三次停食，以接待宾客。形容求贤殷切。哺，口中含的食物。

⑥博裕：广阔富饶。

⑦禄位尊盛：俸禄优厚官位尊贵。

⑧畏：敬畏。

⑨“有一道”几句：不见于今本《周易》，盖佚文。向宗鲁《校证》认为“乃著者说《易》之词”。

⑩福谦：使谦虚者得福。福，福佑。

⑪“谦”几句：见于《周易·谦卦》。谦亨，此言人谦虚则亨通。后以“谦亨”指谦恭有德。有终，有好结果。

【译文】

从前周成王分封周公之子伯禽到鲁国，伯禽将告辞离去。周公告诫他说：“去吧。你不要凭借鲁国国君的地位而傲慢地对待士人。我是周文王的儿子，周武王的弟弟，当今天子的叔父，又是天子的宰相，我的地位对天下来说不算轻了。但是曾经洗一次头发要几次用手握住接见客人，吃一顿饭要几次吐出口中的食物接见客人，还恐怕失去天下的贤士。我听说过这样的话：‘德行广大却又用谦恭坚守的人才会享受尊荣，土地广阔丰饶而用简朴坚守的人才会平安，俸禄优厚官位尊贵而用谦卑坚守的人才会显贵，人多兵强而用敬畏坚守的人才会获胜，聪明机智而用愚拙坚守的人才会受益，博闻强记而用浅陋坚守的人才会广博。’这六种操守，都是谦虚的德行。贵为天子，富有四海，不谦虚的会失去天下，败亡自身，夏桀、商纣就是这样，难道能够不谨慎吗！所以《周易》说道：‘有一个道理，它的用途大能够保守天下，中足够保守国家，小足够保守自身，说的就是谦虚。’上天的规律亏损盈满而增益不足的，大地的规律改变盈满而流向低处，鬼神伤害盈满而福佑谦卑，人世的规律厌恶盈满而喜好谦虚。《周易》说道：‘《谦卦》，亨通，君子有好结果，吉祥。’你一定不要凭着鲁国国君的地位就傲慢地对待士人了。”

孙叔敖为楚令尹[①]，一国吏民皆来贺。有一老父后来吊[②]，叔敖曰："楚王不知臣不肖，使臣受吏民之垢[③]。人尽来贺，子独后来吊，岂有说乎？"父曰："有。身已贵而骄人者，民去之；位已高而擅权者，君恶之；禄已厚而不知足者，患处之。"叔敖再拜曰[④]："敬受命，愿闻余教[⑤]。"父曰："位已高而意益下，官益大而心益小，禄已厚而慎不敢取。君谨守此三者，足以治楚矣。"

【注释】

①孙叔敖：蒍（wěi）氏，名敖，字孙叔，一字艾猎。春秋时期楚国贤臣，楚庄王时任令尹。令尹：春秋战国时楚国执政官名，相当于宰相。

②吊：对遇有丧事或灾祸的人表示慰问。

③受吏民之垢：承受官吏百姓的指责。这里是自谦之辞，意指自己无德无才而居高位。垢，诟病，指责。

④再拜：拜了又拜，表示恭敬。古代的一种礼节。

⑤余教：其他的教诲。

【译文】

孙叔敖担任楚国令尹，全国官吏和民众都来祝贺。有一位老人最后来表示吊唁，孙叔敖说："楚王不知道我不贤，让我承受官吏民众的指责而居于高位。别人都来祝贺，您独自最后来吊慰，是不是有什么说法呢？"老人说："有说法。身份已经尊贵而傲慢对待他人的，民众会离开他；地位已高而独揽大权的，君主会厌恶他；俸禄已经丰厚却不知足的，灾祸会跟着他。"孙叔敖对他拜了两拜说："恭敬地接受您的指教，希望再听到其他的教诲。"老人说："地位已高而态度更加谦恭卑下，官职越大而心中更加小心谨慎，俸禄已经优厚却更加谨慎不敢妄取。您严格坚守这三点，就能够治理好楚国了。"

魏公子牟东行[1]，穰侯送之曰："先生独无一言以教冉乎[2]？"公子牟曰："夫官不与势期而势自至[3]，势不与富期而富自至，富不与贵期而贵自至，贵不与骄期而骄自至，骄不与罪期而罪自至，罪不与死期而死自至。"穰侯曰："善。"

【注释】

①魏公子牟：即魏牟，战国时魏国人，因封于中山，是中山国的王子，所以也叫中山公子牟。

②穰侯：即魏冉，战国时秦国人。秦昭王母宣太后异父弟。因食邑在穰，号曰穰侯。

③期：约会，在一起。

【译文】

魏公子牟到东方去，穰侯为他送行说："先生难道没有一句话教导我吗？"魏公子牟说："官位不与权势相约，而权势自然来到，权势不与财富相约而财富自然来到，财富不与尊贵相约而尊贵自然来到，尊贵不与骄奢相约而骄奢自然来到，骄傲不与罪过相约而罪过自然来到，罪过不与死亡相约而死亡自然来到。"穰侯说："说得好。"

善说[1]

齐宣王出猎于社山[2]，父老相与劳王[3]。王曰："父老苦矣！"赐父老田不租，父老皆拜，闾丘先生独不拜[4]。王曰："父老以为少耶？"赐父老无徭役[5]，先生又不拜。王曰："父老皆拜，先生独不拜，寡人得无有过乎？"闾丘先生对曰："闻大王来游，所以为劳大王，望得寿于大王，望得富于大王，望得贵于大王。"王曰："天杀生有时，非寡人所得与也，无以寿先生；仓廪虽实[⑥]，以备灾害，无以富先生；大官无缺，小官卑贱，无以贵先生。”先生对曰：“此非人臣所敢望也。愿大王选有修行者以为吏，平其法度，如此，臣少可以得寿焉；振之以时[⑦]，无烦扰百姓，如是，臣可少得以富焉；愿大王出令，令少者敬老，如是，臣可少得以贵焉。今大王幸赐臣田不租，然则仓廪将虚也；赐臣无徭役，然则官府无使焉。此固非臣之所敢望也。”齐王曰：“善。”

【注释】

①善说：即善于用言辞说服对方。节录部分通过举例来证明善说的实效。

②社山：一作杜山。在今山东临淄西。

③父老：古代乡里管事的人，一般多为年高有德者担任。

④闾丘先生：春秋时齐闾丘婴之后，著名隐士。

⑤徭役：古代政府规定平民无偿提供的劳役。

⑥仓廪：粮库。

⑦振：通“赈”，救济。

【译文】

齐宣王外出到社山打猎，社山的父老一起慰劳宣王。齐宣王说：“父老们辛苦了！”赏赐父老们不用交田税，父老们都下拜，只有闾丘先生不拜谢。齐宣王说：“父老们认为少吗？”再赏赐他们不服徭役，闾丘先生又不拜谢。宣王说：“父老们都下拜，唯独先生不拜，我难道有什么过失吗？”闾丘先生回答说：“听说大王来巡游，之所以来慰劳大王，是希望从大王这里获得长寿，希望从大王这里获得富裕，希望从大王这里获得尊贵。”齐宣王说：“人的生死是有一定时间规定的，不是我所能给予的，没办法让先生长寿；粮库虽然充实，是用来防备灾害的，没办法让先生富裕；大官没有缺额，小官地位低下，没办法让先生尊贵。”闾丘先生回答说：“这不是作为臣子敢指望的。希望大王选择有美好品行的人做官吏，使法令制度公平，像这样，我可以稍稍得到长寿了；按时进行赈济，不要烦扰百姓，像这样，我可以稍稍得到富裕了；希望大王发出命令，让年轻人尊敬老人，像这样，我可以稍稍得到尊贵了。如今大王有幸赐给我田地不交租税，但这样仓库将会空虚；赐我们不服徭役，但这样官府就没有人可供役使了。这些当然不是我所敢希望的事。”齐王说：“说得好。”

修文[①]

成王将冠，周公使祝雍祝王曰：“达而勿多[②]。”祝雍曰：“使王近于仁，远于佞，啬于时[③]，惠于财，任贤使能。”

【注释】

①修文：就是采取措施加强文治，一般指修治典章制度，提倡礼乐教化等等。节录部分引用祝雍祝词来强调“修文”的必要性。

②祝雍：名雍的祝官。祝，此指掌祭祀祈祷之官。

③啬：爱惜。

【译文】

周成王将要举行加冠礼，周公命祝雍为成王致祝词说：“祝词要畅达简练。”祝雍说：“让君王接近仁人，远离佞人，爱惜时间，惠施财物，任用贤人、使用能者。”

反质[①]

秦始皇帝既兼天下，侈靡奢泰[②]。有方士韩客侯生、齐客卢生相与谋曰[③]：“当今时，不可以居。上乐以刑杀为威，下畏罪持禄[4]，莫敢尽忠。上不闻过而日骄，下慑服以慢欺而取容[5]，谏者不用，而失道滋甚[6]。吾党久居，且为所害。”乃亡去。始皇闻之大怒曰：“吾闻诸生多为妖言以乱黔首[7]。”乃使御史悉上诸生[8]。诸生四百余人，皆坑之[9]。侯生后得，始皇召而见之。侯生曰：“陛下肯听臣一言乎？”始皇曰：“若欲何言？”侯生曰：“今陛下奢侈失本[10]，淫佚趣末[11]。宫室台阁连属增累[12]，珠玉重宝积袭成山[13]，妇女倡优数巨万人[14]，钟鼓之乐流漫无穷[15]，舆马文饰、所以自奉[16]，丽靡烂漫、不可胜极[17]。黔首匮竭、民力殚尽，尚不自知，又急诽谤、严威刻下、下喑上聋[18]，臣等故去。臣等不惜臣之身，惜陛下国之亡耳。今陛下之淫，万丹朱而千昆吾、桀、纣[19]。臣恐陛下之十亡，曾不一存。”始皇默然，久之曰：“汝何不早言？”侯生曰：“陛下自贤自健[20]，上侮五帝、下凌三王，弃素朴就末技，陛下亡征久见矣。臣等恐言之无益，而自为取死，故逃而不敢言。今臣以必死，故为陛下陈之。虽不能使陛下不亡，欲使陛下自知也。”始皇曰：“吾可以变乎？”侯生曰：“形已成矣[21]，陛下坐而待亡耳。若陛下欲更之，能若尧与禹乎？不然，无冀也。”始皇喟然而叹，遂释不诛。

【注释】

①反质：就是使事物回归本质，保持其质朴的本性。节录部分主要内容是反对奢侈、淫靡，提倡质实简朴。

②侈靡奢泰：过分地奢侈。

③方士：方术之士，即从事求仙、炼丹以求长生不死之人。韩客侯生：战国时韩国人，侯姓，是当时有名的方士。齐客卢生：名未详。

原齐国人姓卢的方士。

④持禄：只想保持禄位。犹言尸位素餐。

⑤慑服：因畏惧而屈服。慢欺：轻慢欺诈。取容：讨好别人以求自己安身。

⑥失道：失去准则，违背道义。

⑦妖言：妄言，胡说。也是秦汉时罪名之一。黔首：秦代对平民百姓的称呼。

⑧御史：官名。秦设御史大夫，职副丞相，掌弹劾纠察等职。上：呈上，缴纳。

⑨坑：活埋。

⑩本：根本，一般指农业。

⑪淫佚：恣纵逸乐。趣：通“趋”。末：末梢，一般指工商。

⑫台阁：高台阁道，即用木材架于空中的道路。连属：连接，连续。增累：增加，累积。

⑬重宝：犹重器。多指鼎彝宝器。积袭：积累，沿袭。

⑭倡优：古代称以音乐歌舞或杂技戏谑娱人的艺人。巨万：形容数目极大。

⑮流漫：遍布，弥漫。

⑯舆马：车马。文饰：用花纹装饰。自奉：指自身日常生活的供养。

⑰丽靡：华丽。烂漫：形容光彩四射、色泽绚丽。

⑱诽谤：无中生有，说人坏话，毁人名誉。刻下：苛刻对待臣下。喑(yīn)：通“瘖”，哑，不能说话。

⑲丹朱：相传为尧之子。尧因其不肖，傲慢荒淫，禅位于舜。昆吾：颛顼之后，陆终之子，己姓，名樊，据说商朝末年，昆吾氏作为夏桀的羽翼，在商汤灭夏之前被铲除。

⑳健：敏捷，聪明。

㉑形：底本作“刑”，据今本《说苑》径改。

【译文】

秦始皇已经兼并天下,便大肆奢侈淫靡。有方士韩国人侯生、齐国人卢生一起谋划说:“当今之时,不可以再居处下去了。君主喜好用刑法杀戮进行威慑,臣下害怕获罪而只想保持俸禄,没有谁敢于直言尽忠。君主听不到自己的过失而日益骄横,臣下因畏惧而屈从,用怠慢欺诈的手段来讨好君主求得自己安身,进谏的人不被任用,因而背离正道越来越严重。我们这些人长久处于这一境地,将要被杀害。”于是就逃亡离开。秦始皇听到大怒说:“我听说诸生多制造妄言胡说来惑乱平民。”于是让御史将诸生全都抓来。诸生四百多人,统统都被活埋了。侯生后来被抓获,秦始皇召见他。侯生说:“陛下肯听我一句话吗?”秦始皇说:“你要说什么?”侯生说:“如今陛下奢侈而丧失根本,恣纵逸乐追求枝末。宫殿高台阁道接连不断增修重建,珍珠玉器等贵重的宝物堆积如山,美女歌伎数量惊人,钟鼓音乐奏响弥漫没有休止,车马用花纹装饰,各种日常生活的奉养,华丽奢靡,五彩缤纷,不能一一列举。百姓资财困竭,民力已经用尽,您尚且还不自知,又急于处理对名声的攻击,用威严苛刻对待臣下,下面不能说话,上面聋得听不见声音,我们因此离开。我们不吝惜自己的性命,只惋惜陛下的国家将要灭亡。如今陛下的淫逸,是丹朱的万倍,昆吾、夏桀、商纣的千倍,我恐怕陛下有十次灭亡的机会,却没有一次存活的机会。”秦始皇沉默不语,过了很久说:“你为什么不早说?”侯生说:“陛下自以为贤能、自以为聪明,向上侮辱五帝,向下凌虐三王,抛弃朴素的本性走向微末技艺,陛下败亡的征兆已经出现很久了。我们怕说出来未必有好处,而只是自寻死路,所以逃跑而不敢说出来。如今我必死无疑,所以向陛下您陈述这番话。即使不能让陛下不遭受败亡,也想要让陛下自己明白。”秦始皇说:“我还能改变吗?”侯生说:“形势已经形成了,陛下只有坐等灭亡罢了。倘若陛下想改变,能够像唐尧跟夏禹那样吗?不然是没有希望的。”秦始皇长长地叹了一气,于是就放了侯生没有杀他。

魏文侯问李克曰[①]："刑罚之源安生？"对曰："生于奸邪淫佚之行也。凡奸邪之心，饥寒而起。淫佚者，文饰之耗。雕文刻镂，害农事者也；文绣纂组[②]，伤女功者也[③]。农事害则饥之本，女功伤则寒之源也。饥寒并至而能不为奸邪者，未之有也。男女饰美以相矜而能无淫佚者[④]，未尝有也。故上不禁技功[⑤]，则国贫民侈；国贫民侈，则贫穷者为奸邪，而富足者为淫佚，则驱民而为邪也。民已为邪，因以法随而诛之，则是为民设陷也。刑罚之起有源，人主不塞其本，而督其末[⑥]，伤国之道也。"文侯曰："善。"

【注释】

①李克：即李悝（kuī），战国时期的政治改革家，曾任魏文侯相，主持变法。

②文绣：刺绣华美的丝织品或衣服。纂（zuǎn）组：泛指精美的织锦。

③女功：亦作女工。指通常由妇女所做的纺织、刺绣、缝纫等事。

④饰美：打扮得漂亮。相矜：互相夸耀。

⑤技功：精美的技巧。功，坚牢，精美。

⑥督：治理，整理。

【译文】

魏文侯问李克说："刑罚产生的根源在哪里？"李克回答说："产生在奸诈邪恶恣纵逸乐的行为。凡是有奸诈邪恶的念头，都由饥寒引起。恣纵逸乐的行为，是消耗精力于美化修饰。雕花镂文，会妨害农事；刺绣华美的丝绸跟织锦，是伤害女功。农事受到妨害那就是饥饿的本源，女工受到伤害那就是寒冷的本源。饥寒一起来到，而能不做奸诈邪恶的事，还没有过这样的情形。男女修饰美丽的外表来互相夸耀，却能没有恣纵逸乐的行为，也不曾有过这样的事。所以君主不禁止奇技淫巧，就会使国家贫穷民众奢侈；国家贫穷民众奢侈，那么贫穷的人就会干出奸诈邪恶的事，而富足的人就会干出恣纵逸乐的事，这就等于驱赶民众去做坏事。民众已经做了坏事，于是就用法律随即惩罚他，这就等于给民众设置陷阱啊。刑罚的兴起有源头，君主不堵塞犯罪的本源，而去督责治理那些细枝末节，这正是有害于国家的做法。”魏文侯说：“说得好。”

季文子相鲁①，妾不衣帛②，马不食粟③。仲孙忌谏曰：“子为鲁上卿④，妾不衣帛，马不食粟，人其以子为爱⑤，且不华国也⑥。”文子曰：“然！吾观人之父母，衣粗食蔬⑦，吾是以不敢。且吾闻君子以德华国，不闻以妾与马。夫德者，得于我，又得于彼，故可行。若淫于奢侈⑧，沉于文章⑨，不能自反⑩，何以守国⑪？”仲孙忌惭而退。

【注释】

①季文子：姓姬，季氏，字行父。春秋时鲁国的正卿，史称季文子。

②帛：古代丝织物的通称。

③粟：谷子，泛指粮食。

④仲孙忌：今本《说苑》“忌”作“它”。仲孙它，姬姓，孟孙氏，名它，一作佗，字子服，春秋时鲁国大夫。

⑤爱：舍不得，吝啬。

⑥不华国：使国家不光彩。

⑦粗：粗布，质地比较粗糙的布。

⑧淫：浸渍，沉迷。

⑨文章：指车服旌旗等。古代于其上加彩饰以区别尊卑贵贱。

⑩自反：反躬自问，自己反省。

⑪守国：掌管国政，治理国家。

【译文】

季文子做鲁国宰相，妾不穿绸缎衣服，马不吃粮食。仲孙它劝谏说："您是鲁国上卿，妾不穿绸缎衣服，马不吃粮食，别人会认为您吝啬，而且使国家不光彩。"季文子说："是这样。我看别人的父母，穿粗布衣吃蔬菜，我因此不敢奢侈。况且我听说君子用自己的德行使国家光彩，没听说要靠妾跟马的。所谓德行，是既能由我获得，也能由他人获得的东西，所以能够推行。倘若放纵自己尽情奢侈，沉溺在车服旌旗之类的文饰之中，而不能反躬自省，凭什么来治理国家呢？"仲孙它惭愧地退出去。

卷四十四

桓子新论

桓谭

【题解】

《桓子新论》又称《新论》，是东汉桓谭所著的政论著作。全书共二十九篇，但早期已经部分亡佚。《隋书·经籍志》有录，《经籍三·子·儒》中云："《桓子新论》十七卷（后汉六安丞桓谭撰）。"书中，桓谭反对谶纬神学、灾异迷信，阐述了形神即形体同精神的关系问题，体现了其理性思考和对社会现实的批判。书中，桓谭还注重贤辅，强调德化，认为君主应选贤任能、以德治国，有诸多治国理政的见解和主张。王充对《新论》的评价很高，他说："挟桓君山之书，富于积猗顿之财。"（《论衡·佚文篇》）又说《新论》："论世间事，辩照然否，虚妄之言，伪饰之辞，莫不证定。"（《论衡·超奇篇》）

现存的《桓子新论》以清代严可均（全后汉文）辑本较为完备。这一辑本在吸收前人辑佚成果的基础上，对原书进行了重新整理和辑录，使内容更加完整和准确。

桓谭，字君山，沛国相（今安徽淮北）人。十七岁入朝，遍习五经，喜非毁俗儒。王莽时任掌乐大夫。刘玄即位，诏拜太中大夫。光武帝时，任议郎给事中。因坚决反对谶纬神学，"极言谶之非经"，被光武帝目为

"非圣无法",险遭处斩。后被贬,出任六安郡丞,道中病卒。

《群书治要》节录《桓子新论》十四段,基本都是关于治国理政的观点,其中对王莽时代的分析尤其深刻。书中指出,王莽"其智足以饰非夺是,辨能穷诘说士,威则震惧群下",结果是不知大体而败亡。而想要有所防范,只有求取贤才,听取直谏才能遏止。而像"曲突远薪"这一故事,则是强调要见微知著,但现实是"谋臣稀赏,而斗士常荣"。这些都可以看作魏徵对李唐君主的告诫。

昔秦王见周室之失统[①],丧权于诸侯,故遂自恃,不任人封立诸侯。及陈胜、楚、汉咸由布衣[②],非封君有土[③],而并共灭秦。高帝既定天下[④],念项王从函谷入而己由武关到[⑤],推却关,修强守御,内充实三军[⑥],外多发屯戍[⑦],设穷治党与之法[⑧],重悬告反之赏[⑨]。及王翁之夺取[⑩],乃不犯关梁厄塞[⑪],而坐得其处。王翁自见以专国秉政得之[⑫],即抑重臣,收下权,使事无大小深浅,皆断决于己身。及其失之,人不从,大臣生怨。更始帝见王翁以失百姓心亡天下[⑬],既西到京师[⑭],恃民悦喜,则自安乐,不听纳谏臣谋士,赤眉围其外而近臣反[⑮],城遂以破败。由是观之,夫患害奇邪不一[⑯],何可胜为设防量备哉?防备之善者,则唯量贤智大材,然后先见豫图遏将救之耳[⑰]!

【注释】

①昔秦王见周室之失统:本段节录自《求辅》。求辅,就是寻求贤才辅佐。节录部分从历史经验出发,总结了相关的"大难三"(三大难题)"止善二"(两种不能始终信任贤才)等情况,告诫君臣之

间必须互相信任。秦王，秦王政，即秦始皇。周室，周王室，周王朝。失统，丧失纲纪、准则。

②陈胜：字涉，阳城（今河南登封东南）人。秦末农民起义领袖。与吴广一同在大泽乡率众起兵，成为反秦义军的先驱。不久在陈郡称王，建立张楚政权。后被秦将章邯所败，遭人刺杀而死。楚、汉：指秦汉之际，项羽、刘邦分据称王的两个政权。楚，指西楚霸王项羽。汉，指汉王刘邦，即汉高祖。布衣：借指平民。

③封君：受有封邑的贵族。

④高帝：汉高祖刘邦，字季，沛郡丰邑中阳里（今江苏丰县）人，西汉开国皇帝。

⑤项王：即项羽，名籍，秦末下相（今江苏宿迁）人。从叔父梁在吴中起事，梁败死，籍领其军。秦亡，自立为西楚霸王，继与刘邦争天下。后汉王用张良、陈平计，围籍于垓下，突围至乌江畔自刎。函谷：指旧函谷关，战国秦置，在今河南灵宝东北三十里。武关：古关名，战国秦置。在今陕西商南东南。

⑥三军：春秋时期大国对军队的合称。这里指全部军队。

⑦屯戍：戍卒，驻防。

⑧穷治：彻底查办。党与：同党。

⑨告反：告发反叛。

⑩王翁：即王莽，字巨君，魏郡元城县（今河北大名）人，新朝开国皇帝。公元9年，王莽代汉建新，建元“始建国”，宣布推行新政，史称王莽改制。公元23年，起义军推翻新朝，王莽被杀。

⑪关梁：关口和桥梁。泛指水陆交通必经之处，这些地方往往设防戍守。厄塞：险厄阻塞。

⑫专国：把持国政。秉政：执政，掌握政权。

⑬更始帝：即刘玄，字圣公，南阳蔡阳（今湖北枣阳西南）人。

⑭京师：指长安。

⑮赤眉：指汉末以樊崇等为首的农民起义军。因以赤色涂眉为标志，故称。

⑯奇邪：诡诈，邪伪不正。

⑰豫图：预料，预谋。

【译文】

从前秦王政看见周王朝丧失纲纪，权势落于诸侯之手，所以就只依靠中央集权，而不分封诸侯。等到陈胜、项羽、刘邦起义，都是平民出身，不是受有封邑土地的诸侯，但他们共同灭了秦朝。汉高祖平定天下后，想到项羽从函谷关进入关中而自己是从武关来到，由此推想到扼守关口的重要，便加强守备防御，在国内充实军队力量，外部多派兵防守，制定了彻底查办同党的法令，重金悬赏告发谋反之人。等到王莽篡夺汉朝政权，竟然不用攻关夺塞，而得以坐享皇位。王莽自知是凭借把持国政执掌大权而窃取皇位，于是就抑制重臣，控制下级权力，使得事情无论大小轻重，全都由自己决断。等到他失去权力，所有人都不跟从，大臣也都产生怨恨。更始帝刘玄见到王莽因为失去百姓人心而丢了天下，向西进入京城长安后，趁着民众喜悦，就自图安乐，不听取劝谏之臣和谋士的话，赤眉军包围长安而亲近大臣趁机反叛，京城于是被攻破败亡。由此看来，危害国家的祸患是不一样的，怎么能提前做好防范的准备呢？最好的防备，那就只能是考察任用贤人智者和杰出人才，然后尽早发现问题，预先安排考虑，遏制祸乱来挽救国家罢了！

维针艾方药者[①]，已病之具也[②]，非良医不能以愈人；材能德行者[③]，治国之器也，非明君不能以立功。医无针药，可作为求买[④]，以行术伎[⑤]，不须必自有也；君无材德，可选任明辅，不待必躬能也[⑥]。由是察焉，则材能德行，国之针药也。其得立功效，乃在君辅。传曰："得十良马，不如得一伯乐；得十利剑，不如得一欧冶[7]。”多得善物，不如少得能知物。知物者之致善珍[8]，珍益广，非特止于十也。

【注释】

①维针艾方药者：本段节录自《求辅》。针艾，中医谓以针刺和以艾灼穴位。针，治病用的银针。艾，植物名，即艾蒿，叶可灸病。方药，中医的医方和药物。

②已病：治疗疾病。

③材能：才智和能力。

④作为：制作。

⑤术伎：指医术。伎，通“技”，才智，技艺。

⑥躬：自身。

⑦“得十良马”几句：见于《吕氏春秋·不苟论·赞能》。伯乐，古代善于识别千里马的高人。欧冶，即欧冶子，春秋时著名铸剑工。

⑧善珍：美好珍贵之物。

【译文】

银针、艾草、药方和药物，是治病的器具，假如不是良医，不能用它治愈病人；才能德行，是治理国家的器具，假如不是明君，则不能用它来建立功业。医生没有针药，可以通过制作、购买来施展医术，不一定必须自己拥有；君主没有才能德行，可以选拔任用贤明的辅佐，不一定等到自己拥有这些。由此看来，才能德行是国家的针药。它们要产生功效，还在于君主的使用。古书上说：“得到十匹好马，不如得到一位伯乐；得到十把利剑，不如得到一个欧冶子。”多得到美好之物，不如少得到一些善于识别物品的人。善于识别物品的人能搜罗美好之物，美好之物就会越来越多，不仅仅是十倍之数了。

言求取辅佐之术[1]，既得之，又有大难三，而止善二。为世之事，中庸多，大材少，少不胜众，一口不能与一国讼[②]，持孤特之论干雷同之计[③]，以疏贱之处逆贵近之心[④]，则万不合，此一难也。夫建踔殊[⑤]，为非常，乃世俗所不能见也，又使明智图事[⑥]，而与众平之[⑦]，亦必不足，此二难也。既听纳有所施行，而事未及成，谗人随而恶之[⑧]，即中道狐疑[⑨]，或使言者还受其尤[⑩]，此三难也。智者尽心竭言，以为国造事，众间之则反见疑，壹不当合[⑪]，遂被谮想[⑫]，虽有十善，隔以一恶去，此一止善也。材能之士，世所嫉妒，遭遇明君，乃壹兴起，既幸得之，又复随众弗与知者[⑬]，虽有若仲尼，犹且出走，此二止善也。

【注释】

①言求取辅佐之术：本段节录自《求辅》。

②讼：争辩，争论。

③孤特：孤单，孤立。干：触犯，冒犯。雷同：随声附和。

④疏贱：谓关系疏远、地位低下。

⑤踔（zhuō）：卓然特立。殊：特殊，特出。

⑥明智：通达事理，有远见。

⑦平：通“评”，评论。

⑧谗人：进谗言之人。

⑨狐疑：怀疑。

⑩尤：怨恨，责怪。

⑪当合：合适，应当。

⑫谮（zèn）：说坏话诬陷别人。

⑬与（yù）：参与。

【译文】

说说求取辅佐君主治国之人的方法，在已经得到这些人才后，仍然有三大难题和不能始终信用贤辅的两种情况。为国家办事的官吏，总是中庸的多，有大才能的少，少数不能制服多数，一人之口不能跟一国之人争辩，秉持孤立的言论去抵制众口一词的意见，凭借疏远卑贱的职位背逆地位尊贵、与君主亲近之人的心志，两个对立面是万万不能相合的，这是一大难处。建立卓越特殊的功绩，做不同寻常之事，这是世俗之人所不能理解的，又让有远见、通达事理的来人谋划处理事务，而交给众人评论，其结果也必然不能充分准备，这是第二大难处。已经听取谏言而有所施行，而事情还没有成功，进谗言的人随即便诽谤他，结果君主中途怀疑动摇，有的还使进言的人受到君主的怪罪，这是第三大难处。有才智的人尽心进言，为国家出谋划策，众人从中离间便使他受到怀疑，如果意见稍有不合，就会被谗毁攻击，即使有十善，也因一恶而被抹杀，这是第一种不能始终任用贤辅的情况。有才能的士人，世人都嫉妒，遇到明君才会被起用，已经幸运得到他了，又重新听从众人的意见，不采纳智者的主张，即使有像孔子一样的贤才，也依然会出走，这是第二种不能始终任用贤辅的情况。

是故非君臣致密坚固[①]，割心相信[②]，动无间疑，若伊吕之见用、傅说通梦、管鲍之信任[③]，则难以遂功竟意矣[④]。又，说之言，亦甚多端。其欲观使者，则以古之贤辅厉主[⑤]；欲间疏别离，则以专权危国者论之。盖父子至亲，而人主有高宗、孝己之谗[⑥]，及景、武时栗、卫太子之事[⑦]；忠臣高节，时有龙逢、比干、伍员、鼂错之变[⑧]。比类众多[⑨]，不可尽记，则事曷可为邪？庸易知邪？虽然，察前世已然之效，可以观览，亦可以为戒。维诸高妙大材之人[⑩]，重时遇咎，皆欲上与贤侔而垂荣历载[11]，安肯毁名废义而为不轨恶行乎[12]？若夫鲁连解齐、赵之金封[13]，虞卿捐万户与国相[14]，乃乐以成名肆志[15]，岂复干求便辟趋利耶[16]！览诸邪背叛之臣，皆小辨贪饕之人也[17]，大材者莫有焉。由是观之，世间高士材能绝异者，其行亲任亦明矣。不主乃意疑之也[18]，如不能听纳、施行其策，虽广知得，亦终无益也。

【注释】

①是故非君臣致密坚固：本段节录自《求辅》。致密，严密，紧密。

②割心：意为竭诚。

③伊：伊尹，商汤大臣，名伊，一名挚，尹是官名。吕：吕尚，姜姓，名尚，字子牙，俗称姜太公。傅说通梦：传说傅说是傅岩筑墙的奴隶。武丁梦得圣人，名曰说，求于野，乃于傅岩得之，举以为相，国大治。管鲍：管仲、鲍叔牙。

④遂功：成功，建立功业。竟：终了。

⑤厉：勉励，激励。

⑥高宗：商王武丁，小乙子。相传少时生长于民间，知稼穑之艰难，欲思复兴殷商，未得辅佐，三年不言，政事决于蒙宰。后得傅说，举以为相，国大治，殷复兴。孝己：武丁之子。以孝行著，因遭后母谗言，后被放逐而死。

⑦景、武：汉景帝刘启、汉武帝刘彻。栗、卫太子：栗太子刘荣、卫太子刘据。栗太子刘荣为景帝长子，先是被立为太子，后来被废为临江王。卫太子刘据，汉武帝刘彻嫡长子，母为皇后卫子夫。被册立为皇太子后受到佞臣江充、韩说等人诬陷。不能自明清白，起兵诛杀江充等人，遭到镇压，兵败自杀身亡，史称卫太子。

⑧龙逄：即关龙逄。夏之贤人，因劝谏而被桀所杀。比干：商纣王的

叔父，官少师。因屡次劝谏纣王，被剖心而死。伍员：即伍子胥，为报父兄被杀之仇，入吴助阖庐夺取王位，整军经武，攻破楚国，掘楚平王之墓，鞭尸三百。吴王夫差时，渐被疏远，后被赐剑自杀。晁错：西汉颍川（治今河南禹县）人。文帝时任太常掌故。后任太子家令，景帝即位，任御史大夫。景帝采纳其意见，更定法令，削夺诸侯封地。后来吴楚七国以“清君侧”为名起兵反叛，晁错为袁盎所谗，被斩于市。

⑨比类：整理按类排比。

⑩高妙：高明巧妙。

⑪侔：相等，等同。垂：流传。

⑫不轨：越出正轨，不合法度。

⑬鲁连：即鲁仲连，战国时齐人。不仕，喜排难解纷。游赵时，适秦围邯郸急。魏使新垣衍请尊秦昭王为帝，仲连与之辩析，坚不帝秦，会魏援军至，秦军退。后，齐将田单攻聊城不克。仲连为燕守将陈说利害，不战而下之。赵齐欲重赏，仲连逃隐海上以终。

⑭虞卿：战国时人，虞氏，名失传。以布衣进说赵孝成王，为上卿，故称虞卿。长平之战前后，主张以赵为主，合纵抗秦。后因救魏相魏齐，弃相印与魏齐逃亡，困于梁。

⑮肆志：快意，随心，纵情。

⑯干求：请求，求取。便辟：指君主左右受宠幸谄媚逢迎的小臣。

⑰小辨：犹巧言。辨，通“辩”。贪饕（tāo）：贪得无厌。

⑱不主：不像个君主，指无道昏君。

【译文】

因此，如果不是君臣关系密切牢固，君主对臣下推心置腹、极为信任，举动没有丝毫怀疑，就像伊尹、吕尚那样被重用，像傅说出现在高宗梦里而被任用，像管仲、鲍叔牙那样彼此信任，那么就难以完成功业、实现愿望了。另外，游说的言辞，也有很多角度。如果想要观察任用的臣子，那就用古代贤明的辅佐之臣来激励君主；想要离间疏远君臣之间的关系，那就用专权危害国家的事例来评论。世上父子关系是最亲的，而君主中尚且有殷高宗听信谗言而逼死孝己，以及汉景帝废掉栗太子、汉武帝逼死卫太子的事情；忠臣高节之士，也有关龙逢、比干、伍员、晁错的变故。像这样的情况有很多，不能全部记下来，那么事情还能怎么做呢？常人又怎么容易明白呢？虽然如此，考察前代已经发生事情的效验，可以审视明察，也可以引以为戒。那些道德高尚、才能突出之人，遇到合适的时机，得到君主的信任，都想要向上与贤才看齐从而流芳百世，哪里肯毁弃名声、荒废道义而去做不合法度的坏事呢？至于鲁仲连放弃齐国、赵国的赏金、封地，虞卿抛弃万户侯与国相之位，乃是他们乐意成就名声、纵情快意，又怎会去请求君主左右谄媚的小臣来追求利益呢！纵观那些邪恶背叛之臣，都是些巧言狡辩、贪得无厌之人，没有一个人是拥有特殊才能的。由此看来，世上那些志行高尚、才能卓越的人士，他们的品行值得被君主亲近信任也是很明显的了。那些无道昏君竟然怀疑他们，如果不能够听从采纳并施行他的计策，即使他们知道得很多，最终也毫无用处。

凡人耳目所闻见①，心意所知识②，情性所好恶，利害所去就，亦皆同务焉。若材能有大小，智略有深浅，听明有暗照③，质行有薄厚，亦则异度焉④。非有大材深智，则不能见其大体。大体者，皆是当之事也⑤。夫言是而计当，遭变而用权⑥，常守正，见事不惑，内有度量，不可倾移而诳以谲异⑦，为知大体矣。如无大材，则虽威权如王翁，察慧如公孙龙⑧，敏给如东方朔⑨，言灾异如京君明⑩，及博见多闻，书至万篇，为儒教授数百千人，只益不知大体焉。维王翁之过绝世人有三焉：其智足以饰非夺是⑪，辨能穷诘说士⑫，威则震惧群下[13]。又数阴中不快己者[14]，故群臣莫能抗答其论[15]，莫敢干犯匡谏[16]，卒以致亡败，其不知大体之祸也。

【注释】

①凡人耳目所闻见：本段节录自《言体》。言体，就是言说大体。大体，指事关大局的道理。

②知识：知道，认识。

③听明：听力和视力。暗：晦暗。照：明晰。

④质行：品德操行。异度：不同的度量。

⑤是当：的当，切当。

⑥用权：采用权变的办法。权，权变，灵活性。

⑦诳（kuáng）：欺骗，谎话。谲异：怪诞奇异。

⑧察慧：聪明有智慧。公孙龙：战国赵国人，名家代表人物。曾为平原君赵胜门客。

⑨敏给：敏捷。东方朔：字曼倩，西汉平原厌次（今山东惠民东）人。武帝时，入长安，自荐，待诏金马门。后为常侍郎、太中大夫。滑稽有急智，能直言切谏。

⑩京君明：即京房，本姓李，字君明，东郡顿丘（今河南清丰西南）人。汉元帝时为易经博士，是今文易学的开创者，好以灾异推论时政得失。

⑪饰非：粉饰掩盖错误。

⑫穷诘：追问，深究。

⑬震惧：震惊，惧怕。

⑭阴中：暗害，中伤。

⑮抗答：大声解答，正面回答。

⑯干犯：冒犯，侵犯。

【译文】

凡是常人耳朵听到、眼睛看见的，心理和意识所认知的，本性所喜好或厌恶的，面对利益和祸害所弃所求的，每个人基本都是相同的。像是才能有大小，智谋有深浅，耳听目视有晦暗明晰，品德操行有厚道浅薄，这都是每个人所不同的。假如没有卓越的才能、深睿的智慧，那么就不能察见大体。所谓大体，都是恰当合适的事情。言语正确而计谋得当，遭遇变故可以随机应变，平常恪守正道，遇见事情不迷惑，内心有衡量，不会因欺诈迷惑而动摇，这就是知道大体的人。如果没有卓越的才能，即使有像王莽那样的权力和威势，有像公孙龙那样的智慧辩才，有像东方朔那样的机敏，有像京房那样预言灾祸的能力，以及博见多闻，著作万篇，教授儒生几百上千人，也只是更加不知大体而已。王莽超越世人的有三点：他的智谋足以颠倒是非，辨才能够彻底诘难游说之士，威势能让群臣震惊惧怕。又屡次暗害中伤对自己不满的人，所以群臣没有人能够抗辩他的谬论，没有谁敢冒犯他而匡正劝谏，最终导致他失败灭亡，这是他不知大体的祸患。

夫帝王之大体者①，则高帝是矣。高帝曰："张良、萧何、韩信②，此三子者，皆人杰也，吾能用之，故得天下。"此其知大体之效也。

【注释】

①夫帝王之大体者：本段节录自《言体》。

②张良：字子房。秦末汉初沛郡城父（今安徽亳县东南）人。良募力士于博浪沙狙击始皇未中，遂更姓名。传说逃亡至下邳，遇黄石公，受《太公兵法》。后聚众响应陈胜，后从刘邦，为其主要谋士。萧何：秦末汉初沛县（今属江苏）人。初为沛主吏掾。从刘邦入关，刘邦王汉中，以何为丞相。韩信：秦末汉初淮阴（今江苏

淮阴西）人。初属项羽为郎中，亡归刘邦，任连敖、治粟都尉。经萧何力荐，任大将军。西汉立，改封楚王，都下邳。后被吕后诱杀于长乐宫。张良、萧何、韩信，此三人即“汉初三杰”。

【译文】

帝王中能够了解、把握大体的，汉高帝是其中一个。汉高帝说：“张良、萧何、韩信，这三位都是人中豪杰，我能够任用他们，所以得到天下。”这就是他识大体的证明。

王翁始秉国政①，自以通明贤圣②，而谓群下才智莫能出其上。是故举措兴事③，辄欲自信任，不肯与诸明习者通共④，苟直意而发⑤，得之而用，是以稀获其功效焉，故卒遇破亡，此不知大体者也。高帝怀大智略，能自揆度⑥，群臣制事定法，常谓曰：“庳而勿高也⑦，度吾所能行为之。”宪度内疏⑧，政合于时，故民臣乐悦，为世所思，此知大体者也。王翁嘉慕前圣之治⑨，而简薄汉家法令⑩，故多所变更，欲事事效古，美先圣制度，而不知己之不能行其事。释近趋远⑪，所尚非务，故以高义退致废乱⑫，此不知大体者也。高祖欲攻魏⑬，乃使人窥视其国相及诸将率左右用事者⑭，知其主名，乃曰：“此皆不如吾萧何、曹参、韩信、樊哙等⑮，亦易与耳⑯。”遂往击破之，此知大体者也。

【注释】

①王翁始秉国政：本段节录自《言体》。秉，执掌，操持。

②通明：开通而贤明。

③兴事：兴建政事。

④明习：通晓事理。

⑤直意：顺心，如意。

⑥揆度（kuí duó）：估量，揣度。

⑦庳（bì）：本指两旁高而中间低的屋舍。引申为低下。

⑧宪度：法度。

⑨嘉慕：嘉许爱慕。

⑩简薄：鄙薄，轻视。

⑪释：废弃，放弃。趍：同“趋”，奔赴，趋向。

⑫高义：行为高尚合于正义。

⑬魏：魏王魏豹，秦末时人，原战国时魏国贵族。陈胜起义时立其兄魏咎为魏王。秦将章邯攻魏，魏咎被迫自杀。魏豹逃亡至楚，向楚怀王借兵数千人，攻下魏地二十余城，自立为魏王。项羽大封诸侯时，改封其为西魏王。继而投刘邦，又叛归项羽。后韩信破魏，将其虏至荥阳，为汉将周苛所杀。

⑭将率：将帅。

⑮曹参：秦末汉初沛县（今属江苏）人。秦时，为沛狱掾，萧何为主吏。秦末从刘邦起兵，从中涓累迁为将军，屡立战功，封平阳侯，任齐相九年，协助刘邦平定陈豨、英布等异姓诸侯王。萧何死，继何为惠帝丞相三年，一遵萧何约束，有“萧规曹随”之称。樊哙：秦末汉初沛县（今属江苏）人。初以屠狗为业，后从刘邦起兵攻秦，屡立战功。入咸阳，在鸿门宴上卫护刘邦得以脱身。高帝立，迁左丞相、相国，封舞阳侯。

⑯易与：容易对付。

【译文】

王莽初掌国政，自认为开通贤明、德才极高，而且认为群臣才智没有能超过他的。因此言行举动、兴办政事，都只相信自己，不肯跟那些明事理、有才智的人沟通共事，凭着主观意愿随意发表意见，得到什么就用什么，因此很少取得功效，所以最终遭遇破败灭亡，这就是不识大体的人。汉高帝心怀大智慧大谋略，能够自我估量，群臣处理事务、制定法令时，汉高帝经常对他们说："标准低一点不要太高，要考虑我们能做的去做。"法度内部宽松，政事适合时宜，所以民众和臣子都欢乐喜悦，高祖也被世人思念，这是识大体的人。王莽嘉许爱慕前代圣王的治理，而鄙薄轻视汉朝法令，所以有很多变更，想要事事仿效古代，赞美先代圣王的制度，而不知道自己并不能实行那些制度。放弃近代趋向古代，所崇尚的不是当务之急，所以最终因崇尚先代高义而导致衰退混乱，这是不识大体的人。汉高祖刘邦想要进攻魏国，就派人窥探他的国相、诸位将帅及左右亲信执政的人，知道对方各级主管官员的姓名，就说："这些人都赶不上我的萧何、曹参、韩信、樊哙等人，很容易对付。"于是就率军前去击败敌军，这是识大体的人。

王翁前欲北伐匈奴[①]，及后东击青、徐众郡赤眉之徒[②]，皆不择良将，而但以世姓及信谨文吏[③]，或遣亲属子孙，素所爱好，咸无权智将帅之用[④]，猥使据军持众[⑤]，当赴强敌，是以军合则损[⑥]，士众散走。咎在不择将，将与主俱不知大体者也。

【注释】

①王翁前欲北伐匈奴：本段节录自《言体》。匈奴，称"胡"。古代北方民族之一。战国时游牧于燕、赵、秦以北地区，秦汉时占据大漠南北广大地区。

②青：州名，汉置，辖境在今山东东北部。徐：州名，古徐州约在今江苏、山东、安徽的部分地区。汉以后各代皆置徐州，辖地常有变更，大致都在今淮北一带。赤眉：指汉末以樊崇等为首的农民起

义军，因起义军士兵以赤色涂眉作为标志，故称。

③世姓：世族大姓。信谨：诚信谨慎。

④权智：权变智略。

⑤猥：错误地。

⑥合：交锋。

【译文】

王莽以前想要向北征伐匈奴，后来向东攻击青州、徐州等地的赤眉军，都不选择良将，而只任用世族大姓以及诚信谨慎的文官，或派遣自己的亲属子孙和平常所喜好的人，这些人全都没有权智谋略，也不曾担任过将帅，却随便就让他们统领军队把持士众，前去抵挡强敌，所以与敌军一交锋就战败，士兵都四散奔逃。其过错就在于选择将帅不当，将帅与君主都是不识大体的人。

夫言行在于美善[1]，不在于众多。出一美言善行而天下从之，或见一恶意丑事而万民违，可不慎乎？故《易》曰："言行，君子之枢机。枢机之发，荣辱之主，所以动天地者也[2]。"

【注释】

①夫言行在于美善：本段节录自《言体》。

②"言行"几句：见于《周易·系辞上》。原文作"言行，君子之枢机。枢机之发，荣辱之主也。言行，君子之所以动天地也，可不慎乎？"枢机，比喻事物的关键部分。又喻指言语。

【译文】

言行在于美好善良，不在于众多。出一美言、施一善行，天下之人就会顺从，有时表现出一件恶意、做一件丑事，天下百姓就会违抗，能不谨慎吗？所以《周易》上说：“言行，是君子立身处世的关键。言行举止的发动，决定着一个人的荣辱，是惊天动地的大事啊。”

王翁刑杀人①，又复加毒害焉，至生烧人，以醯五毒灌死者肌肉②，及埋之，复荐覆以荆棘③。人既死，与木土等，虽重加创毒④，亦何损益？成汤之省纳⑤，无补于士民，士民向之者，嘉其有德惠也；齐宣之活牛⑥，无益于贤人，贤人善之者，贵其有仁心也；文王葬枯骨⑦，无益于众庶⑧，众庶悦之者，其思义动之也；王翁之残死人，无损于生人，生人恶之者，以残酷示之也。维此四事，忽微而显著⑨，纤细而犹大。故二圣以兴，一君用称，王翁以亡，知大体与不知者远矣。

【注释】

①王翁刑杀人：本段节录自《言体》。

②醯（xī）：醋。五毒：五种有毒的药。《周礼·天官·疡医》：“凡疗疡，以五毒攻之。”郑玄注：“五毒，五药之有毒者……石胆、丹砂、雄黄、礜石、慈石。”

③荐：衬，垫。

④创毒：伤害。

⑤省纳：省察采纳。

⑥齐宣之活牛：《孟子·梁惠王上》：“臣闻之胡龁曰：‘王坐于堂上，有牵牛而过堂下者，王见之曰：‘牛何之？’对曰：‘将以衅钟。’王曰：‘舍之！吾不忍其觳觫，若无罪而就死地。’对曰：‘然则废衅钟与？’曰：‘何可废也？以羊易之。’”。齐宣，齐宣王田辟疆，齐威王之子，妫姓。

⑦文王葬枯骨：见于《资治通鉴外纪》卷二：“文尝行于野，见枯骨，

命吏瘗之。吏曰：‘此无主矣。’王曰：‘有天下者，天下之主；有一国者，一国之主。吾固其主矣。’葬之。天下闻之，曰：‘西伯之泽及枯骨，况于人乎！’”

⑧众庶：众民，百姓。

⑨忽微：古代极小的度量单位名。十微为一忽，十忽为一丝，上面还有毫、厘、分、寸、尺。

【译文】

王莽用刑罚杀人，又对死者加以毒害，直至将人活活烧死，用醋及五种毒药灌进死者的肌肉，埋葬的时候，又用荆棘垫衬覆盖。人死之后，跟木头石头一样，即使再加以伤害，对死者来说又能损害什么呢？商汤省察采纳劝谏之言，对于士人民众没有什么补益，但士人民众归向他，是因为嘉许他有德行恩惠；齐宣王让牛活命，对贤人没有什么好处，但贤人却赞美他，是因为崇尚他有仁爱之心；周文王埋葬枯骨，对民众没什么好处，但民众喜悦他，是因为考虑到他的仁义而被他打动；王莽残害死人，对活着的人没什么损害，但活着的人厌恶他，是他向众人展示了他的残酷。这四件事情，极其细微但意义显赫昭著，虽细碎但又意义重大。所以成汤、文王因此兴起，齐宣王因此被人称赞，王莽却因此灭亡，可见识大体与不识大体相差得太远了。

圣王治国[①]，崇礼让，显仁义，以尊贤爱民为务，是为卜筮维寡[②]，祭祀用稀。王翁好卜筮，信时日[③]，而笃于事鬼神，多作庙兆、洁斋祀祭[④]，牺牲殽膳之费、吏卒辨治之苦[⑤]，不可称道。为政不善，见叛天下。及难作兵起，无权策以自救解，乃驰之南郊告祷[⑥]，搏心言冤[⑦]，号兴流涕，叩头请命，幸天哀助之也。当兵入宫日，射矢交集，燔火大起，逃渐台下[⑧]，尚抱其符命书及所作威斗[⑨]，可谓蔽惑至甚矣[⑩]。

【注释】

①圣王治国:本段节录自《言体》。

②卜筮:古代预测吉凶祸福,用龟甲称卜,用蓍草称筮,合称卜筮。

③时日:时辰和日子。古人迷信,以为时日有吉凶,常以卜筮决之。

④兆:古代设于四郊的祭坛。洁斋:净洁身心,诚敬斋戒。

⑤牺牲:祭祀用的纯色的牲口。殽膳:美味佳肴。辨治:谓区分等级而治之。

⑥南郊:古代天子在京都南面的郊外筑圜丘以祭天的地方。

⑦博心:搏膺,捶击胸口。表示愤怒、不平或哀痛。

⑧渐台:古台名,在今陕西西安。汉武帝建章宫太液池中有渐台,高二十馀丈,台址在水中,故名。

⑨符命:上天预示帝王受命的瑞兆。威斗:新莽为显示威严所制作的铜制器物,形似北斗。

⑩蔽惑:蒙蔽迷惑。

【译文】

圣明的君王治理国家,崇尚礼节谦让,宣扬仁爱道义,致力于尊重贤人、爱护民众,因此卜筮很少,祭祀鬼神也很少。王莽喜好卜筮,相信时日吉凶,而且一心一意侍奉鬼神,修建很多庙宇祭坛、洁身斋戒以祭祀,祭祀用的牲畜和美味佳肴的耗费及以官吏士兵治办的辛苦,无法尽述。王莽治理国家不善,被天下人背叛。等到灾难来到、义军四起,没有权谋计策来自救,就奔到南郊祷告上天,捶击胸口大呼冤枉,号哭流泪,叩头请求上天保佑,希望上天哀怜而帮助自己。当义军攻入宫中,箭矢纷飞,焚烧的火焰熊熊燃起,王莽逃到渐台之下,还抱着他受命的符书和驱妖镇邪的威斗,可以说是受蒙蔽迷惑到极点了。

淳于髡至邻家[①],见其灶突之直[②],而积薪在旁[③],曰:"此且有火灾。"即教使更为曲突,而徙远其薪。灶家不听,后灾，火果及积薪，而燔其屋[4]，邻里并救击。及灭止，而亨羊具酒以劳谢救火者[5]，曲突远薪，固不肯呼淳于髡饮饭。智者讥之云："教人曲突远薪，固无恩泽；燋头烂额[6]，反为上客。"盖伤其贱本而贵末[7]。岂夫独突薪可以除害哉？而人病国乱，亦皆如斯。是故良医医其未发，而明君绝其本谋[8]。后世多损于杜塞未萌[9]，而勤于攻击已成，谋臣稀赏，而斗士常荣，犹彼人殆失事之重轻[10]。察淳于髡之预言，可以无不通，此见微之类也[11]。

【注释】

①淳于髡（kūn）至邻家：本段节录自《见征》。征，是征兆，事变之前必有征兆表现，这就是见征。淳于髡，战国时人。齐威王时游稷下学宫，是稷下学宫中最具影响的学者之一。学问渊博，多辩。被任为大夫。

②灶突：灶上烟囱。突，烟囱。

③积薪：指积聚的木柴。薪，柴火。

④燔（fán）：焚烧。

⑤亨（pēng）：同"烹"。

⑥燋头烂额：形容被火烧伤得很严重。此处指代救火者。

⑦贱本：看轻根本。贵末：看重末节。

⑧本谋：根本的谋略。

⑨杜塞：堵塞，屏绝。

⑩重轻：指重与轻、高与下。

⑪见微：从小处看到征兆。

【译文】

淳于髡来到邻居家中，看见炉灶上烟囱直挺，旁边堆积着柴火，就说:“这样会发生火灾的。”就让邻居把直的烟囱更换为弯曲的,并且把柴火挪远。这家邻居不听他的建议,后来发生火灾,火焰果然烧到堆积的柴火进而焚烧了房屋,邻居们都来救火。等到火被扑灭,邻人煮羊备酒来慰劳感谢救火的人,把烟囱换成弯曲的,将柴火挪远,就是不肯请淳于髡喝酒吃饭。智者讥讽他们说:“让人改弯烟囱挪远柴火,却不认为有恩泽;救火被烧得焦头烂额的人反而成为座上客。”这是哀怜邻居的本末倒置。难道仅仅是改弯烟囱和移走柴火可以免除灾祸这件事吗?人们生病、国家混乱,道理也都是这样。因此,良医医治还没有发病的人,明君从根本上杜绝那些动乱的阴谋。后人多疏于堵塞还没有发生的动乱苗头,而勤于攻击已经造成的动乱结果,谋臣很少收到赏赐,而斗士常常受到尊崇,就像那家失火的邻居一样,失去了对事情轻重的判断力。想想淳于髡的预言,就可以举一反三、触类旁通,这就是从细微处发现征兆的例子。

王者初兴[①],皆先建根本,广立藩屏,以自树党,而强固国基焉。是以周武王克殷,未下舆而封黄帝、尧、舜、夏、殷之后及同姓亲属、功臣德行[②],以为羽翼[③],佐助鸿业[④],永垂流于后嗣。乃者强秦罢去诸侯,而独自恃任一身,子弟无所封,孤弱无与[⑤],是以为帝十四岁而亡。汉高祖始定天下,背亡秦之短计,导殷、周之长道,裒显功德[⑥],多封子弟,后虽多以骄佚败亡[⑦],然汉之基本得以定成,而异姓强臣不能复倾;至景、武之世,见诸王数作乱,因抑夺其权势[⑧],而王但得虚尊,坐食租税,故汉朝遂弱,孤单特立。是以王翁不兴兵领士而径取天下[⑨],又怀贪功独专之利,不肯封建子孙及同姓戚属,为藩辅之固,故兵起莫之救助也。传曰:“与死人同病者,不可为医;与亡国同政者,不可为谋[⑩]。”王翁行甚类暴秦，故亦十五岁而亡。夫猎射禽兽者，始欲中之，恐其创不大也；既已得之，又恶其伤肉多也。鄙人有得鲢酱而美之[11]，及饭，恶与人共食，即小唾其中，共者怒，因涕其酱，遂弃而俱不得食焉[12]。彼亡秦、王翁欲取天下时，乃乐与人分之，及已得而重爱不肯与[13]，是惜肉嗜鲢之类也。

【注释】

①王者初兴：本段节录自《谴非第六》。谴非，就是谴责错误，特别是帝王自身的错误。

②舆：车。

③羽翼：比喻辅佐的人或力量。

④鸿业：大业。多指王业。

⑤孤弱：削弱，使孤立。无与：没有跟他一起的。

⑥裒（pōu）显：褒崇宣扬。裒，同"褒"。

⑦骄佚：骄纵放肆。

⑧抑夺：剥夺，强行夺取。

⑨径取：直接取得。

⑩"与死人同病者"几句：见于《韩非子·孤愤》："与死人同病者，不可生也；与亡国同事者，不可存也。"

⑪鄙人：见识浅陋的人。鲢（shān）：鱼酱。

⑫俱：原文为"徂"，此处依今本径改。

⑬重爱：极其吝啬。

【译文】

王朝刚刚兴起时，都是先建立根本，广泛地设立藩国屏障，来培植自己的同党，以加强巩固国家的基业。因此周武王战胜殷朝，没下车马就分封黄帝、唐尧、虞舜、夏朝、殷朝的后裔以及同姓亲属、功臣、德行卓著的人，把他们作为党羽，来辅佐王业，使基业永远流传给后代。从前强大的秦朝废除诸侯，只依靠自己独断专行，宗室子弟没有封地，使自己孤立而没有同党，因此称帝后十四年就灭亡了。汉高祖刚定天下，背离亡秦短浅的计谋，效法殷朝、周朝的长久之道，褒奖显扬有功德之人，分封很多子弟，后来虽然多数因为骄纵放肆而失败灭亡，但是汉朝的根基得以确立和巩固，而异姓之人、强猛之臣不能再倾覆汉室；到了汉景帝、汉武帝时，看到诸侯王屡次发动叛乱，于是强行夺取他们的权势，诸侯王只得到空虚的尊位，坐享租税，所以汉朝逐渐衰弱，君主孤立无助。因此王莽不用兴起军队、率领将士就直接取得天下。可他又心怀贪图事功、独裁专擅之利，不肯分封子孙以及同姓亲属作为屏障辅佐，所以叛军兴起，没有人来救助他。古书上说："跟死人患同样病的，不能给他医治；与亡国之君施行同样政略的君主，不可以为他出谋划策。"王莽的行为与暴虐的秦朝非常相似，所以只在位十五年就灭亡了。射猎禽兽的人，开始想射中禽兽，唯恐创伤不大；已经获得猎物后，又担心伤害猎物之肉伤得太多。有个见识浅陋的人得到鱼酱觉得味道好，到了吃饭时，怕别人跟自己一起吃，就在里面吐了一小口唾沫，同他一起吃饭的人发怒，就往酱里擤鼻涕，于是就把鱼酱扔了，两个人都没能吃到。被灭亡的秦朝、王莽想要取得天下的时候，就乐意与人分享，等到得到天下后，却极其吝啬不肯分给别人，这和上述怜惜猎物之肉创伤多和想独吃鲢鱼酱是一样的。

昔齐桓公出[①]，见一故墟而问之，或对曰："郭氏之墟也。"复问郭氏曷为墟，曰："善善而恶恶焉。"桓公曰："善善恶恶，乃所以为存，而反为墟，何也？"曰："善善而不能用，恶恶而不能去。彼善人知其贵己而不用[②]，则怨之；恶人见其贱己而不好[③]，则仇之。夫与善人为怨，恶人为仇，欲毋亡，得乎？"乃者王翁善天下贤智材能之士，皆征聚而不肯用[④]，使人怀诽谤而怨之。更始帝恶诸王假号无义之人而不能去[⑤]，令各心恨而仇之。是以王翁见攻而身死，宫室烧尽；更始帝为诸王假号而出走，令城郭残。二王皆有善善恶恶之费[⑥]，故不免于祸难大灾，卒使长安大都，坏败为墟，此大非之行也。

【注释】

①昔齐桓公出：本段节录自《谴非》。

②贱：轻视，鄙视。

③贤智：有贤德有才智。

④征聚：征募召集。

⑤假号：古时称起事者自立的名号。亦用以称起事者。

⑥费：消耗。

【译文】

从前齐桓公外出，见到一处废墟就问是什么，有人回答说："是郭氏的废墟。"又问郭氏为什么成了废墟，回答说："因为他喜欢善人，憎恶坏人。"齐桓公说："喜欢善人而憎恶坏人，这该是存活之道，却反而成为废墟，这是为什么呢？"回答说："喜欢善人而不能任用，憎恶坏人而不能除去。那些善人知道他重视自己而不能任用，就会怨恨他；恶人见到他鄙视自己而得不到他的喜欢，那么就仇视他。与善人结怨、与恶人成仇，想要不灭亡，可能吗？"从前王莽喜欢天下有贤德才智之人，全都征募召集在一起而不肯任用，使得这些人心怀不满而怨恨他。更始帝刘玄厌恶诸王以及那些自立名号而没有道义的人，却不能除去，让他们各自心怀怨恨而仇视他。因此，王莽被攻击而身亡，宫殿被烧光；更始帝因得罪那些假借名号的诸王而出走，使得城郭残破。两位君王都为喜欢善人、厌恶人而耗费心思却没有行动，仍不能免于灾祸，最终让长安大都破坏败落成为废墟，这是极端错误的行为。

北蛮之先与中国并[①]，历年兹多，不可记也。仁者不能以德来，强者不能以力并也。其性忿鸷[②]，兽聚而鸟散[③]，其强难屈而和难得，是以圣王羁縻而不专制也[④]。昔周室衰微，夷狄交侵[⑤]，中国不绝如线[⑥]。于是宣王中兴[⑦]，仅得复其侵地。夫以秦始皇之强，带甲四十万，不敢窥河西[⑧]，乃筑长城以分之。

【注释】

①北蛮之先与中国并：本段节录自《遣非》。北蛮，北方的蛮族。蛮：对边远部族的称呼。

②忿鸷（zhì）：残忍凶狠。鸷，凶猛，凶狠。

③兽聚：像野兽一样聚集。鸟散：像飞鸟一样分散。

④羁縻（jī mí）：笼络。专制：独断专行。

⑤夷狄：古称东方部族为夷，北方部族为狄。常用以泛称除华夏族以外的各族。

⑥不绝如线：形容局势危急，像差点儿就要断掉的线一样。

⑦宣王中兴：是指在周宣王姬静即位后，为消除厉王暴虐，缓和不安定局面，任用召穆公、周定公、尹吉甫等大臣，使已衰落的周朝得到复兴。周宣王，姬姓，名静，厉王之子。

⑧河西：古地区名，泛指黄河以西之地。春秋战国时指今山西、陕西两省黄河南段之西。汉、唐时指今甘肃、青海两省黄河以西，即河西走廊与湟水流域。

【译文】

北方蛮族的祖先跟中原同时并存，历经多少年，已经记不清了。仁者不能用德行招徕他们，强者不能用武力吞并他们。他们本性残忍凶狠，像野兽一样聚集，又如飞鸟般散开，用强制暴力难以使他们屈服，亲和政策也难以得到他们的心，因此圣明的君王笼络他们，而不独断专行。从前周王朝国力衰微，夷狄蛮族交相入侵，中原情况危急，如同快要断掉的线一样。于是周宣王中兴，也仅仅是恢复被侵占的土地。凭借秦始皇的强大，拥兵四十万，仍不敢觊觎河西地区，于是修筑长城来隔离北蛮。

汉兴[①]，高祖见围于平城[②]。吕后时，为不轨之言[③]。文帝时，匈奴大入，烽火候骑[④]，至雍甘泉[⑤]。景、武之间，兵出数困，卒不能禽制，即与之结和亲[⑥]，然后边民得安，中国以宁。其后匈奴内乱，分为五单于[⑦]，甘延寿得承其弊[⑧]，以深德呼韩耶单于[⑨]，故肯委质称臣[⑩]，来入朝见汉家，汉家得以宣德广之隆，而威示四海，莫不率服，历世无寇。安危尚未可知，而猥复侵刻匈奴[⑪]，往攻夺其玺绶[⑫]，而贬损其大臣号位，变易旧常，分单于为十五[⑬]，是以恨恚大怒[⑭]，事相攻拒。王翁不自非悔，反遂持屈强无理，多拜将率，调发兵马，运徙粮食财物，以殚索天下。天下愁恨怨苦，因大扰乱，竟不能挫伤一胡虏[⑮]，徒自穷极竭尽而已。《书》曰："天孽可避，自作孽，不可活[⑯]。"其斯之谓矣。夫高帝之见围，十日不食，及得免脱，遂无愠色，诚知其往攻非务，而怨之无益也。今匈奴负于王翁，王翁就往侵削扰之[⑰]，故使事至于斯，岂所谓肉自生虫而人自生祸者耶！其为不急，乃剧如此[⑱]，自作之甚者也。

【注释】

①汉兴：本段节录自《谴非》。

②高祖见围于平城：汉高祖六年（前201），刘邦亲自率领三十二万大军迎击匈奴，天降大雪，刘邦不轻敌冒进，直追到大同平城，结果中了匈奴诱兵之计。刘邦被围困于平城白登山，达七天七夜，后来采用陈平之计才得以脱险。平城，古地名，秦置，属雁门郡。治所在今山西大同东北古城。

②吕后时，为不轨之言：《史记·匈奴列传》："高祖崩，孝惠、吕太后时，汉初定，故匈奴以骄。冒顿乃为书遗高后，妄言。高后欲击之，诸将曰：'以高帝贤武，然尚困于平城。'于是高后乃止，复与匈奴和亲。"吕后，指刘邦之妻吕雉。刘邦称帝之后，吕雉被封为皇后，是为吕后。不轨，不合规范。

④烽火：古时边防报警点的烟火。候骑：担任侦察巡逻任务的骑兵。

⑤雍：古县名，秦灵公置，秦国早期都城，在今陕西凤翔南。甘泉：即甘泉宫，一名云阳宫。在今陕西淳化西北甘泉山。

⑥和亲：封建王朝与边疆少数民族统治集团结亲和好。

⑦五单于：西汉后期，匈奴势弱内乱，分立为五单于：呼韩耶单于、屠耆单于、呼揭单于、车犁单于、乌藉单于。五单于互相争斗，后为呼韩耶单于所并。

⑧甘延寿：字君况，西汉北地郁郅（今甘肃庆阳）人。少以良家子善骑射为羽林、期门军士，迁辽东太守。元帝时，任郎中、谏大夫，后为西域都护。

⑨呼韩耶单于：亼姓挛鞮，名稽侯狦。西汉后期匈奴单于。竟宁元年（前33），朝覲汉元帝，迎娶王昭君为妻，实现汉匈和亲。

⑩委质：呈献礼物，表示归顺之意。

⑪猥复：繁复，重复。侵刻：侵害，剥夺。

⑫往攻夺其玺绶：《汉书·食货志》："宣帝始赐单于印玺，与天子同，

而西南夷钩町称王。莽乃遣使易单于印，贬钩町王为侯。二方始怨，侵犯边境。”玺绶，古代印玺上所系的彩色丝带，借指印玺。

⑬分单于为十五：《汉书·王莽传》：“（始建国二年）冬十二月，雷。更名匈奴单于曰降奴服于。莽曰：‘……今分匈奴国土人民以为十五，立稽侯狦子孙十五人为单于。遣中郎将蔺苞、戴级驰之塞下，召拜当为单于者。诸匈奴人当坐虏知之法者，皆赦除之。’”

⑭恨恚：愤恨。

⑮胡虏：秦汉时称匈奴为胡虏，后世用为与中原敌对的北方部族之通称。

⑯“天孽可避”几句：见于《尚书·太甲》。原文是：“天作孽，犹可违，自作孽，不可逭（huàn）。”强调自作的罪孽，无法逃避惩罚。

⑰侵削：侵夺，削夺。

⑱剧：厉害，严重。

【译文】

汉朝兴起，汉高祖曾在平城受困。吕后当政时，匈奴口出不轨之言。汉文帝时，匈奴大举入侵，边境报警的烽火点燃，侦察巡逻的骑兵甚至到了雍、甘泉等地。汉景帝、汉武帝之间，发兵屡次受困，最终不能制服匈奴，便和他们和亲，然后边境民众才得以安宁，中原之地因此宁静。后来匈奴内乱，分成五单于，甘延寿趁着匈奴困乏疲倦，用深厚恩德感召呼韩耶单于，所以他才肯献礼归顺称臣，入朝谒见汉朝天子，汉朝能够向世人宣扬其深厚广大之德，显明于四海，天下没有谁不服从的，从此之后好几代没有敌寇。新莽之初，王莽自身安危尚不自知，又轻率地侵害匈奴，前去进攻并夺回他们的印玺，贬低他们大臣的名号地位，改变原来的制度，分立十五人为单于，因此匈奴愤恨大怒，便借故进攻抗拒。王莽不自责悔悟，反而强硬无理，多次任命将帅，调动兵马，运转粮食物资，因此竭力搜刮天下百姓。天下百姓仇恨怨苦，因此发生大的动乱，竟然不能杀伤一个匈奴兵卒，只是白白地穷尽人力物力罢了。《尚书》上说：“天降灾难还可以避免，自己作孽则不可存活。”大概就是说的他吧。刘邦被围困在平城，十天没饭吃，等到幸免脱身，也没有愠怒的脸色，这是因为他知道前去进攻匈奴是不智之举，埋怨也是无济于事的。如今匈奴背弃王莽，王莽就前去侵夺扰乱他们，所以让事情发展到这个地步，难道不是所说的肉自生虫而人自生祸吗！他做这些不急迫的事情，竟然严重到如此地步，是他自作孽太严重。

夫灾异变怪者[①]，天下所常有，无世而不然。逢明主贤臣，智士仁人，则修德善政、省职慎行以应之[②]，故咎殃消亡[③]，而祸转为福焉。昔大戊遭桑穀生朝之怪，获中宗之号[④]；武丁有雊雉升鼎之异，身享百年之寿[⑤]；周成王遇雷风折木之变，而获反风岁熟之报[⑥]；宋景公有荧惑守心之忧，星为徙三舍[⑦]。由是观之，则莫善于以德义精诚报塞之矣[⑧]。故《周书》曰：“天子见怪则修德，诸侯见怪则修政，大夫见怪则修职，士庶见怪则修身[⑨]。”

【注释】

①夫灾异变怪者：本段节录自《谴非》。灾异，指自然灾害或某些异常的自然现象。变怪，灾变怪异。

②善政：清明的政治，良好的政令。慎行：行为谨慎检点。

③咎殃：灾祸。

④大戊遭桑穀生朝之怪，获中宗之号：据《史记·殷本纪》，殷都亳有祥桑穀共生于朝，一暮大拱。伊陟说：“您要修养德行。”太戊从之，而祥桑枯死而去。大戊，即太戊，名伷，商王太甲之孙，太庚之子，小甲和雍己的弟弟，商朝君主。桑穀，二木名。古时以桑谷生于朝为不祥。

⑤武丁有雊(gòu)雉升鼎之异,身享百年之寿:据《史记·殷本纪》,帝武丁祭成汤,明日,有飞雉登鼎耳而雊,祖己说:"先修政事。"于是修政行德,殷道复兴。武丁,名昭,商王盘庚之侄,商王小乙之子,商朝君主。雊,鸣叫。

⑥周成王遇雷风折木之变,而获反风岁熟之报:《尚书·周书·金縢》:"秋,大熟,未获,天大雷电以风,禾尽偃,大木斯拔,邦人大恐。"后"启金縢之书",知周公代武王之说。"王出郊,天乃雨,反风,禾则尽起。"

⑦宋景公有荧惑守心之忧,星为徙三舍:据《史记·宋微子世家》,火星侵入心宿,心宿是宋的分野,宋景公很担心。司星子韦先后建议把灾祸移给国相、百姓、年成,景公全都拒绝。后来荧惑果然移了三座星宿。宋景公,宋国第二十七任君主,宋元公之子。荧惑,火星。心,二十八宿中的心宿,苍龙七宿的第五宿,有星三颗,其主星亦称商星、鹑火、大火、大辰。三舍,二十八宿,一宿为一舍。三舍指三座星宿的位置。

⑧报塞:报答,报效。

⑨"天子见怪则修德"几句:未见于今本《尚书》,见于《后汉书》杨赐疏引《周书》。士庶,士人和普通百姓。

【译文】

灾害异常变故,天下经常出现,没有哪个时代不是这样。遭逢英明的君主、贤能的臣子,有智慧仁德之士,那就会用修养德行、改善政治,反省自己的职责、谨慎检点行为来应对,所以便会使灾祸消亡,而让祸患转变为福祉。从前大戊遭遇桑树在朝堂生长的怪事,获得中宗的庙号;武丁时有出现过野鸡飞上大祭鼎而鸣的异事,却终身享有百年之寿;周成王遇到雷电大风吹折树木的变故,最终获得风向倒转、谷物成熟的回报;宋景公有火星侵犯心宿的忧愁,但最终火星移动三座星宿。由此看来,那就没有比用德行道义精诚对待灾异更好的了。所以《周书》说:"天子见到怪异就修养德行，诸侯见到怪异那就修行政事，大夫见到怪异那就修治职事，士人平民见到怪异那就修养自身。”

神不能伤道①，妖亦不能害德。及衰世薄俗②，君臣多淫骄失政③，士庶多邪心恶行，是以数有灾异变怪。又不能内自省视，畏天戒，而反外考谤议④，求问厥故，惑于佞愚，而以自诖误⑤，而令患祸得就，皆违天逆道者也。

【注释】

①神不能伤道：本段节录自《谴非》。

②薄俗：轻薄的习俗，坏风气。

③淫骄：荒淫骄横。

④谤议：诽谤议论。

⑤诖（guà）误：贻误，连累。

【译文】

神明不能伤害道义，妖异也不能伤害德行。到了世道衰微、风气浇薄时，君臣多荒淫骄横，政治混乱；士人平民大多心地不正，行为不轨，因此屡次发生灾害变异。这个时候又不能够从自身反省，畏惧上天给予的警戒，反而向外追究指责，求问灾异发生的原因，从而被奸佞愚昧的小人迷惑而连累自己，使祸患得以发生，这些都是违背上天、背逆道义的。

或言①：“往者公卿重臣缺，而众人咸豫部署，云甲乙当为之，后果然。彼何以处知而又能与上同意乎②？孔子谓子贡‘亿则屡中’③，令众人能与子贡等乎？”余应曰：“世之在位人，率同辈，相去不甚胶着④，其修善少愈者，固上下所昔闻知也。夫明殊者视异，智均者虑侔。故群下之隐⑤，常与上同度也。如昔汤、武之用伊、吕，高宗之取傅说[6]，桓、穆之授管、甯、由、奚[7]，岂众人所识知哉？彼群下虽好意措，亦焉能真？斯以可居大臣辅相者乎？”

【注释】

①或言：本段节录自《谴非》。

②同意：指意义相同，意旨相同。

③子贡：孔子的弟子。姓端木，名赐，字子贡。亿则屡中：见于《论语·先进》：“子曰：‘回也，其庶乎屡空；赐不受命，而货殖焉，亿则屡中。’”亿，同“臆”，臆测，揣度。

④胶着：比喻相持不下或工作不能进行，犹如黏住。

⑤隐：审度。

⑥高宗：即武丁，盘庚弟小乙之子。后世称为高宗。

⑦桓、穆：齐桓公、秦穆公。管、甯、由、奚：管仲、甯戚、由余、百里奚。

【译文】

有人说：“从前公卿重臣之位空缺，而众人都事先安排，说某某人应当担任，后来果然如此。他们从哪里知道是那样，而且又能跟君上意图相同呢？孔子说子贡‘臆测屡屡说中’，然而如今众人能跟子贡相比吗？”我回应说：“世上担任官职的人，大致是同类，没有什么太大的差别，那些修养善行稍微突出一点的人，本来朝廷上下早有听闻。聪明程度差别很大的人对事物的看法不同，智慧相同的人思虑也就差不多。所以群臣的猜测，经常跟君主想的一样。像是从前商汤、周武王任用伊尹、吕尚，殷高宗起用傅说，齐桓公、秦穆公授予管仲、甯戚、由余、百里奚职位，难道是众人所能知道的吗？那些群臣虽然喜好猜测君主的部署，但所猜想的哪里准确呢？他们能预料到这些人就可以官居大臣、辅相之位吗？”

国家设理官[①]，制刑辟[②]，所以定奸邪。又内置中丞、御史[③]，以正齐毂下[④]。故常用明习者，始于欲分正法[⑤]，而终乎侵轻深刻皆务酷虐过度[⑥]，欲见尽力而求获功赏。或著能立事[⑦]，而恶劣弱之谤[⑧]，是以役以棰楚[⑨]，舞文成恶[⑩]。及事成狱毕，虽使皋陶听之[⑪]，犹不能闻也。至以言语小故陷致人于族灭，事诚可悼痛焉[⑫]！渐至乎朝廷，时有忿悁[⑬]，闻恶弗原[⑭]，故令天下相放俱成惑[⑮]，讥有司之行深刻[⑯]，云下尚执重，而令上得施恩泽，此言甚非也。夫贤吏正士，为上处事持法，宜如丹青矣[⑰]。是故言之当必可行也，罪之当必可刑也，如何苟欲阿指乎[⑱]？如遭上忽略不宿留而听行其事[⑲]，则当受强死也[⑳]。哀帝时[㉑]，待诏伍客以知星好方道[㉒]，数召，后坐帝事下狱[㉓]，狱穷讯，得其宿与人言，"汉朝当生勇怒子如武帝者"。刻暴以为先帝为"怒子"[㉔]，非所宜言，大不敬[㉕]。夫言语之时，过差失误，乃不足被以刑诛，及诋欺事[㉖]，可无于不至罪。《易》言："大人虎变，君子豹变[㉗]。"即以是论谕，人主宁可谓曰："何为比我禽兽乎？"如称君之圣明与尧、舜同，或可怒曰："何故比我于死人乎？"世主既不通，而辅佐执事者，复随而听之，顺成之，不亦重为矇矇乎[㉘]！

【注释】

①国家设理官：本段节录自《谴非》。理官，治狱之官。

②刑辟：刑法，刑律。

③中丞：汉代御史大夫下设两丞，一称御史丞，一称中丞。中丞居殿中，故以为名。东汉以后，以中丞为御史台长官。御史：官名。春秋战国时期御史为国君亲近之职，掌文书及记事。秦设御史大

夫，职副丞相，位甚尊；并以御史监郡，遂有纠察弹劾之权，盖因近臣使作耳目。汉以后，御史职衔累有变化，职责则专司纠弹。

④正齐：使衣冠保持整齐。毂（gǔ）下：辇毂之下，旧指京城。

⑤正法：公正的法度。

⑥侵轻：逐渐轻易。深刻：严峻苛刻。酷虐：残酷狠毒。

⑦著能：显露能力。立事：建功立业。

⑧劣弱：衰弱，懦弱。

⑨棰楚：指鞭杖之类刑具。亦以称鞭杖之刑。

⑩舞文：玩弄文字，曲解法律。

⑪皋陶：又作咎陶、咎繇。传说虞舜时的司法官。

⑫悼痛：悲伤痛心。

⑬忿悁（yuān）：怨怒，愤恨。

⑭原：推求本源，推究。

⑮相放（fǎng）：相效法，作为依据。放，仿效，模拟。

⑯有司：主管官员。

⑰丹青：丹砂和青雘，可作颜料。因其不易变色，也用来比喻始终不渝。

⑱苟欲：贪求，不正当的欲望。阿指：迎合别人意旨。

⑲宿留：存之于心。

⑳强死：非因病、老而死，人尚壮健而死于非命。

㉑哀帝：汉哀帝刘欣，定陶恭王刘康之子，母丁氏。

㉒待诏：官名。汉代征士未有正官者，均待诏公车，其特异者待诏金马门，备顾问，后遂以待诏为官名。伍客：不详，疑作“伍宏”。星：以星象推算吉凶祸福的方术。方道：指关于坤、地的道理、法则。

㉓坐帝事：因事获罪。帝字疑衍。

㉔刻暴：刻毒暴戾。

㉕大不敬：封建时代重罪之一。谓不敬皇帝。

㉖诋欺：毁谤丑化。

㉗大人虎变，君子豹变：见于《周易·革卦》。虎变，像虎皮花纹斑斓多彩，后多比喻因时制宜，革新创制，斐然可观。豹变，指如豹纹那样发生显著的变化。幼豹长大褪毛，然后疏朗涣散，其毛光泽有文采。比喻人的行为变好或势位显贵。

㉘矇矇：昏昧、糊涂的样子。

【译文】

国家设置治狱之官，制定刑法，以此来平定奸邪。又在朝廷内设置中丞、御史，以此来整束朝廷。所以君主常任用明了熟习刑法的人，这样做开始是想区分情况、明正法度，而最终逐渐轻易使用刑罚，都追求严峻苛刻过度残酷狠毒，企图表现自己办事尽心尽力来求得功劳奖赏。有的想显露能力建功立业，而害怕别人诽谤自己懦弱，因此用鞭杖的刑罚来驱使，玩弄文字曲解法律，屈成其罪。等到罪状成立，冤案成立，即使让皋陶来听案，也不能判明案件的真相。至于因为言语小事就陷害别人以至于让他灭族，事情真的让人悲伤痛心啊！等到案情传到朝廷，时有愤恨怨怒，听闻并知道了罪恶之举却不去追究，所以让天下人争相效法这种恶行，民众都疑惑不解，讥讽主管官员执法严峻苛刻，说下级官吏执刑偏重，以便让君主能够施加恩德，这话是非常不正确的。贤良官吏正直人士，为君主执行法令，处理事务，应该是像丹青那样始终如一。因此言语恰当必定可以执行，判罪适当必定可以处罚，怎么能随意迎合君主的意旨呢？如果遇到君主忽略，不留心观察而听任他们行事，那么被判罪者就会死于非命。汉哀帝时，待诏伍客因为占星术和了解大地的方术，被多次召见，后来因事获罪下狱，狱吏穷究讯问，得知他以前跟别人说过，“汉朝应当有一个胆识过人气势强盛的统治者，如同汉武帝一样”。于是断定这是刻毒暴戾，认为先帝是“怒子”，不是应该说的话，犯大不敬之罪。人说话的时候，难免会有差错失误，这不足以遭受死罪，等到毁谤丑化他的时候，这些事便就都成为了罪状。《周易》上说：“大人物像老虎花纹一样变化莫测，君子像豹的纹路变化显著。”就拿这个来论说比喻，君主难道可以说：“为什么把我比成禽兽呢？”这也如同称颂君主的圣明跟唐尧、虞舜一样，就可以发怒说：“为什么把我同死人相比呢？”当代的君主已经不明事理，而辅佐执政的人又跟随附和，听之任之，顺着君主的意旨办事，这不是更加愚昧糊涂吗！

潜夫论

【题解】

《潜夫论》是东汉思想家王符的政治著作，全书共十卷三十六篇。因是王符愤世写作，不愿彰显其名，故取名《潜夫论》。王符在《潜夫论》中深入探讨了如何治理国家和安抚民众的策略，提出许多独到的见解和主张，并针对当时社会的种种问题进行了深入剖析和批判，深刻揭露了社会上本末倒置、名实相违的黑暗情形，认为这些皆出于“衰世之务”。其言辞犀利，并引经据典，用历史教训对统治者加以劝诫。本书论理剀切详明，无所不备，全面反映了王符的思想。此外，书中征引的大量史料，为《后汉书》的写作提供了素材，其内容可以与其他史书互证互补。汉代辞赋盛行，《潜夫论》也因此表现出了一种语言骈俪化的倾向，以及骈散结合的特点，体现出了东汉后期政论散文的骈化趋势，渐启建安盛行的华丽之风。

在王符之后接踵出现了不少政论家，最卓越的有王符的好友涿郡崔瑗的儿子崔寔，著有《政论》。还有兖州仲长统，著有《昌言》。唐代文学家韩愈在《后汉三贤赞》中说：“符书洞悉政体似《昌言》，而明切过之；辨别是非若《论衡》，而醇正过之。前史列之儒家，斯为不愧。”这部书不显于当世，最早著录于《隋书·经籍·子》：“《潜夫论》十卷，后汉处士王符撰。”其后著录不绝。

《潜夫论》现存最早的完整本为明代刻本，宋元版难得一见，清萧山汪继培曾据元大德旧刻本撰《潜夫论笺》，收入“湖海楼丛书”，为一时善本。

王符（约85—约163），字节信，安定临泾（今甘肃镇原）人。东汉政论家。范晔在《后汉书·王符传》中说他“少好学，有志操，与马融、窦章、张衡、崔瑗等友善”。由于当时政治黑暗，他“独耿介不同于俗，以此遂不得升进。志意蕴愤，乃隐居著书三十余篇，以讥当时失得，不欲章显其名，故号曰《潜夫论》”。

《群书治要》节录《潜夫论》始于《劝学》，终于《德化》，共十段，约四千余字。内容多讨论治国安民之术，涉及治国理政、经济制度、社会风俗等诸多方面。魏徵对王符以儒家伦理道德为基础的为政之道是赞同的，并希望唐太宗能从中领略治国之道。

天地之所贵者人也[①]，圣人之所尚者义也，德义之所成者智也，明智之所求者学问也。虽有至圣，不生而智；虽有至材，不生而能。故志曰：黄帝师风后[②]，颛顼师老彭[③]，帝喾师祝融[④]，尧师务成[⑤]，舜师纪后[⑥]，禹师黑如[⑦]，汤师伊尹，文、武师姜尚，周公师庶秀[⑧]，孔子师老聃[⑨]。夫此十一君者，皆上圣也，由待学问[⑩]，其智乃博，其德乃硕[⑪]，而况于凡人乎？是故工欲善其事，必先利其器[⑫]；士欲宣其义[⑬]，必先读其书。《易》曰：“君子以多志前言往行，以畜其德[⑭]。”是以人之有学也，犹物之有治也[⑮]。故夏后之璜[⑯]，楚和之璧，不琢不错[⑰]，不离砾石[⑱]。夫瑚簋之器[⑲]，朝祭之服，其始也，乃山野之木，蚕茧之丝耳。使巧倕加绳墨而制之以斤斧[⑳]，女工加五色而制之以机杼[㉑]，则皆成宗庙之器、黼黻之章[㉒]，可羞于鬼神[㉓]，可御于王公。而况君子敦贞之质[㉔]，察敏之才[25]，摄之以良朋，教之以明师，文之以《礼》《乐》，导之以《诗》《书》，幽赞之以《周易》[26]，明之以《春秋》，其有不济乎？

【注释】

①天地之所贵者人也：本段节录自《赞学》。赞学，就是劝勉、鼓励学习。节录部分强调学习的主要途径就是研习先圣经典，只有好学才能成就道德学问。

②黄帝：姓公孙，名轩辕，号有熊氏。传说中中原各族的共同祖先。风后：相传为黄帝臣之一。《史记·五帝本纪》："（黄帝）举风后、力牧、常先、大鸿以治民。"

③颛顼（zhuān xū）：五帝之一，传说是黄帝的孙子，号高阳氏。《史记·五帝本纪》载："黄帝崩，葬桥山。其孙昌意之子高阳立，是为颛顼帝也。"老彭：传说中的人物。

④帝喾（kù）：传说中的上古帝王，五帝之一，为黄帝之孙。因辅佐颛顼有功，被封于高辛。因他兴起于高辛，故称之为"高辛氏"。祝融：神名。帝喾时的火官，后尊为火神。

⑤务成：务成子，或作务成昭，传说中远古时人，尧之师，相传有《务成子》。

⑥纪后：纪国之君，或云即冀后。

⑦黑如：或云墨台、默台。《路史·后纪四》云："禹有天下，封怡以绍烈山，是为默台。"《国名纪一》云："怡，一曰默怡，即墨台。禹师墨如，或云墨台。"

⑧庶秀：一作"庶和"。周代人。

⑨老聃（dān）：即老子，姓李，名耳，字聃。春秋时期著名思想家，道家学派创始人。

⑩由：通"犹"。

⑪硕：学识渊博，德高望重之人。

⑫工欲善其事，必先利其器：见于《论语·卫灵公》。工，工匠。器，工具。

⑬宣：传播，宣扬。

⑭君子以多志前言往行，以畜其德：见于《周易·大畜》。多志，指博学广记。志，记，记住。前言往行，指前代圣贤的言行。畜，蓄养，培育。

⑮治：治理，处理。

⑯夏后之璜：见于《山海经·海外西经》："大乐之野，夏后启于此舞《九代》，乘两龙，云盖三层。左手操翳，右手操环，佩玉璜。在大运山北。"夏后，夏后氏，指禹受舜禅而建立的夏王朝。璜，古代一种半圆形的玉器，常用作祭祀、征召的礼器。

⑰琢：雕刻玉石。错：磨，琢磨。

⑱砾石：经水流冲击磨去棱角的岩石碎块。

⑲瑚簋（hú guǐ）：宗庙盛黍稷的礼器。殷曰瑚，周曰簋。

⑳巧倕（chuí）：据《山海经》："帝俊生三身，三身生义均，义均是始为巧倕，是始作下民百巧。"倕，相传为中国上古尧舜时代的一名巧匠，善作弓、耒、耜等。绳墨：木工画直线用的工具。斤：古代砍物工具，一般用以砍木，与斧相似，比斧小而刃横。

㉑女工：旧指作纺织、刺绣等事的妇女。机杼：指织布机。

㉒黼黻（fǔ fú）：古代礼服上所绣的华美花纹，黑白相间像斧形花纹称为"黼"，黑与青相间的襻形花纹称为"黻"。章：即章服，指绣有日月、星辰等图案的古代礼服，每图为一章，天子十二章，群臣按品级以九、七、五、三章递降。

㉓羞：进献，供奉。

㉔敦贞：敦厚方正。贞，通"正"。

㉕察敏：聪明敏捷。

㉖幽赞：谓暗中受神明佐助。语出《周易·说卦》："昔者圣人之作

《易》也，幽赞于神明而生蓍。”

【译文】

天地所贵重的是人，圣人所崇尚的是道义，德行道义所成就的是智慧，聪明睿智所要追求的是学问。即使是最伟大的圣人，也不是生来就有智慧；即使有最有才能的人，也不是生而能之的。古书上记载：黄帝师从风后，颛顼师从老彭，帝喾师从祝融，唐尧师从务成，虞舜师从纪后，夏禹师从黑如，商汤师从伊尹，周文王、周武王师从姜尚，周公师从庶秀，孔子师从老聃。这十一位君子，都是极其圣哲之人，尚且需要学习请教，他们的智慧才会广博，他们的德行才会崇高，更何况是普通人呢？因此工匠要做好他的工作，必须先磨砺好他的工具；士人想要宣扬自己的道义，必须先研读前代圣贤的经典。《周易》上说：“君子应该多识记前贤的言论和事迹，来培养自己的道义德行。”因此人需要学问，就像物品需要加工打磨一样。所以夏王朝的玉璜和楚国的和氏璧，不雕刻不打磨，就和粗糙的石头没有区别。宗庙瑚簋之类的礼器，朝会祭祀的服装，它们最开始的时候，不过是山野中的树木和蚕茧抽出的丝罢了。让巧匠工倕用斧头按墨线加工，女工用织布机纺织染上色彩，那么就都成为宗庙用的礼器、礼服上的华美图案花纹，可以进献给鬼神，可以供奉给王公。又何况君子有敦厚方正的本质，聪明敏捷的才能，再有德行高尚的朋友辅助他，有高明的老师教导他，用《礼经》《乐经》修养他，用《诗经》《尚书》引导他，用《周易》辅佐他，用《春秋》启发他明智，怎么会不成功呢？

凡为治之大体①，莫善于抑末而务本②，莫不善于离本而饰末③。夫为国者以富民为本，以正学为基④。民富乃可教，学正乃得义；民贫则背善，学淫则诈伪⑤。入学则不乱，得义则忠孝。故明君之法，务此二者，以为太平基也。

【注释】

①凡为治之大体：本段节录自《务本》。传统以农为本，工商为末，务本就是致力于农业。节录部分提出了“为国者以富民为本，以正学为基”的观点。大体，大政方针。

②抑末：抑制末节的工商业。末，古代指工商业。

③饰：通“饬”，整治。

④正学：指合乎正道的学说。汉武帝之后，以儒学为正统。

⑤淫：指不学正道的学说，异端邪说。

【译文】

凡是治国理政的大政方针，没有什么比抑制末节而致力于根本更好的了，也没有什么比脱离根本而致力于枝节更糟的了。治理国家的人要以让民众富足为根本，把合乎正道的学说当做基础。民众富足了才可以进行教诲，学说端正了才能获得道义；民众贫穷就会背离良善，学说淫邪就会产生奸诈虚伪。接受了教育就不会作乱，懂得了道义就会忠诚孝顺。所以英明君主治国的方法，就是致力于这两点，并把它们作为成就天下太平的根基。

夫富民者[①]，以农桑为本，以游业为末[②]；百工者，以致用为本，以巧饰为末[③]；商贾者，以通货为本，以鬻奇为末[④]。三者守本离末则民富，离本守末则民贫。贫则厄而忘善[⑤]，富则乐而可教。教训者[⑥]，以道义为本，以巧辩为末；辞语者，以信顺为本，以诡丽为末[⑦]；列士者[⑧]，以孝悌为本，以交游为末；孝悌者，以致养为本，以华观为末；人臣者，以忠正为本，以媚爱为末[⑨]。五者守本离末则仁义兴，离本守末则道德崩。慎本略末犹可也，舍本务末则恶矣。

【注释】

①夫富民者：本段节录自《务本》。

②游业：指流动的职业，如行商等。

③巧饰：工巧装饰。

④鬻（yù）奇：出售稀有货物。鬻，卖。

⑤厄：困厄，困窘。

⑥教训：教导训诫。

⑦诡丽：奇诡华丽。

⑧列士：此处指有涵养、知礼节的士人。

⑨媚爱：取悦，取宠。

【译文】

想要让民众富足起来，就要把农业桑蚕作为国家的本业，把工商业当做末业；各种工匠，要以致力于实用器物为根本，把工巧装饰当做末业；商人，要把流通货物当做本业，把出售奇物当做末业。这三个方面只要抓住本业舍弃末业，那么民众就会富足，抛开本业守住末业，那么民众就会贫困。贫困了就会处境困厄而忘记良善，富足了就会快乐而愿意接受教导。教育训诫，把道义作为根本，把巧言善辩作为末事；措辞言谈，把朴实通顺为根本，以奇诡华丽为末事；涵养知礼之士，以孝顺父母尊敬长者为根本，以交际应酬为末事；孝敬父母、尊敬兄长，要以奉养亲老为根本，以华丽观瞻为末事；作为臣子，要以忠诚正直为根本，以谄媚邀宠为末事。这五项，守住根本抛开末节，那么仁义就会兴起；抛开根本去把握末节，那么道德就崩坏。谨慎对待根本而忽略末节，还说得过去；舍弃根本而去追求末节，那就糟糕了。

夫用天之道，分地之利①，六畜生于时②，百物取于野，此富国之本也。游业末事③，以收民利，此贫邦之源也。忠信谨慎，此德义之基也。虚无谲诡④，此乱道之根也。故力田所以富国也[5]。今民去农桑、赴游业，披采众利、聚之一门[6]，虽于私家有富，然公计愈贫矣[7]。百工者，所使备器也。器以便事为善、以胶固为上[8]。今工好造雕琢之器、伪饰之巧[9]，以欺民取贿[10]，虽于奸工有利，而国家愈病矣[11]。商贾者，所以通物也，物以任用为要，以坚牢为资。今竞鬻无用之货、淫侈之币[12]，以惑民取产，虽于淫商有得[13]，然国计愈失矣。此三者，外虽有勤力富家之私名，然内有损民贫国之公实[14]。故为政者，明督工商，勿使淫伪[15]；困辱游业，勿使擅利；宽假本农，而宠遂学士[16]，则民富而国平矣。

【注释】

①夫用天之道，分地之利：本段节录自《务本》。这两句语出《孝经·庶人章》。

②六畜：指猪、牛、羊、马、鸡、狗，也泛指各种牲畜。

③末事：非关根本之事，小事。

④虚无：指荒诞无稽。谲诡：变化多端，怪诞。

⑤力田：努力耕田。亦泛指勤于农事。

⑥披采：广为采集。

⑦公计：国计，指国家的财政。

⑧胶固：牢固。

⑨伪饰：虚假矫饰。

⑩贿：财物。

⑪国家：天明本、活字本作“国界”。此据镰仓本作“国家”。

⑫淫侈：极度浪费。币：财物。

⑬淫商：以淫侈无益的货物牟利的商人，奸商。

⑭公实：公开的事实。

⑮淫伪：弄虚作假。

⑯宠遂：使之尊荣显达。

【译文】

依据自然规律安排农事，根据土地的肥沃进行耕作，六畜按季节生长繁育，各种作物从田野中获取，这是让国家富足的根本。工商业、手工业等赚取民众利益的末业，这是让国家贫困的根源。忠实诚信小心谨慎，这是德行道义的基础；虚无怪诞变化多端，这是道义混乱的根源。所以致力于农业生产是让国家富足的方法。如今民众离开农耕蚕桑，奔向工商业、手工业，广泛收取民众利益，聚集到自己家中，虽然私家富足，但是国家财政越来越贫困了。各种工匠，是制造各类器具的。器具是以方便使用为上、以质量牢固为优。如今工匠喜欢制造华而不实的器具，用虚假矫饰的技巧，来欺骗民众索取财物，虽然对奸诈的工匠有利，而国家财政却越来越贫困了。商人，是以流通货物为业的，物品为实用为主，以坚固耐用为好。如今竞相出卖没有实用、过分奢侈的货物，来迷惑民众以获取他们的财物，虽然出售无用货物的奸商能够获利，但是国家财政却有所损失。这三种情况，表面上虽然有勤劳致富的个人美名，但实际上是有损民众、让国家贫困的实际后果。所以执政的人，严明督察工商业，不要让他们弄虚作假；抑制副业末事，不要让他们轻易获利；要为农业提供便利条件，同时尊崇提拔有学问的人，那么民众就会富足、国家也就太平了。

夫教训者[①]，所以遂道术而崇德义也[②]。今学问之士，好语虚无之事，争著雕丽之文[③]，以求见异于世，品人鲜识[④]，从而尚之。此伤道德之实，而惑蒙夫之失者也[⑤]。诗赋者，所以颂善丑之德、泄哀乐之情也，故温雅以广文、兴喻以尽意[⑥]。今赋颂之徒，苟为饶辨屈蹇之辞[⑦]，竞陈诬罔无然之事[8]，以索见怪于世，愚夫戆士从而奇之[9]，此悖孩童之思[10]，而长不诚之言者也。尽孝悌于父母，正操行于闺门[11]，所以为列士也。今多务交游以结党，偷势窃名，以取济渡[12]。夸末之徒[13]，从而尚之，此逼贞士之节而眩世俗之心者也[14]。养生顺志，所以为孝也。今多违志以俭养、约生以待终，终没之后，乃崇饰丧纪以言孝[15]，盛飨宾旅以求名[16]。诬善之徒，从而称之，此乱孝悌之真行而误后生之痛者也。忠正以事君，信法以理下，所以居官也。今多奸谀以取媚[17]，玩法以便己[18]。苟得之徒，从而贤之，此灭贞良之行，开乱危之源者也。五者，外虽有贤才之虚誉，内有伤道德之至实。凡此八者，皆衰世之务，而暗君之所固也[19]。

【注释】

①夫教训者：本段节录自《务本》。

②道术：泛指道德学术。德义：道德信义。

③雕丽：谓奇巧华丽。

④品人：众人，常人。

⑤蒙夫：蒙昧无知的人。

⑥温雅：温润典雅。广文：宽厚的文德。

⑦饶辨：争讼辩论。饶，通“谠（náo）”，争辩。屈蹇：形容隐晦艰涩。

⑧诬罔：欺骗。

⑨戆（gàng）士：愚昧的人。

⑩悖：昏惑，糊涂。

⑪闺门：本指宫中上圆下方的圭形小门，后泛指室门。借指宫廷、家庭。

⑫济渡：渡水，引申为帮助解除困厄。

⑬夸末：谓浮夸而不务实。

⑭贞士：志节坚定、操守方正之士。眩：乱，迷惑。

⑮崇饰：粉饰，夸饰。丧纪：丧事。

⑯飨（xiǎng）：以隆重的礼仪宴请宾客。泛指宴请，用酒食款待。宾旅：宾客。

⑰奸谀：奸诈谄媚。

⑱玩法：玩忽法律。

⑲暗君：昏昧的君主。固：蒙蔽。

【译文】

教育训诫，是要用来成就道术进而崇尚道德仁义。如今做学问的士人，喜好言谈虚无缥缈的事情，争着写一些奇巧华丽的文章，来追求与世人不同，普通人学识浅薄，还跟着尊崇他们。这是损伤道德的本质，而迷惑无知之人的严重行为。诗赋，是用来褒贬善恶的品德、抒发哀伤欢乐的感情的，所以温文典雅来铺张文辞、起兴比喻来极尽情感。如今赋诗作颂的人，随便作出些啰唆巧辩、隐晦艰涩的文辞，争着陈述虚无缥缈、无根无据的事情，以求得被世人称异，蠢笨愚昧的人还认为这类文章奇特，这是祸乱孩童的思想，而助长虚假言论的行为。对父母竭尽孝顺尊敬，在家端正品行，才能成为有道德修养的人。如今努力从事交际来结成朋党，偷窃权势名声来寻求救助。崇尚末业，不务正道的人跟着推崇这种行为，这是胁迫正直之人的节操而迷惑世人观念的行为。奉养父母、顺从他们的心志，这是尽孝的表现。如今很多人违背父母心志减少供养，让他们生活受限等到临终，等到父母去世之后，就大办丧事来表明自己孝顺，用丰盛的酒食款待宾客来求取名声。伪善的人，从而称赞他，这是歪曲孝悌的本质而误导后辈、令人痛心的行为。忠诚正直地事奉君主，诚信执法来管理下属，这是为官之道。如今很多官员用奸诈谄媚来讨好上司，歪曲法律来阿谀逢迎。苟且贪得的人，从而称赞他，这是泯灭忠贞贤良的品行，开启危乱灭亡的源头。这五种行为，表面上虽然有贤才的不实之名，但却有着伤害道义德行的实质。上面所论述的八种情况，都是衰乱时世所存在的问题，也是昏昧的君主所固执坚持的。

国之所以治者[1]，君明也；其所以乱者，君暗也。君之所以明者，兼听也；其所以暗者，偏信也。是故人君通必兼听[2]，则圣日广矣；庸说偏信[3]，则愚日甚矣。《诗》云："先民有言，询于刍荛[4]。"

【注释】

①国之所以治者：本段节录自《明暗》。节录部分分析了君主英明与昏暗的缘由，指出兼听与偏信的利弊。

②通：通达。必：天明本眉批云："必作心。"或以为应作聪。译文仍按《群书治要》原文处理。兼听：广泛听取意见。

③庸说：平庸的议论。

④先民有言，询于刍荛：见于《诗经·大雅·板》。郑玄笺："古之贤者有言：有疑事当与薪采者谋之。"意谓不耻下问。先民，古代贤人。

【译文】

国家之所以安定，是因为君主英明；国家之所以混乱，是因为君主昏庸。君主之所以英明，是因为能广泛听取各方面的意见；之所以昏庸，是因为偏听偏信一方的意见。因此君主能通达听取不同的意见，那么圣德就一天比一天广大；昏庸偏信一方，那么愚昧就会一天比一天严重。《诗经》上说："古人有这样的话，凡有疑难要请教割草打柴的人。"

夫尧、舜之治[1]，辟四门，明四目，通四聪[2]，是以天下辐凑[3]，而圣无不照；故共、鲧之徒也[4]，靖言庸回弗能惑也[5]。秦之二世，务隐藏己而断百僚，隔捐疏贱而信赵高[6]，是以听塞于贵重之臣，明蔽于骄妒之人，故天下溃叛弗得闻也，皆知高杀莫敢言之。周章至戏乃始骇[⑦]，阎乐进劝乃后悔[⑧]，不亦晚乎！故人君兼听纳下，则贵臣不得诬，而远人不得欺也。是故明君莅众，务下之言以昭外也，敬纳卑贱以诱贤也。其无拒言，未必言者之尽用也，乃惧拒无用而让有用也；其无慢贱也，未必其人尽贤也，乃惧慢不肖而绝贤圣也。是故圣王表小以厉大，赏鄙以招贤，然后良士集于朝，下情达于君也。故上无遗失之策，官无乱法之臣。此君民之所利，而奸佞之所患也。舜曰："予违汝弼，汝无面从，退有后言[⑨]。"故治国之道，劝之使谏，宣之使言，然后君明察而治情通矣。

【注释】

①夫尧、舜之治：本段节录自《明暗》。

②"辟四门"几句：语出《尚书·舜典》："舜格于文祖，询于四岳，辟四门，明四目，达四聪。"意为打开明堂四门宣布政教，使目能明察四方，耳能远听四方。

③辐凑：车轮的辐条都指向车轴中心。比喻西方贤才云集。

④共：共工，传说中远古时人，相传为尧的大臣。与驩兜、三苗、鲧并称四凶。鲧：传说是夏禹的父亲。

⑤靖言庸回：语言善巧而行动乖违。指言行不一致。

⑥隔捐：隔离，抛弃。疏贱：指关系疏远、地位低下的人。

⑦周章至戏乃始骇：事见《史记·秦始皇本纪》："（秦二世）二年冬，陈涉所遣周章等将西至戏，兵数十万，二世大惊。"周章，即周文，秦末陈人。秦末农民起义时陈胜的部将，因孤军深入，后援不继，为秦将章邯所败，自刭死。戏，地名，在今陕西临潼东北。

⑧阎乐：赵高女婿，任咸阳令。

⑨“予违汝弼”几句：见于《尚书·虞书·皋陶谟》。此为古代天子勉励大臣进谏之词，言我有过失，你应匡正。不要当面顺从，背后有异议。违，违反，不遵守。弼，纠正过失。

【译文】

唐尧、虞舜治理天下时，打开四方言路，使自己能明察四方，广听四方意见。因此天下贤才聚集，而圣明君主的洞察无所不到；即使是共工、鲧这样的徒众，花言巧语也不能迷惑他们。秦朝的二世皇帝，一定要隐藏自己而隔断跟百官的关系，又抛弃关系疏远、地位低下的民众而偏信赵高一人，因此耳朵被高贵重臣所堵塞，眼睛被骄横嫉妒的人所蒙蔽，所以天下崩溃、国人叛乱而不知，大臣都知道赵高杀了人但没有人敢进谏。陈胜部下周章杀到戏地才开始害怕，阎乐进宫逼迫二世自杀这才后悔莫及，不是为时已晚了吗！所以君主兼听并采纳臣下的提议，就不会被显贵的权臣所蒙蔽，也不会被远方之人所欺骗。因此英明君主治理国家百姓，务必采纳底层的言论来明察朝廷外的情况，尊敬地位低下之人以招纳贤人。他不拒绝进言，未必所有的意见都要采纳，就是惧怕拒绝了没有用的意见而错过了有用的；他不怠慢低贱的人，未必说这些人都是贤人，就是怕怠慢不贤之人而拒绝了贤才。因此圣明的君主以表彰卑贱来激励高贵，赏赐见识鄙陋的人来招致贤才，这样贤良之士就会集中在朝廷，民情就能传达到君主那里。所以君主没有疏漏的决策，朝廷中也没有违法的臣子。这就是君主和民众所喜欢的，也是奸佞之人所害怕的。虞舜说：“如果我有过失，你们就纠正我。你们不要当面听从，背后又私自议论。”所以治理国家的方法，要鼓励人们进谏，引导人们敢于发表言论，这样君主就能明察是非从而通晓治国之道了。

且凡骄臣之好隐贤也①，既患其正义以绳己矣②，又耻居上位而明不及下，尹居其职而策不出于己。是以郤宛得众而子常杀之[③]，屈原得君而椒、兰构谗[④]，耿寿建常平而严延妒其谏谋[⑤]，陈汤杀郅支而匡衡挍其功[⑥]。由此观之，处位卑贱而欲效善于君，则必先与宠人为仇矣。乘旧宠沮之于内[⑦]，而己接贱欲自信于外[⑧]，此思善之君，愿忠之士，所以虽并生一世，而终不得遇者也。

【注释】

①且凡骄臣之好隐贤也：本段节录自《明暗》。

②绳：束缚。

③郤（xì）宛得众而子常杀之：事见《左传·昭公二十七年》。费无极嫉妒郤宛受国人爱戴，设计劝说子常到郤宛家饮酒，一方面让郤宛在家中陈列兵器，以博取子常欢心，另一方面又告诉子常郤宛私藏兵器、图谋不轨。子常看到后非常生气，便攻打郤宛。郤宛于是自杀并被灭族。郤宛，别姓伯。春秋时楚国大夫。子常，名囊瓦。春秋时楚国令尹。

④屈原得君而椒、兰构谗：屈原为了使楚国抗衡秦国，于是出使秦国。秦国怕楚、齐联合，派人到楚国贿赂子椒、子兰等人，他们共同诋毁屈原，使屈原被放逐。椒、兰，指楚令尹子椒、子兰。构谗，罗织谗言陷害他人。构，诬陷。

⑤耿寿建常平而严延妒其谏谋：事见《汉书·酷吏传》。西汉耿寿昌曾向宣帝建议设立常平仓来保证粮价平稳。严延年听说后很是忌妒，多次向宣帝说建常平仓是丞相和御史大夫们的职责，耿寿昌此举为越权并另有企图。耿寿，即耿寿昌，西汉宣帝时任大司农中丞。严延，即严延年，字次卿，宣帝时为侍御史。

⑥陈汤杀郅支而匡衡挍（jiāo）其功：事见《汉书·陈汤传》。汉元帝时，陈汤为西域副校尉出使西域，当时匈奴威胁西域，他假托朝

廷之命，发兵攻打匈奴，杀了匈奴郅支单于，保证了西域的安全。等到论功时，丞相匡衡及中书令石显认为陈汤假托皇命，本应斩首，竭力反对赏赐他。陈汤，字子公，西汉名将。匡衡，字稚圭，西汉时著名学者，元帝时任御史大夫、丞相。挍，乱。

⑦乘：恃，凭借；趁着。沮（jǔ）：诋毁、诽谤。

⑧接：旧校为"疏"。译文仍按"接"字处理。

【译文】

况且凡是骄横的权臣之所以喜好埋没贤才，是因为既担忧他们用正义来束缚自己，又耻于居于上位而才能不及下面的人，身居要职而计策不是自己提出来的。所以郤宛得到国内民众的爱戴而子常却杀了他，屈原得到君王的信任而令尹子椒、子兰却罗织谗言陷害他，耿寿昌建立常平仓而严延年却嫉妒他的计谋，陈汤杀死匈奴郅支单于而丞相匡衡却贬损他的功劳。由此看来，地位卑贱之人想要给君主效力陈善，一定会先与那些受到君主宠信的人为敌。他们依仗君主的宠信在朝廷内诋毁良善，而忠贞之士自己与国君疏远，地位卑贱，却想要在朝廷之外取信于君，这就是求贤若渴的君主和愿意效忠的贤才，虽然生活在同一个时代，却最终也不能遇合的原因啊。

国之所以存者治也[①]，其所以亡者乱也。人君莫不好治而恶乱，乐存而畏亡。然尝观上记[②]，近古已来，亡代有三，秽国不数[③]，夫何故哉？察其败，皆由君常好其所以乱，而恶其所以治；憎其所以存，而爱其所以亡。是故虽相去百世，殊俗千里，然其亡征败迹，若重规袭矩[④]，稽节合符[⑤]。故曰："殷鉴不远，在夏后之世[⑥]。"

【注释】

①国之所以存者治也：本段节录自《思贤》。思贤，是思慕贤才。节录部分主要分析贤才不至的原因，其根本就在于君主不能识别并任用贤才。

②上记：古代典籍。

③秽：荒废。旧校以为“灭”字之误，译文仍按“秽”字处理。

④重规袭矩：谓前后遵依同样的规矩。

⑤稽节合符：重合符节，指没有差别。稽和合都是符合的意思。节、符，都是古代用以作为身份象征和权力凭证的信物。

⑥殷鉴不远，在夏后之世：见于《诗经·大雅·荡》。是说前人失败的教训就在眼前，应该引以为戒。

【译文】

国家之所以久存是因为安定，之所以灭亡是因为动乱。君主没有谁不是喜好安定而厌恶动乱的，喜欢久存而害怕亡国的。但是试看古书上的记载，近古以来，灭亡的朝代有三个，灭亡的国家数都数不过来，这是什么缘故呢？观察他们的失败，都是由于君主经常喜好那些造成动乱的举措，而厌恶那些安定的举措；憎恨那些使国家长治久安的举措，而喜爱那些让国家败亡的举措。因此亡国之间虽然相距百代，相距千里而风俗不同，但是他们灭亡的征兆和失败的轨迹，就像规矩重复、符节契合一样毫无差异。所以说：“夏王朝的败亡，正是殷商还不曾远去的一面镜子。”

夫与死人同病者[①]，不可生也；与亡国同行者，不可存也。岂虚言哉！何以知人且病？以其不嗜食也。何以知国之将乱？以其不嗜贤也。是故病家之厨，非无嘉馔[②]，乃其人弗之能食，故遂死也；乱国之官，非无贤人，其君弗之能任，故遂亡也。故养寿之士[③]，先病服药；养世之君，先乱任贤。是以身常安而国脉永也[④]。身之病待医而愈，国之乱待贤而治。治身有黄帝之术[⑤]，理世有孔子之经[⑥]。然病不愈而乱不治者，非灸针之法误而五经之言诬也[⑦]，乃因之者非其人。苟非其人，则规不圆而矩不方，绳不直而准不平[⑧]，钻燧不得火[⑨]，鼓石不下金[⑩]，驱马不可以追速，进舟不可以涉水也。凡此八者，有形见物。苟非其人，犹尚无功，则又况乎怀道以抚民氓[⑪]，乘六龙以御天心者哉[⑫]？

【注释】

①夫与死人同病者：本段节录自《思贤》。

②嘉馔：美食。

③养寿：谓保养身体以延年益寿。

④国脉：国家的命脉。永：长。

⑤黄帝之术：传统医书有《黄帝内经》十八卷，《外经》三十七卷（《汉书·艺文志》）。

⑥孔子之经：此处指《诗经》《周易》《尚书》《礼记》和《春秋》五部儒家经典，孔子曾一一修订之。

⑦灸针：即针灸，中医针法和灸法的总称。针法是用特制的金属针，按一定穴位，刺入患者体内，运用操作手法以达到治病的目的。灸法是把燃烧着的艾绒，温灼穴位的皮肤表面，利用热刺激来治病。

⑧绳：墨绳，木工取直用的墨线。准：水准，一种测量水平面的器具。

⑨钻燧：钻木取火。

⑩鼓石：用鼓风煽火，冶炼矿石。

⑪道：治国之术。民氓：民众，百姓。

⑫六龙：古代天子的车驾为六马，马八尺称龙，因以为天子车驾的代称。天心：天意。

【译文】

跟死人病症相同的，一定活不成；跟败亡之国同道的国家，一定不能长存。这难道是空话吗！怎么知道一个人将要生病呢？因为他不想进食了。怎么知道一个国家将要动乱呢？因为君主不再喜好贤人了。因此病患家中的厨房，不是没有美食，而是病人不能吃，所以最终走向死亡；动乱国家的官吏中，不是没有贤才，而是君主不能任用他们，所以国家最终也走向灭亡。所以那些保养身体延寿的人，在生病之前服药预防；保护国家世代绵长的君主，在动乱发生之前任用贤才。因此身体可以长期安康而国家命脉长久。身体的疾病等待医生的医治，国家的混乱等待贤才来医治。治疗身体有黄帝的医术，治理天下则有孔子的经书。但是病症不能痊愈，国家的动乱不能治理，不是针灸的方法错误、五经的经义诬罔不实，而是运用它们的人不得当。如果不是合适的人，那么圆规画不圆、矩尺量不方，墨绳不直水准不平，钻燧取不到火，鼓风炼石不能成金，驱赶马匹不可以迅速追赶，驾船前进不可以下水渡河。举凡这八项，是天地间的明显之理，形象之观，见之于物。假如所用非人，尚且没有功效，更何况心怀治国之术来抚慰民众、身居帝位而治理百姓的君主呢？

夫理世不得真贤①，譬由治病不得真药也。是故先王为官择人，必得其材，功加于民，德称其位。此三代开国建侯②，所以能传嗣百世③，历载千数者也。

【注释】

①夫理世不得真贤：本段节录自《思贤》。

②开国建侯：指分封各个王侯。

③传嗣：谓嫡派承传。

【译文】

治理天下得不到真正的贤才，就好像治疗病症得不到真正的良药一样。因此先王设立官职选拔人才，一定要依据其才能，要有功于民众，德行与职位相称。夏、商、周这三代分封诸侯，就是凭此才传承百世、历经千年啊。

凡有国之君[①]，未尝不欲治也，而治不世见者[②]，所任不固也[③]。世未尝无贤也，而贤不得用者，群臣妒也。主有索贤之心，而无得贤之术；臣有进贤之名，而无进贤之实。此所以人君孤危于上，而道独抑于下也。夫国君之所以致治者，公也，公法行则宄乱绝[④]；佞臣之所以便身者，私也，私术用则公法夺[⑤]；列士之所以建节者[⑥]，义也，正节立则丑类代[⑦]。此奸臣乱吏思私之徒，所以为日夜杜隔贤君义士之间，亟使不相得者也[⑧]。

【注释】

①凡有国之君：本段节录自《潜叹》。潜叹是潜在的叹息。节录部分仍以谈论贤人为中心。

②世见：说每一代都可见到。

③所任不固也：今本《潜夫论》作“所任不贤也”，译文按“贤”字处理。

④公法：国法。宄（guǐ）：从内部作乱或窃夺。

⑤私术：邪术，邪道。

⑥建节：树立节操。节，节操。

⑦丑类：坏人。代：旧校以为“伐”字之讹误。译文仍按“代”字处理。

⑧相得：彼此投合，互相联络。

【译文】

凡是拥有国家的君主，没有不希望国家太平的，而太平不是每世都可以见到的，这是因为所任用的人不贤能。世上不是没有贤人，然而贤人不能被任用，是因为群臣嫉妒。君主有寻求贤人的愿望，而没有获得贤人的方法；臣子有举荐贤人的名声，而没有举荐贤人的事实。这就是君主在上孤立危险，而道义之士在下孤单受抑的原因。国君所用来安治天下的是公利，公众之法一旦实行，内乱就会断绝；奸臣所用来方便自身的是私利，谋私之术一旦使用，那么公众之法就会被剥夺；忠贞之士所用来树立节操的是道义，正直的节操如果树立，那么丑恶之行就会被代替。这就是奸臣、作乱之吏以及想要谋私的人们，为什么要日夜忙着阻隔在贤君和道义之士之间，使他们不能互相遇合的原因啊。

夫贤者之为人臣①，不损君以奉佞，不阿众以取容②，不堕公以听私，不挠法以吐刚③。其明能照奸，而义不比党④。是以范武归晋而国奸逃⑤，华元反朝而鱼氏亡⑥。故正义之士与邪枉之人不两立⑦。而人君之取士也，不能参听民氓，断之聪明，反徒信乱臣之说，独用污吏之言，此所谓与仇选使、令囚择吏者也。

【注释】

①夫贤者之为人臣：本段节录自《潜叹》。

②阿（ē）：迎合。取容：讨好别人以求自己安身。

③堕（huī）：同“隳”，毁坏，败坏。挠法：枉法。吐刚：比喻畏惧强暴。

④比党：拉帮结派，结成朋党。比，勾结。

⑤范武归晋而国奸逃：晋襄公去世后，赵盾派范武子等人赴秦迎接公子雍，欲立之，后赵盾又立夷皋，是为晋灵公，范武子闻之而留

仕于秦。后范武子返晋任中军帅、太傅，执掌晋政，明法严律，公正无私，于是晋国的盗贼都逃到了秦国。范武，即范武子，士氏，名会，字季。因食采于随，又称随会，春秋晋文公时正卿。

⑥华元反朝而鱼氏亡：史载宋共公时，华元任宋国执政右师，共公死，司马荡泽杀公子肥，华元引咎出奔，因鱼石劝阻而中途返宋讨逆，攻杀荡氏，杀了大夫子山。鱼石、鱼府、向为人等人住在睢水边，欲与华元定盟以保利益，见华元无心挽留，遂出奔楚国。华元，春秋宋国大夫。长期担任宋国右师，执掌国政。鱼氏，指鱼石、鱼府，皆宋桓公之后。

⑦邪枉：邪曲，不合正道。

【译文】

贤德之人做臣子，不会奉迎讨好奸佞来损害君主，不会阿谀众人来讨取欢心，不会损害公利来顺从私利，不会歪曲法律而畏惧强权。他的明智能洞察奸佞，而且信守道义不拉帮结派。因此范武子回归晋国而晋国的奸贼就出逃了，华元返回宋国朝廷而鱼氏逃亡。所以正义之士跟邪曲之人是不能并存的。然而君主选用人才的时候，不能听取民众的意见，不能用自己的聪明决断，反而只相信乱臣贼子的说法，仅仅采用贪官污吏的言辞，这就是所说的让仇人自己选择使者、让囚犯挑拣狱吏啊。

《书》云[①]："谋及乃心，谋及庶人[②]。"孔子曰："众好之，必察焉；众恶之，必察焉[③]。"故圣人之施舍也[④]，不必任众，亦不必专己，必察彼己之为，而度之以义。故举无遗失而功无废灭也[⑤]。惑君则不然，己有所爱，则因以断正[⑥]，不稽于众，不谋于心，苟眩于爱[⑦]，唯言是从，此政之所以败乱，而士之所以放佚者也[⑧]。

【注释】

①《书》云：本段节录自《潜叹》。

②谋及乃心，谋及庶人：见于《尚书·洪范》："汝则有大疑，谋及乃心，谋及卿士，谋及庶人，谋及卜筮。"

③"众好之"几句：见于《论语·卫灵公》。今本《论语》"众好"句在"众恶"句之后。

④施：授予。舍：不授予。

⑤废灭：废弃毁灭。

⑥断正：决断正误。

⑦苟眩于爱：倘若为私爱所迷惑。眩，迷惑，迷乱。

⑧放佚：指不被任用。

【译文】

《尚书》上说："要自己用心考虑，也要跟庶民商量。"孔子说："众人都喜欢他，一定要再考察一下；众人都厌恶他，也一定要再考察一下。"所以圣人决定是否授予官职，不必任由众人，也不是专由自己，而是必须审察他的行为，再用道义去考量。所以举荐没有遗漏过失而政事没有荒废失败。昏君则不是这样，自己所宠爱的，那就用他来决断是非，不考核于众人，也不用心考虑，倘若迷惑于自己宠爱的人，就只会听从他一人之言，这就是政治之所以败坏混乱，而士人之所以被废弃不用的原因。

故有周之制[①]，天子听政[②]，使三公至于列士献诗[③]，庶人传语，近臣尽规[④]，亲戚补察[⑤]，瞽史教诲[⑥]，耆艾修之[⑦]，而后王斟酌焉，是以事行而无败也。末世则不然，徒信贵人骄妒之议，独用宿媚蛊惑之言，行丰礼者蒙愆咎[⑧]，论德义者见尤恶[⑨]，于是谀臣佞人从以诋訾之法[⑩]，被以议上之刑[⑪]，此贤士之姤困也[⑫]。夫诋訾之法者，伐贤之斧也；而骄妒之臣，噬贤之狗也[13]。人君内秉伐贤之斧、而外招噬贤之狗，欲其至理也，不亦悲乎！

【注释】

①故有周之制：本段节录自《潜叹》。

②听政：坐朝处理政务，执政。

③三公至于列士献诗：古时公卿列士对于政治有所讽刺，则用献诗的方法，所献之诗多为采自民间的歌谣。

④尽规：尽力规劝。

⑤补察：弥补和监督国君的过失。

⑥瞽史：乐师与史官的并称。

⑦耆（qí）艾：泛指老年。耆，古代六十岁称耆。艾，五十岁称艾。修：修饬，戒饬。

⑧丰礼：诸多礼仪。愆（qiān）咎：罪过。

⑨尤恶：谴责和憎恶。

⑩诋訾（zǐ）：毁谤，非议。法，此指罪名。

⑪被：蒙受，遭受。

⑫姤（gòu）：同“诟”，耻辱。

⑬噬（shì）：咬。

【译文】

所以周朝的制度，天子处理政务，让三公直到列士献诗讽喻，平民传达自己的意见，近臣竭力规劝，王室宗族补察过失，乐师、史官进行教诲，年老尊者再作戒饬，然后君王反复斟酌考量，因此政事得以顺利施行而没有过失。衰末之世却不是这样，只相信权贵大臣骄横妒忌的议论，只采用谄媚之人蛊惑人心的言辞，而践行诸多礼仪的人蒙受罪责处分，讲求道德仁义的遭受怨恨厌恶，于是谄谀之臣又加之毁谤的罪名，施以妄议君主的刑罚，这是贤良之士陷入困境的开始。毁谤的罪名，是砍伐贤士的斧头；而骄纵妒忌的臣子，是狂咬贤士的恶犬。君主在内手持砍伐贤士的斧头，在外纵容狂咬贤士的恶犬，还想要达到政治安定，不也可悲吗！

兵之设也久矣①。涉历五代②，以迨于今，国未尝不以德昌而以兵强也。今兵巧之械，盈乎府库；孙、吴之言③，聒乎将耳④。然诸将用之，进战则兵败，退守则城亡，是何也哉？彼此之情不闻乎主上，胜负之数不用乎将心，士卒进无利而退无畏，此所以然也。

【注释】

①兵之设也久矣：本段节录自《劝将》。劝将，就是勉励将士。节录部分旨在强调战争胜败取决于士气，士气取决于将领。所以“其败者，非天之所灾，将之过也”。

②涉历：经过，经历。五代：五个朝代。一般指唐尧、虞舜之世并夏、商、周三代。

③孙、吴：孙武、吴起。孙武著《兵法》十三篇，吴起著《吴子》四十八篇。言：著作，学说。

④聒（guō）：喧扰，吵闹。

【译文】

军队的设置已经很久了。经历五个朝代，直到今天，国家没有不是凭借道德教化而昌盛，依赖军队力量而强大的。如今各种精巧的兵器，堆满了府库；孙子、吴起的学说，在将帅耳边讲个不休。但是将帅们在运用时，进攻就落得兵败人亡，退守那就又会丢城失地，这是为什么呢？敌我双方的情况君主一无所知，战事胜负的策略将领心中不懂得运用，士兵冲锋拼杀没有任何奖赏而后退无所畏惧，这就是其中的原因啊。

夫服重上阪①,步骤千里②,马之祸也。然骐骥乐之者,以御者良,足为尽力也。先登陷阵③,赴死严敌④,民之祸也,然节士乐之者⑤,以明君可为效死也。凡人所以肯赴死亡而不辞者,非为趍利,则因以避害也。无贤鄙愚智皆然,顾其所利害有异耳。不利显名,则利厚赏也;不避耻辱,则避祸乱也。非此四者,虽圣王不能以要其臣,慈父不能以必其子⑥。明主深知之,故崇利显害,以与下市,使亲疏贵贱愚智,必顺我令,乃得其欲。是以一旦军鼓雷震,旌旗并发,士皆奋激,竞于死敌者⑦,岂其情厌久生,而乐空死哉?乃义士且以徼其名⑧,贪夫且以求其赏尔。

【注释】

①夫服重上阪(bǎn):本段节录自《劝将》。服重,指承载重物。阪,山坡。

②步骤:步为缓行,骤为疾走。

③先登:先于众人而登城,指当先锋。陷阵:攻入敌人的营垒或阵地。

④严敌:强敌,劲敌。

⑤节士:节义之士。

⑥市:做交易。《韩非子·难一》云:"臣尽死力以与君市,君垂爵禄以与臣市。君臣之际,非父子之亲也,计数之所出也。"

⑦死敌:和敌人拼死命。

⑧义士:恪守大义、笃行不苟的人。徼(yāo):通"邀",求取,希望得到。

【译文】

负载重物上陡坡,奔驰千里远道,是马的灾祸。但是骐骥良马却乐意这样做,是因为驾车的人良善,值得它去尽力。当先锋攻入敌阵,冒死冲向强敌,对于民众来说是灾祸,但是节义之士乐意去做,是因为英明的君主值得他去献身。大凡人之所以肯奔赴死亡而不推辞的，不是为了追求利益，就是为了借此躲避祸害。无论贤人、鄙夫、愚人、智者都是这样，只不过他们所认为的利害各有不同罢了。不是贪图名声显扬，就是贪图丰厚的赏赐；不是为了躲避耻辱，就是为了躲避祸乱。如果不是这四种情况，即使是再圣明的君主也不能要求臣子一定做到，再慈爱的父亲也不能要求他的孩子一定做到。贤明的君主深知这一点，所以增加利禄、加重处罚，与臣下做交易，无论亲近疏远、尊贵低贱、愚蠢有智的人，都使其必须顺从君主的命令，才能得到他想要的利益。因此一旦进攻的战鼓如雷般敲响，旌旗一起挥动的时候，士兵们个个都振奋激昂，竞相拼死杀敌，难道他们心里厌恶长久地活着而乐意白白送死吗？这就是士人想以此来求得美好的名声，贪婪之人以此来求得赏赐罢了。

今吏从军败没、死公事者[①]，以十万数，上不闻吊唁嗟叹之荣名[②]，下又无禄赏之厚实，节士无所劝慕，庸夫无所贪利。此其所以人怀阻解、不肯复死者也[③]。军起以来，暴师五年[④]，典兵之吏将以千数，大小之战，岁十百合，而希有功。历察其败，无他故焉，皆将不明于变势，而士不劝于死敌也。其士之不能死也，乃其将不能效也[⑤]。言赏则不与，言罚则不行，士进有独死之祸，退蒙众生之福，此其所以临阵忘战，而竞思奔北者也。今观诸将，既无料敌合变之奇，复无明赏必罚之信，然其士又甚贫困，器械不简习[⑥]，将恩不素结。卒然有急，则吏以暴发虐其士[⑦]，士以所屈遇敌抉。此为将吏驱怨以御仇，士卒缚手以待寇也。夫将不能劝其士，士不能用其兵，此二者与无兵等。无士无兵，而欲合战，其败负也，理数也然[⑧]。故曰：其败者，非天之所灾，将之过也。

【注释】

①今吏从军败没、死公事者：本段节录自《劝将》。败没，覆灭，谓军队被敌方歼灭。

②吊唁：祭奠死者并慰问家属。荣名：令名，美名。

③阻解（xiè）：指人心涣散懈怠。阻，通“沮”，丧气，颓丧。解，通“懈”，懈怠，松懈。

④暴（pù）师：谓军队在外受风吹日晒雨淋等。暴，露晒。

⑤效：通“校”，考查，考核。

⑥简习：演习，训练。

⑦暴发：暴力征发。

⑧理数：道理天数。

【译文】

如今兵吏从军打仗而败亡、为国捐躯的，数以十万计，上听不到祭奠赞叹的荣耀之名，下又没有得到厚重的俸禄赏赐，有节操的士人得不到足以激励的名誉，平庸的人得不到可以贪求的财利。这就是人心涣散懈怠、不肯再去拼死杀敌的原因。自从出兵以来，军队在外风吹日晒已经整整五年，掌兵的军吏将领多达千人，大小战役加起来，每年有数十上百次，而很少有战绩。逐一考察他们失败的原因，没有别的缘故，都是将领不懂得战争变化，而士兵又不尽力拼死杀敌所造成的。那些士兵之所以不能拼死杀敌，就是他们的将领没有考查功过的缘故。说要奖赏而不兑现，说处罚却不执行，士兵前进有独自丧生的灾祸，后退就享有和大家一起活命的福分，这就是他们临阵却忘记战斗，而争着想败逃的原因。如今看诸位将领，既没有预料敌情、随机应变的奇计，又没有赏罚必行的信用，而他的士兵百姓又很贫困，没有熟练掌握兵器军械的使用方法，将领的恩情也没有在平素建立起来。突然有紧急情况，那么军吏用暴力征发的办法残害士兵，士兵就用自己不熟习军械的短板应对敌军训练有素的优势。这就好比将领军吏驱使积怨的士兵来抵抗仇人，让士兵捆上双手来对付敌寇。将领不能激励自己的士兵，士兵不会使用手中的武器，这两种情况就和没有军队一样。没有士兵又没有武器，却想要去交战，那么失败就是理所当然的了。所以说：战争失败，不是上天所致的灾殃，而是将领的过错。

人君之称[①]，莫大于明；人臣之誉，莫美于忠。此二德者，古来君臣所共愿也。然明不继踵、忠不万一者[②]，非必愚暗不逮而恶名扬也，所以求之非道耳。

【注释】

①人君之称：本段节录自《明忠》。明忠，就是对忠的阐释，如何得到忠臣，如何培养忠贞。节录部分说明明忠的关键在于君主要善于运用手中掌握的强大权势和丰厚利益。

②继踵：接踵，前后相接。踵，脚后跟，引申为跟随。

【译文】

对于君主的称赞，没有比英明更伟大的了；对于臣子的称誉，没有比忠贞更美好的了。这两种德行，是自古以来许多君臣所共同追求的。然而明君不能代代相接、忠臣一万人里面也没有一个的原因，并不是他们愚昧，不及前代圣君贤臣而恶名远扬，而是他们追求的途径不合乎道义罢了。

夫明据下起[①]，忠依上成，二人同心，则其利断金[②]。能如此者，要在于明操法术而已矣。夫帝王者，其利重矣，其威大矣。徒悬重利，足以劝善；徒设严威，可以惩奸。乃张重利以诱民，操大威以驱民，则举世之人，可令冒白刃而不恨[③]，赴汤火而不难，岂云但率之以共治而不宜哉？若鹰，野鸟也，然猎夫御之，犹使终日奋击而不敢怠，岂有人臣而不可使尽力者哉？故进忠扶危者，贤不肖之所共愿也。诚皆愿之而行违者，常苦其道不利而有害，言未得信而身败。广观古来爱君忧主敢言之臣，忠信未达，而为左右所鞫案[④]，更为愚恶无状之臣者[⑤]，岂可胜数哉？孝成终没之日[⑥]，不知王章之直[⑦]；孝哀终没之日[⑧]，不知王嘉之忠也[⑨]。后贤虽有忧君哀主之情，忠诚正直之节，然犹且沈吟观听[⑩]。

【注释】

①夫明据下起：本段节录自《明忠》。

②二人同心，则其利断金：见于《周易·系辞上》。二人，指君臣。

③白刃：锋利的刀。恨：不满意，遗憾。

④鞫（jū）按：审讯，考问。

⑤无状：谓所行丑恶无善状，罪大不可言状。

⑥孝成：汉成帝刘骜。

⑦王章：字仲卿，西汉泰山钜平（今山东泰安南）人。少以文学为官，迁谏大夫。元帝初，擢为左曹中郎将，因不满石显专权，被免官。成帝即位，复起用为司隶校尉，后任京兆尹，因奏言大将军王凤专断，为凤所陷，被以大逆罪诛死，妻子流徙合浦。

⑧孝哀：汉哀帝刘欣。

⑨王嘉：字公仲，西汉平陵（今陕西咸阳西北）人。哀帝初任丞相，封新甫侯。为人刚直，多次直言上疏，劝用贤才。因谏帝宠信董贤一事触怒哀帝，被诬下狱，绝食至死。

⑩沈吟：迟疑，犹豫。

【译文】

君主的英明是依靠臣子而成就的，臣子的忠贞是依靠君主而实现的。只要君臣同心同德，就像利刃能削铁断金。能够做到这些，关键就在于正确运用统驭之术，亲自掌管权柄罢了。作为帝王，他们的利益极为厚重，威势极为广大。只要重利悬赏，就足够鼓励人们向善；只要设立威严的法令，就足以惩治奸邪。于是就张设重利来激发民众，运用无上权威来统驭民众，那么举国上下的人都可以做到顶着锋利的兵刃而不遗憾，赴汤蹈火也不觉困难，难道说率领他们共同治理国家不可以吗？就像老鹰，本是野鸟，虽有猎人驯服了它，但仍让它整天振奋出击而不敢懈怠，难道为人臣子而不能让他为国效力的吗？所以举荐忠诚、扶持君主于危困之中，是贤者与无能之人所共同期望的。他们真心期望这种愿景，而行动却往往与之背离，他们常常担心那些主张非但对自己不利，反而会有害，担心所说的言辞还没被听信而自己已经身败名裂。纵观自古以来那些敬爱、担忧君主而敢于直言的臣子，忠贞真诚还没有上达，就被君主的左右近臣抓去审问盘查，反而变成愚昧邪恶罪大无状的臣子，这样的人能数得清吗？汉成帝临终之时，还不知道王章的忠直；汉哀帝临终那天，也还不知道王嘉的忠诚。后代的贤者即使怀有为君主忧愁哀伤的深情，有着忠诚正直的节义，但还是会犹豫叹息、多方观望打听。

是以忠臣必待明君[①]，乃能显其节；良吏必得察主，乃能成其功。故圣人求之于己，不以责下也。凡为人上，法术明而赏罚必者，虽无言语，而势自治；法术不明而赏罚不必者，虽日号令，然势自乱。是故势治者，虽委之不乱[②]；势乱者，虽勤之不治也。尧、舜拱己无为而有余[③]，势治也；胡亥、王莽驰骛而不足[④]，势乱也。故曰："善者求之于势，弗责于人[⑤]。"是以明王审法度而布教令，不行私以欺法，不黩教以辱命[⑥]。故臣下敬其言而奉其禁，竭其心而称其职。此由法术明也。

【注释】

①是以忠臣必待明君：本段节录自《明忠》。

②委：委弃，放弃。

③拱己：垂拱，指无为而治。

④驰骛：疾驰，奔走。

⑤善者求之于势，弗责于人：见于《孙子兵法·势篇》："故善战者，求之于势，不责于人，故能择人而任势。"

⑥黩（dú）：轻慢，亵渎。

【译文】

因此忠臣要依赖明君，才能彰显他的节义；贤良之吏只有遇到明察的君主，才能成就他的功业。所以圣人只向自身责求，而不责求于臣下。凡是作为君主，法令政术高明而且赏罚必行，即使不说话，国家的局势自然太平；那些法令政术不高明而赏罚不实施的君主，即使天天发号施令，国家的局势必然混乱。安定的局势一旦形成，即使置之不理也不会混乱；混乱的局势一旦形成，即使君主再勤勉于政，国家也不太平。唐尧、虞舜垂衣拱手无为而治且有余力，是太平的形势已定；胡亥、王莽尽力奔走还不够用，是因为乱象已生。所以说："善于治理国家的人求的是国家大势，不会责求于人。"因此贤明的君主严明法度颁布教化命令，不徇私枉法，不轻慢政令。所以臣下敬重他说的话而奉行他的禁令，竭尽自己的心力以奉忠职守。这就是由于法令政术高明。

是故圣人显诸仁[①]，藏诸用，神而化之，使民宜之[②]，然后致其治而成其功。功业效于民[③]，美誉传于世，然后君乃得称明，臣乃得称忠。此所谓"明据下作，忠依上成；二人同心，其利断金"者也。

【注释】

①是故圣人显诸仁：本段节录自《明忠》。

②神而化之，使民宜之：见于《周易·系辞下》。

③效：效验。

【译文】

因此圣人将仁德展现于世，而把权术潜藏于日用之间，变化神奇，使百姓各得其宜，然后使国家安定从而成就功业。功业在百姓身上得以效验，美好的声誉流传世间，这样君主才能称之为英明，臣子才能称之为忠贞。这就是所说的“君主的英明依靠臣下成就，臣子的忠诚依靠君主来实现；君臣二人同心同德，就像利刃能削铁断金”。

人君之治[①]，莫大于道，莫盛于德，莫美于教，莫神于化。道者所以持之也，德者所以苞之也[②]，教者所以知之也，化者所以致之也。民有性有情，有化有俗。情性者，心也，本也。化俗者，行也，末也。上君抚世[③]，先其本而后其末，顺其心而理其行。心情苟正，则奸慝无所生[④]，邪意无所载矣[⑤]。

【注释】

①人君之治：本段节录自《德化》。德化，指道德教化。节录部分指出德化教育民众的核心，是天下太平、风俗淳朴的根基。

②苞：通“包”，包容，涵养。

③上君：此指高明的君主。抚世：治理天下。

④奸慝（tè）：奸恶的心术或行为。慝，邪恶。

⑤载：始，开始。此指邪恶意图的产生。

【译文】

君主治理百姓，没有什么比道义更大的了，没有什么比德行更隆盛的了，没有什么比教导更美好的了，没有什么比化育更神奇的了。道义是用来保有他的，德行是用来包容他的，教导是用来启迪他的，化育是用来顺服他的。百姓有性灵、有情感，有风化、有习俗。情感性灵是内心的表达，是根本。风化习俗是外在的行为，是末节。所以高明的君主治理天下，先治理根本然后治理末节，先顺化百姓的内心然后治理他们的行为。内心情感秉正不阿，那么奸恶的心术就无从产生，邪恶的意图也就无处发源了。

是故上圣不务治民事①，而务治民心。故曰："听讼，吾由人也，必也使无讼乎②！""导之以德，齐之以礼③"，民亲爱则无相害伤之意，动思义则无奸邪之心。夫若此者，非法律之所使也，非威刑之所强也④，此乃教化之所致也。圣人甚尊德礼而卑刑罚，故舜先敕契以敬敷五教⑤，而后命皋陶以五刑三居⑥。是故凡立法者，非以司民短而诛过误⑦，乃以防奸恶而救祸败，检淫邪而内正道耳⑧。

【注释】

①是故上圣不务治民事：本段节录自《德化》。

②"听讼"几句：见于《论语·颜渊》。听讼，审理诉讼。

③导之以德，齐之以礼：见于《论语·为政》。导，诱导。齐，使整齐，规范。

④威刑：严厉的刑法。

⑤舜：虞舜。契（xiè）：古人名，中国商朝的祖先，传说是舜的臣，助禹治水有功而封于商。敬敷五教：恭敬地施行五种道德规范教育。敷，传布，散布。五教，指父义、母慈、兄友、弟恭、子孝。见于《尚书·舜典》："敬敷五教在宽。"

⑥皋陶:传说虞舜时的司法官。五刑三居:见于《尚书·舜典》孔传:"五刑之流,各有所居,五居之差,有三等之居。大罪四裔,次九州之外,次千里之外。"五刑,中国古代的五种肉刑。秦以前为墨、劓(yì)、剕(fèi)、宫、大辟。三居,古代依罪行的轻重分别将犯人流放到远近不同的三个地方。

⑦司:同"伺",侦察,探察。

⑧检:约束。内:同"纳",容纳,接纳。

【译文】

因此圣明的君主不致力于治理民事,而致力于治理民心。所以说:"审理诉讼,我和别人一样,所不同的是一定要使诉讼案件完全消失才好!""用德行来引导他们,用礼义来规范他们",民众相亲相爱就没有互相伤害的意图,做事时想到道义那么就不会生出奸邪之心。像这样的情况,并不是法律驱使而成的,也不是严厉的刑法强制而成的,这是由于教化之功所形成的。圣明的君主非常重视德行礼制而轻视刑罚,所以虞舜先告诫契恭敬地施行"五教",然后命令皋陶执行"五刑"和"三居"。因此凡是立法的目的,不是为了侦察民众的短处而惩罚他们的过错,而是为了预防奸邪的产生和挽救已经发生的灾祸败乱,制止邪恶淫荡之事而将其纳入正道罢了。

民蒙善化①,则人有士君子之心;被恶政,则人有怀奸乱之虑。故善者之养天民也②,由良工之为麹豉也③。起居以其时,寒温得其适,则一荫之麹豉④,尽美而多量。其遇拙工,则一荫之麹豉,皆臭败而弃捐。今六合亦由一荫也,黔首之属犹豆麦也⑤,变化云为⑥,在将者耳⑦。遭良吏,则皆怀忠信而履仁厚;遇恶吏,则皆怀奸邪而行浅薄。忠厚积则致太平,奸薄积则致危亡。是以圣帝明王,皆敦德化而薄威刑。德者所以修己也，威者所以治人也。民之生世也，犹铄金之在炉[8]，方圆薄厚，随镕制耳。是故世之善恶，俗之薄厚，皆在于君主。诚能使六合之内，举世之人，咸怀方厚之情，而无浅薄之恶，各奉公正之心，而无奸险之虑，则羲、农之俗[9]，复见于兹，麟龙鸾凤[10]，复畜于郊矣[11]。

【注释】

①民蒙善化：本段节录自《德化》。

②天民：指人民，普通人。

③由：通“犹”。麴豉（qū chǐ）：用大豆或麦子发酵制成的调味品。也叫豆豉。麴，酒麴，今多写作“曲”。

④荫：通“窨”，指地窖或暗室。

⑤黔首：指平民，黎民。

⑥云为：言论行为。《周易·系辞下》：“变化云为，吉事有祥。”孔颖达疏：“或口之所云，或身之所为也。”

⑦将：拿，持。

⑧铄（shuò）金：熔化金属。

⑨羲、农：伏羲、神农。

⑩麟：麒麟。鸾：古代传说中的一种神鸟，类似凤凰。

⑪郊：郊外草泽地区。

【译文】

民众受到良好的教化，那么人人都有士人君子之心；受到坏的政治的迫害，那么人人都心怀奸邪的想法。所以善于治国的君主教养百姓，就像优秀的工匠制作豆豉一样。按时进行每一道制作工序，寒暖温度要合适，那么一地窖的豆豉就会美好而且丰足。如果遇到笨拙的工匠，那么一地窖的豆豉都会发臭变质而被丢弃。如今天下也就像一个地窖，百姓就像大豆、麦子，变化所为，全在于管理的人罢了。遇到好的官吏，那么就都心怀忠信而恭行仁义厚德；遇到恶劣的官吏，那就都心怀奸邪而行为浅薄。积聚忠信仁厚，天下就会太平；积聚奸邪浅薄，天下就会危亡。因此圣明的君主都重视道德教化而减轻严刑峻法。德行是用来修养自身的，威势是用来制服别人的。民众生活在这个世道，就像在炉子里冶炼金属一样，方圆薄厚的尺度把握，都随着镕铸模具的形制罢了。所以世上的善恶，风俗的厚薄，全在于君主自己。如果君主如果真的能让普天之下的百姓，人人都心怀忠厚正直之情，而没有粗鄙浅陋的恶习，各自秉持公正之心，而没有奸险的心思，那么伏羲、神农时代的淳风厚俗会就重现于世，麒麟、神龙、鸾鸟、凤凰这些祥瑞之兽，将会重新畜养在郊外了。

卷四十五

政论

【题解】

《政论》，东汉崔寔著。崔寔在任官期间提出改革时弊、重振朝纲的见解数十条，后编辑成书，名为《政论》。他认为，当前天下僭越奢侈，风俗衰败，吏治混乱，法制大弛，纲纪不振，一派颓乱之势，而革除弊政的方法在于因时制宜地改革，要举贤才、重刑罚、明法术、严吏治、立井田、养民欲、塞恶源、施教化等。针对当时下层官吏俸禄菲薄，贪赃枉法屡有发生，一年数次大赦而犯罪愈加猖獗等现象，他提出爱重臣属、厚俸养廉、慎言赦免、根治犯罪等一系列主张。其主张针砭时弊，有论有据，有因有革，既体现了儒家政治思想在东汉时的发展，也受到法家的极大影响。《后汉书·崔骃列传》评价该书"指切时要，言辩而确，当世称之"。与崔寔同时代的仲长统则建议"凡为人主，宜写一通，置之坐侧"，以便随时习览。

《隋书·经籍志》子部法家类著录"《正论》六卷"，注曰："汉大尚书崔寔撰。"《旧唐书·经籍志》作"《崔氏政论》五卷"。《新唐书·艺文志》作"《崔氏政论》六卷"。各书引见或作《政论》，或作《正论》，又作《本论》，实是一书。北宋时该书已佚失，故《崇文总目》不著录，《郡斋读书志》《直斋书录解题》亦无。《通志·艺文略》载有六卷，虚列书名。清代严可均辑有《全后汉文》本。

崔寔，字子真，一名台，字元始。涿郡安平（今河北安平）人。桓帝初，以“至孝独行”起家郎官，后拜议郎、大将军司马，与边韶、延笃等著作东观，参与撰述本朝史书《东观汉记》。出为五原太守，征拜议郎，复与诸儒博士杂定《五经》。拜辽东太守，赴任途中，母病卒，归葬行丧。服竟，召拜尚书。以世方阻乱，称疾不视事，免归。灵帝建宁中去世。崔寔一生寒素，为政清廉，死时“家徒四壁立，无以殡敛”，光禄勋杨赐、太仆袁逢、少府段颎为其置办棺椁葬具，大鸿胪袁隗立碑颂德。除《政论》外，崔寔还著有《四民月令》，反映东汉晚期世族地主庄园全年的家庭事务计划，对后世进行农事活动有一定的指导意义。

《群书治要》节录本书七篇，皆为治国精要。文中深刻分析论述了东汉后期的许多重大问题，胪列当时积弊。崔寔认为，面对国家得不到治理、政治渐渐衰败的局面，必须推行务实而有针对性的政令，所谓“圣人执权，遭时定制”。又指出当时天下面临的几大祸患——逾越制度的奢侈风气，日益荒废的农桑本业，逐渐败坏的社会风俗，要解决这些问题，就必须整顿制度，严明法令。他还批评了官府不以信义对待百姓的现象，指出如果百姓对官府失去信心，便会造成社会混乱。此外，他专门谈及当时官吏俸禄太低的问题，认为官员的廉洁是建立在俸禄充足基础上的，应适当增加俸禄，“以绝其内顾念奸之心”。还建议朝廷改变频繁颁布赦令的做法，提出应永不赦免，或“十岁以上，乃时一赦”。崔寔论述的治乱兴亡之理，教训深刻，足可为李唐君臣借鉴参考。

自尧、舜之帝①，汤、武之王，皆赖明哲之佐②，博物之臣。故皋陶陈谟而唐、虞以兴③，伊、箕作训而殷、周用隆④。及继体之君⑤，欲立中兴之功者⑥，曷尝不赖贤哲之谋乎？凡天下之所以不治者，常由人主承平日久，俗渐弊而不寤，政浸衰而不改，习乱安危，逸不自睹。或荒耽嗜欲，不恤万机[7]；或耳蔽箴诲[8]，厌伪忽真；或犹豫岐路[9]，莫适所从；或见信之佐，括囊守禄[10]；或疏远之臣，言以贱废。是以王纲纵弛于上[11]，智士郁伊于下[12]。悲夫！

【注释】

①自尧、舜之帝：本段及以下四段属同一篇，但镰仓本、天明本均无篇题。节录部分指出，国家之所以得不到治理，往往是因为君主享太平日久，政治渐渐败坏而不醒悟、不改变，早已习惯了乱糟糟的局面。要想改变这种状况，改革措施就必须务实而有针对性，注重当前的急务，而且要依靠贤臣的辅佐。

②明哲：明智睿哲。

③皋陶陈谟：相传皋陶作《皋陶谟》。《皋陶谟》是《尚书·虞书》中的一篇。皋陶，虞舜时的司法官。唐、虞：唐尧与虞舜。

④伊、箕作训：相传伊尹作《伊训》，箕子作《洪范》，分别收录在《尚书·商书》和《周书》中。箕，指箕子，商代人，纣之诸父（叔或伯），一说为纣之庶兄。纣暴虐，箕子谏而不听。后见比干被杀，箕子惧，披发佯狂为奴，为纣所囚。武王灭商，将其释放。相传武王访箕子，所对答之论见《尚书·洪范》。

⑤继体：指继位。

⑥中兴：国家由衰落而重新兴盛起来。

⑦恤：顾及，顾念。万机：指当政者日常处理的纷繁的政务。

⑧箴诲：规劝教导。

⑨岐路：即歧路，岔路。岐，同“歧”。

⑩括囊：结扎袋口。比喻缄口不言。

⑪王纲：天子的纲纪。指国家法度。纵弛：松懈，松弛。

⑫郁伊：忧愤郁结。

【译文】

自从唐尧、虞舜二帝，商汤、周武二王以来，都依赖明智睿哲的辅佐者，通晓各种事物的臣子。所以皋陶作了《皋陶谟》，而唐尧、虞舜因此兴起；伊尹作《伊训》、箕子作《洪范》，而殷朝、周朝因此兴盛。等到继位的君主，想要建立复兴的功业，又何尝不依赖贤明睿智者的谋略呢？凡是天下之所以治理不好，常常是由于君主安定太平的时间太久，风俗逐渐败坏而不醒悟，政事渐渐衰朽而不改变，习惯了混乱安于危险，安于其中而不见自己的处境。有的沉溺于嗜欲，不顾念日常纷繁的政务；有的耳朵听不进规劝教导，满足于虚假而忽视真实；有的在岔路口犹豫，不知何去何从；有的被信任的辅臣，闭口不言只想守住俸禄职位；有的被疏远的臣子，因被轻视而言论不予采纳。因此国家法度在上面松弛，智谋之士在下面忧愤郁结。可悲啊！

且守文之君①，继陵迟之绪②，譬诸乘弊车矣，当求巧工，使辑治之③，折则接之，缓则契之④，补琢换易⑤，可复为新，新不已，用之无穷。若遂不治，因而乘之，摧拉捌裂⑥，亦无可奈何矣。若武丁之获傅说⑦，宣王之得申、甫⑧，是则其巧工也。今朝廷以圣哲之姿，龙飞天衢⑨，大臣辅政，将成断金⑩。诚宜有以满天下望，称兆民之心。年谷丰稔⑪，风俗未乂⑫。夫风俗者，国之脉诊也。不和，诚未足为休⑬。《书》曰："虽休勿休⑭。"况不休而可休乎？

【注释】

①守文之君：因循守旧的君主。守文，指遵循先王法度。亦指墨守旧说，恪守成规。

②陵迟：衰败，败坏。

③辑治：整治修理。

④契：通“楔”，楔子。用如动词，指用木楔嵌进空隙。

⑤补琢：修补加工。

⑥摧拉：摧折，摧毁。捌：同“扒”，破裂，分开。

⑦武丁：商朝国君。商王盘庚之侄，小乙之子。即位后提拔傅说执政，使商朝再度强盛，史称“武丁中兴”。

⑧宣王：周宣王。即位后任用召穆公、周定公、尹吉甫等大臣，整顿朝政，使已衰落的周朝一时复兴。申：申伯，申国国君，宣王母舅。佐宣王中兴有功，赐谢邑，筑城定居，以卫南土。甫：指仲山甫，周宣王的大臣。《诗经·大雅·烝民》颂扬他品德高尚、为人师表、不侮鳏寡、不畏强暴、总揽王命、颁布政令、天子有过他来纠正等。

⑨龙飞天衢：这里是指皇帝即位。龙飞，帝王的兴起或即位。天衢，京都。

⑩断金：语出《周易·系辞上》：“二人同心，其利断金。”孔颖达疏：“金是坚刚之物，能断而截之，盛言利之甚也。”后谓同心协力或情深义厚。

⑪年谷：一年中种植的谷物。丰稔（rěn）：丰熟。

⑫乂（yì）：治理。

⑬休：美，善。

⑭虽休勿休：见《尚书·吕刑》。

【译文】

况且因循守旧的君主，继承了衰败的开端，譬如乘坐着破车，应当寻求灵巧的工匠，让他整治修理，折断的地方就接上，松弛的地方就打上楔子，修补加工更换零件，可以又成为新车，如此更新不止，车子就可以一直用下去。如果最终不加修治，就着破车乘用，那么车子摧折破裂，也就没有什么办法了。像武丁得到傅说，周宣王得到申伯、仲山甫，这些人就是那灵巧的工匠。如今皇帝以贤明的资质，在京师登基即位，大臣辅佐国政，会与君主同心协力。真的应该可以满足天下的愿望，让亿万民众称心如意。一年中粮食丰收富足，但是风俗尚未治理。风俗，是国家的脉象。脉象不和，真的不足以称为好。《尚书》言道："即使被人称好也不能自以为好。"何况不好却可以自以为好吗？

且济时救世之术，岂必体尧蹈舜①，然后乃治哉？期于补绽决坏②，枝拄邪倾③，随形裁割，取时君所能行，要厝斯世于安宁之域而已④。故圣人执权⑤，遭时定制，步骤之差⑥，各有云施。不强人以不能，背所急而慕所闻也。

【注释】

①体：效法。蹈：遵循。

②补绽（zhàn）：缝补，修补。决坏：毁坏。

③枝拄：支撑。邪倾：歪斜。

④厝（cuò）：安置，放置。

⑤权：权变，应变。

⑥步骤：步指缓步、慢行，骤指奔跑、急行。步骤一缓一急，比喻处理事情的先后缓急。差（cī）：次序，次第。

【译文】

而且救济时世的方法，难道必须效法唐尧、遵循虞舜，然后国家才能得到治理吗？期望把毁坏的修补上，把倾斜的支撑住，根据形势裁剪切割，采用当时君主能够实施的办法，总之是要把这天下置于安宁的境域中罢了。所以圣人掌握灵活应变，随时势确定政策，事情的轻重缓急，各自有实施的方法。不勉强别人做不能做的事，也不会放弃急迫之事而去向往那些传闻的事。

昔孝武皇帝策书曰[①]："三代不同法，所由殊路，而建德一也[②]。"盖孔子对叶公以来远[③]，哀公以临民[④]，景公以节礼[⑤]，非其不同，所急异务也。然疾俗人拘文牵古[⑥]，不达权制，奇玮所闻[⑦]，简忽所见[⑧]，策不见珍，计不见信。夫人既不知善之为善，又将不知不善之为不善，恶足与论家国之大事哉？故每有言事颇合圣听者，或下群臣，令集议之，虽有可采，辄见掎夺[⑨]。何者？其顽士暗于时权[⑩]，安习所见，殆不知乐成，况可与虑始乎？心闪意舛[⑪]，不知所云，则苟云率由旧章而已[⑫]。其达者或矜名嫉能[⑬]，耻善策不从己出，则舞笔奋辞以破其义。寡不胜众，遂见屏弃。虽稷、契复存[⑭]，由将困焉。斯实贾生之所以排于绛、灌[⑮]，吊屈子以舒愤者也[⑯]。夫以文帝之明，贾生之贤，绛、灌之忠，而有此患，况其余哉！况其余哉！

【注释】

①孝武皇帝：指汉武帝刘彻，谥号"孝武"。策书：应作"诏书"。汉代的策书专门用于皇帝下令任免官吏，与一般颁布命令的诏书有区别。

②"三代不同法"几句：见《汉书·武帝纪》。三代，夏、商、周三个朝代。

③叶公：即沈诸梁，字子高，春秋时楚国人。封于叶，为叶尹，故称叶公。来远：招抚边远地区臣民。来，同"徕"。《史记·孔子世家》："孔子自蔡如叶。叶公问政，孔子曰：'政在来远附迩。'"

④哀公：指鲁哀公。临民：治民。《论语·为政》："哀公问曰：'何为则民服？'孔子对曰：'举直错诸枉则民服，举枉错诸直则民不服。'"

⑤景公：指齐景公。节礼：节省礼节仪式。《史记·孔子世家》："景公问政孔子，孔子曰：'君君，臣臣，父父，子子。'……他日又复问政于孔子，孔子曰：'政在节财。'"《后汉书·崔骃列传》李贤注："齐景公问政于仲尼。仲尼曰：'政在节财。'"此云"节礼"，文字不同。

⑥拘文牵古：拘守古今成法。文，典法，指现在的典章法规。古，指古代的规章制度。

⑦奇玮：夸大。玮，通"伟"。

⑧简忽：轻视，疏忽。

⑨掎（jǐ）夺：指摘摈弃。

⑩顽士：冥顽不灵的人。时权：应作"权时"，原文误倒。权时，权衡时宜，变通。

⑪心闪意舛（chuǎn）：指心中摇摆不定，拿不定主意。闪，动摇不定。舛，错乱。

⑫率由旧章：一切按照老规矩办事。率由，遵循。旧章，旧的典章。

⑬矜名：自负己名。

⑭稷：后稷，周人始祖。契：殷人始祖。稷、契是唐虞时代的两位贤臣。

⑮贾生：贾谊。绛：绛侯周勃。灌：颍阴侯灌婴。周勃、灌婴鄙朴无文，曾谗嫉贾谊。

⑯吊屈子：指贾谊所作《吊屈原赋》。

【译文】

从前汉武帝的诏书说："夏、商、周三代法律不同，所走的道路相异，而建立的德行功业是一致的。"所以孔子对答为政之道时，对叶公说要招徕远人，对鲁哀公说要治理民众，对齐景公说要节制礼仪，不是对三人期待不同，而是他们迫切要做的事情不同。然而令人忧虑的是俗人拘守古今成法，不懂得因时制宜，夸大所闻，轻视所见，别人献策不被珍视，献计不被信任。人们既不知道好之所以为好，又将不知道不好之所以不好的道理，哪里值得跟他们议论国家大事呢？所以每逢有人谈论时事非常合乎圣上的心意，有时下交给群臣，让他们集体商议，即使有可以采纳的地方，也往往被指摘摈弃。为什么呢？那些冥顽不灵的人不明白权衡时宜，习惯于自己的见闻，恐怕都不知道守住已成的事，更何况同他们一起谋划事情的开始呢？心意摇摆不定，不知该说些什么，那么就随便说说一切照旧罢了。那些通达事理的人有的又自负其名而嫉妒贤能，把良策不是由自己提出看成耻辱，那么就挥笔玩弄文辞来推翻那些议论。寡不敌众，于是被摒弃。即使是稷、契重生，尚且要受困。这就是贾谊被周勃、灌婴排斥，吊唁屈原来抒发愤懑的原因。凭借汉文帝的明智，贾谊的贤能，周勃、灌婴的忠诚，却还是有这样的祸患，何况其他人呢！何况其他人呢！

且世主莫不愿得尼、轲之伦以为辅佐[①]，卒然获之[②]，未必珍也。自非题榜其面曰“鲁孔丘”“邹孟轲”，殆必不见敬信。何以明其然也？此二者，善已存于上矣，当时皆见薄贱，而莫能任用。困厄削逐[③]，待放不追[④]，劳辱勤瘁[⑤]，为竖子所议笑[⑥]，其故获也。夫淳淑之士[⑦]，固不曲道以媚时[⑧]，不诡行以徼名[⑨]，耻乡原之誉、比周之党[⑩]。而世主凡君，明不能别异量之士[⑪]，而适足受谮润之愬[⑫]。前君既失之于古，后君又蹈之于今。是以命世之士[⑬]，常抑于当时，而见思于后人。以往揆来[⑭]，亦何容易！向使贤不肖相去如泰山之与蚁垤[⑮]，策谋得失相觉如日月之与萤火[⑯]，虽顽嚚之人[⑰]，犹能察焉。常患贤佞难别，是非倒纷，始相去如毫厘，而祸福差以千里。故圣君明主，其犹慎之。

【注释】

①尼：仲尼，孔子。轲：孟轲，孟子。伦：类。

②卒然：突然。卒，通“猝”。

③困厄削逐：困苦危难，削迹被逐。言孔子遭遇。据《庄子·天运》《让王》，孔子周游列国时不被任用，两次被鲁国人赶走，在卫国被人铲削足迹，在宋国被人砍掉他与门人讲学其下的大树。

④待放不追：辞职离去而不被追还。言孟子遭遇。据《孟子·公孙丑下》，孟子在齐国不被齐王任用，辞职而去，在齐国昼邑逗留了三晚，等待齐王挽留自己，而齐王始终没有追回他。待放，本指大臣有罪等待流放。这里指离去前的逗留。

⑤劳辱：劳苦。勤瘁：辛苦劳累。

⑥竖子：小子，对人的蔑称。

⑦淳淑：仁厚善良。

⑧曲道：歪曲正道。

⑨诡行：违背德行。

⑩乡原：指乡里貌似谨厚，而实与流俗合污的伪善者。原，同“愿”，谨厚的样子。比周：结党营私。

⑪异量之士：指有奇特才华的人。

⑫谮（zèn）润：日积月累的谗言。愬（sù）：同“诉”，诽谤。

⑬命世：著名于当世。多用以称誉有治国之才者。

⑭揆：揣测，估量。

⑮蚁垤（dié）：蚁穴外隆起的小土堆。

⑯觉：通“较”，比较，相差。

⑰顽嚚（yín）：指愚妄奸诈。

【译文】

而且当世的君主没有谁不希望得到孔子、孟子这类人作为辅佐，可是突然得到了，也未必珍惜。倘若这些人不是在自己脸上写着“鲁人孔丘”“邹人孟轲”，恐怕必定不被尊重信任。怎么知道是这样的呢？这两人，美善之处已经表现于前世了，但当时都是被鄙薄轻贱，而没有人能任用。孔子遭受困厄被驱逐，孟子辞官出走齐王不挽留，二人辛苦劳累，被无知小子所议论讥笑，他们本来就该有这样的遭遇。那些仁厚善良的士人，本来就不会歪曲正道来献媚时俗，不会违背德行来求取名声，把乡里伪善者的称誉、勾结私党当成耻辱。而当世平凡的君主，眼力不能辨别有奇特才华的士人，却正好可以听得进日积月累的谗言诽谤。前面的君主已经在古代犯了这过失，后面的君主又在今天重蹈覆辙。因此那些名显于世的人，经常在当时就被压制，而被后人思念。用过去的事推测将来，要改正这弊病谈何容易！如果让贤与不贤之间的差距如同泰山跟蚁垤一样巨大，计策谋略的得失相差如同日月跟萤火虫的光亮一样显著，那么即使愚妄奸诈的人，也尚且能觉察。然而经常令人担忧的是贤人与佞人难以区别，是非对错颠倒纷乱，开始相差只如毫厘，但是最终的祸福却相差千里。所以圣明的君主，还是要格外谨慎。

夫人之情①，莫不乐富贵荣华、美服丽饰、铿锵眩耀、芬芳嘉味者也②。昼则思之，夜则梦焉。唯斯之务，无须臾不存于心③，犹急水之归下，下川之赴壑④。不厚为之制度，则皆侯服王食、僭至尊、逾天制矣⑤。是故先王之御世也⑥，必明法度以闭民欲，崇堤防以御水害。法度替而民散乱⑦，堤防堕而水泛溢。

【注释】

①夫人之情：本段及以下几段镰仓本篇题作《制度》。节录部分提出了天下的三大祸患：第一是没有礼仪和法度的节制，导致逾越制度的奢侈风气盛行。第二是人人竞相从事工商业，于是荒废农桑

本业，这是国家最大的忧患。第三是社会风俗逐渐败坏。三大祸患不加整治，国家必乱。

②铿锵眩耀：指所戴配饰叮当作响，光彩夺目。

③须臾：顷刻，瞬间。

④壑：深沟，深谷。

⑤侯服王食：犹言服如侯、食如王。像侯爵那样穿衣，像君王那样吃饭，形容生活豪华奢侈。僭（jiàn）：超越本分，古代指地位在下者冒用在上者的名义或礼仪、器物。至尊：用为皇帝的代称。

⑥御世：治理天下。

⑦替：废弃。

【译文】

人之常情，没有谁不喜欢富贵荣华，穿着装饰华丽的衣服，戴着叮当作响而光彩夺目的佩饰，享受芬芳馨香、美味佳肴。白天就会想念这些，黑夜就会梦到。一心致力于此，没有哪个瞬间不存于心中，就像湍急的水流奔下，江河奔向深谷。不严密地给他定下制度，那么就都会像侯那样穿衣、像王那样吃饭、越分享受天子的待遇、违反朝廷的制度了。因此先王治理天下，必须明确法令制度来限制民众的欲望，如同加高堤防来抵御水害。法度废弃那么民众就离散混乱，就像堤防坍塌那么洪水便泛滥成灾。

顷者[①]，法度颇不稽古[②]，而旧号“网漏吞舟[③]”。故庸夫设藻棁之饰[④]，匹竖享方丈之馔[⑤]。下僭其上，尊卑无别，礼坏而莫救，法堕而不恒，斯盖有识之士所为於邑而增叹者也[⑥]。律令虽有舆服制度[⑦]，然断之不自其源，禁之又不密。今使列肆卖侈功[⑧]，商贾鬻僭服[⑨]，百工作淫器[⑩]，民见可欲，不能不买，贾人之列，户蹈逾侈矣。故王政一倾，普天率土，莫不奢僭者。非家至人告，乃时势驱之使然。此则天下之患一也。

【注释】

①顷者：本段选自《制度》。

②稽古：考察古代的事迹。

③网漏吞舟：网里漏掉能吞舟的大鱼。比喻法律太宽，使重犯也能漏网。吞舟，吞舟的大鱼，比喻大奸。

④藻棁（zhuō）：梁上绘有水藻图案的短柱。

⑤匹竖：匹夫竖子。常用来指斥无知无识的人。方丈之馔：摆了一丈见方的食物。极言肴馔之丰盛。《孟子·尽心下》："食前方丈，侍妾数百人，我得志，弗为也。"赵岐注："极五味之馔食，列于前，方一丈。"

⑥於邑：即抑郁。忧郁烦闷。

⑦舆服：车舆冠服与各种仪仗。古代车舆与冠服都有定式，以表尊卑等级。

⑧列肆：成列的商铺。功：成果。此指工匠或女工制作的工艺品。

⑨鬻：卖。僭服：越礼违制的服饰。

⑩百工：各行各业的手工业者。淫器：奇巧而无用的器物。

【译文】

近来，法度甚不鉴察以往，有如过去称"法网宽大能让重犯漏网"。所以平庸的人家梁上也有绘有水藻图案的短柱，匹夫竖子也享受摆了一丈见方的食物。下面僭越上面，尊贵与卑贱没有区别，礼制破坏没办法挽救，法令毁坏而没有准则，这就是有识之士为此忧郁烦闷而叹息不止的原因啊。法令中虽然规定了车马服饰的制度，但是既不从源头截断，禁防又不严密。如今让市上的店铺卖奢侈的工艺品，商人卖越礼违制的服饰，各行工匠制作奇巧无用的器具，民众看见可以引起欲望的东西，不能不买，于是商人之流，就家家都富裕而过起越分的奢侈生活了。所以天子的政令一旦废止，普天之下，就没有不奢侈僭越的了。并不需要家家都走到、人人都告知，而是时势驱使人们变成这样的。这就是天下的第一大祸患。

且世奢服僭[①]，则无用之器贵，本务之业贱矣。农桑勤而利薄，工商逸而入厚，故农夫辍耒而雕镂[②]，工女投杼而刺文[③]。躬耕者少，末作者众。生土虽皆垦乂[④]，故地功不致[⑤]，苟无力穑[⑥]，焉得有年[⑦]？财郁蓄而不尽出[⑧]，百姓穷匮而为奸寇，是以仓廪空而囹圄实[⑨]。一谷不登[⑩]，则饥馁流死[⑪]，上下俱匮，无以相济。国以民为根，民以谷为命。命尽则根拔，根拔则本颠。此最国家之毒忧[⑫]，可为热心者也[⑬]。斯则天下之患二也。

【注释】

①且世奢服僭：本段选自《制度》。

②辍（chuò）：停止，中止。耒：古代的一种农具。这里代指农耕。雕镂：雕刻，刻镂。

③工女：古代从事纺织、缝纫等工作的女子。杼（zhù）：织布的梭子。刺文：即刺绣。

④生土：生地，没有经过治理或耕作的土地。乂（yì）：割草。

⑤故：用法同“顾”，但是。地功：即田功，指耕种劳作。

⑥力穑：努力耕作。

⑦有年：丰收之年。

⑧郁蓄：淤积。

⑨囹圄：监狱。

⑩一谷不登：五谷歉收一种。不登，指歉收。

⑪饥馁：饥饿。

⑫毒忧：深重的忧患。

⑬热心：焦心。

【译文】

况且世风奢侈服饰僭越，那么无用的器物就贵了，作为根本的农事就会受到轻视。农耕蚕桑辛劳而利润微薄，工商业安闲而收入丰厚，所以农夫放下农具去从事雕刻，女工扔下了织布的梭子而去刺绣。自己耕作的人少，从事工商业的多。荒地虽然都已开垦治理，但不致力于耕作，假如没有努力耕作，哪里能够丰收？地里的财富淤积而不全部发掘出来，百姓穷苦困乏而成为奸贼寇盗，因此粮库空虚而监狱人满。五谷中歉收一种，百姓就会饥饿流亡而死，朝廷上下全都匮乏，无法相互救济。国家把民众作为根，民众把粮食当做命。命没有了国家的根就会被拔掉，根被拔掉，国家这个树干就倒下了。这是国家最深重的忧患，可以为此而万分焦虑。这就是天下的第二大祸患。

法度既堕[①]，舆服无限，婢妾皆戴瑱榇之饰而被织文之衣[②]，乃送终之家，亦无法度，至用辀梓黄肠[③]，多藏宝货，享牛作倡[④]，高坟大寝[⑤]。是可忍也，孰不可忍！而俗人多之，咸曰“健子[⑥]”。天下跂慕[⑦]，耻不相逮。念亲将终，无以奉遣[⑧]，乃约其供养，豫修亡殁之备，老亲之饥寒[⑨]，以事淫法之华称。竭家尽业，甘心而不恨。穷厄既迫，起为盗贼，拘执陷罪，为世大戮[⑩]。痛乎！化俗之刑，陷愚民也。且橘、柚之贡，尧、舜所不尝御；山龙华虫[⑪]，帝王不以为亵服[⑫]。今之臣妾，皆余黄甘而厌文绣者[⑬]，盖以万数矣。其余称此，不可胜记。古者墓而不坟，文、武之兆与平地齐[⑭]。今豪民之坟,已千坊矣[15]。欲民不匮,诚亦难矣。是以天戚戚[16],人汲汲[17],外溺奢风,内忧穷竭。故在位者则犯王法以聚敛,愚民则冒罪戮以为健。俗之坏败,乃至于斯。此天下之患三也。

【注释】

①法度既堕:本段选自《制度》。

②瑱(tiàn):悬在耳旁的玉坠。揥(dì):古代簪子一类的束发用具。织文:染丝织成花纹的丝织品。

③輀(ér)梓:丧车拉着梓木棺材。輀,丧车。梓,一种质地优良的木材。这里指梓器,即梓木棺材,为天子所用。黄肠:指柏木椁,即用黄心柏木堆垒成的护棺的外套。为天子、王公大臣所用。

④享牛:杀牛献祭死者。作倡:送葬时唱挽歌。

⑤寝:陵寝,陵墓旁的庙殿。

⑥健子:强者,能干的人。

⑦跂(qǐ)慕:向往,仰慕。

⑧奉遣(qiàn):置办随葬物品。遣,古时随葬之物。

⑨老亲之饥寒:依文意,句首应缺"不顾"二字。

⑩大戮:大耻辱。

⑪山龙:指古代衮服上的山、龙图案。华虫:雉的别称。古代常用作冕服上的画饰。

⑫亵服:古人居家时穿的便服。

⑬黄甘:指上文的橘、柚,皮黄而味酸甜,故称。文绣:刺绣华美的丝织品或衣服。

⑭文、武:周文王、周武王。兆:墓地,埋葬死人之处。

⑮千坊:上千座坟,言坟之多。坊,本指堤防,坟的形状长方,上窄下宽,四面是斜坡,像一段堤防,也称"坊"。见《礼记·檀弓上》。

⑯戚戚:忧伤的样子。

⑰汲汲：形容心情急切，努力追求。

【译文】

法度既已毁坏，车马服饰就没有了限制，婢女小妾都戴上耳饰簪子等饰物，穿上织有花纹的丝绸衣服，就是送葬的人家，也很没有法度，甚至用丧车拉着梓木棺，使用柏木椁，埋藏了很多宝物，杀牛祭奠并哀唱挽歌，筑高坟，建大庙。这都可以容忍，还有什么不能容忍的呢！但一般人却称赞他们，都说他们是“能干的人”。天下向往仰慕，把赶不上他们当成羞耻。想到父母临终，无力置办随葬物品，于是就减少对他们的供养，预先做好死后办丧事的准备，不管衰老父母的饥寒，而图办丧事风光的虚名。耗尽家财，心甘情愿没有遗憾。穷困窘迫，起而成为盗贼，犯了罪被拘捕捉拿，成为世间的大耻辱。痛心啊！本来是教化风俗的刑罚，却成了陷害愚民的网罗。况且橘子、柚子这些贡品，唐尧、虞舜不曾享用；礼服上的山、龙、雉等图案，帝王是不用在便服上的。如今的奴仆婢妾，都是吃够了橘、柚，也穿够了刺绣衣服的人，他们的数量大概要用万来计算了。其余跟这相似的事，记都记不过来。古代墓葬不起坟，周文王、周武王的墓地跟大地一样平齐。如今豪富之民的坟墓，已经有上千座了。想要民众不匮乏，真的也太难了。因此上天忧伤发愁，而人们急着攀比奢侈，对外沉溺在奢侈的风尚里，内心却担忧财力穷竭。所以在位的官员就犯王法来聚敛财富，愚民就冒着死罪来出风头。风俗的败坏，竟然到了这个地步。这是天下的第三大祸患。

承三患之弊[①]，继荒顿之绪[②]，而徒欲修旧修故而无匡改[③]，虽唐、虞复存，无益于治乱也。昔圣王远虑深思，患民情之难防[④]，忧奢淫之害政，乃塞其源以绝其末，深其刑而重其罚。夫善堙川者[⑤]，必杜其源；善防奸者，必绝其萌。昔子产相郑[⑥]，殊尊卑，异章服[⑦]，而国用治。岂大汉之明主，曾不如小藩之陪臣[⑧]？在修之与不耳。

【注释】

①承三患之弊：本段选自《制度》。

②荒顿：荒废。

③匡改：更改，改革。

④民情：民众的性情、风尚习俗等。

⑤堙（yīn）：堵塞。

⑥子产：春秋时郑国大夫。治郑多年，有政绩。

⑦章服：一种古代礼服，上有图案，用以区别等级。

⑧陪臣：古代天子以诸侯为臣，诸侯以大夫为臣，大夫又自有家臣。大夫对于天子，大夫之家臣对于诸侯，都是隔了一层的臣，因此都称为陪臣。

【译文】

承继这三大祸患的弊病，延续这荒废的政事，而仅仅想就旧有的框架修修补补，并未有所改革，即使唐尧、虞舜重生，也对治理祸乱没有用处。从前圣王深思远虑，担心民情难以防范，忧虑奢侈过度会妨害政务，于是就堵塞其源头，断绝其下游，加重刑罚惩治。善于堵塞河川的，必定堵住源头；善于防备奸邪的，必须断绝奸邪的萌芽。从前子产担任郑国的相，区别尊贵与卑贱，让礼服的图案不同来区分等级，而国家因此太平。难道大汉朝的英明君主，竟然不如小小藩国的陪臣吗？关键在于整治还是不整治罢了。

《易》曰[①]："言行，君子所以动天地也[②]。"仲尼曰："人而无信，不知其可[③]。"今官之接民，甚多违理，苟解面前，不顾先哲。作使百工[④]，及从民市[⑤]，辄设计加以诱来之，器成之后，更不与直[6]。老弱冻饿，痛号道路，守阙告哀[7]，终不见省[8]。历年累岁，乃才给之，又云“逋直[9]，请十与三”，此逋直岂物主之罪耶？不自咎责[10]，反复灭之[11]，冤抑酷痛[12]，足感和气[13]。既尔复平弊败之物与之，至有车舆、故谒者冠[14]，卖之则莫取，服之则不可。其余杂物，略皆此辈。是以百姓创艾[15]，咸以官为忌讳，遁逃鼠窜，莫肯应募。因乃捕之，劫以威势。心苟不乐，则器械行沽[16]，虚费财用，不周于事[17]。故曰：“上为下效，然后谓之教[18]。”上下相效殆如此，将何以防之？罚则不恕，不罚则不治。是以风移于诈，俗易于欺，狱讼繁多，民好残伪[19]。为政如此，未睹其利。斯皆起于典藏之吏[20]，不明为国之体，苟割胫以肥头[21]，不知胫弱亦将颠仆也。《礼》讥“聚敛之臣”[22]，《诗》曰“贪人败类”[23]，盖伤之也。

【注释】

①《易》曰：本段镰仓本篇题作《足信》。足信，是要足够讲信义，这是针对官员失信于民而讲的。为官者违背信义，导致百姓怨声载道，这样的官员当政，会危及整个国家。

②言行，君子所以动天地也：见《周易·系辞上》。

③人而无信，不知其可：见《论语·为政》。

④作使：役使。

⑤及：若。

⑥直：工钱，报酬。

⑦守阙：守候于宫殿、官衙之门。

⑧省（xǐng）：察看，省察。

⑨逋（bū）：拖延，拖欠。

⑩咎责：责备。

⑪灭：通“蔑”，削减。

⑫冤抑：冤屈。

⑬感（hàn）：通“撼”，摇动，触动。和气：此指能导致吉利的祥瑞之气。

⑭谒者：官名。东汉大长秋属官，有中宫谒者二人，主报中章，以宦官为之。

⑮创艾（yì）：指因受惩治而畏惧。

⑯行沽（háng gǔ）：行苦，物品质量不好。

⑰不周：不合。

⑱上为下效，然后谓之教：语出《白虎通·三教》：“教者，效也。上为之，下效之。”《意林》“上为”作“上行”。

⑲残伪：凶暴虚伪。

⑳典藏之吏：管库帑之吏，理财之吏。

㉑胫：泛指腿。

㉒《礼》讥“聚敛之臣”：《礼记·大学》：“与其有聚敛之臣，宁有盗臣。”聚敛，谓急于敛取赋税。聚，通“骤”。

㉓《诗》曰“贪人败类”：《诗经·大雅·桑柔》：“大风有隧，贪人败类。”意谓贪婪的人当政，会败坏善道。

【译文】

《周易》言道：“言论行动，是君子用来感天动地的。”孔子说：“做人而不讲信用，不知道他还有什么可取之处。”如今官员对待民众，很多地方都不合理，只图应付眼前，不顾念先代哲人说的话。役使工匠，如果是从民间市集招工，往往设计引诱他们来，东西做成之后，却不给工钱。工匠家中的老小挨饿受冻，在道路上痛苦呼号，守候在官衙门口哀告，最终也没人理睬。过了很长时间，这才给钱，又说“这是拖欠的钱款，要十分给三分”，这拖延钱款难道是该得工钱的人的罪过吗？官府不责备自己，却一再削减工钱，百姓冤屈悲痛，足以触犯平和之气。不久又弄了一些破旧损坏的物品折价当工钱给他们，甚至有破车、破旧的谒者官帽，这些东西卖也没人买，自己用又不行。剩下作为抵偿的杂物，大概都跟这些差不多。因此百姓戒惧，都很忌讳当官的，见到就鼠窜逃跑，没有人肯响应官府招募。于是官府就抓捕百姓，用威势胁迫。百姓心里如果不高兴，那么做出来的物品质量就差，白白浪费钱财物资，东西却不合用。所以说："上面怎么做下面就仿效，这就叫做身教。"上行下效大概就是这样，要用什么来防备呢？惩罚就对百姓不公平，不惩罚又无法治理。因此社会风俗逐渐变得狡猾欺诈，官司诉讼繁多，民众都喜好凶横虚伪。执政像这个样子，看不见有什么好处。这都起源于管财物的官吏，不明白治理国家的要领，只顾割下腿上的肉来填肥头部，不知道腿虚弱了身子也要跌倒。《礼记》讥刺"搜刮民财的臣子"，《诗经》上说"贪婪的人败坏善道"，大概就是忧心于这些人吧。

传曰[①]："工欲善其事，必先利其器[②]。"旧时永平、建初之际[③]，去战攻未久，朝廷留意于武备，财用优饶[④]，主者躬亲，故官兵常牢劲精利[⑤]。有蔡大仆之弩及龙亭九年之剑[⑥]，至今擅名天下。

【注释】

①传曰：本段及以下几段镰仓本篇题作《足兵》。足兵，是说武器装备要充足精良。这是汉朝战胜匈奴的根本。传，泛指书籍。

②工欲善其事，必先利其器：见《论语·卫灵公》。

③永平：东汉明帝刘庄的年号（58—75）。建初：东汉章帝刘炟的年号（76—84）。

④优饶：富裕，充裕。

⑤牢劲精利:坚牢锋利。精利,精良锐利。

⑥蔡大仆之弩及龙亭九年之剑:"蔡大仆"即"蔡太仆","蔡太仆""龙亭"都是指东汉宦官蔡伦。《后汉书·宦者列传》:"永元九年,监作秘剑及诸器械,莫不精工坚密,为后世法……元初元年,邓太后以伦久宿卫,封为龙亭侯,邑三百户。后为长乐太仆。"龙亭九年之剑,《太平御览》卷三三九所引无"九年"二字,疑为衍文。龙亭之剑,即龙亭侯蔡伦监造的剑。

【译文】

书上说:"工匠想要做好工作,一定先要让工具便利好用。"以前明帝永平、章帝建初年间,离战争时期不远,朝廷注意武备,财物充裕,主持的人亲自处理,所以官府制作的兵器常常是坚固锋利。有蔡太仆之弩、龙亭九年之剑,到今天还是天下闻名。

顷主者既不敕慎[①],而诏书又误进入之宾[②],贪饕之吏竞约其财用[③]。狡猾之工,复盗窃之。至以麻枲被弓弩[④],米粥杂漆,烧铠铁焠醯中[⑤],令脆易治[⑥],孔又褊小[⑦],刀牟悉钝[⑧]。故边民敢斗健士,皆自作私兵,不肯用官器。

【注释】

①顷主者既不敕慎:本段选自《足兵》。敕慎,恭敬谨慎。

②诏书又误进入之宾:严可均疑"宾"字有误。按,根据下文崔寔建议"除进入之课"(免除所得税),此句应该是要说"诏书又下令征收所得税",指工匠的收入要交税。严说有理。今据严说,译文作"而诏书又下令征收所得税"。

③贪饕(tāo):贪得无厌。约:减损。

④麻枲(xǐ):麻皮(麻经沤后剥下的皮)。被:盖,遮覆。这里指缠

绕弓弩的外表。

⑤焠（cuì）：淬火。将金属加热后，浸于水或油中，急速冷却以加强其硬度。醯（xī）：醋。

⑥治：活字本、天明本作“冶”，此从镰仓本。

⑦褊小：狭小。

⑧牟：同“矛”。

【译文】

近来主管的人既不恭敬谨慎，而诏书又下令征收所得税，贪得无厌的官吏争着减损工料费用。狡猾的工匠，又从中盗窃。甚至用麻皮来缠绕弓身，把米粥掺杂进漆里，烧制铠甲叶片时用醋来淬火，让铁发脆容易打造，孔洞又狭小，刀、矛也都很钝。所以边民中强健敢斗的人，都私自制造兵器，不肯使用官府兵器。

凡汉所以能制胡者[①]，徒擅铠弩之利也。铠则不坚，弩则不劲，永失所恃矣。且夫士之身，苟兵钝甲软，不可依怙[②]，虽孟贲、卞庄[③]，由有犹豫。推此论之，以小况大，使三军器械，皆可依阻，则胆强势盛，各有赴敌不旋之虑[④]。若皆弊败不足任用，亦竞奋皆不避水火矣[⑤]。三军皆奋，则何敌不克？诚宜复申明巧工旧令，除进入之课[⑥]，复故财用，虽颇为吏工所中[⑦]，尚胜于自中也。苟以牢利任用为故，无问其他。

【注释】

①凡汉所以能制胡者：本段选自《足兵》。

②依怙：依靠，依赖。

③孟贲：战国时勇士。卞庄：卞庄子，春秋时鲁国卞邑大夫。以勇力闻名。

④旋：回转。

⑤水火：水灾和火灾，比喻危险境地。

⑥进入之课：对收入所征之税，即所得税。进入，收入。课，征税。

⑦中：达到，得到。引申为得利。

【译文】

汉朝之所以能够制服匈奴，只是依靠拥有铠甲、弓弩这两个有利条件。如果铠甲不坚固，弓弩不强劲，那就永远失去所依靠的了。况且士卒本身，如果兵器钝铠甲软，不可依赖，那么即使是孟贲、卞庄子，尚且会犹豫。由此推论，以小比大，假使三军的器械，都可以依赖，那么士兵就胆大气盛，各自都有奔赴敌阵绝不回头的念头。倘若都是些破败不能使用的武器，那么即使争着奋起也都不可避免地要陷入危险境地了。三军都奋起，那么什么敌人不能攻克？真的应该重新申明以前有关精工细作的法令，免除所得税，恢复原来的财物用度，即使有一些官吏、工匠从中稍微获利，也还胜过他们自己私下图利。只要以兵器牢固锋利好使为标准来办事，就不问其他。

《月令》曰[①]："物刻工名，以覆其诚[②]。功有不当，必行其罪，以穷其情[③]。"今虽刻名之，而赏罚不能，又数有赦赎[④]，主者轻玩[⑤]，无所惩畏。夫兵革[⑥]，国之大事，宜特留意，重其法罚。敢有巧诈辄行之辈[⑦]，罪勿以赦赎除，则吏敬其职、工慎其业矣。

【注释】

①《月令》曰：本段选自《足兵》。《月令》，《礼记》篇名。所记为农历十二个月的时令、行政及相关事物。

②覆：审察，查核。

③穷：究问。

④赦赎：允许犯人用钱物赎免罪刑。

⑤轻玩：轻慢玩忽。

⑥兵革：武器铠甲。

⑦辄行：擅自行事。

【译文】

《礼记·月令》说："器物刻上工匠的姓名，来查核他是否负责。制作的器物如有不合格，必须治他的罪，并究问原因。"如今虽然刻了工匠名字，而又不能奖赏惩罚，又屡次有用钱物赎免罪刑的事情，主管的人玩忽职守，没有惩罚来让人畏惧。武器铠甲，是国家的大事，应该特别注意，对有罪的人加重法律惩罚。胆敢有机巧诈伪擅自行事的，判罪后不能用钱物赎免罪刑，这样官吏就敬奉其职、工匠就慎守其业了。

昔圣王之治天下①，咸建诸侯②，以临其民。国有常君，君有定臣，上下相安，政如一家。秦兼天下，罢侯置县，于是君臣始有不亲之舋矣③。我文、景患其如此④，故令长视事⑤，至十余年，居位或长子孙。永久则相习，上下无所窜情⑥，加以心坚意专，安官乐职⑦，图虑久长，而无苟且之政⑧；吏民供奉，亦竭忠尽节而无壹切之计⑨。故能君臣和睦，百姓康乐。苟有康乐之心充于中，则和气应于外。是以灾害不生，祸乱不作。

【注释】

①昔圣王之治天下：本段及以下几段镰仓本篇题作《用臣》。节录部分指出任用官吏、推行政令不能急于求成，要做长远打算。

②建诸侯：指分封诸侯。建，立。

③璺（xìn）：裂缝，嫌隙。

④文、景：汉文帝刘恒、汉景帝刘启。

⑤令长：秦汉时治万户以上县者为令，不足万户者为长。后因以“令长”泛指县令。视事：就职治事。

⑥窜情：隐瞒的情况。

⑦乐职：乐于职守。

⑧苟且：只顾眼前，得过且过。

⑨壹切：暂时，权宜。

【译文】

从前圣王治理天下的时候，都分封诸侯，来治理民众。国家有不变的君主，君主有固定的臣子，上下和睦相处，治理天下如同治理一家。秦兼并天下，罢废诸侯设置郡县，从此君臣之间开始有了不亲近的嫌隙。我朝文帝、景帝担忧情况会像这样，所以让县令处理政事，长达十几年，在位时有的子孙都已成长。县官在位时间长久就与朝廷互相熟习，上下之间没有隐瞒的情况，加上心意坚定专一，安心任职，考虑事情做长久打算，而没有只顾眼前的短期政令；官吏奉公，百姓供事，也都尽忠守节而没有敷衍一时的念头。所以能够君臣和睦，百姓安乐。如果百姓内心都充满安乐，那么和谐祥瑞之气就感应在外。因此不发生灾害，不产生祸乱。

自顷以来[①]，政教稍改，重刑阙于大臣[②]，而密罔刻于下职[③]。鼎辅不思在宽之德[④]，牧牧守守逐之[⑤]，各竞擿微短[⑥]，吹毛求疵[⑦]，重案深诋[⑧]，以中伤贞良。长吏或实清廉，心平行洁，内省不疚，不肯媚灶[⑨]，曲礼不行于所属[⑩]，私敬无废于府[⑪]。州郡侧目[⑫]，以为负折[⑬]。乃选巧文猾吏[⑭]，向壁作条[⑮]，诬覆阖门[⑯]，摄捕妻子[⑰]。人情耻令妻子就逮，则不迫自去。

【注释】

①自顷以来：本段选自《用臣》。

②阙：缺。

③罔：法网。

④鼎辅：执政的大臣。一般指宰相。

⑤牧牧守守：指各个州牧、郡守。汉代的州是监察单位，负责视察所辖各郡，州的长官称“刺史”“牧”。郡的长官称“郡守”“太守”。

⑥擿（tī）：挑剔，指摘。

⑦吹毛求疵：吹开皮上的毛寻找里面的毛病。比喻故意挑剔别人的缺点，寻找差错。

⑧重案：严厉追查。深诋：极力诋毁。

⑨媚灶：比喻阿附权贵。

⑩曲礼：指贺喜、节庆、吊唁等各种礼节。

⑪私敬：私人礼物。废：通“发”，行，实施。

⑫侧目：斜着眼睛看人。形容愤恨。

⑬负折：拖欠，亏欠。

⑭巧文：指舞文弄墨。

⑮向壁作条：指凭空捏造罪状。向壁，面对墙壁，形容凭空构想。

⑯阖门：全家。

⑰摄：执持。

【译文】

近年以来，政令教化逐渐改变，重刑在大臣身上不用，而细密的法网对下级官吏却很苛刻。执政大臣不念及宽厚之德，各州牧、郡守都跟着学，都竞相指摘小的毛病缺点，故意寻找小差错，严厉追查极力诋毁，来中伤贞良之人。县官有的其实很清廉，心气平和行为高洁，自我反省没有愧疚，不肯阿附权贵，与上司没有什么礼节来往，不送私礼到上司家中。于是州牧郡守斜着眼怒视，认为是亏欠了自己。于是就挑选一些舞文弄墨的狡猾官吏，凭空捏造他们的罪状，诬陷他们全家，抓捕他们的妻子儿女。人之常情，把妻子儿女被捕看成耻辱，所以不用逼迫就自己辞官离去了。

且人主莫不欲豹、产之臣[①]，然西门豹治邺一年，民欲杀之；子产相郑，初亦见诅，三载之后，德化乃洽。今长吏下车百日[②]，无他异观，则州郡睥睨[③]，待以恶意，满岁寂漠，便见驱逐。正使豹、产复在，方见怨诅，应时奔驰，何缘得成易歌之勋[④]，垂不朽之名者哉？犹冯唐评文帝之不能用李牧矣[⑤]。

【注释】

①且人主莫不欲豹、产之臣：本段选自《用臣》。豹、产，指西门豹、子产。西门豹，战国时魏国邺邑长官，官职相当于县令。

②下车：《礼记·乐记》："武王克殷，反商，未及下车，而封黄帝之后于蓟。"后称初即位或到任为下车。

③睥睨（pì nì）：斜着眼看，有厌恶之意。

④易歌之勋：子产治理郑国一年，百姓作歌咒骂他，三年后终有政绩，于是百姓另作歌颂扬他。《左传·襄公三十年》："从政一年，舆人诵之曰：'取我衣冠而褚之，取我田畴而伍之。孰杀子产，吾其与之！'及三年，又诵之曰：'我有子弟，子产诲之。我有田畴，子产殖之。子产而死，谁其嗣之？'"

⑤犹冯唐评文帝之不能用李牧矣：事见《史记·张释之冯唐列传》，汉文帝曾说："嗟乎！吾独不得廉颇、李牧时为吾将，吾岂忧匈奴哉！"冯唐则说："陛下虽得廉颇、李牧，弗能用也。"崔寔举此例，意在说明君主应当用人不疑，要放手让他去做事。冯唐，西汉安陵（今陕西咸阳东北）人。文帝时任郎中署长。时年已老，匈奴

入侵,云中郡守魏尚因失职被贬,他在文帝面前为魏尚辩解,文帝乃使魏尚复职,并任他为车骑都尉。景帝即位,以唐为楚相。武帝立,求贤良,年九十余,被举,已不能为官。李牧,战国末年赵将。常居代、雁门以备匈奴。日享士卒,得军心。习骑射,出奇兵,大破匈奴、东胡、林胡。赵王迁二年(前234),秦大举攻赵。次年,牧大破秦军于肥,以功封武安君。秦使赵王嬖臣郭开诬牧欲反,牧被斩。秦遂灭赵。

【译文】

况且君主没有谁不想得到西门豹、子产这样的臣子,但是西门豹治理邺城一年,民众却想要杀他;子产做郑国的相,起初也被咒骂,三年之后,教化才普及。如今的县官到任管事一百天,没有什么出奇表现,州郡长官就厌恶地斜着眼看他,用恶意来对待,整年政事也没有什么变化,然后就被驱逐。即使让西门豹、子产复生,也正当被上司怨恨诅咒,随时奔走应命,怎么能成就被百姓歌颂的功勋,流传不朽的名声呢?这就像冯唐评论汉文帝不能任用李牧一样。

近汉世所谓良吏,黄侯、召父之治郡视事①,皆且十年,然后功业乃著。且以仲尼之圣,由曰“三年有成②”,况凡庸之士,而责以造次之效哉③?故夫卒成之政④,必有横暴酷烈之失,而世俗归称⑤,谓之办治⑥。故绌已复进⑦,弃已复用,横迁超取⑧,不由次第。是以残猛之人,遂奋其毒;仁贤之士,劫俗为虐⑨。本操虽异,驱出一揆⑩。故朝廷不获温良之用,兆民不蒙宽惠之德,则百姓之命,委于酷吏之手,嗷嗷之怨⑪,咎归于上。

【注释】

①近汉世所谓良吏,黄侯、召父之治郡视事:本段选自《用臣》。黄侯,即黄霸,字次公,西汉淮阳阳夏(今河南太康)人。武帝时为侍郎谒者。宣帝时,任扬州刺史,迁颍川太守,有治绩,户口岁增,治为天下第一。后迁太子太傅、御史大夫。五凤三年(前55),代丙吉为丞相,封建成侯。为西汉时期"循吏"的代表。任丞相五年病卒。召父,即召信臣,字翁卿,西汉九江寿春(今安徽寿县)人。初以明经为郎,迁穀阳长。宣帝时历任零陵、南阳太守。在南阳劝民农耕,并用郡中水泉,开通沟渎,筑堤闸,灌溉三万顷,郡以殷富。吏民亲爱信臣,号曰"召父"。元帝竟宁中,征为少府,位列九卿。卒官。

②三年有成:三年才见成效。见《论语·子路》。

③造次:片刻。

④卒成:急于求成。卒,通"猝"。

⑤归称:称赞。

⑥办治:指治政有方。

⑦绌:通"黜",贬退,废黜。

⑧超取:越级任用。

⑨劫:胁迫,逼迫。

⑩一揆:谓同一道理,一个模样。

⑪嗷嗷:哀号声。

【译文】

我大汉朝所说的好官员,像黄霸、召信臣,他们治理一个郡处理政事,都将近十年,然后政绩才显著。况且以孔子这样的圣人,尚且说"三年才能有所成就",何况平常人,却要求迅速见成效呢?所以那些急于求成的政绩,必定有横暴酷虐的过失,而世俗之人却都称赞他们,认为是治政有方。所以已经贬黜了的又进用,已经放弃了的又起用,破格提拔,越级任用，全都不按次序。因此残暴凶狠的人，就极力施逞其恶毒；仁爱贤能之士，迫于世俗也帮助做坏事。本来的操守虽然不同，追求的目标却一致。所以朝廷没有温良的官吏可用，万民没有蒙受宽厚仁惠的恩德，那么百姓的性命，就交到了酷吏的手中，大家口中哀号的怨恨声，就归罪于君上了。

夫民[①]，善之则畜[②]，恶之则仇。仇满天下，可不惧哉？是以有国有家者[③]，甚畏其民，既畏其怨，又畏其罚。故养之如伤病，爱之如赤子，兢兢业业，惧以终始。恐失群臣之和，以堕先王之轨也。

【注释】

①夫民：本段选自《用臣》。

②畜：喜爱，爱悦。

③有国有家者：本指诸侯和大夫。诸侯的封地叫做国。卿大夫的封地叫做家。这里泛指君主。

【译文】

民众，对他们好他们就爱戴你，对他们不好他们就仇视你。怨仇满天下，能不畏惧吗？因此拥有国家的君主，非常畏惧他的百姓，既畏惧他们的怨恨自己，又畏惧他们惩罚自己。所以养他们如养伤病，爱护他们如同刚出生的婴儿，兢兢业业，始终畏惧。恐怕失和于群臣，坏了先王的法度。

今朝廷虽屡下恩泽之诏[①]，垂恤民之言，而法度制令，甚失养民之道，劳思而无功，华繁而实寡。必欲求利民之术，则宜沛然改法[②]，有以安固长吏，原其小罪，阔略微过[③]，取其大较惠下而已[4]。

【注释】

①今朝廷虽屡下恩泽之诏：本段选自《用臣》。

②沛然：广泛，普遍。

③阔略：宽恕，宽容。

④大较：大略，大体。

【译文】

如今朝廷虽然屡次颁下施惠于民的诏书，降下忧虑民众疾苦的旨意，但是法度命令，却非常不合养民之道，苦思苦想而没有功效，花朵繁多而果实却很少。如果一定要寻求有利于民众的方法，就应该普遍地改变任官的办法，想办法让县官平安稳定，原谅他们小的罪责，宽容细微的过错，认同他们大致能施惠于民就行了。

昔唐、虞之制[1]，三载考绩，三考绌陟[2]，所以表善而简恶[3]，尽臣力也。汉法亦三年一察治状，举孝廉、尤异[4]。宣帝时，王成为胶东相[5]，黄霸为颍川太守[6]，皆且十年，但就增秩赐金、封关内侯[7]，以次入为公卿[8]。然后政化大行，勋垂竹帛[9]，皆先帝旧法，所宜因循。及中兴后，上官象为并州刺史[10]，祭彤为辽东太守[11]，视事各十八年，皆增秩中二千石[12]。

【注释】

①昔唐、虞之制：本段选自《用臣》。

②绌陟（chù zhì）：指官员的升降。陟，提拔，升迁。

③简：捐弃，剔除。

④孝廉：孝，指孝悌者。廉，指清廉之士。孝廉为统治者选拔人才的

科目，始于汉代，在东汉尤为求仕者必由之途。亦指被推选的士人。尤异：指政绩优异者。在当时举孝廉、尤异都与考察官员政绩有关，如果不能举荐，则是郡守、国相的失职。

⑤王成：西汉宣帝时官员。任胶东相，在考绩中，因安抚了大量流民，"治有异等"，得到明诏褒奖，赐爵关内侯，秩中二千石，后病卒于官。胶东：汉代诸侯国名，秦亡后项羽封田市为胶东王，后为田荣所灭。汉文帝时复置胶东国，景帝时因参加叛乱，国除为郡。后又以胶东郡复置国。西汉末辖境相当于今山东平度、莱阳、莱西等地。

⑥颍川：郡名，战国秦王嬴政十七年（前230）置，汉高祖六年（前201）复置颍川郡，治阳翟（今河南禹州）。辖境相当于今河南登封、宝丰以东，尉氏、郾城以西，新密以南，叶县、舞阳以北地区。

⑦关内侯：爵位名，秦汉二十等爵位中第十九等。有其号，但无封国，有按规定户数征收租税之权。

⑧公卿：三公和九卿的简称。泛指高官。

⑨竹帛：竹简和白绢，古代可供书写。代指史册。

⑩上官象：生平不详。并州：汉武帝置十三刺史部之一。辖境相当于今山西大部及内蒙古、河北的一部分。东汉治所在晋阳（今山西太原西南），辖境扩大，包括今陕西北部及河套地区。

⑪祭彤：字次孙，颍川颍阳（今河南许昌西）人，东汉将领。东汉开国云台二十八将中征虏将军祭遵从弟。光武帝时，任辽东太守近三十年，击退鲜卑，打败匈奴，人们为他立祠纪念。永平年间官至太仆。因出击北匈奴无功，罢职入狱，出狱后数日病死。《后汉书》作"祭肜"。辽东：郡名，战国燕置，秦汉因之，治所在襄平（今辽宁辽阳）。辖境相当于今辽宁大凌河以东、开原以南，朝鲜清川江下游以北地区。

⑫增秩：增俸，升官。中二千石：汉官秩名。秩二千石，一岁得一千

四百四十石，实不满二千石。中二千石者，一岁得二千一百六十石，举成数言之，所以叫中二千石。中，满。石，官员俸禄的计量单位。

【译文】

从前唐尧、虞舜的制度，每三年考核一次官员的治绩，三次考核后决定官员的升降，用来表彰好的剔除坏的，使臣子勉力办事。汉朝的法令也是三年考察一次治理状况，举荐孝廉和政绩优异者。汉宣帝的时候，王成担任胶东国的相，黄霸担任颍川太守，都将近十年，只给增加俸禄、赐予金钱、封关内侯，按晋升顺序入朝直至成为公卿。然后政令教化广泛推行，功勋记载在史册上，这都是先帝旧法，应该遵循。光武中兴之后，上官象担任并州刺史，祭彤担任辽东太守，治政各十八年，都增加俸禄到中二千石。

近日所见①，或一期之中，郡主易数二千石②，云扰波转，溃溃纷纷③，吏民疑惑，不知所谓。及公卿、尚书④，亦复如此。且台阁之职⑤，尤宜简习⑥。帝时尚书，但厚加赏赐，希得外补⑦，是以机事周密，莫有漏泄。昔舜命九官⑧，自受终于文祖⑨，以至陟方⑩，五十年不闻复有改易也。圣人行之于古，以致时雍⑪；文、宣拟式⑫，亦至隆平。若不克从，是羞效唐、虞而耻遵先帝也。

【注释】

①近日所见：本段选自《用臣》。

②二千石：汉制，郡守俸禄为二千石。世因称郡守为“二千石”。

③溃溃纷纷：杂乱无章的样子。

④尚书：官名，掌管文书。汉武帝时地位逐渐重要。东汉正式成为

协助皇帝处理政务的官员。

⑤台阁：汉代指尚书台，辅佐皇帝直接处理政事的官署。

⑥简习：熟悉。简，通“娴”，娴熟。

⑦外补：京官外调。

⑧九官：古传舜设置的九个大臣。

⑨受终：承受帝位。文祖：帝尧始祖之庙。

⑩陟方：巡狩，帝王外出巡视。相传舜帝巡视南方，死于苍梧之郊野，后以“陟方”表示舜之死。

⑪时雍：指时世太平。

⑫文、宣：汉文帝、汉宣帝。拟：模拟。式：效法。

【译文】

然而最近见到，有时一年之中，一个郡更换了几次郡守，像云彩扰动，水波翻转，乱乱纷纷，官吏百姓都很疑惑，不知是什么意思。到了公卿、尚书，也还是这样。况且台阁的职务，尤其应该熟悉政务。先帝时的尚书，只是厚加赏赐，很少能够外放，因此机要事务保守得很严密，没有泄露。从前虞舜任命九个大臣，自从在唐尧的祖庙中承受帝位，直到南巡时去世，五十年间没听说再有更改变动。圣人在古代这样做，获得时世的太平；汉文帝、汉宣帝跟着这样做，也达到昌盛太平。如果不能跟从他们，就是羞于仿效唐尧、虞舜而耻于遵循先帝了。

昔明王之统黎元[①]，盖济其欲而为之节度者也。凡人情之所通好，则恕己而足之[②]。因民有乐生之性，故分禄以颐其士[③]，制庐井以养其萌[④]，然后上下交足，厥心乃静。人非食不活，衣食足，然后可教以礼义，威以刑罚。苟其不足，慈亲不能畜其子[⑤]，况君能捡其臣乎[⑥]？故古记曰[⑦]：“仓廪实而知礼节，衣食足而知荣辱[⑧]。”

【注释】

①昔明王之统黎元：本段及以下几段镰仓本篇题作《内恕》。节录部分提出增加官员俸禄的主张，使他们能够供养父母、妻儿，生活富足。同时，增加俸禄也是为了防止官员贪欲的滋长。黎元，百姓，民众。

②恕己：指站在自身的立场上替别人着想，由自己想到别人。

③颐：养。

④庐井：古代井田制，八家共一井，因称共一井的八家庐舍为庐井。这里泛指田地。萌：通“氓”，老百姓。

⑤畜：孝顺。这里是使动用法，即“使……孝顺”。

⑥捡：约束。

⑦古记：记载古事的书籍。

⑧仓廪实而知礼节，衣食足而知荣辱：见《管子·牧民》。

【译文】

从前英明的君王统治民众，既要帮助他们满足欲望，又要对他们进行节制约束。凡是人的性情所共同喜好的，就是由自己推想到别人并满足他们。因为民众有以生为乐的本性，所以分发俸禄来养士人，制定关于田地的制度来供养民众，然后上下都满足了，他们的心才能安定下来。人没有食物就不能生活，衣服食物充足，然后才可以用礼义来教化，用刑法来威慑。假如衣食不充足，慈爱的双亲也不能让孩子孝顺自己，而君主还能够约束他的臣子吗？所以古书上说：“粮仓充实了才知道礼节，衣食充足了才知道荣耀耻辱。”

今所使分威权、御民人、理狱讼、干府库者[1]，皆群臣之所为，而其奉禄甚薄，仰不足以养父母，俯不足以活妻子。父母者，性所爱也；妻子者，性所亲也。所爱所亲，方将冻馁[2]，虽冒刃求利，尚犹不避，况可令临财御众乎？是所谓渴马守水，饿犬护肉，欲其不侵，亦不几矣[3]。夫事有不疑，势有不然[4]，盖此之类。虽时有素富骨清者[5]，未能百一[6]，不可为天下通率[7]。

【注释】

①今所使分威权、御民人、理狱讼、干府库者：本段选自《内恕》。干，主管，从事。

②冻馁：过分的寒冷与饥饿。

③不几：没有希望，不可希求。

④不然：当作“必然”。

⑤骨清：指品行清高、廉洁。

⑥百一：百分之一。

⑦通率：通常的标准。

【译文】

如今用来分掌职权、管理民众、审理诉讼案件、主管府库的，都是各个官吏在做，而他们的俸禄非常微薄，上不够用来奉养父母，下不够用来养活妻子儿女。父母，是本性所爱的；妻子儿女，是本性所亲的。所爱所亲的人，即将挨饿受冻，即使迎着刀锋去求取财利，也尚且不会逃避，何况让他们掌管财富治理民众呢？这就是所说的让口渴的马看守水源，让饥饿的狗看护肉食，想要让他们不侵占，怕是没有希望的了。事情有不用怀疑的，形势有必然如此的，大概说的就是这些情况。即使不时有家中本就富裕、品行清廉的人，也占不到百分之一，不可以作为天下通例看待。

圣王知其如此[1]，故重其禄以防其贪，欲使之取足于奉，不与百姓争利。故其为士者习推让之风，耻言十五之计[2]，而拔葵去织之义形矣[3]。故三代之赋也[4]，足以代其耕。故晏平仲[⑤]，诸侯之大夫耳，禄足赡五百，斯非优衍之故耶[⑥]？

【注释】

①圣王知其如此：本段选自《内恕》。

②十五之计：指计较利益。十、五都是计数单位，表示计算利益。

③拔葵去织：拔掉自家栽培的葵菜，去掉自家的织布机。比喻做官的不与人民争利。这是春秋时鲁相公仪休之事。《史记·循吏列传》："（公仪休）食茹而美，拔其园葵而弃之。见其家织布好，而疾出其家妇，燔其机，云：'欲令农士工女安所雠其货乎？'"

④赋：赋予。这里指给官员的俸禄。

⑤晏平仲：即晏婴，字平仲，春秋后期齐国大臣。以生活节俭、谦恭下士著称。

⑥优衍：充足富裕。

【译文】

圣明的君王知道情况如此，所以增加他们的俸禄来防止贪污，想要让他们从俸禄中得到满足，不跟百姓争利。所以那些士人都习惯推让的风气，耻于计较利益，而像鲁相公仪休拔掉后院葵菜、除去自家织布机那样不跟民众争利的道义就形成了。所以夏、商、周三代给官员的俸禄，足够代替他们自己耕作谋生。所以晏婴，只是诸侯的大夫罢了，俸禄却足够赡养五百家，这还不是俸禄优厚的缘故吗？

昔在暴秦[①]，反道违圣，厚自封宠，而虏遇臣下[②]。汉兴因循，未改其制。夫百里长吏[③]，荷诸侯之任，而食监门之禄[④]。请举一隅以率其余[⑤]。一月之禄，得粟二十斛、钱二千[⑥]。长吏虽欲崇约，犹当有从者一人，假令无奴，当复取客[⑦]。客庸一月千[⑧]，刍膏肉五百[⑨]，薪炭、盐、菜又五百，二人食粟六斛，其余财足给马，岂能供冬夏衣被、四时祠祀、宾客升酒之费乎[⑩]？况复迎父母、致妻子哉？不迎父母，则违定省[⑪]；不致妻子，则继嗣绝。迎之不足相赡，自非夷、齐[⑫]，孰能饿死？于是则有卖官鬻狱、盗贼主守之奸生矣[⑬]。

【注释】

①昔在暴秦：本段选自《内恕》。

②虏遇：像对待奴隶一样对待。

③百里长吏：指县令。百里，古时一县所辖之地，代指县。

④监门：守门小吏。

⑤举一隅：举一个例子。一隅，一个角落。引申指事物的一个方面。

⑥斛：古代容量单位，十斗为一斛。

⑦客：指受雇的仆人。

⑧庸：同“佣”，受雇者的工钱。

⑨刍膏肉：泛指各种肉食。刍，指牛羊。《吕氏春秋·季冬纪·季冬》：“命同姓之国供寝庙之刍、豢。”高诱注：“牛羊曰刍。”膏，肥肉。

⑩祠祀：祭祀，立祠祭神或祭祖。

⑪定省：指子女早晚向父母请安。

⑫夷、齐：指伯夷、叔齐。

⑬卖官鬻狱：出卖官爵，收受贿赂而枉法断案。鬻狱，受贿而枉断官司。盗贼主守：掌管库房的人自己做了盗贼，即监守自盗。主守，负责守护库房的人。

【译文】

从前在残暴的秦朝，违反圣人正道，给自己宠幸的人厚重的封赏，却像对待奴隶一样对待臣子。汉朝建立后沿袭秦朝制度，没有改变。掌管方圆百里的县令，承担着以前诸侯的重任，而只享有看门小吏的俸禄。

请让我举一个例子来概括其余情况。一个月的俸禄，有二十斛谷子、二千钱。县令即使想崇尚节俭，还是应该有一个仆从，假如没有奴仆，应当再雇佣仆人。仆从的工钱每月一千钱，各种肉五百钱，柴炭、盐、蔬菜又要五百钱，二人吃的谷子要六斛，剩下的只够喂马，难道还能供给冬天夏天的衣服被子、四季的祭祀、招待宾客喝点酒的费用吗？何况还要奉迎父母、娶妻生子呢？不奉迎父母，那就违背了早晚向父母问安的礼仪；不娶妻生子，那么就断了后代。奉迎来了又不能够赡养，如果不是伯夷、叔齐那样高洁的人，谁能甘心饿死？于是出卖官职、受贿而枉断官司、监守自盗的罪恶就产生了。

孝宣皇帝悼其如此[①]，乃诏曰："吏不平则治道衰。今小吏皆勤事，奉之薄，欲其不侵渔百姓[②]，难矣！其益吏奉百石以下什五[③]。"然尚俭隘[④]，又不上逮[⑤]。古赋禄虽不可悉遵，宜少增益，以赒其匮[⑥]，使足代耕自供，以绝其内顾念奸之心[⑦]。然后重其受取之罚[⑧]，则吏内足于财，外惮严刑，人怀《羔羊》之洁[⑨]，民无侵枉之性矣。

【注释】

①孝宣皇帝悼其如此：本段选自《内恕》。孝宣皇帝，汉宣帝刘询。

②侵渔：侵夺，从中侵吞牟利。

③什五：十分之五。

④俭隘：低微，不富裕。

⑤不上逮：指未顾及一百石以上的官吏。逮，顾及，照顾到。

⑥赒（zhōu）：周济，救济。

⑦内顾：顾念家中。

⑧受取：指贪污受贿。

⑨《羔羊》：即《诗经·召南·羔羊》，赞美了在位者节俭正直的德行。

【译文】

汉宣帝哀怜官员这样的处境，于是颁下诏书说："官吏不廉洁公平那么国家就治理不好。如今下级官吏都勤于职事，但俸禄微薄，想要他们不侵夺百姓，就难了！一百石以下官吏增加俸禄十分之五。"但还是很少，又没顾及一百石以上的官员。古代的俸禄标准虽然不能全都遵循，但也应该稍有增益，来周济官吏的困乏，让俸禄足够代替耕种来供给家用，好断绝他们因顾家而想做坏事的心理。然后对贪污受贿进行重罚，那么官吏家中钱财充足，做官又害怕严刑，人人都有《羔羊》诗中的纯洁品行，民众就不会遭侵害、受冤屈了。

昔周之衰也[①]，大夫无禄，诗人刺之[②]；暴秦之政，始建薄奉；亡新之乱[③]，不与吏除。三亡之失，异世同术，我无所鉴？夏后及商[④]，覆车之轨，宜以为戒。

【注释】

①昔周之衰也：本段选自《内恕》。

②诗人刺之：见《诗经·小雅·正月》："忧心惸惸（qióng），念我无禄。"讽刺的是周幽王。惸惸，忧愁的样子。

③亡新：即王莽所建立之新朝，时已灭亡。

④夏后：夏后氏，指夏朝。

【译文】

从前周朝衰落，大夫没有俸禄，诗人写诗讽刺；暴虐的秦朝当政，开始建立薄俸制度；灭亡的新朝乱世，不给官吏升迁。这灭亡的三朝的过失，时代不同却原因相同，我朝能够无所借鉴吗？夏朝和商朝翻车的轨迹，应该引以为戒。

大赦之造[①]，乃圣王受命而兴，讨乱除残，诛其鲸鲵[②]，赦其臣民，渐染化者耳[③]。及战国之时，犯罪者辄亡奔邻国，遂赦之以诱还其逋逃之民[④]。汉承秦制，遵而不越。孝文皇帝即位二十三年乃赦，示不废旧章而已。近永平、建初之际，亦六七年乃一赦命，命子皆老于草野[⑤]，穷困惩艾[⑥]，比之于死[⑦]。

【注释】

①大赦之造：本段及以下几段镰仓本篇题作《去赦》。去赦，废除赦免的制度。节录部分强调频繁颁布赦令没有好处。为了保持刑罚的威慑力，应该不再赦免，或者“十岁以上，乃时一赦”。造，始。

②鲸鲵（ní）：即鲸。雄曰鲸，雌曰鲵。引申指元凶、罪魁。

③染化：熏陶教化。

④逋（bū）逃：逃亡，流亡。

⑤命子：亡命之人。

⑥惩艾（yì）：戒惧。

⑦比：皆。之：至。

【译文】

大赦的开始，是圣明的君王受天命而兴起，讨灭暴乱的国家，诛杀其元凶，赦免他们的臣民，逐步地感化他们。到了战国的时候，犯罪的人往往逃往邻国，于是就赦免他们，好引诱那些逃亡的民众返回。汉承秦制，遵行而不违背。汉文帝登上皇位二十三年才实行大赦，不过是为表示不废除过去的制度罢了。后来明帝永平、章帝建初之际，也是六七年才一次大赦，亡命之徒都在乡野间终老，穷困戒惧，都这样到死为止。

顷间以来[①]，岁且一赦，百姓忸忲[②]，轻为奸非[③]，每迫春节儌幸之会[④]，犯恶尤多。近前年一期之中，大小四赦。谚曰："一岁再赦，奴儿喑噁[⑤]。"况不轨之民，孰不肆意？遂以赦为常俗。初期望之，过期不至，亡命蓄积，群辈屯聚[⑥]，为朝廷忧。如是则劫[⑦]，不得不赦。赦以趣奸[⑧]，奸以趣赦，转相驱蹴[⑨]，两不得息，虽日赦之，乱甫繁耳。由坐饮多发消渴[⑩]，而水更不得去口，其归亦无终矣。

【注释】

①顷间以来：本段选自《去赦》。

②忸忕（tài）：即"忸忲"。习惯。

③奸非：邪恶不法。

④春节：指春季。春季是万物生发的季节，古人顺应节气，常在春季实行大赦。儌幸：侥幸。

⑤喑噁（yìn wù）：发怒声。

⑥群辈：朋辈，同类。屯聚：集结。

⑦劫：受到威胁。

⑧趣：促使。

⑨驱蹴（cù）：逼赶，催促。蹴，通"蹙"，促使。

⑩坐：因为。消渴：中医学病名，症状为口渴、善饥、尿多、消瘦。

【译文】

最近以来，一年就要赦免一次，百姓已经习惯，轻易地为非作歹，每逢迫近春季有侥幸获得赦免的机会，犯罪作恶就特别多。最近前年一年之中，大小四次赦免。谚语说："一年两次赦令，奴仆小儿都要发怒。"何况那些不法之徒，谁还不肆意妄为呢？犯罪者于是把赦免当做惯例。起初期望赦免，过了时间赦令没有来到，便逃亡相聚，朋辈集结，成为朝廷的忧患。像这样朝廷就被迫不得不赦免。赦免促使作恶，作恶促使赦免，相互推动，都不能罢休，即使天天赦免，乱子也将越来越多。就像由于多喝水引发消渴症，病发了水更是不能离口，那么最终也就没有头了。

又践祚改元际未尝不赦[①]，每其令曰："荡涤旧恶，将与士大夫更始[②]。"是裒己薄先[③]，且违"无改"之义[④]，非所以明孝抑邪之道也。

【注释】

①又践祚改元际未尝不赦：本段选自《去赦》。践祚，即位，登基。

②更始：除旧布新，重新开始。

③裒（bāo）：同"褒"。

④无改："三年无改于父之道"的节略，见《论语·学而》。是说孝子思念去世的父亲，三年都不忍改变父亲做的事。

【译文】

另外皇帝登基、改换年号之际未曾不大赦，每每下令说："扫除旧的邪恶，将要与士大夫一起除旧布新。"这是褒扬自己鄙薄先帝，而且违背了"三年无改于父之道"的道理，不是用来彰明孝道抑制邪恶的方法。

昔莞子有云[①]："赦者，奔马之委辔；不赦者，痤疽之砭石[②]。"及匡衡、吴汉[③]，将相之隽[④]，而皆建言不当数赦。今如欲尊先王之制，宜旷然更下大赦令[⑤]，因明谕使知永不复赦，则群下震栗[⑥]，莫轻犯罪。纵不能然，宜十岁以上，乃时一赦。

【注释】

①昔莞子有云：本段选自《去赦》。莞子，即管子。莞，同"管"。

②“赦者”几句：见《管子·法法》。痤疽（cuó jū），痈疽，毒疮。砭石，古代用来刺破毒疮、排除脓血的石针。

③匡衡：字稚圭，西汉大臣。元帝时位至丞相。吴汉：字子颜，南阳宛（今河南南阳）人。初为亭长，后贩马为业。更始帝立，任安乐令。归附刘秀后从平河北，为偏将军。后与诸将拥刘秀为帝，官拜大司马，封广平侯。为东汉名将，深受光武帝信任。

④儁：通“俊”，才智出众的人。

⑤旷然：这里指公开、不加掩饰。

⑥震栗：惊惧，战栗。

【译文】

从前管子有这样的话：“赦免，就像奔马去掉了驾驭它的缰绳；不赦免，就像治疗痈疽的石针。”后来到了匡衡、吴汉，二人都是将相中的俊才，他们都建言不应当经常赦免。如今要想遵行先王的制度，应该公开更改以前下大赦令的做法，然后明确告知人们永远不再赦免，那么下面的人就会惊惧战栗，不敢轻易犯罪。即使不能这样，也应该十年以上才适时赦免一次。

仲长子昌言

【题解】

《仲长子昌言》，东汉仲长统著。昌言，即善言，正言。据《后汉书·王充王符仲长统列传》载，仲长统"每论说古今及时俗行事，恒发愤叹息。因著论名曰《昌言》，凡三十四篇，十余万言"。原书已佚，《后汉书》本传录有《理乱》《损益》《法诫》三篇。此外，《群书治要》《意林》《齐民要术》《文选》《太平御览》等书也保存有某些片断。本书针对东汉末年的弊政，提出反对社会不公与外戚宦官干政的主张，认为应"限夫田以断并兼""急农桑以丰委积""严禁令以防僭差""察苛刻以绝烦暴"，主张"政不分于外戚之家，权不入于宦竖之门"。反对"选士而论族姓阀阅"，主张"核才艺以叙官宜"。还提出"人事为本，天道为末"的观点，强调人事的作用，反对把问题归咎于天命。

《隋书·经籍志》子部杂家类："《仲长子昌言》十二卷。"注曰："汉尚书郎仲长统撰。"《旧唐书·经籍志》作十卷。《新唐书·艺文志》移入儒家类，亦作十卷。宋《崇文总目》列入杂家，作三卷。《宋史·艺文志》作二卷，亦列杂家。《郡斋读书志》《直斋书录解题》不复著录。清严可均《全后汉文》辑其佚文二卷，另有马国翰《玉函山房辑佚书》本。

仲长统，字公理，山阳高平（今山东金乡西北）人。自幼聪颖好学，博览群书，长于文辞。性格豪爽，洒脱不拘，敢直言，时人称为狂生。凡州郡征召为官，皆称疾不就。汉献帝时，尚书令荀彧闻其名，荐为尚书郎。后参丞相曹操军事，但未得重用。献帝逊位之年卒，时年四十一。唐韩愈《后汉三贤赞》评价仲长统道："论说古今，发愤著书，《昌言》是名。友人缪袭，称其文章，足继西京。"《后汉书》本传记载，仲长统友人东海缪袭称其才章足继西汉董仲舒、贾谊、刘向、扬雄。

《群书治要》节录《仲长子昌言》八篇中的部分内容，主要是针砭时弊、直言劝谏君主。仲长统认为道德教化是治国的根本，而刑罚应作为辅助手段。提倡礼义廉耻，对当时社会一些放荡不拘的行为、污秽反常的风俗进行批评。他劝谏君主要严防外戚、宦官干乱朝政，并举两汉诸多事例加以论证，希望君主引以为戒。他还劝谏君主治国要守持中正之道，节制私欲，崇尚节俭。又提出国君应礼敬朝廷重臣，常与臣僚从容议论国家大事，绝不要陷入不可劝谏的境地。此外，还主张"人事为本，天道为末"，统治者要任用贤能，关注国家政务，则天道自然和谐。

德教者[①]，人君之常任也，而刑罚为之佐助焉。古之圣帝明王所以能亲百姓[②]，训五品[③]，和万邦，蕃黎民[④]，召天地之嘉应[⑤]，降鬼神之吉灵者[⑥]，实德是为，而非刑之攸致也。至于革命之期运[⑦]，非征伐用兵，则不能定其业；奸宄之成群[⑧]，非严刑峻法，则不能破其党。时势不同，所用之数[⑨]，亦宜异也。教化以礼义为宗[⑩]，礼义以典籍为本。常道行于百世，权宜用于一时，所不可得而易者也。故制不足，则引之无所至；礼无等，则用之不可依；法无常，则网罗当道路[⑪]；教不明，则士民无所信。引之无所至，则难以致治；用之不可依，则无所取正；罗网当道路，则不可得而避；士民无所信，则其志不知所定，非治理之道也。诚令方来之作，礼简而易用，仪省而易行，法明而易知，教约而易从；篇章既著，勿复刊剟[12]；仪故既定[13]，勿复变易。而人主临之以至公，行之以忠仁，壹德于恒久，先之用己身。又使通治乱之大体者，总纲纪而为辅佐；知稼穑之艰难者[14]，亲民事而布惠利。政不分于外戚之家[15]，权不入于宦竖之门[16]。下无侵民之吏，京师无佞邪之臣。则天神可降，地祇可出[17]。

【注释】

①德教者：本段及下一段镰仓本篇题作《德教》。德教，道德教化，这是为君者治国的根本，而刑罚只应作为辅助手段。

②亲百姓：使百姓相亲。

③训：顺。五品：五常，指五种伦常道德，即父义、母慈、兄友、弟恭、子孝。

④和万邦，蕃黎民：见《尚书·尧典》："协和万邦，黎民于变时雍。"蕃黎民，使人民变化迁善。蕃，通"变"。孔安国传："言天下众民皆变化从上，是以风俗大和。"即迁善的意思。

⑤嘉应：祥瑞。

⑥吉灵：吉庆的福佑。

⑦革命：谓实施变革以应天命。古代认为王者受命于天，改朝换代是天命变更，因称革命。期运：机运，时机。

⑧奸宄（guǐ）：违法作乱的人。

⑨数：道术，方法。

⑩宗：根本，根基。

⑪网罗：比喻法网。

⑫刊剟（duō）：删削。

⑬仪故：礼仪成例。

⑭稼穑：种植和收获。泛指农业劳动。

⑮外戚：指帝王的母族、妻族。

⑯宦竖：对宦官的贱称。

⑰地祇（qí）：地神。

【译文】

道德教化，这是君主常用的方法，而刑罚是道德教化的辅助手段。古代的圣明帝王之所以能够使百姓相亲，顺从人伦常理，使万国协和，使黎民百姓变化迁善，使天地的祥瑞来到，使百神的福佑降临，实在是由于施行德政，而不是刑罚所致。至于在改朝换代的革命时期，不是用兵征伐，就不能奠定基业；成群的违法作乱者，不用严刑峻法，就不能击破他们的团伙。时势不同，所采用的方法，也应该不同。教化把礼义作为基础，礼义把经典作为根据。恒常之道实施于百代，权宜之计应用于一时，这是不能改变的。所以制度不完备，那么取用它就无所成；礼制没有等级规定，那么使用就没有依据；法令没有定准，那么法网就布满道路；教令不明确，那么士人与民众就无所信从。取用制度无所成，国家就难以得到治理；礼制的使用没有依据，就无所取法；法网布满道路，就无法躲避；士人和民众无所信从，他们的心意就摇摆不定，这不是治理国家的方法。如果能使将来的制度，礼制简明而容易使用，仪节省约而容易施行，法度明确而容易知晓，教令简约而容易遵从；条令文字已经写好，就不要再进行删削；礼仪成例已经制定，就不要再变更。而君主用最公正之心来监督这些事，用忠实仁爱来履行这些事，一心一意永久不变，并以身作则进行倡导。再让通晓国家治乱大局的人，总领治国的大纲作为天子的辅佐；让知道农业生产艰难的人，亲自掌管民生之事而布施恩惠。政事不分给外戚之家，权力不进入宦官之门。下面没有侵夺百姓的官吏，京都没有奸邪的臣子。那么天神就可以降临，地神也就可以出现了。

大治之后[①]，有易乱之民者，安宁无故[②]，邪心起也。大乱之后，有易治之势者，刱艾祸灾[3]，乐生全也。刑繁而乱益甚者，法难胜避[4]，苟免而无耻也。教兴而罚罕用者，仁义相厉[5]，廉耻成也。任循吏于大乱之会[6]，必有恃仁恩之败。用酷吏于清治之世[7]，必有杀良民之残。此其大数也。我有公心焉，则士民不敢念其私矣。我有平心焉[8]，则士民不敢行其险矣；我有俭心焉，则士民不敢放其奢矣：此躬行之所征者也[9]。开道涂焉[10]，起堤防焉，舍我涂而不由，逾堤防而横行，逆我政者也。诰之而知罪[11]，可使悔过于后矣；诰之而不知罪，明刑之所取者也。教有道，禁不义，而身以先之，令德者也；身不能先，而总略能行之[12]，严明者也。忠仁为上，勤以守之，其成虽迟，君子之德也。谲诈以御其下[13]，欺其民而取其心，虽有立成之功，至德之所不贵也。

【注释】

①大治之后：本段选自《德教》。

②无故：指没有发生变故。

③刱艾（yì）：戒惧。

④法难胜避：法网难以躲避。

⑤相厉：互相激励，互相劝勉。厉，同“励”。

⑥循吏：守法循理的官吏。

⑦清治：清平安定。

⑧平心：无所偏袒之心。

⑨征：效验，效果。

⑩道涂：道路，路途。

⑪诰：告诉，告诫。特指上面告知下面。

⑫总略：大略。

⑬谲诈：奸诈。

【译文】

天下安定之后，有容易作乱的民众，是因为长期安宁没有变故发生，人们就会产生邪恶的念头。大乱之后，有容易治理的趋势，是因民众遭受灾祸创伤而戒惧，都乐意保全生命。刑罚繁多而混乱却加剧，是因为法网难以躲避，人们只求免祸而没有羞耻之心。教化施行而刑罚很少使用，是因为人们以仁义互相勉励，已经有了廉耻之心。在大乱的时候任用奉法循理的官吏，必定会有依仗仁爱恩德而败坏政事的事。在清平安宁的世道任用滥用刑法的官吏，必然会有杀害良民的暴行。这就是治理的大致规律。我有公正之心，那么民众就不敢想着他们的私利了。我有无所偏袒之心，那么民众就不敢冒险做犯法的事了；我有节俭之心，那么民众就不敢放纵他们的奢侈了：这就是君主亲自实行所起的效果。用道德教化开辟道路，用刑罚筑起堤防，有人舍弃我的道路不走，越过我的堤防肆意横行，这是违逆我政令的乱民。告诫他而知罪了，可以让他以后悔过不再犯；告诫他而不知罪，严明的刑罚就要落到他身上了。教化有道德的人，禁止不讲道义的人，而自身率先做到，这是有美德的君主；自身不能率先做到，但是大体上能够施行，这是严明的君主。崇尚忠诚与仁爱，并勤恳地守持住，成就虽然来得缓慢，但这是君子的德行。用诡诈来驾驭臣下，用欺骗民众来取得民心，即使有速成的功效，也是盛德之人所不看重的。

廉隅贞洁者[①]，德之令也；流逸奔随者[②]，行之污也。风有所从来，俗有所由起。疾其末者刈其本[③]，恶其流者塞其源。夫男女之际，明别其外内，远绝其声音，激厉其廉耻[④]，涂塞其亏隙[⑤]，由尚有胸心之逸念，睇盼之过视[⑥]，而况开其门、导其径者乎？今嫁娶之会，捶杖以督之戏谑[7]，酒醴以趣情欲[8]，宣淫佚于广众之中[9]，显阴私于族亲之间[10]。污风诡俗[11]，生淫长奸，莫此之甚，不可不断者也。

【注释】

①廉隅贞洁者：本段镰仓本篇题作《损益》，对当时人们一些放荡不拘的行为、污秽反常的风俗进行批评，主张禁绝这些“污风诡俗”。廉隅，品行端方，检点约束。贞洁，坚守贞操。

②流逸：放荡自纵。奔随：谓女子跟随男子私奔。

③刈（yì）：消除，除去。

④激厉：勉励，刺激使奋发。

⑤涂塞：堵塞。亏隙：缺损缝隙。这里指男女之间有可乘之机。

⑥睇（dì）盼：顾盼。过视：失礼的注视。指男女之间越礼。

⑦督：助长，促。

⑧酒醴：指喝酒、纵酒。醴，甜酒。趣：促进，激发

⑨淫佚：纵欲放荡。

⑩阴私：隐秘不可告人的事。

⑪诡俗：怪异反常的风俗。

【译文】

检点约束坚守贞操，是美好的德行；行为放荡男女私奔，是污秽的品行。风气有其由来，习俗有其起源。憎恶其结果就要斩断其根本，厌恶其流布就要堵塞其源头。男女之间，明确区分他们的内外之别，远远地隔断他们的声音，激发他们的廉耻之心，堵塞他们的可乘之机，他们心中尚且还有一丝放荡的想法，有失礼的斜视，更何况替他们开门引路呢？如今嫁娶的婚宴上，用棍棒敲打新郎以助长客人的戏谑调笑，用喝酒来激发情欲，在大庭广众之中宣扬纵欲放荡，在家族亲戚之间暴露隐私。污秽的风气奇怪的习俗，滋长奸邪，没有比这个更严重的了，不可以不禁绝。

汉兴以来[①]，皆引母妻之党为上将[②]，谓之辅政，而所赖以治理者甚少，而所坐以危乱者甚众[③]。妙采于万夫之望[④]，其良犹未可得而遇也，况欲求之妃妾之党，取之于骄盈之家，徼天幸以自获其人者哉[⑤]？夫以丈夫之智，犹不能久处公正，长思利害，耽荣乐宠[⑥]，死而后已。又况妇人之愚，而望其遵巡正路，谦虚节俭，深图远虑，为国家校计者乎[⑦]？故其欲关豫朝政[⑧]，恇快私愿[⑨]，是乃理之自然也。

【注释】

①汉兴以来：本段及以下几段镰仓本篇题作《法诫》。节录部分指出外戚、宦官干政的危害，告诫为君者应以此为鉴。汉兴，汉朝中兴，指东汉。

②党：亲族。上将：指大将军。汉代的大将军地位等同于三公，本掌管军事，是统军之帅，再加上“录尚书事”头衔，则以大将军之职执掌朝政，称为“辅政”。

③坐以：因此。

④妙采：精心挑选。

⑤天幸：天赐之幸，侥幸。

⑥耽：沉溺。

⑦校计：计较，打算。

⑧关豫：参与，关心。

⑨恇快：《昌言校注》作“惬快”，满足，称心。译文按“惬快”。

【译文】

汉朝中兴以来，都是提拔母亲、妻子的亲族作为大将军，称为辅政，但国家靠他们得到治理的很少，因此而危乱的却很多。从万众仰望的人中精心选择，那优秀的人才还不一定能遇到，何况从妃妾的亲族中寻求，从骄纵自满的家庭中择取,企图侥幸获得合适的人选呢?凭借男人的智慧,尚且不能长久地秉持公正,长久地思虑利害,而是沉溺于荣华而享乐于宠爱中,到死方休。又何况以妇人的愚蠢,而希望她们遵循正道,谦虚节俭,深谋远虑,为国家打算吗?所以她们想要参与朝政,快意于满足私愿,这是自然的道理。

昔赵绾白不奏事于太后①,而受不测之罪;王章陈日蚀之变②,而取背叛之诛。夫二后不甚名为无道之妇人③,犹尚若此,又况吕后、飞燕、傅昭仪之等乎④?夫母之于我,尊且亲,于其私亲,亦若我父之欲厚其父兄子弟也;妻之于我,爱且媟⑤,于其私亲,亦若我之欲厚我父兄子弟也。我之欲尽孝顺于慈母,无所择事矣;我之欲效恩情于爱妻妾⑥,亦无所择力矣。而所求于我者,非使我有四体之劳苦⑦,肌肤之疾病也;夫以此欬唾盼睇之间⑧,至易也,谁能违此者乎?唯不世之主⑨,抱独断绝异之明,有坚刚不移之气,然后可庶几其不陷没流沦耳⑩。

【注释】

①昔赵绾白不奏事于太后:本段选自《法诫》。赵绾,西汉代郡(治今河北蔚县东北)人。从申公学《诗》。武帝时,为御史大夫。曾请立明堂以朝诸侯。后因和王臧上书武帝不要再向太皇太后窦氏请示奏报,触怒窦太后,遭罢官,下狱自杀。白,禀报,陈述。

②王章:字仲卿,西汉泰山巨平(今山东泰安西南)人。以文学为官,稍迁至谏大夫,敢直言。元帝初,擢为左曹中郎将,劾奏中书令石显,被陷免官。成帝立,征为谏大夫,迁司隶校尉,大臣贵戚敬惮之。后为京兆尹。时帝舅王凤辅政,逢日食,王章遂上书指

斥王凤专权，称日食是“阴侵阳”“臣专君”之象，应罢免王凤官职，另择贤良替代。后为王凤所陷，以大逆罪下狱，死狱中。

③二后：指窦、王二后。

④吕后：汉高祖皇后。楚汉战争初，为项羽所俘，后释还。刘邦称帝，立为皇后。助高祖杀韩信、彭越等异姓王。子惠帝即位，又虐杀戚夫人，毒死赵王如意。惠帝卒，临朝称制，排斥刘邦旧臣，立诸吕为王，使掌南北军。死后，诸吕欲作乱，为周勃、陈平诛灭。飞燕：赵飞燕，西汉成帝皇后。原为阳阿公主家歌女，以体轻善舞，故称飞燕。成帝微行过公主家，悦而召入宫，为婕妤。永始元年（前16）立为后。与其妹赵昭仪专宠十余年。无子，后宫有产子者辄为所害。哀帝立，尊为皇太后。平帝即位，废为庶人，自杀。傅昭仪：汉元帝妃嫔，汉哀帝祖母。元帝创设昭仪，与冯媛同封昭仪，甚得宠幸。哀帝即位，被尊为恭皇太后。骄横后宫，曾以诅咒罪诬陷冯媛，命其饮药自杀。王莽掌权，贬傅氏尊号。等：类。

⑤媟（xiè）：亲密，亲热。

⑥效：报效，报答。

⑦四体：指整个身体，身躯。

⑧欬（kài）唾：咳嗽吐唾沫。形容不费力气或时间短暂。盼睇：顾盼，看来看去。

⑨不世：不是一世所能有的，指非凡。

⑩陷没：陷落，沉没。流沦：沉沦。

【译文】

从前赵绾上书建议不向太后奏报政事，而蒙受意外之罪；王章陈奏日食的变故，而获背叛之罪被诛杀。窦、王二后还不太算是不行正道的妇人，尚且是这样，又何况吕后、赵飞燕、傅昭仪之类呢？母亲对于我，是尊贵而且亲近的人，她对于自己的亲属，也像我父亲想要厚待他的父兄子弟一样；妻子对于我，是恩爱而且亲密的人，她对于自己的亲属，也像我想要厚待我的父兄子弟一样。我要对慈母尽孝，什么事情都可以做；我想要对爱妻爱妾报答恩情，也不会惜力。而那些对我有所请求的人，又没有让我身体劳苦，肌肤生病；凭此转眼之间即成之事，很容易做到，谁能违背这样的请求呢？只有非凡的君主，有独自决断、非同常人的圣明，有坚定不移的气概，然后大概才可以不陷入其中。

宦竖者[①]，传言给使之臣也[②]。拚扫是为[③]，趋走是供。傅近房卧之内[④]，交错妇人之间，又亦实刑者之所宜也[⑤]。孝宣之世，则以弘恭为中书令、石显为仆射[⑥]。中宗严明[⑦]，二竖不敢容错其奸心也[⑧]。后暨孝元，常抱病而留好于音乐[⑨]，悉以枢机委之石显[⑩]，则昏迷雾乱之政起，而仇忠害正之祸成矣。呜呼！父子之间，相监至近[⑪]，而明暗之分若此，岂不良足悲耶？孝桓皇帝起自蠡吾而登至尊[⑫]，侯览、张让之等以乱承乱[⑬]，政令多门，权利并作，迷荒帝主，浊乱海内。高命士恶其如此[⑭]，直言正谕，与相摩切[⑮]，被诬见陷，谓之"党人[⑯]"。灵皇帝登自解犊[⑰]，以继孝桓，中常侍曹节、侯览等[⑱]，造为维纲[⑲]，帝终不寤，宠之日隆，唯其所言，无求不得。凡贪淫放纵，僭凌横恣，挠乱内外，螫噬民化[⑳]，隆自顺、桓之时[㉑]，盛极孝灵之世，前后五十余年。天下亦何缘得不破坏耶？古之圣人，立礼垂典[㉒]，使子孙少在师保[㉓]，不令处于妇女小人之间，盖犹见此之良审也。

【注释】

①宦竖者：本段选自《法诫》。

②给使：供人役使。

③拚（fèn）扫：扫除。

④傅近：接近。

⑤刑：特指宫刑。

⑥弘恭：西汉沛（今江苏沛县）人。少受腐刑，为中黄门。宣帝为加强皇权，以宦官典掌机要，被任命为中书令。明习法令，善为奏请。元帝即位，与石显并得宠信，曾谮杀前将军萧望之等。中书令：官名。西汉为“中书谒者令”简称。武帝时置，由宦官担任，掌收纳尚书奏事、传达皇帝诏令。石显：字君房，西汉济南（治今山东章丘）人。少受腐刑，为中黄门。宣帝时为中书仆射。元帝时为中书令，事无大小，由显决断，贵幸倾朝。谮害萧望之、贾捐之、京房、张猛等大臣，结党营私。成帝即位，迁长信中太仆，失势。后免官，徙归故里，途中病死。仆射：官名，秦、汉置，为侍中、谒者、博士、郎等诸官之长。依其职事为称，如谒者之长称谒者仆射，侍中之长称侍中仆射等。因古时重武臣，以善射者掌事，故名。

⑦中宗：汉宣帝的庙号。

⑧容错：施用，施行。错，通“措”。

⑨留好：留恋，留意。

⑩枢机：机要。

⑪监：借鉴。

⑫孝桓皇帝：汉桓帝刘志。蠡吾侯刘翼之子，翼死，袭爵。汉质帝驾崩，刘志即位，初梁太后临朝听政，外戚梁冀掌握大权。后来刘志依靠宦官单超等诛大将军梁冀，单超、徐璜、左悺、唐衡、具瑗被封为侯，自此宦官专权。蠡吾：在今河北博野。

⑬侯览：山阳防东（今山东金乡西南）人。宦官。桓帝初，为中常侍。以诛梁冀功封高乡侯。灵帝时诬陷少府李膺、太仆杜密，并处以极刑。为人贪猾，受贿以巨万计，是东汉宦官专权的主要代

表人物。后被朝臣劾奏，自杀。张让：颍川（治今河南禹州）人。宦官。桓帝、灵帝时历任小黄门、中常侍等职。在职专权贪贿，骄纵不法，大兴宫室，暴敛百姓。少帝立，大将军何进欲诛张让等，谋泄，让等先发制人，共杀何进。袁绍勒兵诛宦官，张让劫少帝逃走，投河而死。

⑭高命：高明。

⑮摩切：规劝。

⑯党人：桓帝时，李膺等官员与郭泰为首的太学生联合反对宦官专权，被诬陷为结党诽谤朝廷。延熹九年（166），桓帝下令逮捕李膺等“党人”二百多人。后虽释放，但放归田里，终身不许为官，史称第一次“党锢之祸”。见《后汉书·党锢列传》。

⑰灵皇帝：汉灵帝刘宏，早年袭爵解犊亭侯。即位后，施行党锢及宦官政治，在位晚期，爆发了黄巾起义。解犊亭：在今河北安国东北。

⑱中常侍：官名。为皇帝近侍，可入禁中。东汉时由宦者担任，掌侍从左右，从入内宫，赞导内众事。皇上提出问题时，负责解答，或受差遣办事。曹节：字汉丰，南阳新野（今河南新野）人。宦官。历任小黄门、中常侍等职。以迎立灵帝功封长安乡侯。参与诛杀朝臣窦武、陈蕃等，是东汉后期专擅朝政的主要宦官之一。

⑲维纲：张网的大绳。引申指法网。

⑳螫（shì）噬：指像毒虫刺人和野兽咬人。民化：当为“民治”。唐避高宗李治讳，改为“民化”。民治即民政。

㉑顺：指汉顺帝刘保。汉安帝子，少帝刘懿死后，被中黄门孙程等拥立即帝位。在位十九年，相继任用宦官、外戚。

㉒垂典：传下典章。

㉓师保：古时辅弼帝王和教导王室子弟的官，有师有保，统称师保。

【译文】

宦官，是宫中传话、供人役使的小臣。干扫除的活，替人跑腿做事。

靠近宫中卧房之内，混杂在妇人之间，也确实是受过宫刑的人所适宜做的。汉宣帝的时候，就用弘恭任中书令、石显任仆射。宣帝法度严明，这两个宦官不敢施行他们的坏念头。后来到汉元帝时，经常生病而留恋音乐，就把朝廷的机要事务全都委托给了石显，黑暗昏乱的朝政就此开启，而仇视忠良、陷害正直的祸患也就此形成。哎呀！宣帝、元帝父子之间，相互对比借鉴很近便，而明智与昏昧的区别竟然这样大，难道不真的令人悲伤吗？汉桓帝以蠡吾侯的身份登上皇位，侯览、张让等人乱上添乱，政出多门，权力财势日盛，迷惑皇帝，扰乱天下。高明的士人厌恶他们这样，直言正告，一同规谏，却被诬蔑陷害，称他们为"党人"。汉灵帝以解犊亭侯的身份登基，继承汉桓帝，中常侍曹节、侯览等人，张设法网，皇帝却始终没有醒悟，宠信他们日盛一日，只要是他们说的话，没有什么要求不能满足。凡是宦官贪得无厌，放纵无拘束，僭越凌虐，恣意横行，扰乱内廷外朝，毒害民政，都兴起在汉顺帝、汉桓帝之时，极盛于汉灵帝一朝，前后五十多年。天下又怎么能不遭受损害呢？古代的圣人，定立礼制传下典章，让子孙自幼就在师、保的身边，不让他们处在妇女和宦官之间，就是因为对这个问题看得很清楚啊。

和神气①，惩思虑②，避风湿，节饮食，适嗜欲，此寿考之方也。不幸而有疾，则针石汤药之所去也③。肃礼容，居中正，康道德，履仁义，敬天地，恪宗庙④，此吉祥之术也。不幸而有灾，则克己责躬之所复也⑤。然而有祷祈之礼、史巫之事者⑥，尽中正、竭精诚也。下世其本⑦，而为奸邪之阶，于是淫厉乱神之礼兴焉⑧，侜张变怪之言起焉⑨，丹书厌胜之物作焉⑩。故常俗忌讳可笑事，时世之所遂往，而通人所深疾也⑪。

【注释】

①和神气：本段及以下几段镰仓本篇题作《教禁》。节录部分批评了当时社会上上下下的迷信风气，认为吉祥得福的方法在于端正举止，做人正直，遇到灾祸，要先反躬自问；还对王室子女的娇生惯养、道德败坏进行了批评。神气，人的精气，元气。

②澂：通“澄”，使清净。

③针石：用砭石制成的石针。

④恪：敬重。

⑤克己：克制、约束自己，对自己要求严格。责躬：反躬自责。

⑥史巫：祝史和巫觋（xí）。古代司祭祀、事鬼神的人。

⑦下世其本：严可均言“下世”后有脱字。根据文意，当脱一“忘”字。意思是说，后世忘了祈祷鬼神的本意。译文按“下世忘其本”。下世，近世，后世。

⑧淫厉：作祟祸害。乱神：指民间相传的那些没有根据的、专门迷惑民众的鬼神。

⑨侜（zhōu）张：欺诳。

⑩丹书：古代方士用以咒邪镇鬼的朱文符书。厌胜：古代一种巫术，谓能以诅咒制胜，压服人或物。

⑪通人：渊博通达的人。

【译文】

调和元气，清静思虑，避开风寒湿气，节制饮食，调适嗜好欲望，这是长寿的方法。不幸有了疾病，那么就要用针石汤药来去除。端正仪容举止，处身正直，乐好道德，履行仁义，尊敬天地，敬重宗庙，这是求得吉祥的方法。不幸有了灾祸，就要约束自己反躬自责来求得恢复。但是还有祷告祈求的仪式，巫师禳灾除祸的事情，那也是为了竭尽自己的正直之心与真诚之意。后世忘记了祈祷鬼神的本意，而使之成为做奸诈邪恶之事的手段，于是礼敬那些无稽的作祟鬼神的仪式应运而生了，欺诳怪异的言论兴起了，诅咒镇压鬼邪的丹书巫术出现了。所以时俗忌讳那些可笑的事情，当世之人都信从，而渊博通达的人则深深憎恶。

且夫堀地九仞以取水①，凿山百步以攻金，入林伐木不卜日，适野刈草不择时②。及其构而居之，制而用之，则疑其吉凶，不亦迷乎？简郊社、慢祖祢、逆时令、背大顺③，而反求福祐于不祥之物，取信诚于愚惑之人，不亦误乎？彼图家画舍，转局指天者④，不能自使室家滑利、子孙贵富⑤，而望其能致之于我，不亦惑乎？

【注释】

①且夫堀地九仞以取水：本段选自《教禁》。堀，通“掘”。九仞，六十三尺，一说七十二尺。常用以形容极高或极深。

②刈：割。

③郊社：祭祀天地。古时皇帝祭天称郊，祭地称社。祖祢（nǐ）：祖庙与父庙。此指祭祀祖先。大顺：指伦常天道。

④转局：古代用符盘进行占卜，叫做转局。

⑤滑利：顺畅，无滞碍。

【译文】

况且挖地九仞来取水，凿山百步来采铜矿，进入森林伐木不占卜吉日，到田野割草也不选择好时辰。等到建造房屋而居住，制作器具而使用，就怀疑它们是吉是凶，不是很糊涂吗？轻忽祭祀天地，怠慢祭祀祖宗，违逆时令节气，有背伦常天道，反而去向不祥之物求福佑，跟愚昧迷乱的人寻求诚信，不是很荒谬吗？那些为人筹划宅基房舍的朝向、用符盘占卜天意的人，不能让他自己家顺顺利利、子孙富贵，却希望他能够把这些带给我，不是很糊涂吗？

今有严禁于下而上不去[①]，非教化之法也。诸厌胜之物，非礼之祭，皆所宜急除者也。情无所止，礼为之俭；欲无所齐[②]，法为之防。越礼宜贬，逾法宜刑，先王之所以纪纲人物也[③]。若不制此二者，人情之纵横驰骋，谁能度其所极者哉？表正则影直[④]，范端则器良[⑤]。行之于上，禁之于下，非元首之教也。君臣士民，并顺私心，又大乱之道也。

【注释】

①今有严禁于下而上不去：本段选自《教禁》。

②齐：本义为整齐、一致，引申为限制、制止。

③纪纲：治理，管理。

④表：测量日影的标尺。

⑤范：铸造器物的模子。

【译文】

如今对民间严令禁止而皇室贵族却不避忌，这不是教化百姓的方法。那些诅咒镇邪的东西，不合乎礼制的祭祀，都是应该赶快去除的。情感没有止境，就用礼法予以约束；欲望没有终止，就用法令予以防范。超越礼制的应该贬退，逾越法令的应该用刑，这是先王用来管理人的办法。倘若不限制情和欲，以人情的纵横泛滥，谁能够估量它会发展到什么地步呢？标尺正影子就直，模子标准造出的器物就精良。上面的人施行，却禁止下面的人去做，这不是君主的教化。君、臣、士人、民众都顺从自己的私心，这又是天下大乱之道了。

顷皇子皇女有夭折[①]，年未及殇[②]，爵加王、主之号，葬从成人之礼，非也。及下殇以上，已有国邑之名[③]，虽不合古制，行之可也。王侯者，所与共受气于祖考、干合而支分者也[4]。性类纯美，臭味芬香[5]，孰有加此乎？然而生长于骄溢之处，自恣于色乐之中，不闻典籍之法言，不因师傅之良教。故使其心同于夷狄，其行比于禽兽也。长幼相效，子孙相袭，家以为风，世以为俗。故姓族之门[6]，不与王侯婚者，不以其五品不和睦、闺门不洁盛耶[7]？所贵于善者，以其有礼义也；所贱于恶者，以其有罪过也。今以所贵者教民，以所贱者教亲，不亦悖乎？可令王侯子弟悉入大学[8]，广之以他山[9]，肃之以二物[10]，则腥臊之污可除[11]，而芬芳之风可发矣。

【注释】

①顷皇子皇女有夭折：本段选自《教禁》。

②殇：未成年而死。据《仪礼·丧服》，年十九至十六为长殇，十五至十二为中殇，十一至八岁为下殇，不满八岁即死为无服之殇。无服之殇，则不按成年人礼仪安葬，不穿丧服，不祭奠。这里说“年未及殇”，就是指未满八岁而死。

③国邑：汉代诸侯的封地。

④受气：禀受血气。祖考：泛指父祖之辈。

⑤臭（xiù）味芬香：指德行彰显。臭味，气味。

⑥姓族：大族，望族。

⑦闺门：借指妇女。

⑧大学：太学，我国古代设于京城的最高学府。

⑨他山：指别处山上的石头。比喻磨砺自己，帮助自己有所成就的外力。这里指太学师友间的切磋砥砺。

⑩二物：指古代学校中两种施行体罚的器具。《礼记·学记》：“夏楚二物，收其威也。”夏楚，指木杖和荆条。泛指教鞭。

⑪腥臊：腥臭。借喻丑恶的事物。

【译文】

近来皇子皇女有夭折的，年龄还没到八岁，而爵位加上了王、公主的名号，丧礼跟成人礼仪一样，这是不对的。满八岁以上夭折的，已经有了诸侯封地的名号，虽然不合乎古代的制度，但按成人礼仪安葬也还可以。分封的王、侯，跟皇帝共同禀受祖先之血气，是同一主干的不同分支。禀性纯美，德行彰显，哪里有比他们更好的呢？但是生长在骄傲自满的环境，放纵于声色之中，不知道典籍中所说的正当言论，不听从师傅的良言教导。所以让他们的心等同于野蛮的夷狄，行为跟禽兽一样。年长的年幼的互相仿效，儿子孙子相继承袭，家家以此为风气，代代以此为习俗。所以高门大族，不跟王侯通婚，不就是因为他们父子兄弟不和睦，妇女不贞洁吗？重视美善，是因为它讲礼义；鄙视丑恶，是因为它有罪过。如今用所重视的来教导民众，用所鄙视的来教导皇亲，不是有违常理吗？可以让王侯子弟全都进入太学学习，用师友间的切磋砥砺来补益他们的不足，用教鞭来让他们严肃认真，那么腥臊的污秽就可以去除，芬芳的风气就可以发扬了。

有天下者[①]，莫不君之以王，而治之以道。道有大中[②]，所以为贵也。又何慕于空言高论，难行之术？而台榭则高数十百尺[③]，壁带加珠玉之物[④]，木土被绨锦之饰[⑤]；不见夫之女子成市于宫中，未曾御之妇人生幽于山陵[⑥]。继体之君，诚欲行道，虽父之所兴，可有所坏者也；虽父之美人，可有所嫁者也。至若门庭足以容朝贺之会同[⑦]，公堂足以陈千人之坐席，台榭足以览都民之有无，防闼足以殊五等之尊卑[⑧]。宇殿高显敞[⑨]，而不加以雕采之巧，错涂之饰[⑩]，是自其中也。菀囿池沼[⑪]，百里而还，使刍荛雉菟者得时往焉[⑫]。随农郄而讲事[⑬]，因田狩以教战[⑭]，上虔郊庙[⑮]，下虞宾客[16]，是又自其中也。嫡庶之数[17]，使从周制。妾之无子与希幸者，以时出之，均齐恩施，以广子姓[18]。使令之人，取足相供，时其上下，通其隔旷[19]，是又自然其中也。

【注释】

①有天下者：本段及以下几段镰仓本篇题作《中制》。中制，合乎中庸之道的典章、制度。节录部分强调君主要以道义治国，守持中正之道。治国不可太过，也不可不及，是为大中之道。

②大中：《周易·大有卦》："大有，柔得尊位大中，而上下应之，曰大有。"王弼注："处尊以柔，居中以大。"后以指无过与不及的中正之道。

③台榭：高台和台上的房屋。泛指楼台等建筑物。

④壁带：宫殿墙壁间露出的像带一样的横木。

⑤绨（tí）：一种光滑厚实的丝织品。

⑥山陵：帝王的陵墓。此指陵宫，陵墓所在地的宫殿。

⑦朝贺：朝觐庆贺。会同：聚会。

⑧防闼：防守的宫门。闼，内门，小门。五等：指人伦的五品，即父、母、兄、弟、子。宫中随地位尊卑居处有别，不能不分尊卑地随意进入，所以以宫门设防。

⑨显敞：豁亮宽敞。

⑩错涂之饰：五彩描画的装饰。错，杂多。

⑪菀囿（wǎn yòu）：古代畜养禽兽供帝王玩乐的园林。菀，通"苑"。

⑫刍荛（chú ráo）：割草打柴，也指割草打柴的人。雉：野鸡，这里指捕捉野鸡。菟：通"兔"，这里指捕捉兔子。

⑬郄：同"隙"，空隙。

⑭田狩：打猎。

⑮虔：恭敬，虔敬。郊庙：古代天子祭天地与祖先。

⑯虞：通“娱”，娱乐。

⑰嫡：指正妻。庶：指妾。

⑱子姓：泛指子孙后辈。

⑲隔旷：指与男人隔绝。

【译文】

拥有天下的人，没有谁不是用王者之尊来统治天下，用道来治理天下的。道是无过与不及的中正之道，所以可贵。又何必羡慕那些空言高论，难以实行的方法呢？然而，筑起的楼台有数十至上百尺高，壁带加上珍珠宝玉等饰物，土木建筑蒙上各种丝绸锦缎；见不到男人的女子在宫中成群聚集，没有被临幸过的女子在陵宫哀怨。继位的君主，若真的想要施行大中之道，即使是父皇所兴建的，也可以毁坏；即使是父亲的美人，也可以让她们嫁人。至于宫庭，足以容纳朝觐庆贺的聚会就够了，公堂足以陈列一千人的坐席就够了，楼台足以观览京都民情就够了，关防门户足以区别人伦的尊卑就够了。宫殿高大宽敞豁亮，而不施加雕镂彩绘的巧艺，五彩交错的装饰，这自然是守中持正的。畜养禽兽的园林池塘，方圆百里以内，让割草打柴的人、捕捉野鸡野兔的人能够时时前往。皇帝随农闲而讲习武事，借着田猎训练作战，对上虔敬地祭祀天地祖先，对下娱乐宾客，这自然又是守中持正的。嫡妻姬妾的数目，按照周朝的礼制。没有生子的姬妾与很少宠幸的，按时遣出宫中，对妃妾施恩临幸要公平，以增多子孙后代。使唤的奴婢，取够供自己使唤的，随时进行增减，放她们出宫，让她们见到男人，这也自然是守中持正的。

在位之人[①]，有乘柴马弊车者矣[②]，有食菽藿者矣[③]，有亲饮食之蒸烹者矣，有过客不敢沽酒市脯者矣[④]，有妻子不到官舍者矣，有还奉禄者矣，有辞爵赏者矣，莫不称述以为清邵[⑤]。非不清邵，而不可以言中也。好节之士，有遇君子而不食其食者矣，有妻子冻馁而不纳善人之施者矣，有茅茨蒿屏而上漏下湿者矣[6]，有穷居僻处求而不可得见者矣[7]，莫不叹美以为高洁。此非不高洁，而不可以言中也。

【注释】

①在位之人：本段选自《中制》。

②柴马：瘦马。

③菽藿：豆和豆叶。泛指粗劣的杂粮。

④沽酒：买酒。市脯（fǔ）：买肉。

⑤清邵：清劭。美好，优美。

⑥茅茨（cí）：茅草盖的屋顶。亦指茅屋。

⑦穷居：谓隐居不仕。

【译文】

做官的人，有乘坐瘦马破车的，有吃粗食杂粮的，有亲自蒸煮烹饪饮食的，有家中来客人却不敢买酒买肉招待的，有妻子儿女不接到官舍住的，有辞官的，有推辞爵位赏赐的，没有谁不称扬他们，认为他们美好。美好固然美好，但是不可以说是中正。珍惜节操的人，有遇到君子也不吃他给的食物的，有妻子儿女挨饿受冻也不接受好心人施舍的，有居处茅屋草墙而上漏下湿的，有隐居在偏僻的地方寻找都不能见到的，没有谁不感叹赞美，认为他们高洁。这不是不高洁，但是不可以说是中正。

夫世之所以高此者[1]，亦有由然。先古之制休废[2]，时王之政不平，直正不行，诈伪独售[3]，于是世俗同共知节义之难复持也，乃舍正从邪，背道而驰奸。彼独能介然不为[4]，故见贵也。如使王度昭明[5]，禄除从古[6]，服章不中法[7]，则诘之以典制；货财不及礼，则间之以志故[8]。向所称以清邵者，将欲何矫哉？向所叹云高洁者，欲以何厉哉？故人主能使违时诡俗之行[9]，无所复剀摩[10]；困苦难为之约，无所复激切[11]。步骤乎平夷之涂[12]，偃息乎大中之居[13]，人享其宜，物安其所，然后足以称贤圣之王公，中和之君子矣。

【注释】

①夫世之所以高此者：本段选自《中制》。

②休废：废弃。

③售：施展，实现。

④介然：坚定，坚持。

⑤王度：王法。

⑥除：任命，授职。

⑦服章：古代表示官阶身份的服饰。

⑧间：非难。志故：故志，古时的记载。

⑨诡俗：违反常情，违背世俗。

⑩剀（kǎi）摩：切磋，讲究。

⑪激切：激励，勉励。

⑫步骤：指行走。平夷：平坦。

⑬偃息：睡卧止息。

【译文】

世人之所以推崇这些人，也是有来由的。上古的制度现已废弃，现今君王的政治又不平正，正直行不通，奸诈虚伪独能施展，于是世俗之人都知道节操与道义难再保持，就舍弃正直依从邪恶，背离正道追随奸邪。那些人却能独自坚持不去做，所以被推崇。假如王法显明，俸禄与任官依从古制，表示身份的服饰不合乎等级规定，就用典章制度诘问他；财用不合礼制，就用古时的记载去非难他。那么从前用美好来称赞的那些人，要怎么矫情立异呢？从前用高洁来赞叹的那些人，要怎么来激励节操呢？所以君主能让人不再讲究违背世俗的行为，不再勉励困苦难行的自我约束。行走在平坦的道路上，安卧在中正的居所，人人享受其所宜，物物安于其所在，然后才足以称为贤圣的王、公，中正平和的君子。

古者[①]，君之于臣，无不答拜也[②]。虽王者有变，不必相因，犹宜存其大者。御史大夫[③]，三公之列也[④]，今不为起，非也。为太子时太傅[⑤]，即位之后，宜常答其拜。少傅可比三公为之起[⑥]。《周礼》："王为三公六卿锡衰，为诸侯缌衰，为大夫、士疑衰[⑦]。"及于其病时，皆自问焉。古礼虽难悉奉行，师傅、三公所不宜阙者也[⑧]。凡在京师，大夫以上疾者，可遣使修赐问之恩；州牧、郡守远者，其死，然后有吊赠之礼也[⑨]。

【注释】

①古者：本段及以下几段镰仓本篇题作《拾遗》。本篇提出君主要尊崇古礼、敬重臣下、任用有远见的人等。

②答拜：回拜。

③御史大夫：官名。秦置。汉因之，为御史台长官，地位仅次于丞相，掌管弹劾纠察及图籍秘书。与丞相（大司徒）、太尉（大司马）合称三公。丞相缺位时，往往即由御史大夫递升。后改称大司空、司空。

④三公：周代以司马、司徒、司空为三公，或以太师、太傅、太保为三公。西汉时以丞相（大司徒）、太尉（大司马）、御史大夫（大司空）合称三公。东汉时以太尉、司徒、司空合称三公，又称三司，总揽军政大权。

⑤太傅：指太子太傅，辅导太子的官。

⑥少傅：即太子少傅。与太子太傅并称太子二傅。协助太子太傅监

护、辅翼、教导太子。

⑦“王为三公六卿锡衰”几句：见《周礼·春官·司服》。六卿，六官，即天官冢宰、地官司徒、春官宗伯、夏官司马、秋官司寇、冬官司空。锡衰（cuī），细麻布所制的丧服。锡，通“緆”，细麻布。衰，通“缞”，丧服。缌（sī）衰，也是用细麻布制成的丧服。疑（nǐ）衰，丧服以外的礼服。疑，通“拟”。古代丧服按与死者亲疏关系分为五等，大抵亲者披粗麻，疏者披细麻。疑衰在五等之外，只穿礼服，比拟于丧服，故称。

⑧师傅：太师、太傅或少师、少傅的合称。

⑨吊赠：吊唁并赠送财物。

【译文】

古代，君主对于臣子，没有不行回拜之礼的。虽然君主有变化，不必完全因袭，但还是应该保留这一重要的礼节。御史大夫是属于三公之列的，如今御史大夫行叩拜礼而君主不起身，是不对的。皇帝原来当太子时的太子太傅，皇帝登基之后，应该经常回应他的拜礼。太子少傅行礼，可以比照三公，要为他起身。《周礼》说：“天子为三公六卿服丧披锡衰，为诸侯披缌衰，为大夫和士披疑衰。”到了他们有病的时候，全都要亲自慰问。古礼虽然难以全部遵循，但对师傅、三公还是不应该有缺失的。凡是在京城，大夫以上生病的，可以派遣使者代皇帝施恩予以慰问；远方的州牧、郡守，去世后有吊唁并赠送财物的礼仪。

坐而论道[①]，谓之三公；作而行之，谓士大夫。论道必求高明之士，干事必使良能之人。非独三太、三少可与言也[②]，凡在列位者，皆宜及焉。故士不与其言，何知其术之浅深？不试之事，何以知其能之高下？与群臣言议者，又非但用观彼之志行，察彼之才能也，乃所以自弘天德，益圣性也。

圣人犹十五志学，朋友讲习，自强不息，德与年进，至于七十，然后从心而不逾矩[③]，况于不及中规者乎[④]，而不自勉也？

【注释】

①坐而论道：本段选自《拾遗》。

②三太：太师、太傅、太保的合称。三少：少师、少保、少傅的合称。亦称三孤。

③逾矩：超越法度。

④中规：合乎准则、要求。

【译文】

坐着谈论治国之道，叫做三公；起身去践行，叫做士大夫。谈论治国之道必须寻求见解高超的人，践行实事必须使用能力强的人。不仅可以跟三太、三少谈论，只要是在朝官行列的，都应该参与。所以，士人你不跟他说话，怎么知道他治理之术的深浅？不试试他做事，怎么知道他能力的高低？跟群臣议论，又不仅是为了观察他的志向品行，察看他的才能，还可以借此来弘扬天子的德行，补益天子的性情。圣人孔子尚且十五岁立志于学习，跟朋友讲习，自强不息，德行随年龄增长而提高，到了七十岁，然后才能随心所欲而不逾越法度，何况还不能符合规范的人，能不自我勉励吗？

公卿、列校、侍中、尚书[①]，皆九州之选也[②]。而不与之从容言议，谘论古事[③]，访国家正事[④]，问四海豪英，琢磨珪璧，染练金锡[⑤]，何以昭仁心于民物[⑥]，广令闻于天下哉？

【注释】

①公卿、列校、侍中、尚书：本段选自《拾遗》。列校，东汉时守卫京

师的屯卫兵分作五营，称北军五校，每校首领称校尉，统称列校。侍中，古代官职名。秦始置，两汉沿置。因侍从皇帝左右，出入宫廷，与闻朝政，逐渐变为亲信贵重之职。

②九州：传说中我国上古的九个行政区划，泛指天下、全国。

③谘论：议论，商讨。

④访：谋议。

⑤琢磨珪璧，染练金锡：指从中陶冶自己的品行，精进自己的学问。《诗经·卫风·淇奥》："有匪君子，如金如锡，如圭如璧。""如金如锡，如圭如璧"比喻品行、学问有成，如精炼的金、锡，如雕磨的玉器。染练，《昌言校注》："盖以金炼之益精，则色泽益鲜，如染者也。"练，通"炼"。

⑥民物：泛指人民、百姓。

【译文】

公卿、列校、侍中、尚书，都是全国所选出的人才。而不跟他们从容谈论，商讨古事，谋议国家大事，问询天下英豪，从中陶冶品性，精进学问，又用什么来把仁爱之心明白地向百姓宣示，向天下传播美好的声誉呢？

人主有常不可谏者五焉①：一曰废后黜正②，二曰不节情欲，三曰专爱一人，四曰宠幸佞谄③，五曰骄贵外戚④。废后黜正，覆其国家者也；不节情欲，伐其性命者也⑤；专爱一人，绝其继嗣者也；宠幸佞谄，壅蔽忠正者也⑥；骄贵外戚，淆乱政治者也⑦。此为疾痛在于膏肓⑧，此为倾危比于累卵者也⑨，然而人臣破首分形所不能救止也⑩。不忌初故⑪，仁也；以计御情⑫，智也；以严专制⑬，礼也。丰之以财而勿与之位，亦足以为恩也；封之以土而勿与之权，亦足以为厚也。何必友年弥世惑贤乱国⑭，然后于我心乃快哉？

【注释】

①人主有常不可谏者五焉：本段选自《拾遗》。

②废后：废黜皇后。黜正：罢黜正妻，即皇后。或云废黜太子。

③佞谄：谄媚奉承的小人。

④骄贵：使骄横贵显。

⑤伐：侵害。

⑥壅蔽：遮蔽，阻塞。

⑦淆乱：扰乱。

⑧膏肓：古代医学以心尖脂肪为膏，心脏与膈膜之间为肓。古人认为，病在膏以下、肓以上，针石汤药都无法医治，后遂以“膏肓”称病之难治者。

⑨倾危：倾斜欲倒。

⑩破首：头破。分形：形体（肢体）分离。

⑪忌：天明本眉批云：“‘忌’恐当作‘忘’。”译文按“忘”。

⑫计：谋划，打算。指理性。

⑬专制：独断。

⑭友年弥世：指成年累月。友年，多年。友，通“有”。弥，长。

【译文】

君主常有不可以劝谏的五件事：第一是废黜皇后，第二是不节制情欲，第三是只宠爱一个妃子，第四是宠爱谄媚奉承的小人，第五是让外戚骄横显贵。废黜皇后，是覆亡自己的国家；不节制情欲，是侵害自己的性命；只宠爱一个妃子，是断绝子孙后代；宠爱谄媚奉承的小人，是遮蔽阻塞忠诚正直的臣子；让外戚骄横显贵，是搅乱国家的政治。这就是疾病的疼痛已经深入膏肓，这就是国家倾覆的危险犹如层层垒起的蛋，但是臣子即使粉身碎骨也无法挽救制止。不忘故旧，是仁；用理性驾驭情感，是智；严行独断，是礼。给他们丰厚的财物而不给官位，也足够显示恩惠；封给他们土地而不赋予权力，也足够显示厚待。又何必让这些人长年累世欺贤乱国，然后我心中才快乐呢？

人之事亲也[①]，不去乎父母之侧，不倦乎劳辱之事[②]，唯父母之所言也，唯父母之所欲也。于其体之不安，则不能寝；于其餐之不饱，则不能食。孜孜为此[③]，以没其身[④]。恶有为此人父母而憎之者也？人之事君也，言无小大，无所愆也[⑤]；事无劳逸，无所避也。其见识知也[⑥]，则不恃恩宠而加敬；其见遗忘也，则不怀怨恨而加勤。安危不贰其志[⑦]，险易不革其心。孜孜为此，以没其身。恶有为此人君长而憎之者也？人之交士也，仁爱笃恕[⑧]，谦逊敬让，忠诚发乎内，信效著乎外[⑨]。流言无所受，爱憎无所偏。幽闲攻人之短[⑩]，会友述人之长。有负我者，我又加厚焉；有疑我者，我又加信焉。患难必相及，行潜德而不有[⑪]，立潜功而不名。孜孜为此，以没其身。恶有与此人交而憎之者也？故事亲而不为亲所知，是孝未至者也；事君而不为君所知，是忠未至者也；与人交而不为人所知，是信义未至者也。

【注释】

①人之事亲也：本段及下一段镰仓本标题作《性行》。本节前半部分讲如何孝顺父母、侍奉君主、交接朋友；后半部分专讲如何孝顺父母，从父母"欲与人以官位爵禄""欲为奢泰侈靡以适心快意"，可以看出"父母"就是指君主，其实就是暗示臣子怎样做才是真正忠于君。

②劳辱：劳苦。

③孜孜：勤勉，不懈怠。

④没：尽，终。

⑤愆（qiān）：违背，违反。

⑥识知：知道，识察。这里指赏识。

⑦不贰：专一，无二心。

⑧笃：忠实，厚道。恕：宽容，体谅。

⑨信效著乎外：信用显现于行为。效，效验。著，显现。外，指外在的行为。

⑩幽闲攻人之短：综合《意林》卷五、《太平御览》卷四〇六、严可均校，此句应作"幽暗则攻己之所短"。幽暗，指独处时。攻，指责。

⑪潜德：谓不为人知的美德。

【译文】

人事奉父母，不离开父母的身旁，不倦怠劳苦之事，只听取父母说的话，只依从父母的愿望。他们身体不安康，自己就睡不着；他们吃不饱饭，自己就吃不下去。勤勉不懈地做这些，终身不改。哪里有身为这个人的父母而憎恶他的呢？人事奉君主，君主说的事无论大小，没有违背的；事情无论劳累安逸，没有躲避的。他被君主赏识了，不会依仗恩宠反而更加恭敬；他被君主遗忘了，不会心怀怨恨反而更加勤奋。安全与危险他的志向都不会背离，艰险与平坦他的心志都不会改变。勤勉不懈地事奉，终身不改。哪里有身为这个人的君主而憎恶他的呢？人与他人交往，仁爱宽厚，谦敬礼让，忠诚发自内心，守信显现于行为。不听信流言蜚语，喜爱与憎恶没有偏向。独处时则自责自己的短处，与朋友相聚则称述别人的长处。有辜负我的，我又更加厚待他；有怀疑我的，我对他更加诚信。他人有难必帮助，施行不为人知的美德而不据为己有，建立不为人知的功劳而不留名。勤勉不懈地做这些事，终身不改。哪里有跟这个人交往而憎恶他的呢？所以事奉父母而不被父母所了解，是孝心还不到；事奉君主而不被君主所了解，是忠心还不到；跟人交往而不被人所了解，是信义还不到。

父母怨咎人不以正[①]，已审其不然，可违而不报也；父母欲与人以官位爵禄，而才实不可，可违而不从也；父母欲为奢泰侈靡以适心快意[②]，可违而不许也；父母不好学问，疾子孙之为之，可违而学也；父母不好善士，恶子孙交之，可违而友也；士友有患故待己而济[③]，父母不欲其行，可违而往也。故不可违而违，非孝也；可违而不违，亦非孝也。好不违，非孝也；好违，亦非孝也。其得义而已也。

【注释】

①父母怨咎人不以正：本段选自《性行》。怨咎，埋怨，责备。

②奢泰侈靡：奢侈浪费。适心快意：谓使心情愉悦畅快。

③故：同“固”，固然，理当。

【译文】

父母以不公正之心埋怨怪罪别人，做子女的已经知道是父母不对，可以违背父母之命而不回报；父母想要给人官位爵禄，而那人的才能实际不行，可以违背父母之命而不听从；父母想要奢侈浪费来称心快意，可以违背而不答应；父母不喜好学问，憎恨子孙求学问，可以违背而去学习；父母不喜欢贤良的士人，厌恶子孙跟他交往，可以违背而跟他交友；朋友有难理当等待自己来救济，父母不想让自己去，可以违背而前往。所以不可违背而违背，不是孝；可以违背而不违背，也不是孝。喜欢顺从父母，不是孝；喜欢违背父母，也不是孝。还是要看是否符合道义罢了。

昔高祖诛秦、项而陟天子之位[①]，光武讨篡臣而复已亡之汉[②]，皆受命之圣主也[③]。萧、曹、丙、魏、平、勃、霍光之等[④]，夷诸吕[⑤]，尊太宗[⑥]，废昌邑而立孝宣[⑦]，经纬国家[⑧]，镇安社稷，一代之名臣也。二主数子所以震威四海、布德生民、建功立业、流名百世者，唯人事之尽耳⑨，无天道之学焉⑩。然则王天下、作大臣者，不待于知天道矣。所贵乎用天之道者，则指星辰以授民事，顺四时而兴功业，其大略也，吉凶之祥⑪，又何取焉？故知天道而无人略者，是巫医、卜祝之伍⑫，下愚不齿之民也⑬；信天道而背人事者，是昏乱迷惑之主，覆国亡家之臣也。

【注释】

①昔高祖诛秦、项而陟天子之位：本段及以下几段镰仓本篇题作《议难》。本节谈论天道与人事的关系，提出"人事为本，天道为末"的观点。作者认为，以人事为本，任用贤能，关注政务，则天道自然和谐。秦、项，指秦朝和项羽。陟，登。

②光武：东汉光武帝刘秀。篡臣：篡夺君权之臣。此指王莽。

③受命：受天之命。古帝王自称受命于天。

④萧、曹：萧何、曹参。二人皆西汉开国功臣，相继任高祖和惠帝时相国。丙：丙吉，字少卿，西汉鲁国（今山东曲阜）人。初为鲁狱吏，积功迁廷尉监。武帝末，治巫蛊之狱，曾救护武帝曾孙（即宣帝）。后为大将军霍光长史。昭帝死，他建议迎立宣帝。后任太子太傅，迁御史大夫，封博阳侯，代魏相为丞相。魏：魏相，字弱翁，西汉济阴定陶（今山东定陶西北）人。举贤良，为茂陵令。迁河南太守，以严著称。宣帝立，任大司农，迁御史大夫，继韦贤为丞相，封高平侯。霍光死后家族骄奢，他劝帝损夺其权，并破其谋叛阴谋。丙吉、魏相均为汉宣帝时丞相，以知大体、为政宽平名重当时。平、勃：陈平、周勃。两人都是高祖创业功臣，后又共平诸吕之乱，迎立汉文帝。霍光：字子孟，河东平阳（今山西临汾西南）人。霍去病异母弟。去病死，任奉车都尉。武帝病将死，奉

遗诏辅政。昭帝即位，任大司马大将军，封博陆侯。诛灭共同辅政的桑弘羊、上官桀等人。政由己出，权势极大。昭帝死，迎立昌邑王刘贺为帝，不久将其废黜，又迎立宣帝。前后执政约二十年，为汉室的安定和中兴建立了功勋。

⑤夷：灭。诸吕：指吕后的亲族吕产、吕禄等。

⑥太宗：汉文帝刘恒的庙号。

⑦昌邑：指昌邑王刘贺。昭帝死，大将军霍光迎立为帝，即位二十七日，以行淫乱故，被霍光及群臣废黜。

⑧经纬：规划治理。

⑨人事：人之所为，人力所及的事。

⑩天道：天意，天理。古人认为天是有意识的，各种自然现象是天的意志的体现，它与社会现象挂钩，反映人事的吉凶。汉代"天人感应"学说就是基于这种认识，认为人必须顺从天意，效法天道做事。

⑪祥：预兆，征兆。

⑫巫医：古代以祝祷为主或兼用一些药物来为人消灾治病的人。卜祝：专管占卜、祭祀的人。伍：辈，类。

⑬下愚：极愚蠢的人。不齿：不与同列，表示轻蔑鄙视。

【译文】

从前汉高祖诛灭秦朝、项羽而登上天子之位，光武帝讨伐篡权的王莽而恢复了已经灭亡的汉朝，他们都是承受天命的圣明君主。萧何、曹参、丙吉、魏相、陈平、周勃、霍光之辈，灭掉了吕氏诸人，尊立汉文帝，废黜昌邑王刘贺而立了汉宣帝，治理国家，安定江山社稷，是一代名臣。这二位君主的几位大臣之所以能够威震四海、向民众布施恩德、建功立业、名声流传百世，就是因为尽到人事罢了，并没有效法什么天道。既然如此，那么统治天下、成为大臣，是不靠知晓天道的。对运用天道的重视，就是指画星辰运动来教导农事，顺应四季变化来兴办事业，大体上就是这样，上天反映出的吉凶征兆，又有什么可取的呢？所以仅知道天道而没有人谋的，是巫医、占卜祭祀一类的人，是愚蠢的人都耻于同列的人；迷信天道而背离人事的，是昏乱迷惑的君主，是覆亡国家的臣子。

问者曰①："治天下者，壹之乎人事②，抑亦有取诸天道也？"曰："所取于天道者，谓四时之宜也；所壹于人事者，谓治乱之实也。"曰："《周礼》之冯相、保章③，其无所用耶？"曰："大备于天人之道耳，是非治天下之本也，是非理生民之要也。"曰："然则本与要奚所存耶？"曰："王者官人无私，唯贤是亲。勤恤政事④，屡省功臣⑤。赏锡期于功劳⑥，刑罚归乎罪恶。政平民安，各得其所。则天地将自从我而正矣，休祥将自应我而集矣⑦，恶物将自舍我而亡矣。求其不然，乃不可得也。"

【注释】

①问者曰：本段选自《议难》。

②壹：一概，都。

③冯相：冯相氏，周官名，掌天文。保章：保章氏，掌天文星历，观其变异而测吉凶。参见《周礼·春官·宗伯》。

④勤恤：忧悯，关怀。

⑤屡省功臣：省，省察，检查。功臣，疑是"臣功"的误倒，即臣下的功绩。下文提到赏赐与刑罚，正是接着这句"屡省臣功"说的。译文按"臣功"。

⑥锡：通"赐"。期：限。

⑦休祥：吉祥。

【译文】

问的人说:“治理天下,是全都靠人事,还是也有求于天道呢?”回答说:“所求于天道的,是指四季该做的事;所专心于人事的,是指与治乱相关的实务。”问:“那么《周礼》里掌管天文星象的冯相氏、保章氏,难道就没有作用了吗?”回答说:“这些只是对天人之道略备一格罢了,不是治理天下的根本,也不是管理百姓的关键。”问:“既然如此,那么根本与关键又在什么地方呢?”回答说:“君王授官于人没有私心,只亲近贤人。关心政事,经常检查臣下的功绩。赏赐仅限于有功劳的人,刑罚只施加给有罪恶的人。政治平和,民众安心,各自都得到合适的安排。那么天地将自然随从我而正常,吉祥将自然顺应我而聚集,恶劣的东西将自然舍弃我而消亡。即使想不这样,也是不可能的。”

王者所官者①,非亲属则宠幸也;所爱者,非美色则巧佞也。以同异为善恶②,以喜怒为赏罚。取乎丽女③,怠乎万机④,黎民冤枉,类残贼⑤。虽五方之兆不失四时之礼⑥,断狱之政不违冬日之期⑦,蓍龟积于庙门之中⑧,牺牲群于丽碑之间⑨,冯相坐台上而不下,祝史伏坛旁而不去⑩,犹无益于败亡也。从此言之,人事为本,天道为末,不其然与?

【注释】

①王者所官者:本段选自《议难》。

②同异:指观点相同与不同。

③丽女:丽人,美女。

④万机:指当政者日常处理的纷繁的政务。

⑤类残贼:严可均疑“类”前脱一字。严说有理,应脱一表示“坏人”的字。残贼,残害。

⑥五方之兆：古时祭祀天帝，春季祭青帝于东郊，夏季祭赤帝于南郊，秋季祭白帝于西郊，冬季祭黑帝于北郊，立秋之前祭黄帝于中央。五方，四方及中央。兆，祭天的祭坛。

⑦断狱：审理案件。冬日之期：古人顺应天时行政，因春天是万物生长的季节，不宜杀戮，所以断案处决犯人不能延迟到冬天之后。参见《管子·四时》《淮南子·时则训》。

⑧蓍（shī）龟：古人以蓍草与龟甲占卜凶吉。

⑨牺牲：古代祭祀用的毛色纯一的牲畜。丽碑：竖立在宗庙门口系牲口的石头。

⑩祝史：司祭祀之官。

【译文】

君王授予官职的人，不是亲属就是所宠幸的人；所喜爱的人，不是美女就是巧言谄媚的人。把跟自己观点相同或相异作为判断好坏的标准，把高兴或发怒作为赏罚的根据。只想获得美人，怠慢纷繁的政务，百姓受冤屈，坏人残害人。那么即使五方的祭坛没有错过四季的祭礼，审理案件的政务不违背冬季的期限，蓍草龟甲堆积在庙门之中，祭祀用的牲畜成群地拴在石碑之间，冯相氏坐在观天台上不下来，主管祭祀的祝史趴在祭坛旁边不离开，也还是没办法挽救国家的败亡。由此看来，人事是根本，天道是末节，难道不是这样的吗？

故审我已善[①]，而不复恃乎天道，上也；疑我未善，引天道以自济者[②]，其次也；不求诸己而求诸天者，下愚之主也。今夫王者，诚忠心于自省，专思虑于治道，自省无愆[③]，治道不谬，则彼嘉物之生，休祥之来，是我汲井而水出，爨灶而火燃者耳[④]，何足以为贺者耶？故欢于报应，喜于珍祥，是劣者之私情，未可谓太上之公德也[⑤]。

【注释】

①故审我已善:本段选自《议难》。

②自济:帮助自己。

③无愆:没有过失。愆,罪过,过失。

④爨(cuàn):烧火做饭。

⑤太上:最上,最高。

【译文】

所以已知道自己行事正确,而不再依赖天道,是上等的君主;怀疑自己做得还不好,借助天道来帮助自己,是次一等的君主;不寻求改善自己而求于上天的,是最愚昧的君主。如果君王能诚心自我反省,专心思考治理之道,反省自己没有过失,治理方法也没有错谬,那么那些吉庆之物的产生,吉祥征兆的到来,就像我从井里打水水就出来,在炉灶点火做饭火焰就燃起来一样,又有什么值得庆贺的呢?所以对上天显示吉兆欢欣鼓舞,对出现祥瑞喜笑颜开,这是愚昧者个人的情感,不可以认为是最上等的公德。

卷四十六

申鉴

荀悦

【题解】

《申鉴》,东汉荀悦著。据《后汉书·荀韩锺陈列传》记载,荀悦仕献帝朝,辟曹操府,与孔融、荀彧同侍讲禁中。悦志在匡辅献帝,但因曹操揽政,谋无所用,乃作《申鉴》。该书开篇即言其宗旨:"夫道之大本,仁义而已。五典以经之,群籍以纬之。前鉴既明,后复申之。故古之圣王,其于仁义也,申重无已,笃厚(序)无疆,谓之'申鉴'。"道之根本在于仁义,仁义以五经为纲要,以群籍为阐发。前人的仁义之事对后人来说,已经是明白的借鉴,但后人还需反复申述,所以古代圣王对于仁义,就是反复地申述前鉴,信实地阐述而不止息,这就叫做"申鉴"。

全书分《政体》《时事》《俗嫌》《杂言上》《杂言下》五篇,一篇为一卷。《政体》强调为政的根本在于仁义,为政的常道在于德教与法制,并提出一系列为政之法与治国之术。《时事》论及二十一件时政要务,涉及官吏考核、土地兼并、州牧割据、钱币制度等诸多问题,颇切时要。《俗嫌》主要是批评世俗盛行的各种禁忌,包括卜筮、祈请、神仙方术、谶纬学说等。《杂言》上下篇则广泛讨论学习、修养、人性善恶等问题。明黄省曾为之作注,《四库全书总目》称其"引据博洽,多得悦旨"。《申鉴》主要版本有明嘉靖四年(1525)黄氏文始堂本、万历《汉魏丛书》本、清《四库全书》本、《小万卷楼丛书》本、民国《龙溪精舍丛书》本等。

荀悦,字仲豫,颍川颍阴(今河南许昌)人。祖荀淑,父荀俭,皆当世名士。悦自幼聪慧好学,年十二,能说《春秋》。家贫无书,每到人家,所见篇牍过目成诵。性沉静,美姿容,尤好著述。汉灵帝时,因见宦官弄权,遂托疾隐居。献帝时,应镇东将军曹操征辟,入军府,历黄门侍郎,累迁秘书监、侍中。与荀彧及少府孔融侍讲献帝宫中,旦夕谈论。建安十四年(209)卒,年六十二。主要著作有《申鉴》《汉纪》等。《后汉书》称其另著《崇德》《正论》及诸论数十篇,多佚。明代张溥辑有《荀侍中集》,收入《汉魏六朝百三家集》。

《群书治要》对《申鉴》的节录同样是为了"鉴前申后",所录皆为政大体,条理清晰可观。如开篇所说"先王之政,一曰承天,二曰正身,三曰任贤,四曰恤民,五曰明制,六曰立业",以及后面依次谈到的"致治之术,先屏四患,乃崇五政",任用贤能应排除"十难",制定国法要审定"九风",安抚民心要考察"五赦",君子应"鉴乎前,鉴乎人,鉴乎镜"等等,都是魏徵等大臣希望李唐君主能够认真做到的。

夫道之大本①,仁义而已。五典以经之②,群籍以纬之③。前鉴既明④,后复申之⑤。故古之圣王,其于仁义也,申重无已⑥,笃厚无疆⑦,谓之"申鉴"。天作道,皇作极⑧,臣作辅,民作基。制度以纲之⑨,事业以纪之。先王之政,一曰承天⑩,二曰正身,三曰任贤,四曰恤民⑪,五曰明制⑫,六曰立业。承天惟允⑬,正身惟恒,任贤惟固,恤民惟勤,明制惟典⑭,立业惟敦⑮,是谓政体。

【注释】

①夫道之大本：本段及以下几段选自《政体》。政体即施政的要领。节录部分提出为政之道的根本是仁义，接着提出一系列具体的施政要领，如“屏四患”“崇五政”“恤十难”“审九风”“督五赦”等。

②五典：指《诗》《书》《易》《礼》《春秋》五部儒家经典。经：纺织物的纵线。织物时，先施纵线，以定其宽度广狭，再施横线。因此常以“经”比喻事物的纲要。

③纬：纺织物上的横线。比喻事物的辅翼。

④前鉴：即前车之鉴，前面车的倾覆，可以警戒后车。比喻以往的失败，后来可以当做教训。

⑤申：申述，说明。

⑥申重：反复申明、强调。

⑦笃厚：今本《申鉴》作“笃序”，信实地申述、阐述。序，同“叙”。译文按“笃序”。无疆：无止，不已。

⑧极：极则，最高准则。

⑨纲：与下句的“纪”互文，即“作为……的纲纪”。

⑩承天：承奉天命。

⑪恤民：谓体恤民众的疾苦。

⑫明制：修明制度。

⑬允：真诚，诚信。

⑭典：指合于正道常法。

⑮敦：勤勉。

【译文】

为政之道的根本，是仁义罢了。以《诗》《书》《易》《礼》《春秋》五部经典作为仁义的纲要，其他群书作为仁义的辅翼。对于仁义，前事之鉴已经很明晰，后人还需反复申明。所以古代圣明的君王，他们对于仁义，反复不停地申述，无休止地信实阐述，这就叫做“申鉴”。天道是治理的根本，王是治理的最高准则，臣子作为辅佐，民众作为根基。用制度、事业作为四者的纲纪。先代君王为政，第一叫做承奉天命，第二叫做修正自身，第三叫做任用贤能，第四叫做体恤民众，第五叫做修明制度，第六叫建立功业。承奉天命要真诚，修正自身要恒常不懈，任用贤能要坚定不移，体恤民众要勤谨尽责，修明制度要合于正道常法，建立功业要勤勉努力，这就叫为政的要领。

致治之术[①]，先屏四患[②]，乃崇五政。一曰伪，二曰私，三曰放，四曰奢。伪乱俗，私坏法，放越轨，奢败制。四者不除，则政无由行矣。俗乱则道荒[③]，虽天地不得保其性矣；法坏则世倾[④]，虽人主不得守其度矣；轨越则礼亡，虽圣人不得全其行矣；制败则欲肆，虽四表不能充其求矣[⑤]。是谓四患。兴农桑以养其生，审好恶以正其俗，宣文教以章其化[⑥]，立武备以秉其威，明赏罚以统其法，是谓五政。

【注释】

①致治之术：本段选自《政体》。致治，使国家在政治上安定清平。

②屏：排除，除去。

③道荒：道义荒废。

④世倾：世道破坏、倾乱。

⑤四表：指四方极远之地，亦泛指天下。

⑥文教：指礼乐法度，文章教化。章：彰明，显明。

【译文】

让国家安定清平的办法是，先排除四患，再推崇五政。四患第一叫做奸伪，第二叫做利己，第三叫做放纵，第四叫做奢侈。奸伪扰乱风俗，利己破坏法律，放纵就会越轨，奢侈败坏制度。这四患不消除，那么政令就没有办法施行了。风俗混乱那么道义就荒废，即使天地也不能保全道之本常了；法律被破坏那么世道就倾乱，即使君主也不能守护天下法度了；越轨那么礼教就消亡，即使圣人也不能保全礼教的施行了；制度败坏那么欲望就泛滥，即使整个天下也不能满足人的欲望需求了。这就叫做四患。兴农劝桑来养育生民，审查百姓所当好、所当恶来端正风俗，宣扬礼乐文章来彰明教化，建立武备来执掌威权，明确赏罚来统一法度，这就叫做五政。

民不畏死①，不可惧以罪；民不乐生②，不可劝以善。虽使卨布五教③，咎繇作士④，政不行焉。故在上者，先丰民财以定其志，帝耕籍田⑤，后桑蚕宫⑥，国无游民⑦，野无荒业⑧，财不虚用，力不妄加⑨，以周民事⑩，是谓养生。

【注释】

①民不畏死：本段选自《政体》。

②乐生：谓以生为乐。

③卨（xiè）：亦作“契”，传说中的商代始祖。被舜任为司徒，主管教化民众。五教：五常之教。指父义、母慈、兄友、弟恭、子孝五种伦理道德的教育。

④咎繇（gāo yáo）：即皋陶。舜之贤臣。士：执法官。

⑤籍田：古代天子、诸侯征用民力耕种的田。相传天子籍田千亩，诸侯百亩。每逢春耕前，由天子、诸侯执耒耜在籍田上三推或一拨，称为籍礼，以示对农业的重视。

⑥桑：采桑。蚕宫：本指古代王室养蚕的宫馆，这里指在蚕宫养蚕。

⑦游民：流离失所、没有正当职业的人。

⑧荒业：指荒废的农业生产。

⑨妄加：随便施用。

⑩周：适合。

【译文】

如果民众不畏惧死亡，就不可以用罪罚来让他们惧怕；如果民众不对生存感到快乐，就不可以用褒扬来劝勉他们。即使让卨来推行五常教化，让咎繇当司法官，政令也不能施行。所以身处上位的人，先让民众财物丰足来安定他们的心志，帝王亲自耕种籍田，皇后采桑在蚕宫养蚕，国家没有无业游民，田野没有荒废的土地，财物不会虚耗浪费，民力不会随便施用，做适宜百姓的事，这就叫保养生民。

君子之所以动天地、应神明、正万物而成王治者①，必本乎真实而已。故在上者审则仪道以定好恶②。善恶要于功罪③，毁誉放于准验④。听言责事⑤，举名察实⑥，无或诈伪淫巧以荡众心⑦。故事无不核，物无不功⑧，善无不显，恶无不彰，俗无奸怪，民无淫风⑨。百姓上下，睹利害之存乎己也，故肃恭其心⑩，慎修其行。有罪恶者无徼幸⑪，无罪过者不忧惧，请谒无所行⑫，货赂无所用⑬，则民志平矣⑭，是谓正俗。

【注释】

①君子之所以动天地、应神明、正万物而成王治者：本段选自《政体》。动，感动。

②审则：审明法则。仪道：把道作为效法的标准。仪，取法，效法。

③要：审察，核实。

④放（fǎng）：依据。准验：等于说事实的验证。

⑤责：求。

⑥名：名称，名义。实：实际，实质。

⑦无或：不要。淫巧：浮华纤巧。

⑧功：成效，功效。

⑨淫风：耽于逸乐的风习。

⑩肃恭：使端严恭敬。《尚书·微子之命》："恪慎克孝，肃恭神人。"

⑪徼幸：侥幸。

⑫请谒：请求，请托。

⑬货赂：贿赂。

⑭民志：民意，民心。

【译文】

君子之所以感动天地、应和神灵、端正万物而成就王化治理，是因为一定本着真心实意罢了。所以君上审明法则、效法正道来确定所当好与所当恶。善恶要用功劳和罪过来审核，毁谤和赞誉要依据事实来验证。听一个人说什么就要去看他做了什么，举出某种名称就要审察实质是否与名称相符，不要让奸诈虚伪浮华纤巧来动摇民心。所以事情没有不核实的，事物没有不讲求成效的，善良没有不显扬的，罪恶没有不昭彰的，习俗没有奸邪怪异的，民间没有逸乐之风。从官员到民众，看到利害与自己相关，所以都让自己的内心端严恭敬，谨慎修治自己的品行。有罪恶的人不会存有侥幸心理，没有罪过的人不会忧虑畏惧，请托没有行使之地，贿赂没有使用对象，那么民心就平和安定了，这就叫端正风俗。

君子以情用[①]，小人以刑用。荣辱者，赏罚之精华也。故礼教荣辱以加君子，治其情也；桎梏鞭扑以加小人[②]，治其刑也。君子不犯辱，况于刑乎？小人不忌刑，况于辱乎？若夫中人之伦[③]，则刑礼兼焉。教化之废，推中人而坠于小人之域；教化之行，引中人而纳于君子之涂，是谓彰化[④]。

【注释】

①君子以情用：本段选自《政体》。

②桎梏（zhì gù）：脚镣和手铐，在手上戴的为梏，在脚上戴的为桎。鞭扑：用作刑具的鞭子和棍棒。

③中人：常人。伦：辈，类。

④彰化：彰明教化。

【译文】

君子要用情理来感召，小人要用刑罚来威慑。让人感受到荣耀或耻辱，是奖赏与惩罚的精髓。所以礼仪教化荣耀耻辱用到君子身上，是要感化他的性情；脚镣手铐鞭子棍棒用到小人身上，是要用刑罚惩治他。让君子感到耻辱的事君子尚且不会做，何况触犯刑罚呢？小人连刑罚都不畏忌，何况耻辱之事呢？至于普通人，就要刑罚与礼教兼用了。教化废弃，就会把普通人推坠到小人的境地；教化推行，就会把普通人引入君子之路，这就叫彰明教化。

小人之情[①]，缓则骄[②]，骄则恣[③]；急则叛[④]，叛则谋乱；安则思欲，非威强无以惩之。故在上者，必有武备，以戒不虞[⑤]，以遏寇虐[⑥]。安居则寄之内政，有事则用之军旅，是谓秉威。

【注释】

①小人之情：本段选自《政体》。

②缓：宽松，松弛。

③恣：恣纵，放纵。

④急：严格，严厉。

⑤不虞：意料不到的事。

⑥寇虐：谓侵掠残害之行。

【译文】

小人的性情是，刑罚宽松了就骄矜，骄矜了就恣纵；严厉了就叛逆，叛逆就会谋划作乱；安乐时就会生出各种欲念，不用强力威慑就无法惩治。所以在上位的国君，必须要有武备，来警戒意料不到的事情，来阻止侵掠残害的行为。平安时期可以让它依附于国内政务，有军事行动时就动用到它，这就叫执掌威权。

赏罚[①]，政之柄也[②]。明赏必罚，审信慎令。赏以劝善，罚以惩恶。人主不妄赏，非徒爱其财也[③]，赏妄行则善不劝矣；不妄罚，非徒矜其人也[④]，罚妄行则恶不惩矣。赏不劝，谓之止善[⑤]；罚不惩，谓之纵恶。在上者能不止下为善，不纵下为恶，则国治矣。是谓统法。

【注释】

①赏罚：本段选自《政体》。

②柄：指根本。

③爱：吝惜，舍不得。

④矜：怜悯，同情。

⑤止善：阻止别人做好事。

【译文】

奖赏与惩罚，是政事的根本。奖赏要明白无私，惩罚要切实无欺，审慎于诚信，谨慎于命令。奖赏用来勉励善人善事，刑罚用来惩治恶人恶事。君主不胡乱奖赏，不仅仅是吝惜钱财，奖赏胡乱颁行，那么善人善事就得不到勉励了；君主不胡乱惩罚，不仅仅是怜悯那些人，惩罚胡乱执行，那么恶人恶事就得不到惩治了。奖赏不能勉励行善，叫做制止善行；处罚不能惩治作恶，叫做放纵恶行。在上位者能够不制止下面行善，不放纵下面作恶，那么国家就太平了。这就叫统一法度。

四患既蠲[①]，五政既立。行之以诚，守之以固；简而不怠，疏而不失。无为为之[②]，使自施之；无事事之[③]，使自忧之[④]。不肃而成，不严而治，垂拱揖让而海内平矣[⑤]，是谓为政之方。

【注释】

①四患既蠲（juān）：本段选自《政体》。蠲，除去，免除。

②无为：谓顺应自然，不求有所作为。

③无事：指无为。道家主张顺乎自然，无为而治。

④忧：通“优”，优饶，富足。《老子·五十七章》：“我无事而民自富。”

⑤垂拱：垂衣拱手，不做什么事。指无为而治。揖让：拱手行礼互相谦让。这里指礼教文德修明。

【译文】

四患已经去除，五政已经建立。真心诚意地实行它，坚定不移地维护它；政教简约而不懈怠，法禁宽疏而无漏失。顺应自然而作为，让人们自行施为；不强加干扰而做事，让人们自然富足。不严厉就能成就事业，不峻急就能修明政治，君主无为而治，礼教文德修明，天下就安定了，这就叫执政的方法。

惟恤十难以任贤能[①]：一曰不知，二曰不求，三曰不任，四曰不终，五曰以小怨弃大德，六曰以小过黜大功[②]，七曰以小短掩大美，八曰以干讦伤忠正[③]，九曰以邪说乱正度[④]，十曰以谗嫉废贤能[⑤]。是谓十难。十难不除，则贤臣不用；贤臣不用，则国非其国也。

【注释】

①惟恤十难以任贤能：本段选自《政体》。恤，忧劳，忧虑。

②黜：摈弃，贬损。

③干：干犯，冲犯。讦（jié）：揭发别人的隐私或攻击别人的短处。

④邪说：荒谬有害的言论。正度：正法。即公法、国法。

⑤谗嫉：谗害嫉妒。

【译文】

令人忧虑的是有十种困难难以任用贤能：第一是不能辨别，第二是不去访求，第三是不任用，第四是不用到底，第五是因为小的怨恨而放弃高尚的德行，第六是因为小的过错而贬损大的功劳，第七是因为小的短处而掩盖大的美德，第八是因为冒犯、揭短而伤害忠诚正直之士，第九是用荒谬有害的言论来扰乱正法，第十是因为谗害嫉妒废弃贤能之士。这就是十难。十难不消除，那么贤臣就得不到任用；贤臣得不到任用，那么国家就不是国家了。

惟审九风以定国常[①]：一曰治，二曰衰，三曰弱，四曰乖[②]，五曰乱，六曰荒，七曰叛，八曰危，九曰亡。君臣亲而有礼，百僚和而不同[③]，让而不争，勤而不怨，无事惟职是司[④]，此治国之风也。礼俗不一，职位不重[⑤]，小臣咨度[⑥]，庶人作议[⑦]，此衰国之风也。君好谦，臣好逸，士好游[⑧]，民好流[⑨]，此弱国之风也。君臣争明，朝廷争功，士大夫争名，庶人争利，此乖国之风也。上多欲，下多端[⑩]，法不定，政多门[⑪]，此乱国之风也。以侈为博[⑫]，以伉为高[⑬]，以滥为通，遵礼谓之劬[⑭]，守法谓之固，此荒国之风也。以苛为察，以利为公，以割下为能[⑮]，以附上为忠，此叛国之风也。上下相疏，内外相疑，小臣争宠，大臣争权，此危国之风也。上不访下，下不谏上，妇言用⑯，私政行⑰，此亡国之风也。

【注释】

①惟审九风以定国常：本段选自《政体》。国常，国家的典章、法规。

②乖：背离，不和谐。

③和而不同：和睦地相处，但不随便附和。同，苟同。

④司：主管，掌管。

⑤职位：官职和爵位。

⑥咨度：咨询，商酌。

⑦作议：兴起非议。

⑧游：游乐放荡。

⑨流：流浪，漂泊。

⑩多端：多事端，多想法。

⑪多门：谓颁令之处很多。

⑫侈：过分，过度。

⑬伉：骄纵，傲慢。

⑭劬（qú）：过分劳苦。

⑮割下：剥夺下民。

⑯妇言：指后妃、妻妾之言。

⑰私政：出自私门（权势之家、权贵者）的政务。

【译文】

要审察九种风气来制定国家的典章法规：第一叫治，第二叫衰，第三叫弱，第四叫乖，第五叫乱，第六叫荒，第七叫叛，第八叫危，第九叫亡。君臣之间亲近有礼，百官和谐相处但不随声附和，谦让而不争斗，勤劳而不怨恨，没有杂事而只掌管自己的职责，这是太平国家的风气。礼制和习俗不一致，官职和爵位没有威重，与小臣商酌政事，平民百姓兴起对朝政的非议，这是使国家衰败的风气。君主太过谦恭，臣子闲适安乐，读书人游乐放荡,民众离散漂泊,这是使国势衰弱的风气。君主与臣子争谁明智,朝廷上群臣争夺功劳,士大夫争夺名声,平民争夺利益,这是使国家走向乖背不和的风气。君上多欲望,臣下多事端,法律不确定,政令由多个部门发出,这是使国家混乱的风气。把过度当广博,把骄纵当高贵,把胡作非为当通达,认为遵循礼仪太过劳苦,认为遵守法律太过固执,这是使国家迷乱荒唐的风气。把苛刻当明察,把谋私利当公务,把剥夺下民当能干,把阿附君上当忠心,这是使国家叛离常道的风气。君臣互相疏远,朝廷和地方互相怀疑,小臣争宠,大臣争权,这是使国家倾危的风气。君上不咨询臣下的意见,臣下不劝谏君上,后宫妇人的言论被采用,出自私门的政务通行,这是要灭亡的国家的风气。

惟督五赦以绥民中[①]:一曰原心[②],二曰明德[③],三曰劝功[④],四曰裒化[⑤],五曰权计[⑥]。凡先王之攸赦[⑦],必是族也[⑧]。非是族焉,刑兹无赦。

【注释】

①惟督五赦以绥民中:本段选自《政体》。绥,安抚。民中,民心。

②原心:推究本意。这里指若其原本犯罪之心实可怜悯,则有所赦免。

③明德:彰明德行。这里指如君子之类,犯罪或出于仁,应赦免宽宥以彰明其德。

④劝功:勉励立功赎罪。

⑤裒(bāo)化:光大教化。这里是指犯罪者尚可教化,故赦免以光大教化。裒,同“褒”,大。

⑥权计:权宜之计。

⑦攸赦:赦免的对象,所赦免的人。攸,所。

⑧族:类。

【译文】

要考查可以赦免的五种情况来安抚民心：第一叫推究本意，第二叫彰明德行，第三叫勉励立功，第四叫光大教化，第五叫权宜之计。凡是先王所赦免的人，必然是这几类人。不是这几类的，就处罚他们决不赦免。

有一言而可常行者[①]，恕也[②]；一行而可常履者[③]，正也。恕者，仁之术也；正者，义之要也，至矣哉！

【注释】

①有一言而可常行者：本段选自《政体》。一言，一个字。常行，永久践行。

②恕：指推己及人。

③履：践行。

【译文】

有一个字是可以永久践行的，就是恕；有一种品行是可以永久践行的，就是正。恕，是实现仁德的方法；正，是实现道义的关键，这是最重要的啊！

或曰[①]："圣王以天下为乐乎？"曰："否。圣王以天下为忧，天下以圣王为乐。凡主以天下为乐，天下以凡主为忧。圣王屈己以申天下之乐[②]，凡主申己以屈天下之忧。申天下之乐，故乐亦报之；屈天下之忧，故忧亦及之。天之道也。"

【注释】

①或曰：本段选自《政体》。

②屈己：委屈自己。申：通"伸"，伸张，伸展。

【译文】

有人说："圣明的君王把拥有天下当成快乐吗？"回答说："不。圣明的君王因拥有天下而感到忧虑，天下把拥有圣明的君王当成快乐。平庸的君主把拥有天下当成快乐，天下因拥有平庸的君主而感到忧虑。圣明的君王委屈自己来伸张天下人的快乐，平庸的君主伸张自己来屈抑天下人，让天下人忧虑。伸张天下人的快乐，所以快乐也回报他；屈抑天下人，使天下人感到忧虑，所以忧虑也会找上门。这就是天之道。"

治世之臣[①]，所贵乎顺者三：一曰心顺，二曰职顺，三曰道顺。衰世之臣，所贵乎顺者三：一曰体顺，二曰辞顺，三曰事顺[②]。治世之顺，真顺也。衰世之顺，则生逆也。体苟顺则逆节[③]，辞苟顺则逆忠，事苟顺则逆道。下有忧民，则上不尽乐。下有饥民，则上不备膳。下有寒民，则上不具服。故足寒伤心，民忧伤国。

【注释】

①治世之臣：本段选自《政体》。

②事顺：指做事顺从上意。

③逆节：指违背伦理节操。

【译文】

太平盛世的臣子，看重的"顺"有三种：第一叫内心和顺，第二叫职事顺利，第三叫道义主张顺遂。衰乱之世的臣子，看重的"顺"有三种：第一叫自身安顺，第二叫言辞和顺，第三叫做事顺从上意。太平盛世的顺利，是真正的顺利。衰乱之世的顺利，那是会生出逆乱的。自身如果太安顺就可能违背伦理节操，言辞如果太和顺就会违背忠诚，办事只顾顺从上意就会违背道义。下面有忧愁的民众，那么君上就不能尽情快乐。下面有饥饿的民众，那么君上就不能享用丰盛的膳食。下面有寒冷的民众，那么君上就不能置备多余的衣服。所以脚寒冷了会伤害心脏，民众忧愁了会伤害国家。

或曰[①]："三皇之民至敦也[②]，其治至清也[③]，天性乎？"曰："皇民敦，秦民弊[④]，时也；山民朴，市民玩[⑤]，处也。桀、纣不易民而乱，汤、武不易民而治，政也。皇民寡，寡斯敦；皇治纯，纯斯清矣。"唯性不求无益之物，不畜难得之货，节华丽之饰，退利进之路[⑥]，则民俗清矣。简小忌，去淫祀[⑦]，绝奇怪，则妖伪息矣[⑧]。致精诚[⑨]，求诸己，正大事，则神明应矣。放邪说，绝淫智[⑩]，抑百家[⑪]，崇圣典，则道义定矣。去浮华，举功实[⑫]，绝末伎[⑬]，周本务[⑭]，则事业修矣。

【注释】

①或曰：本段及以下几段选自《时事》。《时事》篇共论及当时的二十一件事，节录部分是其中的三段，包括"尚知贵敦"的总论，并探讨了娶公主的制度以及史官记言记事的制度。

②三皇：传说中的远古帝王。说法很多，有指伏羲、神农、黄帝，有指伏羲、神农、燧人等。至敦：最敦厚朴实。

③至清：极其清明。

④弊：败坏，低劣。

⑤玩：刁顽。

⑥利进之路：指图财利、谋仕进的途径。

⑦淫祀：不合礼制的祭祀，妄滥之祭。

⑧妖伪：指怪诞乖谬的行为。

⑨精诚：真诚。

⑩淫智：不正当的才智。

⑪百家：指学术上非儒家的各种派别。

⑫功实：实际的功效。

⑬末伎：指工商业。

⑭本务：指农事。

【译文】

有人说："三皇时期的百姓最敦厚，当时的政治极其清明，这是天性吗？"回答说："三皇的民众敦厚，秦朝的民众道德败坏，是时势所致；山地居民淳朴，城市居民刁顽，是所处地域不同。夏桀、商纣并没有更换民众却出现混乱，商汤、周武王并没有更换民众却实现太平，是执政方式不同。三皇时期民众少，少就敦厚；三皇时期政治单纯，单纯就能清明。"本性不奢求没有裨益的事物，不储藏难得的财货，限制华丽的装饰，遏制图财利、谋仕进的途径，那么民间风俗就纯净了。简省小的禁忌，除去不合礼制的祭祀，杜绝稀奇古怪的东西，那么怪诞乖谬的行为就止息了。要做到真诚，就要寻求于自身，端正对待大事，那么神明就会回应了。抛弃荒谬有害的言论，断绝不正当的才智，抑制非儒家的各种派别，推崇圣人的经典，那么道义就确定了。去除浮华，注重切实的功效，杜绝工商业等末事，巩固作为根本的农业，那么事业就整治好了。

尚主之制非古也[①]。厘降二女[②]，陶唐之典[③]；归妹元吉[④]，帝乙之训[⑤]；王姬归齐[⑥]，宗周之礼也[⑦]。以阴乘阳[⑧]，违天也。以妇凌夫[⑨]，违人也。违天不祥，违人不义。

【注释】

①尚主之制非古也：本段选自《时事》。尚主，娶公主为妻。因尊帝王之女，不敢言娶，故云尚。尚，有承奉、仰攀之意。

②厘降二女：指尧女嫁舜事。《尚书·尧典》："厘降二女于妫汭，嫔

于虞。”厘降，指帝王之女下嫁。

③陶唐：指唐尧。

④归妹元吉：见《周易·泰卦》：“帝乙归妹，以祉元吉。”是说帝乙嫁小女儿给周文王，以此得福，大吉。归，女子出嫁。元吉，大吉。

⑤帝乙：商代国君。太丁之子。继太丁之位，屡征夷方。时殷商益衰微。其长子微子启以母出身贱，不得嗣位。及帝乙卒，少子辛即位，即纣。

⑥王姬归齐：《左传》中提到庄公元年、庄公十一年“王姬归于齐”，即周天子的女儿嫁给齐国国君的事情。王姬，指周天子的女儿。

⑦宗周：指周王朝。因周为所封诸侯国之宗主国，故称。

⑧乘：逾越，超过。

⑨凌：凌驾。

【译文】

娶公主的制度是不合古制的。把两个女儿嫁给虞舜，是唐尧时的制度；把小女儿嫁给周文王获得大吉，是商王帝乙的法则；周天子的女儿嫁给齐国国君，这是周王朝的礼制。让阴超过阳，是违背天道的。让妻子凌驾于丈夫之上，是违背人伦的。违背天道不吉祥，违背人伦不合义理。

古者天子诸侯①，有事必告于庙②。有二史，右史记事，左史记言③。事为《春秋》，言为《尚书》。君举必记，臧否成败④，无不存焉。下及士庶，苟有茂异⑤，咸在载籍⑥。或欲显而不得，欲隐而名章，得失一朝，荣辱千载。善人劝焉，淫人惧焉⑦。故先王重之，以副赏罚⑧，以辅法教⑨。宜于今者，官以其方各书其事⑩，岁尽则集之于尚书。各备史官，使掌其典。

【注释】

①古者天子诸侯：本段选自《时事》。

②庙：祖庙，供奉祭祀祖先的处所。

③右史记事，左史记言：周代史官有左史、右史之分。《礼记·玉藻》载左史记行动，右史记言语。《汉书·艺文志》载左史记言，右史记事。

④臧否（zāng pǐ）：善恶，得失。

⑤茂异：指才德出众的人。

⑥载籍：典籍。

⑦淫人：邪恶的人，不正派的人。

⑧副：相称，符合。

⑨法教：法制和教化。

⑩方：类。

【译文】

古时候天子和诸侯，有大事必祭告祖庙。有两位史官，右史记载事件，左史记载言语。记载事件的是《春秋》，记载言语的是《尚书》。君主的举动必须记载，善恶成败，没有不记录下来的。下至士人和平民，假如有才德出众的人，也全都记载在典籍上。有的人想扬名却不能，有的人想隐名却名声昭彰，因一时的得失，荣耀或耻辱流传千年。善良的人得到勉励，邪恶的人因此而惧怕。所以先王重视这件事，使载录的功过善恶与奖赏惩罚相称相合，用来辅助法制和教化。适合现在实行的，官员根据各自职务记载相关的事情，年末就汇总到尚书那里。各自在史官那里储备编录，让史官掌管那些典册。

君子有三鉴[①]：鉴乎前，鉴乎人，鉴乎镜。前惟训[②]，人惟贤，镜惟明。商德之衰，不鉴于禹、汤也；周、秦之弊，不鉴于群下也[③]；侧弁垢颜[④]，不鉴于明镜也。故君子惟鉴之务焉。

【注释】

①君子有三鉴：本段及以下几段选自《杂言上》。杂言即杂谈，内容较为广泛。《群书治要》主要选取了有关君臣关系、治国得失等方面的内容。鉴，此指可供省察、借鉴的事物。

②训：训诫，教诲。

③群下：泛指臣民。

④侧弁（biàn）：歪戴帽子。弁，古时的一种帽子，通常配礼服用。

【译文】

君子有三种事物可作为鉴照：鉴照从前，鉴照他人，鉴照铜镜。以从前为鉴在于吸取教训，以他人为鉴在于学习贤能，以铜镜为鉴在于明照己身。商朝教化的衰微，是因为不鉴照于夏禹、商汤；周朝、秦朝的败坏，是因为不鉴照于臣民；帽子戴歪脸上有污垢，是因为不鉴照于明亮的铜镜。所以君子致力于鉴照省察。

不任所爱之谓公①，唯义是从之谓明。齐桓公中材也②，夫能成功业，由有异焉者矣。妾媵盈宫③，非无爱幸也④；群臣盈朝，非无亲近也。然外则管仲射己⑤，卫姬色衰⑥，非爱也，任之也。然后知非贤不可任，非智不可从也，夫此之举宏矣哉！

【注释】

①不任所爱之谓公：本段选自《杂言上》。

②中材：指中等才能的人。

③妾媵（yìng）：古代诸侯贵族女子出嫁，以侄女和妹妹从嫁，称媵。后以妾媵泛指侍妾。

④爱幸：宠幸。

⑤管仲射己：据《史记·管晏列传》，公子纠和公子小白争夺君位，当时管仲事奉公子纠，曾在路上用箭射公子小白，公子小白佯死，暗中先入齐国，被立为君，即齐桓公。后来齐桓公不计前嫌重用管仲，使国力强盛，称霸诸侯。

⑥卫姬：指卫共姬，又称长卫姬，齐桓公的妃子，公子无亏的母亲。

【译文】

不任用偏爱的人叫做公，惟义是从叫做明。齐桓公是中等才能的人，能够成就功业，是由于他有异于常人之处。侍妾满宫，不是没有宠幸的；群臣满朝，不是没有亲近的。但是朝政由曾用箭射自己的管仲主持，后宫由年老色衰的卫姬执掌，不是因为宠爱他们，而是因为就要任用他们。然后才知道不是贤能之人不可以任用，不是智者不可以听从，如此举动真是宏大呀！

膏肓纯白[①]，二竖不生[②]，兹谓心宁。省闼清静[③]，嬖孽不作[④]，兹谓主平。夫膏肓近心而处厄，针之不逮[⑤]，药之不中，攻之不可[⑥]，二竖藏焉，是谓笃患[⑦]。故治身治国者，唯是之畏。

【注释】

①膏肓纯白：本段选自《杂言上》。膏肓，古代医学以心尖脂肪为膏，心脏与膈膜之间为肓。古人认为，病在膏以下、肓以上，针石汤药都无法医治。纯白，纯洁。

②二竖：《左传·成公十年》记载，晋景公梦见自己所患的疾病变成“二竖子”（两个小孩），他们为了躲避良医，藏匿在“肓之上，膏之下”，致使景公的病成为不治之症。后用“二竖”借指病魔。

③省闼：宫中，禁中。又称禁闼。

④嬖孽（bì niè）：受君主宠爱的小人。

⑤逮：及。

⑥攻：治疗。

⑦笃患：严重的病患。

【译文】

膏肓纯净无染，病魔不生，这就叫做内心安宁。宫禁之中清净，没有君主宠爱的小人，这就叫做君主平和安顺。膏肓接近心脏而又在险要之处，针刺刺不上，药力达不到，无法治疗，病魔在这里隐藏，这就叫严重的病患。所以治疗身体治理国家，就会畏惧这样的情况。

或曰[①]："爱民如子，仁之至乎？"曰："未也。""爱民如身，仁之至乎？"曰："未也。汤祷桑林[②]，邾迁于绎[③]，景祀于旱[④]，可谓爱民矣。"曰："何重民而轻身也？"曰："人主承天命以养民者也。民存则社稷存，人亡则社稷亡。故重民者，所以重社稷而承天命也。"

【注释】

①或曰：本段选自《杂言上》。

②汤祷桑林：《吕氏春秋·季秋纪·顺民》载，商汤逢大旱，以自身为祭祀的牺牲，祷于桑林以祈雨。

③邾迁于绎（yì）：《左传·文公十三年》："邾文公卜迁于绎。史曰：'利于民而不利于君。'邾子曰：'苟利于民，孤之利也……民苟利矣，迁也，吉莫如之。'遂迁于绎。"绎，春秋时邾邑，在今山东邹城东南。

④景祀于旱：《晏子春秋·内篇》载，齐国大旱很久，在晏子的启发下，齐景公离开宫殿，居于野外，暴露三日，天果然下起大雨。

【译文】

有人说："爱护民众犹如爱护子女，这是仁的极致吗？"回答说："还不是。""爱护民众如同爱护自身，这是仁的极致吗？"回答说："还不是。商汤以自身为牺牲在桑林祈雨，邾文公不顾对自身不利的占卜结果仍坚持迁徙到绎，齐景公因大旱暴露于野外祈雨，这些可以称得上是爱民了。"问道："为什么要重视民众而轻视自身呢？"回答说："君主是承受天命来养育民众的人。民众存在那么国家就存在，民众没有了那么国家就灭亡。所以重视民众，就是为了重视国家并且承受天命。"

或问曰①："孟轲称人皆可以为尧、舜②，其信矣乎？"曰："人非下愚③，则可以为尧、舜矣。写尧、舜貌④，同尧之性⑤，则否；服尧之制，行尧之道，则可矣。行之于前，则古之尧、舜也；行之于后，则今之尧、舜也。"或曰："人皆可以为桀、纣乎？"曰："行桀、纣之事，是桀、纣也。尧、舜、桀、纣之事，常并存于世，唯人所用而已。"

【注释】

①或问曰：本段选自《杂言上》。

②人皆可以为尧、舜：见《孟子·告子下》。

③下愚：极愚蠢的人。

④写：仿效。

⑤尧：举唐尧来概括唐尧、虞舜。下同。

【译文】

有人问："孟子说人人都可以成为唐尧、虞舜，是真的吗？"回答说："人只要不是极其愚蠢，就可以成为唐尧、虞舜。仅仅模仿唐尧、虞舜的相貌，随唐尧、虞舜的秉性，那还不行；遵从唐尧、虞舜的制度，施行唐尧、虞舜的治国之道，那就行了。在前代施行，那就是古代的唐尧、虞舜；在后代施行，那就是现在的唐尧、虞舜。”有人问：“人人都可以成为夏桀、商纣吗？”回答说：“做夏桀、商纣做的事情，那就是夏桀、商纣。唐尧、虞舜、夏桀、商纣所做的事情，经常同时存在于世上，就看人用哪一种罢了。”

人主之患①，常立于二难之间②：在上而国家不治，是难也；治国家则必勤身苦思矫情以从道③，是难也。有难之难，暗主取之④；无难之难，明主居之。

【注释】

①人主之患：本段选自《杂言上》。

②二难：两件难事。

③矫：抑制。从道：依从正道。

④暗主：昏昧的君主。

【译文】

君主的忧患，经常存在于两件难事之间：君主居于上位而国家没治理好，这是一件难事；治理国家必须劳苦自身、苦苦思考，抑制情感来依从正道，这又是一件难事。第一件难事让国家处于患难之中，昏昧的君主会去做；第二件难事让国家平安无事，贤明的君主会去做。

人臣之患①，常立于二罪之间②：在职而不尽忠直之道，罪也；尽忠直之道焉，则必矫上拂下③，罪也。有罪之罪，邪臣由之；无罪之罪，忠臣致之。

【注释】

①人臣之患：本段选自《杂言上》。

②二罪：两种罪名。

③矫上：违抗上司。拂：违背，不顺。

【译文】

臣子的忧患，经常存在于两种罪名之间：居官任职却不尽忠贞正直之道，是第一种罪名；尽忠贞正直之道，那么必定会违逆上司得罪同僚，是第二种罪名。第一种罪名是真正的罪尤，奸邪的臣子会去这样做；第二种罪名不是真正的罪尤，忠直的臣子会去这样做。

人臣有三罪[①]：一曰导非[②]，二曰阿失[③]，三曰尸宠[④]。以非先上[⑤]，谓之导；从上之非，谓之阿；见非不言[⑥]，谓之尸。导臣诛，阿臣刑，尸臣绌[⑦]。

【注释】

①人臣有三罪：本段选自《杂言上》。

②导非：诱人为非。

③阿失：曲从君上的过失。

④尸宠：谓臣见君非而不谏，徒被宠幸。尸，指在其位而无所作为。

⑤先：教导，引导。

⑥不言：不劝谏。

⑦绌：通“黜”，贬退，罢免。

【译文】

臣子有三种罪名：第一叫引导君王犯错，第二叫曲从君王的过失，第三叫据君王之宠而无为。用不正的言行引导君王，叫做诱导；曲从君王的过失，叫做阿谀，见君王为非不劝谏，叫做在其位而无所作为。诱导君王犯错的臣子要诛杀，阿谀的臣子要判刑，尸位素餐的臣子要罢免。

忠有三术[①]：一曰防，二曰救，三曰戒。先其未然[②]，谓之防也；发而进谏，谓之救也；行而责之，谓之戒也。防为上，救次之，戒为下。

【注释】

①忠有三术：本段选自《杂言上》。

②未然：还没发生，即事先。

【译文】

尽忠有三种方法：第一叫预防，第二叫补救，第三叫告诫。在事情没有发生之前设法避免，叫做预防；事情发生了进言劝谏，叫做补救；过错已然造成而进行责备，叫做告诫。预防为上，补救次一等，告诫最下等。

或问[①]："天子守在四夷，有诸？"曰："此外守也。天子之内守在身。"曰："何谓也？"曰："至尊者[②]，其攻之者众焉[③]。故便嬖御侍[④]，攻人主而夺其财；近幸妻妾[⑤]，攻人主而夺其宠；逸游伎艺[⑥]，攻人主而夺其志；左右小臣，攻人主而夺其行；不令之臣[⑦]，攻人主而夺其事。是谓内寇。自古失道之君，其见攻者众矣，小者危身，大者亡国。鲧、共工之徒攻尧[⑧]，仪狄攻禹[⑨]，弗能克，故唐、夏平；南之威攻文公[⑩]，申侯伯攻恭王[⑪]，不能克，故晋、楚兴。万众之寇凌疆埸[⑫]，非患也；一言之寇袭于膝下[⑬]，患之甚矣！八域重译而献珍[⑭]，非宝也；腹心之人匍匐而献善[⑮]，宝之至矣。故明主慎内守，除内寇，而重内宝。"

【注释】

①或问：本段选自《杂言上》。

②至尊：最尊贵，最崇高。这里指天子。

③攻：攻击。进攻身体，也指攻心。

④便嬖：君王身边受宠幸的小臣。御侍：帝王的侍从。

⑤近幸：指受到君王宠爱。

⑥逸游：放纵游乐。伎艺：指有技艺的人。

⑦不令：不善，不肖。

⑧鲧（gǔn）：相传为夏禹之父。共工：相传为尧之臣，与驩兜、三苗、鲧并称“四凶”，后被舜流放于幽洲。《尚书·尧典》：“流共工于幽洲，放驩兜于崇山，窜三苗于三危，殛鲧于羽山，四罪而天下咸服。”

⑨仪狄：夏禹之臣。作酒甚美，禹饮而甘之，遂疏仪狄，绝美酒，并言后世必有以酒亡其国者。

⑩南之威：亦称“南威”，春秋时晋国美女。据《战国策·魏策二》：“晋文公得南之威，三日不听朝，遂推南之威而远之。曰：‘后世必有以色亡其国者。’”

⑪申侯伯：即申侯，春秋时楚国大夫。善投楚共王所好，无所作为，被遣。据《新序·杂事》，楚共王曾评价申侯伯：“申侯伯与我处，常纵恣吾，吾所乐者，劝吾为之，吾所好者，先吾服之。吾与处欢乐之，不见，戚戚也。虽然，吾终无得也。其过不细，必亟遣之。”恭王，即楚共王。《吕氏春秋》《说苑》作“文王”。

⑫疆埸（yì）：边界，边境。

⑬膝下：膝旁，身旁。

⑭重译：辗转翻译。异域道路绝远，风俗殊隔，言语不通，所以需要辗转递相翻译其语言，方能通晓其意。

⑮腹心之人：比喻贤智策谋之臣。匍匐：尽力。

【译文】

有人问：“天子的防守在于防范四方的蛮夷，有这事吗？”回答说：“这是对外的防守。天子对内的防守在于自身。”问：“说的是什么意思?”回答说:“最尊贵的天子,‘进攻’他的人很多。君主身边受宠的小臣与侍从,进攻君主而夺取他的钱财;受到宠爱的妻妾,进攻君主而夺取他的宠爱;嬉戏游乐而有技艺的人,进攻君主而夺取他的心志;左右小臣,进攻君主而夺取他的好品行;心怀不善的臣子,进攻君主而夺取他的权力。这就叫做内寇。自古以来失道的君主,被进攻的有很多,小的危害自身,大的灭亡国家。鲧、共工等人进攻唐尧,仪狄进攻夏禹,不能得逞,所以唐尧、夏禹之世平安;南之威媚惑晋文公,申侯伯谄惑楚恭王,不能得逞,所以晋、楚兴盛。万人之众的敌寇侵入边境,不是祸患;一句话就能打倒君主的敌寇在身旁袭击,祸患就特别严重了!八方异域经过辗转翻译而贡献的珍宝,不是珍宝;贤智策谋之臣尽力献上的好计谋,才是最好的珍宝。所以英明的君主谨慎地加强内部的防守,除去内部的敌寇,而且重视内部的珍宝。”

君子所恶乎异者三①:好生事也②,好生奇也③,好变常也④。好生事,则多端而动众;好生奇,则离道而惑俗⑤;好变常,则轻法而乱度⑥。故名不贵苟传⑦,行不贵苟难⑧。纯德无慝⑨,其上也;伏而不动,其次也;动而不行,行而不远,远而能复,又其次也。其下,远而已矣。

【注释】

①君子所恶乎异者三:本段选自《杂言下》。

②生事:制造事端,惹事。

③生奇:追求奇异。

④变常:改变常道。

⑤惑俗:迷惑民众。

⑥乱度:扰乱制度。

⑦苟传：随便传扬。

⑧苟难：指任意做难做的事。

⑨慝（tè）：邪恶，恶念。

【译文】

君子对怪异的事感到厌恶的有三种：喜好制造事端，喜好追求奇异，喜好改变常规。喜好制造事端，那么就会有多种多样的事端而惊动众人；喜好追求奇异，那么就会背离正道而迷惑民众；喜好改变常规，那么就会轻视法律而扰乱制度。所以名声不以随便传扬为贵，行动不以任意做难做之事为贵。德行纯粹没有恶念，是最上等的；恶念隐伏而不萌动，是其次的；动了恶念而不显露于外，显露于外而不深远，深远而又能回归正道，又是其次。最下等的，就是恶念深远罢了。

中论

徐幹

【题解】

《中论》，东汉末徐幹著，是一部有关伦理道德及为政治国的论集。据《中论》旧本原序，徐幹“常欲损世之有余、益俗之不足，见辞人美丽之文并时而作，曾无阐弘大义、敷散道教、上求圣人之中、下救流俗之昏者，故废诗、赋、颂、铭、赞之文，著《中论》之书二十二篇”。

今本《中论》分上下二卷，共计二十篇，《治学》至《爵禄》十篇为上卷，《考伪》至《民数》十篇为下卷。上卷十篇，多论述处事原则和品德修养，下卷十篇，多论述君臣关系与政治机微。此外《群书治要》收录《中论》逸文《复三年丧》《制役》两篇，今本《中论》多附录之。总体而言，本书遵奉儒家旨趣，多祖述先王、孔、孟之言，同时也受道家、法家的某些影响，语言平实，论证讲求逻辑、条理贯通，对时弊有所针砭。不过作者持论比较中庸谨慎，一般不指斥时事，所以显得辞旨邈远，较少锋芒。它是“建安七子”中今存的唯一专著。曹丕在《与吴质书》中称赞此书“成一家之言，辞义典雅，足传于后”。

《隋书·经籍志》《旧唐书·经籍志》《新唐书·艺文志》及《崇文总目》分别载有六卷，《郡斋读书志》《直斋书录解题》则并作二卷，《四库全书总目》亦作二卷。《四库全书》所收宋曾巩编校本缺《复三年丧》与《制役》两篇，可见该书在宋代已出现残阙。常见版本有《四部丛刊》影印明嘉靖青州刻本、《汉魏丛书》本、《四库全书》本、《龙溪精舍丛书》本等。

徐幹，字伟长，东汉末北海（今山东昌乐东南）人，“建安七子”之一。少年勤学，潜心典籍。汉灵帝末，世族子弟结党权门，竞相追逐荣名，徐幹闭门自守，穷处陋巷，不随流俗。建安中，被曹操召授司空军谋祭酒掾属，转五官将文学。数年后因病辞职，退居穷巷，潜心撰著《中论》。后授上艾长，亦因病不就。建安二十二年（217），瘟疫流行，徐幹染疾而亡。除《中论》六卷外，《隋书·经籍志》还录有《徐幹集》五卷，宋以后散佚。今存诗四篇、文十篇，分见于逯钦立《先秦汉魏晋南北朝诗》、严可均《全后汉文》。俞绍初《建安七子集》又有所增补调整。

《群书治要》节录了《中论》的《法象》《修本》《虚道》《贵验》《核辩》《爵禄》《务本》《审大臣》《亡国》《赏罚》等十篇的部分内容，并录有逸文《复三年丧》和《制役》两篇。主要谈论君主的修养与为政治国之道。在道德修养方面，徐幹认为君子应“敬孤独而慎幽微”“言必有防，行必有检”，君子“不恤年之将衰，而忧志之有倦”“迁善惧其不及，改恶恐其有余”，表面上在说“君子”，实际也是在提醒一国之君。在治国方面，认为君主要有长远谋划，不能“详于小事而略于大道，察于近物而暗于远数”；要任贤使能，谨慎选择股肱之臣，“博求聪明睿哲君子，措诸上位，使执邦之政令”。此外，徐幹还指出导致国家灭亡的主要原因是“其贤不用，其法不行”，重点分析了“用贤”的问题，并告诫君主要以史为鉴，这样国家安定才能有所保障。这些都是开国不久的李唐君王要引以为戒的经验教训。

慌其瞻视[①]，轻其辞令[②]，而望民之则我者[③]，未之有也。莫之则者，必慢之者至矣。小人见慢而致怨乎人，患己之卑而不思其所以然。哀哉！是故君子敬孤独而慎幽微[4]，虽在隐翳[5]，鬼神不得见其隙，况于游宴乎？君子口无戏谑之言，言必有防；身无戏谑之行，行必有检[6]。言必有防，行必有检，虽妻妾不可得而黩也[7]，虽朋友不可得而狎也[8]。是以不愠怒[9]，而教行于闺门[10]；不谏谕[11]，而风声化乎乡党[12]。传称"大人正己而物正"者[13]，盖此之谓也。徒以匹夫之居犹然，况得志而行于天下乎！故唐帝允恭克让[14]，光被四表[15]；成汤不敢怠遑[16]，而掩有九域[17]；文王祗畏[18]，而造彼区夏也[19]。

【注释】

①慌其瞻视：本段选自《法象》，主要谈论一个人仪表、言行举止的重要性。作为君主，应当重视仪容举止，要谨言慎行，修身治礼，唯有如此才能治理好天下。瞻视，观瞻。指外观，外表。

②辞令：应酬对答的言辞。

③则：学习，效法。

④幽微：隐微。

⑤隐翳：隐蔽，隐没。

⑥检：约束，检点。

⑦黩（dú）：轻慢不敬。

⑧狎：轻慢。

⑨愠怒：恼怒。

⑩闺门：内室的门。借指家庭。

⑪谏谕：劝谏讽喻。

⑫风声：指好的风气。乡党：同乡，乡亲。

⑬大人正己而物正：《孟子·尽心上》："有大人者，正己而物正者也。"正己，端正自己。

⑭唐帝：唐尧。允恭克让：见《尚书·尧典》。指诚实、恭敬又能够谦让。

⑮光被四表：光辉普照四方。见《尚书·尧典》。

⑯成汤：商汤。不敢怠遑：见《诗经·商颂·殷武》。怠遑，懈怠而有闲暇。

⑰掩：尽。九域：九州。

⑱祇（zhī）畏：敬畏。

⑲区夏：诸夏之地，指华夏、中国。

【译文】

一个人如果忽略自己的仪表，轻忽自己的言辞，而希望民众效法自己，这种事是不曾有过的。没有人效法他，那么怠慢轻视他的人就来了。小人被怠慢就会对别人产生怨恨，忧虑他自己的卑微，却不思考为什么会这样。悲哀啊！所以君子独处时也不会怠慢，而谨守于隐微幽秘之处，即使在无人可见的隐蔽处，鬼神也看不到他的疏漏，何况在游乐宴饮时呢？君子口中没有戏谑嘲弄的话，言语必有顾忌；自身没有玩笑取乐的行为，行为必然要检点。言语必然有顾忌，行为必然会检点，即使对妻妾也不会轻慢不敬，即使对朋友也不会轻忽不庄重。因此不用恼怒，好的德行就已遍行于家门，不用劝谏讽喻，好的风气就已化行于乡里。书上说“大人端正自己，天下万物便随之端正”，大概说的就是这回事。普通人处事尚且是这样，何况有志于行其道于天下的人呢！所以唐尧诚实恭敬又能谦让，光辉普照四方；成汤不敢懈怠而有所闲暇，所以尽有九州；周文王心存敬畏，所以造就了整个华夏。

民心莫不有治道[①]，至于用之则异矣。或用乎人，或用乎己。用乎己者谓之务本[②]，用乎人者谓之追末。君子之治之也，先务其本，故德建而怨寡；小人之治之也，先追其末，故功废而仇多。夫见人而不自见者谓之蒙[③]，闻人而不自闻者谓之聩[4]，虑人而不自虑者谓之瞀[5]。故明莫大于自见[6]，聪莫大于自闻[7]，睿莫大于自虑[8]。此三者举之甚轻，行之甚迩[9]，而人莫之知也。故知者，举甚轻之事，以任天下之重；行甚迩之路，以穷天下之远。故位弥高[10]，基弥固；胜弥众，受弥广。

【注释】

①民心莫不有治道：本段及下一段选自《修本》。修本即务本。君子先致力于务本（修治自己），小人则是求末（整治别人）。文中还告诫“修本”要长期坚持，不能因为暂时看不到成效便因循过去的错误，致使“身辱名贱，而永为人役”。

②务本：致力于根本。

③蒙：蒙蔽，愚昧无知。

④聩（kuì）：昏聩，不明事理。

⑤瞀（mào）：昏沉错乱。

⑥明：视力好。

⑦聪：听力好。

⑧睿：明智，通达。

⑨迩：近。

⑩弥：更，益。

【译文】

每个人心中都有处理问题的方法标准，至于运用那就各不相同了。有的用在别人身上，有的用在自己身上。用在自己身上叫做致力于根本，用在别人身上叫做追求末节。君子处理事情，先致力于根本，所以好的德行得以建立而怨恨很少；小人处理事情，先追求那末节，所以功业荒废而引起很多仇恨。能看见别人而看不见自己叫做蒙蔽，听到别人而听不到自己叫做昏聩，思虑别人而不思虑自己叫做昏瞀。所以视力好没有比看清自己更强的了，听力好没有比听清自己更强的了，明智通达没有比思虑反省自己更强的了。这三样做起来很容易，走起来很浅近，而人们却没有真正认识到这些。所以有智慧的人，只要做很容易的事，就能承担起天下的重任；只要走很近的路，就能行尽天下遥远的地方。所以地位越高，基础就越牢固；承担得越多，能容纳的就越广博。

君子之于己也[①]，无事而不惧焉。我之有善，惧人之未吾好也[②]；我之有不善，惧人之必吾恶也[③]。见人之善，惧我之不能修也；见人之不善，惧我之必若彼也。故君子不恤年之将衰，而忧志之有倦。不寝道焉[④]，不宿义焉[⑤]，言而不行，斯寝道矣，行而不时，斯宿义矣。是故君子之务，以行前言也。民之过在于哀死而不爱生，悔往而不慎来；善语乎已然，好争乎遂事[⑥]；堕于今日，而懈于后旬[⑦]，如斯以及于老。故孔子抚其心曰[⑧]："师，吾欲闻彼，将以改此也。闻彼而不以改此，虽闻何益？"小人朝为而夕求其成，坐施而立望其及[⑨]。行一日之善，而问终身之誉，誉不至，则曰善无益矣。遂疑圣人之言，背先王之教，存其旧术[⑩]，顺其常好。是以身辱名贱，而永为人役也。

【注释】

①君子之于己也：本段选自《修本》。

②未吾好：不喜欢自己。

③必吾恶：必定会厌恶自己。

④不寝道：不湮蔽大道。寝，湮没不彰，隐蔽。

⑤不宿义：不隐滞义理。宿，停留，留滞。

⑥遂事：往事，已经完成的事。

⑦旬：时间，光阴。

⑧故孔子抚其心曰：《中论》钱培名校云："'孔子'上当有脱文。"

⑨及：今本《中论》作"反"，指回报。译文按"反"。

⑩旧术：指过去的处事方法。

【译文】

君子对于自己，没有不忧虑的事情。自己有善行美德，还害怕别人不喜欢自己；自己有不好的德行，害怕别人必定会讨厌自己。看见别人有善行美德，害怕自己不能学习；看见别人的不善，害怕自己必然会跟别人一样。所以，君子不忧虑年岁将要衰老，而是忧虑持志有所倦怠。不湮蔽大道，不隐滞义理，说了而不践行，这就是湮蔽大道，践行而不合时宜，这就是隐滞义理。所以君子的要务，是要履行之前说过的话。民众的过错在于哀伤死亡而不爱惜生命，后悔过去而不谨慎于将来；善于谈论已经发生的事，喜好争论已经完成的事；懒惰于今日，又懈怠于来时，就这样一直到老。所以孔子抚摩着胸口说："所谓老师，就是想从他那里听到些道理，用来改正我自身的过失。听到道理却不用来改正过失，即使听了又有什么用处呢？"小人早晨做事，晚上就要求成功，坐着实施，而站起来就希望得到回报。行善行了一天，就希望有一辈子的好声誉，好声誉没来，就说行善没有好处。于是就怀疑圣人的话，背弃先王的教令，保留自己过去的行事方法，遵从平时的喜好。因此自身受辱名声卑贱，而永远被人役使。

人之为德[①]，其犹器欤！器虚则物注[②]，满则止焉。故君子常虚其心志，恭其容貌，不以逸群之才加乎众人之上[③]。视彼犹贤，自视犹不肖也。故人愿告之而不厌，诲之而不倦。君子之于善道也，大则大识之[④]，小则小识之。善无大小，咸载于心，然后举而行之。我之所有，既不可夺，而我之所无，又取于人，是以功常前人而人后之也。故夫才敏过人，未足贵也；博辨过人[⑤]，未足贵也；勇决过人[⑥]，未足贵也。君子之所贵者，迁善惧其不及[⑦]，改恶恐其有余。故孔子曰："颜氏之子，其殆庶几乎？有不善未尝不知，知之未尝复行[⑧]。"夫恶犹疾也，攻之则日益悛[⑨]，不攻则日甚。故君子之相求也，非特兴善也，将以攻恶也。恶不废则善不兴，自然之道也。先民有言，人之所难者二：乐知其恶者难，以恶告人者难。夫惟君子，然后能为己之所难，能致人之所难也。夫酒食人之所爱也，而人相见莫不进焉，不吝于所爱者，以彼之嗜之也。使嗜忠言甚于酒食，人岂其爱之乎？故忠言之不出，以未有嗜之者也。《诗》云："匪言不能，胡其畏忌[⑩]。"

【注释】

①人之为德：本段及以下几段选自《虚道》，主要讲君子应虚心求教，改过迁善。"君子之所贵者，迁善惧其不及，改恶恐其有余""乐知其恶者难，以恶告人者难"，只有真正的君子才能做到这些。

②注：注入。

③逸群：超群，出众。

④识：记住。

⑤博辨：从多方面论说，雄辩。辨，通"辩"。

⑥勇决：勇敢而果断。

⑦迁善：去恶为善。

⑧"颜氏之子"几句：见《周易·系辞下》。颜氏之子，指颜回，孔子

的弟子。庶几，差不多，近似。

⑨攻：治疗。悛（quān）：停止。这里指好转、痊愈。

⑩匪言不能，胡其畏忌：见《诗经·大雅·桑柔》。不是不能说出口，为何如此畏惧顾忌？

【译文】

人修养德行，大概就像一件盛物的器皿吧！器皿空虚那么外物才能注入，器皿盈满就不能再注入了。所以君子经常虚心谦志，让自己的容貌恭敬严肃，不因为自己有出众的才能就凌驾于众人之上。看他人好像都很贤明，看自己好像还很不足。所以人们愿意指正他而不讨厌，教诲他而不厌倦。君子对于善道，大的那就记住大处，小的那就记住小处。善无论大小，都记在内心，然后付诸行动。我已经有的，就不可夺去，而我没有的，又能从别人那里取得，因此成就功业常在别人前面，而别人常落在自己后面。所以说，才思敏捷过人，不值得重视；博学雄辩过人，不值得重视；勇敢果决过人，不值得重视。君子所重视的，是去恶从善唯恐来不及，改正错误唯恐还有遗漏。所以孔子说："颜回这孩子，差不多能达到迁善改过了吧？有过失他没有不知道的，知道了的就决不会再犯。"那缺点恶行就像疾病，治疗就日益好转，不治就日益严重。所以君子所求的，不只是要兴扬美德善道，还要攻治劣行恶举。恶行不废弃，那么美善就不能兴扬，这是自然而然的道理。古人有这样的话，对人来说困难的有两点：乐意知道自己的错误很困难，把别人的缺点恶行告诉对方也很困难。只有君子，才能做好自己所难之事，才能使他人做到其自身难以做到的事。酒食是人喜爱的，而人们相见没有不进献酒食招待的，并不吝惜自己喜爱的东西，是因为对方也嗜好这些。如果让嗜好忠直之言比嗜好酒食更厉害，人们难道还会舍不得吗？所以忠直之言不说出口，是因为没有嗜好的人。《诗经》言道："不是不能说出口，为什么如此畏惧顾忌？"

目也者[①]，远察天际而不能近见其眦[②]。心亦如之。君子诚知心之似目也，是以务鉴于人以观得失，故视不过垣墙之里而见邦国之表[③]，听不过阈槷之内而闻千里之外[④]，因人之耳目也。人之耳目尽为我用，则我之聪明无敌于天下矣[⑤]。是谓人一之，我万之；人塞之，我通之。故其高不可为员，其广不可为方[⑥]。

【注释】

①目也者：本段选自《虚道》。

②眦（zì）：眼角，上下眼睑的接合处。

③表：外面。

④阈槷（yù niè）之内：指门内。阈，门槛。槷，门橛，门中央竖立以为限隔的短木。

⑤聪明：视觉听觉灵敏。

⑥其高不可为员，其广不可为方：是说学识之高不可估量，见闻之广不可囿限。二句互文，指其见闻学识不可度量。员，物的数量。方，四周围绕，亦指界限。

【译文】

眼睛，能够远看天边而不能近看其眼角。心也是这样。君子是真的知道心跟眼睛相似，因此致力于把他人当做镜子来观看得失成败，所以目视虽不出围墙之内，却能照见邦国之外，耳听虽不出门内，却能闻知千里之外，这是因为凭借了他人的耳目。他人的耳目全都被我所用，那么我视觉听觉的灵敏在天下就无敌了。这叫做他人有一对耳目，我有一万对耳目；他人蔽塞，我却通明。所以学识之高实不可测，见闻之广无法度量。

先王之礼[①]，左史记事，右史记言[②]，师瞽诵诗[③]，庶僚箴诲[4]，器用载铭[5]，筵席书戒[6]，月考其为，岁会其行[7]，所以自供正也[8]。昔卫武公年过九十[9]，犹夙夜不怠[10]，思闻训道[11]，命其群臣曰："无谓我老耄而舍我[12]，必朝夕交戒我[13]。"凡兴国之君，未有不然者也。下愚反此道，以为己既仁矣、知矣、神明矣[14]，何求乎众人？是以辜罪昭著[15]，腥德发闻[16]，百姓伤心，鬼神怨痛。若有告之者，则曰："斯事也，徒生乎子心，出乎子口。"于是刑焉、戮焉、辱焉。不然则曰："与我异德故也[17]，未达我道故也，又安足责？"是己之非，遂初之谬，至于身危国亡，可痛矣已！

【注释】

①先王之礼：本段选自《虚道》。

②左史记事，右史记言：周代的史官有左、右史之分。《礼记·玉藻》："动则左史书之，言则右史书之。"

③师瞽（gǔ）：指乐师、乐官。瞽，失明的人。古代以盲人为乐官，故为乐官的代称。

④庶僚：百官。箴诲：规劝教导。

⑤铭：刻在器物上记述生平、事业或用来警戒自己的文字。

⑥筵席：指席位、座位。戒：用于告戒的一种文体。

⑦会（kuài）：总计。

⑧供正：敬慎清正。供，通"恭"。

⑨卫武公：春秋时卫国国君。犬戎攻杀周幽王，他率兵勤王平戎。有功，周平王封他为公。在位期间统治较安定。

⑩夙夜：日夜。

⑪训道：教诲开导。

⑫老耄（mào）：指衰老。

⑬交戒：不断告诫。

⑭神明：明智如神。

⑮辜罪：罪恶。

⑯腥德：指丑恶的品行。发闻：传播，显扬。

⑰异德：理念德行不同，离心离德。

【译文】

先王的礼制是，左史记载事件，右史记载言语，乐官诵诗讽谏，百官规劝教导，器具上刻写警铭，座位旁书写戒文，每月考察自己的作为，每年总计自己的行事，来让自己敬慎清正。从前卫武公年过九十，还是日夜不懈怠，想听到他人的教诲训导，还命令群臣说："不要以为我衰老了就放弃我，必须早晚不断地告诫我。"凡是振兴国家的君主，没有不是这样的。最愚蠢的人则反其道而行，以为自己已经仁德了，智慧了，明智如神了，跟众人还寻求什么呢？因此罪恶昭彰，丑行显扬，百姓伤心，鬼神怨恨哀痛。倘若有人告诉他，他就会说："这件事啊，只是在你心中发生，从你口中说出。"于是对这个人判刑、杀戮、侮辱。不然的话就会说："这是你跟我离心离德的缘故，是没有理解我的想法的缘故，又哪里需要责备我呢？"把自己的非说成是，因循原来的错误，以至于自身危困国家灭亡，真让人痛心啊！

事莫贵乎有验①，言莫弃乎无征②。言之未有益也，不言未有损也。水之寒也，火之热也，金石之坚刚也③，彼数物未尝有言，而人莫不知其然者，信著乎其体也。使吾所行之信，若彼数物，谁其疑我哉？今不信吾所行，而怨人之不信己，犹教人执鬼缚魅，而怨人之不得也，惑亦甚矣。孔子曰："欲人之信己，则微言而笃行之；笃行之，则用日久；用日久，则事著明；事著明，则有目者莫不见也，有耳者莫不闻也，其可诬乎[④]？”故根深而枝叶茂，行久而名誉远。

【注释】

①事莫贵乎有验：本段及下一段选自《贵验》，也是阐述君子为人处事之道。要想制止他人的毁谤，使别人信任自己的品行，就要“微言而笃行”，时间久了一切自会显明；一味抱怨他人，则适得其反。

②征：证验。

③坚刚：坚硬。

④“欲人之信己”几句：据孙星衍《孔子集语·五性》，孔子此语首见于《中论》。微言，少言。笃行，切实履行，专心实行。诬，欺骗。

【译文】

事情没有比有所效验更可贵的了，言语没有比无所证验更应抛弃的了。发言未必有好处，不发言未必有损失。水的寒冷，火的炎热，金属和石头的坚硬，这几种事物不曾有什么言语，但是人没有谁不知道它们就是这样的，是因为它们的特性真实地显现在本体之中。假如我自身行为的特性效验，也像那几种事物一样自显，谁还会怀疑我呢？如今自己的行为无所信验，却埋怨别人不相信自己，就像让别人去擒缚鬼魅，却埋怨别人不能做到，也太糊涂了。孔子说：“想要别人相信自己，就要少言而切实专心地践行；切实践行，历日长久；历日长久，事实就会显明；事实显明，有眼睛的人就没有看不见的，有耳朵的人就没有听不到的，难道还可以欺骗吗？”所以根深枝叶才茂盛，行动长久名声才远扬。

人情也莫不恶谤[①]，而卒不免乎谤，其故何也？非爱智力而不已之也，已之之术反也。谤之为名也，逃之而愈至，拒之而愈来，讼之而愈多[②]。明乎此，则君子不足为也；暗乎此[③]，则小人不足得也。帝舜屡省，禹拜昌言[④]，明乎此者也。厉王加戮[5]，吴起刺之[6]，暗乎此者也。夫人也，皆书名前策[7]，著形列图，或为世法，或为世戒，可不慎欤！夫闻过而不改，谓之丧心[8]；思过而不改，谓之失体[9]。失体丧心之人，祸乱之所及也，君子舍旃[10]。君子不友不如己者，非羞彼而大我也[11]，不如己者，须己慎者也[12]。然则扶人不暇，将谁相我哉[13]？吾之偾也[14]，亦无日矣。故坟庳则水纵[15]，友邪则己僻[16]，是以君子慎所友。孔子曰："居而得贤友，福之次也。"夫贤者，言足听，貌足象[17]，行足法，加乎善奖人之美，而好摄人之过[18]，其不隐也如影，其不讳也如响[19]。故我之惮之，若严君在堂[20]，而神明处室矣，虽欲为不善，其敢乎？

【注释】

①人情也莫不恶谤：本段选自《贵验》。

②讼：争辩是非，争论。

③暗：不知晓，不懂得。

④昌言：善言，正当的言论。

⑤厉王加戮：周厉王对议论自己过失的人进行杀戮。《史记・周本纪》："王行暴虐侈傲，国人谤王。召公谏曰：'民不堪命矣。'王怒，得卫巫，使监谤者，以告则杀之。"

⑥吴起刺之：吴起刺杀毁谤自己的人。《史记・孙子吴起列传》："其少时，家累千金，游仕不遂，遂破其家。乡党笑之，吴起杀其谤己者三十余人，而东出卫郭门。"

⑦前策：过去的史籍。

⑧丧心：丧失理智。

⑨失体：有失体统。

⑩旃（zhān）："之焉"二字的合读，可训为"之"，亦可训为"焉"。

⑪大我：夸大自己。

⑫慎：今本《中论》作“植”，扶持。据下文“然则扶人不暇，将谁相我哉”，应作“植”。译文按“植”。

⑬相：帮助，辅助。

⑭偾（fèn）：跌倒，覆败。

⑮坟：堤岸，水边高地。庳（bēi）：低下，低矮。

⑯僻：邪僻不正。

⑰象：摹拟，仿效。

⑱摄：整饬。

⑲响：回声。

⑳严君：指父母。

【译文】

人之常情，没有谁不是厌恶毁谤的，而最终却不免遭受毁谤，那是什么缘故呢？不是吝惜智慧、力量而不去制止毁谤，而是制止毁谤的方法恰恰与正道相反。毁谤之所以为毁谤，就是越逃避越会到来，越拒绝越会到来，越争辩就会越多。明白这些，君子就不屑于这样去做了；不懂得这些，那么小人是无法制止毁谤的。虞舜屡次反省自己，夏禹拜受善言，是明白这些道理的人。周厉王对议论朝政的人加以杀戮，吴起刺杀诽谤他的人，是不懂得这些道理的人。这些人，名字都记载在过去的史籍上，形象都被绘示在历代图籍上，有的被世人效法，有的让世人警戒，难道可以不谨慎吗！知道过失而不改正，叫做丧失理智；想到过失而不悔改，叫做有失体统。丧失理智、有失体统的人，祸乱将降及其身，而君子是不会这样做的。君子不结交不如自己的人，不是以与之交友为耻而夸大自己，是因为不如自己的人，还等待着自己来扶立他。但是扶立他人自己便没有闲暇了，哪还有时间来等人扶助自己呢？如果是这样，我自己的跌倒失败也就不用等多久了。所以堤岸低矮水就会泛滥，朋友品行不正自己也会邪僻，因此君子要谨慎选择朋友。孔子说：“居家有贤友，这是福到了。”贤人，言语值得倾听，仪容值得仿效，行动值得效法，加上善于赞奖他人的优点，喜欢饬正他人的过失，不遮掩他人的优点犹如影子追随形体，不避讳他人的缺点如同发出声音就有回声。所以我畏惧他，就像父母在堂，神灵在室，即使想做不善的事情，又哪里敢呢？

夫利口者①，心足以见小数②，言足以尽巧辞，给足以应切问③，难足以断俗疑④。然而好说不倦，谍谍如也⑤。夫类族辨物之士者寡⑥，而愚暗不达之人者多⑦，孰知其非乎？此其所以无用而不见废也，至贱而不见遗也。先王之法，析言破律⑧，乱名改作⑨，行僻而坚⑩，言伪而辨者⑪，杀之。为其疑众惑民，而浇乱至道也。

【注释】

①夫利口者：本段选自《核辩》。节录部分告诫君主要警惕能言善辩的人，因为他们会疑众惑民，扰乱正道。利口，能言善辩。此指能言善辩的人。

②小数：小技艺，小手段。

③给（jǐ）：敏捷。切问：急切的问难。

④难：责难，质问。

⑤谍谍（dié）如：喋喋不休，说个没完的样子。

⑥类族辨物：指以类聚特征来分辨事理。《周易·同人卦》：“象曰：天与火，同人，君子以类族辨物。”孔颖达疏：“族，聚也。言君子法此同人，以类而聚也。辨物谓分辨事物，各同其党，使自相同不间杂也。”类族，即类聚，因同类而相族聚。辨物，分辨事理。

⑦愚暗：愚钝而不明事理。

⑧析言破律：指巧说诡辩，曲解律令。

⑨乱名：淆乱名分。改作：指变易常道常法。

⑩行僻而坚：行为邪僻而固执。

⑪言伪而辨：言辞虚伪而善于巧辩。辨，通“辩”。

【译文】

能言善辩的人，其心足以知道小术，其言足以尽叙巧说，其敏捷足以应对急切的责问，其责难足以止住世俗之人的疑惑。然而喜好辩说而不厌倦，喋喋不休。能根据事物的类聚特征辨物明理的人少，而愚昧不明的人很多，所以又有谁知道那些能言巧辩的人不对呢？这就是能言巧辩的人虽然没用却不被废黜，最为卑贱却不被遗弃的原因。先王的法令规定，巧说诡辩曲解律令，混淆名分变易常道常法，行为邪僻而固执，言语虚伪而巧辩的人，应该杀掉。因为他们会疑乱民众迷惑百姓，而且会使大道浇薄混乱。

古之制爵禄也[①]，爵以居有德，禄以养有功。功大者其禄厚，德远者其爵尊；功小者其禄薄，德近者其爵卑。是故观其爵，则别其人之德；见其禄，则知其人之功，不待问之也。古之君子贵爵禄者，盖以此也。爵禄者，先王所重也。爵禄之贱也，由处之者不宜也[②]；贱其人，斯贱其位矣。其贵也，由处之者宜之也；贵其人，斯贵其位矣。黻衣绣裳[③]，君子之所服，爱其德，故美其服也。暴乱之君，非无此服，民弗美也。

【注释】

①古之制爵禄也：本段及下一段选自《爵禄》，主要讲官爵与俸禄的重要性，认为获得官爵、俸禄的人要有与之相匹配的德行、功业。

②处之者：居之者，拥有者。

③黻（fú）衣：古代礼服名。绣有青黑色花纹。绣裳：彩色下衣。是古代官员的礼服。

【译文】

古代制定爵位和俸禄，爵位用来安排有德行的人，俸禄用来供养有功劳的人。功劳大的俸禄就优厚，德行高尚的爵位就尊贵；功劳小的俸禄就微薄，德行浅薄的爵位就卑微。所以看一个人的爵位，就能辨别他的德行；见到他的俸禄，就能知道他的功劳，不用再去问他。古代君子重视爵位和俸禄，就是因为这个原因。爵位俸禄，是先王所重视的。爵位俸禄被轻贱，是由于拥有的人不称职；认为这个人卑贱，也就是认为他的爵位卑贱了。爵位俸禄被看重，是由于拥有的人称职；看重这个人，也就看重他的爵位了。绣有纹样的礼服，是君子的穿着，喜爱他的德行，所以认为他的衣服华美。残暴昏乱的君主，不是没有这样的服装，但是民众不认为华美。

位也者①，立德之机也②；势也者，行义之杼也③。圣人蹈机握杼，织成天地之化④，使万物顺焉，人伦正焉。六合之内⑤，各充其愿⑥，其为大宝，不亦宜乎？夫登高而建旌⑦，则所示者广矣；顺风而奋铎⑧，则所闻者远矣。非旌色之益明，非铎声之益长，所托者然也。况居富贵之地，而行其政令者也？

【注释】

①位也者：本段选自《爵禄》。

②机：织布机。

③杼：织机的梭子。

④化：指教化。

⑤六合：指天地和东西南北四方。

⑥充：满足。

⑦建旌：竖立旌旗。

⑧铎：古乐器，形如大铃，振舌发声。

【译文】

职位，是树立德业的织布机；权势，是躬行仁义的梭子。圣人脚踩织布机，手握梭子，编织成天下的教化，让万物顺道，人伦端正。让天地四方之内，各自满足自己的愿望，说职位是重要的法宝，不是很适宜吗？登上高处竖立旌旗，那么在很广阔的视域内都能看见它；顺风摇铃，那么在很远的地方都能听到铃声。不是旌旗颜色更鲜明了，不是铃声更大了，而是所依托的条件让它们这样的。何况处在富贵的地位，而颁行政令的人呢？

人君之大患也[①]，莫大乎详于小事而略于大道，察于近物而暗于远数。自古及今，未有如此而不亡也。详于小事，察于近物者，谓耳听于丝竹歌谣之和[②]，目明乎雕琢采色之章[③]，口给乎辨慧切对之辞[④]，心通乎短言小说之文[⑤]，手习乎射御书数之功[⑥]，体比乎俯仰般旋之容[⑦]。凡此数者，观之足以尽人之心，学之足以勤人之思。且先王之末教也，非有小才智，则亦不能为也。是故能之者，莫不自悦乎其事，而无取于人，皆为不能故也。夫君居南面之尊[⑧]，秉杀生之权者，其势固足已胜人矣，而加之以胜人之能，怀足己之心[⑨]，谁敢犯之者乎？以匹夫行之，犹莫敢规也，而况于人君哉？故罪恶若山而己不见，谤声若雷而己不闻，岂不甚乎？夫小事者味甘，而大道者醇淡[⑩]；而近物者易验，而远数者难效，非大明君子则不能兼通也[⑪]。故皆惑于所甘而不能至乎所淡，眩于所易而不能及于所难，是以治君世寡而乱君世多也。故人君之所务者，其在大道远数乎？大道远数者，谓仁足以覆焘群生[12]，惠足以抚养百姓，明足以照见四方，智足以统理万物，权足以应变无端，义足以阜生财用[13]，威足以禁遏奸非[14]，武足以平定祸乱；详于听受而审于官人，达于废兴之源，通于安危之分。如此，则君道毕矣。

【注释】

①人君之大患也：本段及下一段选自《务本》。节录部分说明人君为政要把握"大道远数"，而非致力于琐事近物，专注于小智小才。

②丝竹：弦乐器与管乐器之总称。泛指音乐。

③雕琢：雕饰，装饰。章：花纹。

④辨慧：聪明而富于辩才。切对：恰切应对。

⑤短言：琐言，琐语。小说：谓偏颇琐屑的言论。

⑥射御：射箭、御马之术。古代六艺中的两种，都属尚武的技艺。书数：六艺中的写字、算数。

⑦般旋：即盘旋，指仪节中遵照一定程式的回旋进退。

⑧南面：面向南。古代以坐北朝南为尊位，帝王、诸侯见群臣，或卿大夫见僚属，皆面南而坐。

⑨足己：自满自足，自以为是。

⑩醇淡：纯正淡泊。

⑪大明君子：指圣明君主。

⑫覆焘：覆被。谓施恩，加惠。

⑬阜生：生息，生长。

⑭禁遏：禁阻，遏止。奸非：邪恶不法。

【译文】

君主的大患，没有比对小事了解详尽而忽略治国大道，对近处事物明察而不知深谋远虑更大的了。从古到今，没有像这个样子而不灭亡的。对小事详尽了解，对近处事物明察，是指耳朵善听音乐歌谣的吹奏唱和，眼睛善辨雕饰彩绘的花纹，口中善言聪明机辩恰切应对的言辞，内心通晓琐屑浅陋的文章，手上熟习射箭、驾车、写字、算数的技巧，身体致力于俯仰屈伸、回旋周折的仪容。凡是这几种行为，看上去足以满足人的心意，学会了足以使人才思更加敏捷。况且这些先王教化中的细枝末节，没有一定的聪明才智，也不能做到。所以能做到的人，没有谁不对自己能做这些感到欣喜，而不再向他人学习，因为别人都不能做到这些。君主面南称尊，是操持生杀大权的人，权势本来就足以胜过别人了，又加上有胜过别人的才能，怀着自满自足的心理，谁还敢冒犯他呢？就是普通人做到这些事，尚且没有谁敢规劝他，何况对于君主呢？所以罪恶如山而自己看不见，骂声如雷而自己听不见，难道还不严重吗？做细微小事往往味道甘甜，而中正大道往往纯正淡泊；然而眼前的事物容易检验，深谋远虑则难以立见成效，不是圣明的君主就不能同时明白这些。所以大都被甘甜所迷惑而不能体会到淡泊，被容易的事所迷惑而不能去处理困难的事，因此太平君主世上少有而昏乱的君主世上很多。所以君主的要务，还是中正大道和深谋远图吧？中正大道和深谋远图，是说仁德足以施加给民众，恩惠足以抚养百姓，明察足以照见四方，智慧足以统领万物，机变足以应对各种变故，信义足以增丰财物，威严足以禁止邪恶，武力足以平定祸乱；能详尽地听取他人意见，审慎地授任官职，明达盛衰兴亡的根源，通晓治乱安危的区别。像这样，为君之道就完备了。

今使人君视如离娄[①]，听如师旷[②]，御如王良[③]，射如夷羿[④]，书如史籀[⑤]，计如隶首[⑥]，走追驷马[⑦]，力折门键[⑧]。有此六者，可谓善于有司之职[⑨]，何益于治乎？无此六者，可谓乏于有司之职，何增于乱乎？必以废仁义、妨道德矣。何则？小器不能兼容，治乱又不系于此，而中才之人所好也。昔潞丰舒、晋智伯瑶之亡⑩，皆怙其三材⑪，恃其五贤，而以不仁之故也。故人君多伎艺、好小智而不通于大道者，只足以拒谏者之说，而钳忠直之口也⑫；只足以追亡国之迹，而背安家之轨也。不其然耶！不其然耶！

【注释】

①今使人君视如离娄：本段选自《务本》。离娄，传说中的视力特别强的人。

②师旷：春秋时晋国乐师。生而无目，善于辨音，以耳聪闻名于世。

③王良：春秋时善驭马者。

④夷羿：即后羿，相传为尧时善射者。

⑤史籀（zhòu）：西周人，宣王时太史。相传著大篆十五篇以训学童。

⑥隶首：一作虑首，传说中黄帝之臣，始作算数。

⑦驷马：驾一车之四马。

⑧门键：门栓。

⑨有司：相关部门。

⑩潞：春秋时赤狄国，在今山西黎城一带，后灭于晋。丰舒：潞国国相。晋景公将伐潞，诸大夫因丰舒有出众之才者三，以为不可。而晋伯宗数其五罪，且恃才而不用德，益增其罪。后晋灭潞，杀丰舒。智伯瑶：春秋时晋国六卿之一。智宣子欲以智伯瑶继承己位，智果以为智伯瑶有射御、巧辩等贤于他人者五，而不行仁，立智伯瑶则智氏必亡。智宣子不听。后韩、魏、赵联合反攻智氏，智伯瑶兵败被杀。

⑪怙：依靠，仗恃。

⑫钳：缄禁。

【译文】

如果让君主的视力跟离娄一样，听力跟师旷一样，驾车如同王良，射箭如同夷羿，书写如同史籀，计算如同隶首，跑起来追得上驾车的四匹马，力气大得能折断门栓。有这六样，可以说是善于担任这些相关部门的职务，对治理国家又有什么好处呢？没有这六样，可以说是无法胜任相关部门的职务，对国家又能添什么乱呢？而沉溺于这些小事，一定会因此废弃仁义，妨害君德。为什么呢？小容量的器皿不能同时容纳各方，国家的太平与混乱又不直接关系到这些，而这些又是中等才能的人所喜好的。从前潞国丰舒、晋国智伯瑶的灭亡，都是依仗自己有三种才能，自己在五个方面胜过别人，因而不行仁德的缘故。所以君主技艺多，喜好小的才智而不通达大道正理，只够用来拒绝劝谏者的劝谏，而缄禁忠直臣子的发言；只够用来追逐已灭亡的国家的踪迹，而背离使国家安定的正轨。不就是这样吗！不就是这样吗！

帝者昧旦而视朝①，南面而听天下，将与谁为之？岂非群公卿士欤？故大臣不可以不得其人也。大臣者，君股肱耳目也②，所以视听也，所以行事也。先王知其如是，故博求聪明睿哲君子③，措诸上位④，使执邦之政令焉。执政聪明睿哲，则其事举。其事举，则百僚莫不任其职。百僚莫不任其职，则庶事莫不致其治⑤。庶事莫不致其治，则九牧之人莫不得其所⑥。故《书》曰：“元首明哉，股肱良哉，庶事康哉⑦！”

【注释】

①帝者昧旦而视朝：本段选自《审大臣》。大臣是君主的股肱耳目，君主要慎重审查大臣，任用那些有道德、有学问、聪明睿智的人来

治理国家。昧旦，天将明未明之时，拂晓。视朝，临朝听政。

②股肱：大腿和胳膊。比喻身边辅助得力的人。耳目：比喻亲信之人。

③睿哲：圣明，明智。

④措：置。上位：高官，显达的职位。

⑤庶事：众多事务。

⑥九牧：即九州。天下。

⑦"元首明哉"几句：见《尚书·益稷》。元首，君主。

【译文】

帝王拂晓就临朝听政，面南而坐处理天下大事，将要跟谁一起处理？不就是诸位公卿大臣吗？所以大臣不可以不选任合适的人。大臣，是君主的股肱和耳目，是帮助君主审察了解政事，帮助君主处理政事的。先王知道情况如此，所以广泛地寻求聪明睿智的君子，把他们安排在高官显位，让他们执掌国家的政策法令。执政的人聪明睿智，那么政事就能施行。政事能够施行，那么百官就没有谁不胜任其职务了。百官没有谁不胜任其职务，那么各种事务就没有不能得到治理的。各种事务没有不能得到治理的，那么天下百姓就都能得其所宜。所以《尚书》言道："君主圣明啊，辅臣贤良啊，那么政事就安康啊！"

凡亡国之君[①]，其朝未尝无致治之臣也，其府未尝无先王之书也[②]。然而不免乎亡者，何也？其贤不用，其法不行也。苟书法而不行其事，爵贤而不用其道，则法无异于路说[③]，而贤无异于木主也[④]。昔桀奔南巢[⑤]，纣踣于京[⑥]，厉流于彘[⑦]，幽灭于戏[⑧]，当是时也，三后之典尚在[⑨]，而良谋之臣犹存也。下及春秋之世，楚有伍举、左史倚相、右尹子革[⑩]，而灵王丧师[⑪]；卫有大叔仪、公子鲊、蘧伯玉[⑫]，而献公出奔[13]；晋有赵宣孟、范武子[14]，而灵公被弑[15]；鲁有子家羁、叔孙婼[16]，而昭公野死[17]；齐有晏平仲、南史氏[18]，而庄公不免弑[19]；虞、虢有宫之奇、舟之侨[20]，而二公绝祀[21]。由是观之，苟不用贤，虽有无益也。然彼亦知有马必待乘之，然后远行；有医必待使之，而后愈疾。至于有贤，则不知必待用之而后兴治也。且六国之君[22]，虽不用贤，及其致人也[23]，犹修礼尽意，不敢侮慢也。

【注释】

①凡亡国之君：本段及以下几段选自《亡国》。节录部分结合相关史实，论说一个国家之所以灭亡主要是因为不任用贤人，并告诫君主，修明己身则贤人自会归服。

②府：古代国家收藏文书的地方。

③路说：指街谈巷议，无稽的闲聊。

④木主：木制的神位，上书死者姓名以供祭祀。又称神主。

⑤南巢：夏代、商代南方远国名，有巢氏后裔所建。在今安徽巢湖一带。

⑥踣（bó）：败亡，覆灭。

⑦彘：地名，在今山西霍县东北。

⑧戏：一说指戏水，河流名，在今陕西临潼东三十里。

⑨三后：三个君主。这里指禹、汤、文王。

⑩伍举：春秋时楚国大夫，以直谏见称。曾因楚灵王会盟矜骄、修章华之台而谏。左史倚相：春秋时楚国人，楚灵王左史，灵王谓其为良史，能读《三坟》《五典》《八索》《九丘》等古书。右尹：楚国官名，位次于令尹。子革：郑穆公之孙，名丹，字子革，后投奔楚国，任右尹。

⑪灵王：楚灵王。丧师：指楚公子比趁楚灵王率师伐徐，夺取楚国政权，在乾溪瓦解灵王军队。

⑫大叔仪：即太叔仪，春秋时卫国大夫。公子鱄（liàn）：春秋时卫国贵族，卫献公同母弟。曾随献公出奔于齐。献公复位后背约杀甯喜，公子鱄愤而奔晋，终身不言卫。蘧（qú）伯玉：即蘧瑗，字伯玉，春秋时卫国人，卫灵公大夫。外宽而内直，直己而不直人，勤于改过。孔子称其行，至卫，寄居其家。

⑬献公：指卫献公。在位时为大夫孙林父等攻逐，奔齐。

⑭赵宣孟：即赵盾，春秋时晋国正卿。晋灵公荒淫暴虐，他曾多次劝谏。范武子：士氏，名会，春秋时晋国正卿。曾封于范，谥武。

⑮灵公：即晋灵公。襄公子。襄公死后，由赵盾立以为君。因奢侈淫暴，后为赵盾族弟赵穿所杀。

⑯子家羁：春秋时鲁国大夫。曾多次向鲁昭公提出有益建议，不为昭公所用。叔孙婼：即叔孙昭子，春秋时鲁国叔孙豹之子。以赏罚无私著称。

⑰昭公：鲁昭公。野死：鲁昭公欲除季孙氏，结果为季孙、叔孙、孟孙三家举兵击败，奔齐。次年，齐伐鲁取郓，遂居于郓，后迁居晋国之乾侯，病死于此。

⑱晏平仲：即晏子。南史氏：春秋时齐国史官，以刚正直言著称。

⑲庄公：指齐庄公。与大夫崔杼之妻私通，屡至崔家，以崔杼之冠帽赐人，后为崔杼所杀。

⑳虞：周代诸侯国名，在今山西平陆东北。虢：周代诸侯国名，亦称北虢，在今河南三门峡、山西平陆一带。宫之奇：虞国大夫。晋献公欲灭虞、虢，先派荀息以名马、美玉献虞君，求借道于虞以伐虢。宫之奇以“唇亡齿寒”谏阻虞君，虞君不听。晋灭虢回师，果灭虞。舟之侨：本为虢国大夫。虢公败犬戎于渭河之曲，舟之侨以为无德而受禄，灾殃将至，奔晋。后虢果为晋所灭。

㉑绝祀：断绝祭祀。谓亡国。

㉒六国：指战国时位于函谷关以东的齐、楚、燕、韩、赵、魏六国。

㉓致人：招致人才。

【译文】

凡是亡国之君，他的朝廷不见得没有能让国家太平的臣子，他的府库中不见得没有先王的典籍。但还是不免于灭亡，为什么呢？是因为他不用贤人，法令不能执行。如果只书写法令而不去执行，只给贤人爵位却不用他的主张，那么法令跟无稽的街谈巷议就没有什么不同，贤人跟木头牌位就没有什么不同。从前夏桀逃奔到南巢，商纣在京城朝歌败亡，周厉王逃奔到彘，周幽王被灭于戏，正当此时，夏禹、商汤、周文王三位君王的典籍还在，而能献良策的臣子也还在。下至春秋时代，楚国有伍举、左史倚相、右尹子革，而楚灵王军队战败；卫国有太叔仪、公子鱄、蘧伯玉，而卫献公逃奔齐国；晋国有赵宣孟、范武子，而晋灵公被杀；鲁国有子家羁、叔孙婼，而鲁昭公死于国外；齐国有晏平仲、南史氏，而齐庄公仍不免被杀；虞国、虢国有宫之奇、舟之侨，而两位国君都亡国。由此看来，假如不任用贤人，即使有贤人也没什么用。但是他们也知道，有马必须要乘坐，然后才能远行；有医生必须要看病，然后疾病才能痊愈。至于有了贤人，就不知道必须要使用之后才能使国家振兴太平了。况且战国时东方六国的君主，虽然不任用贤人，但他们招致人才，也还是以礼相待竭尽诚意，不敢轻侮怠慢。

至于王莽[1]，既不能用，及其致之也，尚不能言。莽之为人，内实奸邪，外慕古义[2]，亦聘求名儒，征命术士[3]，政烦教虐，无以致之，于是胁之以峻刑，威之以重戮。贤者恐惧，莫敢不至。徒张设虚名以夸海内，莽亦卒以灭亡。且莽之爵人也[4]，其实囚之也。囚人者，非必著桎梏、置之囹圄之谓也[5]，拘系之、愁忧之之谓也[6]。使在朝之人，欲进则不得陈其谋，欲退则不得安其身，是则以纶组为绳索[7]，以印佩为钳铁也[8]。小人虽乐之，君子则以为辱矣。

【注释】

①至于王莽：本段选自《亡国》。王莽，字巨君，魏郡元城（今河北大名东）人。汉元帝皇后之侄。西汉末掌握朝政，毒死平帝，立孺子婴。初始元年（8）自立为帝，改国号为新。不久托古改制，引发农民大起义。后绿林军攻入长安，被杀。

②古义：古书的义理。

③征命：征召。术士：指儒生中讲阴阳灾异的一派人。

④爵人：以爵位或官职授人。

⑤桎梏：脚镣和手铐。囹圄：监牢。

⑥拘系：拘禁。

⑦纶组：泛指系官印的绶带。纶，青丝绞合而成的带。古代低级官吏用以系印。组，古代佩印用的绶带。

⑧钳铁：古代束颈的刑具。

【译文】

到了王莽的时候，既不能任用贤人，等到招来了贤人，也不让他们说话。王莽为人，内心奸诈邪恶，表面上却崇慕古书中的义理，也聘请有名的大儒，征召讲阴阳灾异的儒生，但因为他政教命令烦苛暴虐，没办法招来贤人，于是就用严峻的刑罚胁迫，用严酷的杀戮威慑。贤人恐惧，没有敢不来的。但这样的举动只是向天下夸示张扬他招贤的虚名，他最终也因此灭亡。况且王莽把官爵授予人，其实等于囚禁了他们。囚禁人，并不一定是要戴上脚镣手铐、关进监狱，也不一定要拘禁他们、让他们忧愁。而是让在朝廷的人，想要进言却不能陈述自己的计谋，想要退避却不能保全自身，这就是用系官印的绶带当绳索，用官印当束颈的钳铁。

小人虽然乐意这样，君子却把这当成侮辱。

故明主之得贤也[1]，得其心也，非谓得其躯也。苟得其躯而不论其心，斯与笼鸟槛兽未有异也[2]。则贤者之于我也，亦犹怨仇，岂为我用哉？日虽班万钟之禄[3]，将何益欤！故苟得其心，万里犹近；苟失其心，同衾为远[4]。今不修所以得贤者之心，而务修所以执贤者之身，至于社稷颠覆、宗庙废绝，岂不哀哉！

【注释】

①故明主之得贤也：本段选自《亡国》。

②槛兽：笼中之兽。

③班：颁布，颁发。万钟：指优厚的俸禄。钟，古代量词名。

④衾：被子。

【译文】

所以英明君主得到贤人，是要得到他的心，不是要得到他的躯体。如果得到他的身躯而不考察他的内心，这就跟笼中鸟、栏中兽没有什么不同。那么贤人对于我自己，也就像仇人一样，难道还能被我任用吗？即使每天都颁赏万钟的俸禄，又有什么好处呢！所以如果得到了他的心，即使相隔一万里也好像很近；如果失去了他的心，即使同盖一条被子也觉得很遥远。如今不去学习获得贤人之心的方法，却致力于学习抓住贤人躯体的方法，直到国家倾覆、宗庙废弃，难道不悲哀吗？

孙子曰[1]："人主之患，不在于言不用贤，而在于诚不用贤。言用贤者口也，却贤者行也。口行反，而欲贤者之进，不肖之退，不亦难乎[2]？"善哉言也！故人君苟修其道义，昭其德音[③]，慎其威仪，审其教令，刑无颇类[④]，惠泽播流[⑤]，百官乐职，万民得所，则贤者仰之如天地，爱之如其亲，乐之如埙篪[⑥]，歆之如兰芳[⑦]。故其归我也，犹决壅导滞[⑧]，注之大壑，何不至之有乎？

【注释】

①孙子曰：本段选自《亡国》。孙子，即荀子，名况，字卿。战国时儒家代表人物。因避西汉宣帝刘询讳，故又称孙卿、孙子。

②"人主之患"几句：见《荀子·致士》。不肖，不贤。

③德音：好的声誉。

④颇类：偏颇不平。

⑤惠泽：恩泽。播流：流传，传播。

⑥埙篪（xūn chí）：埙、篪皆古代乐器，二者合奏时声音相应和，常用以比喻亲密和睦。

⑦歆：欣喜，喜爱。

⑧决壅：除去水道的壅塞。

【译文】

荀子说："君主的祸患，不在于嘴上说不用贤人，而在于真的不用贤人。说用贤人的是嘴，屏退贤人的是行动。嘴上说的和行动相反，而想要贤人得到进用，不贤之人退去，不是很困难吗？"这话说得好啊！所以君主如果能修治道德仁义，昭扬他的美名，端谨他的仪容，审慎他的教化政令，刑罚没有偏邪不正，恩泽流传，百官乐于职守，万民各得其所，那么贤人就会像敬仰天地一般敬仰他，像敬爱自己亲人一般敬爱他，像喜爱听埙篪合奏一般喜爱他，像悦服于兰花的芬芳一般悦服他。所以贤人归附我，就像除去水道中的壅塞，疏导停滞的水流，让水流注入又大又深的沟谷，还能有不来的吗？

苟粗秽暴虐[①]，香馨不登[②]，谗邪在侧，杀戮不辜[③]，宫馆崇侈[④]，妻妾无度，淫乐日纵，征税繁多，财力匮竭，怨丧盈野[⑤]，矜己自得[⑥]，谏者被诛，外内震骚，远近怨悲，则贤者之视我容貌如蝄蜽[⑦]，台殿如狴牢[⑧]，采服如衰绖[⑨]，歌乐如号哭，酒醴如滫涤[⑩]，肴馔如粪土[⑪]。众事举措，每无一善，彼之恶我也如是，其肯至哉？今不务明其义，而徒设其禄，可以获小人，难以得君子。君子者，行不苟合，立不易方[⑫]，不以天下枉道[⑬]，不以乐生害仁，安可以禄诱哉？虽强缚执之，而不获已，亦杜口佯愚[⑭]，苟免不暇，国之安危将何赖焉！

【注释】

①苟粗秽暴虐：本段选自《亡国》。

②香馨：馨香。指用作祭品的黍稷。不登：不用。

③不辜：无罪之人。

④宫馆：离宫别馆，供皇帝游息的地方。

⑤怨丧：哀怨悲伤。

⑥矜己：夸耀自己。

⑦蝄蜽（wǎng liǎng）：古代传说中的山川精怪。

⑧狴（bì）牢：牢狱。

⑨衰绖（cuī dié）：指丧服。古人丧服胸前当心处缀有长六寸、广四寸的麻布，称衰，因名此衣为衰；围在头上的散麻绳为首绖，缠在腰间的为腰绖。衰、绖两者是丧服的主要部分。

⑩酒醴：泛指各种酒。醴，甜酒。滫（xiǔ）涤：浸泡淘洗。此指淘洗东西的水。

⑪肴馔：丰盛的饭菜。

⑫方：道。

⑬枉道：不合正道，违背事理。

⑭杜口：闭口不言。佯愚：假装愚笨。

【译文】

如果君主粗俗污秽凶恶残暴，不礼祭祀，谗佞奸邪的人在身旁，杀死没有罪过的人，离宫别馆豪华奢侈，妻妾没有节制，每天放纵淫乐，征税繁多，财力枯竭，哀怨忧伤的人布满原野，而又自夸自满，诛杀直言劝谏的人，使朝廷内外震惊骚动，远近之人怨恨悲痛，那么贤人看我就像看山林精怪一样，看宫殿台阁就像牢狱一样，看彩衣就像丧服一样，听歌声和音乐就像号哭一样，美酒就像淘洗东西的水一样，丰盛的饭菜就像粪土一样。君主的行事举动，没有一样好的，他们像这样厌恶我，难道还肯来吗？如今君主不致力于弄清贤人归附与远离自己的原因，而只是给他设置俸禄，这样只能收获小人，却难以获得君子。君子，行动不随便迎合别人，立身不改易其道，不会因为天下人的好恶而违背正道，不会因为爱惜生命而损害仁德，哪里可以用俸禄来引诱呢？即使强行捆绑着捉来，他不得已，也会闭口装傻，连苟且免祸都来不及，国家的安危又将依赖什么人呢！

政之大纲有二[①]，赏、罚之谓也。人君明乎赏罚之道，则治不难矣。赏罚者，不在于必重，而在于必行。必行，则虽不重而民肃；必不行也，则虽重而民怠。故先王务赏罚之必行也。夫当赏者不赏，则为善者失其本望[②]，而疑其所行；当罚者不罚，则为恶者轻其国法，而怙其所守。苟如是也，虽日用斧钺于市[③]，而民不去恶矣；日赐爵禄于朝，而民不兴善矣。是以圣人不敢以亲戚之恩而废刑罚，不敢以怨仇之忿而留庆赏[④]。夫何故哉？将以有救也。故《司马法》曰："赏罚不逾时，欲使民速见善恶之报也[⑤]。"逾时且犹不可，而况废之者乎？赏罚不可以疏，亦不可以数[⑥]。数则所及者多，疏则所漏者多。赏罚不可以重，亦不可以轻。赏轻则民不劝，罚轻则民不惧；赏重则民徼幸[⑦]，罚重则民无聊[⑧]。故先王明恕以听之[⑨]，思中以平之[⑩]，而不失其节也。夫赏罚之于万人，犹辔策之于驷马也[⑪]，辔策之不调，非徒迟速之分也，至于覆车而摧辕[⑫]。赏罚之不明，非徒治乱之分也，至于灭国而丧身。可不慎乎？可不慎乎？

【注释】

①政之大纲有二：本段选自《赏罚》，告诫君主一定要明白赏罚之道。赏罚不明不仅使社会混乱，而且会导致亡国丧身，必须慎重对待。

②本望：本来的愿望、期待。

③斧钺：斧和钺，古代兵器。泛指刑罚、杀戮。

④庆赏：赏赐。

⑤赏罚不逾时，欲使民速见善恶之报也：见《司马法·天子之义》。逾时，超过规定的时间。

⑥数（shuò）：屡次。指频繁，频率高。

⑦徼幸：企求非分。

⑧无聊：生活困窘，无所依赖。

⑨明恕：明信宽厚。

⑩中：中和，中正平和。

⑪辔策：御马的缰绳和马鞭。

⑫辕：车辕，车前驾牲口的直木。

【译文】

执政的纲领有两条，指的就是奖赏、惩罚。君主明白奖赏、惩罚的道理,那么治理国家就不难了。奖赏和惩罚,不在于程度一定要很重,而在于一定要施行。一定施行,那么即使程度不重民众也会恭敬;不去施行,那么即使程度很重民众也会怠慢。所以先王致力于奖赏、惩罚的必定施行。应当奖赏的不奖赏,那么做善事的人就失去了他原本的期愿,而怀疑自己的善行;应当惩罚的不惩罚,那么作恶的人就会轻视国法,而继续依仗自己原来的恶行。假如这样,即使每天在街市上动用杀头的刑罚,民众也不会远离罪恶;即使每天在朝堂上赐给人官爵禄位,民众也不会行善举。因此圣明的君王不敢因为亲戚的恩情而废除刑罚,不敢因为对仇人的愤恨而保留赏赐不发。这是什么缘故呢?将要用来挽救风气。所以《司马法》说:"奖赏、惩罚不超过时限,是想要让民众迅速看到为善与作恶的回报。"超过时限尚且不行,何况要废弃不用呢?奖赏、惩罚不可以太稀疏,也不可以太频繁。频繁了涉及的人就多,稀疏了遗漏的人就多。奖赏、惩罚不可以重,也不可以轻。奖赏轻了民众就得不到勉励,惩罚轻了民众就不会畏惧;奖赏重了民众就会生出非分的企求,惩罚重了民众就会窘困无依。所以先王用明信宽厚来审断赏罚,用中正平和来使赏罚公允,而不失其度。奖赏、惩罚对于成千上万人来说,就像缰绳马鞭对于驾车的马匹一样,缰绳鞭子不协调,不仅仅是速度快慢的区别,还会导致翻车、折断车辕。奖赏、惩罚不明,不仅仅是天下太平与混乱的区别,还会导致灭亡国家、丧亡自身。能不谨慎吗?能不谨慎吗?

天地之间[①],含气而生者[②],莫知乎人;人情之至痛,莫过乎丧亲。夫创巨者其日久,痛甚者其愈迟。故圣王制三年之服[③],所以称情而立文[④],为至痛极也。自天子至于庶人,莫不由之。帝王相传,未有知其所从来者。及孝文皇帝天姿谦让,务崇简易,其将弃万国[⑤],乃顾臣子令勿行久丧,已葬则除之,将以省烦劳而宽群下也。其诏文,唯欲施乎己而已，非为汉室创制丧礼，而传之于来世也。后人遂奉而行焉，莫之分理[6]。至乎显宗[7]，圣德钦明[8]，深照孝文一时之制，又惟先王之礼，不可以久违，是以世祖徂崩[9]，则斩衰三年[10]。孝明既没[11]，朝之大臣徒以己之私意，忖度嗣君之必贪速除也[12]，检之以大宗遗诏[13]，不惟孝子之心，哀慕未歇，故令圣王之迹，陵迟而莫遵[14]，短丧之制，遂行而不除，斯诚可悼之甚者也。滕文公[15]，小国之君耳，加之生周之末世，礼教不行，犹能改前之失，咨问于孟轲，而服丧三年。岂况大汉配天之主[16]，而废三年之丧，岂不惜哉！且作法于仁[17]，其弊犹薄；道隆于己，历世则废。况以不仁之作，宣之于海内，而望家有慈孝，民德归厚[18]，不亦难乎？《诗》曰："尔之教矣，民胥放矣[19]。"圣主若以游宴之间，超然远思，览周公之旧章，咨显宗之故事，感《蓼莪》之笃行[20]，恶《素冠》之所刺[21]，发复古之德音[22]，改大宗之权令，事行之后，永为典式，传示万代，不刊之道也[23]。

【注释】

①天地之间：本段选自《复三年丧》，讨论了父母去世要服丧三年的规定，徐幹认为不应将其废止。

②含气：含藏元气。形容有生命者。

③三年之服：指服丧三年的制度。服，服丧。

④称情：衡量人情。文：礼节制度。

⑤弃万国：弃天下。指皇帝去世。

⑥分理：分说，分辩。

⑦显宗：汉明帝刘庄的庙号。

⑧钦明：敬肃明察。

⑨世祖：汉光武帝刘秀的庙号。徂（cú）崩：亡故。

⑩斩衰：旧时五种丧服中最重的一种。用粗麻布制成，左右和下边不缝。服制三年。

⑪没：通“殁”，死。

⑫忖度（cǔn duó）：推测，揣测。

⑬大宗：即太宗，汉文帝刘恒庙号太宗。

⑭陵迟：败坏，衰败。

⑮滕文公：战国时滕国国君，滕定公之子。定公死，文公使然友问丧礼于孟子，孟子教以行三年之丧。

⑯配天：指受天命为天子。

⑰作法：谓创制法律、典章等。

⑱民德归厚：百姓的德行渐渐归于仁厚纯朴。《论语·学而》：“曾子曰：‘慎终，追远，民德归厚矣。’”

⑲尔之教矣，民胥放矣：见《诗经·小雅·角弓》。胥，都。放，仿效。

⑳《蓼莪（lù é）》：指《诗经·小雅·蓼莪》。毛序：“《蓼莪》，刺幽王也。民人劳苦，孝子不得终养尔。”此诗表达了子女追慕双亲抚养之德的情思。后因以“蓼莪”指对亡亲的悼念。

㉑《素冠》：指《诗经·桧风·素冠》。毛序：“《素冠》，刺不能三年也。”后因以“素冠”为对不能克尽孝道者的讥刺语。

㉒德音：德言，合乎仁德的言语、教令。

㉓不刊：古代文书书于竹简，有误即削除，谓之刊。不刊谓不容更动和改变。

【译文】

天地之间，含藏元气而生的，没有智慧超过人的；人情中最痛苦的事，没有超过失去双亲的。创伤越巨大，越需要长久的时日来恢复；悲痛越深重，恢复得越迟缓。所以圣明的君王制定了服丧三年的制度，这是为了顺应人情而设立的礼制，以应对至极的悲痛。从天子到平民，没有谁不是照此行事的。帝王世代相传，但没有谁知道这个制度是怎么来的。到了汉文帝，他天性谦虚宽让，致力于推崇简易，在他即将去世的时候，还顾念臣下，让他们不要服丧太久，安葬之后就停止服丧，以便减少烦琐劳累而让臣下松缓一些。看他诏令上的文字，只是想实施在自己身上罢了，不是要给汉朝立下丧礼制度，好传给后代。但后人就如此遵奉行事了，没有人去分辨其中的道理。到了汉明帝，帝德敬肃明察，深知汉文帝的短丧是临时的规定，又想到先王的礼制，不可以长久违背，因此光武帝去世，汉明帝就穿斩衰丧服守丧三年。汉明帝去世，朝中大臣只以自己的私意去推测继位的国君必然会贪图早点除丧，就查验汉文帝的遗诏，而不考虑孝子心中，对父亲的哀伤思慕还没有停止，所以使圣明君王制定并遗留下来的礼法衰败而无人遵循，让服短丧的制度，继续推行而没有被废除，这真是太让人感到悲哀了。滕文公，是小国的君主，加上生在周代末叶，礼教不能施行，尚且能改正以前的过失，向孟子咨询请教，而服丧三年。何况大汉朝承受天命的君主，却废弃三年之丧，难道不令人惋惜吗！况且以仁厚立法，终究还是会逐渐流于刻薄；大道在当世兴隆，历经几世就会衰败。何况不以仁厚立法，推行于天下，却希望家中有慈父孝子，百姓的德行归向仁厚纯朴，不是很困难吗？《诗经》言道：“你的教诲啊，民众都会仿效啊。”当世圣明的君主，如果利用游乐宴饮的空闲，超然深思，观览周公原来制定的典章，咨询汉明帝时的旧制度，感怀《蓼莪》诗中孝子笃厚的孝行，厌恶《素冠》诗中所讽刺的不能服丧三年的现象，颁发恢复旧制的教令，修正汉文帝权宜发布的诏令，制度推行之后，永远奉为典范法式，传给后世万代，不可废改此礼。

昔之圣王制为礼法[①]，贵有常尊，贱有等差，君子小人，各司分职[②]。故下无潜上之愆[③]，而人役财力[④]，能相供足也。往昔，海内富民及工商之家，资财巨万[⑤]，役使奴婢，多者以百数，少者以十数，斯岂先王制礼之意哉？夫国有四民[⑥]，不相干黩[⑦]，士者劳心，工农商者劳力。劳心之谓君子，劳力之谓小人。君子者治人，小人者治于人。治于人者食人[⑧]，治人者食于人，百王之达义也[⑨]。今夫无德而居富之民，宜治于人，且食人者也。役使奴婢，不劳筋力[⑩]，目喻颐指[⑪]，从容垂拱[⑫]，虽怀忠信之士，读圣哲之书，端委执笏[⑬]，列在朝位者，何以加之？且今之君子，尚多贫匮，家无奴婢，既其有者，不足供事，妻子勤劳，躬自爨烹[⑭]。其故何也？皆由罔利之人与之竞逐[⑮]，又有纡青拖紫并兼之门使之然也[⑯]。

【注释】

①昔之圣王制为礼法：本段及下一段选自《制役》，主要谈论怎样治理国家各阶层的人。徐幹认为应该恢复旧时的礼法，君子与小人应各守自己的职分，这样社会才能稳定。

②分职：各授其职。

③潜：应作"僭"。僭，指超越本分，地位在下者冒用在上者的名义或礼仪、器物。愆（qiān）：罪过，过失。

④人役：服劳役的人。

⑤巨万：形容钱财数目极大。

⑥四民：旧称士、农、工、商为四民。

⑦干黩（dú）：冒犯。

⑧食（sì）：拿东西给人吃，供养。

⑨达义：通理，公认的义理。

⑩筋力：体力。

⑪目喻：用眼神示意。颐指：以下巴的动向示意而指挥人。常以形容指挥别人时的傲慢态度。

⑫垂拱：垂衣拱手。谓不动手，不做什么事。

⑬端委：古代礼服。此指穿着礼服。执笏（hù）：拿着笏板。古时臣下朝见君王，手持玉石、象牙或竹、木的手板为礼。

⑭爨（cuàn）烹：指烧火做饭。

⑮罔利：犹渔利。用不正当的手段谋取利益。

⑯纡（yū）青拖紫：谓身佩印绶。形容地位尊显。汉制，诸侯佩带的印绶为紫色，公卿为青色。并兼之门：即豪族、豪强。并兼，兼并，吞并。指侵吞别人产业。

【译文】

从前圣明的君王制定礼法，高贵者有不变的尊位，卑贱者也有等级差别，君子与小人，各自掌管所授予的职务。所以臣下没有僭越君上的罪过，而服劳役的人以及财力，也能够充足供应。从前，天下富人以及从事工商业的家庭，资财极多，使唤的奴婢，多的要用百来计算，少的也要用十来计算，这哪里是先王制定礼法的本意呢？国家有士、农、工、商四民，互不干犯，士从事脑力劳动，工、农、商从事体力劳动。从事脑力劳动的叫做君子，从事体力劳动的叫做小人。君子统治别人，小人被人统治。被人统治的人供养别人，统治别人的人从别人那里得到供养，这是历代帝王公认的道理。如今没有德行而处境富裕的人，应该被人统治，而且是供养别人的人。可他们却差遣使唤奴婢，自己不劳动体力，用眼色、下巴示意指挥，从容悠闲什么也不用做，即使那些忠实诚信的士人，读圣贤之书，穿着礼服手持笏板，列位于朝廷的人，又如何能超过这些人呢？况且如今的君子，还有很多贫困的，家中没有奴婢，就是有，也不够供给使唤，妻子勤劳家务，亲自生火做饭。这是什么缘故呢？都是由于捞取横财的人和他们竞争，又有显赫尊贵者、侵吞别人产业的豪族，让君子陷入这样的境地。

夫物有所盈[①]，则有所缩。圣人知其如此，故裒多益寡，称物平施[2]，动为之防，不使过度，是以治可致也。为国而令廉让君子不足如此，而使贪人有余如彼，非所以辨尊卑、等贵贱、贱财利、尚道德也[3]。今太守令长得称君者[4]，以庆赏刑威咸自己出也[5]。民畜奴婢或至数百，庆赏刑威亦自己出，则与郡县长史又何以异[6]？夫奴婢虽贱，俱含五常[7]，本帝王良民，而使编户小人为己役[8]，哀穷失所，犹无告诉[9]，岂不枉哉！今自斗食佐吏以上[10]，至诸侯王，皆治民人者也，宜畜奴婢；农工商及给趋走使令者[11]，皆劳力躬作、治于人者也，宜不得畜。昔孝哀皇帝即位[12]，师丹辅政[13]，建议令畜田宅奴婢者有限，时丁、傅用事[14]，董贤贵宠[15]，皆不乐之，事遂废覆[16]。夫师丹之徒，皆前朝知名大臣，患疾并兼之家，建纳忠信，为国设禁，然为邪臣所抑，卒不施行，岂况布衣之士，而欲唱议立制，不亦远乎！

【注释】

①夫物有所盈：本段选自《制役》。

②裒（póu）多益寡，称物平施：《周易·谦卦》："君子以裒多益寡，称物平施。"削减有余以补不足，根据物品的多少，做到施与均衡。裒，减少。称物，衡量物之多少。

③等：分等，区别。

④令长：秦汉时治万户以上县者为令，不足万户者为长。后因以令长泛指县令。

⑤刑威：刑罚。

⑥长史：应作"长吏"。《汉书·景帝纪》："吏六百石以上，皆长吏也。"汉制，太守俸禄为二千石，县令六百至千石，皆得称"长吏"。

⑦五常：五种伦常道德，即父义、母慈、兄友、弟恭、子孝。

⑧编户小人：指编入户籍的平民。

⑨告诉：向上申诉。

⑩斗食：指俸禄微薄的小官。佐吏：指地方长官的僚属。

⑪趋走：指奔走服役。使令：差遣，使唤。

⑫孝哀皇帝：汉哀帝刘欣。元帝孙，成帝侄，定陶恭王刘康之子。

⑬师丹：字仲公，琅邪东武（今山东诸城）人。哀帝时，为大司马，封高乐侯，后徙大司空。数次上言改良政治，主张限制贵族、官僚、大地主占有土地和奴婢的数目。后因贵族官僚反对，未能实行。

⑭丁、傅：指汉哀帝母丁姬、祖母傅太后的族人。

⑮董贤：字圣卿，西汉冯翊云阳（今陕西淳化西北）人。受哀帝宠幸，行卧不离，官至大司马，封高安侯，操纵朝政。哀帝死，被太后与王莽罢黜，自杀。

⑯废覆：废止。

【译文】

社会财富在这边有盈余，就会在那边有不足。圣人知道这个道理，所以削减多余的来增补不定的，根据事物的多少公平地施予，常常戒备防范，不让其超过限度，因此天下太平可以到来。治理国家却让清廉谦让的君子家中资财不足到如此地步，又让贪婪的人财产多到那种程度，这绝不是用来辨明尊卑、区别贵贱、轻视财利、崇尚道德的方法。如今太守、县令之所以能够称君，是因为赏赐、刑罚全都出于自己。平民畜养奴婢有的多达几百人，赏赐、刑罚也都出于自己，那么这跟太守、县令又有什么不同呢？奴婢即使低贱，也都有基本的伦常道德，本来是帝王的良民，而让编入户籍的普通民众役使自己，悲伤穷困没有存身之地，还没法向上申诉，这难道不冤枉吗？如今，从俸禄微薄的僚属小官往上，直至诸侯王，都是治理民众的人，应该畜养奴婢；农民、从事工商业的人以及为人奔走、供人使唤的人，都是亲身劳作、被人统治的人，不应该畜养奴婢。

从前汉哀帝登上皇位，师丹辅佐朝政，建议占有田宅、畜养奴婢的数量要有限度，当时外戚丁、傅两家当权，董贤尊贵得宠，都不乐意这样，事情就废止了。师丹这些人，都是前朝名臣，忧虑憎恨豪强大族，进献忠信之言，给国家设置相关法令，但是被奸邪之臣所抑制，最终不能实行，何况以平民百姓的身分，想倡议建立某种制度，不是很遥远吗！

典论

【题解】

《典论》,魏文帝曹丕著。这是一部有关政治、文化的论著,写于曹丕做魏王世子时期。原有二十篇,全书大概在宋代亡佚,今见《自叙》《论文》两篇,是仅存的完篇。《自叙》在《三国志·魏书·文帝纪》裴松之注中,《论文》则为《文选》所收,故全。其中《论文》是我国文学批评史上现存较早的一篇专论。《隋书·经籍志》著录"《典论》五卷",《旧唐书·经籍志》《新唐书·艺文志》记载相同,而宋以后史志书目多不见记载,说明此书已佚。

曹丕,字子桓,沛国谯(今安徽亳州)人,曹操之子。初为五官中郎将,与王粲、刘桢辈为文学交,尤与朝歌令吴质相善。建安二十二年(217),立为魏王世子。二十五年(220)曹操死,嗣位为丞相、魏王,同年逼迫汉献帝禅位,建魏,改元黄初。即位后,凡三伐吴,皆无功。在位七年,卒谥文帝。丕好文学,礼重文人,以著述为事,除《典论》五卷外,《隋书·经籍志》还著录《魏文帝集》十卷、《列异传》三卷、《士操》一卷,均已佚。明张溥辑录遗文,为《魏文帝集》,在《汉魏六朝百三家集》中。其诗歌今存四十余首,其中《燕歌行》二首是现存文人作品中最早的完整的七言诗。

《群书治要》保存了《典论》的部分资料,成为研究汉末三国时期政治形势及政治思想发展演变的宝贵文献。所节录的《奸谗》《内诫》的部分内容，主要是谈用人问题，指出奸佞之臣与女色、恶妇之害，特别是以何进、袁绍、刘表这些近在眼前的例子为证，足以令人深省。而魏徵等对《典论》的节录，也是希望李唐君王能以此为戒。

何进灭于吴匡、张璋[①]，袁绍亡于审配、郭图[②]，刘表昏于蔡瑁、张允[③]。孔子曰："佞人殆[④]。"信矣！古事已列于载籍，聊复论此数子，以为后之监诫[⑤]，作《奸谗》。

【注释】

①何进灭于吴匡、张璋：本段及以下几段镰仓本篇题作《奸谗》，论述了任用奸邪谗佞之人的危害。何进，字遂高，南阳宛（今河南南阳）人，东汉末年大臣。其妹有宠于灵帝，被立为皇后。历官郎中、颍川太守、河南尹、大将军等职。灵帝卒，何皇后所生子刘辩即位，进以帝舅辅政，录尚书事。后与袁绍谋诛宦官，事泄被杀。吴匡，陈留（今河南开封东南）人，大将军何进的部将。张璋，何进部曲。

②袁绍：字本初，汝南汝阳（今河南商水西南）人。出身四世三公之大族，为东汉末年割据一方的军阀，最盛时控有幽、并、冀、青四州。后与曹操争雄，战于官渡，兵败，病发而死。审配：字正南，魏郡（治今河北临漳西南）人，袁绍谋士。绍领冀州牧，以配为治中，甚见器用。官渡之战时，绍谋士许攸家属犯法，配收系之，致使攸降曹操，为袁绍失败原因之一。郭图：字公则，颍川（治今河南禹州）人，袁绍谋士。官渡之战时，曹军攻击袁绍乌巢粮仓，郭图建议攻击曹营而非张郃建议的援救粮仓，结果张郃攻曹营不下，郭图见其建议失败，诬告张郃不尽力，致使张郃降曹。

③刘表：字景升，山阳高平（今山东鱼台东北）人。汉皇族远支。献帝初平元年（190）为荆州刺史，从容自保。曹操击败袁绍平定北

方，南下征讨刘表，未至，表病卒。子刘琮降曹。蔡瑁：字德珪，东汉末襄阳（今湖北襄阳）人。刘表据荆州，瑁为其谋士。助刘表少子刘琮谮其长子刘琦，曹操下荆州，瑁与琮等降。张允：刘表的部将，刘表少子刘琮的支党，后与蔡瑁同归曹操。

④佞人殆：《论语·卫灵公》："放郑声，远佞人。郑声淫，佞人殆。"佞人，善于花言巧语、阿谀奉承的人。殆，危险。

⑤监诫：鉴诫。监，通"鉴"。

【译文】

何进灭于吴匡、张璋，袁绍亡于审配、郭图，刘表被蔡瑁、张允所迷惑。孔子说："奸佞小人很危险。"说得真对啊！古代的事迹已经载入史册，姑且再谈谈这几个人，以作为后世的鉴戒，作《奸谗》。

中平之初①，大将军何进、弟车骑苗并开府②。近士吴匡、张璋各以异端有宠于进，而苗恶其为人。匡、璋毁苗而称进，进闻而嘉之，以为一于己。后灵帝崩③，进为宦者韩悝等所害④。匡、璋忌苗，遂劫进之众，杀苗于北阙⑤，而何氏灭矣。昔郑昭公杀于渠弥⑥，鲁隐公死于羽父⑦，苗也能无及此乎？夫忠臣之事主也，尊其父以重其子，奉其兄以敬其弟，故曰："爱其人者，及其屋乌⑧。"况乎骨肉之间哉？而进独何嘉焉？

【注释】

①中平之初：本段选自《奸谗》。中平，东汉灵帝刘宏的年号（184—189）。

②车骑：车骑将军，汉代将军的名号。位次大将军、骠骑将军之后，典京师兵卫，掌宫卫。苗：何苗，南阳宛（今河南南阳）人，大将军

何进弟，官至车骑将军。后为何进部将吴匡所杀。开府：指高级官员（三公、大将军、将军等）成立府署，选置僚属。

③灵帝：指汉灵帝刘宏。在位期间宦官专政，党锢之祸复起。

④韩悝：汉灵帝时的宦官。与张让等十二人俱为中常侍，甚得恩宠。其父兄子弟布列州郡，为所欲为，为时人痛恨。

⑤北阙：宫殿北面的门楼。

⑥郑昭公：春秋时郑国国君，郑庄公之子。庄公死，继立为君，旋因大夫祭仲谋立公子突（即厉公）而奔卫。后厉公欲杀祭仲，谋泄出奔，昭公被迎回复位。在位两年，出猎时为大夫高渠弥射杀。渠弥：高渠弥，郑国大夫。昭公曾劝父亲庄公不要立高渠弥为卿，庄公不听。昭公复位后，高渠弥惧其害己，于是射死昭公。

⑦鲁隐公：春秋时鲁国国君，鲁惠公庶长子。惠公死时，按礼法立嫡不立庶，但因太子允年幼，于是隐公代掌国政。隐公十一年（前712），羽父请杀太子允，将以求太宰，隐公不许。羽父惧，谮隐公于太子允，并趁祭祀时杀死隐公。羽父：即公子翚（huī），鲁国宗室。

⑧爱其人者，及其屋乌：见《尚书大传·大战篇》："爱人者，兼其屋上之乌。"推己之爱及屋上之乌。意为爱其人而及于与之有关的人或物。乌，乌鸦。

【译文】

中平初年，大将军何进、弟弟车骑将军何苗一起开置府署。身边亲近的人吴匡、张璋各自用不正当的手段获得了何进的宠信，而何苗厌恶他们的为人。吴匡、张璋于是诋毁何苗而称颂何进，何进听到后嘉许他们，认为他们对自己一心一意。后来汉灵帝去世，何进被宦官韩悝等人杀害。吴匡、张璋忌恨何苗，就劫持了何进的部众，在北阙杀死了何苗，何家于是灭亡了。从前郑昭公被高渠弥所杀，鲁隐公死于羽父之手，何苗能不落得如此下场吗？忠臣事奉君主，尊重他的父亲并看重他的儿子，事奉他的兄长并敬重他的弟弟，所以说："爱那个人，也爱他屋上的乌鸦。”何况骨肉兄弟之间呢？而何进为什么单单嘉许吴、张二人呢？

袁绍之子谭长而慧[①]，尚少而美[②]。绍妻爱尚，数称其才，绍亦雅奇其貌，欲以为后，未显而绍死。别驾审配、护军逢纪宿以骄侈[③]，不为谭所善，于是外顺绍妻，内虑私害，矫绍之遗命[④]，奉尚为嗣。颍川郭图、辛评与配、纪有隙[⑤]，惧有后患，相与依谭，盛陈嫡长之义，激以绌降之辱[⑥]，劝其为乱。而谭亦素有意焉，与尚亲振干戈[⑦]，欲相屠裂。王师承天人之符应[⑧]，以席卷乎河朔，遂走尚枭谭[⑨]，禽配馘图[⑩]。二子既灭，臣无余。

【注释】

①袁绍之子谭长而慧：本段选自《奸谗》。谭，指袁谭，字显思，袁绍长子。初出守青州。绍死，因继位问题与其弟袁尚不和，称兵自立。尚攻谭，谭向曹操求救。后叛操，操征讨，军大溃，为追兵所杀。

②尚：袁尚，字显甫，袁绍少子。绍死，被审配等拥立嗣位。曹军围邺，尚败走，奔辽西乌丸，后被公孙康诱斩。

③别驾：一般指别驾从事史，亦称别驾从事，是州刺史的佐官。护军：秦汉时临时设置护军都尉或中尉，以调节各将领间的关系。逢纪：袁绍谋士。绍死，与审配主张立袁尚为嗣。后为袁谭所杀。

④矫：伪托，假托。

⑤辛评：字仲治，颍川阳翟（今河南禹州）人，原是韩馥部下，后辅佐袁绍。与审配等不和。曹操破邺，其弟辛毗在城下劝降，审配怒遣手下将辛评全家杀害。

⑥绌：通“黜”。

⑦振干戈：指动武。干戈，古代两种兵器。后引申指战争。

⑧王师：天子的军队。这里指曹军。符应：上天显示的与人事相应的征兆。

⑨枭：斩首并悬挂以示众。

⑩馘（guó）：诛戮，消灭。

【译文】

袁绍的儿子袁谭年长而聪慧，袁尚年少而俊美。袁绍的妻子喜爱袁尚，多次称赞他的才能，袁绍也向来认为他的相貌很不一般，想要立他为继承人，此事还没有透露出来袁绍就死了。别驾审配、护军逄纪平常因为骄纵奢侈，不被袁谭所喜爱，于是他俩对外顺从袁绍的妻子，内心则考虑个人的利害，假托袁绍的遗命，拥立袁尚为继承人。颍川人郭图、辛评跟审配、逄纪有矛盾，怕有后患，就一起依附袁谭，极力陈说嫡长子应该继位的道理，用被排挤降格的耻辱激怒袁谭，鼓励他作乱。而袁谭也一直有此意，便亲自与袁尚刀兵相见，要互相屠杀分地裂土。朝廷的军队秉承上天对人的昭示，席卷河北地区，于是使袁尚败逃，将袁谭斩首示众，擒获审配，杀死郭图。袁尚、袁谭二人已被消灭，其臣子无一剩余。

绍遇因运[①]，得收英雄之谋，假士民之力，东苞巨海之实[②]，西举全晋之地[③]，南阻白渠、黄河，北有劲弓胡马，地方二千里，众数十万，可谓威矣。当此之时，无敌于天下，视霸王易于覆手，而不能抑遏愚妻[④]，显别嫡庶，婉恋私爱[⑤]，宠子以貌。其后败绩丧师，身以疾死，邪臣饰奸，二子相屠，坟土未干，而宗庙为墟，其误至矣。

【注释】

①绍遇因运：本段选自《奸谗》。

②东苞巨海之实：向东囊括大海上的物产。谓袁绍的地盘向东一直

到达大海边，这里以控制物产指代控制地盘。苞，通“包”，容纳，包括。实，物产。

③全晋：春秋时晋国的全部土地。

④抑遏：抑制，遏止。

⑤婉恋：同“婉娈”，依恋。

【译文】

袁绍遇上了好的时运，得以收获英雄的谋略，借着士大夫与百姓的力量，向东囊括了大海的物产，向西占据了全部古晋国的土地，向南以白渠、黄河为屏障，向北则有强弓、胡马，土地方圆两千里，军队几十万，可以称得上威风了。在这个时候，袁绍已经天下无敌，称霸称王比翻个手掌都要容易，但他却不能管住愚蠢的妻子，明确区分嫡庶长幼，贪恋自己所爱，因容貌俊美而宠爱幼子。后来军队溃败，自己因病而死，奸臣弄计，两个儿子自相残杀，坟上的土还没有干，而宗庙已经成为废墟，他的失误实在是太大了。

刘表长子曰琦[①]，表始爱之，称其类己。久之为少子琮纳后妻蔡氏之侄[②]。至蔡氏有宠，其弟蔡瑁、表甥张允并幸于表，惮琦之长，欲图毁之。而琮日睦于蔡氏，允、瑁为之先后，琮之有善，虽小各闻；有过，虽大必蔽。蔡氏称美于内，瑁、允叹德于外，表日然之，而琦益疏矣。出为江夏太守[③]，监兵于外。瑁、允阴司其过阙[④]，随而毁之。美无显而不掩，阙无微而不露。于是表忿怒之色日发，诮让之书日至[⑤]，而琮坚为嗣矣。故曰：“容刀生于身疏[⑥]，积爱出于近习。”岂谓是耶？昔泄柳、申详无人乎穆公之侧，则不能安其身[⑦]。君臣则然，父子亦犹是乎！后表疾病，琦归省疾。琦素慈孝，瑁、允恐其见表，父子相感，更有托后之意，谓曰：“将军命君抚临江夏，为国东藩，其任至重。今释众而来，必见谴怒，伤亲之欢心，以增其疾，非孝敬也。”遂遏于户外，使不得见，琦流涕而去。士民闻而伤焉，虽易牙杜宫[8]，竖牛虚器[9]，何以加此？琦岂忌晨凫北犬之献乎[10]？隔户牖而不达，何言千里之中山[11]？嗟乎！父子之间，可至是也。

【注释】

①刘表长子曰琦：本段选自《奸谗》。琦，刘琦，刘表长子。表惑于后妻蔡氏之言，恶琦。琦与诸葛亮谋自安之术，亮谓居外而安。琦乃求出为江夏太守。曹操败于赤壁，刘备表琦为荆州刺史，旋卒。

②琮：刘琮，刘表少子。刘表卒，继承刘表官爵。曹军南下，他在蔡瑁等人劝说下举荆州而降，被封为青州刺史。蔡氏：蔡夫人，刘表的后妻，襄阳豪族蔡氏成员。以侄女妻表少子刘琮，爱之，常毁刘琦而誉刘琮于表。表死，与蔡瑁等共排刘琦，奉刘琮为嗣，寻降曹操。

③江夏：郡名，东汉时治所在西陵（今湖北新洲）。辖境大部分在今湖北。

④司：通“伺”，伺察，探察。

⑤诮让：责问。

⑥容刀生于身疏：容刀，能容下一把刀。因为关系疏远，使两人间出现能容下刀的缝隙。指人与人关系疏离后挑拨离间得以介入。《晋书·阎瓒传》：“一朝不朝，其间容刀。”

⑦昔泄柳、申详无人乎穆公之侧，则不能安其身：见《孟子·公孙丑下》。泄柳、申详是当时的贤士，鲁穆公身边如果有人为他们维持调护，他们就能在鲁国安身。如果没人为他们说话，鲁穆公敬贤之礼就有所衰减，泄柳、申详就会离开。刘表身边不但没人维

护支持刘琦，反而都是诋毁他的人，因此很快被疏远。

⑧易牙：春秋时齐国人，齐桓公近臣。善烹饪，任主烹割之官。相传曾杀其子烹为羹以献桓公。管仲曾谏桓公疏远易牙，不听。桓公将卒，易牙与竖刁乱齐，并堵住宫门，使桓公饿死。

⑨竖牛：春秋时鲁国叔孙穆子与庚宗妇人所生之子，号曰牛，官为竖（未成年的家臣），称竖牛。颇受宠爱，年长，使参与政事，后酿成祸乱。虚器：《左传·昭公四年》记载，竖牛曾利用钟和玉环虚构事实，陷害叔孙穆子正妻之子孟丙和仲壬。

⑩晨凫北犬之献：《说苑·奉使》记载，魏文侯封太子击于中山，三年不通使。舍人赵仓唐劝太子去探望父亲，太子于是让仓唐担任使者。仓唐问："侯何嗜好？"太子说："侯嗜晨凫，好北犬。"于是仓唐带着晨凫、北犬，献于文侯。晨凫，指野鸭。

⑪中山：古国名。战国时曾被魏文侯所灭，后复国。

【译文】

刘表的长子刘琦，刘表开始很喜爱他，说他像自己。一段时间之后，刘表给小儿子刘琮娶了后妻蔡氏的侄女。后来蔡氏得宠，她的弟弟蔡瑁、刘表的外甥张允一起受到刘表的宠爱，二人忌惮刘琦是长子，想图谋诋毁他。刘琮一天天跟蔡氏亲善，蔡瑁、张允又鞍前马后地紧随刘琮，刘琮做了好事，即使很小也都要报告给刘表知道；有过错，即使很大也必定隐瞒下来。蔡氏在家中说刘琮的好，蔡瑁、张允在外面赞叹刘琮的品德，刘表一天天相信，刘琦则越来越被疏远。后来刘琦出任江夏太守，领兵在外。蔡瑁、张允暗中伺察他的过错，随后就毁谤他。优点再明显也会被掩盖，缺点再细微也要传扬出来。于是刘表怨忿的表情一天天显露，斥责的书信一天天到来，而刘琮作为继承人已经确定无疑了。所以说："挑拨的介入是由于关系疏远；逐渐积累的宠爱是因为亲近熟悉。"难道说的就是这些吗？从前泄柳、申详如果没有人在鲁穆公身边为他们说话，那么他们自己就不能安身。君臣之间如此，父子之间也是如此啊！

后来刘表病重，刘琦回来探病。刘琦一向孝顺，蔡瑁、张允害怕他见到刘表，因父子之情所感，刘表会再有托付后事的意思，就对他说："将军命令你镇抚江夏，成为国家东边的屏障，责任非常重大。如今你抛下部众前来，必然会被谴责怒斥，有伤父亲的欢心，加重他的病情，这不是孝敬的做法。"于是把他挡在门外，让他不能见到父亲，刘琦流着泪离开了。士人百姓知道后都很伤感，即使是当初易牙堵住宫门，竖牛用钟和玉环陷害孟丙、仲壬，又怎么能比这件事更加严重呢？刘琦难道不愿像当年太子击那样向父亲魏文侯进献晨凫、北犬吗？只隔着一道门窗尚且不能传达，又何况身在千里之外的中山国呢？哎呀！父子之间，竟然到了这个地步。

表卒[①]，琮竟嗣立，以侯与琦。琦怒投印，伪辞奔丧，内有讨瑁、允之意。会王师已临其郊，琮举州请罪，琦遂奔于江南。昔伊戾、费忌以无宠而作谗[②]，江充、焚丰以负罪而造蛊[③]，高、斯之诈也贪权[④]，躬、宠之罔也欲贵[⑤]，皆近取乎骨肉之间，以成其凶逆。悲夫！匡、璋、配、图、瑁、允之徒，固未足多怪，以后监前，无不烹菹夷灭[⑥]，为百世戮诋。然犹昧于一往者，奸利之心笃也。其谁离父子、隔昆弟、成奸于朝、制事于须臾，皆缘厓隙以措意[⑦]，托气应以发事[⑧]。挟宜愠之成画[⑨]，投必忿之常心，势如憝怒[⑩]，应若发机[⑪]。虽在圣智，不能自免，况乎中材之人？若夫爰盎之谏淮南[⑫]，田叔之救梁孝[⑬]，杜邺之绐二王[⑭]，安国之和两主[⑮]，仓唐之称《诗》[⑯]，史丹之引过[⑰]，周昌犯色以廷争[⑱]，叔孙切谏以陈诫[⑲]，三老抗疏以理冤[⑳]，千秋托灵以寤主[㉑]。彼数公者，或显德于前朝，或扬声于上世，或累迁而登相，或受金于帝室。其言既酬，福亦随之。斯可谓善处骨肉之间矣。

【注释】

①表卒：本段选自《奸谗》。

②伊戾：即惠墙伊戾，春秋时宋国人。宋平公太子痤内师，无宠。平公命太子享楚客于野，使伊戾从。伊戾伪作太子与楚人盟书，诬将为乱，致太子枉死。后公知太子实无罪，烹杀伊戾。费忌：即费无忌，春秋末楚国大夫，楚平王太子建少傅。为太子至秦娶妇，见秦女美，劝平王自娶为妻。又忌伍奢有宠，遂谗毁太子建与伍奢，使平王囚杀伍奢父子，并下令诛太子建。昭王即位，因谗害忠良，国人怨恨，为令尹子常所杀。

③江充：字次倩，赵国邯郸（今河北邯郸）人。武帝时任直指绣衣使者，大见信用。曾因执法忤太子刘据，惧日后被诛，遂上告太子等为巫蛊，掘蛊太子宫。太子惧而起兵，杀充，旋兵败自杀。后武帝知充有诈，太子蒙冤，灭充三族。焚丰：人名，不详。

④高、斯：赵高、李斯。秦始皇死后，二人合谋伪造遗诏，逼使始皇长子扶苏自杀，立胡亥为帝，控制朝政，掌握大权。

⑤躬：息夫躬，字子微，西汉末河内河阳（今河南孟州西）人。为谋富贵，诬构东平王刘云谋反案，使刘云被诛。又谋排斥哀帝宠臣董贤，反为董贤谗毁，免官下狱，呕血死。宠：孙宠，西汉末长安（今陕西西安西北）人。与息夫躬相结，上书诬陷东平王刘云谋反。刘云冤案平反，谪徙合浦。

⑥烹菹（zū）：泛指酷刑。烹，用鼎镬煮人的酷刑。菹，把人剁成肉酱的酷刑。

⑦厓隙：微小的仇隙、矛盾。厓，通“睚”。

⑧气应：指神的昭示。

⑨成画：确定的谋划。

⑩憝(duì):憎恶,怨恨。

⑪发机:拨动弩的扳机。

⑫爰盎:一作"袁盎",字丝,西汉初楚人。《史记·袁盎晁错列传》载,汉文帝弟淮南王刘长受谋反案牵连,被贬谪蜀地。袁盎担心淮南王刚直,若路遇风寒而死,文帝则背负杀弟罪名,因而劝谏文帝,但文帝不听。后淮南王果然病死于路上,文帝悲悼,为之绝食。袁盎宽慰文帝,并建议妥善处置淮南王子嗣,文帝遂立淮南王三子皆为王。

⑬田叔:秦汉之际赵国陉城(今山西曲沃北)人。初事赵王张敖,后归刘邦。《史记·田叔列传》载,梁孝王派人刺杀袁盎,景帝命田叔调查。田叔查实后,承认是梁王所为,又言:"今梁王不伏诛,是汉法不行也;如其伏法,而太后食不甘味,卧不安席,此忧在陛下也。"使景帝未治梁王罪。梁孝:即梁孝王刘武,文帝子,景帝胞弟,母窦太后。与朝廷协力平定七国之乱,建大功,深受景帝器重,由是居功自傲,骄横跋扈。景帝废栗太子,太后欲立他为嗣,被袁盎等谏阻,因此怀恨,派人暗杀袁盎。自是见疏于景帝。后郁郁而终。

⑭杜邺:字子夏,西汉茂陵(今陕西兴平东北)人。《汉书·杜邺传》载,邺与车骑将军王音友善。王音与平阿侯王谭有隙,谭死,其弟王商为特进。杜邺向王音进言,调和王音与王商关系,使二人和睦。绐:欺骗,哄骗。

⑮安国:指韩安国,字长孺,西汉梁国成安(今河南临汝)人。初为梁孝王中大夫。《史记·韩长孺列传》载,梁王自置国相,排场比拟天子,景帝闻而不悦。韩安国借馆陶公主之口,巧妙化解景帝对梁王的猜忌,调和了朝廷与梁王的关系。

⑯仓唐:即赵仓唐,战国初魏国人。太子击封于中山,以仓唐为傅。曾劝太子探望父亲魏文侯,并自为使者。进见文侯时,他巧妙运

用《诗经》中的《晨风》《黍离》沟通文侯与太子击父子间的感情。《说苑·奉使》:“赵仓唐一使,而文侯为慈父,而击为孝子。”

⑰史丹:字君仲,西汉杜陵(今陕西西安东南)人。元帝时,任驸马都尉侍中,出常骖乘,甚有宠。《汉书·史丹传》载,中山王死,元帝悲伤不能自止。太子刘骜前往吊丧,却并不哀伤。元帝责备太子,并告诉史丹。史丹谢罪说:“臣见陛下哀痛中山王,到了因感伤而伤身的地步。之前太子准备进见,臣私下嘱咐他不要哭泣,以免让陛下感伤。罪在臣下,当死。”

⑱周昌:秦末沛县(今江苏沛县)人,秦时为泗水卒史,后随刘邦入关破秦,任御史大夫,封汾阴侯。为人耿直敢言。刘邦欲废太子,他力争不屈。后为赵王刘如意相,刘如意为吕后所杀,昌托病不朝,直至病死。

⑲叔孙:指叔孙通,秦汉之际薛(今山东薛城)人。秦时为博士,后投依项梁,再降刘邦,任博士,号稷嗣君。汉朝建立,他采古礼和秦代制度,同诸儒共定朝仪,任奉常。徙太子太傅。高祖拟变易太子,他直言谏止。惠帝即位,徙为奉常。

⑳三老:古代掌教化的乡官。这里指壶关三老(《汉书》只载其名为“茂”,《汉纪》作“令狐茂”)。巫蛊之祸,太子刘据兵败逃亡,壶关三老上书,力陈是非,为太子讼冤。武帝读后始悟。抗疏:向皇帝上书直言。

㉑千秋:车千秋,西汉长陵(今陕西咸阳东北)人,本姓田。《汉书·车千秋传》载,太子刘据因巫蛊事死,千秋上书讼太子冤,言:“臣尝梦见一白头翁教臣言。”武帝感动,召见千秋,拜大鸿胪。后代刘屈氂为丞相,封富民侯。为人敦厚有智。

【译文】

刘表去世,刘琮最终继位,封刘琦为侯。刘琦愤怒地扔掉侯印,假称要奔丧,心中则怀有讨伐蔡瑁、张允的想法。恰逢朝廷的军队已抵达其郊外，刘琮就率全州请降了，刘琦于是逃奔江南。从前伊戾、费无忌因为没有受宠而进谗言，江充、焚丰因为负罪而制造巫蛊事件，赵高、李斯的奸诈是因为贪图权势，息夫躬、孙宠的欺罔是因为想谋求富贵，他们都是在骨肉至亲之间趁便行事，来实现他们凶恶悖逆的图谋。可悲啊！吴匡、张璋、审配、郭图、蔡瑁、张允这些人，固然不足为奇，但后人因为有了前事之鉴，因此这些人没有不被施加酷刑而杀死，被后世百代人羞辱指责的。但是至今还有人一直糊涂，是因为奸恶逐利之心太重了。不管是谁，离间人家父子、使人家兄弟间产生隔阂、在朝廷实施奸计、在片刻间制造事端，都是从微小的嫌隙下手，假托神的昭示来行事。怀着可以激发其愤怒的周密计划，投合其必然产生怨愤的通常心理，此时已成怨恨愤怒之势，响应之快如同拨动扳机发射弩箭。即使是圣明智慧的人，也不能幸免，何况才智一般的人呢？至于爰盎为淮南王之事劝谏汉文帝，田叔挽救梁孝王刺杀爰盎一事，杜邺哄骗王音、王商让他们和好，韩安国调和汉景帝与梁孝王的关系，赵仓唐称引《诗经》，史丹将过错归于自己，周昌在朝廷犯颜谏诤，叔孙通恳切进谏劝诫汉高祖，壶关三老上书直言为太子申冤，车千秋用梦让汉武帝醒悟。这几个人，有的在前朝展现仁德，有的在古代传扬名声，有的几次升迁而登上相位，有的从皇帝那里得到金钱奖赏。他们说的话被采纳，幸福也随之而来。这可以说是善于处理骨肉亲戚之间的关系了。

三代之亡[①]，由乎妇人。故《诗》刺艳女[②]，《书》诫哲妇[③]，斯已著在篇籍矣。近事之若此者众，或在布衣细人[④]，其失不足以败政乱俗。至于二袁[⑤]，过窃声名，一世豪士，而术以之失，绍以之灭，斯有国者所宜慎也。是以录之，庶以为诫于后，作《内诫》。

【注释】

①三代之亡：本段及以下几段镰仓本篇题作《内诫》。内，指称妻妾。所以内诫是有关妻室、女色之诫。节录部分说明君主听取恶毒妇人之言以及宠爱女色的危害。

②《诗》刺艳女：见《诗经·小雅·十月之交》："楀维师氏，艳妻煽方处。""艳妻煽方处"讽刺周幽王被褒姒所迷惑。艳妻，指幽王宠妃褒姒。煽，炽盛。一说同"扇"，即煽动。方，正。处，居。一说通"炽"。言褒姒正居于王之左右。一说褒姒煽动幽王干坏事。

③《书》诫哲妇：哲，《意林》作"晨"。《尚书·牧誓》："牝鸡之晨，惟家之索。"后以"牝鸡司晨"比喻女性掌权干政。

④细人：地位低下的人。

⑤二袁：袁绍、袁术。袁术，字公路，袁绍之弟。

【译文】

夏、商、周三个朝代的灭亡，都是由于妇人。所以《诗经》讽刺美艳的女子，《尚书》告诫干政掌权的女人，这些都已经著录在典籍之中了。近世像这样的事情很多，有的只是发生在平民百姓那里，他们的失误还不至于败坏政事，扰乱风俗。至于袁绍、袁术，过分窃取声名，为一代豪杰，而袁术因此失败，袁绍因此灭亡，这是拥有国家的人所应该谨慎的。因此记录下来，希望能作为后代的鉴戒，作《内诫》。

古之有国有家者[①]，无不患贵臣擅朝，宠妻专室。故女无美恶，入宫见妒；士无贤愚，入朝见嫉。夫宠幸之欲专爱擅权，其来尚矣。然莫不恭慎于明世，而恣睢于暗时者[②]，度主以行志也。故龙阳临钓而泣[③]，以塞美人之路；郑袖伪隆其爱[④]，以残魏女之貌。司隶冯方女[⑤]，国色也，世乱避地扬州。袁术登城见而悦之，遂纳焉，甚爱幸之。诸妇害其宠，给言将军贵人有志节，当时涕泣示忧愁，必长见敬重。冯氏女以为然，后见术辄垂涕，术果以为有心志，益哀之。诸妇因是共绞，悬之庙梁，言自杀。术诚以为不得志而死，厚加殡敛⑥。袁绍妻刘氏甚妒忌⑦，绍死僵尸未殡，宠妾五人，妻尽杀之。以为死者有知，当复见绍，乃髡头墨面⑧，以毁其形。追妒亡魂，戮及死人，恶妇之为，一至是哉！其少子尚又为尽杀死者之家，媚说恶母⑨，蔑死先父，行暴逆，忘大义，灭其宜矣。绍听顺妻意，欲以尚为嗣，又不时决定，身死而二子争国，举宗涂地，社稷为墟。

【注释】

①古之有国有家者：本段选自《内诫》。

②恣睢：恣意妄为，肆意放纵做坏事。

③龙阳：战国时魏安釐王男宠。《战国策·魏策四》载，魏王与龙阳君同船而钓，龙阳君得十余鱼而涕下，魏王问其故，龙阳君回答说："臣之始得鱼也，臣甚喜，后得又益大，今臣直欲弃臣前之所得矣……四海之内，美人亦甚多矣，闻臣之得幸于王也，必褰裳而趋王。臣亦犹曩臣之前所得鱼也，臣亦将弃矣，臣安能无涕出乎？"魏王于是命令四境之内有敢言美人者灭族。

④郑袖：战国时楚怀王宠妃。善妒，阴险恶毒。《战国策·楚策四》载，楚怀王得魏国美人，郑袖知其得宠，就装作很喜欢她。后设计陷害，对美人说楚王不喜欢她的鼻子，见楚王时要捂住鼻子，美人照做。郑袖于是进谗言，说美人讨厌闻大王身上的气味。楚王大怒，割掉了她的鼻子。

⑤司隶：指司隶校尉。汉武帝置，领兵一千二百人，后罢其兵，改察三辅、三河、弘农七郡。哀帝时称司隶，东汉复旧称，仍察七郡。

冯方：东汉官员，中常侍曹节女婿。灵帝初为尚书郎，后为大司农、司隶校尉。

⑥殡敛：入殓和出殡。

⑦刘氏：袁绍的后妻。

⑧髡头：剃去头发。墨面：古代刑罚，在面额上刺字后涂以墨。

⑨媚说：取悦，讨好。说，同“悦”。

【译文】

古代拥有国家的人，没有不担忧显贵大臣独揽朝政，受宠的妻妾专断于后宫的。所以女子无论美丑，进入宫中就被嫉妒；士人无论贤与不贤，进入朝廷就被妒忌。那些受到宠爱的人想要单独受宠、独揽大权，是由来已久的。但是没有不在政治清明的时代谦恭谨慎，而在昏暗混乱的时代就恣意妄为的，都是猜度君主的心思而行事。所以龙阳君在钓鱼时哭泣，来堵塞美女攀附之路；郑袖假装非常喜爱魏国的美人，而借机毁掉了她的容貌。司隶校尉冯方的女儿，天姿国色，因时事混乱躲避到扬州。袁术登上城楼看见了她，很喜欢，于是娶了她，非常宠幸。其他妻妾妒忌她得宠，就哄骗她说，将军看重人有志向节操，应当时常哭泣以显示自己的忧愁，必然会被长久地爱重。冯方女认为她们说得对，以后一见到袁术就流泪，袁术果然认为她很有志向操守，更哀怜她了。妻妾们趁机一起把她勒死，悬挂在房梁上，说是自杀的。袁术真的认为她是因为不得志而死，就以厚礼殡殓埋葬。袁绍的妻子刘氏非常妒忌，袁绍死后还没有入殓安葬，刘氏就把袁绍的宠妾五人全都杀了。她认为她们死后灵魂有知，会再见到袁绍，就剃去她们的头发，在脸上刺字涂墨，来毁掉她们的容貌。嫉妒追加到亡魂身上，侮辱连死人都不放过，恶毒妇人的行为，竟到如此地步啊！她的小儿子袁尚又替她杀尽死者全家，以讨好取悦恶毒的母亲，蔑视死去的父亲，做出凶暴忤逆的事情，忘记大义，其灭亡是应该的。袁绍听从妻子的意见，想让袁尚当继承人，又不及时决定，自己死后两个儿子争夺大权，使整个宗族彻底灭亡，江山社稷成为废墟。

上定冀州[①]，屯邺，舍绍之第。余亲涉其庭，登其堂，游其阁，寝其房，栋宇未堕[②]，陛除自若[③]，忽然而他姓处之。绍虽蔽乎，亦由恶妇。

【注释】

①上定冀州：本段选自《内诫》。上，指曹操。冀州，西汉武帝置十三刺史部之一。辖境相当于今河北中、南部，山东西端及河南北端。东汉时治所在高邑（今河北柏乡北），后移治邺（今河北临漳西南）。

②栋宇：指房屋。

③陛除：指台阶。

【译文】

父王平定冀州，屯驻邺城，住在袁绍的府第。我亲自走过他的庭院，登上他的正堂，游览他的楼阁，睡在他的房间里，房屋没有毁坏，台阶也依然如故，转瞬之间却成了外姓人的住所。袁绍虽然昏庸，但也有恶毒妇人的罪责。

卷四十七

刘廙政论

【题解】

《刘廙政论》,《隋书·经籍志》列为法家,云“《政论》五卷,魏侍中刘廙撰”,《旧唐书·经籍志》《新唐书·艺文志》有著录,作“《刘氏正论》五卷”,《宋史·艺文志》已无记载。今所见仅《群书治要》载有八篇,即《备政》《正名》《慎爱》《审爱》《欲失》《疑贤》《任臣》《下视》,约四千余字。

关于本书的书名,镰仓本、天明本本卷皆题为“刘廙别传”,而目录皆作“刘廙政论”。《三国志·魏书·刘廙传》裴松之注引《廙别传》文字四段,严可均言:“据裴松之所引《别传》,似与《政论》各为一书,则目录作《政论》者是也。”据此,我们以“刘廙政论”作为书名。

刘廙,字恭嗣,南阳安众(今河南邓州东北)人。汉末魏初名士。初从荆州牧刘表,后其兄望之为表所杀,刘廙逃奔扬州,投靠曹操,甚受器重,辟为丞相掾,转五官将文学。魏国建,迁黄门侍郎,曹丕继魏王位,擢为侍中,赐爵关内侯。为政主张先刑后礼,且通天文历数之术,与司马徽、丁仪等名流相齐。黄初二年(221)卒。史载刘廙“著书数十篇”,除《政论》五卷外,《隋书·经籍志》还著录《刘廙集》二卷,已失传。

《群书治要》节录《刘廙政论》四千余字,反映了刘廙在治政、知人用贤等方面的见解。刘廙将为政比喻为造屋,建造房屋每个部件都不可缺少，执政治国也需要每个环节的密切配合，不能轻忽每一件小事，所谓“善为政者，知一事之不可阙也，故无物而不备”。刘廙认为，君主应当谨慎对待自己宠爱的人，远离佞臣，不可“惑小臣之佞而不能废”，不能因“爱小臣以丧良贤”；还认为君主应当充分信任贤才，如果不信任他们，一味“访之于众人”，只会让忠臣远离自己，让“笃私交，薄公义”的庸人当道。在信任贤才的基础上，他又提出君主要任用臣下去做事，不必事事亲力亲为，否则就是“君劳臣逸，上下易所，是一君为臣而万臣为君”，国家也难以治理好。对于这些问题，为君者不可不察。

备政①

夫为政者，譬犹工匠之造屋也。广厦既成，众棁不安②，则梁栋为之断折③；一物不备，则千柱为之并废。善为屋者，知梁棁之不可以不安，故栋梁常存；知一物之不可以不备，故众榱与之共成也④。善为政者，知一事之不可阙也，故无物而不备；知一是之不可失也，故众非与之共得。其不然者，轻一事之为小，忽而阙焉，不知众物与之共多也⑤；睹一非之为小也，轻而蹈焉，不知众是与之共失也。

【注释】

①备政：本篇开头将执政治国比喻为建造房屋，必须“知一物之不可以不备”，而后强调为政者须谨慎戒惧，不能为了清廉而减少官员的俸禄，并对提高俸禄提出相应措施。

②棁（zhuō）：梁上短柱。

③梁栋：屋宇的大梁。

④榱（cuī）：椽子。

⑤共多：并在，共存。

【译文】

执政治国，就像工匠建造房屋。高大的房屋建成，梁上的短柱不稳固，那么房屋的大梁就会因此折断；只要一个物件不齐备，那么上千根支撑房屋的柱子就会一并损废。善于建造房屋的人，知道大梁和上面的短柱不可以不稳固，所以房梁才能长存不坏；知道每一个物件都要齐备，所以所有的椽子才和梁柱共同构成了房屋。善于执政治国的人，知道每一件事都是不可或缺的，所以没有什么事物不是完备的；知道每一个正确的建议都是不可以遗漏的，所以众多不正确的建议都要与之同时听取。要是不这样，轻视一事为小，缺而不为，却不知道众事与之共存；看到一个错误认为它很小，就轻易地施行，却不知道众多正确的东西也会与它共同失去。

夫政之相须①，犹輗辖之在车②。无輗辖犹可以小进也，谓之历远而不顿踬者③，未之有也。夫为政者，轻一失而不矜之，犹乘无辖之车，安其少进，而不睹其顿踬之患也。夫车之患近，故无不睹焉；国之患远，故无不忽焉。知其体者，夕惕若厉④，慎其愆矣⑤。

【注释】

①相须：互相依存，互相配合。

②輗（ní）：大车辕端与横木相接处的活销。《论语·为政》："大车无輗，小车无軏，其何以行之哉！"辖：安在车轴末端的挡铁，用以挡住车轮，使不脱落。

③顿踬（zhì）：颠仆，行路颠蹶。踬，绊倒。

④夕惕若厉：朝夕戒惧，如临危境，不敢稍懈。语出《周易·乾卦》。

夕惕，谓至晚仍怀忧惧，工作不懈。惕，畏惧，戒惧。厉，危。

⑤愆（qiān）：过失，过错。

【译文】

治政的相互配合，就像輗、辖在车上一样。车没有輗、辖还可以稍微前进一下，但想要它跑得很远也不颠仆，这是从来没有过的。执政治国的人，看轻一个过失而不慎重对待，就好像乘坐没有辖的车，满足于稍稍前进一下，却看不见车颠仆的忧患。车的祸患很近，所以没有看不见的；国家的祸患很远，所以没有不忽视的。了解了这种情形，就会朝夕戒惧，如临危境一般，时刻谨慎，不敢犯错。

夫为政者，莫善于清其吏也。故选托于由、夷而又威之以笃罚[①]，欲其贪之必惩，令之必从也。而奸益多，巧弥大，何也？知清之为清，而不知所以清之故，免而无耻也。日欲其清而薄其禄，禄薄所以不得成其清。夫饥寒切于肌肤，固人情之所难也，其甚又将使其父不父、子不子、兄不兄、弟不弟、夫不夫、妇不妇矣。贫则仁义之事狭，而怨望之心笃[②]。从政者捐私门而委身于公朝[③]，荣不足以光室族，禄不足以代其身。骨肉饥寒，离怨于内；朋友离叛，衰捐于外[④]。亏仁孝[⑤]，损名誉[⑥]，能守之而不易者，万无一也。不能原其所以然[⑦]，又将佐其室族之不和，合门之不登也[⑧]。疑其名，必将忘其实。因而下之，不移之士，虽苦身于内，冒谤于外，捐私门之患[⑨]，毕死力于国，然犹未获见信之衷，不免黜放之罪。故守清者死于沟壑，而犹有遗谤于世也。为之至难，其罚至重，谁能为之哉！人知守清之必困于终也，违清而又惧卒罚之及其身也，故不为昭昭之行，而咸思暗昧之利，奸巧机于内，而虚名逸于外。

【注释】

①由、夷：指许由、伯夷。古代品行高洁者的代表。笃罚：重罚。

②怨望：怨恨，心怀不满。

③捐：舍弃，抛弃。

④衰捐：天明本旧校认为当作“弃捐”。

⑤亏仁孝：不能事父母为不孝，不能养妻子为不仁。

⑥损名誉：此指朋友离叛。

⑦原：推究，研究。

⑧不登：指不丰裕。

⑨捐私门之患：不顾家门之忧患。

【译文】

执政治国，没有比让官吏清廉更好的了。所以把选拔官吏的事托付给许由、伯夷这样的人，而又用重罚来威慑，是希望做到有贪必惩，有令必从。然而奸邪越来越多，巧诈也越来越多，这是为什么呢？是因为执政者只知道官员应该清廉而让他们清廉，却不知道怎么让他们清廉，所以官员只求免于惩罚并没有廉耻之心。天天想让官员清廉而又削减他们的俸禄，而俸禄太少正是不能清廉的原因。饥饿寒冷加于肌肤，本来就是人情难以忍受的，更严重的是让他们父亲不像父亲，儿子不像儿子，兄长不像兄长，弟弟不像弟弟，丈夫不像丈夫，妻子不像妻子。贫穷那么仁义的事考虑得就少，而怨恨不满之心就会加重。从政为官的人离开家庭而投身于朝廷，荣耀不够用来光耀门庭，俸禄不够用来替代自己耕田之得。骨肉亲族忍受饥饿寒冷，怨恨背离之心就在家中产生；朋友离弃背叛，从外面抛弃自己。有亏仁孝，有损名誉，还能坚守节操而不改变的，一万人里面也没有一个。若不能推究之所以这样的原因而只是一味责备惩罚，又将会加重他们家族的不和睦和全家的不丰裕。怀疑其廉洁之名誉，必将忘却其所以为廉洁之实。这样下去，坚守清廉不改变的人，即使在内让自己家族困苦不堪，在外面遭受毁谤，不顾家门的忧患，为国家竭尽死力，也还是不能获得信任，免不了被贬退放逐的罪责。所以坚守清廉的人死于沟壑之中，却还有毁谤流传于世。做廉吏极其困难，惩罚又极其严重，还有谁能去做啊！人们知道坚守清廉必然困苦终身，违背清廉又惧怕最终惩罚落到自己身上，所以不光明正大地行事，而都想在暗地里追逐私利，奸诈机巧隐藏在内，而虚名传扬在外。

人主贵其虚名，而不知贱其所以为名也。虚名彰于世，奸实隐于身，人主眩其虚[①]，必有以暗其实矣。故因而贵之，敬而用之，此所谓恶贪而罚于由、夷，好清而赏于盗跖也[②]。名实相违，好恶相错，此欲清而不知重其禄之故也。不知重其禄，非徒失于清也，又将使清分于私，而知周于欺[③]。推此一失，以至于欺，苟欺之行，何事而不乱哉！故知清而不知所以重其禄者，则欺而浊；知重其禄而不知所以少其吏者，则竭而不足；知少其吏而不知所以尽其力者，则事繁而职阙[④]。

【注释】

①眩：迷惑，迷乱。

②盗跖：相传为古时民众起义的领袖。《庄子·盗跖》谓其“率从卒九千人，横行天下，侵暴诸侯”。

③周：全，周遍。

④职阙：职位空缺。

【译文】

君主重视他的虚名，而不知道鄙视他获取名声的手段。虚名在世间显扬，实际的奸邪隐藏于自身，君主被他的虚名所迷惑，必然不明白他实际的奸邪。于是就重视他，尊敬并任用他，这就是所说的厌恶贪婪却惩罚许由、伯夷，喜欢清廉却奖赏盗跖。名和实不相符，喜好和厌恶相错乱，这是想要官员清廉而不知道增加其俸禄的缘故。不知道增加俸禄，不仅会失去清廉的官员，还会使清廉转向偏私，从而让他们普遍知道去行欺诈之事。这一过失发展下去，就会使欺诈横行，假如欺诈横行，还有什么事能不混乱呢！所以知道清廉重要而不知道用什么办法来增加官员俸禄，就会导致欺诈横行浊乱不堪；知道增加他们的俸禄而不知道如何减少官吏人数，就会耗尽财力而无法满足；知道减少官吏人数而不知道如何让他们竭尽全力，就会事情繁多而职位空缺。

凡此数事，相须而成，偏废则有者不为用矣[①]。其余放欺[②]，无事而不若此者也，不可得一二而载之耳[③]。故明君必须良佐而后致治，非良佐能独治也，必须善法有以用之。夫君犹医也，臣犹针也，法阴阳补泻也[④]。针非人不入，人非针不彻于病[⑤]。二者既备，而不知阴阳补泻，则无益于疾也，又况逆失之哉[⑥]？今用针而不存于善术[⑦]，使所针必死。夫然也，欲其疾之疗亦远。良医急于速疗，而不恃针入之无恙也；明君急于治平[⑧]，而不恃亡失之不便亡也[⑨]。

【注释】

①偏废：重视某一方面，忽视或废弃另一方面。

②放欺：放任欺骗行为。

③一二：一一，逐一。

④阴阳补泻：中医针灸手法与原则，调理阴阳二气，补不足而泻有余。如《黄帝内经太素·卷第二十一·九针之一》和《黄帝内经·灵枢·九针十二原第一》都有记载。《黄帝内经·灵枢·终

始》："凡刺之道，气调而止。补阴泻阳，音气益彰，耳目聪明。反此者，血气不行。"

⑤彻：撤除，去除。

⑥逆失：天明本旧校云："'逆'疑'并'。"指既无医用针，更无用针之法。

⑦存：审察。

⑧治平：谓政治清明，社会安定。

⑨而不恃亡失之不便亡也：此句疑有脱讹。亡失，指丧亡国家之臣。"必须善法有以用之"至"而不恃亡失之不便亡也"，底本作小字，天明本旧校云："'必须'至'亡也'百三字，恐当连正文。"据改。

【译文】

这几方面的事，相辅相成，如果只重视一方面而忽视其他方面，那么即使有举措也难以产生效用。其他方面要是放任欺诈行为，就会事事都如此，不必一一记述下来了。所以英明的君主必须有贤良的辅臣才能够治理好国家，而不是贤良的辅臣能单独治理好的，必须要用好的方法去任用臣子。君主就像医生，臣子就像针，好的方法如同阴阳补泻。针不通过人就不能刺入，人不依靠针刺就不能去病。两者已经具备，但如果不知道阴阳补泻的道理，那么对治病还是没有好处，又何况二者皆失呢？如今用针刺却不审察使用好的方法，就一定会让被针刺的人死掉。像这样，离治好病就太遥远了。好的医生着急迅速把病治好，但不会认为把针刺入病人身体就能把病治好；英明的君主着急治理好国家，但不会认为依靠亡国之臣而国家不至于灭亡。

正名①

夫名不正，则其事错矣；物无制，则其用淫矣②。错则无以知其实，淫则无以禁其非。故王者必正名以督其实，制物以息其非。名其何以正之哉？曰：行不美则名不得称，称必实所以然，效其所以成。故实无不称于名，名无不当于实也。曰：物又何以制之哉？曰：物可以养生而不可废之于民者，富之备之；无益于养生而可以宝于世者，则随尊卑而为之制，使不为此官，不得服此服，不得备此饰。故其物甚可欲，民不得服，虽捐之旷野，而民不敢取也；虽简于禁，而民皆无欲也。是以民一于业，本务而末息[3]，有益之物阜而贱[4]，无益之宝省而贵矣。所谓贵者，民贵愿之也[5]，匪谓贾贵于市也。故其政惠，其民洁，其法易，其业大。昔人曰："唯器与名，不可以假人[6]。"其此之谓与！

【注释】

①正名：辨正名称、名分，使名实相符。这也是本篇的主旨，所谓"名不正，则其事错矣"。同时还强调使用物品要有节制。

②淫：过度，无节制。

③本：本业。指农业。末：末业。指工商业。

④阜：丰富，丰厚。

⑤愿：倾慕，仰慕。

⑥唯器与名，不可以假人：见《左传·成公二年》引用孔子的话。器，代表统治者等级的乐器、礼器、车饰等器物。名，爵位称号。

【译文】

名分不正，事物就会出现错乱；用物没有控制，使用就会放纵无度。错乱就没办法了解其实质，放纵无度就没办法禁止其错谬。所以君王必须端正名分以查其实质，控制事物来止息其错谬。名分怎样才能端正呢？回答说：行为不美好名就不能称用，要称用就必须查实之所以如此的真实情况，检验其取得成效的方法。这样一来，实没有不和名相配的，名没有不和实相当的。又问道：事物又拿什么来控制呢？回答说：可以养育生命，对民众又是不可废弃的事物，就要使它丰裕齐备；对养育生命没有好处，而可以成为世间珍贵东西的事物，就根据尊卑贵贱的不同进行控制，让不当这个官的，就不能穿这种服装，不得佩戴这种饰物。所以即使那些事物很能引起人的欲望，民众也不能服用，即使扔到旷野，而民众也不敢取用；即使简化禁令，民众对这些事物也没有欲望。因此民众专一于他们的事业，从事农桑本业而停止那些末业，有益的东西就会丰富而价廉，没有益处的宝物就会稀少而贵重。所说的贵重，是民众内心仰慕它，而不是说商人在市场上卖得贵。所以这样的政治仁爱，民众思想纯洁，法令简约易行，功业宏大兴旺。从前孔子说："只有标志等级的器物和名号，是不可以借给别人的。"大概说的就是这些吧！

慎爱[①]

夫人主莫不爱爱己，而莫知爱己者之不足爱也。故惑小臣之佞而不能废也，忘违己之益己而不能用也。夫犬之为猛也，莫不爱其主矣，见其主则腾踊而不能自禁[②]，此欢爱之甚也。有非则鸣吠而不遑于夙夜[③]，此自效之至也。昔宋人有沽酒者[④]，酒酸而不售，何也？以其有猛犬之故也。夫犬知爱其主，而不能为其主虑酒酸之患者不噬也。夫小臣之欲忠其主也，知爱之而不能去其嫉妒之心，又安能敬有道，为己愿稷、契之佐哉！此养犬以求不贫，爱小臣以丧良贤也。悲夫！为国者之不可不察也。

【注释】

①慎爱：谨慎对待自己所宠爱之人。即要谨慎对待身边的小臣，不

能因为宠爱小臣而失去贤良之才。

②腾踊：跳跃。自禁：自制。

③不遑：没有闲暇。夙（sù）夜：朝夕，日夜。

④沽酒：卖酒。

【译文】

君主没有不宠爱喜欢自己的人的，却不知道喜欢自己的人其实并不值得宠爱。所以君主被小臣的巧言谄媚所迷惑，而不能废黜他们；憎恶违背自己其实是对自己有益的人，而不能任用他们。就像狗表现得勇猛，没有不爱护它的主人的，见到主人就蹦跳起来不能自制，这是喜欢爱恋得深。有不对的动静就会昼夜不停地狂吠，这是效忠主人的极致。从前有个宋国人卖酒，酒酸了卖不出去，为什么呢？是因为他有条凶猛的狗。狗知道爱护它的主人，而不能为它的主人考虑，不会怕酒会发酸而不咬来买酒的人。小臣想要忠于他的主上，知道爱他却不能去除嫉妒之心，又哪里能够尊敬有才德的人，愿意自己成为稷、契那样的辅佐之臣呢！这就是为了不贫穷而养狗却反而导致贫穷，喜爱小臣却丧失了良臣贤臣。悲哀呀！治国的人不可以不省察啊。

审爱[①]

为人君者，莫不利小人以广其视听[②]，谓视听之可以益于已也。今彼有恶而已不见，无善而已爱之者，何也？智不周其恶，而义不能割其情也。已不能割情于所爱，虑不能睹其得失之机，彼亦能见已成败于所暗，割私情以事其上哉？其势适足以厚奸人之资。此朋党者之所以日固，独善之所以孤弄也。故视听日多，而暗蔽日甚[③]，岂不诡哉[④]！

【注释】

①审爱：对所爱之人要审察。一些君主常会被宠爱的小臣所蒙蔽，所以为君者应该慎重审察。

②视听：看到的和听到的。谓见闻。

③暗蔽：欺蒙，蒙蔽。

④诡：奇怪，异常。

【译文】

当君主的，没有谁不是通过给身边小臣利益以扩大自己视听的，认为扩大视听可以有利于自己。如今这些小臣有恶行而自己却看不见，没有美善而自己却喜爱他们，为什么呢？自己的智慧不足以全面了解他们的恶，而从道义上又不能割舍私情。自己不能对喜爱的人割舍私情，思虑又不能看到事情得失成败的关键，那么这些小臣又怎能在他们不擅长的领域看到君主的得失成败，割舍私情来事奉君主呢？这样的形势正可用来增加奸邪之人的资本。这就是结党营私者日益巩固，独守善行者被孤立排斥的原因。所以视听逐渐扩大，而受蒙蔽却日益严重，这难道不奇怪吗！

欲失[①]

夫人君莫不愿众心之一于己也，而疾奸党之比于人也[②]。欲得之而不知所以得之，故欲之益甚，而不可得亦甚；疾之益力，而为之者亦益勤矣。何也？彼将恐其党也，任之而不知所以信之，朝任其身，夕访于恶。恶无毁实，善无赏分。事无小大，访而后知，彼众之不必同于道也，又知访之不能于己也，虽至诚至忠，俾曾参以事其亲[③]，借龙逢以贯其忠[④]，犹将屈于私交，况世俗之庸臣哉！故为君而欲使其臣之无党者，得其人也。得其人而使必尽节于国者，信之于己也。

【注释】

①欲失：是说君主之所欲是会有失误的。君主都不希望臣子结党，而结党营私的事反而越来越多，其中一个原因就在于君主不能充分信任臣下，所以应当疑人不用、用人不疑。

②比：勾结。

③俾（bǐ）：使。曾参：孔子弟子，相传是孝子。

④借：即使。龙逢：关龙逢，夏之贤人。因进谏而为桀所杀，后用为忠臣之代称。

【译文】

君主没有谁不希望万众同心来拥护自己，而憎恨奸邪之人结党营私的。想要得到人才却不知怎样得到，所以想得就更厉害，而得不到的可能性也就更大；憎恨得越厉害，而结党营私的活动也就越频繁。为什么呢？是因为君主担心这些人结党，任用他们却不知道如何信任他们，早晨刚任命他们，晚上就调查他们的坏事。调查到坏事又无贬谤之实，调查到好事也没有赏赐之名分。事情不管大小，调查之后才知道，那些被调查的人不一定都能奉行道义，他们又知道君主调查自己的不足，那么即使最真诚最忠实者，让曾参去事奉自己的双亲，即使龙逢来贯彻自己的忠诚，尚且会在压力下屈服而私相交接，何况世俗庸臣呢！所以作为君主要想让自己的臣子不结党营私，就在于选人得当。选人得当并能让他们对国家尽忠尽节，就在于自己对他们的信任。

疑贤[①]

自古人君莫不愿得忠贤而用之也。既得之，莫不访之于众人也。忠于君者，岂能必利于人？苟无利于人，又何能保誉于人哉！故常愿之于心，而常先之于人也[②]。非愿之之不笃而失之也，所以定之之术非也。故为忠者获小赏而大乖违于人[③]，恃人君之独知之耳。而获访之于人，此为忠者福无几而祸不测于身也[④]。得于君不过斯须之欢[⑤]，失于君而终身之故患，荷赏名而实穷于罚也[⑥]。是以忠者逝而遂，智者虑而不为。为忠者不利，则其为不忠者利矣。凡利之所在，人无不欲；人无不欲，故无不为不忠矣。为君者以一人而独虑于众奸之上，虽至明而犹困于见暗[⑦]，又况庸君之能睹之哉！庸人知忠之无益于己，而私名之可以得于人，得于人可以重于君也，故笃私交，薄公义，为己者殖而长之[⑧]，为国也抑而割之。是以真实之人黜于国，阿欲之人盈于朝矣。由是田、季之恩隆而齐、鲁之政衰也[⑨]。虽成之市朝[⑩]，示之刀锯[⑪]，私欲益盛，齐、鲁日困。何也？诚威之以言而赏之以实也，好恶相错，政令日弊。昔人曰："为君难[⑫]。"不其然哉！

【注释】

①疑贤：对贤臣的怀疑、猜忌。这种猜疑正是导致忠臣远离、小人当道的原因。君主要自己成为有德之人，才能感召有德之人，也才有智慧不被小人所蒙蔽。

②先：当作"失"。

③乖违：违背，背离。

④无几：没有多少，不多。不测于身：指意外加之于身。

⑤斯须：片刻，一会儿。

⑥荷：承受，承蒙。穷于罚：终于受罚。

⑦见暗：所见不明。

⑧殖：培植，种植。

⑨田：指春秋时由田完开始的田氏，最终夺取齐国政权，代姜齐为田齐。季：指季孙氏，春秋时期鲁国贵族，“三桓”之一，凌驾于公室之上，掌握鲁国实权。

⑩成：当作“戒”或“威”，形近而误。市朝：市场和朝廷。等于说朝野。

⑪刀锯：刀和锯，古代刑具。此指刑罚。

⑫为君难：见《论语·子路》。是孔子引用的话。

【译文】

自古以来君主没有不希望获得忠诚贤良的臣子并任用他们的。得到他们之后，没有不到众人之中去探访调查他们的。忠诚于君主的人，怎能事事都能有利于他人呢？假如不能有利于他人，又怎能在他人面前保持好的声誉呢！所以君主经常是心中希望得到贤才，任用之后又因为怀疑而去调查，因此又失去了他们。不是君主希望得到贤才的心不诚而失去贤才，而是用来确定贤才的方法不正确。所以忠诚的人获得小的赏赐却大大地背离了众人的利益，只是靠君主一个人的了解罢了。而君主从别人那里调查获得的反馈，却使得忠诚的人福运没有多少，而大祸却不知何时就要临头了。获得君主信任不过是片刻的欢乐，失去君主信任却是一辈子的祸患，这是蒙受赏赐之名而困窘于实际的惩罚。因此忠诚的人只有离开才能得到保全，聪明的人思虑过后就不再想当忠臣了。做忠臣没有好处，那么不忠反而是有利的。凡是有好处的事，没有人不想去做；没有人不想去做，那么就没有不做不忠之臣的了。做君主的用一个人的智慧独自对付众多奸邪之人，即使极聪明的君主也难免被阴谋所困，又何况平庸的君主，怎么能看到这些呢！平庸的人知道忠诚对自己没有好处，而私下的好名声又可以从别人那里获得，从别人那里获得之后就可以被君主看重，所以一心去结私交，而轻视公义公理，对自己有利的就培植使其更多，对国家有利的就抑制并断绝。因此真心实意为国家的人被贬退，迎合私欲的人却充满整个朝廷。因此田氏、季氏受到的恩惠越来越多，而齐国、鲁国的政权却越来越衰弱。即使在朝中进行威慑，以刀锯之刑予以警示，私欲也会更加猖獗，齐国、鲁国也会日益困窘。这是为什么呢？就是因为威慑是用言辞，而赏赐却是实际的，好坏倒置，政令日益败坏。从前有人说："做君主很难。"不就是这样吗！

任臣[①]

人君所以尊敬人臣者，以其知任人臣委所信而保治于己也。是以其听察，其明昭。身日高而视日下，事日远而听日近，业至难而身至易，功至多而勤至少也。若多疑而自任也，则其臣不思其所以为国，而思其所以得于君[②]，深其计而浅其事，以求其指㧑[③]。人主浅之，则不陷于之难；人主深之，则进而顺之，以取其心。所阙者忠于国而难明于君者也，所修者不必忠于国而易行于时者也。因其所贵者贵之，故能同其贵；因其所贱者贱之，故能殊于贱。其所贵者不必贤，所贱者不必愚也。家怀因循之术，人为悦心易见之行。夫美大者深而难明，利长者不可以仓卒形也[④]。故难明长利之事废于世，阿易见之行塞于侧，为非不知过，知困不知其乏，此为天下共一人之智，以一人而独治于四海之内也。其业大，其智寡，岂不蔽哉！以一蔽主而临不量之阿欲，能不惑其功者，未之有也！苟惑之，则人得其志矣[⑤]。人得其志，则君之志失矣。君劳臣逸，上下易所，是一君为臣而万臣为君也。以一臣而事万君，鲜不用矣。有不用人之名，而终为人所用也。是以明主慎之，不贵知所用于己，而贵知所用于人，能用人，故人无不为己用也。昔舜恭己正南面而已，天下不多皋陶、稷、契之数⑥，而贵圣舜独治之功。故曰“为之者不必名其功，获其业者不必勤其身”也，其舜之谓与？

【注释】

①任臣：即如何任用臣子。君主任用臣子，不应该多疑，而且要懂得任用臣子的智慧。信任臣子，用臣子之智治理国家，因而享有“独治之功”。

②得于君：指让国君满足。

③指㧑（huī）：指挥。㧑，指挥。

④形：显示，显现。

⑤得其志：指他们的名利欲望得到满足。

⑥多：称赞。皋陶：舜时的司法官。稷：舜时主管农事的官。契：舜的臣子，佐禹治水有功。

【译文】

作为君主之所以尊重臣子，是因为他知道任用臣子并信任他们，才能为自己治理好国家。因此他的听觉清晰，视觉昭昭。身份越来越高贵，看得却越来越细微；政事离得很远，了解情况却像近在身边一样；事业虽然很艰难，自身却觉得很容易；功绩虽然很多，辛勤劳苦却很少。倘若君主多疑，凡事都自己亲自去做，那么臣子就不会考虑怎样治理国家，而是考虑怎样让国君满足，整天为此耗费心思，对国事则浅尝辄止，以求得君主的指示。君主指示的浮浅，臣子就不会让自己陷入困难；君主指示的深入，那就进一步顺从他，获取他心中的赞同。这样一来，缺少的是忠于国家却难以被君主理解的好的谏言，修习的是不必忠于国家而容易在当时实行的东西。看重那些君主所看重的人，所以自己也能和他们共享富贵；轻视那些君主所轻视的人，所以能让自己有别于君主轻视的人。那些被看重的人不一定贤良，被轻视的人也不一定愚蠢。家家都怀着守旧因循的方法，人人都去做取悦君心而容易表现的事。那优美宏大的计谋往往深奥而难以理解，利益长远的事不会在短时间内显现效果。所以那些难以被理解、有长远利益的事情往往在世上荒废，迎合上欲容易显现的行为却充斥在身边，做了坏事也不知是错误，知识困乏也不知有欠缺，这是让天下共用君主一个人的智慧，靠一个人单独治理整个天下。事业宏大，智慧却寡少，怎能不被蒙蔽呢！以一个被蒙蔽的君主，面对众多迎合其私欲的臣子，想要其功业不被扰乱，这是不曾有过的事情啊！只要国君被迷惑扰乱，那么这些人就得志了。这些人得了志，君主的志向就落空了。君主劳苦而臣子安逸，上下颠倒，这是让一个君主成为臣子而上万臣子成为君主。以一个臣子来侍奉一万个君主，就很少有不听从的了。君主空有不用人之名，而最终却被人所用。因此英明的君主要谨慎对待此事，不看重只利用自己的智慧来治理，而是看重利用别人智慧来治理，能用别人，所以人才就没有不被君主所用的。从前虞舜只是恭恭敬敬地面南为君罢了，天下不称赞皋陶、稷、契这些人，而看重虞舜一人治理国家的功劳。所以说"做了事的人不必宣扬自己的功业，获得功业的人不必勤苦自身"，大概说的就是虞舜吧！

下视[①]

夫自足者不足，自明者不明。日月至光至大，而有所不遍者，以其高于众之上也。灯烛至微至小[②]，而无不可之者，以其明之下，能照日月之所蔽也。圣人能睹往知来，不下堂而知四方，萧墙之表有所不喻焉[③]，诚无所以知之也。夫有所以知之，无远而不睹；无所以知之，虽近，不如童昏之履之也[④]。人岂逾于日月而皆贤于圣哉！故高于人之上者，必有以应于人，其察之也视下，视下者见之详矣。人君诚能知所不知，不遗灯烛童昏之见，故无不可知而不知也。何幽冥之不尽[⑤]，况人情之足蔽哉！

【注释】

①下视：向下看，指君主必须了解下情。君主能“下视”，则能“见之详矣”，因此要有谦卑的心态，不能自我满足，不能高高在上。

②灯烛：用油脂作燃料的照明物。

③萧墙：古代宫室内作为屏障的矮墙。

④童昏：指年幼无知者。履：经历。

⑤幽冥：幽暗，幽僻。

【译文】

自我满足的人其实还有不足，自认为明白的人其实并不明白。太阳月亮最光明最宏大，但也有照不到的地方，因为他高处众人之上。灯烛的光最细微最渺小，但没有照不到的地方，是因为在灯烛的光亮下，能够照见太阳、月亮照不到的地方。圣人能够看到过往知道将来，不下堂就知道四方之事，但宫墙之外总还有他不明白的事，就是因为没有知道那些的办法。有了解这些事的方法，再远处发生的事也能看得到；没有知道了解的方法，即使近，也不如无知小童亲身经历过清楚。人难道能越过太阳、月亮，甚至都超过圣人吗！所以高于众人之上的人，必然有用来应对众人的方法，他观察问题能够眼睛向下看，向下看，所见就能详尽清楚了。君主如果真的知道自己还有不知道的东西，不忽视灯烛的微小光亮和无知小童的见解，那些不知道的东西就没有弄不清楚的了。那还有什么幽暗荒僻的地方是不能看尽的，何况是人情，又怎能蒙蔽君主呢！

蒋子万机论

蒋济

【题解】

《蒋子万机论》是蒋济献给魏文帝曹丕的著作。万机,即万几。语自《尚书·皋陶谟》:“兢兢业业,一日二日万几。”形容帝王日常处理的纷繁政务。此书“纯以推极利弊为主,不尚华词”,以此来谈论帝王统治术的纲领及其细节。

《隋书·经籍志》杂家类:“《蒋子万机论》八卷,蒋济撰。”《旧唐书·经籍志》同。《新唐书·艺文志》作十卷。南宋陈振孙《直斋书录解题》作二卷,注云:“《馆阁书目》十卷,五十五篇。今惟十五篇。”则南宋时已无完书。明焦竑《国史经籍志》以八卷入儒家,以二卷入杂家,虚列书名,又误分为两种,不足为据。清马国翰由旧籍中辑出十六条。严可均据《群书治要》录出三篇,又从诸典籍中辑出若干条,写定一卷。但据清末姚振宗言,严辑本仍有漏采者。

蒋济,字子通,三国魏楚国平阿(今安徽怀远西)人。初任郡计吏、州别驾。受曹操赏识,拜为丹阳太守。不久升任丞相府主簿,西曹属,成为曹操的心腹谋士。文帝立,献《万机论》,为曹丕所善。入为散骑常侍。曹仁征吴兵败,以济为东中郎将,代领其兵。复征为尚书。明帝时迁护军将军，加散骑常侍。时征役繁多，济上疏切谏。齐王曹芳时迁太尉。嘉平元年(249)，从司马懿诛曹爽，封都乡侯。同年卒(一说其自觉失信于曹爽，自责忧愤而死)，谥景侯。蒋济以策谋见长，著有《万机论》《三州论》，颇有见地，是三国时期曹魏名臣。

《群书治要》节录了《政略》《刑论》《用奇》三篇，文字较短，当是魏徵摘录其中部分段落。《政略》指出为政“一曰择人，二曰因民，三曰从时”，失此三者“则天人之事悖矣”。《刑论》认为“狡猾之狱”是国家大患，也从侧面反映出当时官吏执法办案的种种问题。《用奇》则说“考功案第，守成之法也；拔奇取异，定社稷之事也”，主张不拘一格地选拔人才。这些对于李唐初期的为政用人都有借鉴意义。

政略①

夫君王之治，必须贤佐然后为泰。故君称元首②，臣为股肱，譬之一体③，相须而行也④。是以陶唐钦明⑤，羲氏平秩⑥，有虞明目⑦，元恺敷教⑧，皆此君唱臣和，同亮天功⑨。故能天成地平⑩，咸熙于和穆⑪，盛德之治也。夫随俗树化，因世建业，慎在务三而已：一曰择人，二曰因民，三曰从时。时移而不移，违天之祥也⑫。民望而不因，违人之咎也。好善而不能择人，败官之患也。三者失，则天人之事悖矣。夫人乖则时逆，时逆则天违。天违而望国安，未有也。

【注释】

①政略：为政的策略。蒋济提出三条方针，即选择贤臣、顺应民意、顺随天时，这是让天下实现大治的根本。

②元首：本指头，后代指君主。股肱(gōng)：大腿和胳膊。比喻辅

佐帝王的重臣。

③一体：指整个身体。

④相须：相互依存，相互配合。

⑤陶唐：即唐尧。钦明：敬肃明察。《尚书·尧典》："曰若稽古，帝尧曰放勋。钦明文思安安，允恭克让。"陆德明《释文》引马融曰："威仪表备谓之钦，照临四方谓之明。"

⑥羲氏：即伏羲氏，古代传说中人类的始祖，和神农、黄帝并称三皇。平（pián）秩：指辨次耕作的先后。《尚书·尧典》："寅宾出日，平秩东作。"孔传："平均次序东作之事，以务农也。"平，辨治。

⑦有虞：指虞舜。有虞氏，上古时代的部落名，虞舜为部落首领。明目：使眼睛看得清楚。《尚书·舜典》："明四目，达四聪"。孔传："广视听于四方，使天下无壅塞。"

⑧元恺：八元、八恺的省称。传说高辛氏有才子八人，称为八元；高阳氏有才子八人，称为八恺。此十六人之后裔，世济其美，不陨其名。舜举之于尧，皆以政教称美。敷教：布施教化。

⑨同亮天功：《尚书·舜典》："钦哉，惟时亮天功。"孔传："各敬其职，惟是乃能信立天下之功。"亮，帮助。

⑩天成地平：指禹治水成功而使天之生物得以有成。后常比喻一切安排妥帖。《尚书·大禹谟》："地平天成，六府三事允治，万世永赖，时乃功。"成，成功。平，平治。

⑪熙：兴起，兴盛。和穆：调和，和畅。

⑫祥：凶或吉的征兆。

【译文】

君王治理国家，必须有贤良的辅臣然后天下才能安宁太平。所以君主称为元首，辅臣称为股肱，譬如人的整个身体，要互相依存与配合才能行动。因此唐尧敬肃明察，伏羲辨次耕作先后，虞舜看得清楚明白，八元八恺布施教化，这些都是君主首倡臣子应和，共同建立天下的功业。所以能够做到一切都安排妥帖，万事都兴盛和畅，这是天下实现盛德之治的效果。顺随风俗实行教化，根据时代建立功业，需要慎重做好三方面的事而已：第一是选择人才，第二是顺应民众，第三是顺随天时。时势变了而治理方法不变，这是违背上天的征兆。民众心中有所企望而不顺应，这是违背民意的罪过。喜欢善事而不能选择有德之人，这是败坏官职的祸患。这三方面出现失误，就会违背天意人心。人心不和谐就会使时势逆转，时势逆转就会与天道相违。违背天道而希望国家平安，是不可能的。

刑论[①]

患之巨者，狡猾之狱焉[②]。狡黠之民[③]，不事家事，烦贷乡党[④]，以见厌贱，因反忿恨，看国家忌讳，造诽谤，崇饰戏言以成丑语，被以叛逆告白长吏[⑤]。长吏或内利疾恶尽节之名，外以为功，遂使无罪并门灭族，父子孩耄[⑥]，肝脑涂地[⑦]，岂不剧哉！求媚之臣，侧入取舍[⑧]，虽烝子啖君、孤己悦主而不惮也[⑨]。况因捕叛之时，无悦亲之民，必获尽节之称乎？夫妄造诽谤，虚书叛逆，狡黠之民也。而诈忠者知而族之，此国之大残，不可不察也。

【注释】

①刑论：对刑罚的讨论。蒋济认为“狡猾之狱”是国家的大患。从此篇可以看出作者对当时官吏执法状况的不满。

②狱：罪案，官司。

③狡黠：狡诈。

④贷：借贷。乡党：指同乡邻里。

⑤长吏：指郡守、县令等地方长官。

⑥耄（mào）：古称大约七十至九十岁的年纪为“耄”。此指代老人。

⑦肝脑涂地：肝血脑浆涂抹满地。形容惨死。

⑧侧入：从旁而入。此处指用不正当手段。

⑨烝子啖君：指春秋时齐国易牙之事。易牙为了取悦齐桓公，曾烹其子为羹献与桓公。见《韩非子·二柄》《史记·齐太公世家》。烝，同“蒸”。啖，给……吃。

【译文】

国家大的祸患，是诡诈无比的司法案件。狡诈的民众，不料理家事，烦扰同乡借贷，因此被厌恶鄙视，他反而心生忿怒，利用国家禁忌和隐讳的事，造谣诽谤，搜集整理戏笑之语，使其成为丑恶难听的民谣，攻击别人犯有叛逆之罪并上告地方官员。有的官员认为这件事对内有利于自己嫉恶如仇、竭忠尽节的好名声，对外可以显示自己的功劳，于是就把没有罪的人全部灭族，父子老幼，全都惨死，这不是太严重了吗！那些谄媚的臣子，总是通过旁门左道来获取利益，即使如同齐国易牙那样把儿子蒸熟了给齐桓公吃，使自己绝后来取悦君主也没有忌惮。况且在抓捕罪犯的时候，没有喜悦亲近的民众的支持，还能获得竭忠尽节的好名声吗？胡乱编造诽谤之词，杜撰他人叛逆的行为，这就是诡诈狡猾的人。而假装忠君的官员明明知道这些仍要诛杀人家全族，这是国中最大的暴行，不可以不明察。

用奇[1]

或曰：“官人用士，累功积效，以次相叙[2]，明主之法、忠臣之节尽矣。若拔奇求异，超等逾第，非臣之事也。”应之曰：“顾当忧世无奇人，倘有，又不能识耳。明法忠节，未必已尽也。”自昔五帝之冠，固有黜陟之谟矣[3]，复勤扬侧陋[4]；

殷有考诫之诰矣[⑤]，复力索岩穴[⑥]；西伯有呈效之誓矣[⑦]，复旁求鱼钓[⑧]；小伯有督课之法矣[⑨]，复遽求囚俘[⑩]；汉祖有赏爵之约矣[⑪]，复急追亡信[⑫]。若修叙为明法，拔奇为非事，是两帝三君非圣哲，而鲍、萧非忠吏也[⑬]。然则考功案第，守成之法也；拔奇取异，定社稷之事也。当多事之世而论无事之法，处用奇之时而必效一官之智，此所以上古多无严之国也。是以高世之主，成功之臣，张法以御常人，厚礼以延奇逸，求之若不及，索之若骨肉，故能消灾除难，君臣同烈也。曩使五主二臣牵于有司，束于修常，不念畴谘[⑭]，则唐民"康哉"之歌不作[⑮]，殷无高宗之号，周无殪商《雅》《颂》之美[⑯]，齐无九合功[⑰]，汉歼于京、索而不帝矣[⑱]。故明君良臣垂意于奇异，诚欲济其事也。使奇异填于沟壑，有国者将不兴其治矣。

【注释】

①用奇：任用奇才。蒋济认为在常规的选官程序外，还应不拘一格地任用具有特殊才能的人，这是一种必要的补充。本篇第二段还提出以儒家思想治国、减少刑罚的主张。

②叙：评定等级、次第，按功升迁。

③黜陟（zhì）之谟：《尚书·舜典》："三载考绩，三考黜陟幽明。"孔传："黜退其幽者，升进其明者。"黜陟，指人才的进退，官吏的升降。谟，谋划，谋虑。

④扬侧陋：提拔处在僻陋之处的贤人或卑贱的贤者。《尚书·尧典》："明明，扬侧陋。"侧陋，处在僻陋之处或微贱地位的贤人。

⑤考诫之诰：商汤灭夏，仲虺作诰，颂商汤之德。诰，文体的一种，用于告诫或勉励。即《尚书·仲虺之诰》："德懋懋官，功懋懋赏。"

这两句是说,德行高尚就授以高官,功劳大就给予赏赐。

⑥力索岩穴:傅说在傅岩从事版筑工作,商王武丁举以为相。《尚书·说命·序》:“高宗梦得说,使百工营求诸野,得诸傅岩。”

⑦西伯:指周文王、周武王。呈效之誓:见《尚书·牧誓》:“勖哉夫子！尚桓桓,如虎如貔,如熊如罴……尔所弗勖,其于尔躬有戮。”呈,呈现,显现,显露。誓,古代统治者征战前告诫将士的言辞。旁求:另外寻求。

⑧旁求鱼钓:指周文王访求在渭水边垂钓的姜尚。

⑨小伯:即小白,齐桓公。督课:督察考核。

⑩囚俘:被俘虏的人。此处指管仲。

⑪汉祖:汉高祖刘邦。

⑫亡信:指逃亡的韩信。

⑬鲍、萧:指鲍叔牙、萧何,他们分别举荐了管仲、韩信。

⑭畴谘:《尚书·尧典》:“帝曰:‘畴咨,若时登庸?’”后以“畴咨”为访问、访求之意。此指人才难求的忧虑。畴谘,同“畴咨”。

⑮康哉:《尚书·皋陶谟》:“(皋陶)乃赓载歌曰:‘元首明哉,股肱良哉,庶事康哉。”歌词称颂君明臣良,诸事安宁。后遂以“康哉”为歌颂太平之词。

⑯殪(yì):杀死。《雅》《颂》:《诗经》分类的名称。

⑰九合:指齐桓公多次主持诸侯会盟。《论语·宪问》:“桓公九合诸侯,不以兵车,管仲之力也。”

⑱京、索:地名,均在楚汉相争时荥阳一线。楚汉对峙于此,刘邦曾身负重伤。唐司马贞《史记索隐》:“《三辅故事》曰:‘楚汉相距于京、索间六年,身被大创十二,矢石通中过者有四。’言汉王病创也。”

【译文】

有人说:“任免官员使用人才,积累功劳与成绩,有序地进行提拔任用，这样，依靠英明君主的用人法度、忠诚臣子的节操就足以做到圆满了。倘若选拔奇才寻求异士，超越等级次序，就不是臣子该做的事情了。”回应说：“只是应当忧虑这世上缺少奇才，倘若有，又不能识别他罢了。依靠好的用人法度和忠臣的节操，未必把人才都选尽了。”从以前五帝开始，就已经有了罢免和提拔官员的谋议，但还是积极提拔处在鄙陋之处的贤人；殷朝有考核与劝诫的诰文，但又尽力寻访在傅岩的傅说；周文王已经做了表彰有功者的承诺，又另外去寻求渭水边垂钓的姜太公；齐桓公已经有了督查考核官员的办法，但还是急切寻求已成囚犯的管仲；汉高祖已经有了赏赐封爵的约定，还是急忙追回了逃亡的韩信。倘若按次第选拔录用人才才是正确的方法，拔用奇才是不对的事，这就是认为上述两位帝王、三位君主都不是圣明睿智之君了，而鲍叔、萧何也不是忠诚的官员了。既然如此，那么考核政绩按次第晋升，就是太平时期保守前人功绩的做法；选拔奇才异士，则是安定社稷江山的大事。面对多事的时代，就要事先讨论让天下太平无事的方法，在需要任用奇才的时候，就必定要采用某位奇才的智谋，这就是上古不严格按照考核功绩的方法来选拔人才的原因。因此才能卓越的君主，成就功业的臣子，设置法令来驾驭普通人，用丰厚的待遇礼聘奇才异士，访求他们像害怕找不到一样，寻找他们像寻找亲骨肉一样，所以能够消除国家的灾难，君臣功业都显赫于世。倘若让上面这五位君主、两位臣子受到主管官员的牵制，被常法所束缚，不再去访求贤士奇才，那么唐尧的民众就不会唱起“康哉”的太平颂歌，殷朝武丁也不会有高宗的庙号，周朝就没有灭商后《诗经》中《雅》《颂》的美妙，齐桓公就没有九合诸侯的功劳，汉高祖刘邦就会被歼灭在京、索之间不能称帝了。所以明君良臣留意奇才异士，真的是想要完成他们的事业。倘若奇才异士填满沟壑，拥有国家的君主就不能治理好他的国家了。

汉元帝为太子时[①]，谏持法泰深[②]，求用儒生，宣帝作色怒之云[3]："俗儒不达不足任[4]，乱吾家者太子也。"据如斯言，汉之中灭，职由宣帝，非太子也。乃知班固步骤盛衰、发明是非之理[5]，弗逮古史远矣。昔秦穆公近纳英儒[6]，招致智辩，知富国强兵。至于始皇，乘历世余，灭吞六国，建帝号而坑儒任刑，疏扶苏之谏[7]，外蒙恬之直[8]，受胡亥之曲[9]，信赵高之谀[10]，身没三岁，秦无噍类矣[11]。前史书二世之祸，始皇所起也。夫汉祖初以三章结黔首之心[12]，并任儒辩以并诸侯，然后罔漏吞舟之鱼[13]，烝民朴谨[14]，天下大治。宣帝受六世之洪业[15]，继武、昭之成法，四夷怖征伐之威，生民厌兵革之苦，海内归势，适当安乐时也，而以峻法绳下，贱儒贵刑名[16]，是时名则石显、弘恭之徒[17]，便僻危险[18]，杜塞公论，专制于事，使其君负无穷之谤也。如此，谁果乱宣帝家哉！向使宣帝豫料柱石之士、骨鲠之臣[19]，属之社稷，不令宦竖秉持天机，岂近于元世栋桡榱崩[20]，三十年间，汉为新家哉！推计之，始皇任刑，祸近及身；宣帝好刑，短丧天下，不同于秦祸少者耳。

【注释】

①汉元帝：即刘奭，西汉皇帝，汉宣帝嫡子。

②持法：执法。泰：太，过甚。

③宣帝：汉宣帝刘询。

④俗儒：浅陋而迂腐的儒士。

⑤班固：字孟坚，扶风安陵（今陕西咸阳东北）人。史学家班彪之子。继承父业，修成《汉书》。又善于作赋。步骤：事情发展的程序、次第。这里作动词，叙述事情发展的过程。发明：阐述，阐发。

⑥秦穆公:秦国国君,“春秋五霸”之一。英儒:犹硕儒。学识渊博的儒士。

⑦扶苏:秦始皇长子。曾因劝阻始皇镇压儒生,被派往上郡监大将蒙恬军。

⑧蒙恬:秦将。始皇时领兵三十万北逐匈奴,修筑长城。

⑨胡亥:秦始皇少子,扶苏之弟,秦朝第二位皇帝。

⑩赵高:秦朝宦官,任中车府令,兼行符玺令事。始皇死后与李斯合谋伪造遗诏,立胡亥为帝,控制朝政,掌握大权。后杀李斯,任中丞相。不久又杀二世,立子婴为秦王。终被子婴设计杀死。

⑪噍(jiào)类:指活着的人。

⑫三章:指约法三章。汉高祖刘邦率兵入咸阳时,与父老约法三章:“杀人者死,伤人及盗抵罪。”黔首:平民,百姓。

⑬罔漏吞舟之鱼:网里漏掉能吞舟的大鱼。比喻法网宽疏,重大的罪犯也能漏网。罔,同“网”。

⑭烝民:民众。

⑮六世:指汉宣帝以前的六位皇帝,即高祖、惠帝、文帝、景帝、武帝、昭帝。

⑯刑名:战国时法家学派,主张循名责实,慎赏明罚,后人称为刑名之学。

⑰石显:西汉宦官。宣帝时为仆射。元帝时为中书令,贵幸倾朝。谮害萧望之、京房等大臣,结党营私。弘恭:西汉宦官。宣帝时任中书令。元帝即位,与石显并得宠信。

⑱便僻:谄媚逢迎。危险:诡险。诡诈奸险。危,通“诡”。

⑲豫料:事先估计。柱石之士:担负国家重任的士人。骨鲠(gěng)之臣:忠诚刚直的臣子。骨鲠,比喻刚直。鲠,直,正直。

⑳栋桡(náo)榱(cuī)崩:房梁弯折,椽子崩坏。比喻倾覆。栋桡,屋梁脆弱弯折。桡,弯曲。榱,椽子,放在檩上支持屋面和瓦片的

木条。

【译文】

汉元帝还是太子的时候，曾谏言宣帝执法太严，请求任用儒生，汉宣帝听后变了脸色，生气地说："浅陋迂腐的儒生不通达世故，不能任用，将来搞乱我汉家的就是太子。"根据这些话可知，汉朝中途衰灭，责任在于宣帝，而不是太子。也才知道班固叙述朝代盛衰的过程，阐明是非的道理，远远赶不上古代史官。从前秦穆公亲近并吸纳学识渊博的儒生，收罗聪明智慧之士，知道如何富国强兵。到了秦始皇，乘着秦国前世积累的余威，吞并六国，建立皇帝的称号后，却坑杀儒生、滥用刑罚，不听扶苏的劝谏，排斥蒙恬的忠直，接受胡亥的不正之词，信任赵高的阿谀谄媚，身死三年，秦国皇族就没有活着的人了。以前的史书记载秦二世的祸患，是由秦始皇引起的。汉高祖当初用约法三章来笼络百姓之心，同时任用儒生辩士来吞并诸侯，然后执法宽松，民众朴实恭谨，天下大治。汉宣帝承续汉家六世的宏大基业，继承汉武帝、汉昭帝既定的法律，四方蛮夷害怕征伐的威力，民众厌倦战争带来的苦难，海内外民心归顺，正当太平安乐之时，却用严酷的刑法管束下民，轻视儒学而重视刑名之学，当时有名的石显、弘恭这类人，谄媚逢迎诡诈奸险，堵塞公众言论，专权用事，让君主蒙受无穷无尽的诽谤。像这样，究竟是谁搞乱了宣帝的天下呢！假使宣帝事先想到起用能担当重任的士人、耿直的大臣，使他们为国家所用，不让宦官把持国家的机要事务，怎么会在元帝的时候就梁断椽折，三十年间，汉朝就变成了新朝呢！由此推论，秦始皇滥用刑法，祸患降临自身；汉宣帝喜好刑法，短时期内就失去了天下，与秦朝灭亡的祸患没多少不同啊。

政要论

桓范

【题解】

《政要论》,亦称《世要论》,三国魏桓范著。《隋书·经籍志》法家类著录"《世要论》十二卷,魏大司农桓范撰",《新唐书·艺文志》与《隋书·经籍志》同,《旧唐书·经籍志》作"《桓氏代要论》十卷"。各书征引,或称《政要论》,或称《世要论》,或称《桓范新书》,或称《桓范世论》,或称《桓范要集》等。互证之,知是一书。宋史志书目多不载,或亡于唐宋之际。民国年间,藏书家张钧衡在其刊刻的《适园丛书》中收入《政要论》一卷,是辑录较为完善的版本。

桓范,字元则,沛国龙亢(今安徽怀远西)人。世为冠族。建安末,入事曹操,与王象等共修《皇览》。魏明帝时历官征虏将军、东中郎将、使持节都督青徐诸军事、兖州刺史等职。正始年间拜大司农。为曹爽谋划,号称"智囊"。司马懿欲夺曹爽兵权,桓范劝曹爽挟魏帝到许昌,曹爽不听。后与曹爽并为司马懿所杀。桓范所著,除《政要论》外,《隋书·经籍志》还著录《桓范集》二卷,已佚。

《群书治要》对《政要论》的节录,包括《为君难》《臣不易》《政务》《节欲》《详刑》《兵要》《辨能》《尊嫡》《谏争》《决壅》《赞象》《铭诔》

《序作》等十三篇，当是其中精华。内容既包括政务用人，也涉及文体写作。节录部分强调为君、为臣的规范，为君者要修习君道，为臣者要力行臣道，治国要以道德教化为根本，以法令刑罚为辅助，君臣密切配合，方能实现大治。在《政要论》中，桓范密切联系曹魏时代的政治现状，针砭时政，提出自己的主张，虽然他辅佐的曹魏政权最终败亡，但其中的诸多观点在后世仍有借鉴意义，这些治国良策，也是魏徵提供给唐太宗治国理政的参考。

为君难①

或曰："仲尼称'为君难'。夫人君者，处尊高之位，执赏罚之柄，用人之才，因人之力，何为不成？何求不得？功立则受其功，治成则厚其福。故官人，舜也；治水，禹也；稼穑，弃也②；理讼，皋陶也，尧无事焉，而由之圣治③。何'为君难'耶？"曰："此其所以为难也。夫日月照于昼夜，风雨动润于万物，阴阳代以生杀，四时迭以成岁，不见天事，而犹贵之者，其所以运气陶演④，协和施化⑤，皆天之为也。是以天，万物之覆；君，万物之焘也⑥。怀生之类⑦，有不浸润于泽者，天以为负；员首之民⑧，有不沾濡于惠者⑨，君以为耻。

【注释】

①为君难：这是孔子说过的话。《论语·子路》中孔子说道："如知为君之难也，不几乎一言而兴邦乎？"大意是说如果为君者知道为君之难，那么国家就离兴盛不远了。用"为君难"做本篇的题目，就在于这"一言可以兴邦"的重大意义。知道难的原因，而后能修德理政，才能当好国君。

②弃：周的始祖后稷，教人耕种。

③圣治：至善之治。亦用以称颂帝王之治迹。

④陶：陶冶。

⑤协和：调和，和谐。施化：生育。

⑥焘（dào）：荫庇。

⑦怀生：谓有生命之物。

⑧员首：圆的头，经常与方足合用，表示人的特征。借指人、百姓。员，同“圆”。

⑨沾濡（rú）：浸湿。多指恩泽普及。

【译文】

有人说：“孔子称‘做君主很难’。君主，处在尊贵的地位，执掌赏罚的权柄，任用他人的才智，凭借他人的力量，干什么不能成功？寻求什么不能获得？功业建立就由君主来领受这功业，国家实现大治就由君主来享受其福。所以给人授官的，是舜；治理洪水的，是禹；种植粮食的，是弃；审理案件的，是皋陶，尧没有什么事，而由此实现至善之治。为什么还说‘做君主很难’呢？”回答说：“这正是难的地方。太阳和月亮照耀在白天黑夜，风和雨滋润着世间万物，阴阳相代左右万物的生灭，四季更迭形成一年，看不见天做了什么事，但还是看重上天的原因，就是因为上天运转大气、陶冶运化生灵、化育万物使之和谐，这些都是上天做的呀。因此，上天覆盖保护着万物，君主荫庇护育着万物。有生命的事物，如果有没得到上天润泽的，上天就会觉得有所辜负；普普通通的人，如果有没得到君主恩惠的，君主就会感到羞耻。

“是以在上者，体人君之大德，怀恤下之小心；阐化立教[①]，必以其道；发言则通四海，行政则动万物；虑之于心，思之于内，布之于天下；正身于庙堂之上[②]，而化应于千里之外；虽黈纩塞耳[③]，隐屏而居，照幽达情，烛于宇宙[④]；动作周旋，无事不虑。服一彩则念女功之劳，御一谷则恤农夫之勤。决不听之狱则惧刑之不中[⑤]，进一士之爵则恐官之失贤。赏毫氂之善[⑥]，必有所劝；罚纤芥之恶[⑦]，必有所沮[⑧]。使化若春气，泽如时雨。消凋污之人[⑨]，移薄伪之俗[⑩]，救衰世之弊，反之于上古之朴。至德加于天下，惠厚施于百姓。故民仰之如天地，爱之如父母，敬之如神明，畏之如雷霆。

【注释】

①阐化：阐扬教化。

②庙堂：指朝廷。

③黈纩（tǒu kuàng）：黄绵所制的小球。悬于冠冕之上，垂于两耳旁，以示不欲妄听是非。黈，黄色。纩，绵絮。

④烛：照，照亮。

⑤不听之狱：指没有定罪的案子。不听，不定罪。

⑥毫氂（lí）：同“毫厘”，喻极细微。氂，同“厘”。

⑦纤芥：细微。

⑧沮：阻止，终止。

⑨凋：指人受到损伤或衰败困穷。污：劳苦之事。

⑩薄伪：浇薄虚伪。

【译文】

“因此居于上位的人，应体悟身为君主应有的崇高德行，怀着顾念下民的谨慎小心；阐扬教化，必须有合适的方法；发言就要通达四海，施政就要感动万物；要在心中为百姓打算，在头脑中思考着百姓，向天下百姓布施恩泽；在朝堂之上端正自身，而教化就响应于千里之外；即使用黄色绵球塞住耳朵，隐居于屏风之内，也要照彻幽暗，知晓民情，照亮整个宇宙；行为举止进退周旋，没有事情考虑不到。穿一件彩衣就会想到女工的辛劳，吃一粒粮食就会顾念农夫的勤苦。判决一件未定罪的案子就会担心刑罚是否合适，进升一个士人的官爵就会害怕用人是否失贤。奖赏微小的善行，必然使善行得到鼓励；惩罚细小的罪恶，必然使恶行被阻止。让教化如同春之和气，恩泽如同应时的雨水。减少穷困劳苦的民众，改变浇薄虚伪的风俗，挽救衰败世道的弊政，让人们返回上古时代的淳朴。将最高的盛德施加于天下，将丰厚的恩惠施加给百姓。所以民众仰望君主如同天地，爱戴君主如同父母，尊敬君主如同神灵，畏惧君主如同雷霆。

"且佐治之臣，历世难遇，庸人众而贤才寡，是故君人者不能皆得稷、契之干[①]，伊、吕之辅[②]，犹造父不能皆得骐骥之乘[③]，追风之匹也[④]。御踶啮必烦辔衔[⑤]，统庸臣必劳智虑。是以人君其所以济辅群下，均养小大，审核真伪，考察变态，在于幽冥窈妙之中[⑥]，割毫折芒纤微之间。非天下之至精，孰能尽于此哉！

【注释】

①稷、契：后稷、契的并称，尧、舜时代的贤臣。

②伊、吕：伊尹、吕尚。伊尹，商初大臣。奴隶出身，后为成汤重用，委以国政，助汤灭夏。吕尚，姜姓，字子牙。辅佐周武王灭商，封于齐。

③造父：古之善御车者，周穆王驭手，赵之先祖。《史记·赵世家》载："穆王使造父御，西巡狩，见西王母，乐之忘归。而徐偃王反，穆王日驰千里马，攻徐偃王，大破之。"骐骥：骏马。

④追风：骏马名。

⑤踶（dì）啮：踢咬。踶，踢。啮，咬，啃。辔衔：御马的缰绳和嚼子。

⑥幽冥：玄远，微妙。窈妙：精微，幽远。

【译文】

“况且辅佐君主治理国家的忠臣，几世都难以遇到一个，平庸的人多而贤能的人少，所以当君主的不能都得到稷、契这样的干才，伊尹、吕尚这样的辅臣，就好像造父不能总得到骏马驾的车，追风这样的良马一样。驾驭又踢又咬的马匹必须使用缰绳和嚼子，统御平庸的臣子必须依靠智慧与思虑。因此君主要能够帮助与指导臣下，协调与培养大小官员，审查与核实事情的真伪，考察事物发生的变化，都要在幽远微妙之中，在分割毫毛、折断麦芒般的纤细微小之间进行。如果不是天下最精明智慧的人，哪能做到这些呢！

“故臣有立小忠以售大不忠[①]，效小信以成大不信，可不虑之以诈乎？臣有貌厉而内荏[②]，色取仁而行违，可不虑之以虚乎？臣有害同侪以专朝[③]，塞下情以壅上，可不虑之以嫉乎？臣有进邪说以乱是，因似然以伤贤，可不虑之以奸乎[④]？臣有因赏以恩，因罚以佐威[⑤]，可不虑之以奸乎？臣有外显相荐，内阴相谋，事托公而实侠私[⑥]，可不虑之以欺乎？臣有事左右以求进，托重臣以自结[⑦]，可不虑之以伪乎？臣有和同以取谐，苟合以求荐[⑧]，可不虑之以祸乎？臣有悦君意以求亲，悦主言以取容[⑨]，可不虑之以佞乎？此九虑者，所以防恶也。

【注释】

①售：施展，实现。

②貌厉而内荏（rěn）：外貌刚强严厉而内心软弱。荏，软弱，怯懦。

③同侪（chái）：同伴，伙伴。侪，辈，类。

④奸:《长短经·臣行》作“谗”。下文又有“奸”,此处应作“谗”。

⑤佐威:《长短经·臣行》作“作威”。谓利用威权滥施刑罚。

⑥侠私:带有私心。侠,通“夹”。

⑦自结:主动攀附。

⑧苟合:迎合,附和。

⑨取容:讨好别人以求自己安身。

【译文】

“所以有的臣子会树立小忠以图实现其大的不忠,表现出小的诚信以图成就其大的不诚信,能不怀疑他们的欺诈吗?有的臣子外表刚强而内心软弱,表面上讲仁义实际行动却相反,能不考虑他们的虚伪吗?有的臣子通过伤害同伴来专擅朝政,堵塞下情来蒙蔽君上,能不考虑他们的嫉妒吗?有的臣子用荒谬邪说来扰乱事实真相,用似是而非的理由来伤害贤人,能不考虑他们是在进谗言吗?有的臣子因为一点奖赏就恃恩骄纵,因为有点惩罚的权力就滥用威权,能不考虑他们的奸猾吗?有的臣子表面上互相荐举,暗地里却互相算计,办事假托公家的名义而实际怀有私心,能不考虑他们的欺骗吗?有的臣子奉承君主身边的人以求进用,托付朝廷重臣以结交攀附,能不考虑他们的诈伪吗?有的臣子假装和睦以求关系融洽,附和别人以求被举荐,能不考虑这样做的祸患吗?有的臣子迎合君主的心意以求亲近,说让君主高兴的话以求安身,能不考虑他们的谄佞吗?这九个方面要考虑的事,是防止邪恶的办法。

“臣有辞拙而意工[①],言逆而事顺,可不恕之以直乎?臣有朴骙而辞讷[②],外疏而内敏,可不恕之以质乎?臣有犯难以为士[③],离谤以为国[④],可不恕之以忠乎?臣有守正以逆众意,执法而违私志,可不恕之以公乎?臣有不曲己以求合,不耦世以取容[⑤],可不恕之以贞乎?臣有从侧陋而进显言[⑥]，由卑贱而陈国事，可不恕之以难乎？臣有孤特而执节[⑦]，分立而见毁[⑧]，可不恕之以劲乎？此七恕者，所以进善接下之理也。御臣之道，岂徒七恕九虑而已哉！”

【注释】

①工：精，精巧。

②朴骙（ái）：鲁钝。多用为谦词。骙，愚，呆。

③犯难：冒险。士：《长短经·臣行》作“上”。

④离谤：遭受诽谤。离，遭受。

⑤耦（ǒu）世：顺应、迎合世俗。耦，合。

⑥侧陋：处在僻陋之处的贤人或卑贱的贤者。

⑦孤特：孤高，特出。

⑧分立：《长短经·臣行》作“介立”。卓异独立。

【译文】

“有的臣子言辞笨拙而心意美善，言语忤逆而意见却有利于事情的发展，能不体谅他的正直吗？有的臣子朴实憨厚言语迟钝，表面上粗疏而内心敏锐，能不体谅他们的质朴吗？有的臣子冒险是为了君上，遭受诽谤是为了国家，能不体谅他们的忠心吗？有的臣子恪守正道而违背众人的意思，执法严明而不顾及私人感情，能不体谅他们的公心吗？有的臣子不愿违背自己的道德准则来迎合别人，不愿迎合世俗以求安身，能不体谅他们的坚贞吗？有的臣子居处僻陋却能进献好的建议，身份低微却能直陈国家大事，能不体谅他们这样做的艰难吗？有的臣子孤高特立而坚守节操，卓异独立而遭受毁谤，能不体谅他们的刚劲吗？这七个方面要体谅的事，是进用贤善之人、接纳臣下意见的道理。其实统御臣子的方法，难道仅仅是这七恕、九虑而已吗！”

臣不易[1]

昔孔子言为臣不易，或人以为易，言臣之事君，供职奉命，敕身恭己[2]，忠顺而已。忠则获宠安之福，顺则无危辱之忧，曷为不易哉！此言似易，论之甚难。夫君臣之接，以愚奉智不易，以明事暗为难，唯以贤事圣、以圣事贤为可[3]。然贤圣相遭既稀[4]，又周公之于成王[5]，犹未能得，斯诚不易也。且父子以恩亲，君臣以义固，恩有所为亏，况义能无所为缺哉？苟有亏缺，亦何容易？且夫事君者，竭忠义之道，尽忠义之节，服劳辱之事[6]；当危之难，肝脑涂地，膏液润草而不辞者[7]，以安上治民[8]，宣化成德，使君为一代之圣明，己为一世之良辅。辅千乘则念过管、晏[9]，佐天下则思丑稷、禹[10]。岂为七尺之躯，宠一官之贵，贪充家之禄，荣华器之观哉[11]！

【注释】

①臣不易：同样出自《论语·子路》孔子引用的话："为君难，为臣不易。"本篇开始陈述贤臣与圣主、圣臣与贤主相遇的不易，接着论述了各类臣子事君的不易。

②敕身：警饬己身。恭己：恭谨以律己。

③贤：第一个"贤"指贤臣，第二个"贤"指贤君。圣：第一个"圣"指圣主，第二个"圣"指圣臣，德行才智超群出众之臣。

④相遭：相遇。

⑤成王：周成王，姓姬，名诵，武王之子。年少即位，由周公旦摄政。摄政七年，还政于成王。成王时期社会安定，百姓和睦，与其子康王统治时期合称"成康之治"。

⑥劳辱：劳苦。

⑦膏液：膏血。脂膏与血液。

⑧安上治民：语出《孝经·广要道》："安上治民，莫善于礼。"

⑨管、晏：指管仲、晏婴。管仲辅佐齐桓公称霸诸侯。晏婴历齐灵公、庄公、景公三世，辅政五十余年。

⑩丑：比并。

⑪华嚣：同"哗嚣"。喧哗，喧嚣。

【译文】

从前孔子说为臣不易，有人认为容易，说臣子事奉君主，就是恪尽职守听从命令、警饬自身恭谨律己、忠实顺从罢了。忠实就能有安宁宠信之福，顺从就没有危险屈辱之忧，怎么会不容易呢！这话说起来好像很容易，认真分析起来却很难。君臣相交，让愚蠢的臣子事奉有智慧的君主不容易，让贤明的臣子事奉昏昧的君主更是艰难，只有贤臣事奉圣主、圣臣事奉贤主是可以的。但是贤与圣相遇的机会终究是很少的，又如周公与周成王，圣贤叔侄尚且不能互相契合，所以这真的不容易。况且父子因为天生的骨肉之情而相亲，君臣因为后天的道义而关系牢固，天生的亲情尚且有亏缺的时候，何况后天的道义能够没有亏缺吗？假如有了亏缺，又谈何容易呢？而且事奉君主的人，竭力行忠义之道，尽力守忠义之节，还要做劳苦之事；面对危险、奔赴危难时，即使肝脑涂地，膏血湿润野草也在所不辞，这是为了让君上平安让民众太平，宣扬教化成就盛德，使国君成为一代圣明的君主，使自己成为一代贤良的辅臣。辅佐拥有千乘战车的诸侯国就会希望能超过管仲、晏婴，辅佐拥有整个天下的君主就会希望能和后稷、大禹相比。难道这七尺之躯，只会把一官半职的尊贵当荣宠，贪图充盈家室的俸禄，把喧嚣热闹的景象当荣耀吗！

以忠臣之事主，投命委身[①]，期于成功立事，便国利民，故不为难易变节、安危革行也。然为大臣者，或仍旧德[②]，借故势，或见拔擢重任[③]。其所以保宠成功，承上安下，则当远威权之地，避嫌疑之分，知亏盈之数[④]，达止足之义[⑤]，动依典礼，事念忠笃。乃当匡上之行，谏主之非，献可济否[⑥]，匪躬之故[⑦]；刚亦不吐，柔亦不茹[⑧]。所谓大臣以道事君也。然当托于幽微[⑨]，当行于隐密，使怨咎从己身[⑩]，而众善自君发，为群寮之表式[⑪]，作万官之仪范[⑫]，岂得偷乐容悦而已哉[⑬]！然或为邪臣所谮[⑭]，幸臣所乱[⑮]，听一疑而不见信，事似然而不可释。忠计诡而为非，善事变而为恶，罪结于天，无所祷请。激直言而无所诉，深者即时伏剑赐死，浅者以渐斥逐放弃[⑯]。盖比干、龙逢所以见害于飞廉、恶来[⑰]，孔子、周公所以见毁于管蔡、季孙也[⑱]。斯则大臣所以不易也。

【注释】

①委身：托身，以身事人。

②仍：接续，承接。旧德：谓先人的德泽。

③拔擢（zhuó）：选拔提升。擢，举拔，提升。

④亏盈：缺损与盈满。引申为消长、盛衰。《周易·谦卦》："天道亏盈而益谦。"

⑤止足：谓凡事知止知足，不要贪得无厌。

⑥献可济否：同"献可替否"。进献可行者，废去不可行者。指对君主进谏，劝善规过。济，停止。

⑦匪躬之故：谓忠心耿耿，不顾自身。《周易·蹇卦》："王臣蹇蹇，匪躬之故。"孔颖达疏："尽忠于君，匪以私身之故而不往济君，故曰'匪躬之故'。"匪，同"非"。躬，自身。

⑧刚亦不吐，柔亦不茹：刚强而不露锋芒，柔和而不忍气吞声。茹，吞咽。见《诗经·大雅·烝民》。

⑨幽微：隐微，轻微。

⑩怨咎：埋怨与责备。

⑪群寮：同“群僚”。百官。表式：表率，楷模。

⑫仪范：典范。

⑬容悦：谓曲意逢迎，以取悦于上。

⑭谮（zèn）：馋毁，诬陷。

⑮乱：败坏，扰乱。

⑯放弃：流放，贬黜。

⑰比干：商纣王时的忠臣，因多次劝谏，被剖心而死。龙逢：夏桀时的忠臣，因谏被杀。此处二者指代忠臣。飞廉、恶来：都是商纣王宠信的大臣，以勇力闻名。恶来是飞廉的儿子。

⑱管蔡：指管叔、蔡叔，都是周武王之弟。周武王死后，成王继位，周公摄政。管叔、蔡叔与霍叔认为周公摄政是为篡夺周朝正统，于是纠集纣王之子武庚与东夷部落兴兵声讨周公，发动叛乱，史称“三监之乱”。

【译文】

忠臣事奉君主，把自己的身心性命都交出去，期望能够建立功业，便利国家与民众，所以不会因为困难或容易而改变节操、因为安全或危险而改变行动。但是作为大臣，有的人承袭先人过去的恩德与权势，有的人被提拔进升到重要职务上。他们要是想保全荣宠成就功业，上承旨意下抚百姓，那就应该远离威势和权力，避开容易引起嫌疑的事情，知道缺损与盈满的道理，明白知止知足的含义，行动依据国家的制度礼仪，做事要想到忠实笃厚。他应当纠正君上的行为，进谏主上的过失，劝善规过，忠心耿耿，不顾自身；刚强而不露锋芒，柔和而不忍气吞声。这就是所说的大臣要用道义来事奉君主。即使这样，还应当托身隐微，应当行动隐秘，让埋怨与责备归于自己，让各种善言善行都由君主做出，成为同僚们的表率，成为百官的典范，怎么能够贪图享乐、逢迎取悦君上呢！但是有的大臣被奸邪之臣诬陷，被君主的宠臣所迷惑，使君主听到一点怀疑就失去对大臣的信任，事情似是而非无法解释清楚。以至忠诚的谋划反而成了错误，好事也成了坏事，罪责又降自君主，没有祈祷请求的机会。激愤地想要直言陈奏却没有上诉之所，情节深重的，君主可能会立即命令他伏剑自杀，情节轻微的，也会逐渐被驱逐贬黜。这就是比干、龙逢被飞廉、恶来陷害，孔子、周公被管叔、蔡叔、季孙氏毁谤的原因了。这就是为什么做大臣不容易。

为小臣者，得任则治其职，受事修其业，思不出其位，虑不过其责，竭力致诚，忠信而已。然或困辱而不均，厌抑而失所[①]。是以贤者或非其议，预非其事，不著其陋，不嫌其卑，庶贯一言而利一事[②]。然以至轻至微，至疏至贱，干万乘之主[③]，约以礼义之度，匡以行事之非；忤执政之臣，暴其所短。说合则裁自若[④]，不当则离祸害[⑤]，或计不欲人知，事不从人豫，而己策谋适合，陈偶同上者，或显戮其身以神其计[⑥]，在下者或妒其人而夺其策。盖关思见杀于郑[⑦]，韩非受诛于秦[⑧]，庞涓刖孙膑之足[⑨]，魏齐折应侯之胁[⑩]。斯又孤宦小臣所以为难也[⑪]。

【注释】

①厌抑：压制。

②庶：希望，但愿。

③干：冒犯。

④裁：通“才”，仅仅。

⑤离：遭遇，遭受。

⑥显戮：指处死，加罪而死。

⑦关思见杀于郑：关思，即关其思，春秋时郑国大夫。《韩非子·说

难》载，郑武公欲伐胡国，故意先嫁女于胡君。因问群臣："吾欲用兵，谁可伐者？"关其思对曰："胡可伐。"郑武公怒而杀之，曰："胡，兄弟之国，子言伐之，何也？"胡君听闻，以为郑国亲近自己，不设备。郑遂取胡。

⑧韩非受诛于秦：韩非，战国时韩国人，法家思想集大成者。入秦，秦王嬴政悦之而未能信用。韩非轻鄙姚贾，李斯又惧非见信代己，遂合谋谮害，非入狱自杀。

⑨庞涓刖（yuè）孙膑之足：庞涓，战国时魏将。少时与孙膑同学兵法，不如膑。后为魏惠王之将，诳膑至魏，处以膑刑。后膑脱困为齐威王军师。魏惠王二十八年（前342），魏攻韩，齐救韩，用孙膑计，直攻魏都大梁。旋即退兵，诱涓兼程追击，涓于马陵中伏大败，自刭而死。刖，割，砍断。

⑩魏齐折应侯之胁：魏齐，战国时魏相。魏中大夫须贾使齐，贾之门客范雎随行，齐王爱范雎辩才，赐雎金物。须贾归报，以为雎阴通齐国，魏齐遂使人辱笞范雎，折胁断齿，几至于死。后范雎改名张禄入秦，任昭王相，封应侯，逼魏送魏齐首级至秦，齐惧而奔赵。秦逼赵，又与虞卿亡归信陵君，最后被迫自杀。赵遂取其首予秦。应侯，指范雎。胁，肋骨。

⑪孤宦：地位低微的官吏，未受知遇的远臣。

【译文】

做小臣的人，得到任命后就去做好他分内的事，接受任务后就专心于他的事业，心思不超出自己的职位，考虑不越过自己的职责，竭尽全力表现自己的忠诚，做到忠实诚信罢了。但是有的小臣因为困窘或受到侮辱而感到不公平，受人压制而没有得到相应的职务。因此其中有才能的人也会发表在他的位置上不该发表的言论，参与在他的位置上不该参与的事，不会觉得自己浅薄鄙陋，不会嫌弃自己地位卑贱，希望能通过一番言论而有利于一件事情。但是小臣尽管处在最低微、最疏远、最卑贱的地位，也还是要去冒犯万乘之君，以礼义的尺度约束他，对他行事的错误进行匡正；还要忤逆执政的大臣，揭露他的短处。如果主张相合，仅仅是依然如故，如果主张不合，自己就会遭受祸害。有时自己的计策不想为人所知，做的事情也没和他人商量，而自己的计谋合适，陈述的见解偶然与君上契合，君上就会为了显示自己计谋的神奇而杀掉他，下面的人可能也会因为嫉妒他而抢夺他的计谋。这就是为什么关思在郑国被杀，韩非在秦国被诛，庞涓剜去孙膑的膝盖骨，魏齐打折范雎的肋骨。这又是做地位低微的小臣难的原因。

为小臣者，一当恪恭职司，出内惟允①，造膝诡辞②，执心审密，忠上爱主，媚不求奥灶而已③。若为苟若此④，患为外人所弹⑤，邪臣所嫉。以职近而言易，身亲而见信，奉公佚私之吏，求害之以见直，怀奸抱邪之臣，欲除之以示忠。言有若是，事有似然，虽父子之间，犹不能明，况臣之于君而得之乎？故上官毁屈平⑥，爰盎谮晁错⑦，公孙排主父⑧，张汤陷严助⑨。夫数子者，虽示纯德，亦亲近之臣，所以为难也。

【注释】

①允：公平，公允。

②造膝：促膝。诡辞：密谈，秘密交谈。

③奥灶：喻当道贵宠。《论语·八佾》："王孙贾问曰：'与其媚于奥，宁媚于灶，何谓也？'子曰：'不然。获罪于天，无所祷也。'"何晏集解引孔安国曰："奥，内也，以喻近臣；灶，以喻执政。"

④若为苟若此：严可均言"若为"后有脱误。

⑤弹：弹劾。

⑥上官毁屈平：上官，指上官大夫，战国时楚国人。屈原任楚怀王左

徒,楚怀王令屈原撰宪令,上官大夫欲夺其稿,屈原不予,遂进谗言,王乃疏原。顷襄王即位,令尹子兰又指使上官大夫诬害屈原,原被放逐。屈平,即屈原。

⑦爰盎谮(zèn)晁错:爰盎,字丝,西汉时楚人。素与晁错交恶。景帝时,晁错为御史大夫,使吏案爰盎受吴王财物事,废为庶人。晁错力主削藩,吴楚反,爰盎借机向景帝建议杀晁错以谢吴,晁错因此被杀。

⑧公孙排主父:公孙,指公孙弘,菑川薛(今山东滕州南)人,西汉大臣。曾建议朝廷设五经博士,置弟子员。因谙习文法吏事,受武帝重用,官至丞相,封平津侯。主父,指主父偃,齐国临淄(今山东淄博东北)人。曾建议行推恩令,使诸侯王得封子弟为侯,武帝用其议。元朔中出任齐王相。以告齐王与姊通奸事,使齐王自杀。时公孙弘为御史大夫,言曰:"齐王自杀无后,国除为郡,入汉,主父偃本首恶,陛下不诛主父偃,无以谢天下。"武帝遂族诛偃。

⑨张汤:杜陵(今陕西西安东南)人,西汉大臣。武帝时历任廷尉、御史大夫。曾与赵禹编定律令,并主办多起刑狱案件,用法严峻。建议铸造白金(银币)及五铢钱,支持盐铁专卖,制定"告缗令"。后为丞相庄青翟及长史朱买臣等陷害,自杀。严助:会稽吴(今江苏苏州)人。本姓庄,东汉避明帝讳,改严。举贤良,对策善,擢为中大夫。闽越举兵围东瓯,东瓯告急。武帝从严助议,使助发兵会稽救东瓯。后拜会稽太守。与淮南王刘安交好,刘安谋反事发,被牵连,在张汤严劾下,被杀。

【译文】

做小臣的人,始终应当恪尽职守,出入办事都要公允得当,与君主促膝密谈,心思细致周密,忠君爱主,不以谄媚的方式求取贵宠机要的职位。倘若能够做到这些,还是要担心被外人弹劾,被奸臣嫉妒。因为在君主身边任职而说话容易,跟君主亲近而获得信任,那些表面奉公实际上怀有私念的官吏，就会谋害他来表现自己的正直，那些心怀奸邪的臣子，就会想除掉他来显示自己的忠心。说话与做事总有似是而非的，即使父子之间，尚且有话不能明说的时候，何况臣子对于君主，又怎么能做到契合呢？所以就有上官大夫谗毁屈原，爰盎诬陷晁错，公孙弘排挤主父偃，张汤陷害严助。这几位，虽然都有纯正的德行，也是君主亲近的臣子，却是如此下场，这就是做近臣难的原因。

为外臣者，尽力致死，其义一也。不以远而自外，疏而自简①。亲涉其事而掌其任，苟有可以兴利除害，安危定乱，虽违本朝之议，诡常法之道②，陈之于主，行之于身，志于忠上济事③，忧公无私，善否之间，在己典主可也④。然患为左右所轻重⑤，贵臣所壅制，或逆而毁之⑥，使不得用；或用而害之，使不得成；或成而谮之，使不得其所。吴起见毁于魏⑦，李牧见杀于赵⑧，乐毅被谗于燕⑨，章邯畏诛于秦⑩，斯又外臣所以为危也。此举梗概耳，曲折纤妙⑪，岂可得备论之哉！

【注释】

①简：简慢，怠慢。

②诡：违背，不符。

③济事：成事。

④典主：掌管，统理。

⑤轻重：褒贬。

⑥逆：预先，预料。

⑦吴起见毁于魏：吴起，战国初期改革家、军事家。在魏，魏文侯以为将，率军击秦，拔五城，拜西河守。后遭魏相公叔陷害，投奔楚

国。《史记·孙子吴起列传》："田文既死，公叔为相，尚魏公主，而害吴起。"

⑧李牧见杀于赵：李牧，战国时赵将。长期驻守赵国北部，甚得军心。赵王迁三年（前233）大败秦军，以功封武安君。后赵王迁中秦国离间计，听信谗言，夺取李牧兵权，不久将李牧杀害。

⑨乐毅被谗于燕：乐毅，战国名将。受燕昭王重用，联合五国军队伐齐，使齐险些亡国。昭王死后，受燕惠王猜忌，齐国田单趁机行反间计，说乐毅与燕君有仇，之所以保留齐国两座城邑不攻，是故意拖延，想在齐国称王。燕惠王遂以骑劫代乐毅为将。乐毅投奔赵国。

⑩章邯畏诛于秦：章邯，秦朝将领。多次击败秦末义军。巨鹿之战中为项羽所败。时赵高专权，谗害忠良，使胡亥派人责让章邯。章邯恐惧，在众人劝说下投降项羽。

⑪曲折：错综复杂。

【译文】

在京城以外做官的臣子，也要尽心竭力，继之以死，道理是一样的。不能因为距离朝廷远就让自己置身事外，不能因为跟君主接触少就怠慢自己的职责。凡是自己亲自管理且负责的事情，如果可以兴利除弊、安定危乱，即使违背了朝廷的决议，不符合通常的原则，也要向君主陈述，自身努力去实行，这样做志在忠于君主、办成事情，一心为公而无私念，可行与否，由自己掌管统筹就可以了。然而担心会被君主身边的人说长道短，被权贵之臣堵塞言路，或是预先进行毁谤，让意见不能被采用；或是采用之后被破坏，让事情不能做成；或是在做成之后说坏话诬陷他，让他不能有所成就。吴起在魏国被毁谤，李牧在赵国被杀害，乐毅在燕国被谗毁，章邯畏惧秦朝的诛罚，这又是作为外臣危险的原因。这只是说个大概而已，其中错综复杂精细微妙之处，怎么能说得详尽呢！

夫治国之本有二①：刑也，德也。二者相须而行，相待而成矣！天以阴阳成岁，人以刑德成治。故虽圣人为政，不能偏用也。故任德多，用刑少者，五帝也；刑德相半者，三王也[②]；杖刑多[③]，任德少者，五霸也；纯用刑，强而亡者，秦也。夫人君欲治者，既达专持刑德之柄矣，位必使当其德，禄必使当其功，官必使当其能。此三者，治乱之本也。位当其德，则贤者居上，不肖者居下；禄当其功，则有劳者劝，无劳者慕。未之有也[④]。

【注释】

①夫治国之本有二：本段及下一段《群书治要》连属上篇，严可均校："审观之，别是一篇也。篇名当是'治本'。"作者认为，治国的根本在于处理好刑与德的关系，以德为主，以刑为辅。另外君主应励精图治，用心理政，出现问题要先反躬自问，而非归咎于民众或群臣。

②三王：指夏禹、商汤、周文王。

③杖：凭恃，依靠。

④未之有也：前面有脱文。"位当其德""禄当其功"后，缺"官当其能，则……"。接下来应该是想说"如果能做到这些，国家还没实现大治，是从来没有过的"。译文适当进行补充。

【译文】

治理国家的根本措施有二：刑罚与道德。这两者互相配合而行，相辅相成。天以阴阳二气形成年岁，君主用刑罚与道德实现太平。所以即使圣人执政，也不能偏用其一。使用道德多，使用刑罚少的，是五帝；刑罚与道德各用一半的，是三王；依仗刑罚多，使用道德少的，是春秋五霸；只用刑罚，过于强暴而导致灭亡的，是秦朝。国君想要实现天下大治，在掌控好刑罚与道德的权柄之后，要让官员的地位必须与其德行相当，俸禄必须与其功绩相当，官职必须与其能力相当。这三者，是天下大治或大乱的根本。地位与德行相当，那么贤人就居于上位，不贤的人就居于下位；俸禄与功绩相当，那么有功劳的人就受到鼓励，没有功劳的人就会心生羡慕而更加努力。能够做到这些，而国家还未实现大治，是从来没有过的。

凡国无常治[①]，亦无常乱，欲治者治，不欲治者乱。后之国士人民，亦前之有也；前之有，亦后之有也。而禹独以安，幽、厉独以危，斯不易天地，异人民，欲与不欲也。吴坂之马[②]，庸夫统衔则为弊乘[③]，伯乐执辔即为良骥，非马更异。教民亦然也。故遇禹、汤，则为良民；遭桀、纣，则为凶顽[④]。治使然也。故善治国者，不尤斯民[⑤]，而罪诸己；不责诸下，而求诸身。《传》曰："禹、汤罪己，其兴也勃焉；桀、纣罪人，其亡也忽焉[⑥]。"由是言之，长民治国之本在身[⑦]。故詹何曰[⑧]："未闻身治而国乱者也。"若詹者，可谓知治本矣。

【注释】

①常治：长久的太平。

②吴坂：即虞坂，在春秋时虞国境内，又称颠軨坂，道狭而险。《战国策·楚策四》："夫骥之齿至矣，服盐车而上太行。蹄申膝折，尾湛胕溃，漉汁洒地，白汗交流，中坂迁延，负辕不能上。伯乐遭之，下车攀而哭之，解纻衣以幂之。骥于是俯而喷，仰而鸣，声达于天，若出金石声者，何也？彼见伯乐之知己也。"

③统衔：与下句"执辔"都指御马。衔，马嚼子。

④凶顽：指凶暴愚顽的人。

⑤尤：埋怨。

⑥“禹、汤罪己”几句：见《左传·庄公十一年》。勃，勃然兴起。忽，迅速。

⑦长民：为民之长。即统治、管理民众。

⑧詹何：战国时楚国人。善术数，传说能家中坐，知门外牛之毛色及以白布裹角。下文詹何所说的话见《列子·说符》，楚庄王问治国之要，詹何对以修身之术。

【译文】

凡是国家既没有长久的太平，也没有长久的混乱，想要太平就能实现太平，不想太平就会出现混乱。后世的国士与民众，在前代也有；前代有过的，后世也都有。凭借同样的条件，大禹单单让天下安宁，周幽王、周厉王却让天下危乱，这天地并没发生改变，百姓也没什么不同，只是想实现太平和不想实现太平的区别啊。行走在吴坂的马，让平庸的马夫驾驭就是劣马驾车，让伯乐驾驭就成了良马，不是马变了，而是驾驭者不同。教化民众也是这样。所以民众遇到夏禹、商汤，就是良善之民；遇到夏桀、商纣，那就是凶暴愚顽之民。是君王的治理让他们这样的。所以善于治理国家的人，不会埋怨民众，而是归罪于自己；不会责备群臣，而是从自身找原因。《左传》说：“夏禹、商汤归罪于自己，他们的兴盛是非常迅猛的；夏桀、商纣归罪于别人，他们的灭亡是非常快速的。”由此看来，统御民众治理国家的根本，在于自身。所以詹何说：“没有听说过君主自身修治而国家危乱的。”像詹何，可以说是明白治国的根本之道了。

政务①

凡吏之于君，民之于吏，莫不听其言而则其行。故为政之务，务在正身，身正于此，而民应于彼。《诗》云：“尔之教矣，民胥效矣②。”是以叶公问政③，孔子对曰：“子帅而正，孰敢不正④？”又曰：“苟正其身，于从政乎何有⑤？不能正其身，如正人何？”故君子为政，以正己为先，教禁为次。若君正于上，则吏不敢邪于下；吏正于下，则民不敢僻于野[⑥]。国无倾君[⑦]，朝无邪吏，野无僻民，而政之不善者，未之有也。凡政之务，务在节事[⑧]。事节于上，则民有余力于下。下有余力，则无争讼之有乎民[⑨]。民无争讼，则政无为而治，教不言而行矣。

【注释】

①政务：处理国家政事。本节强调国君为政“务在正身”，即所谓“君正于上，则吏不敢邪于下；吏正于下，则民不敢僻于野”。

②尔之教矣，民胥效矣：见《诗经·小雅·角弓》。意思是说君主如何教育，百姓就会如何效仿。

③叶公：春秋末楚国人，封于叶邑，故称叶公。

④子帅而正，孰敢不正：见《论语·颜渊》，是孔子对季康子说的话，不是叶公。叶公问政见《论语·子路》，孔子回答是“近者悦，远者来”。帅，率。

⑤苟正其身，于从政乎何有：见《论语·子路》。

⑥僻：邪僻不正。指品行不端。

⑦倾：指行为不正。

⑧节事：谓行事有节制。

⑨争讼：因争论而诉讼。

【译文】

凡是官吏对于君主，民众对于官吏，没有谁不是听上面的话，效法上面的行为。所以执政的要务，在于端正自身，为政者在此处端正自身，民众就在他们那里相应和。《诗经》言道：“你教化民众，民众都会仿效。”因此叶公问如何执政，孔子回答说：“你能够带头端正自身，谁还敢不端正自己?”又说:“如果端正了自身,对执政来说又有什么难的呢?不能端正自身,又怎么能端正别人呢?”所以君子执政,首先要端正自己,施行教化、颁布禁令倒是其次的。君主在上端正了,那么官吏就不敢在下面邪恶不正;官吏在下面端正了,那么民众就不敢在乡野邪僻不正。国家没有行为不端正的君主,朝廷就没有奸邪的官吏,乡野就没有邪僻的民众,而政治还不清明,那是从来没有过的事情。大凡为政的要务,就在于行事有节制。在上位者行事有节制,那么民众在下面就有余力。民众在下面有余力,那么民众就没有因争斗而诉讼的事了。民众没有争斗诉讼,那么政事就能够无为而治了,教化就能够不言而行了。

节欲[①]

夫人生而有情[②],情发而为欲[③]。物见于外,情动于中。物之感人也无穷,而情之所欲也无极,是物至而人化也。人化也者,灭天理矣。夫欲至无极,以寻难穷之物,虽有贤圣之姿,鲜不衰败。故修身治国也,要莫大于节欲。《传》曰:“欲不可纵[④]。”历观有家有国,其得之也,莫不阶于俭约;其失之也,莫不由于奢侈。俭者节欲,奢者放情。放情者危,节欲者安。尧、舜之居,土阶三等[⑤],夏日衣葛[⑥],冬日鹿裘[⑦];禹卑宫室而菲饮食[⑧]。此数帝者,非其情之不好,乃节俭之至也。故其所取民赋也薄,而使民力也寡;其育物也广,而兴利也厚。故家给人足[⑨],国积饶而群术也[⑩],以仁义兴而四海安。孔子曰:“以约失之者鲜矣[⑪]。”且夫闭情无欲者上也,咈心消除者次之[⑫]。昔帝舜藏黄金于崭岩之山[⑬],抵珠玉于深川之底[⑭]。及仪狄献旨酒[⑮],而禹甘之,于是疏远仪狄，纯上旨酒[16]，此能闭情于无欲者也。楚文王悦妇人而废朝政[17]，好獠猎而忘归[18]，于是放逐丹姬[19]，断杀如黄[20]。及共王破陈而得夏姬[21]，其艳国色，王纳之宫，从巫臣之谏[22]，坏后垣而出之。此能咈心消除之也。既不能闭情欲，能抑除之，斯可矣。故舜、禹之德，巍巍称圣；楚文用朝邻国，恭王终谥为恭也[23]。

【注释】

①节欲：节制欲望。桓范认为节制欲望是修身治国的根本。

②情：外界事物所引起的喜、怒、爱、憎、哀、惧等心理状态。

③欲：欲望，嗜欲。

④欲不可纵：见《礼记·曲礼上》："敖不可长，欲不可从，志不可满，乐不可极。"

⑤土阶三等：指三级土台阶。《吕氏春秋·恃君览·召类》："明堂茅茨蒿柱，土阶三等，以见节俭。"

⑥衣葛：穿葛布做的夏衣。

⑦鹿裘：鹿皮做的大衣。

⑧菲：菲薄，微薄。

⑨家给（jǐ）人足：家家衣食充裕，人人生活富足。

⑩术也：他本作"生遂"，可从。

⑪以约失之者鲜矣：对自己加以约束而犯过失的情况是很少的。见《论语·里仁》。

⑫咈（fú）心：违背心意。

⑬崭（zhǎn）岩：高峻的山崖。

⑭抵：弃掷，投掷。

⑮仪狄：传说为夏禹时善酿酒者。旨酒：美酒。

⑯纯：他本作“绝”。

⑰楚文王：春秋时楚国国君，楚武王之子。在位时攻伐长江、汉水间小国，为小国所畏惧。

⑱獠猎：打猎。

⑲丹姬：楚文王的宠姬。

⑳如黄：犬名。

㉑共王：当为“庄王”。夏姬：春秋时郑穆公之女。初嫁子蛮，子蛮早死。再嫁陈大夫夏御叔，生子徵舒。御叔死，与陈灵公及大夫孔宁、仪行父私通。楚庄王攻陈，俘夏姬，给连尹襄老为妻。襄老战死，夏姬从巫臣之谋，托词归郑。后巫臣娶姬奔晋。

㉒巫臣：春秋时楚人，封于申，亦称申公巫臣。私娶夏姬奔晋，晋以之为邢大夫。后使吴，教吴人车战，吴始与中原诸侯国往来。

㉓恭王：周共王，姬姓，名伊扈，或作繄扈，穆王子。王尝游泾水，密康公从，康公纳一族之奔女三人，王以为违礼，后一年王乃灭密。终谥为恭：去世后谥号为“恭”。谥号，是人死后别人对他的评价。皇帝的谥号，是老皇帝死后朝廷对他生前事迹的评价，即新皇帝对前任的评价。《逸周书·谥法解》：“既过能改曰恭。庇亲之阙曰恭。”

【译文】

人生下来就有情感，情感产生后就会发展成欲望。接触到外界的事物，情感就会在心中萌动。外物使人产生情感没有穷尽，而由情感产生的欲望也没有极限，所以如果任由外物控制人的欲望，人的本性就会有所变化。人本性变化了，人对天理的感悟就不存在了。欲望到了没有极限的程度，而去寻求无穷无尽的外物，即使有成为贤圣的资质，也很少有不衰败的。所以修身治国的根本，没有比节制欲望更重要的了。《礼记》说：“欲望是不可以放纵的。”纵观能拥有国家的人，他们能得到国家，没有不是依靠勤俭节约的；他们失去国家，没有不是因为奢侈放纵的。节俭的人节制欲望，奢侈的人放纵情欲。放纵情欲的人危险，节制欲望的人平安。唐尧、虞舜的住所，只有三级土台阶，夏天穿葛布衣，冬天穿鹿皮大衣；夏禹住的宫室低矮，饮食菲薄。这几位帝王，不是他们从情感上不喜欢好的东西，而是节俭到了极点。所以他们向民众收取的赋税微薄，使用的民力也很少；但是他们养育的事物十分广博，为民造福兴利也十分丰厚。所以家家充裕、人人富足，国家积蓄丰饶而民众得到满足，以仁义兴盛而四海安定。孔子说："对自己加以约束，犯过失的情况是很少的。"况且能节制情感、没有欲望的是最上等的人，违背本心刻意消除欲望的是次一等的人。从前舜帝把黄金藏在高峻的山崖之上，把珠玉丢到河川深谷的最低处。后来仪狄献上美酒，夏禹觉得味道甘美，于是疏远了仪狄，从此禁止进献美酒，这就是能够节制情感以至没有欲望的人。楚文王因为沉溺女色而荒废了朝政，因为喜好打猎而忘记回宫，于是驱逐了美女丹姬，杀死了猎犬如黄。等到楚庄王攻破陈国得到了夏姬，艳羡她的天姿国色，把她纳入后宫，后来听从巫臣的劝谏，毁坏后墙放逐了她。这是能违背自己本心刻意消除欲望的人。不能完全节制欲望，而能够抑制与消除欲望，这也可以了。所以虞舜、夏禹的德行，如同巍峨的高山，被人们称作圣人；楚文王因为能消除欲望而让邻国臣服，周恭王最终谥号是恭。

详刑[①]

夫刑辟之作[②]，所从尚矣[③]。圣人以治，乱人以亡。故古今帝王莫不详慎之者[④]，以为人命至重，壹死不生，一断不属故也[⑤]。夫尧、舜之明，犹惟刑之恤也。是以后圣制法，设三槐九棘之吏[⑥]，肺石嘉石之讯[⑦]，然犹复三判，佥曰可杀[⑧]，然后杀之；罚若有疑，即从其轻，此盖详慎之至也。故苟详，则死者不恨，生者不忿。忿恨不作，则灾害不生。灾害不生，太平之治也。是以圣主用其刑也，详而行之，必欲民犯之者寡而畏之者众。明刑至于无刑[9]，善杀至于无杀，此之谓矣。夫暗乱之主，用刑弥繁，而犯之者益多，而杀之者弥众，而慢之者尤甚者何？由用之不详，而行之不必也。不详则罪不值[10]，所罪不值，则当死反生；不必则令有所亏，令有所亏，则刑罚不齐矣。失此二者，虽日用五刑[11]，而民犹轻犯之。故乱刑之刑，刑以生刑；恶杀之杀，杀以致杀，此之谓也。

【注释】

①详刑：指断狱要审慎。之所以审慎，是因为“人命至重”。所以判处死刑，要做到让死者无怨、让生者无恨，这样国家才能实现大治。

②刑辟：刑法，刑律。

③从：《太平御览》作“从来”，是。尚：久，远。

④详慎：周详审慎。

⑤属（zhǔ）：连接。

⑥三槐九棘：据说周代朝廷种三槐、九棘，公卿大夫分坐其下，谋议政事。《周礼·秋官·朝士》：“朝士掌建邦外朝之法。左九棘，孤卿大夫位焉，群士在其后；右九棘，公侯伯子男位焉，群吏在其后；面三槐，三公位焉，州长众庶在其后。”郑玄注：“树棘以为位者，取其赤心而外刺，象以赤心三刺也。槐之言怀也，怀来人于此，欲与之谋。”棘，酸枣树。

⑦肺石：古时设于朝廷门外的赤石。石形如肺，故名。民有不平，得击石鸣冤。嘉石：有纹理的石头。上古惩戒罪过较轻者时，于外朝门左立嘉石，命罪人坐在石上示众，并使其思善改过。

⑧佥（qiān）：都。

⑨明刑至于无刑:《商君书·赏刑》:"明刑之犹至于无刑也。"明刑,严明法令。

⑩值:当,恰当。

⑪五刑:中国古代的五种刑罚。先秦指墨、劓、刖、宫、大辟,秦汉时指黥、劓、斩左右趾、枭首、菹其骨肉。这里泛指各种刑罚。

【译文】

刑法的创制,是由来已久的。圣人因此使天下太平,昏乱之人因此而灭亡。所以,古今的帝王没有不周详审慎地对待刑法的,就是认为人的性命最重要,人一死就不能复生,头一断就不能再接上了。以唐尧、虞舜的英明,尚且谨慎用刑。因此后来的圣人制定法律,设置三槐、九棘的官员,采用肺石、嘉石的上诉审讯方式,但还是要反复审判三次,都说可以杀,然后才杀死;对刑罚如果有疑问,那就从轻论处,这是对待刑罚周详审慎到了极点。所以若周详审慎,那么死人就死而无恨,活人也不会愤怒。没有愤怒和怨恨,那么灾害就不发生。灾害不发生,就是天下太平了。因此圣明的君主使用刑罚,要周详审慎地行动,一定要让触犯刑法的民众少而畏惧刑罚的民众多。从严明刑法到不需要使用刑法,从善用杀戮到不需要进行杀戮,说的就是这个道理。昏乱的君主,用刑繁多,触犯刑法的人就会日益增多,被杀死的人就更多,而轻视刑法的人也会越来越多,这是为什么呢?是由于量刑时不能详察,执行刑罚又太过随意了。量刑时不详察罪刑就不恰当,罪刑不恰当,那么该死的反而活了;刑罚太过随意,就会让法律受到损害,法律受到损害,那么刑罚就难以公平了。失去这两者,即使每天使用各种刑罚,而民众还是轻易触犯法律。所以胡乱地使用刑罚,就会使刑罚之外产生新的刑罚;恶意进行杀戮,就会导致杀戮之外出现新的杀戮,说的就是这些啊。

兵要①

圣人之用兵也，将以利物②，不以害物也；将以救亡，非以危存也，故不得已而用之耳。然以战者危事，兵者凶器③，不欲人之好用之，故制法遗后。命将出师，虽胜敌而反，犹以丧礼处之，明弗乐也。故曰：“好战者亡，忘战者危。不好不忘，天下之王也。”

【注释】

①兵要：用兵的要点。“将以利物，不以害物”“好战者亡，忘战者危。不好不忘，天下之王也”，这就是用兵的出发点与原则。

②利物：有利于人。

③凶器：指刀剑等兵器。古代被视为不祥之物。

【译文】

圣人用兵，是要有利于人，而不是用来害人；是为了拯救危亡，而不是为了危及生命，所以只是在不得已的情况下使用罢了。但是战争是危险的事，兵器是不祥之物，不能任凭人的喜好而使用它，所以制定了军法留给后人。任命将领出征，即使战胜敌人归来，还是要用丧礼的仪式来对待，表明这并不值得欢乐。所以说：“喜好战争就会灭亡，忘记战争就会有危险。不喜好也不忘记，就可以在天下称王。”

夫兵之要，在于修政。修政之要，在于得民心。得民心，在于利之。利之之要，在于仁以爱之，义以理之也。故六马不和①，造父不能以致远②；臣民不附，汤、武不能以立功。故兵之要在得众者，善政之谓也。善政者，恤民之患，除民之害也。故政善于内，兵强于外。历观古今用兵之败，非鼓之日也[3]，民心离散，素行豫败也[4]。用兵之胜，非阵之朝也，民心亲附，素行豫胜也。故法天之道，履地之德，尽人之和，君臣辑穆[5]，上下一心，盟誓不用，赏罚未施，消奸慝于未萌[6]，折凶邪于殊俗，此帝者之兵也。德以为卒，威以为辅，修仁义之行，行恺悌之令[7]，辟地殖谷[8]，国富民丰，赏罚明，约誓信，民乐为之死，将乐为之亡，师不越境，旅不涉场，而敌人稽颡[9]，此王者之兵也。

【注释】

①六马：秦以后，皇帝之车驾用六马。

②造父：古之善御车者，赵国始祖。

③鼓：击鼓进军。

④素行：平素之行为。

⑤辑穆：和睦。

⑥奸慝（tè）：奸恶的心术或行为。

⑦恺悌：和乐平易。

⑧殖：种植。

⑨稽颡（qǐ sǎng）：古代一种跪拜礼，屈膝下拜，以额触地，表示极度虔诚。这里指投降。

【译文】

用兵的要点，在于修明政教。修明政教的要点，在于得民心。得民心，在于让民众得利。让民众得利的要点，在于用仁德来爱护他们，用道义来管理他们。所以驾车的六匹马如果不互相配合，就是造父也不能驾驭它们到达远方；大臣和民众不依附，商汤、周武王不能靠他们来建立功业。所以用兵的要点在于得民心，也就是说要施行善政。善政，就是顾念民众的忧患，消除民众的灾祸。所以对内施行善政，对外军队就能强大。遍观古今，用兵失败的，不是败在击鼓进军的那一天，而是民心离散，一贯的作为已经预示了失败。用兵取得胜利的，也都不是胜在对阵的时候，而是民心归附，平时的表现已经预示了胜利。所以效法上天之道，履行大地之德，尽力使民心和谐，君臣和睦，上下一心，不用结盟立誓，不用赏罚，就把奸恶的行为消灭在还未萌发的时候，把邪恶的人事斩断在风俗不同的远方，这是称帝的人用兵。以德义作为士兵，以威信作为辅将，修养仁义的品行，执行和乐平易的命令，开辟土地种植谷物，国家富裕民众丰足，赏罚分明，信守誓言，民众乐意为君上而死，将领乐意为君上而亡，军队不用越过国境，将士不用上战场，而敌人就已经跪拜投降，这是称王的人用兵。

辨能[①]

夫商鞅、申、韩之徒[②]，其能也，贵尚谲诈[③]，务行苛克[④]，则伊尹、周、邵之罪人也[⑤]。然其尊君卑臣，富国强兵，有可取焉。甯成、郅都辈[⑥]，放商、韩之治[⑦]，专以残暴为能。然其抑强抚弱，背私立公，尚有可取焉。其晚世之所谓能者，乃犯公家之法，赴私门之势[⑧]，废百姓之务，趣人间之事，决烦理务，临时苟辨，但使官无谴负之累[⑨]，不省下民吁嗟之冤[⑩]，复是申、韩、甯、郅之罪人也。而俗犹共言其能，执政者选用不废者，何也？为贵势之所持，人间之士所称，听声用名者众，察实审能者寡，故使能否之分不定也。夫定令长之能者[⑪]，守相也[⑫]。定守相之能者，州牧刺史也。然刺史之徒，未必能考论能否也，未必能端平也。或委任下吏，听浮游之誉；或受其戚党贵势之托，其整顿传舍[⑬]，待望迎宾，听其请谒，供其私求，则行道之人言其能也。治政以威严为先，行事务邀时取辨[14]；悕望上官之指[15]，敬顺监司之教；期会之命[16]，无降身以接士之来[17]，违法以供其求欲；人间之事无不循，言说之谈无不用，则寄寓游行幅巾之士言其能也[18]。有此三者为之谈，听声誉者之所以可惑，能否之所以不定也。

【注释】

①辨能：辨别才能。执政治国需要任用能人，但需要执政者留意的是，辨别一个人是否真正有才能，不能依据外在的虚名浮誉，而要详细审慎地考察官员的能力。

②商鞅：战国时法家代表人物。应秦孝公求贤令入秦，说服秦孝公变法图强。执政二十余年，使秦国大治。申：申不害，战国时法家代表人物。大力推行“术”治，在韩国为相十九年，使国治兵强。韩：指韩非，战国时法家思想集大成者。

③谲（jué）诈：狡诈，奸诈。

④苛克：过于严厉，刻薄。

⑤伊尹：商初大臣。周、邵：周公、邵公。

⑥甯成：南阳穰县（今河南邓州）人，西汉酷吏。景帝时任济南都尉，后迁中尉。执法严酷，不避权贵。武帝时徙为内史，因罪入狱，逃归故里。再起为关都尉，出入关者号曰：“宁见乳虎，无直甯成之怒。”郅都：河东大阳（今山西平陆东南）人，西汉官员。景帝时济南豪强瞯氏横暴，被任命为济南太守，至则诛瞯氏首恶。后迁中尉，执法严峻，列侯、贵戚侧目而视，称之为“苍鹰”。后任雁门太守，因得罪窦太后，被杀。

⑦放：仿效。

⑧私门：权势之家，权贵者。

⑨谴负：罪责。

⑩吁嗟：这里表示哀叹。

⑪令长：秦汉时治万户以上县者为令，不足万户者为长。后以“令长”泛指县令。

⑫守相：郡守和诸侯国相。

⑬传（zhuàn）舍：古时供行人休息住宿的处所。

⑭邀时取辨：善观风向、见风使舵的意思。邀时，谓谋求有利的时机。

⑮悕（xī）望：揣摩，观望。指：意图，意旨。

⑯期会：期限。

⑰无降身以接士之来：天明本眉批：“‘无’字恐衍。”另据严可均校，认为“无”后有脱字。

⑱幅巾：古代男子以全幅细绢裹头的头巾。是一种风度优雅、不拘礼节的装束。

【译文】

商鞅、申不害、韩非这些人，他们的才能，崇尚诡谲奸诈，推行政令严厉刻薄，就是伊尹、周公、邵公的罪人。但是他们毕竟知道君主尊贵大臣卑微，能够富国强兵，是有可取之处的。甯成、郅都这类人，仿效商鞅、韩非的治国方略，专以残忍暴戾为能事。但是他们抑制豪强，抚恤贫弱，避开私利，树立公心，还是有可取之处的。后世所谓的能人，违犯公家的法令，迎合私人的权势，荒废百姓的事务，热衷于世间俗事，处理繁杂事务时，只是临时分辨一下，只要让官府没有罪责的拖累，就不理会下民的哀叹冤屈，那么他们又是申不害、韩非、甯成、郅都的罪人。但是世俗之人还都说他们有才能，执政的人仍然选用他们而不废弃，这是为什么呢？因为他们被地位高有权势的人护持，被世上的一些人称赞，听其声用其名的人很多，审察实际能力的人很少，所以使有无才能的标准不确定。确定县令能力的，是郡守国相。确定郡守国相能力的，是州牧刺史。但是刺史这样的官员，未必能考察评判出是否有能力，未必能公平中正了。他们中有的委托下级官吏，听取一些虚浮不实的赞誉；有的受到亲戚朋党、位高权重者的委托，就忙着安排客舍，等候迎接宾客，接受那些人的请托，满足他们私下的要求，于是连陌生的路人也都说他们有才能了。这些人治理政务首先考虑的是自己的威严，处理事情则善于见风使舵；揣摩上级官员的意图，恭敬地顺从监察官员的教令；凡是上级要求在规定期限内完成的事，就降低身份迎接官员的到来，违背法令来满足他们的愿望；世俗的陋习没有不遵从的，世俗的言谈没有不采用的，于是那些寄居之客、闲游之人、风雅之士就会说他们有才能。有这三种人为他们说话，这就是听信声誉的人之所以被迷惑，官员能力高低之所以无法评定的原因。

尊嫡[①]

凡光祖祢、安宗庙、传国土、利民人者[②]，在于立嗣继世。继世之道，莫重于尊嫡别庶也。故圣人之制礼贵嫡，异其服数[③]，殊其宠秩[④]，所以一群下之望，塞变争之路[⑤]，杜邪防萌，深根固本之虑。历观前代，后妻贱而侄媵贵[⑥]，太子卑而庶子尊，莫不争乱以至危亡。是以周有子带之难[⑦]，齐有无知之祸[⑧]，晋有庄伯之患[⑨]，卫有州吁之篡[⑩]。故《传》曰："并后、匹嫡、两政、耦国，乱之本也[⑪]。"

【注释】

①尊嫡：正妻所生为嫡子，其余为庶子。尊嫡就是尊重嫡子（多指嫡长子）的继承人身份。在作者看来，"尊嫡别庶""贵嫡"对于维持政权稳固至关重要。

②祖祢（nǐ）：先祖和先父。泛指祖先。

③服数：有关服饰的仪节、礼数。

④宠秩：宠爱而授以官秩。

⑤变争：争辩。变，通“辩”。

⑥后妻：君王的正妻。侄媵（yìng）：古代诸侯嫁女，以侄娣（侄女和妹妹）从嫁称媵。此处指侧妃。

⑦周有子带之难：子带，又称太叔带、王子带，周惠王少子。惠王欲废太子郑而立子带，为齐桓公等诸侯所止。惠王卒，诸侯立郑为襄王，子带招扬、拒、泉、皋、伊、雒之戎等攻王城，焚东门。秦、晋来救，奔齐。周襄王十四年（前638）返周。后襄王为狄所攻，奔郑，子带被奉为王。晋文公出兵助襄王归国，被杀。

⑧齐有无知之祸：无知，即公孙无知，齐僖公侄。其父早死，由叔僖公抚养，秩服如太子。僖公卒，襄公即位，贬其秩服。无知怨，与连称、管至父谋作乱，杀襄公，自立为齐君。后为仇人袭杀。

⑨晋有庄伯之患：庄伯，即曲沃庄伯，春秋时晋公族，曲沃桓叔子。曾攻入晋都，杀晋孝侯，晋人立孝侯子郄为鄂侯。鄂侯卒，庄伯再攻晋。周平王使虢公率兵伐庄伯，庄伯退保曲沃。寻卒。

⑩卫有州吁之篡：州吁，春秋时卫庄公庶子。好武尚兵，庄公任为将。其兄桓公立，因骄横被贬，出逃。卫桓公十六年（前719），聚众袭杀桓公，自立为君，并请宋、陈、蔡攻郑。国人不满，为大夫石碏等设计杀死。

⑪并后、匹嫡、两政、耦国，乱之本也：见《左传·桓公十八年》。并后，指妾、媵拟同于王后。匹嫡，指庶子地位同于嫡子。两政，宠臣擅朝政，权力不统一。耦国，指大城足以与国都相抗衡。

【译文】

凡是光耀祖上、安定宗庙、传续国土、利于民众，就在于确立继承人以继承祖业。继承祖业的方法，没有比尊重嫡子区别庶子更重要的了。所以圣人制定礼法要看重嫡子，让他的服饰与别人不同，因宠爱而授予的官秩也比别人特殊，这样做是为了统一群臣的期望，堵塞争辩之路，杜绝恶念，防患于未然，这是为加深与稳固国家的根本而考虑的。历观前代，君王的正妻低贱而侧妃高贵，太子卑微而庶子尊贵，没有不引起争斗混乱以至国家危亡的。因此周朝有子带之难，齐国有无知之祸，晋国有庄伯之患，卫国有州吁之篡。所以《左传》说："妾媵跟王后并列，庶子等同于嫡子，宠臣专擅朝政，大城抗衡国都，是出现动乱的根本原因。"

谏争①

夫谏争者，所以纳君于道，矫枉正非②，救上之谬也。上苟有谬而无救焉，则害于事。害于事，则危道也。故曰："危而不持，颠而不扶，则将焉用彼相③？"扶之之道，莫过于谏矣。故子从命者不得为孝，臣苟顺者不得为忠。是以国之将兴，贵在谏臣；家之将盛，贵在谏子。若托物以风喻④，微生而不切⑤，不切则不改，唯正谏直谏可以补缺也。《诗》云："衮职有缺，仲山甫补之⑥。""柔亦不茹，刚亦不吐⑦。"正谏者也。《易》曰："王臣謇謇⑧。"《传》曰："愕愕者昌⑨。"直谏者也。

【注释】

①谏争：即谏诤。争，通"诤"。谏诤就是直言规劝，是臣子纠正君主错误的方法。谏诤可以兴国，但谏臣往往"身殆"，所以进谏是件难事。

②矫枉：矫正弯曲，纠正偏邪。正非：纠正错误。

③"危而不持"几句：见《论语·季氏》。相，辅助者，《论语》原文指扶助盲人的人。

④风喻：以委婉的言辞劝告开导。风，通“讽”。

⑤微生：生，旧校疑为“言”，是。微言，指隐微不显、委婉讽谏的言辞。

⑥衮职有缺，仲山甫补之：见《诗经·大雅·烝民》。衮职，古代指帝王的职事，借指帝王。仲山甫，周宣王时大臣。

⑦柔亦不茹，刚亦不吐：见《诗经·大雅·烝民》。茹，吞咽。

⑧王臣謇謇（jiǎn）：《周易·蹇卦》：“王臣蹇蹇，匪躬之故。”蹇，通“謇”，忠贞，正直。

⑨愕愕者昌：不详出处。近似的有《盐铁论·国疾》：“愕愕者福也，諓諓者贼也。”愕愕，直言的样子。

【译文】

谏诤，是使君主的言行符合道义，矫正偏邪纠正错误，补救君上错谬的方法。君上如果有错谬而不补救，就会妨害政事。妨害政事，就会使国家步入危途。所以说：“遇到危险不去扶持，要跌倒了不去搀扶，那么哪里还用得着那个辅助的人呢？”搀扶的方法，没有比劝谏更好的了。所以只会遵从父命的儿子不能算孝顺，一味顺从君命的臣子不能算忠诚。因此国家要兴旺，贵在有能劝谏的臣子；家庭要兴盛，贵在有能劝谏的儿子。如果只是假托其他事物委婉劝告，使用隐微不显的言辞而无法一下切中要害，无法切中要害就很难改正错误，只有正面规劝、直言劝谏才可以补救过失。《诗经》言道：“君王有了缺失，只有仲山甫能够补救。”“柔和而不忍气吞声，刚强而不显露锋芒。”就是指正面劝谏。《周易》言道：“君王的臣子忠贞正直。”《传》说：“直言进谏就能昌盛。”就是指直言劝谏。

然则咈人之耳[1]，逆人之意，变人之情，抑人之欲，不尔不为谏也。虽有父子兄弟，犹用生怨隟焉[2]，况臣于君，有天壤之殊，无亲戚之属，以至贱干至贵，以至稀间至亲，何庸易耶？恶死亡而乐生存，耻困辱而乐荣宠，虽甚愚人犹知之也，况士君子乎？今正言直谏，则近死辱而远荣宠，人情何好焉？此乃欲忠于主耳。夫不能谏则君危，固谏则身殆[③]。贤人君子，不忍观上之危而不爱身之殆，故蒙危辱之灾，逆人主之鳞[④]，及罪而弗避者，忠也，义也。深思谏士之事，知进谏之难矣。

【注释】

①咈（fú）：违背，违逆。

②怨隟（xì）：嫌隙。隟，同“隙”。

③身殆：自身有危险。

④逆人主之鳞：古人以龙比喻君主，以“触逆鳞”“逆人主之鳞”等比喻犯人主之怒。见《韩非子·说难》：“夫龙之为虫也，柔可狎而骑也；然其喉下有逆鳞径尺，若人有婴之者，则必杀人。人主亦有逆鳞，说者能无婴人主之逆鳞，则几矣。”

【译文】

然而说别人不喜欢听的话，违逆别人的意图，改变别人的情趣，抑制别人的欲望，如果不这样，就不是谏诤了。即使是父子兄弟之间，也会因此而产生嫌隙，何况臣子对于君主，地位有天壤之别，又没有亲戚关系，以最卑贱的身份去冒犯最尊贵的人，以关系最疏远的身份介入关系最亲密者之间的事，怎么会容易呢？厌恶死亡而愿意生存，以困窘屈辱为耻而以荣耀宠信为乐，即使是非常愚蠢的人也知道这些，何况是士人君子呢？如今正言直谏，就是接近死亡屈辱而远离荣宠，按人之常情，怎么会喜欢这样做呢？这就是想忠于君主罢了。不能劝谏那么君主就会有危险，坚持劝谏那么自身就有危险。贤人君子，不忍心看到君上有危险而不惜让自身有危险，所以蒙受危险与屈辱的灾难，触犯君主的逆鳞，宁可获罪也不躲避，这是忠，是义。深刻思考劝谏者的事，就知道进谏的难处了。

决壅[1]

夫人君为左右所壅制，此有目而无见，有耳而无闻。积无闻见，必至乱正。故国有壅臣[2]，祸速近邻。人臣之欲壅其主者，无国无之，何也？利在于壅也。壅则擅宠于身[3]，威权独于己，此人臣日夜所祷祝而求也。人臣之壅其君，微妙工巧[4]，见壅之时不知也，率至亡败，然后悔焉。为人君之务，在于决壅。决壅之务，在于进下[5]。进下之道，在于博听。博听之义，无贵贱同异，隶竖牧圉皆得达焉[6]。若此，则所闻见者广。所闻见者广，则虽欲求壅，弗得也。

【注释】

①决壅：决，指排除堵塞。壅，堵塞，阻挡。壅，对国君来说，就是被身边的人蒙蔽视听，使国君无所闻见，进而被臣子控制。所以君主必须“决壅”，广开言路。

②壅臣：指蒙蔽君主的臣子。

③擅宠：独受宠信。

④工巧：细致，精巧。

⑤进下：让臣下进言。

⑥隶竖：奴隶童仆。牧圉（yǔ）：指养牛马的人。

【译文】

国君被身边的人所蒙蔽控制，这就是有眼睛却看不见，有耳朵却听不见。听不见看不见的事情积累得太多，必然会扰乱治国理政的正道。所以国家有蒙蔽君主的臣子，那么灾祸很快就会降临了。臣子想要蒙蔽君主的事，哪个国家都有，为什么呢？因为蒙蔽君主对自己有利。蒙蔽了君主就能独自享受君主的宠信，就能独揽大权，这是作为臣子日夜祈祷请求的事。臣子蒙蔽他的君主，往往做得微妙精巧，君主被蒙蔽的时候并不知道，大概等到国家败亡时才后悔。做君主的关键，就在于排除这蒙蔽。排除蒙蔽的关键，在于让臣下进言。让臣下进言的方法，在于广泛地听取意见。广泛听取意见的意思就是，没有地位贵与贱、观点相同与不相同的分别，即使奴隶童仆、放牧牛马的人发声也都能传达进来。像这样，君主听见的看见的就很广博了。听见的看见的广博，那么即使臣子想要蒙蔽君主，也做不到了。

人主之好恶，不可见于外也。所好恶见于外，则臣妾乘其所好恶，以行壅制焉。故曰："人君无见其意，将为下饵[①]。"昔晋公好色[②]，骊女乘色以壅之[③]；吴王好广地[④]，太宰陈伐以壅之[⑤]；桓公好味，易牙烝首子以壅之[⑥]。及薛公进美珥以劝立后[⑦]，龙阳临钓鱼行微巧之诈[⑧]，以壅制其主，沉寞无端[⑨]，甚可畏矣！古今亡国多矣，皆由壅蔽于帷幄之内[⑩]，沉溺于谄谀之言也。而秦二世独甚。赵高见二世好淫游之乐，遗于政，因曰："帝王贵有天下者，贵得纵欲恣意，尊严若神，固可得闻，而不可得睹。"高遂专权欺内，二世见杀望夷[⑪]，临死乃知见之祸[⑫]，悔复无及，岂不哀哉！

【注释】

①人君无见其意，将为下饵：《韩非子·外储说右上》："其有欲见，人饵之。"饵，引诱。

②晋公：指晋献公，春秋时晋国国君，晋武公子。立八年，听士蔿之计，尽杀诸公子。始都绛。后欲废太子，立所宠骊姬子奚齐，乃令太子申生居曲沃，公子重耳居蒲，夷吾居屈。骊姬谮杀太子申生，公子重耳、夷吾出奔狄。死后引起晋国内乱。

③骊女：即骊姬，春秋时骊戎之女。生子奚齐。谮杀太子申生，逐公子重耳、夷吾。献公卒，晋乱，里克杀奚齐，并杀骊姬。

④吴王：即吴王阖闾，春秋时吴国国君，诸樊之子。使专诸刺死吴王僚而即位。起用楚流亡之臣伍员为行人，孙武为将军，改革内政，使国富兵强。九年，举兵深入楚国腹地，在柏举大败楚军，乘胜攻入楚都郢。因秦师来救、吴国内乱而退。后与越王勾践战，败于槜李，伤重而死。

⑤太宰：指伯嚭，春秋时吴国太宰，楚大夫伯州犁之孙。楚王诛州犁，伯嚭逃奔吴，为大夫，助吴王阖闾伐楚，以功升为太宰。善奉迎，深得吴王夫差宠信。吴破越，伯嚭受越贿赂，力劝夫差许越媾和，又屡进谗言，谮杀伍子胥。越灭吴后，降越，为勾践所杀。

⑥易牙：春秋时齐桓公宠臣。相传曾杀其子烹为羹以献桓公。

⑦薛公：即田婴，战国时齐相。齐威王少子，宣王庶弟。威王、宣王时为将，数伐魏，大破魏军，后升相国。封于薛，称薛公。《战国策·齐策三》："齐王夫人死，有七孺子皆近。薛公欲知王所欲立，乃献七珥，美其一。明日视美珥所在，劝王立为夫人。"珥：珠玉做的耳饰。

⑧龙阳：即龙阳君，战国时魏安釐王男宠。《战国策·魏策四》载，魏王与龙阳君同船而钓，龙阳君得十余鱼而涕下，王问其故，对曰："臣之始得鱼也，臣甚喜，后得又益大，今臣直欲弃臣前之所得矣……四海之内，美人亦甚多矣，闻臣之得幸于王也，必褰裳而趋王。臣亦犹曩臣之前所得鱼也，臣亦将弃矣，臣安能无涕出乎？"王乃令四境之内，有敢言美人者族。

⑨沉寞：沉寂。

⑩帷幄：本指天子居处悬挂的帐幕、帷幔。这里借指天子近侧或朝廷。

⑪望夷：望夷宫。秦宫名，在今陕西咸阳东北。

⑫临死乃知见之祸：天明本旧校："'见之祸'恐有误字。"

【译文】

君主喜好什么厌恶什么，不可以表现在外。喜好的厌恶的表现在外，那么臣子与妃妾就会利用君主的好恶，蒙蔽与控制君主了。所以说："国君不要表现自己的意图，否则就会为臣下提供诱饵。"从前晋献公好色，骊姬利用自己的美色蒙蔽他；吴王阖闾喜欢扩张地盘，太宰伯嚭就陈奏用兵打仗的事来蒙蔽他；齐桓公喜好美味，易牙就蒸了自己的儿子献给桓公来蒙蔽他。等到薛公田婴进献最美的耳饰来劝说立后，龙阳君在钓鱼时用哭泣巧妙地进行欺骗，来蒙蔽他们的君主，平静沉寂不露端倪，真是太可怕了！古往今来亡国的多了，都是因为有人在君主身旁蒙蔽君主，让君主沉溺在谄媚阿谀的言语中。而秦二世最为严重。赵高看到秦二世荒淫游乐，不问政事，于是说："帝王尊贵而拥有天下，贵在能够放纵私欲肆意妄为，像神明一样尊贵威严，因此百姓只能听说，而不能亲眼看见。"赵高于是专擅朝权欺骗皇帝，秦二世被杀死在望夷宫，临死才知道自己因被赵高蒙蔽才遭此祸，后悔也来不及了，难道不悲哀吗！

赞象[①]

夫赞象之所作，所以昭述勋德，思咏政惠，此盖《诗·颂》之末流矣。宜由上而兴，非专下而作也。世考之导[②]，实有勋绩，惠利加于百姓，遗爱留于民庶[③]，宜请于国，当录于史官，载于竹帛[④]。上章君将之德，下宣臣吏之忠。若言不足纪[⑤]，事不足述，虚而为盈，亡而为有，此圣人之所疾，庶几之所耻也。

【注释】

①赞象：指人物画像上所题的赞语。赞，是颂扬功绩、品德的一种文

体。本节强调，必须“实有勋绩”才能“录于史官，载于竹帛”，弄虚作假则为人所耻。

②世考之导：天明本旧校云此句疑有误字。

③遗爱：指留于后世而被人追怀的德行、恩惠、贡献等。

④竹帛：指书籍、史册。

⑤纪：记载，记述。

【译文】

人物画像上题赞语，是用来记述功勋与德行，追思与咏叹执政的恩惠，这是《诗经·颂》的遗风了。最好应该从上面兴盛，而不是专门由臣下来写作。经过世人的考查，确实有勋劳功绩，让百姓得到了恩惠与好处，或是死后还能留恩德于百姓的，就应当向国家请示，让史官记录下来，载入史册。对上彰显君主、将帅的美德，对下宣扬大臣、官吏的忠诚。倘若言论不值得记载，事迹不值得叙述，把虚假的说成真实的，把没有的说成有，这是圣人所痛恨的，也几乎为众人所耻。

铭诔[①]

夫渝世富贵，乘时要世，爵以赂至，官以贿成。视常侍黄门宾客[②]，假其气势，以致公卿牧守[③]，所在宰莅，无清惠之政，而有饕餮之害[④]；为臣无忠诚之行，而有奸欺之罪，背正向邪，附下内上。此乃绳墨之所加[⑤]，流放之所弃。而门生故吏，合集财货，刊石纪功，称述勋德，高邈伊、周[⑥]，下凌管、晏，远追豹、产[⑦]，近逾黄、邵[⑧]，势重者称美，财富者文丽。后人相踵，称以为义。外若赞善，内为己发，上下相效，竞以为荣。其流之弊，乃至于此。欺曜当时，疑误后世，罪莫大焉。且夫赏生以爵禄，荣死以诔谥，是人主权柄。而汉世不禁，使私称与王命争流，臣子与君上俱用，善恶无章，得失无效，岂不误哉！

【注释】

①铭诔：都是追述死者生平事迹的文字。具体来说，铭是刻在器物上记述生平、事业或警戒自己的文字。诔是叙述死者生前德行，表示哀悼的文章。本文对当时的流俗进行谴责，指出必须避免对有权有财者的虚美，不能“欺曜当时，疑误后世”。

②常侍：皇帝的侍从近臣。秦汉有中常侍，魏晋以来有散骑常侍。黄门：泛指黄门诸官。两汉三国时期有给事黄门侍郎、黄门郎、黄门冗从等，多由宦官充任。

③牧守：州郡的长官。州官称牧，郡官称守。

④饕餮（tāo tiè）：比喻贪得无厌者，贪残者。

⑤绳墨：比喻法度、法律。

⑥邈：超过，胜过。

⑦豹、产：指西门豹、子产。

⑧黄、邵：指黄霸、邵信臣。皆为西汉时循吏。

【译文】

有的人拥有改变时世的财富权势，就乘机欺世盗名，通过贿赂获得爵位与官职。把常侍、黄门这些皇帝身边的人当宾客，倚仗他们的势力，致使三公九卿、州牧郡守，虽身在其位，却没有清廉仁惠的政绩，而有贪污腐败的祸害；作为臣子没有忠诚的行为，却犯下奸邪欺诈的罪行，违背正道趋附奸邪，拉拢下属依附权臣。这些都应受到法律惩处，被放逐遗弃。而他们的门生故吏，却聚集财物，刻石纪功，称赞记叙他们的功勋美德，往上比要超过伊尹、周公，往下比则胜过管仲、晏婴，远的能比得上西门豹、子产，近的则超过黄霸、邵信臣，权势大的就称赞美化，财富多的辞藻就华丽。后来的人就跟着学，以为这是义。表面上好像是在赞美称善，内心里其实是为自己而发，上下官员竟相仿效，纷纷以此为荣。这种流俗产生的弊端，竟然到了这样的程度。不仅欺惑当时，而且还会误导后世，罪责没有比这更大的了。况且用爵位俸禄奖赏生者，用诔文谥号给死者以荣耀，本是君主的权力。但是汉代不禁止这些，让私家的称誉跟帝王的命令并流于世，让臣子跟君上一起这样做，使善与恶无法彰明，得与失无所效验，这难道不是误国吗？

序作①

夫著作书论者，乃欲阐弘大道②，述明圣教，推演事义，尽极情类，记是贬非，以为法式，当时可行，后世可修。且古者富贵而名贱废灭，不可胜记，唯篇论俶傥之人为不朽耳③。夫奋名于百代之前，而流誉于千载之后，以其览之者益，闻之者有觉故也。岂徒转相放效，名作书论，浮辞谈说而无损益哉！而世俗之人，不解作体，而务泛溢之言④，不存有益之义，非也。故作者不尚其辞丽，而贵其存道也；不好其巧慧，而恶其伤义也。故夫小辩破道⑤，狂简之徒⑥，斐然成文，皆圣人之所疾矣。

【注释】

①序作：本节对当时的文章著述进行评价。桓范认为，写文章重在阐发大道，对观者有益，使闻者有觉，而非只追求辞藻的华丽。

②阐弘：阐扬光大。

③俶傥（tì tǎng）：亦作“倜傥”，卓异不凡，豪爽洒脱。

④泛溢：多而滥，空泛不切实际。

⑤小辩：巧言。

⑥狂简：志向高远而处事疏阔。

【译文】

著书立说，是要阐扬光大圣贤之道，叙述说明圣人的教化，推演事情背后的义理，尽力抒发情感，记叙真理，贬斥谬误，并以此作为准则，不仅在当时可以施行，让后代也可以学习。况且古代富裕尊贵却名声低微乃至消亡的人，多得无法记载，只有为后世留下著作的潇洒风流之士才能不朽。他们的名声显扬于百代之前，而声誉却流传到千年之后，就是因为他们的文章能让看到的人受益，让听到的人有所感悟。难道仅仅是靠互相仿效，名为著书立论，实际却满是虚浮不实之词而于时世无所补益吗？世俗之人，不懂得写作的原则，一味追求空泛不切实际的言辞，而不记述有益于人的内容，这是不对的。所以写作的人不应崇尚言辞华丽，而应看重文字中蕴含的道理；不应追求聪明巧饰，而应厌恶其损伤道义。所以那些用巧言破坏大道，志大而才疏者，即使文采斐然，也都为圣人所痛恨。

卷四十八

体论

杜恕

【题解】

《体论》，三国魏杜恕撰。“体”指本体、主体。中国传统的体用说强调体是第一性的、主导的。杜恕的《体论》就是要从根本上对国家的本体进行分析研究。正如《三国志·魏书·杜恕传》裴松之注引《杜氏新书》对《体论》的评价：“以为人伦之大纲，莫重于君臣；立身之基本，莫大于言行；安上理民，莫精于政法；胜残去杀，莫善于用兵。夫礼也者，万物之体也。万物皆得其体，无有不善，故谓之《体论》。”

《隋书·经籍志》子部儒家类载“《杜氏体论》四卷”，注曰：“魏幽州刺史杜恕撰。”《旧唐书·经籍志》《新唐书·艺文志》同。据《三国志》杜恕本传，杜恕被流放章武，“著《体论》八节”。史志所载四卷，盖每两节为一卷，共四卷。宋以后史志书目多不载《体论》，或亡于唐末。清严可均辑《全三国文》，将所辑录之《体论》分为君、臣、言、行、政、法、听察、用兵八篇。

杜恕，字务伯，京兆杜陵（今陕西西安东南）人。杜畿之子，晋征南大将军杜预之父。魏明帝时为散骑黄门侍郎。善论议，曾上疏皇帝，主张刺史不掌兵权，专理民政。在朝不结朋党，专心公事，于朝政得失常直言无忌。出为弘农太守，转赵相，以疾去官。复起为河东太守，迁淮北都督护军。存大体，树惠爱，所在多得百姓欢心。拜御史中丞，但因与朝中官员不和睦，屡次在地方任职。复出为幽州刺史，加建威将军，使持节，护乌丸校尉。在幽州时与征北将军程喜不协，因事被程喜所劾，送交廷尉，判处死刑，但因父亲杜畿为国家造船殉职，得以免死，贬为庶人，流放到章武郡。杜恕在章武郡时著《体论》八节，又作《兴性论》一篇。嘉平四年（252）卒于徙所。

《群书治要》节录了《体论》的部分内容，主要围绕君主如何为君、臣子如何为臣、君子如何修养品行、为政的方法、执法的原则等问题进行论述。关于如何为君，杜恕认为君主治国要注重礼义道德，不能专靠法家思想，要依靠贤才治国，不能“释人而任法”。关于如何为臣，他提出臣子要与君主相互依靠、相互配合，才能把国家治理好，并分析不同类型君主的臣子都有哪些特点。关于品行的修养，他认为通过行为举止可以区分君子与小人，君子行事遵从道义，而不受利益的驱使。关于为政的方法，他提出为政治国要依靠仁德和礼义、人君应以身作则修习德行等。关于执法的原则，他认为执法者要秉持公心，而不能以私心审案断狱。

镰仓本全书目录在《体论》之后、《典语》之前录有《时务论》一书（本卷目录则作《时务》），但在正文处并未像其他书那样，单独列一行，标出书名。活字本、天明本全书目录及本卷目录则均未录此书。查阅所见其他版本《群书治要》，也与天明本相同。因此，我们依照天明本，在全书目录及本卷中只录《体论》《典语》两部著作，不录《时务论》。一说，镰仓本本卷篇题为《审查计谋》《断忠臣国》的两篇内容应属《时务论》，晋杨伟撰。

人主之大患[①]，莫大乎好名。人主好名，则群臣知所要矣。夫名所以名善者也，善修而名自随之，非好之之所能得也。苟好之甚，则必伪行要名，而奸臣以伪事应之。一人而受其庆[②]，则举天下应之矣。君以伪化天下，欲贞信敦朴[③]，诚难矣。虽有至聪至达之主，由无缘见其非而知其伪，况庸主乎？人主之高而处隩[④]，譬犹游云梦而迷惑[⑤]，当借左右以正东西者也。左曰："功巍巍矣[⑥]！"右曰："名赫赫乎[⑦]！"今日闻斯论，明日闻斯论，苟不校之以事类，则人主嚣然自以为名齐乎尧、舜[⑧]，而化洽乎泰平也，群臣璅璅[⑨]，皆不足任也。尧、舜之臣[⑩]，宜独断者也；不足任之臣，当受成者也[⑪]。以独断之君，与受成之臣，帅讹伪之俗[⑫]，而天下治者，未之有也。

【注释】

①人主之大患：本段及以下几段镰仓本篇题作《君体》。主要论述的是如何为君。君主不可以好虚名，"人主好名，则群臣知所要矣"；治理国家要注重道德教化，而不能专用法家思想，"法术之御世，有似铁辔之御马，非必能制马也，适所以梏其手也"；还认为君主应当任用贤才，提出选择人才的几条原则。

②庆：奖赏，赏赐。

③贞信：正直诚实。

④隩（ào）：通"奥"，室内西南隅。引申为内室、内宫。

⑤云梦：古代大泽名。在古荆州，范围比今天的洞庭湖要大。

⑥巍巍：崇高伟大。

⑦赫赫：显著盛大的样子。

⑧嚣然：得意洋洋的样子。

⑨璅璅（suǒ）：形容人品卑微、平庸、渺小。璅，同"琐"。

⑩臣：严可均《全三国文》作"君"。据下文，应是。译文按"君"。

⑪受成：接受已定的谋略。

⑫讹伪：诈伪。

【译文】

君主的大祸患，没有比喜好名声更大的。君主喜好名声，那么群臣就知道该求取什么了。好名声是用来显扬善行的，善行修成，好名声自然随之而来，并不是喜好就能得到的。假如过于喜好名声，那么必定会虚伪行事来求取名声，而奸臣就会用虚伪的行为来应对君主。一个人因此而受到赏赐，那么全天下就都会应和。君主用虚伪来教化天下，想要天下人正直诚实敦厚朴素，真的太难了。即使有最聪明贤达的君主，尚且没办法看到他们的错误，了解他们的虚伪，何况平庸的君主呢？君主地位崇高而住在深宫之中，譬如出游云梦而迷路一样，应当靠左右近臣来指正东西方向。左边的近臣说："您的功劳真高啊！"右边的近臣说："您的名声真显赫啊！"今天听到这样的言论，明天听到这样的言论，假如不通过事实来考察验证，那么君主就会洋洋得意地认为自己的名声跟唐尧、虞舜一样，教化广博天下太平了，群臣卑微渺小，也都不值得任用了。唐尧、虞舜这样的君主，应该是能独自决断的人；不称职的臣子，应当是接受君主已定的谋略去办事的人。依靠独自决断的君主，和接受君主既定谋略去办事的臣子，去引领诈伪虚假的社会习俗，这样天下还能太平，是从未有过的。

夫圣人之修其身[①]，所以御群臣也。御群臣也，所以化万民也。其法轻而易守，其礼简而易持。其求诸己也诚，其化诸人也深。苟非其人，道不虚行；苟非其道，治不虚应。是以古之圣君之于其臣也，疾则视之无数，死则临其大敛小敛[②]，为彻膳[③]，不举乐，岂徒色取仁而实违之者哉[④]？乃惨怛之心[⑤]，出于自然，形于颜色。世未有不自然而能得人自然者也。色取仁而实违之者，谓之虚；不以诚待其臣，而望其臣以诚事己，谓之愚。虚愚之君，未有能得人之死力者也。故《书》称君为元首，臣为股肱[⑥]，期其一体相须而成也[⑦]。而俭伪浅薄之士[⑧]，有商鞅、韩非、申不害者[⑨]，专饰巧辩邪伪之术，以荧惑诸侯[⑩]，著法术之书[⑪]，其言云“尊君而卑臣”，上以尊君，取容于人主[⑫]；下以卑臣，得售其奸说。此听受之端，参言之要，不可不慎。元首已尊矣，而复云尊之，是以君过乎头也；股肱已卑矣，而复曰卑之，是使其臣不及乎手足也。君过乎头而臣不及乎手足，是离其体也。君臣体离，而望治化之洽，未之前闻也。

【注释】

①夫圣人之修其身：本段选自《君体》。

②大敛：在小敛的第二天，也就是人死后的第三天举行，将已装裹的尸体放入棺材。敛，通“殓”。小敛：在死亡的第二天早晨，于卧室门内给死者沐浴、穿衣、覆衾等。

③彻膳：古代遇有灾患变异时，帝王撤减膳食，以示自责。彻，撤除，撤去。

④色取仁而实违之：表面上似乎爱好仁，实际行为却违背仁。见《论语·颜渊》。

⑤惨怛（dá）：悲痛，忧伤。

⑥《书》称君为元首，臣为股肱：见《尚书·益稷》：“股肱喜哉，元首起哉，百工熙哉！”元首，人的头部。

⑦相须：互相依存，互相配合。

⑧俭伪：阴险虚伪。俭，通“险”。

⑨申不害：战国时期法家代表人物。

⑩荧惑：迷惑。

⑪法术:“法”与“术”的合称。商鞅言“法”,申不害言“术”,韩非认为两人皆有所偏,因而主张两者兼用。后因以“法术”指法家之学。

⑫取容:讨好别人以求自己安身。

【译文】

圣人修养自身,是为了驾驭群臣。驾驭群臣,是为了教化民众。圣人制定的法令宽松而容易遵守,制定的礼仪简约而容易把握。圣人遇事能真诚地责求自己,因此对民众的教化就很深刻。假如不是这样的圣人,这样的治国之道也不会凭空产生;假如不是这样的治国之道,天下太平也不会随便来到。因此古代圣明的君主对于自己的臣子,生病了就无数次去探视,去世了那就亲临小敛、大敛等丧礼,为他们撤减膳食,不奏乐,这哪里是表面上爱好仁德、实际行动却背道而驰呢?就是悲伤之情完全出于自然,表现在脸上。世上没有以不自然对待别人,却能得到别人自然的回应的。表面上爱好仁德实际却背道而驰的,叫做虚伪;不用真诚对待自己的臣子,而希望臣子用真诚来事奉自己的,叫做愚蠢。虚伪愚蠢的君主,是不可能让别人拼死效力的。所以《尚书》把国君称为元首,把臣子称为股肱,是期望君臣作为一个整体、互相配合而有所成就。而阴险浅薄的士人,就有商鞅、韩非、申不害这样的,专门依靠巧辩诈伪的学说,来迷惑诸侯,写作关于法、术的书籍,他们的言论是“以君为尊而以臣为卑”,对上用以君为尊,来取悦君主求得安身;对下用以臣为卑,来推行他奸伪的学说。这是君主听取其邪说的开端,参考其言论的关键时刻,不可以不谨慎小心。君主已经很尊贵了,还说要更尊贵,对君主的尊崇就过了头;股肱已经很卑贱了,还说要更卑贱,这是让臣子的卑微低过了手和脚。君主尊贵得过了头而臣子卑微得不如手和脚,就是使肢体分离啊。君臣分离,而希望国家得到治理,民众得到教化,是前所未闻的。

且夫术家说又云[①]:“明主之道,当外御群臣,内疑妻子。”其引证连类，非不辩且悦也，然不免于利口之覆国家也[2]。何以言之？夫善进，不善无由入；不善进，善亦无由入。故汤举伊尹而不仁者远，何畏乎驩兜[3]，何迁乎有苗[4]？夫奸臣贼子，下愚不移之人[5]，自古及今，未尝不有也。百岁一人，是为继踵[6]；千里一人，是为比肩。而举以为戒，是犹一噎而禁食也。噎者虽少，饿者必多，未知奸臣贼子处之云何？且令人主魁然独立[7]，是无臣子也，又谁为君父乎？是犹髡其枝而欲根之荫、掩其目而欲视之明、袭独立之迹而愿其扶疏也[8]。

【注释】

①且夫术家说又云：本段选自《君体》。术家，指法家中精通权谋的人。

②利口：能言善辩。

③驩（huān）兜：相传为尧、舜时的部落首领，“四凶”之一。

④有苗：古国名，亦称三苗。尧、舜、禹时代我国南方较强大的部族，传说中的“四凶”之一。

⑤下愚不移：最愚蠢的人绝不可能有所改变。《论语·阳货》：“子曰：‘惟上知与下愚不移。’”

⑥继踵：接踵，前后相接。

⑦魁然：独立不群。魁，通“块”，孤独，孑然。

⑧髡（kūn）：砍，截断。独立：指前文“人主魁然独立”。法家认为君主要乾纲独断，不能让臣下知道自己的想法和喜好，否则就会有人想方设法讨好甚至控制君主。扶疏：枝叶繁茂披散的样子。这里指君主身边贤君众多，人才济济。

【译文】

那些精通权术的人又提出：“英明君主的治理之道，应当是对外驾驭群臣，对内怀疑妻子儿女。”他们引用例证，联系推论，也不是话说得不够巧妙、悦耳，但最终还是不免因其能言善辩而导致国家倾覆。为什么这么说呢？善人得到任用，那么不善的人就没法进用；不善的人得到任用，那么善人就没法进用。所以商汤举用伊尹而不仁德的人就远离了，又何必惧怕驩兜、何必放逐有苗呢？奸臣贼子，最为愚昧而无法改变的人，自古到今，从来都有。一百年出现一个，就算是接踵而来了；一千里遇上一个，就算是并肩而行了。而举出这些例子作为鉴戒，就像一个人吃饭噎着了就禁止大家吃饭一样。噎着的人虽然少，但饥饿的人还很多，不知道奸臣贼子在这种情况下又会如何呢？况且如果让君主独立不群，这就等于没有臣子，那么还给谁当君主呢？这就像砍光树枝而想要树干得到荫蔽、遮住眼睛而想要看得清楚、遵循法家君主“魁然独立”之说却希望君主身边贤臣众多一样。

夫徇名好术之主[①]，又有惑焉。皆曰：“为君之道，凡事当密。人主苟密，则群臣无所容其巧，而不敢怠于职。”此即赵高之教二世不当听朝之类也，是好乘高履危而笑先僵者也[②]。《易》曰：“机事不密则害成[③]。”《易》称“机事”，不谓凡事也，不谓宜共而独之也，不谓释公而行私也[④]。人主欲以之匿病饰非[⑤]，而人臣反以之窃宠擅权。疑似之间，可不察欤！夫设官分职，君之体也；委任责成，君之体也；好谋无倦，君之体也；宽以得众，君之体也；含垢藏疾[⑥]，君之体也；不动如山，君之体也；难知如渊，君之体也。君有君人之体，其臣畏而爱之，此文王所以戒百辟也[⑦]。夫何法术之有哉？

【注释】

①夫徇（xùn）名好术之主：本段选自《君体》。徇，谋求。

②僵：死。

③机事不密则害成：见《周易·系辞上》。机事，指机密之事。

④行私：怀着私心行事。

⑤匿病：隐瞒问题、弊病。

⑥含垢藏疾：包容污垢，藏匿恶物。形容能容忍屈辱，隐藏痛苦，做人宽仁大度。

⑦百辟：诸侯，百官。

【译文】

那些求取虚名喜好权术的君主，又有疑惑了。他们都说："为君之道，凡事都应当机密谨慎。君主只要机密谨慎，那么群臣就没有耍弄巧诈的机会，对自己的本职事务就不敢懈怠了。"这就是赵高教秦二世不应亲自临朝之类的谬论，就像是喜欢登到高而险的地方，却嘲笑之前同样这样做却摔死的人。《周易》言道："机密大事不保密就会妨害成功。"《周易》说的是"机密大事"，不是说所有的事情，不是说应该君臣共同商议的事也只能君主一个人知道，不是说放弃公开讨论而君主怀着私心独自处理。君主想要用《周易》的这句话来隐瞒问题、掩饰错误，而臣子反而用这句话来窃取宠信、专擅大权。似是而非之间，怎么能不审察呢！设置官职、划分职权，是为君的根本；委任官职、要求其完成任务，是为君的根本；善于谋划而不倦怠，是为君的根本；以宽容获得民心，是为君的根本；容忍耻辱、隐藏痛苦，是为君的根本；像山一样毫不动摇，是为君的根本；像深渊一样深不可测，是为君的根本。君主有统御群臣的根本，他的臣子就会敬畏而爱戴他，这就是周文王用来告诫诸侯百官的。还需要什么法与术呢？

故善为政者[1]，务在于择人而已。及其求人也，总其大略，不具其小善，则不失贤矣。故曰："记人之功，忘人之过，宜为君者也[2]。"人有厚德，无问其小节；人有大誉，无訾其小故[3]。自古及今，未有能全其行者也。和氏之璧[4]，不能无瑕；隋侯之珠[5]，不能无颣[6]。然天下宝之者，不以小故妨大美也。不以小故妨大美，故能成大功。夫成大功在己而已，何具之于人也？今之从政者，称贤圣则先乎商、韩，言治道则师乎法术。法术之御世，有似铁辔之御马，非必能制马也，适所以梏其手也[7]。

【注释】

①故善为政者：本段选自《君体》。

②“记人之功”几句：见《汉书·陈汤传》引《周书》。

③訾（zǐ）：指责。

④和氏之璧：历史上著名的美玉，春秋时楚人卞和所得，又称“和氏璧”。

⑤隋侯之珠：传说中隋侯拥有的宝珠。隋侯，即随侯，春秋时随国国君。

⑥颣（lèi）：缺点，毛病。

⑦梏：约束，束缚。

【译文】

所以善于治理国政的人，关键就在于选择人才罢了。求取人才时，要看他是否有雄才大略，而不要求他小的方面都好，这样就不会失去贤人了。所以说：“记住人的功劳，忘掉人的过失，这样的人适合做君主。”一个人有大德，就不要追究他的小节；一个人有很大的声誉，就不要指责他的小过失。从古到今，还没有人能让品行十全十美的。和氏之璧，不会没有瑕疵；隋侯之珠，不会没有毛病。但是天下人之所以珍爱它们，是不因为小的问题损害它们整体的品质。不因为小的问题损害整体的品质，所以能成就大功。能否成就大功在于自己罢了，怎能要求别人什么都具备呢？如今参与政事的人，说到圣贤就先讲商鞅、韩非，谈论治道就师从于法家之术。以法家之术治理天下,就像用铁缰绳驾驭马,不一定能够控制住马,却恰恰束缚了自己的双手。

人君之数至少[①],而人臣之数至众,以至少御至众,其势不胜也。人主任术而欲御其臣无术,其势不禁也,俱任术则至少者不便也。故君使臣以礼,则臣事君以忠。晏平仲对齐景公曰[②]:"君若弃礼,则齐国五尺之童,皆能胜婴,又能胜君。所以服者,以有礼也[③]。"今末世弃礼任术之君之于其身也,得无所不能胜五尺之童子乎?三代之亡,非其法亡也,御法者非其人也。苟得其人,王良、造父能以腐索御奔驷[④],伊尹、太公能以败法御捍民[⑤]。苟非其人,不由其道,索虽坚,马必败;法虽明,民必叛。

【注释】

①人君之数至少:本段选自《君体》。

②晏平仲:晏婴。齐景公:春秋时期齐国君主。

③"君若弃礼"几句:语见《晏子春秋·外篇》。五尺之童,指尚未成年的儿童。

④王良:春秋时善驭马者。造父:西周时善御车者。奔驷:飞奔的四匹马拉的车。

⑤捍民:强悍不驯之民。捍,通"悍"。

【译文】

君主的数目极少,而臣子的数目极多,让君主孤身一人去驾驭众多臣子,在形势上是不利的。君主用权术对待臣子,而想要控制他的臣子不用权术对待君主,从形势上是难以禁止的,君臣都用术,对孤身一人的君主来说就不利。所以君主用礼义来任用臣子,那么臣子就用忠诚来事奉君主。晏婴对齐景公说："国君您要是抛弃礼义，那么齐国未成年的小童，都能胜过我，又能胜过国君您。人们之所以都服从您，就是因为有礼义。"如今在这衰乱的世道，抛弃礼义而用权术的君主就自身而言，难道一定处处都能胜过没成年的小童吗？夏、商、周三个朝代之所以灭亡，不是它们的法度消亡了，而是执法的人不是合适的人。如果得到合适的人，即使是王良、造父也能够用腐烂的缰绳驾驭奔驰的马车，即使是伊尹、姜太公也能用有弊病的法令控制强悍不驯的民众。如果不是合适的人，不采用合适的方法，绳索即使结实，车马也必然倾覆；法令即使严明，民众也必然背叛。

奈何乎万乘之主[①]，释人而任法哉！且世未尝无贤也，求贤之务非其道，故常不遇之也。除去汤、武圣人之君任贤之功，近观齐桓，中才之主耳，犹知劳于索人，逸于任之，不疑子纠之亲[②]，不忘射钩之怨[③]，荡然而委政焉[④]，不已明乎？九合诸侯[⑤]，一匡天下[⑥]，不已荣乎？一曰仲父[⑦]，二曰仲父，不已优乎？孰与秦二世悬石程书[⑧]，愈密愈乱，为之愈勤，而天下愈叛，至于弑死。以斯二者观之，优劣之相悬，存亡之相背，不亦昭昭乎？

【注释】

①奈何乎万乘之主：本段选自《君体》。

②子纠：即公子纠，齐襄公弟。襄公政令无常，子纠奔鲁，公子小白奔莒。后公孙无知杀襄公，无知又为人袭杀，齐国无君。小白先至齐，高傒立之，是为桓公。后齐、鲁战于乾时，鲁大败，齐命鲁杀子纠。

③忘：据上下文，疑当作"念"。射钩之怨：公子纠与小白争着返回

齐国为君，管仲为公子纠拦截小白，射中其衣带钩。小白即位后不记旧仇，因鲍叔牙推荐而起用管仲，任管仲为相，遂成霸业。

④荡然：坦荡，宽大。

⑤九合诸侯：指齐桓公多次与诸侯会盟。《论语·宪问》："子曰：'桓公九合诸侯，不以兵车，管仲之力也。'"

⑥一匡天下：消除混乱局面，使天下安定下来。《论语·宪问》："子曰：'管仲相桓公，霸诸侯，一匡天下，民到于今受其赐。'"

⑦仲父：齐桓公尊管仲为仲父。《荀子·仲尼》杨倞注："仲者，夷吾之字；父者，事之如父。"

⑧悬石程书：形容勤于政事。《史记·秦始皇本纪》："天下之事无小大皆决于上，上至以衡石量书，日夜有呈，不中呈，不得休息。"《汉书·刑法志》："至于秦始皇……专任刑罚，躬操文墨，昼断狱，夜理书，自程决事，日县石之一。"颜师古注引服虔曰："县，称也。石，百二十斤。始皇省读文书，日以百二十斤为程。"言秦始皇每日处理一石重的公文。悬，称量。程，限度，定额。

【译文】

为什么万乘之君，要放弃人而依靠法来解决问题呢！况且世上不是没有贤人，只是寻求贤人的途径不正确，所以经常遇不到贤人。除去商汤、周武王这样圣明的君主善于任用贤人建功立业外，就看近代的齐桓公，他只是个中等才能的君主罢了，还知道寻求贤才虽然辛劳、但任用贤才之后就安逸的道理，不因为管仲是公子纠的亲信就怀疑他，不顾念管仲曾经用箭射自己的仇怨，坦荡地把政事委托给他，不是很英明吗？多次会盟诸侯，匡正天下，不是很荣耀吗？开口闭口就称管仲为"仲父"，对待臣子不是很优厚吗？哪像秦二世，整天忙忙碌碌，搞得越机密事情越混乱，越勤于政事，天下越是叛离，直到被杀身亡。拿这两位来看，优劣相差之大，结局相差之远，不是明明白白的吗？

夫人生莫不欲安存而恶危亡[①]，莫不欲荣乐而恶劳辱也。终恒不得其所欲，而不免乎所恶者何？诚失道也。欲宫室之崇丽也[②]，必悬重赏而求良匠。内不以阿亲戚[③]，外不以遗疏远，必得其人，然后授之。故宫室崇丽，而处之逸乐。至于求其辅佐，独不若是之公也。唯便辟亲近者之用[④]。故图国不如图舍，是人主之大患也。使贤者为之，与不肖者议之；使智者虑之，与愚者断之；使修士履之[⑤]，与邪人疑之，此又人主之所患也。夫赏贤使能，则民知其方[⑥]；赏罚明必，则民不偷[⑦]；兼聪齐明，则天下归之。然后明分职，序事业，公道开而私门塞矣[⑧]。如此，则忠公者进而佞悦者止，虚伪者退而贞实者起。自群臣以下至乎庶人，莫不修己而后敢安其职业，变心易虑，反其端悫[⑨]。此之谓政化之极。审斯论者，明君之体毕矣。

【注释】

①夫人生莫不欲安存而恶危亡：本段选自《君体》。

②崇丽：高大华丽。

③阿（ē）：徇私，偏袒。

④便（pián）辟：谄媚逢迎。

⑤修士：有道德修养的人，操行高洁的人。

⑥知其方：知礼法。《论语·先进》："由也为之，比及三年，可使有勇，且知方也。"方，礼法。

⑦不偷：不苟且，不懈怠。

⑧私门：行私请托的门路。

⑨端悫（què）：正直诚谨。

【译文】

人没有不希望平安生存而厌恶危险与死亡的，没有不想要荣华逸乐而厌恶劳苦屈辱的。但始终不能满足欲望，却又避免不了所厌恶的事，是为什么呢？真的是因为不得其法啊。想要宫殿高大华丽，必定悬赏很高来寻求好的工匠。因此在寻找工匠时，对内不会偏袒亲戚，对外不会遗漏关系疏远的人，必须找到合适的人，然后才把任务交给他。所以宫殿高大华丽，住在里面也安逸快乐。至于君主寻找辅臣，却单单不能像寻找工匠这样公正。只任用那些谄媚逢迎、亲近自己的人。所以谋划治理国家还不如谋划盖房子，这是君主的大祸患。让贤人做事，却跟不贤的人去评议；让聪明人去思考，却跟愚蠢的人来决断；让品行高洁的人去执行，却与奸邪的人怀疑猜忌他，这又是君主的祸患。奖赏贤人使用能人，那么民众就知道礼法；信赏必罚，那么民众就不懈怠；广泛听取意见，明察众事，那么天下就能归附。然后明确百官职责，依序安排政事，奉公之路打开而谋私的门径就被堵住了。像这样，忠诚公正的人就会被任用而谄媚逢迎以取悦他人的人就止步了，奸诈虚伪的人被黜退而忠贞笃实的人就被起用了。从群臣往下直到平民，没有不修养自身而后安守自己职责本分的，都改变了思想，回归正直诚谨。这就叫做政治教化的最高境界。明白了这些道理，英明君主的基本素质就完备了。

凡人臣之于其君也①，犹四支之戴元首，耳目之为心使也，皆相须而成为体，相得而后为治者也②。故《虞书》曰：“臣作股肱耳目③。”而屠蒯亦云④：“汝为君目，将司明也；汝为君耳，将司聪也⑤。”然则君人者，安可以斯须无臣⑥？臣人者，安可以斯须无君？斯须无君，斯须无臣，是斯须无身也。故臣之事君，犹子之事父，而加敬焉。父子至亲矣，然其相须尚不及乎身之与手足也。身之于手足，可谓无间矣，然而圣人犹复督而致之。故其化益淳,其恩益密,自然不觉教化之移也。奸人离而间之,故使其臣自疑于下,而令其君孤立乎上。君臣相疑,上下离心,乃奸人之所以为劫杀之资也。然夫中才之主,明不及乎治化之原,而惑于伪术似是之说,故备之愈密,而奸人愈甚。譬犹登高者,愈惧愈危,愈危愈坠,孰如早去邪径而就夫大道乎?

【注释】

①凡人臣之于其君也:本段及以下几段镰仓本篇题作《臣体》,主要谈论如何为臣。作者认为,君与臣"相须而成为体,相得而后为治",要相互依靠与配合才能治理好国家;还指出贤主之臣、明主之臣、中主之臣和庸主之臣的特点,并告诫为臣者要效法大地,承载万物。

②相得:彼此投合。

③臣作股肱耳目:见《尚书·益稷》。股肱耳目,比喻帝王的辅助得力的臣子。

④屠蒯(kuǎi):春秋时晋国人,为晋平公膳宰。

⑤"汝为君目"几句:见《左传·昭公九年》。晋卿荀盈卒,未葬,晋平公即饮酒奏乐。屠蒯趋入,请助公斟酒。举酒三爵,一爵饮乐工,言"女为君耳,将司聪也";一爵饮公之嬖臣,言"女为君目,将司明也";一爵自饮,称自己亦有罪。平公遂为之撤酒止乐。司明,负责让眼睛明亮。指使了解下情。司聪,谓司听察。指弹劾纠察。

⑥斯须:片刻。

【译文】

凡是臣子对于他的君主,就像四肢拥戴大脑,耳朵眼睛被心使唤一样，都是互相依存而成为一个整体，互相契合而后共同治理政事。所以《虞书》说："臣子是国君的股肱耳目。"而屠蒯也说："你是君主的眼睛，负责让君主看得清楚；你是君主的耳朵，负责让君主听得清楚。"既然如此，那么作为君主，哪里可以片刻没有臣子？作为臣子，哪里可以片刻没有君主？片刻没有君主，片刻没有臣子，那就是片刻没有身体了。所以臣子事奉君主，就像儿子事奉父亲那样，而更加尊敬。父子最亲了，但他们之间互相依存还赶不上身躯跟手足。身躯对于手足，可以说是亲密无间了，但是圣人还要反复督察使之更为密切。所以其教化更加淳厚，其恩泽也更加细密，教化在不知不觉间就已经施于民众了。奸邪的人挑拨君臣关系，所以让臣子在下面自我怀疑，而让君主在上面孤立无援。君臣互相猜疑，上下离心离德，这就是奸邪的人夺走权力、杀害贤良的条件。那些中等才能的君主，不明白治理国家、教化民众的根本方法，却被貌似正确、奸诈虚伪的学说所迷惑，所以准备得越周密，奸邪的人就越会得势。譬如登高的人，越惧怕就越危险，越危险就越要坠落，哪里比得上早点离开这邪路而走上正道呢？

凡士之结发束修[①]，立志于家门，欲以事君也，宗族称孝焉，乡党称悌焉[②]。及志乎学，自托于师友，师贵其义而友安其信。孝悌以笃，信义又著，以此立身，以此事君，何待乎法然后为安？及其为人臣也，称才居位，称能受禄。不面誉以求亲[③]，不偷悦以苟合[④]。公家之利，知无不为也。上足以尊主安国，下足以丰财阜民。谋事不忘其君，图身不忘其国。内匡其过，外扬其义。不下比以暗上[⑤]，不上同以病下。见善行之如不及，见贤举之如不容。内举不避亲戚，外举不避仇雠[⑥]。程功积事而不望其报[⑦]，进贤达能而不求其赏。道涂不争险易之利[⑧]，见难而无苟免之心。其身可杀而其守不可夺。此直道之臣所以佐贤明之主、致治平之功者也[⑨]。

【注释】

①凡士之结发束修：本段选自《臣体》。结发，束发，扎结头发。古代男子自成童开始束发，因以指初成年。束修，古代入学敬师的礼物。这里代指初入学时。

②悌（tì）：敬重兄长。

③面誉：当面称誉恭维别人。

④苟合：附和，迎合。

⑤比：朋比，勾结。

⑥仇雠：仇人，仇敌。

⑦程功：衡量功绩，计算完成的工作量。积事：累积功绩。

⑧涂：同“途”，道路。险易：险阻与平坦。

⑨直道：正道。治平：指政治清明，社会安定。

【译文】

士人束发入学之时，就在家中立志，想要事奉君主，让同族人称赞自己孝顺父母，让同乡称赞自己友爱兄弟。到了专心求学时，把自己托付给老师和朋友，老师因其品行合乎义而尊重他，朋友因其讲诚信而安心与他交往。能够笃行孝悌，彰显信义，用这些来立身处世，用这些来事奉君主，何必等待法律约束然后才能安心做事呢？等到他做了臣子，根据自己的才干居官任职，根据自己的能力来领受俸禄。不当面阿谀奉承以求得亲近，不私下取悦讨好以求迎合别人。对公家有利的事，知道了就没有不去做的。对上足以尊奉君主安定国家，对下足以使财物丰富，使民众丰足。谋划政事不忘记自己的君主，为自身考虑也不忘记自己的国家。对内纠正君主的过失，对外宣扬君主的道义。不与臣下互相勾结来蒙蔽君主，不向上迎合君主来损害同僚与民众。见到善事就努力去做，好像生怕来不及，见到贤人就举荐，好像生怕不被接纳。举荐贤人，对内不避开亲戚，对外不避开仇人。衡量与累积他人的功劳而不求得到回报，举荐贤能之人而不求得到赏赐。在路上不和人争平坦好走的地方，见到困难不存有侥幸免于伤害的心理。宁愿被夺去生命也不能被夺去操守。这是守正道的臣子辅佐贤明的君主，成就政治清明、社会安定的功业的方法啊。

若夫主明而臣暗①，主暗而臣伪，有尽忠不见信，有见信而不尽忠，溷淆于臣主之分②，出入于治乱之间，或被褐怀玉以待时③，或巧言令色以容身④，又可胜尽哉！是以古之全其道者，进则正，退则曲。正则与世乐其业，曲则全身归于道。不傲世以华众，不立高以为名，不为苟得以偷安，不为苟免而无耻。夫修之于乡间⑤，坏之于朝廷，可惜也。修之于己立，坏之于阘棺⑥，可惜也。君子惜兹二者，是以有杀身以成仁，无求生以害仁⑦，况害仁以求宠乎？故孔子曰："不义而富且贵，于我如浮云⑧。"若夫智虑足以图国，忠贞足以悟主，公平足以怀众，温柔足以服人。不诽毁以取进，不刻人以自入，不苟容以隐忠⑨，不耽禄以伤高⑩。通则使上恤其下，穷则教下顺其上。故用于上则民安，行于下则君尊，可谓进不失忠，退不失行。此正士之义，为臣之体也。

【注释】

①若夫主明而臣暗：本段选自《臣体》。

②溷淆（hùn xiáo）：也作"溷殽"，混乱，杂乱。溷，乱，混乱。

③被褐怀玉：身穿粗布衣服而怀抱美玉。比喻虽是贫寒出身，但有真才实学，深藏不露。

④巧言令色：指用花言巧语和媚态伪情来迷惑、取悦他人。令色，伪善、谄媚的脸色。

⑤乡闾：家乡，故里。

⑥阖棺：盖棺。指死亡。

⑦有杀身以成仁，无求生以害仁：见《论语·卫灵公》。

⑧不义而富且贵，于我如浮云：见《论语·述而》。

⑨苟容：屈从附和以取容于世。

⑩耽禄：沉溺于禄位。

【译文】

至于君主英明而臣子糊涂，君主糊涂而臣子虚伪，有竭尽忠诚而不被信任的，也有被信任而不尽忠的，君臣职分混淆不清，国家治乱变化不定，有的人处境贫困却怀有真才实学而等待时机，有的人以巧言令色来保全自身，这些情况哪里可以说得完呢！因此自古以来保全其道义的人，得到进用就正直无私，退职离朝就委曲变通。正直无私则与世人一同乐守本业，委曲变通则保全自身回归道义。不轻视世人而在众人面前显耀，不好高骛远以求取虚名，不因为一时有所得而只图眼前的安逸，不因为一时免于祸难而不知羞耻。那些在乡里修养自身，到了朝廷却腐坏变质的人，真是可惜啊。那些在立身成人时修养自身，在盖棺之时却早已变坏的人，真是可惜啊。君子惋惜这两种人，因此宁可牺牲自己的性命来成全仁，而决不为了自己活命而损害仁，何况损害仁来求得宠信呢？所以孔子说："用不合乎道义的手段获得的荣华富贵，对我来说如同浮云。"至于智慧谋虑足以治理国家，忠诚正直足以启发君主，公平正义足以关怀众人，温存亲和足以让人信服。不毁谤别人来求得晋升，不苛刻待人来让自己得到任用，不为迎合世俗而隐匿忠言，不沉溺于禄位而损害高洁。仕途通达时就引导君上体恤下民，困窘时就教化下民顺从君上。这样的人，被君上任用就能使民众安定，退居在下位时就能使君主尊贵，可以说是进不失忠诚，退不失操行。这是正直之士的道义，是作为臣子的基本原则。

凡趣舍之患[①]，在于见可欲而不虑其败，见可利而不虑其害，故动近于危辱。昔孙叔敖三相楚国而其心愈卑[②]，每益禄而其施愈博，位滋高而其礼愈恭。正考父伛偻而走[③]，晏平仲辞其赐邑[④]。此皆守满以冲[⑤]，为臣之体也。夫不忧主之不尊于天下，而唯忧己之不富贵，此古之所谓庸人，而今之所谓显士[⑥]。小人之所荣慕[⑦]，而君子之所以为耻也。

【注释】

①凡趣舍之患：本段选自《臣体》。趣舍，取舍。趣，通“取”。

②孙叔敖三相楚国而其心愈卑：孙叔敖，战国时楚国令尹。辅佐楚庄王施教导民，宽刑缓政，发展经济，政绩赫然。《史记·循吏列传》载，孙叔敖“三得相而不喜，知其材自得之也”。

③正考父伛偻（yǔ lǚ）而走：正考父，春秋时宋国大夫，孔子的远祖。辅佐戴、武、宣三公，地位愈高而行为愈检点。其家庙鼎铭云：“一命而偻，再命而伛，三命而俯。循墙而走，亦莫余敢侮。馆于是，鬻于是，以糊余口。”伛偻，腰背弯曲，也表示恭敬的样子。

④晏平仲辞其赐邑：《晏子春秋·内篇》载，晏子相齐三年，齐国政治清平。齐景公打算把都昌赏赐给他，晏子推辞说：“富而不骄者，未尝闻之；贫而不恨者，婴是也。所以贫而不恨者，以若为师也。今封，易婴之师。师已轻，封已重矣，请辞。”

⑤冲：空虚，谦虚。

⑥显士：名士，名流。

⑦荣慕：羡慕。

【译文】

一般来说，有关取与舍的祸患，在于只看见能够引起欲望的事物而不考虑可能带来的祸败，只看见可以得利的东西而不考虑可能带来的损害，所以行动起来总是接近危险与屈辱。从前孙叔敖三次担任楚国国相而内心愈发谦卑，每次增加俸禄，他的施舍就更加广泛，地位越高，他的礼仪就越恭敬。正考父恭敬地低头弯腰而走，晏婴推辞掉赐给他的封邑。这都是虽守盈满却能保持谦逊，是做臣子的基本原则。而那些不担忧君主在天下不受尊敬，而只担忧自己不能富贵的人，就是古代所说的庸人，但如今却被称为显士。这是为小人所羡慕，而君子以为耻辱的事。

凡人臣之论[①]，所以事君者有四：有贤主之臣，有明主之臣，有中主之臣，有庸主之臣。上能尊主，下能壹民[②]，物至能应，事起能辨，教化流于下，如影响之应形声[③]，此贤主之臣也。内足以壹民，外足以拒难，民亲而士信之，身之所长不以怫君[④]，身之所短不取功，此明主之臣也。君有过事，能壹心同力相与谏而正之，以解国之大患，成君之大荣，此中主之臣也。端悫而守法，壹心以事君，君有过事，虽不能正谏[⑤]，其忧见于颜色，此庸主之臣也。以庸主之臣也事贤主则从，以贤主之臣事庸主则凶。古之所以成其名者，皆度主而行者也。修之在己，而遭遇有时，是以古人抱麟而泣也[⑥]。

【注释】

①凡人臣之论：本段选自《臣体》。

②壹民：统一民众，统一民心。

③影：影子。响：回声。形：指事物本身。声：指原声。

④怫（bèi）：通“悖”，违反，违逆。

⑤正谏：直言规劝。

⑥抱麟而泣：这里指贤臣怀才不遇。《春秋·哀公十四年》："春，西狩获麟。"《春秋公羊传》："麟者，仁兽也。有王者则至，无王者则不至。有以告者曰：'有麕而角者。'孔子曰：'孰为来哉！孰为来哉！'反袂拭面，涕沾袍。"麒麟是仁兽，本应在太平盛世出现，而春秋时天下混乱，麟不当至，故孔子云"孰为来哉"，并为之哭泣。既是哭麒麟不遇其时，也有自我感伤之意。

【译文】

凡是对于臣子的评价，根据他事奉的君主的情况，可以分为四种：有贤能君主的臣子，有英明君主的臣子，有中等君主的臣子，有平庸君主的臣子。对上能让君主尊贵，对下能使民心统一，外物来到能够应对，有事发生能辨别处理，对民众施行教化，就像影子追随形体、回声应和原声一样，这是贤能君主的臣子。对内能够让民心统一，对外能够抵御祸难，民众亲近他，士人相信他，自身的长处不用来违背君主，自身的短处不用来邀取功劳，这是英明君主的臣子。君主有过错，能够同心协力一起来劝谏纠正，以消除国家的大患，成就君主的荣耀，这是中等君主的臣子。直诚正谨而遵守法令，一心事奉君主，君主有错误，虽然不能直言劝谏，但他的担忧表现在脸上，这是平庸君主的臣子。让平庸君主的臣子去事奉贤能的君主则会顺利，让贤能君主的臣子去事奉平庸的君主就会有凶险。古代那些能成就名声的臣子，都是先衡量君主的情况然后才决定自己的行动。修行在于自己，而遇到什么样的君主却要看时机，因此古人常常空负稀世之才而悲伤落泪。

夫名不可以虚伪取也①，不可以比周争也②。故君子务修诸内而让之于外，务积于身而处之以不足。夫为人臣，其犹土乎！万物载焉而不辞其重，水渎污焉而不辞其下③，草木殖焉而不有其功。此成功而不处，为臣之体也。若夫处大位，任大事，荷重权于万乘之国，必无后患者，其上莫如推贤让能而安随其后，不为管仲即为鲍叔耳[④]。其次莫如广树而并进之，不为魏成子即为翟黄耳[⑤]。安有壅君蔽主、专权之害哉！此事君之道，为臣之体也。

【注释】

①夫名不可以虚伪取也：本段选自《臣体》。

②比周：结党营私。

③水渎：水沟，河沟。

④鲍叔：即鲍叔牙，春秋时齐国大夫，以善于知人著称，曾向齐桓公举荐管仲。

⑤不为魏成子即为翟黄耳：《韩诗外传》卷三载，魏文侯欲置相，为相者"非翟黄则魏成子"，李克判断文侯最终会以魏成子为相。翟黄闻而不服，李克说他无法与魏成子相比，成子"食禄千钟，什一在内，九在外，以聘约天下之士，是以东得卜子夏、田子方、段干木"，文侯"皆师友之"，而翟黄所进者，文侯"皆臣之"。翟黄听后，愧服而罢。

【译文】

名声不可以靠虚伪欺诈来获取，不可以靠结党营私来争夺。所以君子致力于对内修养自身而对外谦恭礼让，致力于让自身积累德行而始终以德行不够来自处。作为臣子，就像那土地吧！承载着万物却不因沉重而拒绝，被不干净的河沟污染却不拒绝其流淌，使草木生长却不占有其功劳。这是成功而不居功，是作为臣子的基本准则。至于处在重要地位，承担重要事务，在万乘之国掌握大权，而必定没有后患的人，最好的做法莫过于推荐贤才、让位于能者而安心居于其后，不当管仲，就当鲍叔。其次莫过于广泛培养人才一起献给君主，不当魏成子，就当翟黄。

哪里有蒙蔽君主、专擅朝权的祸害呢！这是事奉君主的道理，是作为臣子的基本准则。

夫行也者[①]，举趾所由之径路也[②]，东西南北之趣舍也，君子小人之分界也，吉凶荣辱之皂白也[③]。由南则失北也，由东则失西矣。由乎利则失为君子，由乎义则失为小人。吉凶荣辱之所由生，义利为之本母也，是以君子慎趣舍焉。夫君子直道以耦世[④]，小人枉行以取容[⑤]。君子掩人之过以长善[⑥]，小人毁人之善以为功。君子宽贤容众以为道，小人徼讦怀诈以为智[⑦]。君子下学而无常师[⑧]，小人耻学而羞不能。此又君子小人之分界也。

【注释】

①夫行也者：本段及以下几段镰仓本篇题作《行体》。行为举止可以区分君子与小人。君子行事遵从道义，会谨慎选择什么该做，什么不该做。

②举趾：举足，抬脚。指举动。

③皂白：黑与白。多比喻非与是。

④耦世：适应世俗。

⑤枉行：行为不合正道。

⑥长善：增长美德。

⑦徼讦（jié）：揭人阴私。

⑧下学：向地位或学问不如自己的人请教。

【译文】

行为，是举足抬脚所经由的路径，是对东西南北方向的选择，是君子和小人的分界线，是分辨吉凶荣辱的标志。走向南面就舍弃了北面，走向东面就舍弃了西面。走向利益那么就失去了成为君子的机会,走向道义那么就不会堕落成小人。吉凶荣辱由此而产生,取义还是重利也以此为根源,因此君子要慎重选择。君子履行正道来适应世俗,小人靠走邪路来讨好安身。君子掩盖别人的过失以增长自己的美德,小人毁谤别人的善行当做自己的功绩。君子宽待贤者兼容众人并以此为道义,小人揭人隐私心怀狡诈并以此为智慧。君子向不如自己的人学习,没有固定的老师,小人耻于向别人学习,还羞辱那些能力不如自己的人。这又是君子和小人的分界线。

君子心有所定①,计有所守。智不务多,务行其所知;行不务多,务审其所由。安之若性,行之如不及。小人则不然,心不在乎道义之经,口不吐乎训诰之言②,不择贤以托身,不力行以自定,随转如流③,不知所执。此又君子小人之分界也。

【注释】

①君子心有所定:本段选自《行体》。

②训诰:指训导、告诫之类的言辞。

③随转如流:随波逐流。

【译文】

君子内心有坚定的信念,谋划时有坚守的原则。智慧不追求多,而追求践行自己知道的东西;行动不追求多,而务必要弄清楚事情的来龙去脉。遇事坦然,好像生来就如此;行事积极,好像生怕来不及。小人就不是这样,心里想的不是有关伦理道德的圣贤经典,嘴里也说不出什么教导与劝诫的言辞,不选择贤者以求托付自身,不努力践行道义以求安定自身,只是随波逐流,没有执守的原则。这又是君子和小人的分界线。

君子之养其心[①]，莫善于诚。夫诚，君子所以怀万物也。天不言而人推高焉，地不言而人推厚焉，四时不言而人期焉，此以至诚者也。诚者，天地之大定[②]，而君子之所守也。天地有纪矣，不诚则不能化育。君臣有义矣，不诚则不能相临。父子有礼矣，不诚则疏。夫妇有恩矣，不诚则离。交接有分矣[③]，不诚则绝。以义应当[④]，曲得其情[⑤]，其唯诚乎！

【注释】

①君子之养其心：本段选自《行体》。

②大定：指最高的原则。

③交接：交往，结交。

④应当：应对得当。

⑤曲：周遍，多方面。

【译文】

君子修养自己的内心，没有比真诚更好的了。真诚，是君子用以包容万物的方法。天默默无言而人们推崇天的高远，地默默无言而人们推崇地的厚重，四季默默无言而人们期盼着四季来临，这都是因为它们是最真诚的。真诚，是天地间最高的准则，也是君子要坚守的品行。天地之间有纲纪，不真诚就不能养育万物。君臣之间有道义，不真诚就不能相处共事。父子之间有礼制，不真诚关系就会疏远。夫妇之间有恩情，不真诚两人就会分离。人与人的交往有分寸，不真诚就会断绝往来。遵循道义而应对得当，得到世间万物真诚的感应，大概只有靠真诚才能实现吧！

孔子曰[①]：“为政以德[②]。”又曰：“导之以德，齐之以礼，有耻且格[③]。”然则德之为政大矣，而礼次之也。夫德礼也者，其导民之具欤？太上养化[4]，使民日迁善而不知其所以然，此治之上也。其次使民交让[5]，处劳而不怨，此治之次也。其下正法[6]，使民利赏而欢善，畏刑而不敢为非，此治之下也。

【注释】

①孔子曰：本段及以下几段镰仓本篇题作《政体》，主要叙述怎样为政的问题。治理国家首先靠仁德，其次靠礼义。为君者要以身作则修习德行，要慎重选择身边的人。

②为政以德：见《论语·为政》。

③"导之以德"几句：见《论语·为政》。格，正。

④太上：最上，最高。养化：指致力于人心、风俗的转变与教化。

⑤交让：相互谦让。

⑥正法：正法制，严明法度。

【译文】

孔子说："执政要用仁德。"又说："用仁德来引导百姓，用礼制来统一百姓的言行，百姓就会有羞耻之心，而且能自觉归正。"如此，仁德在执政中的作用就很大了，而礼制是其次的。那仁德与礼义，是引导民众的工具吧？最好的做法是致力于人心、风俗的教化，让民众一天天向善靠近却不知道怎么变成这样的，这是治理的上策。其次是让民众互相谦让，辛勤劳作却不埋怨，这是治理的中策。最差的做法是严明法度，让民众从赏赐中得利而喜欢行善，畏惧刑罚而不敢做坏事，这是治理的下策。

夫善御民者[1]，其犹御马乎？正其衔勒[2]，齐其辔策[3]，均马力，和马心，故能不劳而极千里。善御民者，壹其德礼，正其百官，齐民力，和民心，是故令不再而民从，刑不用而天下化治。所贵圣人者，非贵其随罪而作刑也，贵其防乱之所生也。是以至人之为治也：民有小罪，必求其善以赦其过；民有大罪，必原其故以仁辅化。是故上下亲而不离，道化流而不蕰[4]。

【注释】

①夫善御民者：本段选自《政体》。

②衔勒：马嚼口和马络头。

③辔策：御马的缰绳和马鞭。

④蕰（yùn）：通“蕴”，聚积。

【译文】

善于统治民众的人，就像驾驭马匹吧？端正马嚼口和马络头，准备好缰绳和马鞭，使马均匀用力，让几匹马配合默契，所以不用太劳累就能远行千里。善于统治民众的人，用仁德礼制统一民心，端正百官，齐民力，和民心，所以命令不用下第二次民众就能服从，不需使用刑罚而天下就能大治。之所以尊崇圣人，不是尊崇他按照罪过来制定刑法，而是尊崇他能防止祸乱的产生。因此最高明的人这样治理国家：民众有小罪，必定寻求其善行以赦免其过错；民众有大罪，必定推究其犯罪的原因并以仁爱为辅助进行教化。所以上下亲和而不离散，道德教化顺畅而不郁积。

夫君子欲政之速行[1]，莫如以道御之也。皋繇瘖而为大理[2]，有不贵乎言也；师旷盲而为大宰[3]，有不贵乎见也。唯神化之为贵。是故圣王冕而前旒[4]，所以蔽明；黈纩充耳[5]，所以掩聪也。观夫弊俗偷薄之政[6]，耳目以效聪明，设倚伏以探民情[7]，是为以军政虏其民也，而望民之信向之，可谓不识乎分者矣。难哉为君也！

【注释】

①夫君子欲政之速行：本段选自《政体》。

②皋繇：皋陶，传说中虞舜时的司法官。瘖（yīn）：同“喑”，哑，不能说话。大理：掌刑法的官。

③师旷：春秋时著名乐师。生而无目，博学多才，尤精音乐，善弹琴，辨音力极强。大宰：即太宰。相传殷置太宰。周称冢宰，为天官之长，掌建邦之六典（治典、教典、礼典、政典、刑典、事典），以佐王治邦国。春秋列国亦多置太宰之官，职权不尽相同。

④旒（liú）：古代帝王礼帽前后悬垂的玉串。

⑤黈纩（tǒu kuàng）：黄绵所制的小球。悬于冠冕之上，垂于两耳旁，以示不欲妄听是非。充耳：塞住耳朵。

⑥偷薄：浇薄，不敦厚。

⑦倚伏：潜伏，埋伏。这里用作名词，潜伏的人，指暗探。

【译文】

君子要想让政令迅速推行，莫过于用道来驾驭了。皋陶喉咙嘶哑不能说话却担任法官，是因为有时候并不看重说话；师旷眼睛看不见却担任太宰，是因为有时候并不看重视力。只有玄妙而潜移默化的教化才是最可贵的。所以圣明的君王冠冕前面垂悬着玉串，是用来遮蔽视力的；冠冕两旁悬挂着塞耳朵的黄绵球，是用来遮蔽听力的。观看那些败坏的风俗与浇薄的政事，到处安插耳目以扩大试听，设置暗探来探听民情，这是用军事手段像对待俘虏一样对待百姓，而希望民众信任归附自己，可以说是连治国的基本原则都不明白啊。这样还想做好君主，真是太难了！

夫君[①]，尊严而威，高远而危[②]。民者，卑贱而恭，愚弱而神。恶之则国亡，爱之则国存。御民者必明此要。故南面而临官[③]，不敢以其富贵骄人。有诸中而能图外，取诸身而能畅远。观一物而贯乎万者，以身为本也。夫欲知天之终始也,今日是也。欲知千万之情,一人情是也。故为政者,不可以不知民之情,知民然后民乃从令。己所不欲,不施之于人,令安得不从乎?故善政者,简而易行,则民不变。法存身而民象之④,则民不怨。近臣便嬖、百官因之而后达⑤,则群臣自污也。是以为政者,必慎择其左右,左右正则人主正矣,人主正则夫号令安得曲耶!

【注释】

①夫君:本段选自《政体》。

②危:端正。

③南面:面南而坐。指居帝王之位。

④象:仿效。

⑤便嬖(bì):君主左右受宠幸善于迎合的小臣。

【译文】

君主,尊贵庄严而有威势,居高处远而端正。民众,地位卑下而恭敬有礼,愚昧软弱却有神奇的力量。君主厌恶民众,那么国家就会灭亡。君主爱护民众,那么国家就会生存发展。统治民众的君主必须明了这一道理。所以君主面南而坐统御百官,不敢倚仗自己的富贵傲视他人。能用自己心中所想来谋划其他事情,能凭借自身获取的情况推及长远的事情。观察一事就能贯通万事,都是以自身作为根本。想要知道上天演化的过程,今天这一天就可以。想要了解千千万万民众的实情,了解一个人就了解了全部。所以执政的人,不可以不了解民情,了解民众然后民众才会听从命令。自己不想要的,不要施加给他人,这样民众怎能不服从命令呢?所以好的政事,简单而容易施行,民众就不会发生变乱。以身作则遵守法规而让民众效仿他,那么民众就不怨恨。君王身边亲近受宠的小臣,百官凭借他们而飞黄腾达,那么群臣就会自甘堕落。因此执政的人，必须谨慎地选择左右亲信，左右亲信端正那么君主就端正了，君主端正了，号令怎么可能歪曲呢！

天下大恶有五[1]，而盗窃不豫焉[2]：一曰心达而性险，二曰行僻而志坚，三曰言伪而辞辩，四曰记丑而喻博，五曰循非而言泽[3]。此五者有一于人，则不可以不诛，况兼而有之？置之左右，访之以事，而人主能立其身者，未之有也。

【注释】

①天下大恶有五：本段选自《政体》。

②不豫：不参与，不在其中。

③"一曰心达而性险"几句：《荀子·宥坐》："一曰心达而险，二曰行辟而坚，三曰言伪而辩，四曰记丑而博，五曰顺非而泽。"另见于《孔子家语·始诛》。僻，邪僻。坚，不动摇，不改变。辩，有口才，能言善辩。丑，谓怪异之事。

【译文】

天下的大恶有五种，而盗窃不在其中：一是内心通达而本性险恶，二是行为邪僻而顽固不改，三是言辞虚伪而能言善辩，四是专记怪异之事而又十分广博，五是顺随错误之事而用言语粉饰美化。这五种如果有人占了一种，那就不可不诛杀，何况几种兼而有之呢？把这样的人放在身边，向他咨询国事，而君主还能让自己安身，这种情况是没有过的。

夫淫逸盗窃[1]，百姓之所恶也。我从而刑之、残之、刻剥之[2]，虽过乎当，百姓不以为暴者，公也。怨旷饥寒[3]，亦百姓之所恶也，遁而陷于法，我从而宽宥之，虽及于刑，必加隐恻焉[4]，百姓不以我为偏者，公也。我之所重，百姓之所憎也；我之所轻，百姓之所怜也。是故赏约而劝善，刑省而禁奸。由此言之，公之于法，无不可也，过轻亦可，过重亦可。私之于法，无可也，过轻则纵奸，过重则伤善。今之为法者，不平公私之分，而辩轻重之文，不本百姓之心，而谨奏当之书⑤，是治化在身而走求之也。

【注释】

①夫淫逸盗窃：本段及以下几段镰仓本篇题作《法体》，主要论述如何执法。杜恕认为，执法应秉持公心，“公之于法，无不可也，过轻亦可，过重亦可。私之于法，无可也，过轻则纵奸，过重则伤善”；还认为，伦理道德的教化比刑罚更为重要。

②刻剥：侵夺剥削。

③怨旷：指女无夫，男无妻。

④隐恻：恻隐，怜惜。

⑤奏当：审案完毕向皇帝奏闻处罪意见。当，判罪。

【译文】

纵欲淫乱与盗窃，是百姓所厌恶的。君主因而对他们用刑、弄残他们的身体、侵夺剥削他们，即使处罚过度，百姓也不认为是残暴，因为这是出于公心。女无夫男无妻，饥饿寒冷，也是百姓所厌恶的，为了逃避这些而不慎触犯法律，君主因而宽恕他们，即使施加了刑罚，也必定会加以怜惜，而百姓不认为君主偏心，因为这是出于公心。君主所重罚的，正是百姓所憎恶的；君主所轻罚的，正是百姓所怜惜的。所以不需太重的奖赏就可以劝勉百姓为善，不需严刑酷法就可以禁止百姓作恶。由此说来，公心用在法律上，没有行不通的，轻一些也可以，重一些也可以。私心用在法律上，没有行得通的，过轻就会放纵奸邪，过重就会伤害善行。如今执法的人，不从公心私心的角度去衡量，却根据法律条文去争辩用法是轻还是重，不以民心为本，而只是谨慎于审案完毕奏闻皇帝的文书，这是治理国家教化民众之道全在于自身，却跑到别处去寻求。

圣人之于法也[①]，已公矣，然犹身惧其未也。故曰：“与其害善，宁其利淫[②]。”知刑当之难必也[③]，从而救之以化，此上古之所务也。后之治狱者则不然[④]，未讯罪人，则驱而致之，意谓之能。下不探狱之所由生为之分，而上求人主之微旨以为制[⑤]，谓之忠。其当官也能，其事上也忠，则名利随而与之。驱世而陷此，以望道化之隆，亦不几矣[⑥]。

【注释】

①圣人之于法也：本段选自《法体》。

②与其害善，宁其利淫：见《左传·襄公二十六年》。淫，指邪恶的人，不正派的人。

③刑当：量刑恰当。

④治狱：审理案件。

⑤微旨：隐而未露的意愿。

⑥不几：没有希望，不可希求。

【译文】

圣人执法已经很公正了，但还是害怕不够公正。所以说：“与其伤害善人，宁可有利于恶人。”他们知道量刑恰当是难以做到的，因而用教化来补救，这是上古时代君王所追求的。后来审理案件的人就不是这样了，还没有认真审讯，就逼迫犯人招供认罪，心中还认为这是有能耐。对下不去探究案件发生的缘由并对案件的性质进行区分，对上却揣摩君主隐而未露的心思来裁决案件，还把这叫做忠诚。他们当官有能力，事奉君上忠诚，那么名利就都随之而来了。这就驱使世人都追随这种风气，还希望道德教化的兴盛，也没有什么希望了。

凡听讼决狱[①]，必原父子之亲[②]，立君臣之义，权轻重之叙[③]，测浅深之量，悉其聪明，致其忠爱，然后察之，疑则与众共之。众疑则从轻者，所以重之也。非为法不具也，以为法不独立，当须贤明共听断之也。故舜命皋繇曰："汝作士，惟刑之恤[④]。"又复加之以三谇[⑤]，众所谓善，然后断之。是以为法参之人情也。故《春秋传》曰："小大之狱，虽不能察，必以情[⑥]。"而世俗拘愚苛刻之吏，以为情也者，取货赂者也[⑦]，立爱憎者也，佑亲戚者也，陷怨仇者也。何世俗小吏之情，与夫古人之悬远乎？无乃风化使之然邪！有司以此情疑之群吏，人主以此情疑之有司，是君臣上下不通相疑也。不通相疑，欲其尽忠立节，亦难矣。苟非忠节，免而无耻；免而无耻，则民安所厝其手足乎[⑧]？

【注释】

①凡听讼决狱：本段选自《法体》。

②原：推究，体察。

③轻重：尊卑贵贱。

④汝作士，惟刑之恤：见《尚书·舜典》。士，狱官之长，犹法官。恤，慎。

⑤谇（suì）：诘问。

⑥"小大之狱"几句：见《左传·庄公十年》。

⑦货赂：贿赂。

⑧安所厝（cuò）其手足乎：手和脚应该放在哪里好呢？形容无法应

付，不知所措。厝，放置，安放。

【译文】

凡是审理诉讼判决案件，必须推究体察父子之情，立足于君臣大义，权衡尊卑贵贱的次序，评估罪行的深浅，竭尽自己的聪明才智，拿出自己的忠诚仁爱，然后再审查案情，有疑虑的地方就跟众人共同商议。如果大家都有疑虑就选择从轻处置，这就是重视审案的方法。不是因为相关法律不够完备，而是因为法律不是为一人一案而定的，应当与有才能有见识的人共同审理判决。所以虞舜命令皋陶说："你作为司法官，一定要谨慎用刑。"又规定要反复诘问三次，大家都说可以了，然后再判决。这是认为法律也要参考人情。所以《春秋左传》说："大大小小的案件，即使不能都查清，也必定要合乎人情。"然而世间那些顽固愚蠢刻薄的官吏，认为所谓情，就是索取贿赂，顺着自己的爱憎，袒护亲戚，陷害仇敌。为什么世俗小吏所说的人情，跟古人说的相差这么遥远呢？恐怕是社会风气的变化造成的吧！主管官员因为这人情而怀疑判案的众官吏，君主拿这人情来怀疑主管官员，这就使君臣上下阻隔不通而互相猜疑了。阻隔不通互相猜疑，想要官吏们尽忠立节，也就困难了。如果不能尽忠立节，那就会只求免于罪责而没有羞耻心；只求免于罪责而没有羞耻心，那么民众又该怎么办呢？

春秋之时[①]，王道浸坏[②]，教化不行。子产相郑而铸刑书[③]，偷薄之政自此始矣。逮至战国，韩任申子[④]，秦用商鞅，连相坐之法[⑤]，造参夷之诛[⑥]。至于始皇，兼吞六国，遂灭礼义之官，专任刑罚，而奸邪并生，天下叛之。高祖约法三章[⑦]，而天下大悦。及孝文即位，躬修玄默[⑧]，论议务在宽厚，天下化之，有刑厝之风[⑨]。至于孝武，征发烦数[⑩]，百姓虚耗，穷民犯法，酷吏击断[⑪]，奸宄不胜[⑫]。于是张汤、赵禹之属[13]，条定法令，转相比况[14]，禁固积密[15]，文书盈于机格[16]，典者不能遍睹，奸吏因缘为市，议者咸怨伤之。凡治狱之情，必本所犯之事以为之主，不放讯，不旁求，不贵多端以见聪明也。故律正其举效之法[17]，参伍其辞[18]，以求实也，非所以饰实也。但当参伍聪明之耳目，不使狱吏断练饰法成辞于手也[19]。孔子曰："古之听狱，求所以生之也；今之听狱，求所以杀之也[20]。"故斥言以破律[21]，诋案以成法[22]，执左道以乱政[23]，皆王诛之所必加也。

【注释】

①春秋之时：本段选自《法体》。

②王道：君主以仁义治天下、以德政安抚臣民的统治方法。此处指古圣先贤的教化。浸：逐渐。

③子产：春秋时政治家，郑国执政。铸刑书：据《左传·昭公六年》，子产曾将法律条文铸在鼎上，公布于众，史称铸刑书。

④申子：指法家代表人物申不害。

⑤相坐之法：因他人犯罪而使与犯罪者有一定关系的人连带受刑的制度。又称连坐、从坐。

⑥参夷：古代指诛灭三族的酷刑。

⑦约法三章：《史记·高祖本纪》："与父老约，法三章耳：杀人者死，伤人及盗抵罪。"

⑧玄默：谓清静无为。

⑨刑厝：置刑法而不用。厝，通"措"，置。

⑩烦数（shuò）：频繁。

⑪击断：专断，决断。

⑫奸宄（guǐ）：指违法作乱的坏人。

⑬张汤：汉武帝时负责刑法事务的权臣，著名酷吏。历任廷尉、御史大夫等职。赵禹：西汉斄县（今陕西武功西南）人。武帝时历任御史、廷尉等职，治狱严峻。曾和张汤共同编订律令，著有《朝律》。

⑭比况：与类似事例进行比照。

⑮禁固：天明本眉批云："'固'疑'罔'。"禁罔，指法网。译文按"禁罔"。

⑯机格：几案和格架。机，通"几"。

⑰效：天明本眉批云："'效'恐'劾'。"译文按"劾"。

⑱参伍：错综比较，加以验证。

⑲断练：罗织罪名，陷人于罪。

⑳"古之听狱"几句：见《汉书·刑法志》。

㉑斥言以破律：《礼记·王制》："析言破律，乱名改作，执左道以乱政，杀。"郑玄注："析言破律，巧卖法令者也。"指巧说诡辩，曲解律令。

㉒诋案：指责，举劾。

㉓左道：歪门邪道。

【译文】

春秋之时，王道政治逐渐败坏，教化不能施行。子产任郑国国相而铸刑书，鄙陋浇薄的政治就从此开始了。到了战国，韩国任用申子，秦国任用商鞅，采用有罪连坐的法令，实行诛灭三族的酷刑。到了秦始皇，吞并六国，就废除执掌礼义教化的官员，只使用刑罚，而奸诈邪恶一并产生，天下叛离。汉高祖跟关中父老约法三章，而天下大悦。等到汉文帝即位，推行清静无为的治国之道，论法议事务求宽厚，天下被教化，有置刑法而不用的风气。到了汉武帝，政府征调频繁，百姓财力空竭，困窘的民众犯法，酷吏专断，坏人不可胜数。于是张汤、赵禹这类人，分条制定法令，用各种案例辗转比照，使法网越来越严密，法令文书堆满了几案、格架，主管的官员都不能全部看完，奸滑的官吏借机营私谋利，议论的人全都为之怨恨伤痛。凡是审理案件，必须以犯罪事实本身为主，不随意审讯，不乱求证据，不多方牵扯来显示审案人的聪明。所以要依据相关法令举证核实案情，综合比较供辞，为的是弄清事实，而不是要掩盖伪造事实。但应当让一些耳目聪明的人分析比较案情，不要让狱吏罗织罪名、文饰法令、伪造供辞而奸计得逞。孔子说："古代审理案件，是寻找让人活的理由；如今审理案件，是寻找让人死的理由。"所以对于巧说诡辩而曲解法令的，胡乱举劾他人并造成法律后果的，秉持邪道以扰乱国政的，这些人都是君主所必须诛杀的。

夫听察者[①]，乃存亡之门户、安危之机要也[②]。若人主听察不博，偏受所信[③]，则谋有所漏，不尽良策。若博其观听，纳受无方，考察不精，则数有所乱矣。人主以独听之聪，考察成败之数、利害之说，杂而并至以干窥听。如此，诚至精之难在于人主耳，不在竭诚纳谋尽己之策者也。若人主听察不差，纳受不谬，则计济事全，利倍功大，治隆而国富，民强而敌灭矣。若过听不精[④]，纳受不审，则计困事败，利丧功亏，国贫而兵弱，治乱而势危矣。听察之所考，不可不精，不可不审者，如此急也。

【注释】

①夫听察者：从本段起到《体论》结束还有五段，镰仓本前三段属同一篇，篇题作《审查计谋》，后两段属同一篇，篇题作《断忠臣国》。审查计谋，指调查、核实并评定计策是否正确妥当。只有审察深入、广泛、谨慎，才能保证计策的可行性。严可均《全三国文》这五段皆属同一篇，篇题为《听察》。听察，探听审察。指听取并考察各种意见。

②门户：比喻事物的关键。机要：关键，要领。

③偏受：偏听。

④过听：错误地听取。

【译文】

对各种意见的探听审察，是关系到国家生存与灭亡、平安与危险的关键。倘若君主探听审察不广博，偏听偏信，那么谋划就会有遗漏，就不能尽得良策。如果君主视听广博，但是接受采纳的方法不正确，考察得不细致，那么谋划就会被打乱。君主用自己一个人的耳朵，来考察成功与失败的道理、有利或有害的说法，这些意见混杂而来，干扰君主的视听。像这样，考察是否精确细致的困难真的就在于君主了，而不在竭尽自己的忠诚进献计策的人。倘若君主探听审察不出差错，接受采纳也无谬误，那么计谋成功，事情办成，好处倍增，功劳巨大，就能使政治兴隆，国家富足，兵力强大，敌人被消灭。倘若错误地听取意见，考察得不细致，接受采纳又不审慎，就会使计谋受困，事情失败，利益丧失，功劳亏缺，国家贫穷而兵力削弱，政治混乱而形势危险了。对于探听审察，不可以不精细，不可以不详审，就是如此重要的啊。

凡有国之主①，不可谓举国无深谋之臣，阖朝无智策之士也②。在听察所考精与不精，审与不审耳。何以验其然乎？在昔汉祖者，聪听之主也③，纳陈恢之谋则下南阳④，不用娄敬之计则困平城⑤。广武君者⑥，策谋之士也，韩信纳其计则燕、齐举，陈馀不用其谋则泜水败⑦。由此观之，汉祖之听，未必一暗一聪也，在于精与不精耳；广武之谋，非为一拙一工也，在用与不用耳。不可谓事济者有计策之士，覆败者无深谋之臣也。

【注释】

①凡有国之主：本段选自《审查计谋》。

②阖朝：整个朝廷。

③聪听：明于听取，明于辨察。

④陈恢：秦末为南阳郡守舍人。刘邦围宛，恢逾城献计于刘邦。刘邦从之，受宛降，封恢食邑千户。南阳：郡名，战国秦置，治所在宛县（今河南南阳）。

⑤娄敬：即刘敬，西汉初齐人。以布衣见汉高祖，建议入都关中有功，赐姓刘。曾使匈奴，探知匈奴实力，建议毋出兵攻击。高祖不听，至平城，被匈奴冒顿单于困于白登山七日，后用陈平计始得脱。此后娄敬主张将宗室女嫁与匈奴单于，和亲结好。平城：在今山西大同东北。

⑥广武君：即李左车，秦汉之际谋士。初仕赵，封广武君。楚汉战争中，韩信率兵攻赵，他向赵将陈馀建议出奇兵断绝对方粮道，未被采纳，终为韩信所败。后归附韩信，提出乘胜夺取燕、齐之计，韩信用其策，下燕、齐诸城。

⑦陈馀：秦末大梁（今河南开封）人。陈胜、吴广起义，馀与张耳为左右校尉，从武臣北定赵地。武臣为赵王，馀任大将军。武臣死，立赵歇为王。后与张耳绝交，击走之，自立为代王。韩信击赵，馀因不听李左车之言，为韩信所杀。泜水：流经今河北元氏一带的河流。张耳、韩信击破赵井陉，斩陈馀泜水上。

【译文】

凡是拥有国家的君主，不可以认为全国都没有深谋远虑的臣子，整个朝廷都没有智谋之士。问题在于自己探听审察时精细不精细，详审不详审罢了。用什么来证明这一点呢？从前汉高祖，是一位明于听取辨察的君主，他采纳了陈恢的谋略而攻克南阳，不采纳娄敬的计策结果被困在平城。广武君，是有谋略之士，韩信采纳他的意见而一举攻下燕、齐，陈馀不采纳他的计谋就遭遇泜水之败。由此看来，汉高祖听取意见，未必是一次糊涂一次明白，而在于审察得精细不精细罢了；广武君的谋略，不是一个不好一个好，而在于采用与不采用罢了。所以不可以说成事的人有出谋划策的谋士，败亡的人就没有深谋远虑的臣子。

吴王夫差拒子胥之谋①，纳宰嚭之说②，国灭身亡者，不可谓无深谋之臣也。楚怀王拒屈原之计，纳靳尚之策③，没秦而不反者④，不可谓无计画之士也。虞公不用宫奇之谋灭于晋⑤，仇由不听赤章之言亡于智氏⑥。蹇叔之哭⑦，不能济崤渑之覆⑧；赵括之母⑨，不能救长平之败。此皆人主之听不精不审耳。由此观之，天下之国，莫不皆有忠臣谋士也，或丧师败军，危身亡国者，诚在人主之听不精不审。取忠臣，谋博士，将何国无之乎？

【注释】

①吴王夫差拒子胥之谋：本段选自《审查计谋》。子胥，伍子胥，春秋末吴国大夫。

②宰嚭（pǐ）：即伯嚭，春秋末吴国太宰。善逢迎，深得夫差宠信。吴破越，越求和于吴，伍子胥以为不可。伯嚭受越美女八人，进说夫差许越媾和，并屡进谗言，谮杀伍子胥。吴亡，降越为臣。

③靳尚：战国时楚怀王的侍臣。张仪为秦使楚，被楚王拘囚，靳尚受张仪厚币，游说楚王与郑袖，使张仪得释。楚王使尚随张仪出国，后因与小臣有仇，为小臣使张旄刺死。

④没秦：死在秦国。楚怀王三十年（前299），秦楚会盟于武关，楚怀王被秦扣留，不得归，后死于秦。

⑤虞公：春秋时虞国国君。宫奇：即宫之奇，春秋时虞国大夫。辅佐

虞君，主张联虢拒晋。晋献公以良马玉璧送虞君，借道伐虢，虞君许。宫之奇以“辅车相依、唇亡齿寒”劝谏，虞君不听，宫之奇遂率族人出奔。

⑥仇由：春秋时国名，在今山西盂县一带。灭于晋国。赤章：即赤章曼枝，又称赤章曼伯，仇由国大夫。怀疑晋卿智伯献钟有诈，向仇由国君进谏，国君不听。赤章曼枝无奈，投齐国而去。智氏：指智伯，名瑶，春秋时晋国正卿。

⑦蹇叔：春秋时秦国大夫。得百里奚荐，仕于秦，佐穆公称霸。曾力陈远袭郑国必败，穆公不听。蹇叔之子随师出征，哭送之。后秦军为晋军击于崤，全军覆没，三帅被俘。

⑧崤渑：又称崤塞。秦、晋崤之战就发生在这一带。

⑨赵括之母：赵将马服君赵奢之妻，赵括之母。秦攻赵，赵王使赵括代廉颇为将。她劝谏赵王不可使赵括领兵。赵王不听，终有长平之败。

【译文】

吴王夫差拒绝了伍子胥的谋略，采纳了太宰伯嚭的意见，结果国灭身死，但不可以说他没有深谋远虑的臣子。楚怀王拒绝屈原的计谋，采纳了靳尚的计策，结果死在秦国而没能回来，但不可以说他没有出谋划策的谋士。虞国国君不采纳宫之奇的谋略而被晋国消灭，仇由国国君不听赤章大夫的谏言而被智氏灭亡。蹇叔的痛哭，不能挽救秦军崤之战的覆败；赵括的母亲，不能挽救长平之战赵军的失败。这都是君主听取意见不够精细详审罢了。由此看来，天下的国家，没有哪个没有忠臣谋士，有的国家军队丧亡失败，国君危困，国家灭亡，真的就在于君主听取意见不精细不详审。如果真的寻求忠良之臣、博学之士，又有哪个国家没有呢？

臣以为忠良虑治益国之臣[①]，必竭诚纳谋恳恻而不隐者[②]，欲以究尽治乱之数，舒展安危之策耳。故准圣主明君，莫不皆有献可退否纳忠之臣也[③]。昔者，帝舜大圣之君也，犹有咎繇献谟、夏禹纳戒[④]。暨至殷之成汤、周之文武，皆亦至圣之君也，然必俟伊尹为辅、吕尚为师，然后乃能兴功济业、混一天下者，诚视听之聪察[⑤]，须忠良为耳目也。由此观之，忠良虑治益国之臣者，得不师踪往古[⑥]，袭迹前圣，投命自尽[⑦]，以辅佐视听乎？

【注释】

①臣以为忠良虑治益国之臣：本段及下一段镰仓本篇题作《断忠臣国》，认为为君者必须得到忠臣的辅佐才能治理好国家。

②恳恻：诚恳痛切。

③献可退否：同"献可替否"。进献可行者，废去不可行者。谓对君主进谏，劝善规过。

④咎繇：即皋陶。谟：计谋，策略。

⑤聪察：明察。

⑥师踪：效法追从。

⑦投命：舍命，拼命。自尽：尽自己的才力。

【译文】

我认为忠诚善良、一心谋划治国之道、对国家有益的臣子，一定是竭尽忠诚进献谋略、诚恳痛切而不隐瞒自己意见的人，他们希望君主能全面采纳其治理乱政的计谋，让他们施展平定危乱的策略。所以考量那些圣明君主，都有对君主劝善规过奉献忠诚的臣子。从前，舜帝是非常圣明的君主了，尚且有皋陶献上谋略，大禹奉上告诫。到了殷商的成汤，周朝的文王、武王，也都是非常圣明的君主，但只有等到伊尹做了辅臣、吕尚做了军师，然后才能建功立业，统一天下，可见君主要想做到视听聪敏详明，就必须有忠诚善良的臣子作为耳目。由此看来，忠诚善良、一心谋划治国之道、对国家有益的臣子，怎能不效法往古，追随前代圣人的脚步，舍弃性命竭尽自己的才力，来辅助君主的视听呢？

夫人君者[①]，以至尊之聪听，总万机而贤之[②]；以至贵之明察，料治乱而考焉。将当能皆穷究其孔要[③]，料尽其门户乎？其数必用有所遗漏。不有忠臣良谋辅佐视听者，则凡百机微有所不闻矣[④]。何以论其然乎？夫人君所以尊异于人者，顺志养真也[⑤]。欢康之虞[⑥]，则严乐盈耳、玩好足目、美色充欲、丽服适体[⑦]。远眺回望，则登云表之崇台；逍遥容豫[⑧]，则历飞阁之高观。嬉乎绿水之清池，游乎桂林之芳园。弋凫与雁[⑨]，从禽逐兽。行与毛嫱俱[⑩]，入与西施处。将当何从体觉穷愁之戚悴[⑪]，识鳏独之难堪乎[⑫]？食则膳鼎几俎[⑬]，庶羞兼品[⑭]，酸甘盈备，珍馔充庭，奏乐而进，鸣钟而彻，间馈代至，口不绝味，将当何从觉饥馁之厄艰、识困饿之难堪乎？暑则被雾縠、袭纤絺[⑮]，处华屋之大厦，居重荫之玄堂[⑯]，褰罗帷以来清风[⑰]，烈凝冰以遏微暑[⑱]，侍者御粉扇，典衣易轻裳[⑲]，飘飘焉有秋日之凉，将当何从体觉炎夏之郁赫，识毒热之难堪乎？寒则服绵袍、袭轻裘，绵衾貂蓐[⑳]，叠茵累席[㉑]，居隩密之深室[㉒]，处复帟之重幄[㉓]，炽猛炭于室隅以起温，御玉卮之旨酒以御寒[㉔]，炎炎焉有夏日之热，将当何从体觉隆冬之惨烈，识毒寒之难堪乎？此数者，诚无从得而知之者也。凡百机微，如此比类者，必用遗漏，有所未详也。如此，则至忠之臣者，得不辅佐视听，以起寤遗忘乎？

【注释】

①夫人君者：本段选自《断忠臣国》。

②贤：天明本眉批云："'贤'当作'监'。"译文按"监"。

③孔要：指最核心的要点。

④凡百：一切，一应。机微：细微。

⑤养真：修养、保持本性。

⑥虞：通"娱"，欢乐。

⑦玩好：供玩赏的奇珍异宝。

⑧容豫：同"容与"。悠闲自得的样子。

⑨弋（yì）：用带绳子的箭射鸟。凫（fú）：野鸭。

⑩毛嫱：古代美女名。

⑪戚悴：忧愁，悲伤。

⑫鳏：老而无妻，也指死了妻子的人。独：老而无子。

⑬俎：供祭祀或宴飨时用的礼器，是四脚方形的青铜盘或木漆盘，常盛放牛羊肉。

⑭庶羞：多种美味。

⑮縠（hú）：有皱纹的纱。缔（chī）：细葛布。

⑯玄堂：北向的堂。

⑰褰（qiān）：提起，掀起。罗帷：丝制帷幔。

⑱烈：天明本眉批云："'烈'当作'裂'。"译文按"裂"。

⑲典衣：掌管衣服的官员。

⑳绵：天明本眉批云："'绵'疑'锦'。"译文按"锦"。蓐（rù）：草席，草垫子。这里指褥子。

㉑茵：席子，垫子。

㉒隩密：隐秘。隩，通"奥"。

㉓帟（yì）：张盖在上方用以遮蔽尘埃的平幕。

㉔卮（zhī）：古代盛酒的器皿。

【译文】

君主，凭借最尊贵的视听来总管纷繁的政务并进行监督；以最尊贵的明察来考虑国家的治乱并进行审察。难道就能彻底参透事情的核心要点，看到所有问题的关键吗？君主采用的方法必定会有所遗漏。如果没有忠诚的臣子用良策来辅助君主的视听，那么处理政务时就会有许许多多注意不到的细微之处。拿什么来论证这一点呢？君主的尊贵不同于常人的原因，就是因为他能顺从己志、保持本性。他想享受欢乐时，就有萦绕于耳的雅乐、布满眼前的珍玩、满足欲望的美人、合体的漂亮衣服。想登高远望，那就登上高耸云外的楼台；想逍遥悠闲，那就游历有飞阁的楼观。在绿水清池畔玩耍，在桂林芳园中游乐。箭射野鸭大雁，追逐禽鸟野兽。出门时与毛嫱一起，回来时则与西施相处。又能从哪里体会到穷困愁苦的忧伤，了解无妻、无子者的艰难呢？吃饭时就用鼎烹煮食物，用几案和俎盛放食物，各种美味应有尽有，五味俱全，珍美的食物摆满厅堂，奏着音乐端上来，伴着钟声撤下去，其间又有美食交替送上，口中美味不断，又能从哪里体会到饥饿的痛苦，了解困窘挨饿的难忍呢？天热就披上薄雾般的绉纱，穿上细葛布做的衣服，住在华丽高大的房子里，安居在有重重背阴的北向的屋子，掀起帷幔让清风吹来，打破冰块来消解轻微的暑热，侍从摇起扇子，掌管衣服的官员给换上轻薄的衣裳，飘飘然好似秋天一般凉爽，又能从哪里体会到炎夏的烦闷炽热，了解酷热的难忍呢？寒冷就穿上绵袍，披上轻软的皮衣，盖锦缎被子，铺貂皮褥子，用层层重叠的席子垫子，居住在隐秘幽深的屋室中，安处于层层叠叠的帐幕里，在屋角燃起炽热的炭火来取暖，喝用玉杯盛的美酒来御寒，好像有夏日的温暖，又能从哪里体会到隆冬之凛冽，了解严寒之难忍呢？以上这几种情况，君主真的没有办法了解。政务中众多细微的事情，拿来和这些事相类比，就知道必然会有所遗漏，有不能详察的地方。如此说来，那些最忠诚的臣子，怎么能够不辅助君主的视听，使其醒悟而不致遗忘呢？

典语

陆景

【题解】

《典语》，三国吴陆景著。其名盖有解释经典言论、阐明圣贤大道之意。陆景写作《典语》是想给面临亡国的吴国提出治国方略，内容重在修明政治，讽谏吴主要远小人、亲贤臣。这也从侧面也反映出当时君主昏庸、小人乱政的局面。

《隋书·经籍志》子部儒家类记载："《典语》十卷，《典语别》二卷，并吴中夏督陆景撰。亡。"而《旧唐书·经籍志》《新唐书·艺文志》皆著录陆景《典训》十卷，应该就是《隋书·经籍志》的《典语》。此书久已散佚，据清严可均《典语》辑本案语，与他同时代的王理堂曾获得宋写残本二卷，可惜严氏未见其书，不知其中是否有超出《群书治要》等书节录的内容。

陆景，字士仁，吴郡吴县（今江苏苏州）人。陆逊之孙，陆抗之子，陆机、陆云之仲兄。自幼博览群书，精通文史，多有政治主张。娶吴主孙皓之妹为妻，拜骑都尉，封毗陵侯。陆抗死后，统帅父亲的部分兵马，拜偏将军、中夏督。天纪末年晋伐吴时，被晋军所杀，时年三十一岁。陆景洁身自好，勤奋苦学，著书数十篇，除《典语》《典语别》外，《隋书·经籍志》还著录《陆景集》一卷，已佚。

《群书治要》对《典语》的节录，主要包括重视爵禄、任用贤能、爱民恤民、官员恪尽职守等几个方面的内容。陆景认为君主应重视官爵禄位，对于爵禄“明君不可以虚授”“制爵必俟有德，班禄必施有功”。关于用人，陆景主张任用贤才，诛除恶人，所谓“俊乂在官，则治道清，奸佞干政，则祸乱作”“敬一贤则众贤悦，诛一恶则众恶惧”。他还谈到官员职责的问题，提出“分官别职，各守其位”“处其任者，必荷其责，在其任者，必知所职”，官员只有恪尽职守，国家才能长治久安。此外，针对君主荒淫奢侈、不恤百姓的问题，陆景说“宫室壮观，出于民力，器服珍玩，生于民财，千乘万骑，由于民众”，如果没有民众的侍奉，君主则“魁然独在”，没有什么尊贵可言了，因而提出“恤民养士，恕下以身”，君主应当从自身的需求推想到民众的需求。

陆景在吴国内部政治腐朽、外有强敌觊觎的乱局下，写下了这些救世主张，而《群书治要》对《典语》的节录，则是希望李唐王朝的统治者能居安思危，以史为鉴，其内容具有普遍的借鉴意义。

爵禄赏罚①，人主之威柄②，帝王之所以为尊者也。故爵禄不可不重。重之则居之者贵，轻之则处之者贱。居之者贵则君子慕义③，取之者贱则小人觊觎④。君子慕义，治道之兆；小人觊觎，乱政之渐也。《易》曰：“圣人之大宝曰位，何以守位曰人⑤。”故先王重于爵位，慎于官人，制爵必俟有德，班禄必施有功。是以见其爵者昭其德，闻其禄者知其功。然犹诫以威罚，劝以黜陟⑥，显以锡命⑦，耀以车服。故朝无旷官之讥⑧，士无尸禄之责矣⑨。

【注释】

①爵禄赏罚：本段及下一段镰仓本篇题作《重爵》。陆景提出，爵禄

与赏罚是君主的威权，应“重于爵位，慎于官人”，还应“诫以威罚，劝以黜陟”。

②威柄：威权，权力。

③慕义：倾慕仁义。

④觊觎（jì yú）：希望得到不应该得到的东西。

⑤圣人之大宝曰位，何以守位曰人：《周易·系辞下》：“圣人之大宝曰位，何以守位？曰仁。”

⑥黜陟：指人才的进退，官吏的升降。

⑦锡命：天子有所赐予的诏命。锡，赐予。

⑧旷官：空居官位。指不称职。

⑨尸禄：谓空食俸禄而不尽其职，无所事事。

【译文】

官爵俸禄奖赏惩罚，是君主的威权，是帝王之所以成为尊者的原因。所以官爵俸禄不能不被重视。重视，那么拥有官爵俸禄的人就会尊贵，轻视，那么拥有官爵俸禄的人就会低贱。拥有的人尊贵，就能激励君子崇尚仁义；获取的人低贱，小人就会产生非分的想法。君子崇尚仁义，那就是国家得到治理的征兆；小人有非分的想法，那就是政治混乱的开始。《周易》言道：“圣人最宝贵的是地位，用来守住地位的是人。”所以先王很重视爵位，对授人官职十分谨慎，必定要将爵位授予有德行的人，把俸禄颁发给有功劳的人。因此看见一个人的爵位就明白他的德行如何，知道一个人俸禄多少就能了解他的功劳。但还是要用刑罚来惩戒，用职位的升降来激励，用天子的诏命使其显达，用车马服饰来使其感到荣耀。所以朝廷没有人因空居官位而被讽谏，朝士没有因空食俸禄而受到责备。

夫无功而受禄[①]，君子犹不可，况小人乎？孔子所以耻禀丘之封[②]，而恶季氏之富也[③]。故曰：“富与贵，是人之所欲，不以其道得之，不处[④]。”苟得其志，执鞭可为。苟非其道，卿相犹避。明君不可以虚授，人臣亦不可以苟受也。《书》曰："天工人其代之[5]。"是以圣帝明王，重器与名，尤慎官人。故周褒申伯[6]，吉甫著诵[7]；祈父失职[8]，诗人作刺[9]；王商为宰[10]，单于震畏；千秋登相[11]，匈奴轻汉。推此言之，官人封爵，不可不慎也。官得其人，方类相求[12]，虽在下位，士以为荣也。俗以货成[13]，位失其守，虽则三公，士以为辱也。故王阳在位[14]，贡公弹冠[15]；王、许并立[16]，班伯耻之[17]。

【注释】

①夫无功而受禄：本段选自《重爵》。

②耻禀丘之封：《吕氏春秋·离俗览·高义》："孔子见齐景公，景公致廪丘以为养。孔子辞不受，入谓弟子曰：'吾闻君子当功以受禄。今说景公，景公未之行而赐之廪丘，其不知丘亦甚矣。'令弟子趣驾，辞而行。"禀丘，即廪丘，春秋时齐邑，在今山东郓城西北。

③恶季氏之富：《论语·先进》："季氏富于周公，而求也为之聚敛而附益之。子曰：'非吾徒也。小子鸣鼓而攻之，可也。'"季氏比周公旦还富有，冉求为其聚敛钱财。孔子十分厌恶，并且不再认冉求是自己子弟。季氏，即季孙氏，春秋后期鲁国掌权贵族，"三桓"之一。

④"富与贵"几句：见《论语·里仁》。

⑤天工人其代之：上天的职责由人代替执行。见《尚书·皋陶谟》。天工，天的职任。古代以为王者法天而建官，代天行职事。

⑥申伯：西周时申国国君，宣王母舅。为周卿士，佐宣王中兴有功，赐谢邑，筑城定居，以卫南土。

⑦吉甫著诵：见《诗经·大雅·崧高》。此诗为尹吉甫所作，诗中歌颂申伯辅佐周室、镇抚南方之功。吉甫，即尹吉甫，周宣王时贤臣。

⑧祈父：即圻父。古代官名，掌封畿内军事。

⑨诗人作刺：见《诗经·小雅·祈父》。毛序："《祈父》，刺宣王也。"郑笺："刺其用祈父不得其人也。官非其人则职废。"

⑩王商：字子威，西汉涿郡蠡吾（今河北博野西南）人，后徙杜陵（今陕西西安东南）。元帝时，为右将军、光禄大夫。成帝时，官左将军，任丞相。帝舅大将军王凤专权，两人不协，被谮免相。据称王商身长八尺，容貌出众。河平四年（前25）匈奴单于朝见成帝，拜谒丞相王商，因王商身材高大，单于仰望之而心中畏惧。

⑪千秋：即车千秋，西汉大臣。戾太子为江充谗害，千秋上书讼太子冤，武帝感悟，拜为大鸿胪。旋为丞相，封富民侯。《汉书·车千秋传》载，汉使者至匈奴，单于问道："闻汉新拜丞相，何用得之？"使者言："以上书言事故。"单于道："苟如是，汉置丞相，非用贤也，妄一男子上书即得之矣。"

⑫方类相求：指官场风清气正，官员人人德配其位、志趣相投。方类，同类。

⑬货：指贿赂。

⑭王阳：即王吉，字子阳，西汉琅邪皋虞（今山东即墨东北）人。举贤良，任昌邑王中尉。昭帝死，昌邑王即帝位，旋以淫乱废，王吉因先谏而免死。后复为益州刺史，因病去官，又征为博士谏大夫，谢病归。元帝即位，遣使征迎，道病卒。

⑮贡公：即贡禹，字少翁，西汉琅邪（治今山东诸城）人。元帝初为谏大夫，后迁御史大夫，数月病卒。鉴于朝政腐败，贡禹曾多次上书抨击宫廷奢侈，商人兼并农民，要求减徭役、选贤能等。弹冠：弹去冠上的灰尘，整冠。表示要去做官。王吉与贡禹为好友，世称"王阳在位，贡公弹冠"，表示两人在仕途上同进退。

⑯王、许：汉成帝时外戚王氏、许氏。

⑰班伯：西汉扶风安陵（今陕西咸阳东北）人。少受《诗》于师丹。

又受《尚书》《论语》于郑宽中、张禹。既通大义，迁奉车都尉。成帝时，数求使匈奴。河平中，单于来朝，帝使伯持节迎于塞下。后出为定襄太守，有治绩。《汉书·叙传上》："（班伯）出与王、许子弟为群，在于绮襦纨绔之间，非其好也。"

【译文】

没有功劳而接受俸禄，君子尚且没有资格，更何况小人呢？这就是孔子把禀丘的封赏看作耻辱，而厌恶季氏富裕的原因。所以说："富裕显贵，这是人人都想得到的，但如果不用正道获得，君子是不会接受的。"假如符合心中的道义，即使拿着鞭子给人赶车也行。假如不符合道义，就是授予卿相的高位也要躲避。英明的君主不能不明不白地授予官职，作为臣子也不能随随便便地接受官职。《尚书》言道："天的职责由人代替执行。"因此圣明的帝王，看重器物与名位，尤其慎重于授人官职。所以周王褒奖申伯，尹吉甫就写诗称颂；祈父失职，诗人就写诗讽刺；王商做了宰相，匈奴单于震惊畏惧；车千秋做了宰相，匈奴就轻视汉朝。由此推论，授予官职赏赐爵位，不可以不谨慎。任命合适的人为官，官员志趣相投，即使处在不高的官职，士人也以此为荣。世俗之人通过贿赂得到官职，官位就失去了本来的意义，即使做了三公，士人也以此为耻。所以王阳在职时，贡禹就弹冠相庆；王氏、许氏外戚并立，班伯就认为是耻辱。

天子据率土之资[①]，总三才之任[②]，以制御六合[③]，统理群生，固未易为也。是以圣帝明王，忧劳待旦，勤于日昃[④]，未有不汲汲于求贤[⑤]，勤勤于远恶者也。故大舜招二八于唐朝[⑥]，投四凶于荒裔[⑦]。殛鲧不嫌登禹[⑧]，亲仁也；举子不为宥父，远恶也。以能昭德立化，为百王之命也[⑨]。

【注释】

①天子据率土之资：本段及下一段镰仓本篇题作《清治》。清治就是治道清明。文中指出“俊乂在官，则治道清”，而得人之道则在于尊敬贤人而诛杀恶人，“敬一贤则众贤悦，诛一恶则众恶惧”。

②三才：指天、地、人。

③六合：指天地和东西南北四方。泛指天下或宇宙。

④昃：太阳西斜。

⑤汲汲：形容心情急切，努力追求。

⑥二八：指八元、八恺。八元即高辛氏的才子八人：伯奋、仲堪、叔献、季仲、伯虎、仲熊、叔豹、季狸。元，善良。八恺即高阳氏的才子八人：苍舒、隤敳、梼戭、大临、龙降、庭坚、仲容、叔达。恺，和顺。唐朝：唐尧之朝。舜为尧臣时，举用八元、八恺。

⑦四凶：相传为尧舜时代四个恶名昭彰的部族首领，一说为三苗、驩兜、共工、鲧，一说为浑敦、穷奇、梼杌、饕餮。荒裔：指边远地区。

⑧殛（jí）：诛杀。鲧：传说中禹的父亲。

⑨命：通“名”，美名。

【译文】

天子拥有四海之内的资财，总揽管理天、地、人的重任，以统治天下，治理百姓，本来就不容易。因此圣明的帝王，忧虑劳苦，通宵达旦，太阳西斜了还勤于政务，没有不急切地寻求贤才、尽力远离恶人的。所以虞舜在唐尧之朝招揽八元、八恺，把四凶流放到边远地区。诛杀鲧却无所怀疑地进用大禹，这是亲近仁人；举用儿子而不宽恕他的父亲，这是远离恶人。因此能够昭明德行树立教化，在历代帝王中成就美名。

夫世之治乱[①]，国之安危，非由他也。俊乂在官[②]，则治道清；奸佞干政，则祸乱作。故王者任人，不可不慎也。得人之道，盖在于敬贤而诛恶也。敬一贤则众贤悦，诛一恶则众恶惧。昔鲁诛少正[3]，佞人变行；燕礼郭隗[4]，群士向至。此非其效与！然人主处于深宫之中，生于禁闼之内[5]，眼不亲见臣下之得失，耳不亲闻贤愚之否臧，焉知臣下谁忠谁否、谁是谁非？须当留意隐括[6]，听言观行，验之以实，效之以事[7]。能推事效实，则贤愚明而治道清矣。

【注释】

①夫世之治乱：本段选自《清治》。

②俊乂（yì）：才德出众的人。

③少正：即少正卯，春秋时鲁国大夫。与孔子同时在鲁国讲学，曾多次将孔子门徒吸引至自己门下，使孔子之门"三盈三虚"。孔子为鲁国司寇，以乱政罪诛之。子贡问孔子，孔子言少正卯有"心达而险、行辟而坚、言伪而辩、记丑而博、顺非而泽"五种恶劣品性，不可不杀。

④郭隗：战国时燕昭王之臣。昭王欲报齐仇，问计于郭隗，隗自请为天下之士开路。昭王悦，为隗筑宫，待以师礼，筑黄金台以招贤者。于是乐毅等人争赴燕国。

⑤禁闼（tà）：宫廷门户。亦指宫廷、朝廷。闼，小门。

⑥隐括：亦作"隐栝"，审度，查核。

⑦效：验证，证明。

【译文】

世道的太平与混乱，国家的平安与危险，不是由于别的。只要才德出众的人做官，那么政治就清明；奸邪谄媚的人干预政事，那么祸乱就会发生。所以君王用人，不可以不谨慎。获得人才的方法，就在于尊敬贤人而诛杀恶人。尊敬一个贤人众多贤人就会悦服，诛杀一个恶人众多恶人就会恐惧。从前鲁国诛杀了少正卯，阿谀谄媚的人也改变了品行；燕昭王礼遇郭隗，成群的士人前来归附。这不就是证明吗！然而君主处在深宫之中，生长在宫廷之内，不能亲眼看见臣下的得失，不能亲耳听见贤者愚者的善恶优劣，哪里知道臣下谁忠谁不忠、谁对谁错呢？应当注意审查核实，听他说的话，观察他的行为，用实践来验证，在做事中检验。如果能推证其事，验证其实，那么是贤是愚就可以分明，政治也就清明了。

王者所以称天子者[①]，以其号令政治，法天而行故也。夫天之育万物也，耀之以日月，纪之以星辰[②]，运之以阴阳[③]，成之以寒暑，震之以雷霆，润之以云雨。天不亲事而万事归功者，以所任者得其宜也。然握璇玑[④]，御七辰[⑤]，调四时，制五行，此盖天子之所为任者也。孔子曰："唯天为大，唯尧则之[⑥]。"帝王之盛莫过虞。昔帝尧之末，洪水有滔天之灾，烝民有昏垫之忧[⑦]，于是咨嗟四岳[⑧]，举及侧陋[⑨]。虞舜既登，百揆时叙[⑩]，二八龙腾，并干唐朝。故能扬严亿载[⑪]，冠德百王。舜既受终，并简俊德[⑫]，咸列庶官，从容垂拱[⑬]，身无一劳而庶事归功、光炎百世者，所任得其人也。

【注释】

①王者所以称天子者：本段镰仓本篇题作《君道》。为君之道在于任人得宜，任人得宜则"身无一劳而庶事归功"。

②纪之以星辰：指以星辰记万物之岁时。

③运之以阴阳：指以昼夜运行万物。阴阳，昼夜。

④璇玑：这里指古代观测天文的仪器。

⑤七辰：日、月及金、木、水、火、土五星。

⑥唯天为大，唯尧则之：见《论语·泰伯》。

⑦烝民：民众，百姓。昏垫：陷溺。指困于水灾。

⑧咨嗟四岳：见《尚书·尧典》："帝曰：'咨，四岳！'"咨嗟，叹息声。四岳，传说尧舜时四方部落的首领。

⑨侧陋：处在僻陋之处的贤人或卑贱的贤者。这里指虞舜。

⑩百揆：百官。时叙：承顺，顺当。时，通"承"。

⑪扬严：扬威。

⑫简：简选。俊德：才德杰出的人。

⑬垂拱：垂衣拱手。谓不动手，不做什么事。

【译文】

君王之所以称为天子，是因为他发布政令，是效法上天而行的缘故。上天化育万物，用日月来照耀万物，用星辰来记万物之岁时，用昼夜来运行万物，用寒暑使万物长成，用雷霆来震动万物，用云雨来滋润万物。天不躬亲理事而万事都归功于天，是因为天所任者都很称职。但是掌握观测天象的仪器，驾驭七辰，调和四季，控制五行，这些就是天子所要承担的。孔子说："只有天最大，只有唐尧效法天。"帝业的昌盛没有比得上虞舜的。从前在唐尧末期，洪水滔天成灾，民众有困于水患的忧愁，于是唐尧对四岳叹息，举荐了出身鄙陋卑贱的贤人。虞舜做了继承人后，百官顺承，八元、八恺这些贤才被提拔，共同在唐尧的朝廷为官。所以能够扬威于万代，德行居百代帝王之上。虞舜承受帝位后，选拔俊才，让他们担任各种官职，自己从容地垂拱而治，自身没受一点劳苦而各种事业都归功于他，从而光耀百世，其原因就在于所任用的都是合适的人。

天子所以立公卿、大夫、列士之官者[①]，非但欲备员数、设虚位而已也，以天下至广，庶事总猥[②]，非一人之身所能周理，故分官别职，各守其位。事有大小，故官有尊卑；人有优劣，故爵有等级。三公者，帝王之所杖也[③]，自非天下之俊德，当世之良材，即不得而处其任。处其任者，必荷其责；在其任者，必知所职。夫匡辅社稷，佐日扬光[4]，协齐七政，宣化四方，此三公之职。笾豆之事，则有司存[5]，大臣不亲细事，犹周鼎不调小味也[6]。故《书》曰："元首丛脞哉，股肱惰哉，庶事隳哉[7]。"此之谓也。陈平曰："宰相者，上佐天子，下理阴阳，外抚四夷诸侯，内亲附百姓，使卿大夫各得其任其职也[8]。"可谓知其任者也。

【注释】

①天子所以立公卿、大夫、列士之官者：本段镰仓本篇题作《臣职》。臣职就是臣子的职守。官员必须"分官别职，各守其位"，只有众官员，特别是三公、宰相恪尽职守，国家才能长治久安。列士，即元士。古称天子之上士，别于诸侯之士。

②总猥：聚合的样子。

③杖：倚仗，依靠。

④日：比喻君主。

⑤笾（biān）豆之事，则有司存：见《论语·泰伯》。笾豆，笾和豆，古代祭祀及宴会时常用的两种礼器，竹制为笾，木制为豆。这里指祭祀所用的笾豆。

⑥周鼎：指周代传国的九鼎。小味：五鼎食（牛、羊、豕、鱼、麋）以外的烹饪品。

⑦"元首丛脞（cuò）哉"几句：见《尚书·益稷》。丛脞，琐碎，杂乱。脞，同"脞"，细碎。隳，毁坏，废弃。

⑧"宰相者"几句：见《史记·陈丞相世家》。

【译文】

天子之所以设立公卿、大夫、列士的官职，不仅是想要齐备官员数目、空设官位而已，而且是因为天下太广阔，国家事务林林总总，不是一个人能够完全处理好的，所以分官别职，让官员各守自己的职位。事情有大小，所以官职有尊卑；人的才能有高有低，所以爵位有等级。三公，是帝王所倚仗的人，倘若不是天下才德杰出的人，不是当代贤良的人才，就不能担当这个重任。担当此重任的人，就必须承担其责任；处在这个位置上的人，就必须了解其职务。匡辅江山社稷，辅佐君主像太阳一样发光，协和整治日月星辰的运行，向四方百姓传布教化，这是三公的职责。至于祭祀礼仪中的细节，自有相关部门的官员负责，大臣不亲自处理小事，就像周鼎不用来调和五鼎食之外的食物一样。所以《尚书》言道："君王处理琐碎之事啊，大臣就会懒惰啊，政事就会荒废啊。"说的就是这样的事。陈平说："宰相，对上辅佐天子，对下调理阴阳，对外安抚四夷和诸侯，对内使百姓亲附，让卿大夫能够各自胜任他们的职务。"这可以说是知道自己责任的人啊。

天下至广[①]，万机至繁。人主以一人之身，处重仞之内[②]，而御至广之士，听至繁之政，安知万国之声息[③]，民俗之动静乎？故古之圣帝立辅弼之臣，列官司之守，劝之以爵赏，诫之以刑罚。故明诫以效其功，考绩以核其能，德高者位尊，才优者任重。人主总君谟以观众智，杖忠贤而布政化，明耳目以来风声[④]，进直言以求得失。夫如是，虽广必周，虽繁必理。何则？御之有此具也。夫君称元首，臣云股肱，明大臣与人主一体者也。尧明俊德，守位以人，所以强四支而辅体也，其为己用岂细也哉！苟非其选，器不虚假[⑤]；苟得其人，委之无疑。君之任臣，如身之信手[⑥]；臣之事君，亦宜如手之击身[⑦]。安则共乐，痛则同忧。其上下协心，以治世事，不俟命而自勤，不求容而自亲[⑧]。何则？相信之忠著也。是以天子改容于大臣[9]，所以重之也；人臣尽命于君上，所以报德也。宠之以爵级，而天下莫不尊其位；任之以重器[10]，天下莫不敬其人；显之以车服，天下莫不瞻其荣者。以其荷光景于辰耀[11]，登阶于天路也[12]。若此之人，进退必足以动天地而应列宿也。故选不可以不精，任之不可以不信，进不可以不礼，退之不可以权辱。昔贾生尝陈阶级[13]，而文帝加重大臣。每贤其遗言，博引古今，文辞雅伟，真君人之至道，王臣之硕谟也。

【注释】

①天下至广：本段镰仓本篇题作《任贤》。陆景认为，对股肱之臣必须精选而信任之，并用爵位、奖赏进行勉励，用刑罚予以惩戒。

②重仞：累仞，数仞。形容高。这里指深宫高墙。

③声息：消息，情况。

④风声：指传播出来的消息。

⑤器：与官职爵位相应的车舆服饰。代指官职爵位。

⑥信：通“伸”。

⑦击：严可均《全三国文》作“系”。应是。译文按“系”。

⑧求容：取悦。

⑨改容：使容颜端正，示人以礼敬。

⑩重器：指国家的宝器。比喻天下，政权。

⑪光景：光宠，宠幸。辰耀：同“宸曜”，帝王的照耀。比喻人君之恩泽。

⑫登阶于天路也：“登”字后，严可均校：“疑有‘泰’字。”泰阶，指三台星。上台、中台、下台共六星，两两并排而斜上，如阶梯。三台星被认为是登天之阶。登泰阶于天路，喻指登朝廷为天子之臣。

⑬贾生：指贾谊。陈阶级：见贾谊《新书·阶级》，言天子如堂，群臣

如阶，庶民为地，尊卑各有等级，堂无阶则卑，故天子对于大臣不可不重视。阶级，指官位的尊卑等级。

【译文】

天下广大，政务繁杂。君主一人，身处深宫高墙之内，而要统御百官，处理繁杂的政务，如何能知道天下各国的情况，民情风俗的动静呢？所以古代圣明的君主设立辅佐大臣，安排各管理部门的职责，并用爵位赏赐来劝勉他们，用刑罚来惩戒他们。所以常常申明告诫来考核他们的功劳，考查政绩来核实他们的能力，德行高尚的地位就尊贵，才能优秀的责任就重大。君主总揽大政方略以观察众人的智慧，依仗忠良贤臣来部署政令和教化，明其耳目以获知传来的消息，采纳直言以求知道自己的得失。像这样，即使地域广阔也能周洽，即使事务繁杂也能治理好。为什么呢？是因为有这些好方法来管理。君主称为元首，臣子称为股肱，说明大臣跟君主就像人的整个身体一样。帝尧能够识别才德出众的人，用这样的人辅佐以守住君位，就是加强四肢来辅助身体的方法，贤才对于尧的作用难道还小吗？如果不是合适的人选，官爵就不能白白授予；如果得到合适的人选，委任他就没有怀疑。君主任用臣子，就像身体使唤双手；臣子事奉君主，也应该像手连着身体一样。平安时就共同快乐，疼痛时就共同忧伤。上下同心协力，来处理政事，臣子不用等待命令自己就能勤奋，不用取悦君主自然就会被亲近。为什么呢？君主相信臣子，臣子的忠心就表现出来了。因此君主礼敬臣子，是器重他的体现；臣子对君上尽力效命，是报答恩德的体现。用授予爵位来表示荣宠，而天下没有谁不尊敬他的地位；把天下大权委任给他，天下就没有谁不敬重他这个人；用车马服饰来使他显贵，天下就没有谁不尊仰他的荣耀。这是因为他受到君上的恩宠，登上朝廷成为天子之臣。像这样的人，进退行止必然足以感动天地而应合天上的星宿。所以选择时不可以不精严，任用时不可以不信任，他们在朝时不可以不以礼相待，退职后也不可以用权势侮辱。从前贾谊曾经陈奏官位尊卑等级的问题，而使汉文帝更加重视大臣。后人每每称赞贾谊的言论，认为他广泛征引古今事例，文辞典雅伟丽，真是管理臣子的至上法则，统御群臣的宏远谋略。

夫料才核能[①]，治世之要也。凡人之才，用有所周，能有偏达，自非圣人，谁兼资百行、备贯众理乎？故明君圣主，裁而用焉。昔舜命群司，随才守位；汉述功臣，三杰异称[②]。况非此俦[③]，而可备责乎[④]？且造父善御，师旷知音[⑤]，皆古之至奇也。使其探事易伎[⑥]，则彼此俱屈。何则？才有偏达也。人之才能，率皆此类，不可不料也。若任得其才，才堪其任，而国不治者，未之有也。或有用士而不能以治者，既任之不尽其才，不核其能，故功难成而世不治也。马无辇重之任[⑦]，牛无千里之迹。违其本性，责其效事，岂可得哉！使韩信下帷[⑧]，仲舒当戎[⑨]，于公驰说[⑩]，陆贾听讼[⑪]，必无曩时之勋[⑫]，而显今日之名也。何则？素非才之所长也。推此论之，何可不料哉！

【注释】

①夫料才核能：本段镰仓本篇题作《料才》。料才，指对人的才能进行评估。要用其所长，才能人尽其才。料，估量，评估。

②三杰异称：三杰，指汉初的张良、萧何、韩信。《史记·高祖本纪》载，刘邦曾说："夫运筹策帷帐之中，决胜于千里之外，吾不如子房。镇国家，抚百姓，给馈饷，不绝粮道，吾不如萧何。连百万之军，战必胜，攻必取，吾不如韩信。此三者，皆人杰也，吾能用之，此吾所以取天下也。"

③俦：辈，同类。

④备责:求全责备。

⑤师旷:字子野,春秋时著名乐师。生而无目,尤精音乐,辨音能力极强。

⑥探事易伎:天明本眉批云:"'探'疑'换'。""换事""易伎"互文,指互相交换,去做对方擅长的事。译文按"换事易伎"。

⑦挚重:拉重车。

⑧下帷:放下室内悬挂的帷幕。指教书。

⑨仲舒:董仲舒。

⑩于公:西汉丞相于定国之父。为县狱吏、郡决曹,断狱平允。郡中为之生立祠,号曰于公祠。

⑪陆贾:西汉初大臣。从汉高祖定天下,有口才,善辩论,常出使诸侯国为说客。

⑫曩时:往时,以前。

【译文】

评估考核一个人的才能,是治理国家的要务。凡是人的才能,使用有其范围,能力有所偏向,如果不是圣人,谁能兼通各行、完全通晓所有事理呢?所以圣明的君主,衡量其长处而使用。从前虞舜任命众多官员,都是根据才能安排职位;汉高祖称述功臣,张良、韩信、萧何也各有不同。何况不是这一类人,又怎么可以求全责备呢?况且造父善于驾驭车马,师旷通晓乐律,都是古代最奇特的人。假使让他们互相交换去做对方擅长的事,那么彼此就都不行了。为什么呢?因为才能是有偏通的。人的才能,大致都是这样,不可以不进行评估。倘若任用一个人得以施展其才能,才能得以胜任其职务,而国家治理不好,这是没有过的。有时任用了有特长的人却没有把国家治理好,那是因为虽然任用了却不能竭尽他的才能,又不仔细考察他才能的长项,所以难以成就功业,而国家也不能治理好。马没有拉重车的能力,牛没有行走千里的本领。违背其本性,却要求其成事,怎么能够做到呢?让韩信去教书,让董仲舒去打仗,让于公去奔走游说，让陆贾去审理案件，他们必然不会像当时那样建立功勋，到今天还名声显赫。为什么呢？这些一向不是他们才能的长处。由此推论，怎能不评估才能呢！

政有宜于古而不利于今[①]，有长于彼而不行于此者。风移俗易，每世则变。故结绳之治[②]，五帝不行；三代损益，政法不同；随时改制，所以救弊也。《易》曰："随时之义大矣哉[③]！"孔子曰："不教民战，是谓弃之[④]。"《司马法》曰："国虽大，好战必亡，天下虽安，忘战必危[⑤]。"明用武有时。昔秦杖威用武，卒成王业，吞灭六国，帝有天下，而不斟酌唐、虞以美其治，损益三代以御其世，尔乃废先圣之教，任残酷之政，阻兵行威[⑥]，暴虐海内，故百姓怨毒[⑦]，雄桀奋起[⑧]，至于二世，社稷湮灭，非武不能取而所守之者非也。《传》曰："夫兵犹火也，不戢将自焚[⑨]。"秦无戢兵之虑，故有自焚之祸。"好战必亡"，此之谓也。徐偃王好行仁义[⑩]，不修武备，楚人伐之，身死国灭。天下虽安，武不可废。况以区区之徐，处争夺之世乎！"忘战必危"，此之谓也。汉高帝发迹泗水[⑪]，龙起丰沛[⑫]，仁以怀远，武以弭难[⑬]，任奇纳策，遂扫秦、项，被以惠泽，饰以文德，文武并作，祚流世长。此高帝之举也。

【注释】

①政有宜于古而不利于今：本段及下一段镰仓本篇题作《通变》。陆景认为，君主应当适应时代的变化，"随时改制"，同时提出了文武结合的治理之道。

②结绳：指结绳记事。

③随时之义大矣哉：见《周易·随卦》。

④不教民战，是谓弃之：见《论语·子路》。

⑤"国虽大"几句：见《司马法·仁本》。

⑥阻兵：仗恃军队。

⑦怨毒：怨恨，仇恨。

⑧雄桀：亦作"雄杰"。英雄豪杰。

⑨夫兵犹火也，不戢（jí）将自焚：见《左传·隐公四年》。戢，收敛，停止。

⑩徐偃王：周代徐国国君。奉行仁义，诸侯朝者三十六国。楚文王恐其强大，危害楚国，因举兵攻灭。

⑪泗水：指泗水亭长，刘邦曾任此职。

⑫丰沛：刘邦为秦末沛县丰邑人，因以"丰沛"称刘邦故乡。《史记》中亦屡称高祖"起丰沛"，即此地。

⑬弭（mǐ）难：消除灾难。

【译文】

政事有适宜于古代而不利于当今的，有在那一处发挥作用而在这一处行不通的。风俗习惯变迁，每个时代都会有所变化。所以结绳记事的治理之道，在五帝时代不实行；夏、商、周三代的治理方法也有所变化，政教法令不相同；随着时代改变制度，是挽救弊政的方法。《周易》言道："随时代变化而变化的意义太大了啊！"孔子说："不训练民众就去作战，这就叫抛弃他们。"《司马法》说："国家即使大，喜好发动战争必定会灭亡，天下即使平安，忘记战争必定会有危险。"这说明使用武力要根据时势。从前秦国依仗威势使用武力，最终成就王业，吞并六国，称帝而拥有天下，却不思考唐尧、虞舜时代的做法来完善其治理，不在夏、商、周三代治理方法的基础上适当增减来治理当世，却废弃先王的教诲，推行残酷的政令，倚仗军队炫耀武威，施暴虐于天下，致使百姓怨恨，英雄豪杰奋起，到了秦二世，国家就灭亡了，不靠武力无法取得天下，但用武力来保守天下就错了。《左传》说:"战争就像火,不及时收敛就会把自己烧死。"秦朝没有停止军事行动的考虑,所以导致了把自己烧死的灾祸。"好战必亡",说的就是这个。徐偃王好行仁义,不修整武备,楚人进攻他,致使身死国灭。天下即使平安,武事也不可以荒废。何况凭着小小的徐国,处在诸侯争夺天下的时代呢!"忘战必危",说的就是这个。汉高祖刘邦发迹于泗水亭长之职,帝业兴起于沛县之丰邑,用仁德安抚远人,用武力消除灾难,任用奇才,采纳良策,于是扫灭秦朝、项羽,施恩泽于天下,用礼乐教化来整治,文武并用,国祚传承朝代长久。这就是汉高祖创业治国的举措。

秦、汉俱杖兵用武以取天下[①],汉何以昌?秦何以亡?秦知取而不知守,汉取守之具备矣乎!中世孝武以武功恢帝纲[②],元、成以儒术失皇纲[③],德不堪也。王莽之世[④],内尚文章[⑤],外缮师旅,立明堂之制[⑥],修辟雍之礼[⑦],招集儒学,思遵古道,文武之事备矣。然而命绝于渐台[⑧],支解于汉刃者[⑨],岂文武之不能治世哉?而用之者拙也。班输骋功于利器[⑩],拙夫操刀而伤手,非利器有害于工匠。而夫膏粱旨馔[⑪],时或生疾;针艾药石,时或瘳疾[⑫]。故体病则攻之以针艾,疾瘳则养之以膏粱。文武之道亦犹是矣,世乱则威之以师旅,道治则被之以文德。

【注释】

①秦、汉俱杖兵用武以取天下:本段选自《通变》。

②孝武:指汉武帝。恢:弘大,发扬。

③元、成:指汉元帝、汉成帝。皇纲:朝廷的纲纪。

④王莽:字巨君,新朝的建立者。西汉末,以外戚身份掌握政权。元

始五年（5），毒死汉平帝。初始元年（8）称帝，改国号为新。

⑤文章：指礼乐制度。

⑥明堂：古代天子宣明政教及举行朝会、封赏、庆典等活动的地方。

⑦辟雍：本为西周天子所设太学，以圆如璧、四周雍以水而得名。其学有五，南为成均，北为上庠，东为东序，西为瞽宗，中为辟雍。其中以辟雍为最尊，故统称之。西汉亦建辟雍，以存古制。东汉以后，历代皆有，除北宋末为太学之“外学”外，均为祭祀之场所。辟，通“璧”。

⑧渐台：古台名。汉武帝作建章宫，太液池中有渐台，高二十余丈，因台址在水中，为水所浸，故名。汉末更始帝刘玄兵从宣平门入，王莽逃至渐台上，为众兵所杀。

⑨支解：肢解。据《汉书·王莽传》，王莽在混乱中为商人杜吴所杀，校尉公宾就斩下王莽首级，数十个军士争相砍杀王莽，分裂了王莽的尸体。

⑩班输：春秋时鲁国的巧匠公输班。

⑪膏粱：肥美的食物。旨馔：味美的食物。

⑫瘳（chōu）疾：治好病。瘳，痊愈。

【译文】

秦、汉都是倚仗军事、使用武力来取得天下，汉朝凭什么就昌盛？秦朝凭什么就灭亡？是因为秦朝知道如何取得天下而不知道如何保守天下，而汉朝取得与保守天下的方法全都具备了啊！汉朝中叶汉武帝用武功显扬帝业，汉元帝、汉成帝因喜好儒术而丧失朝廷法度，是他们的德行不称其任啊。王莽时代，对内崇尚礼乐，对外整治军队，建立明堂制度，施行在辟雍祭祀的礼仪，招集儒学之士，遵行古代的治国之道，文武之事算是齐备了。然而王莽命丧渐台，被汉兵的刀刃肢解，难道文武结合不能治理好国家吗？是因为运用的人拙劣的缘故。公输般用锋利的工具施展技艺，笨拙的家伙拿起刀就会弄伤手，不是锋利的工具本身对工匠有害。而各种美味的食物，有时也会导致疾病；针石艾灸与药物，却时常可以治病。所以身体有病那就用针刺艾灸的方法治疗，疾病痊愈了再用肥美的食物来保养。文武结合治国的道理也是这样，世道混乱就用军队来威慑，世道太平就用文德来教化。

天生烝民[①]，授之以君，所以综理四海，收养品庶也[②]。王者据天位，御万国，临兆民之众，有率土之资，此所以尊者也。然宫室壮观，出于民力；器服珍玩，生于民财；千乘万骑，由于民众。无此三者，则天子魁然独在[③]，无所为尊者也。明主智君，阶民以为尊，国须政而后治。其恤民也，忧劳待旦，日侧忘餐，恕己及下，务在博爱。临御华殿[④]，轩槛华美[⑤]，则欲民皆有容身之宅，庐室之居；窈窕盈堂，美女侍侧，则欲民皆有配匹之偶[⑥]，室家之好；肥肉淳酒，珠膳玉食，则欲民皆有余粮之资，充饥之饴[⑦]；轻裘累暖，衣裳重茧[⑧]，则欲民皆有温身之服，御寒之备。凡四者，生民之本性，人情所共有。故明主乐之于上，亦欲士女欢之于下。是以仁惠广洽，家安厥所。临军则士忘其死，御政则民戴其化，此先王之所以丰动祚、享长期者也[⑨]。若居无庇首之庐，家无配匹之偶，口无充饥之食，身无蔽形之衣，婚姻无以致娉，死葬无以相恤，饥寒入于肠骨，悲愁出于肝心，虽百舜不能杜其怨声，千尧不能成其治迹。是以明主御世，恤民养士，恕下以身，自近及远，化通宇宙，丕惧民之不安[⑩]，故能康厥世治，播其德教焉。

【注释】

①天生烝民：本段镰仓本篇题作《恤民》。君主要体恤、忧虑民众的疾苦，“明主乐之于上，亦欲士女欢之于下”，只有让民众能够各得其所，才能“康厥世治，播其德教”。

②品庶：众人，百姓。

③魁然：独立不群。

④临御：指皇帝坐朝或临幸至某地。

⑤轩槛：栏板，护栏。

⑥配匹之偶：即配偶。

⑦饴：泛指甘美的食物。

⑧重茧：厚绵衣。

⑨丰动：谓以明智勤政而王业盛大。

⑩丕：通“不”。

【译文】

上天生养百姓，授予君主，是为了让君主总揽天下，并接纳养育百姓的。君主处在最高的地位，统治万国，管理亿万民众，拥有四海之内的资财，这是他之所以尊贵的原因。但是壮观的宫室，来自于民力；宝器服饰珍奇玩物，来自于民财；上千辆兵车，上万骑兵，也来自于民众。没有这三样，那么天子就是独自一人，没有什么尊贵可言了。英明智慧的君主，知道凭借民众而使自己尊贵，国家需要有好的政策才能太平。君主忧虑民生疾苦，忧愁劳累通宵达旦，太阳西斜了却忘记吃饭，以自己所想来推想民众的愿望，致力于博爱大众。君主驾临华丽的殿堂，连栏板都很华美，就想让民众也都有容身的住宅，有房舍居室；身材窈窕的美人站满厅堂，美女服侍在身旁，就想让民众也都有合适的配偶，美好的家庭；君主有肥肉美酒，精美珍贵的膳食，就想让民众也都有吃不完的粮食，充饥的食物；君主有轻软的皮衣层层保暖，上衣下裳都是厚绵衣，就想让民众也都有保暖的衣服，御寒的装备。凡是这四样，是民众的本性，人情所共有的。所以英明的君主享乐于上，也想要下面的男女百姓都欢乐。因此君主的仁德恩惠广泛布施，家家安居其所。临战则战士舍生忘死，处理政事民众就会接受教化，这就是先王能够功业盛大、享位长久的原因。假如百姓居住没有遮风挡雨的住所，家中没有合适的配偶，口中没有充饥的食物，身上没有蔽体的衣服，准备结婚却拿不出聘礼，死亡丧葬也没钱抚恤吊唁，饥肠辘辘，严寒刺骨，悲伤愁苦生于心肝，即使有一百个虞舜也不能制止百姓抱怨的声音，一千个唐尧也不能成就天下大治的事业。因此明主治理天下，抚恤民众供养士人，由自身的需要推想到民众，由近及远，教化遍及宇宙，不再惧怕民众不安定，所以能使国家实现安定太平，使道德教化传播于四方。

卷四十九

傅子

傅玄

【题解】

《傅子》，西晋傅玄著。据《晋书·傅玄传》记载："玄少时避难于河内，专心诵学，后虽显贵，而著述不废，撰论经国九流及三史故事，评断得失，各为区例，名为《傅子》，为内、外、中篇，凡有四部、六录，合百四十首，数十万言。"从内容上看，《傅子》以宣扬儒家思想为主，多以儒家学说为立论依据，也间或夹杂道家、法家思想，博采众说而自成一家之学。

《隋书·经籍志》《旧唐书·经籍志》《新唐书·艺文志》子部杂家类均载《傅子》为一百二十卷，而《晋书》本传称"百四十首"。严可均认为："百四十首而百二十卷者，或元有缺篇，或数篇合卷，今莫能详。"其书唐世尚存完本，大概于唐宋之际逐渐散佚，故宋《崇文总目》著录为二十三篇，《宋史·艺文志》仅著录为五卷。

明初陶宗仪有辑本，载入《说郛》。至清代，四库馆臣从《永乐大典》辑出《傅子》中文义完具者十二篇（《正心》《仁论》《义信》《通志》《举贤》《重爵禄》《礼乐》《贵教》《检商贾》《校工》《戒言》《假言》），文义未全者亦十二篇（《问政》《治体》《授职》《官人》《曲制》《信直》《矫违》《问刑》《安民》《法刑》《平役赋》《镜总叙》）。另有《永乐大典》未载而见于他书所征引者，复辑得四十余条。除《四库全书》本外，尚有严可均辑本、钱熙祚辑本、王谟辑本、王仁俊辑本、叶德辉辑本等。

傅玄，字休奕，北地泥阳（今陕西铜川耀州区）人。祖燮，东汉汉阳太守，父幹，魏扶风太守。玄少孤贫，博学善属文，解音律。州举秀才，除郎中。魏正始年间，以负时誉，与缪施等共撰《魏书》。后参安东、卫军军事，转温令，迁弘农太守，领典农校尉，所居称职。晋武帝即位，玄进爵为子，加驸马都尉。时武帝广开言路，玄屡上疏进言，多切时要。后历御史中丞、太仆、司隶校尉等职。性刚劲亮直，不能容人之短，为此得罪于人，多次免官。死后追封清泉侯，谥刚。傅玄勤于著述，并获时人好评，《傅子》内篇作成，玄子咸以书示司空王沈，沈回信道："省足下所著书，言富理济，经纶政体，存重儒教，足以塞杨（杨朱）、墨（墨子）之流遁，齐孙（荀子）、孟（孟子）于往代。"除《傅子》一百二十卷外，《隋书·经籍志》还著录《傅玄集》十五卷，《相风赋》七卷（傅玄等撰），已佚。明张溥辑其遗作为《傅鹑觚集》，在《汉魏六朝百三家集》中。

《群书治要》从《傅子》中共节录一万余字。重点强调治理国家应该赏罚兼施、恩威相济、礼法并用，君主应当爱民恤民、量才授官、亲贤远佞，还要节制私欲、端正内心等。关于为政治国，傅玄提出"治国有二柄，一曰赏，二曰罚"，君主应谨慎把握赏与罚这两个根本手段，二者不可有所偏重，"能使其民可教可制者，其唯威德足以相济者乎"。关于治理百姓，傅玄认为君主要"崇仁"，要"推己所欲以及天下"，通过自己的喜好推想普通民众的喜好，并为民兴利，这才是真正的仁。关于选人用人，傅玄主张量才任官，各尽其才，就像盖房子，"大材为栋梁，小材为榱橑，苟有所中，尺寸之木无弃也"。要广开用人之路，强调"因人以致人"，通过臣子间的相互荐举发现贤才，因为君主高高在上，不如居下位者接触起来那么容易。同时还应远离佞臣，"正道之不行，常佞人乱之也"，而人君之所以不断被佞人蛊惑，是因为"佞人善养人私欲"。傅玄也专门谈到节制私欲的问题，认为"纵欲者无穷，用力者有尽""用有尽之力，逞无穷之欲，此汉灵之所以失其民也”。君主除了节制欲望，还要“正心”，傅玄论证了心正、身正、左右正、朝廷正、天下正之间的因果关系，这也是对《礼记·大学》“修齐治平”思想的继承。

治国有二柄[①]：一曰赏，二曰罚。赏者，政之大德也[②]；罚者，政之大威也[③]。人所以畏天地者，以其能生而杀之也。为治审持二柄，能使杀生不妄，则其威德与天地并矣。信顺者[④]，天地之正道也；诈逆者[⑤]，天地之邪路也。民之所好莫甚于生，所恶莫甚于死。善治民者，开其正道，因所好而赏之，则民乐其德也；塞其邪路，因所恶而罚之，则民畏其威矣。善赏者，赏一善而天下之善皆劝；善罚者，罚一恶而天下之恶皆惧者何？赏公而罚不贰也[⑥]。有善虽疏贱必赏，有恶虽贵近必诛，可不谓公而不贰乎？若赏一无功，则天下饰诈矣[⑦]；罚一无罪，则天下怀疑矣。是以明德慎赏而不肯轻之，明德慎罚而不肯忽之。夫威德者，相须而济者也。故独任威刑而无德惠，则民不乐生；独任德惠而无威刑，则民不畏死。民不乐生，不可得而教也；民不畏死，不可得而制也。有国立政，能使其民可教可制者，其唯威德足以相济者乎！

【注释】

①治国有二柄：本段镰仓本篇题作《治体》。治体即治国的纲领、要旨。文中强调国君应牢牢把握治国的两大根本手段——赏与罚。柄，根本。

②大德：大功德，大恩惠。

③大威：大的权威，大的威势。

④信顺：诚信顺理。

⑤诈逆：欺诈悖逆。

⑥不贰：指没有差错。贰，通“忒”，差错。

⑦饰诈：谓作假骗人。

【译文】

治国有两个根本的手段：第一叫做奖赏，第二叫做惩罚。奖赏，是执政的大恩德；惩罚，是执政的大威势。人畏惧天地的原因，是因为天地掌握着生杀大权。治国理政要谨慎地把持这两个根本手段，就能使生杀之权不乱用，那么其威势与恩德就能跟天地并存了。诚信顺理，是天地间的正道；欺诈悖逆，是天地间的邪路。民众所喜好的莫过于生存，所厌恶的莫过于死亡。善于治理民众的人，开辟正道，顺从民众所好而奖赏他们，那么民众就喜欢他的恩德；堵塞邪路，对民众所做的恶事施加惩罚，那么民众就畏惧他的威严。善于奖赏的，奖赏一次善行，而天下的善行就都得到勉励；善于惩罚的，惩罚一次恶行，而天下的恶人就都会恐惧，这是为什么呢？是因为奖赏公正而惩罚没有差错。有了善行即使关系疏远地位低贱也必定奖赏，有了恶行即使关系亲近地位高贵也必定诛罚，可不就是公正而没有差错吗？倘若奖赏了一个没有功劳的，那么天下就都会作假骗人了；惩罚了一个没有罪过的，那么天下就都会心存疑虑了。因此彰明恩德，谨慎奖赏，不能轻易施行；彰明恩德，谨慎惩罚，也不能轻忽而不用。威势与恩德，是相辅相成的。所以只使用威势刑罚而没有恩德仁惠，那么民众就不愿活下去了；只讲恩德仁惠而没有威势刑罚，那么民众就不畏惧死亡了。民众不愿活下去，就不可能教化他们；民众不畏惧死亡，就不可能控制他们。拥有国家制定政策，能让民众易于教化，可以控制，大概是威势与恩德相辅相成的结果吧！

贤者[①]，圣人所与共治天下者也，故先王以举贤为急。举贤之本，莫大正身而壹其听[②]。身不正，听不壹，则贤者不至，虽至，不为之用矣。古之明君，简天下之良财[3]，举天下之贤人，岂家至而户阅之乎？开至公之路，秉至平之心，执大象而致之[4]，亦云诚而已矣。夫任诚，天地可感，而况于人乎？傅说[5]，岩下之筑夫也，高宗引而相之[6]；吕尚[7]，屠钓之贱老也，文、武尊而宗之；陈平[8]，项氏之亡臣也，高祖以为腹心。四君不以小疵忘大德，三臣不以疏贱而自疑，其建帝王之业，不亦宜乎！文王内举周公旦[9]，天下不以为私其子；外举太公望[10]，天下称其公。周公诛弟而典刑立[11]，桓公任仇而齐国治[12]。苟其无私，他人之与骨肉，其于诛赏，岂二法哉？唯至公然后可以举贤也。夏禹有言："知人则哲，惟帝其难之[13]。"因斯以谈，君莫贤于高祖，臣莫奇于韩信。高祖在巴、汉[14]，困矣；韩信去楚而亡[15]，穷矣。夫以高祖之明，困而思士；信之奇材，穷而愿进。其相遭也，宜万里响应，不移景而相取矣[16]。然信归汉，历时而不见知，非徒不见知而已，又将案法而诛之[17]。向不遇滕公[18]，则身不免于戮死；不值萧何，则终不离于亡命。幸而得存，固水滨之饿夫[19]，市中之怯子也[20]，又安得市人可驱而立乎天下之功也哉[21]？萧何一言而不世之交合[22]，定倾之功立[23]。岂萧何知人之明，绝于高祖，而韩信求进之意，曲于萧何乎？尊卑之势异，而高下之处殊也。高祖势尊而处高，故思进者难；萧何势卑而处下，故自纳者易。然则居尊高之位者，其接人之道固难，而在卑下之地者，其相知之道固易矣。

【注释】

①贤者：本段及下一段镰仓本篇题作《举贤》。傅玄认为，君主举贤要“开至公之路，秉至平之心”，以诚意感动贤才；又提倡“因人以致人”，通过臣子间的举荐发现贤才，因为君主势尊，“接人之道固难”，臣子地位相对低微，“相知之道固易”；还对“世无贤才”的观点进行了驳斥。

②壹：专一。

③简：选择。财：通“材”。

④大象：大道，常理。

⑤傅说：商代人，武丁时贤臣。相传为傅岩筑墙之奴隶。武丁梦得圣人，名曰说。求于野，乃于傅岩得之，举以为相，国大治。

⑥高宗：指殷高宗武丁。

⑦吕尚：即吕望，亦称太公望。得到周文王重用，辅佐武王灭商，封于齐。

⑧陈平：秦汉之际阳武（今河南原阳东南）人。秦末从项羽入关。楚汉战争中投奔刘邦，屡出奇计。汉朝建立，封曲逆侯，后任丞相。

⑨内举：荐举亲故。

⑩外举：荐举外人。

⑪周公诛弟：指周公诛杀叛乱的管叔。

⑫桓公任仇：指齐桓公任用曾用箭射自己的管仲。

⑬知人则哲，惟帝其难之：《尚书·皋陶谟》：“禹曰：‘吁！咸若时，惟帝其难之。知人则哲，能官人。’”帝，指尧帝。

⑭巴、汉：古巴郡、汉中地区。刘邦曾被项羽封为汉王，封地为汉中、巴蜀。

⑮楚：指西楚。项羽曾自立为西楚霸王。

⑯移景：又作“移影”，指经过了一段时间。

⑰将案法而诛之：据《史记·淮阴侯列传》，韩信归汉后曾犯法，理

应处斩。同案十三人都已被杀，至韩信时，他仰视滕公夏侯婴，说："汉王不打算得天下吗？为何要杀掉壮士？"夏侯婴觉得他话语不同凡响，又见其相貌威武，就放了他。

⑱滕公：指夏侯婴，秦汉之际沛县（今江苏沛县）人。与刘邦是少时好友，跟随刘邦起兵，屡立殊功。后任太仆，封汝阴侯。以其曾任滕令，楚人称令为公，当时称为滕公。

⑲水滨之饿夫：指韩信在城下钓鱼，遇漂母舍饭之事。

⑳市中之怯子：指韩信在街市上受少年胯下之辱事。

㉑市人可驱：指驱赶着一群乌合之众去打仗。据《史记·淮阴侯列传》，韩信攻赵时让士兵背水列阵，取得大胜。战后诸将问这是什么战术，韩信解释道："兵法上说'陷之死地而后生，置之亡地而后存'，况且我平时没有安抚过部下，这就是所谓'驱市人而战之'，势必要将他们置于绝境，让他们人人为自己而战；如果把他们放在一个还有退路的地方，他们一定会逃跑，我还能指望他们作战吗？"市人，集市上的人，比喻彼此素不相知，毫无关系。

㉒不世：不是一世所能有的。指非凡。

㉓定倾：使危险的局势或即将倾覆的国家转为稳定。

【译文】

贤人，是与圣明的君主共同治理天下的人，所以先王把举用贤人作为急务。举用贤人的根本，没有比端正自身、专心听取意见更重要的了。自身不端正，不专心听取意见，那么贤人就不会来到，即使来到，也不会被君主所任用。古代的明君，选择天下的优良人才，举用天下的贤人，难道是挨家挨户地去察看吗？开辟最公正的举荐之路，秉持最公平之心，秉持大道去招纳贤才，也就是说很有诚意就可以了。抱有诚意，天地都可以感动，何况人呢？傅说，是山岩下筑墙的奴隶，殷高宗招纳他并拜他为相；吕尚，是个从事屠宰垂钓的贫贱老头，周文王、周武王推尊他并以他为师；陈平，是从项羽那里逃亡的臣子，汉高祖把他当做心腹。四位君主没有因为小的瑕疵就忘记了他们大的德行,三位臣子没有因为关系疏远地位低贱就自我怀疑,他们能成就帝王之业,不是应该的吗?周文王在自己家族中举用了周公旦,天下不认为他偏爱自己的儿子;在外姓人中举用了太公望,天下都称颂他的公正。周公诛杀了发动叛乱的弟弟而国家的刑法得以确立,齐桓公任用仇人管仲而齐国大治。只要没有私心,外人与亲骨肉,在奖赏与惩罚方面,难道会有两种法则吗?只有十分公正然后才可以举用贤人。夏禹说:"能知人善任就是明智的,就是尧帝也很难做到。"由此而言,君主中没有比汉高祖更贤明的了,臣子中没有比韩信更有奇才的了。汉高祖在汉中,处境很困窘啊;韩信离开项羽而逃亡时,也是走投无路啊。以高祖刘邦的明智,困窘时尚且渴求贤士;以韩信的奇才,走投无路时也希望得到进用。他们的相遇,真是不远万里而彼此呼应,不费功夫就获得了贤才。但是韩信归汉,过了很长时间也没被赏识,不仅没被赏识,还打算按军法诛杀。要是没有遇见滕公夏侯婴,那么韩信免不了被杀戮;要是不遇见萧何,那么他最终也免不了流亡逃命。即使侥幸活下来,这个昔日水边的饿汉,街市上懦弱的青年,又怎能驱使一帮市井之徒组成军队,最终建立闻名天下的大功呢?萧何一句话,促成了刘邦与韩信这段非凡的交往,安定天下的功劳也建立了。难道萧何的识人之明远胜高祖刘邦,而韩信的求进之心不如萧何吗?这是因为尊贵与卑贱的形势不同,地位高与地位低的处境相异。高祖刘邦势尊而处在上位,所以想求得进用的人很难见到;萧何权势相对低微而处在下位,所以自荐者容易见到。这就是说,居于尊贵地位的人,接纳人的途径确实不易畅通,而处在低下地位的人,他们相互了解的途径确实容易畅通。

昔人知居上取士之难[①],故虚心而下听;知在下相接之易,故因人以致人。舜之举咎陶难[②],得咎陶致天下之士易;汤之举伊尹难,得伊尹致天下之士易。故举一人而听之者，王道也[3]；举二人而听之者，霸道也[4]；举三人而听之者，仅存之道也。听一人何以王也？任明而致信也。听二人何以霸也？任术而设疑也。听三人何以仅存也？从二而求一也。明主任人之道专，致人之道博。任人道专，故邪不得间；致人之道博，故下无所壅。任人之道不专，则谗说起而异心生；致人之道不博，则殊途塞而良材屈。使舜未得咎陶，汤未得伊尹，而不求贤，则上下不交而大业废矣。既得咎陶，既得伊尹，而又人人自用，是代大匠斫也[5]。君臣易位，劳神之道也。今之人或抵掌而言[6]，称古多贤，患世无人，退不自三省[7]，而坐诬一世，岂不甚耶！夫圣人者，不世而出者也，贤能之士，何世无之！何以知其然？舜兴而五臣显[8]，武王兴而九贤进[9]；齐桓之霸，管仲为之谋；秦孝之强，商君佐之以法[10]。欲王则王佐至[11]，欲霸则霸臣出，欲富国强兵，则富国强兵之人往。求无不得，唱无不和，是以天下之不乏贤也，顾求与不求耳，何忧天下之无人乎！

【注释】

①昔人知居上取士之难：本段选自《举贤》。

②咎陶：即皋陶。舜之贤臣。

③王道：称王之道，即君主以仁义治天下，以德政安抚臣民的统治方法。

④霸道：称霸之道，即以强力、刑法统治的政策。

⑤代大匠斫：指超越自己的职务范围去处理别人该管的事。《老子·七十四章》："夫代司杀者杀，是代大匠斫也。夫代大匠斫者，则希不伤其手矣。"大匠，技艺高超的木工。斫，砍，削。

⑥抵掌:击掌。指人在谈话中的高兴神情。

⑦三省:认真反省自己的过失。《论语·学而》:"曾子曰:'吾日三省吾身:为人谋而不忠乎?与朋友交而不信乎?传不习乎?'"

⑧五臣:虞舜时的五个贤臣,指禹、稷、契、皋陶、伯益。

⑨九贤:《论语·泰伯》:"武王曰:'予有乱臣十人。'"马融注:"乱,治也。治官者十人,谓周公旦、召公奭、太公望、毕公、荣公、太颠、闳夭、散宜生、南宫适,其一人谓文母。"九贤或指除文母外的九人。

⑩商君:指商鞅。

⑪王佐:王者的辅佐,佐君成王业的人。

【译文】

从前的人知道居于上位获取人才的困难,所以虚心听取下级的意见;知道在下位的人相互接触比较容易,所以通过在下位的人来获取人才。虞舜举用皋陶困难,通过皋陶来招揽天下之士就容易了;商汤举用伊尹困难,通过伊尹来招揽天下之士就容易了。所以举用一个人并能听取其意见,是王道;举用两个人并分别听取他们的意见,是霸道;举用三个人并分别听取他们的意见,这仅仅是不亡国之道。听从一个人的进言凭什么能成就王业呢?是因为依仗他的贤明而且给予信任。听从两个人的进言凭什么可以成就霸业呢?是因为依仗他们的谋略但心中会存有疑虑。听取三个人的进言为什么仅仅能不亡国呢?是因为听从两个人却又要征求另一个人的意见。圣明的君主用人之道专一,招揽人才的途径很宽广。用人之道专一,所以奸邪的人就不能离间;招揽人才的途径宽广,所以贤才进用之路就不会被堵塞。用人之道不专一,谗言就会兴起,异心就会产生;招揽人才的途径不宽广,那么各条进贤之路就都会堵塞,而良才也会被埋没。假使虞舜没有得到皋陶,商汤没有得到伊尹,而又不去访求贤才,那么君臣不会遇合,而帝王的功业就废弃了。已经得到皋陶,已经得到伊尹,但每个人还都由君主亲自选用,这相当于代替技艺高超的木匠去砍削木器。君臣交换位置，是耗费精神的做法。如今有的人击掌而谈，说古代贤人多，担忧世上无人，他们退下来后不能认真反省自己，却凭空污蔑整个时代，难道不是太过分了吗？圣人，不是世间常有的，而贤能之人，哪个时代没有呢？怎么知道是这样的呢？虞舜兴起而五臣得以显贵，周武王兴起而九贤得到进用；齐桓公称霸，管仲为他谋划；秦孝公的强大，靠商鞅用法来辅佐。想要成就王业，辅佐其行王道的大臣就会来到，想要成就霸业，辅助其成霸业的臣子就会出现，想要富国强兵，能富国强兵的人就会前往。只要寻求就没有不能得到的，只要首倡就没有不应和的，因此天下并不缺少贤人，只不过是寻求与不寻求罢了，何必担忧天下无人呢！

夫裁径尺之帛[①]，刊方寸之木[②]，不任左右，必求良工者，裁帛刊木，非左右之所能故也。径尺之帛，方寸之木，薄物也，非良工不能裁之，况帝王之佐，经国之任，可不审择其人乎！故构大厦者[③]，先择匠然后简材；治国家者，先择佐然后定民。大匠构屋，必大材为栋梁[④]，小材为榱橑[⑤]。苟有所中，尺寸之木无弃也。非独屋有栋梁，国家亦然。大德为宰相，此国之栋梁也。审其栋梁，则经国之本立矣。经国之本立，则庶官无旷[⑥]，而天工时叙矣[⑦]。

【注释】

①夫裁径尺之帛：本段镰仓本篇题作《授职》。傅玄认为，为政者选拔人才时要“审择其人”，根据能力的大小授给不同职位，使人尽其才。径尺，这里指一尺长。

②刊：砍，削。方寸：一寸见方。

③大厦：高大的房屋。

④栋梁：房屋的大梁。也喻指能担负重任的人。

⑤榱橑（cuī lǎo）：屋椽。

⑥庶官：百官。旷：荒废。

⑦天工：天的职任。古代以为王者法天而建官，代天行职事。《尚书·皋陶谟》："无旷庶官，天工人其代之。"时叙：承顺，顺当。

【译文】

要剪裁一尺长的绢帛，砍削一寸见方的木料，不任用左右亲信，而必须寻求好工匠，是因为剪裁绢帛砍削木料，不是左右亲信能够做到的。一尺长的绢帛，一寸见方的木料，是很微薄的东西，但不是好的工匠就不能裁制，何况帝王的辅佐之臣，担负着治理国家的重任，难道可以不审慎选择合适的人吗！所以建造高楼大厦的人，先选择工匠然后才能拣选木材；治理国家的人，先选择辅佐之臣然后才能安定民众。高超的木匠建造房屋，必定用大的木材做栋梁，小的木材做椽子。如果有合适的，一尺一寸的木料都不丢弃。不仅房屋有栋梁，国家也有。品德高尚的人做宰相，这就是国家的栋梁。认真考察这个栋梁，那么治理国家的根本就确立了。治理国家的根本确立了，那么百官就没有旷废空缺，管理天下的职任也就顺当了。

天下之害[①]，莫甚于女饬[②]。上之人不节其耳目之欲，殚生民之巧[③]，以极天下之变。一首之饬，盈千金之价；婢妾之服，兼四海之珍。纵欲者无穷，用力者有尽。用有尽之力，逞无穷之欲，此汉灵之所以失其民也[④]。上欲无节，众下肆情，淫奓并兴[⑤]，而百姓受其殃毒矣。尝见汉末一笔之柙[⑥]，雕以黄金，饰以和璧[⑦]，缀以随珠[⑧]，发以翠羽[⑨]。此笔非文犀之植[⑩]，必象齿之管，丰狐之柱[⑪]，秋兔之翰[⑫]。用之者必被珠绣之衣，践雕玉之履。由是推之，其极靡不至矣。

然公卿大夫刻石为碑，镌石为虎[13]，碑虎崇伪，陈于三衢[14]，妨功丧德，异端并起。众邪之乱正若此，岂不哀哉！夫经国立功之道有二：一曰息欲，二曰明制。欲息制明，而天下定矣。

【注释】

①天下之害：本段镰仓本篇题作《校工》。校，考查。工，工巧，巧饰。校工即对巧饰的考查。本节指出私欲膨胀对政治的腐蚀与败坏，而只有消除私欲，修明制度，天下才能安定。

②女饬（shì）：指女子的饰品。饬，同"饰"。

③殚：尽。

④汉灵：即汉灵帝刘宏。在位期间宦官专权，又大兴土木，公开卖官，政治黑暗，最终引发黄巾起义。

⑤淫奓（shē）：奢侈无度。奓，同"奢"。

⑥柙（xiá）：匣子。

⑦和璧：和氏璧。这里指美玉。

⑧随珠：随侯珠。这里指珍珠。

⑨翠羽：翠鸟的羽毛。古代多用作饰物。

⑩文犀：有纹理的犀牛角。

⑪丰狐：大狐狸。柱：毛笔头中心的硬毛。

⑫翰：这里指笔毛。

⑬虎：石虎，石刻的虎。

⑭三衢：泛指通衢。三，言其多。衢，四通八达的道路。

【译文】

天下的祸害，莫过于女子的饰品了。君上不节制自己的耳目之欲，竭尽民众的巧智，耗尽天下的奇异之物。一个人头上的饰品，价值超过千金；婢妾的服饰，兼有天下的珍宝。放纵欲望的人欲望没有穷尽，用力劳动的人力量却有极限。用有限的力量，去满足没有穷尽的欲望，这就是汉灵帝失去民心的原因。君上的欲望没有节制,群臣放纵情欲,荒淫奢侈之风并起,而百姓就遭殃受害了。曾经见过汉末一个盛笔的匣子,用黄金雕刻,用美玉装饰,用珍珠点缀,贴上翠鸟的羽毛使其色泽鲜亮。这支笔的笔管不是用有纹理的犀牛角做的,就必定是用象牙做的,笔头中心的硬毛是用大狐狸的毛做的,笔毛是用秋天兔子的毫毛做的。使用的人必定是披着珍珠锦绣的衣服,脚穿装饰着美玉的鞋子。由此推断,他奢靡的程度真是到极点了。但是公卿大夫刻石立碑,镌石成虎,碑文与石虎都渲染着虚假,陈列在通衢大道上,伤功败德,使得不合正统的歪理邪说泛滥。各种歪理邪说败坏社会正气到了这种程度,难道不悲哀吗?治理国家建立功勋的方法有两种:第一叫消除私欲,第二叫修明制度。私欲消除,制度修明,天下就安定了。

夫商贾者[①],所以伸盈虚而获天地之利[②],通有无而壹四海之财。其人可甚贱,而其业不可废。盖众利之所充,而积伪之所生,不可不审察也。古者民朴而化淳,上少欲而下鲜伪,衣足以暖身,食足以充口,器足以给用,居足以避风雨。养以大道,而民乐其生;敦以大质,而下无逸心。日中为市[③],民交易而退。各得其所,盖化淳也。暨周世殷盛,承变极文[④],而重为之防。国有定制,下供常事;役赋有恒,而业不废。君臣相与,一体上下,譬之形影;官恕民忠,而恩侔父子[⑤]。上不征非常之物,下不供非常之求;君不索无用之宝,民不鬻无用之货[⑥]。自公侯至于皂隶仆妾[⑦],尊卑殊礼,贵贱异等,万机运于上[⑧],百事动于下,而六合晏如者[⑨],分数定也[⑩]。夫神农正其纲[⑪],先之以无欲,而咸安其道;周综其目,壹之以中典[⑫],而民不越法。及秦乱四民而废常贱[⑬],

竞逐末利而弃本业，苟合一切之风起矣[14]。于是士树奸于朝，贾穷伪于市，臣挟邪以内其君[15]，子怀利以诈其父。一人唱欲而亿兆和，上逞无厌之欲，下充无极之求。都有专市之贾[16]，邑有倾世之商，商贾富乎公室，农夫伏于陇亩而堕沟壑[17]。上愈增无常之好以征下，下穷死而不知所归，哀夫！

【注释】

①夫商贾者：本段及下一段镰仓本篇题作《检商贾》。检，约束，限制。商贾，商人。检商贾，即约束商人的行为。傅玄认为商业是"众利之所充""积伪之所生"，不可不详察。认为要想富国安民，君主应当"止欲而宽下"，要"急商而缓农，贵本而贱末"。

②盈虚：有余与不足。

③日中为市：见《周易·系辞下》。日中，太阳当头，指正午。市，交易，做买卖。

④承变极文：承继前朝之变乱，极力提倡礼乐教化。文，礼乐制度。

⑤侔：相等，等同。

⑥鬻（yù）：卖。

⑦皂隶：古代的贱役。

⑧万机：指当政者日常处理的纷繁政务。

⑨六合：指天地和东西南北四方，泛指天下。晏如：安定。

⑩分（fèn）数：法度，规范。

⑪神农：传说中的上古帝王。始教民为耒耜，务农业，明医药，后世称神农氏。

⑫中典：指宽严适中的法律。

⑬四民：古称士、农、工、商为四民。废常贱：常，常业，指农业。贱，贱业，指商业。指打破农业和商业间的界限，所以后文说"竞逐

末利而弃本业”。

⑭一切：暂时，权宜。

⑮内：《永乐大典》作“罔”，指欺罔。译文按“罔”。

⑯专市：独占、垄断市场。

⑰陇亩：田地，田野。

【译文】

商人，是通过调剂物品的有余与不足而获取天下利益，沟通有无而均一天下财富的人。对商人而言，可使其社会地位非常低贱，但商业本身是不可以废弃的。因为商业是众多利益的汇集之处，各种虚伪欺诈都从中产生，不可以不详察。古代民众朴素而风俗淳厚，君上欲望少而臣下鲜有诈伪，衣服足以让身体暖和，饮食足以满足口腹之欲，各种器物足够使用，居住的地方足够躲避风雨。用正确的道理来化育民众，民众对他们的生活都感到快乐；用至美的纯朴来督导臣下，臣下就没有放荡之心。正午的时候进行交易，民众交易完毕就离开市场。各自得到满足，这是教化淳厚的结果。到了周代殷实富足，承前朝之变乱，极力提倡礼乐教化，而重在防范奢靡之风的滋长。国家有一定的制度，下民的供奉有常规的标准；劳役和赋税都有定规，而事业不会荒废。君臣在一起，上下犹如一个整体，就像人的形体跟影子一样不分离；官员仁恕，民众忠诚，恩情就像父亲跟儿子一样。君上不征收不一般的物品，下民也不供献不一般的东西；君上不索取没有用的宝贝，民众也不出卖没有用的货物。从公侯一直到仆役婢妾，尊卑礼仪不同，贵贱等级有异，国家大政运行在上，各种事务行动于下，而天下安定，这是因为一切都有一定的规范。神农端正纲纪，首先倡导的是没有欲望，使大家都能安于此道；周朝整理各项法规，用宽严适中来统一民众的言行，而民众都不逾越法度。到了秦朝，搞乱了士农工商四民的秩序，打破了农业与商业的界限，竞相追逐工商业之利而丢弃了作为根本的农业，只贪图一时利益的风气兴起了。于是士人在朝廷行奸邪之事，商人在市场弄虚作假，臣子怀藏奸邪来欺罔君主，儿子为了私利来欺骗父亲。君主一个人倡导私欲而亿万人应和，君上放纵永不满足的私欲，臣下就满足他无穷无尽的需求。都城有垄断市场的商家，城邑有财倾一世的商贩，商人比王室还要富有，农民却穷困得趴在田野、坠入沟坑。君上越是增加非常的喜好来向天下征求，下民就越会死无葬身之地，真是悲哀呀！

且末流滥溢而本源竭①，纤靡盈市而谷帛罄②，其势然也。古言非典义③，学士不以经心④；事非田桑，农夫不以乱业；器非时用，工人不以措手⑤；物非世资，商贾不以适市。士思其训，农思其务，工思其用，贾思其常，是以上用足而下不匮。故壹野不如壹市，壹市不如壹朝，壹朝不如壹用，壹用不如上息欲，上息欲而下反真矣⑥。不息欲于上，而欲于下之安静，此犹纵火焚林，而索原野之不凋瘁⑦，难矣！故明君止欲而宽下，急商而缓农⑧，贵本而贱末；朝无蔽贤之臣，市无专利之贾⑨，国无擅山泽之民⑩。一臣蔽贤，则上下之道壅；商贾专利，则四方之资困；民擅山泽，则兼并之路开；兼并之路开，而上以无常役下。赋一物⑪，非民所生而请于商贾，则民财暴贱。民财暴贱而非常暴贵，非常暴贵则本竭而末盈，末盈本竭而国富民安，未之有矣。

【注释】

①且末流滥溢而本源竭：本段选自《检商贾》。末流，指工商业。本源，指农业。

②纤靡：纤巧华丽。罄：尽，竭尽。

③典义：儒家经典中的义理。

④经心：在意，留心。

⑤措手：着手安排。

⑥反真：返归淳朴。

⑦凋瘁：衰败枯萎。

⑧急：严格，严厉。

⑨专利：垄断市场以掠取厚利。

⑩擅：独占，独揽。

⑪赋：向民众征收。

【译文】

况且工商业泛滥而败坏农业，纤巧华丽的货物堆满市场而使粮食布帛枯竭，是必然的趋势。在古代，言论不是儒家经典中的义理，读书人就不会留心；从事的不是农耕蚕桑，农夫就不会为此扰乱本业；器物不适合当时使用，工匠就不会着手制作；货物不是供当时使用，商人就不会进入市场。读书人想着圣贤的教诲，农夫想着务农，工匠想着器物的用途，商人想着贩卖常用的物品，因此君上用度充足而下民不匮乏。所以统一田野不如统一市场，统一市场不如统一朝廷，统一朝廷不如统一用度，统一用度不如君上消除贪欲，君上消除贪欲那么下民就返归淳朴了。君上不消除贪欲，而想要下民安静，这就像纵火焚烧森林，而要求原野不凋零枯败，实在是困难啊！所以明君节制欲望来宽待下民，对商业从严而对农业宽松，重视本业而轻视末业；朝廷没有遮蔽贤人的臣子，市场没有专利霸市的商人，国家没有独占山林川泽利益的民众。一个臣子遮蔽贤人，上下通达的道路就堵塞了；商人垄断市场，四方的物资就会缺乏；民众独占山林川泽的利益，兼并土地的路子就打开了；兼并土地的路子打开，君上就会用非常规的方式征发劳役。向民众征收一件物品，不是民众所生产的，就只好求购于商人，农产品的价格就会暴跌。农产品价格暴跌，不常用的物品价格就暴涨，不常用的物品价格暴涨，那么农业就会枯竭，商人就会富有，商人富有而农业枯竭，却想要国富民安，那是从未有过的事情。

昔者圣人之崇仁也[①]，将以兴天下之利也。利或不兴，须仁以济。天下有不得其所，若己推而委之于沟壑然。夫仁者，盖推己以及人也。故“己所不欲，无施于人[②]”，推己所欲以及天下。推己心孝于父母以及天下，则天下之为人子者，不失其事亲之道矣。推己心有乐于妻子以及天下，则天下之为人父者，不失其室家之欢矣[③]。推己之不忍于饥寒以及天下之心[④]，含生无冻馁之忧矣[⑤]。此三者，非难见之理，非难行之事，唯不内推其心以恕乎人，未之思耳，夫何远之有哉！古之仁人，推所好以训天下，而民莫不尚德；推所恶以诫天下，而民莫不知耻。孔子曰：“仁远乎哉？我欲仁，斯仁至矣[⑥]。”此之谓也。若子方惠及于老马[⑦]，西巴不忍而放麑[⑧]，皆仁之端也。推而广之，可以及乎远矣。

【注释】

①昔者圣人之崇仁也：本段镰仓本篇题作《仁论》。傅玄主张推广仁政，“夫仁者，盖推己以及人也”，而君主思“仁”则是仁政的基础。

②己所不欲，无施于人：见《论语·颜渊》及《卫灵公》。

③室家：家庭。

④推己之不忍于饥寒以及天下之心：按前文，本句应为“推己心不忍于饥寒以及天下”。

⑤含生：一切有生命者。多指人类。冻馁：饥寒交迫。

⑥“仁远乎哉”几句：见《论语·述而》。

⑦子方：指田子方，战国初魏国人。孔子弟子子贡的学生。魏文侯引以为友。惠及于老马：见《韩诗外传》卷八：“昔者田子方出，见老马于道，喟然有志焉，以问于御者曰：‘此何马也？’御曰：‘故公

家畜也，罢而不为用，故出放之也。’田子方曰：‘少尽其力，而老弃其身，仁者不为也。’束帛而赎之。穷士闻之，知所归心矣。”

⑧西巴：秦西巴。鲁国人，鲁国贵族孟孙氏家臣。不忍而放麑（ní）：《韩非子·说林上》：“孟孙猎得麑，使秦西巴持之归，其母随之而啼。秦西巴弗忍而与之。”麑，小鹿。

【译文】

从前圣人崇尚仁德，是要用仁德来为天下兴利。利民之事有时没能兴办，就要用仁德来惠济天下。如果天下有人没得到合适的安顿，就好像是自己把他们丢弃到沟壑中一样。仁，就是推己及人。所以“自己不想要的，也不要施加给别人”，推想自己之所求，延及全天下之人。把自己对父母的孝心推广到全天下，那么天下为人子的，就不会失去事奉双亲的准则了。把自己对妻子儿女的喜爱之心推广到全天下，那么天下为人父的，就不会失去家庭的欢乐了。把自己不能忍受饥饿寒冷的心理推广到全天下，天下生灵就没有挨饿受冻的担忧了。这三点，不是难以想见的道理，不是难以做到的事情，只是不能推己之心来体谅他人，没有思考这些罢了，又有什么遥远难办的呢！古代的仁人，推想自己所喜好的事来教诲天下人，民众就没有不崇尚道德的；推想自己所厌恶的事来告诫天下人，民众就没有不知道羞耻的。孔子说：“仁离我遥远吗？我想行仁，这仁就到来了。”说的就是这些。像田子方把仁惠施予老马，秦西巴于心不忍而放掉幼鹿，都是仁德的开端。把这种仁德推广开来，可以惠及长远。

盖天地著信而四时不悖[①]，日月著信而昏明有常。王者体信而万国以安，诸侯秉信而境内以和，君子履信而厥身以立。古之圣君贤佐，将化世美俗[②]，去信须臾而能安上治民者，未之有也。夫象天则地[③]，履信思顺[④]，以壹天下，此王者之信也。据法持正，行以不贰，此诸侯之信也。言出乎口，结乎心，守以不移，以立其身，此君子之信也。讲信修义，而人道定矣。若君不信以御臣，臣不信以奉君，父不信以教子，子不信以事父，夫不信以遇妇，妇不信以承夫，则君臣相疑于朝，父子相疑于家，夫妇相疑于室矣。小大混然而怀奸心⑤，上下纷然而竞相欺⑥，人伦于是亡矣。

【注释】

①盖天地著信而四时不悖：本段及下一段镰仓本篇题作《义信》。本节阐述了守信的重要性，所谓"古之圣君贤佐，将化世美俗，去信须臾而能安上治民者，未之有也""以信待人，不信思信；不信待人，信斯不信"。

②化世：教化世人。

③象：效法，仿效。

④履信思顺：履行诚信思虑和顺。见《周易·系辞上》。

⑤小大：小的和大的。犹云一切、所有。混然：混乱，乱杂。

⑥纷然：杂乱的样子。

【译文】

天地显现诚信，四季运行便不违背常规；日月显现诚信，黑夜白昼便正常交替。君王体现诚信而万国平安，诸侯秉持诚信而境内和平，君子履行诚信就可以立身于世。古代圣明的君主，贤良的辅臣，想要教化世人美化风俗，如果片刻违背诚信而还能安定君上、治理民众的，是从来没有过的。效法天地，履行诚信，思虑和顺，来统一天下，这是君王的诚信。依据法令秉持公正，行动专一没有二心，这是诸侯的诚信。话说出口，牢记在心，坚守不移，以此来立身处世，这是君子的诚信。讲究诚信遵循道义，那么为人之道就确立了。倘若君主不以诚信来驾驭臣子，臣子不以诚信来侍奉君主,父亲不以诚信来教导儿子,儿子不以诚信来事奉父亲,丈夫不以诚信来对待妻子,妻子不以诚信来侍奉丈夫,那么君臣就会在朝廷互相怀疑,父子就会在家中互相怀疑,夫妇就会在内室互相怀疑了。若事事混乱而各怀奸诈之心,上下纷杂而竞相欺诈,人伦就丧失了。

夫信由上而结者也[①]。故君以信训其臣,则臣以信忠其君。父以信诲其子,则子以信孝其父。夫以信先其妇,则妇以信顺其夫。上秉常以化下[②],下服常而应上。其不化者,百未有一也。夫为人上,竭至诚,开信以待下[③],则怀信者欢然而乐进,不信者赧然而回意矣[④]。老子不云乎:"信不足焉,有不信也[⑤]。"故以信待人,不信思信;不信待人,信斯不信。况本无信者乎!先王欲下之信也,故示之以款诚[⑥],而民莫欺其上;申之以礼教,而民笃于义矣。夫以上接下,而以不信随之,是亦日夜见灾也。周幽以诡烽灭国[⑦],齐襄以瓜时致杀[⑧],非其显乎?故祸莫大于无信,无信则不知所亲,不知所亲,则左右书己之所疑[⑨],况天下乎?信者亦疑,不信亦疑,则忠诚者丧心而结舌[⑩],怀奸者饰邪以自纳,此无信之祸也。

【注释】

①夫信由上而结者也:本段选自《义信》。

②秉常:执持常道。

③开信:开诚,推诚相待。

④赧(nǎn)然:惭愧脸红的样子。回意:改变意志。

⑤信不足焉,有不信也:见《老子·十七章》。

⑥款诚:真诚。

⑦周幽:指周幽王,西周末代君主。诡烽:指周幽王烽火戏诸侯。

⑧齐襄:齐襄公,春秋时齐国国君。以瓜时致杀:见《左传·庄公八年》:“齐侯使连称、管至父戍葵丘。瓜时而往,曰:‘及瓜而代。’期戍,公问不至,请代,弗许,故谋作乱。”瓜时,瓜熟之时。

⑨书:严可均《全晋文》作“尽”。应是。译文按“尽”。

⑩结舌:不敢讲话。

【译文】

诚信是从君上开始建构起来的。所以君王用诚信教导臣子,那么臣子就用诚信忠于君王。父亲用诚信教诲儿子,那么儿子就用诚信孝顺父亲。丈夫先用诚信对待妻子,那么妻子就会用诚信顺从丈夫。君上秉持常道来教化臣下,臣下就服从常道来侍奉君上。像这样还不接受教化的,一百个也没有一个。作为高高在上的君主,竭尽诚信来对待下民,那么心怀诚信的人就会高兴并乐于进取,不诚信的人也会脸红羞愧而改变心意了。老子不是说过吗:“自己的诚信不足,才有不讲诚信的人。”所以用诚信对待别人,不诚信的人也想诚信;用不诚信对待别人,诚信的人也会变得不诚信。何况本来就没有诚信的人呢!先王想要下民诚信,所以先对他们表示真诚,而民众就没有谁欺骗君上;对他们申明礼仪教化,而民众就忠实地遵循道义了。君上对待下民,而不讲诚信,就随时可能有灾祸发生。周幽王因烽火戏诸侯而使国家灭亡,齐襄公承诺在瓜熟时替换连称、管至父却违背了诺言,因而被杀,这不就是明显的例证吗?所以祸患没有比不讲诚信更大的了,不讲诚信就不知道谁是该亲近的人,不知道谁是该亲近的人,那么身边就都是自己怀疑的人,何况天下人呢?讲诚信的也怀疑,不讲诚信的也怀疑,那么忠诚的人也会失去诚心而不敢讲话,心怀奸邪的人就会掩饰奸恶行为而使自己被接纳,这就是不讲诚信的祸患。

傅子曰[①]：能以礼教兴天下者，其知大本之所立乎[②]？夫大本者，与天地并存，与人道俱设。虽蔽天地，不可以质文损益变也[③]。大本有三：一曰君臣，以立邦国；二曰父子，以定家室；三曰夫妇，以别内外。三本者立，则天下正。三本不立，则天下不可得而正。天下不可得而正，则有国有家者亟亡[④]，而立人之道废矣[⑤]。礼之大本存乎三者，可不谓之近乎？用之而蔽天地，可不谓之远乎？由近以知远，推己以况人[⑥]，此礼之情也。

【注释】

①傅子曰：本段及下一段镰仓本篇题作《礼乐》，阐述用礼乐教化民众的重要性。

②大本：根本。

③质文损益：统治风格的选择随着时代变化而变化。质文，指统治的风格。古代有"夏尚忠，殷尚质，周尚文"的说法。损益，改变。

④亟：急遽，迅速。

⑤立人：立身，做人。

⑥况：比拟，比况。

【译文】

傅子说：能够用礼仪教化兴盛国家的，大概是知道所确立的治国根本吧？这根本，是与天地并存，与人伦共同设立的。即使天地被遮蔽了，也不会因统治风格的变化而有所改变。根本有三：第一叫君臣，用来立国安邦；第二叫父子，用来安定家庭；第三叫夫妇，用来区别内外。三个根本确立，那么天下就可以清正。三个根本不确立，那么天下就不能清正。天下不能清正，那么拥有国家的人就会迅速灭亡，而立身做人之道也就废弃了。礼的根本存在于这三方面，能不说是很切近吗？正确运用它就可以概括天地间的一切事务，能不说意义很深远吗？由切近推及深远，推想自己以比况他人，这就是礼的实情。

商君始残礼乐①，至乎始皇②，遂灭其制，贼九族③，破五教④，独任其威刑酷暴之政。内去礼义之教，外无列国之辅。日纵桀、纣之淫乐，君臣竞留意于刑书⑤。虽荷戟百万⑥，石城造天，威凌沧海，胡越不动⑦，身死未收，奸谋内发，而太子已死于外矣⑧。胡亥不觉⑨，二年而灭。曾无尽忠效节之臣以救其难。岂非敬义不立，和爱先亡之祸也哉！礼义者，先王之藩卫也。秦废礼义，是去其藩卫也。夫赍不訾之宝⑩，独宿于野，其为危败，甚于累卵，方之于秦，犹有泰山之安。《易》曰："上慢下暴，盗思伐之⑪。"其秦之谓与！

【注释】

①商君始残礼乐：本段选自《礼乐》。

②始皇：秦始皇嬴政。

③贼：《永乐大典》作"贱"，轻视，轻贱。译文按"贱"。九族：以自己为本位，上推至四世之高祖，下推至四世之玄孙为九族。另一说是父族四、母族三、妻族二，共为九族。

④五教：五常之教。指父义、母慈、兄友、弟恭、子孝五种伦理道德的教育。

⑤刑书：刑法的条文。

⑥荷戟：持戟。这里指武装的士兵。荷，肩负，扛。

⑦胡越：胡与越。亦泛指北方和南方的各民族。

⑧太子：指秦始皇长子扶苏。

⑨胡亥：即秦二世。

⑩赍（jī）：怀抱着，带着。不訾（zī）：价值无法计量。形容十分贵重。

⑪上慢下暴，盗思伐之：见《周易·系辞上》。

【译文】

商鞅时开始毁坏礼乐教化，到了秦始皇，就毁灭礼制，轻视九族，破坏五常之教，只任用严刑峻法，推行残酷暴虐的政令。对内去除礼义教化，对外没有诸侯国的辅佐。每天像夏桀、商纣那样纵欲淫乐，君臣竞相关注于刑法条文。虽然有武装的士兵上百万，石头筑成的城墙高得要到天上去，威势及于大海，可北胡南越还未曾动兵，秦始皇身死还尚未安葬，奸邪的计谋就从内部而发，而太子扶苏就已经死在外地了。胡亥并没有醒悟，两年就被消灭了。竟然没有尽忠守节的臣子来挽救秦的危难。难道不是礼义未立、和睦仁爱先丧导致的灾祸吗！礼义，是先王治国的保障。秦废弃礼义，是除去了这个保障。拿着价值无法计量的宝物，独自在荒野住宿，可能出现的危险与失败，比垒起来的鸡蛋要坍塌破碎还严重，然而跟秦的情况相比，却还是像泰山一样安稳。《周易》言道："君上傲慢臣下横暴，连盗贼都想进攻他。"大概说的就是秦吧！

立善防恶谓之礼[①]，禁非立是谓之法。法者，所以正不法也。明书禁令曰法，诛杀威罚曰刑。治世之民，从善者多，上立德而下服其化，故先礼而后刑也。乱世之民，从善者少，上不能以德化之，故先刑而后礼也。《周书》曰："小乃不可不杀。乃有大罪，非终乃惟眚灾[②]。"然则心恶者，虽小必诛；意善过误，虽大必赦，此先王所以立刑法之本也。礼、法殊涂而同归，赏、刑递用而相济矣。是故圣帝明王，惟刑之恤，惟敬五刑以成三德[③]。若乃暴君昏主，刑残法酷，作五虐之刑[④]，设炮烙之辟[⑤]，而天下之民无所措其手足矣。故圣人伤之，乃建三典[⑥]，殊其轻重，以定厥中。司寇行刑[⑦]，君为之不举乐，哀矜之心至也[⑧]；八辟议其故而宥之[⑨]，仁爱之情笃也。

【注释】

①立善防恶谓之礼：本段及下一段镰仓本篇题作《法刑》，阐述设立与施用刑法的原则，并指出礼和法殊途同归，奖赏和惩罚相辅相成。

②“小乃不可不杀”几句：见《尚书·康诰》：“人有小罪，非眚，乃惟终……有厥罪小，乃不可不杀。乃有大罪，非终，乃惟眚灾……时乃不可杀。”非终，指偶犯。眚灾，因过失而造成灾害。

③五刑：中国古代的五种刑罚。最初为墨（将墨涂于犯人刺刻后的面额部）、劓（割去犯人的鼻子）、刖（砍断犯人的脚）、宫（割去男犯生殖器，闭塞女犯生殖器）、大辟（对死刑的通称）五种。三德：三种品德。《尚书·洪范》：“三德，一曰正直，二曰刚克，三曰柔克。”《周礼·地官·师氏》：“以三德教国子：一曰至德，以为道本；二曰敏德，以为行本；三曰孝德，以知逆恶。”

④五虐：指大辟、割鼻、断耳、宫、黥五种酷刑。滥用五刑以残民，故谓五虐。

⑤炮烙（páo luò）：相传是殷纣王所用的一种酷刑，用炭火烧热铜柱，让罪人在上面爬，人掉到炭火中被烧死。辟：刑法。

⑥三典：轻、中、重三种刑法。《周礼·秋官·大司寇》：“掌建邦之三典，以佐王刑邦国，诘四方。一曰刑新国用轻典，二曰刑平国用中典，三曰刑乱国用重典。”郑玄注：“典，法也。”

⑦司寇：古代官名。掌管司法和纠察的长官。

⑧哀矜：哀悯，怜悯。

⑨八辟：周制规定八种人的犯罪须经特别审议，并可减免刑罚。《周礼·秋官·小司寇》：“以八辟丽邦法，附刑罚：一曰议亲之辟，二曰议故之辟，三曰议贤之辟，四曰议能之辟，五曰议功之辟，六曰

议贵之辟，七曰议勤之辟，八曰议宾之辟。”

【译文】

树立善举、防止作恶叫做礼，禁止错误、确立正确的准则叫做法。法，是用来纠正违法行为的。明确地写出禁令叫做法，诛杀、刑罚叫做刑。太平时期的民众，做善事的多，君上树立道德规范，下民就服从教化，所以先行礼义而后用刑罚。混乱时期的民众，做善事的少，君上不能用道德规范来教化他们，所以先用刑法然后行礼义。《周书》说：“故意犯罪，即使是小罪，也不可以不杀掉。犯了大罪，如果属于偶犯或过失犯罪，则可以不杀。”既然如此，那么心怀恶意的人，即使犯了小罪也必定要诛罚；心怀善意而过失犯罪，即使犯了大罪必定要宽赦，这是先王设立刑法的原则。礼与法殊途同归，奖赏与刑罚交替使用而相辅相成。所以圣明的帝王用刑谨慎，慎重使用五刑，以成就三种美德。至于残暴昏庸的君主，使用残酷的刑法，实行五种暴虐的刑罚，设置炮烙的酷刑，那么天下民众就都手足无措了。所以圣人为此而感伤，于是建立轻、中、重三类刑法，按照犯罪轻重的不同酌情处理，使刑罚得当。司寇行刑时，君主为此不听音乐，这是因为哀悯之心到了极致；亲、故、贤、能等八种人犯罪，可以审议他们犯罪的原因并宽宥他们，这是因为仁爱之情无比深厚。

柔愿之主①，闻先王之有哀矜仁爱、议狱缓死也②，则妄轻其刑，而赦元恶③。刑妄轻，则威政堕而法易犯；元恶赦，则奸人兴而善人困。刚猛之主，闻先王之以五刑纠万民，舜诛四凶而天下服也④，于是峻法酷刑以侮天下，罪连三族⑤，戮及善民，无辜而死者过半矣。下民怨而思叛，诸侯乘其弊而起，万乘之主死于人手者，失其道也。齐、秦之君⑥，所以威制天下⑦，而或不能自保其身，何也？法峻而教不设也。末儒见峻法之生叛⑧，则去法而纯仁；偏法见弱法之失政，则去仁而法刑。此法所以世轻世重而恒失其中也。

【注释】

①柔愿之主：本段选自《法刑》。柔愿，温和朴实。

②议狱：断狱，审议狱案。缓死：谓宽赦死罪。《周易·中孚卦》："君子以议狱缓死。"孔颖达疏："故君子以议其过失之狱，缓舍当死之刑也。"

③元恶：首恶。

④四凶：上古时代四个恶名昭彰的部族首领，一说指三苗、驩兜、共工、鲧。

⑤三族：谓父族、母族、妻族。《大戴礼记·保傅》："三族辅之。"卢辩注："三族，父族、母族、妻族。"亦谓父、子、孙。《周礼·春官·小宗伯》："掌三族之别，以辨亲疏。"郑玄注："三族，谓父、子、孙。"

⑥齐、秦之君：战国时曾有秦昭王称西帝、齐湣王称东帝之事。《史记·秦本纪》："（秦昭王）十九年，王为西帝，齐为东帝，皆复去之。"《吕氏春秋·孝行览·首时》："齐以东帝困于天下。"高诱注："齐湣王僭号于东，民不顺之，故困于天下。"

⑦威制：用威力压服或用暴力制服。

⑧末儒：末流的儒生。

【译文】

温和老实的君主，知道先王有哀悯仁爱、审议案件宽赦其死刑的情况，就胡乱地减轻刑罚，赦免首恶之人。胡乱减轻刑罚，威严的政令就会被败坏而法律就会被轻易践踏；首恶之人被赦免，奸恶之人就会兴起而善良之人反受困辱。刚强严厉的君主，知道先王用五刑来矫正民众的行为，虞舜诛灭四凶而天下顺服，于是用严刑酷法来压制天下人，判罪牵连三族，杀戮延及良民，使没有罪过而死的人超过半数。下民怨恨想要叛乱，诸侯趁乱起兵，以至万乘之君死在别人手里，这是丧失治理之道的后果。齐国、秦国的国君，能够用威权制服天下，有时却不能保全自身，是为什么呢？是因为只用严刑峻法，而不施行教化。末流的儒生只看到严刑峻法会引发叛乱，就废除法律而只讲仁政；偏向使用刑法的人看见削弱刑法会使政令败坏，就废弃仁政而只用刑法。这就是刑法在有的时代轻、有的时代重，却始终有失中正的原因。

爵禄者①，国柄之本②，而贵富之所由，不可以不重也。然则爵非德不授，禄非功不与。二教既立，则良士不敢以贱德受贵爵，劳臣不敢以微功受重禄③，况无德无功而敢虚干爵禄之制乎④！然则先王之用爵禄，不可谓轻矣。夫爵者位之级，而禄者官之实也。级有等而称其位，实足利而周其官⑤，此立爵禄之分也。爵禄之分定，必明选其人而重用之。德贵功多者，受重爵大位，厚禄尊官；德浅功寡者，受轻爵小位，薄禄卑官。厚足以炫宗党⑥，薄足以代其耕⑦。居官奉职者，坐而食于人。既食于人，不敢以私利经心。既受禄于官，而或营私利，则公法绳之于上，而显议废之于下⑧。是以仁让之教存，廉耻之化行，贪鄙之路塞，嗜欲之情灭，百官各敬其职。大臣论道于朝，公议日兴，而私利日废矣。明君必顺善制而后致治，非善制之能独治也，必须良佐有以行之也。

【注释】

①爵禄者：本段及下一段镰仓本篇题作《重爵禄》。爵位和俸禄为“国柄之本”，君主应该善加利用；此外还阐述了“厚禄养廉”的观点。

②国柄：国家大权。

③劳臣：功臣。

④干:求取。

⑤周:合,适合。

⑥炫:显示,夸耀。《永乐大典》作“卫”。宗党:宗族乡党。

⑦代其耕:代耕。旧时官吏不耕而食,因称为官食禄为代耕。

⑧显议:公开的议论。社会舆论。

【译文】

爵位与俸禄,是国家权力的根本,是实现尊贵与富裕的途径,不可以不重视。如此,没有好的德行就不能授予爵位,没有功劳就不能发给俸禄。这两条规矩确立了,那么贤士就不敢以低微的德行接受尊贵的爵位,功臣就不敢以微小的功劳领受厚重的俸禄,更何况没有德行没有功劳而敢凭空求取爵位与俸禄呢!既然如此,先王封爵授禄,就不可以说是轻率而行了。爵位是地位的等级,俸禄代表官职的实际贡献。等级有差别而要和地位相称,实际贡献所得的利益要与官职相适合,这是封爵与授禄的原则。封爵授禄的原则确定了,就要明确选择合适的人并重用他。德行高、功劳多的人,授予重爵高位,享受厚禄高官;德行浅、功劳少的人,授予轻爵低位,领受薄禄低官。使俸禄之厚足以在宗族乡党间夸耀,俸禄之薄也足以代替自己耕作。当官任职的人,坐享民众的供养。既然由民众供养,就不敢留心于私利。既然从官府接受俸禄,而有人谋求私利,那么上边要受到国家法律的制裁,下边还要被公众的议论所废弃。因此仁爱礼让的教化存在,知廉耻的风气畅行,贪婪卑劣的道路被堵塞,想满足嗜好欲望的情感被遏制,百官就都敬业尽职。大臣在朝廷谈论治国之道,公正议论之风一天天兴起,而追逐私利的行为一天天被废弃。明君必须推行好的制度然后才能实现太平,这并不是说有了好的制度就可以独自发挥作用,还必须有贤良的辅臣才能推行。

故治其民而不省其事①,则事繁而职乱。知省其职而不知节其利、厚其禄也,则下力既竭而上犹未供。薄其禄也,则吏竞背公义、营私利，此教之所以必废而不行也。凡欲为治者，无不欲其吏之清也。不知所以致清而求其清，此犹滑其源而望其流之洁也[②]。知所以致清，则虽举盗跖[③]，不敢为非；不知所以致清，则虽举夷、叔[④]，必犯其制矣。夫授夷、叔以事而薄其禄，近不足以济其身，远不足以及室家，父母饿于前，妻子馁于后，不营则骨肉之道亏，营之则奉公之制犯。骨肉之道亏，则怨毒之心生[⑤]。怨毒之心生，则仁义之理衰矣。使夷、叔有父母存无以致养，必不采薇于首阳[⑥]，顾公制而守死矣！由此言之，吏禄不重，则夷、叔必犯矣。夫弃家门，委身于公朝，荣不足以庇宗人，禄不足以济家室，骨肉怨于内，交党离于外[⑦]，仁孝之道亏，名誉之利损，能守志而不移者鲜矣。人主不详察，闻其怨兴于内，而交离于外，薄其名，必时黜其身矣。家困而身黜，不移之士，不顾私门之怨，不惮远近之谪，死而后已，不改其行，上不见信于君，下不见明于俗，遂委死沟壑而莫之能知也，岂不悲夫！天下知为清之若此，则改行而从俗矣。清者化而为浊，善者变而陷于非，若此而能以致治者，未之闻也。

【注释】

①故治其民而不省其事：本段选自《重爵禄》。

②滑（gǔ）：搅乱，搅浑。

③盗跖：相传为古时民众起义的领袖，名跖。《庄子·盗跖》："盗跖从卒九千人，横行天下，侵暴诸侯。"

④夷、叔：伯夷、叔齐。

⑤怨毒：极端仇恨。

⑥薇：一种野菜，又叫野豌豆。首阳：首阳山。

⑦交党：同党，朋党。指朋友。

【译文】

所以让官员治理民众而不精简政事，就会事务繁多而职责混乱。知道精简职事而不知道节制财用、增加官员俸禄，那么下面的人财力已经枯竭而上面的人还没有得到充分供给。俸禄微薄，那么官吏就会竞相违背公义而谋求私利，这就是教化一定会废弃而不能施行的原因。凡是要治理国家的人，没有不想让官吏清廉的。不知道如何让官吏清廉而一味责求其清廉，这就像搅浑水的源头却希望水流清澈一样。知道如何让官吏清廉，那么即使举用盗跖，也不敢做坏事；不知道如何让官吏清廉，那么即使举用伯夷、叔齐，也必定会违犯禁令。如果授予伯夷、叔齐政事而给他们微薄的俸禄，近不够用来养活自己，远不够用来赡养全家，父母挨饿，妻子儿女没有吃的，不去谋取私利就对骨肉至亲有亏欠，去谋取私利就违犯了奉公守法的规矩。对骨肉至亲有亏欠，那么怨恨之心就会产生。怨恨之心产生，那么仁义之理就衰微了。假使伯夷、叔齐的父母还活着却没有办法赡养，他们必定不会去首阳山采薇充饥，只顾念公家的法度守节至死了！由此看来，官吏的俸禄不足，那么即使伯夷、叔齐也必定会犯法。官员们离开了家门，投身于朝廷，荣耀不足以庇护宗族，俸禄不足以赡养全家，骨肉至亲在家里埋怨，朋友们在外面背叛，使仁爱孝顺之道有所亏缺，美好的声誉受到损害，像这样，还能够坚守节操而不改变的人就很少了。君主不认真审察这些，听说他们家人埋怨，朋友叛离，就鄙薄他们的名声，一定会随时贬黜他们。家中困窘，自己又被贬黜，坚守节操不变的士人，不顾念家中的怨恨，不害怕遥远的贬谪，死而后已，也不改变自己的品行，结果对上不被君主所信任，对下不被世人所理解，于是被抛弃死在沟壑中也没有谁知道，这难道不悲哀吗！天下人若知道为官清廉是如此结局，那么就会改变志行顺从世俗了。清廉的变贪浊，善良的改变操守为非作歹，像这样还能实现太平，是从来没有听说过的。

昔先王之兴役赋[①]，所以安上济下，尽利用之宜[②]，是故随时质文[③]，不过其节，计民丰约而平均之[④]，使力足以供事，财足以周用[⑤]。乃立壹定之制，以为常典。甸都有常分[⑥]，诸侯有常职焉。万国致其贡，器用殊其物。上不兴非常之赋，下不进非常之贡。上下同心，以奉常教。民虽输力致财，而莫怨其上者，所务公而制有常也。战国之际，弃德任威，竞相吞代[⑦]，而天下之民困矣。秦并海内，遂灭先王之制，行其暴政。内造阿房之宫[⑧]，继以骊山之役[⑨]；外筑长城之限[⑩]，重以百越之戍[⑪]。赋过太半，倾天下之财，不足以盈其欲；役及闾左[⑫]，竭天下之力，不足以周其事。于是蓄怨积愤，同声而起。陈涉、项梁之畴[⑬]，奋剑大呼，而天下之民响应以从之。骊山之墓未闭，而敌国已收其图籍矣[⑭]。昔者东野毕御[⑮]，尽其马之力，而颜回知其必败[⑯]。况御天下而可尽人之力也哉！夫用人之力，岁不过三日者，谓治平无事之世，故周之典制载焉。

【注释】

①昔先王之兴役赋：本段及下一段镰仓本篇题作《平役赋》，主要探讨徭役和赋税制度。

②利用：谓物尽其用，使事物或人发挥效能。

③随时：顺应时势，切合时宜。

④丰约：多少。

⑤周用：足用。

⑥甸：上古时代国都城外百里以内称郊，郊外称甸。都：指都城。常分：定分。

⑦吞代：吞并取代。

⑧阿房之宫：指秦阿房宫。宫的前殿筑于秦始皇三十五年（前212）。遗址在今陕西西安西郊阿房村一带。秦亡时全部工程尚未完成，故未正式命名。秦亡，为项羽所焚毁。

⑨骊山：在今陕西临潼东南。秦始皇陵在此地。

⑩限：阻隔，险阻。

⑪百越：古代南方越人的总称。分布在今浙、闽、粤、桂等地，因部落众多，故总称百越。

⑫闾左：居住于闾巷左侧的百姓。秦时贫贱者居闾左，后因借指平民。

⑬陈涉：即陈胜，秦末农民起义领袖。项梁：秦末起义军首领之一，楚将项燕之子，项羽的叔父。畴：类，同类。

⑭收其图籍：指刘邦入关后萧何收秦图籍一事。图籍，地图和户籍簿。

⑮东野毕：《吕氏春秋》《庄子》作"东野稷"，《韩诗外传》作"东野毕"。春秋时人，以善御马称于时。

⑯颜回：春秋时鲁国人，孔子弟子。《吕氏春秋》作"颜阖"。

【译文】

从前先王制定劳役赋税，是为了安上利下，达到物尽其用的目的，因此根据实际情况调整相关制度，不超过合适的限度，计算民众的收成多少，平衡调节，让民力足以满足国事的需要，征收的财物足够使用。于是确立统一的规定，作为常规制度。郊外和都城有固定的分额，诸侯有固定的贡赋。各个地方呈送贡品，器物都有不同的用途。君上不征收非常规的赋税，臣下不进奉非常规的贡品。上下同心，来遵守固定的制度。民众即使付出劳力、上交财物，也没有谁怨恨君上，是因为在为公家做事而且有规范的制度。战国时期，放弃德教而使用威权，大国争相吞并小国，而天下的民众就困窘了。秦王统一天下，就毁坏先王的制度，推行其暴政。在京城建造阿房宫，又征发劳役在骊山修建陵墓；在边境修筑长城作为屏障，并加强对百越的防守。赋税超过收入的大半，倾尽天下的财物,也不能满足他的欲望;劳役征发到贫苦人家头上,竭尽全天下的民力,也不足以完成他的事务。于是蓄积已久的怨愤,一同爆发。陈涉、项梁之类的人,挥动着长剑大呼,而天下民众响应跟从。骊山的陵墓还没有完工,刘邦就已经率军攻入咸阳,没收了秦的图籍。从前,东野毕驾车,竭尽马的气力以争先,颜回知道他必定要失败。更何况统治天下,怎么可以竭尽民力呢!使民众出力服役,一年不超过三天的,就叫做太平无事的时代了,所以周朝典章制度曾予以记载。

若黄帝之时①,外有赤帝、蚩尤之难②,内设舟车、门卫、甲兵之备③,六兴大役,再行天诛④。居无安处,即天下之民,亦不得不劳也。劳而不怨,用之至平也。禹凿龙门⑤,辟伊阙⑥,筑九山⑦,涤百川⑧,过门不入,薄饮食,卑宫室,以率先天下,天下乐尽其力而不敢辞劳者,俭而有节,所趣公也。故世有事,即役烦而赋重;世无事,即役简而赋轻。役简赋轻,则奉上之礼宜崇,国家之制宜备,此周公所以定六典也⑨。役烦赋重,即上宜损制以恤其下,事宜从省以致其用,此黄帝、夏禹之所以成其功也。后之为政,思黄帝之至平,夏禹之积俭,周制之有常,随时益损而息耗之⑩,庶几虽劳而不怨矣⑪。

【注释】

①若黄帝之时:本段选自《平役赋》。

②赤帝:即炎帝。

③舟车:车和船。《汉书·地理志》:“昔在黄帝,作舟车以济不通。”
甲兵:铠甲和兵器。

④天诛:帝王代替上天的征讨或诛罚。

⑤龙门：即禹门口。在今山西河津西北、陕西韩城东北一带。黄河至此，两岸峭壁对峙，形如门阙，故名。

⑥伊阙：在今河南洛阳南。因两山相对如阙门，伊水流经其间，故名。

⑦九山：九州的大山。

⑧百川：江河湖泽的总称。《尚书·禹贡》："九山刊旅，九川涤源，九泽既陂。"

⑨六典：指六方面的治国之法。据《周礼·天官·大宰》，一曰治典，二曰教典，三曰礼典，四曰政典，五曰刑典，六曰事典。

⑩息耗：消长。指事物的盛衰、盈亏等。

⑪庶几：差不多，或许。

【译文】

黄帝时，外面有赤帝、蚩尤之患，内部设有舟车、门卫、甲兵之备，进行了六次大战，两次代替上天进行征讨。居住没有安定的处所，天下民众，也不得不付出辛劳。民众辛劳却不怨恨，是因为使用民力十分平和公正。大禹治水凿通龙门，打开伊阙，开凿九山，疏通百川，三过家门而不入，饮食菲薄，宫室简陋，首先给天下做出榜样，天下人乐意竭尽自己的力量而不辞辛劳，是因为大禹凡事约束自己而有节制，其目的是为了大家。所以国家有事，就会劳役繁多而赋税沉重；国家太平无事，就会劳役少而赋税轻。劳役少赋税轻，那么民众事奉君上的礼仪应该更崇敬，国家的制度应该更完备，这就是周公制定六典的原因。劳役繁多赋税沉重，那么君上就应该减少政令来体恤下民，事务就应该从简以求实用，这是黄帝、夏禹成就功业的原因。后世为政，想到黄帝的公平，夏禹的长年节俭，周代制度的稳定有常，根据时代变化而调整政策，确定赋税和徭役的增加与减少，民众或许即使辛劳也不会怨声载道了。

虎至猛也[①]，可畏而服[②]；鹿至粗也，可教而使；木至劲也[③]，可柔而屈；石至坚也，可消而用[④]。况人含五常之性[⑤]，有善可因，有恶可改者乎！人之所重，莫重乎身。贵教之道行，士有伏节成义[⑥]，死而不顾者矣。此先王因善教义，因义而立礼者也。因善教义，故义成而教行；因义立礼，故礼设而义通。若夫商、韩、孙、吴知人性之贪得乐进，而不知兼济其善，于是束之以法，要之以功，使天下唯力是恃，唯争是务。恃力务争，至有探汤赴火而忘其身者，好利之心独用也。人怀好利之心，则善端没矣。中国所以常制四夷者，礼义之教行也。失其所以教，则同乎夷狄矣。其所以同，则同乎禽兽矣。不唯同乎禽兽，乱将甚焉。何者？禽兽保其性然者也[⑦]，人以智役力者也。智役力而无教节，是智巧日用，而相残无极也。相残无极，乱孰大焉！不济其善，而唯力是恃，其不大乱几稀耳！人之性，避害从利。故利出于礼让，即修礼让；利出于力争，则任力争。修礼让，则上安下顺而无侵夺；任力争，则父子几乎相危，而况于悠悠者乎[⑧]！

【注释】

①虎至猛也：本段镰仓本篇题作《贵教》。贵教，即重视教化。本节提出要通过教化来彰显人本性中善的一面。

②畏：通“威”。

③劲：坚固，坚硬。

④消：通“销”，熔化。

⑤五常：五种道德修养，指仁、义、礼、智、信。

⑥伏节：殉节。为保全志节、维护某种事物或追求理想而牺牲生命。

⑦性然：本性如此。

⑧悠悠：指世俗之人，众人。

【译文】

老虎极为凶猛，可以用威力制服；鹿极为粗笨，可以调教而役使；木头极为坚硬，可以加工使之柔软而变弯曲；石头极为坚硬，可以熔化后使用。何况人蕴含仁、义、礼、智、信五性，是有善行可以依循，有恶习可以改正的呀！人所看重的，莫过于自身了。崇尚教化之道畅行，士人中就会有为保全志节舍生取义，连死也不顾惜的人了。这是先王根据人的善性而以义教育人，依靠道义来树立礼制。根据人的善性而以义教育人，所以人们遵从道义而政教畅行；凭借道义来树立礼制，所以礼制确立而道义得以通行。至于商鞅、韩非、孙武、吴起，知道人性中有贪得无厌、乐于进身的一面，却不知道同时助长他们善良的一面，于是用法令来束缚他们，用功名来邀集他们，让天下人只依靠强力，只致力于争斗。依靠强力，致力于争斗，导致有赴汤蹈火而忘记自身的人，这是因为追求利益的想法完全占据了内心。人要是总怀着追求利益之心，那么善良的一面就消失了。中原王朝能够经常制服四夷的原因，是因为推行了礼义之教。失去了用来教化民众的礼义，那么就跟夷狄相同了。跟夷狄相同，那就是跟禽兽相同了。不仅是跟禽兽相同，而且会比禽兽更加混乱无序。为什么呢？因为禽兽始终保持本性不变，人则是用智巧来役使体力的。用智巧役使体力而没有教化的节制，那么智慧巧诈就会一天天运用，人们互相残害就会没有穷尽。互相残害没有穷尽，祸乱还有比这更大的吗！不帮助民众向善，而只依靠强力，那么天下不大乱几乎是没有的！人的本性，是避害趋利。所以利益出于礼让，人们就会修习礼让；利益出于强力争夺，人们就会凭借强力去争夺。修习礼让，就会君上安定、下民顺从而没有侵凌掠夺；凭借强力争夺，那么即使父子间也难免会互相伤害，何况对于众人呢！

上好德则下修行①，上好言则下饰辩②。修行则仁义兴焉，饰辩则大伪起焉，此必然之征也。德者难成而难见者也，言者易撰而易悦者也[③]。先王知言之易，而悦之者众，故不尚焉。不尊贤尚德，举善以教，而以一言之悦取人，则天下之弃德饰辩，以要其上者不鲜矣。何者？德难为而言易饰也。夫贪荣重利，常人之性也。上之所好，荣利存焉。故上好之，下必趣之，趣之不已，虽死不避也。先王知人有好善尚德之性，而又贪荣而重利，故贵其所尚，而抑其所贪。贵其所尚，故礼让兴；抑其所贪，故廉耻存。夫荣利者，可抑而不可绝也，故明为显名高位，丰禄厚赏，使天下希而慕之。不修行崇德，则不得此名；不居此位，不食此禄，不获此赏。此先王立教之大体也[④]。夫德修之难，不积其实，不成其名。夫言撰之易，合所悦而大用，修之不久，所悦无常，故君子不贵也。

【注释】

①上好德则下修行：本段镰仓本篇题作《戒言》。“德难为而言易饰”，本节劝诫君主要重视德行修养，而不要喜好空谈、巧辩之词。

②好言：喜好空谈。饰辩：粉饰巧言，说虚浮不实的话。

③撰：制造，编造。

④大体：纲要。

【译文】

君主重视美德那么臣下就乐于修养自己的德行，君主喜好空谈那么臣下就热衷于粉饰巧辩。修养德行，则仁义之道盛行，粉饰巧辩，则诡诈之风兴起，这是必然的现象。美德难以修成也难以显现，美言容易编造也容易讨人喜欢。先王知道美言好说并且爱听的人很多，所以不崇尚美言。如果不尊重贤能，崇尚美德，宣导善行来进行教化，而是只凭借让自己高兴的一句话来选人，那么天下抛弃道德、粉饰巧辩并以此向君主索取封赏的人就不会少见了。为什么呢？因为提高道德修养很难，而巧言却很容易编造。贪求荣誉、看重财利，是普通人的本性。君主的喜好，就包括荣誉和财利。所以君主喜好的，臣下就必定去追求，追求不止，即使死也不躲避。先王知道人有喜好善良、崇尚美德的本性，又有贪图荣誉、看重财利的一面，因此就重视其所崇尚的，而抑制其所贪求的。重视其所崇尚的，所以礼让之风兴起；抑制其所贪求的，所以人人都有廉耻之心。对于追求荣誉与财利，可以抑制却不能完全断绝，所以要公开定出显名高位、丰禄厚赏，让天下人追求羡慕。不修养良好的德行，就不能获得显名；不处在其职位，就不能享受相应的俸禄，获得相应的赏赐。这是先王树立教化的原则。提高道德修养是困难的，不积累实际的德行，就不能成就好的名声。巧言的编造是很容易的，符合君主所喜欢的就可得到重用，然而因修持时间不长，君主所喜欢的也时有改变，所以君子不重视它。

立德之本[①]，莫尚乎正心。心正而后身正，身正而后左右正，左右正而后朝廷正，朝廷正而后国家正，国家正而后天下正。故天下不正，修之国家；国家不正，修之朝廷；朝廷不正，修之左右；左右不正，修之身；身不正，修之心。所修弥近，而所济弥远。禹、汤罪己，其兴也勃焉，正心之谓也。心者，神明之主[②]，万理之统。动而不失正，天地可感，而况于人乎？况于万物乎？夫有正心，必有正德。以正德临民，犹树表望影[③]，不令而行。《大雅》云："仪形文王，万邦作孚[④]。"此之谓也。有邪心必有枉行[⑤]。以枉行临民，犹树曲表，而望其影之直。若乃身坐廊庙之内[⑥]，意驰云梦之野[⑦]，临朝宰事，情系曲房之娱[⑧]，心与体离，情与志乖，形神且不相保，孰左右之能正乎哉！忠正仁理存乎心，则万品不失其伦矣。礼度仪法存乎体，则远迩内外咸知所象矣。古之大君子[9]，修身治人先正其心，自得而已矣。能自得，则无不得矣；苟自失，则无不失矣。无不得者，治天下有余。故否则保身居正[10]，终年不失其和；达则兼善天下[11]，物无不得其所。无不失者，营妻子不足。故否则是己非人，而祸逮乎其身；达则纵情用物[12]，而殃及乎天下。

【注释】

①立德之本：本段及下一段镰仓本篇题作《正心》。《礼记·大学》："欲修其身者，先正其心。"正心是修身、齐家、治国、平天下的基础。

②神明：指人的精神。

③表：指直立于地面用以测日影的标杆。

④仪形文王，万邦作孚：见《诗经·大雅·文王》。仪形，效法。作孚，信服，信从。郑玄笺："仪法文王之事，则天下咸信而顺之。"

⑤枉：邪曲，不正。

⑥廊庙：指朝廷。

⑦云梦：古代大泽名。在古荆州，范围比今天的洞庭湖要大。

⑧曲房：内室，密室。

⑨大君子：称道德、文章受人尊仰或地位高的人。

⑩否：困厄，不顺。

⑪兼善：谓使他人得到好处。

⑫用物：耗用物品。

【译文】

立德的根本，没有比正心更重要的了。心正然后才能身正，自身端正然后身边的人才能端正，身边的人端正然后朝廷才能端正，朝廷端正然后国家才能端正，国家端正然后天下才能端正。所以天下不正，就要整治国家；国家不正，就要整治朝廷；朝廷不正，就要整治身边的臣子；身边臣子不正，就要加强自身修养；自身不正，就首先要正心。所修治的越近，所获得的成就就越远大。夏禹、商汤经常检讨自己的错误，所以国家的兴盛就很快，这就是正心的结果。心，是精神的主宰，是各种理念的统率。行为端正了，都可以感天动地，何况人呢？何况万物呢？心端正了，就必定有良好的品德。用良好的品德治理民众，就好像树立标杆就能看到影子，无须命令民众就会遵行。《诗经·大雅》说："取法于文王，万邦都会信服。"说的就是这个道理。有邪恶之心，必定会有不正的行为。以不正之行治理民众，就好像树立的标杆弯曲，却希望影子端直一样。如果身处朝堂之内，心神却飞到了云梦之野，临朝理事，情思却不忘内室中的欢娱，如此心神与形体相分离，感情与意志相违背，自己的形体与精神尚且不能保持一致，身边的人又怎么能端正呢？忠诚、正直、仁爱、理智存在于心中，那么万事万物就都不会失其伦常。礼义、制度、准则、法律显现在自身，那么无论远近内外就都知道该以谁为榜样了。古代的大君子，无论修身还是管理别人，首先端正自己的心，使自身行事得当而已。能使自己行事得当，那么其他事就无所不当；如果自身有失误，那就会处处有失误。做事无不得当的人，治理天下就会有余力。所以时运不济时就保全自身而遵循正道，终年持守中和；得志通达时就兼济天下，使万事万物各得其所。处处都有失误的人，养活妻子儿女尚有不足。所以不顺利时就会肯定自己而指责别人，以致灾祸降临自身；顺利时就会放纵情欲，挥霍无度，以至殃及天下。

昔者有虞氏弹五弦之琴[①]，而天下乐其和者，自得也；秦始皇筑长城之塞以为固，祸机发于左右者[②]，自失也。夫推心以及人，而四海蒙其佑，则文王其人也；不推心虑用天下[③]，则左右不可保，亡秦是也。秦之虓君目玩倾城之色[④]，天下男女怨旷而不肯恤也[⑤]；耳淫亡国之声，天下小大哀怨而不知抚也。意盈四海之外，口穷天下之味，宫室造天而起[⑥]，万国为之憔瘁[⑦]，犹未足以逞其欲。唯不推心以况人，故视用人如用草芥[⑧]。使用人如用己，恶有不得其性者乎？古之达治者，知心为万事主，动而无节则乱，故先正其心。其心正于内，而后动静不妄，以率先天下，而后天下履正而咸保其性也[⑨]。斯远乎哉？求之心而已矣。

【注释】

①昔者有虞氏弹五弦之琴：本段选自《正心》。有虞氏，指虞舜。五弦之琴，相传为舜发明的乐器，有宫、商、角、徵、羽五根弦。见《礼记·乐记》。

②祸机：指隐伏待发之祸患。

③不推心虑用天下：《永乐大典》作“不推心以虐用天下”。虐用，虐待，过度役使。译文按《永乐大典》。

④虣（bào）：同“暴”，暴虐。

⑤怨旷：指女无夫，男无妻。

⑥造天：连天。

⑦憔瘁：憔悴。

⑧草芥：草和芥。常用以比喻轻贱。

⑨履正：躬行正道。

【译文】

从前虞舜弹奏五弦琴，而天下人都乐于应和，就是因为自身行为得当；秦始皇修长城要塞以使江山稳固，而危机却从他身边产生，就是因为自身行为失当。推想己心去体察别人，四海之内就会得其护佑，周文王就是这样的人；不推己及人而过度地役使天下民众，那么连身边的人都不能保全，亡秦就是例证。秦的暴君眼中玩赏着倾城美色，对天下的怨女旷夫却不加体恤；耳朵里听着亡国的靡靡之音，对天下人大大小小的哀怨却不加抚慰。志得意满，享尽天下佳肴美味，宫室连天而起，天下却为此疲惫憔悴，但还是不能满足其欲望。这是不推己心去体察他人，因此其用人如用草芥。如果对待别人能像对待自己一样，怎么会不顺应他人本性的好恶呢？古代能通达治国之道的人，明白心是万事的主宰，行为无节制就会使天下大乱，所以首先端正自己的心。心正了，再有所行动就不会胡作非为，自己做天下的表率，而后天下人就会践行正道，从而都能保有其本性了。这很遥远难办吗？只是追求内心的端正罢了。

夫能通天下之志者①，莫大乎至公。能行至公者，莫要乎无忌心。唯至公，故近者安焉，远者归焉，枉直取正②，而天下信之。唯无忌心，故进者自尽③，而退不怀疑，其道泰然，浸润之谮④，不敢干也⑤。《虞书》曰“辟四门”，则天下之人辐凑其庭矣；“明四目”，则天下之人乐为之视矣；“达四聪”，则天下之人乐为之听矣⑥。江海所以能为百谷王者，以其不逆之也⑦。苟有所逆，众流之不至者多矣。众流不至者多，则无以成其深矣。夫有公心必有公道，有公道必有公制。丹朱、商均⑧，子也，不肖，尧、舜黜之；管叔、蔡叔⑨，弟也，为恶，周公诛之。苟不善，虽子弟不赦，则于天下无所私矣。鲧乱政⑩，舜殛之⑪；禹圣明，举用之。戮其父而授其子，则于天下无所忌矣。

【注释】

①夫能通天下之志者：本段及以下几段镰仓本篇题作《通志》。通

志，指让天下人的志向都能实现、通达，而不会被淹没掩盖。君主要做到这一点，关键在于心底公正无私。

②枉直：曲与直。比喻是非、好坏。

③自尽：尽自己的才能与智慧。

④浸润之谮（zèn）：比喻逐渐渗透的诽谤别人的坏话。

⑤干：冒犯，冲犯。

⑥“《虞书》曰‘辟四门’”几句：见《尚书·舜典》：“询于四岳，辟四门，明四目，达四聪。”孔安国传：“广视听于四方，使天下无壅塞。”孔颖达疏：“乃谋政治于四岳之官。所谋开四方之门，大为仕路致众贤也。明四方之目，使为已远视四方也。达四方之聪，使为已远听闻四方也。”四门，指四方进贤的门户。辐凑，亦作“辐辏”，形容人或物聚集像车辐集中于车毂一样。明四目，指让眼睛能明察四方。达四聪，指让耳朵能远听四方。

⑦江海所以能为百谷王者，以其不逆之也：见《老子·六十六章》：“江海所以能为百谷王者，以其善下之，故能为百谷王。”

⑧丹朱：尧之子。《史记·五帝本纪》：“尧知子丹朱之不肖，不足授天下，于是乃权授舜。”商均：舜之子。相传舜以商均不肖，乃使禹继位。

⑨管叔：周武王弟。封于管（今河南郑州）。武王死，成王年幼，周公摄政，管叔与蔡叔、武庚联合东夷发动叛乱，为周公平定，被杀。蔡叔：周武王弟。封于蔡（今河南上蔡）。成王时因反叛而被放逐。

⑩鲧：传说是禹的父亲。曾奉尧之命治水，筑堤堵水，九年未治平，被舜杀死在羽山。

⑪殛（jí）：诛杀。

【译文】

能够通达天下人志向的方法，没有比极其公正更大的了。能够做到极其公正的方法，没有比无猜忌之心更重要的了。只有极其公正，才能使近处的人安心，使远处的人归附，是非曲直都有一定的尺度，然后天下人才能信服。只有没有猜忌之心，进取的人才能竭尽自己的才能与智慧，而退后的人也不会心怀疑虑，其治国之道安泰平稳，即使有人想不断地进谗言，也不敢冒犯了。《虞书》说"开辟四方之门"，那么天下人就都像车辐集中于车毂一样聚集到朝堂了；"明亮观望四方之目"，那么天下人就都乐于为其观看了；"通达远及四方的闻见"，那么天下人就都会乐于为其听闻了。大江大海之所以能成为众多河川汇聚的地方，是因为它们不拒绝河川的归附。假如违逆了河流的归附，众多河流中就会有许多不能汇进来了。众多河流中很多都不能汇进来，那么大江大海也就不会有那么深广了。有公正之心，必然产生公正之道；有公正之道，必然会有公平的制度。丹朱、商均，分别是唐尧、虞舜的儿子，两个人品行不好，被唐尧和虞舜贬黜；管叔、蔡叔，是周公的弟弟，他们作恶叛乱，被周公处死或流放。行为如果不端，即使是自家子弟也不能宽赦，那么对天下人来说就是无所偏袒了。鲧以堵塞的方式治水使水患更加严重，虞舜杀了他；大禹处事英明，消除了水患，虞舜就举用他。杀掉了鲧却把帝位传给了鲧的儿子大禹，那么对天下人来说就无所猜忌了。

石厚[①]，子也，石碏诛之[②]；冀缺[③]，仇也，晋侯举之[④]。是之谓公道。夫在人上，天下皆乐为之用。无远无近，苟所怀得达，死命可致也。唯患众流异源，清浊不同，爱恶相攻，而亲疏党别。上之人或有所好，所好之流独进，而所不好之流退矣。通者一而塞者万，则公道废而利道行矣，于是天下之志塞而不通。欲自纳者，因左右而达，则权移左右，而上势分矣。昧于利者，知趣左右之必通，必变业以求进矣。昧利者变业而党成，正士守志而日否，则虽见者盈庭，而上之所开实寡[⑤]。外倦于人，而内寡闻[⑥]，此自闭之道也。故先王之教，进贤者为上赏，蔽贤者为上戮[7]；顺礼者进，逆法者诛；设诽谤之木[8]，容狂狷之人[9]；任公而去私，内恕而无忌[10]。是之谓公制也。公道行则天下之志通，公制立则私曲之情塞矣[11]。

【注释】

①石厚：本段选自《通志》。石厚，春秋时卫国大夫石碏之子。州吁袭杀桓公，自立为卫君，石厚参与其谋。石碏借陈国之力击杀州吁，迎先君桓公之弟晋为君，并诛杀石厚。

②石碏（què）：春秋时卫国大夫。卫庄公爱庶子州吁，令其为将，石碏劝谏庄公，不听。桓公立，州吁袭杀桓公而自立，未能和其民。石厚向石碏请教安定君位之法，石碏假意建议石厚从州吁往陈，通过陈桓公朝觐周天子。旋请陈拘留两人，由卫使右宰丑杀州吁于濮，又使其家宰獳羊肩杀石厚于陈。时人称石碏能“大义灭亲”。

③冀缺：即郤（xì）缺，春秋时晋国人。郤芮之子。袭芮之采邑冀，故称冀缺。晋文公时任下军大夫。历襄公、灵公、成公，代赵盾为中军元帅执政。卒谥成。其父郤芮从公子夷吾，是为惠公。文公将立，芮惧，将焚文公所居宫室，事未成，至河上，秦穆公诱杀之。

④晋侯：指晋文公。

⑤开：严可均《全晋文》据《永乐大典》改为“闻”。应是。译文按“闻”。

⑥间：《全晋文》作“闻”。据上下文，应是。译文按“闻”。

⑦上戮：最重的刑罚。

⑧诽谤之木：在交通要道竖立、让人写谏言的木牌。《吕氏春秋·不苟论·自知》：“尧有欲谏之鼓，舜有诽谤之木，汤有司过之士，武王有戒慎之鼗。”诽谤，批评指责。

⑨狂狷：狂傲狷介。狷，指洁身自好，不肯同流合污。

⑩内恕：谓存心宽厚。

⑪私曲：谓偏私阿曲，不公正。

【译文】

石厚是石碏的儿子，因参与谋乱被石碏杀掉；冀缺是晋文公的仇人，晋文公却举用他。这就是所说的公道。君主在众人之上，天下人都乐于听从他的调用。无论远近，只要抱负能够得到施展，以死报效的人都可招致。只是令人担忧的是，众流非出一源，清浊不同，喜爱和厌恶相互攻讦，而形成亲疏党派之别。在上位者有时会有所偏爱，所喜好的那些人被进用，而不喜欢的那些人就被贬退了。一人亨通而一万人被阻塞，那么公正之道就会废弛而利私之风就会盛行，于是天下人的志向就都会堵塞不通。想向君主自我献纳的人，通过君主身边的人得志，于是权力就会转移到君主身边的人，而君主的权力就被分散了。贪图私利的人，知道趋奉君主身边的人必定能显达，就必会改变努力方向以追求进身的捷径了。贪图私利的人改变努力方向而结成朋党，正直的人坚守志向而仕途却日益不通畅，那么即使谒见的人挤满朝廷，君主能听到的有用的言论其实也很少。外部为朋党所困，内部又很少听到进言，这是自我封闭的做法。所以先王的教令是，举荐贤才的人给与重赏，蒙蔽贤才的人遭受重罚；合乎礼法的人进用，违背礼法的人诛罚；设立允许非议朝廷的木牌，宽容狂傲狷介之人；以公正为准则而去除偏私，存心宽恕而无所忌恨。这就是所说的公正的制度。公正之道施行，那么天下人的志向就能够畅通，公正的制度确立，偏私不公正的情况就会被杜绝了。

凡有血气[①]，苟不相顺，皆有争心。隐而难分、微而害深者，莫甚于言矣。君人者，将和众定民而殊其善恶，以通天下之志者也，闻言不可不审也。闻言未审而以定善恶，则是非有错，而饰辩巧言之流起矣[②]。故听言不如观事，观事不如观行[③]。听言必审其本，观事必校其实，观行必考其迹。参三者而详之，近少失矣。问曰："汉之官制，皆用秦法。秦不二世而灭，汉二十余世而后亡者，何也？"答曰："其制则同，用之则异。秦任私而有忌心，法峻而恶闻其失。任私者怨[④]，有忌心则天下疑，法峻则民不顺之，恶闻其失则过不上闻。此秦之所以不二世而灭也。

【注释】

①凡有血气：本段选自《通志》。血气，指血性，骨气。

②饰辩：粉饰巧言，说虚浮不实的话。

③听言不如观事，观事不如观行：《论语·公冶长》："子曰：'始吾于人也，听其言而信其行；今吾于人也，听其言而观其行，于予与改是。'"

④任私者怨：《永乐大典》作"任私则远者怨"。译文按《永乐大典》。

【译文】

凡是有血性的人，如果彼此不和顺，都会有竞争之心。人们交往中隐讳而难以分辨、细小却有大害的，莫过于言语了。为人之君者，要协调众人、安定百姓并且分辨善恶，以使天下人的志向通达，对听到的话不能不详察。对听到的话不详察就判定其是善是恶，对于是非的判断就会出现差错，伪饰巧辩的风气就会兴起。所以听其言不如观其做事，观其做事不如观其日常行为。听言一定要审察其内心的想法，观事一定要查验其真实性，观察行为一定要考察其事迹。综合这三个方面并详加分析，就很少有失误了。有人会问："汉朝的职官制度，都是沿用秦朝。然而秦朝不过二世就灭亡了，汉朝却延续了二十多代后才灭亡，这是为什么呢？"回答说："两朝制度大体相同，但具体实施不相同。秦朝任用私党而且有猜忌之心，刑法严峻而厌恶听到自己的过失。任用私党就会招致被疏远者的怨愤，有猜忌之心则天下人人生疑，刑法严峻民心就不顺从，厌恶听到自己的过失君主就听不到为政的过错。这就是秦朝不过二世就灭亡的原因。

“汉初入秦[①]，约法三章[②]；论功定赏，先封所憎[③]。约法三章，公而简也；先封所憎，无忌也。虽网漏吞舟[④]，而百姓安之者，能通天下之志，得其略也。世尚简[⑤]，尊儒贵学。政虽有失，能容直臣[⑥]。简则不苟，宽则众归之；尊儒贵学，则民笃于义；能容直臣，则上之失不害于下，而民之所患上闻矣。自非圣人，焉无失？失而能改，则所失少矣。心以为是，故言行由之。其或不是，不自知也。先王患人之不自知其失，而处尊者，天下之命在焉。顺之则生，逆之则死。顺而无节，则谄谀进；逆而畏死，则直道屈。明主患谀己者众而无由闻失也，故开敢谏之路，纳逆己之言。苟所言出于忠诚，虽事不尽是，犹欢然受之。所通直言之途，引而致之，非为名也，以为直言不闻，则己之耳目塞。耳目塞于内，谀者顺之于外，此三季所以至亡而不自知也[⑦]。周昌比高祖于桀、纣[⑧]，而高祖托以爱子[⑨]；周亚夫申军令[⑩]，而太宗为之不驱[⑪]；朱云折槛[⑫]，辛庆忌叩头流血[⑬]。斯乃宽简之风，汉所以历年四百也。”

【注释】

①汉初入秦：本段选自《通志》。

②约法三章：《史记·高祖本纪》：“与父老约，法三章耳：杀人者死，伤人及盗抵罪。”

③先封所憎：指封赏雍齿。雍齿跟从刘邦起兵，虽有功，但屡次窘辱刘邦，为刘邦所憎。及即位，诸将未行封，人怀怨望。刘邦从张良言，先封雍齿为什邡侯，诸将皆喜曰："雍齿尚为侯，我属无患矣。"

④网漏吞舟：网里漏掉能吞舟的大鱼。比喻法律宽松。

⑤世尚简：天明本眉批云："'尚'下有'宽'字。"据下文"简则不苟，宽则众归之"，作"宽简"是。译文按"世尚宽简"。

⑥直臣：直言谏诤之臣。

⑦三季：指夏、商、周三代的末期。《汉书·叙传下》："三季之后，厥事放纷。"颜师古注："三季，三代之末也。"

⑧周昌：秦末沛县（今江苏沛县）人，汉初大臣。耿直敢言。据《史记·张丞相列传》，一次周昌进见刘邦，遇见刘邦正和戚夫人拥抱，周昌掉头就走。刘邦连忙追上去，骑到周昌脖子上问："我何如主也？"周昌答："陛下即桀纣之主也。"刘邦听后大笑。

⑨爱子：指赵王刘如意。

⑩周亚夫：西汉初沛县（今江苏沛县）人。周勃子，封条侯。文帝时匈奴入侵，以河内守为将军驻守细柳。文帝亲往劳军，先驱不得入军门，军中言只闻将军令，不闻天子诏。文帝赞其为"真将军"。景帝时任太尉，平定吴楚七国之乱，迁丞相。后因谏废栗太子等事触犯景帝，梁孝王又言其短，致遭猜忌。景帝后元元年（前143），其子为人告发盗买官器，受牵连入廷尉，绝食呕血死。

⑪太宗：汉文帝刘恒的庙号。

⑫朱云：字游，西汉平陵（今陕西咸阳西北）人。元帝时，为博士。迁杜陵令，后为槐里令。为人狂直，数上书批评丞相韦玄成昏庸，遭废锢。成帝时，曾当廷直言帝师丞相张禹误国，御史将云拖下，云攀殿槛，槛折。左将军辛庆忌死争，遂获赦。晚年教授生徒，卒年七十余。

⑬辛庆忌：字子真，西汉狄道（今甘肃临洮南）人。辛武贤子。少以

父任为右校丞，屯田乌孙赤谷城，迁校尉。元帝初，任金城长史，迁张掖、酒泉太守。成帝即位，为光禄大夫，官至执金吾。后任左将军。为国虎臣，匈奴、西域敬其威信。

【译文】

“汉高祖初入关中时，与民众约法三章；论功行赏，先封赏自己所憎恶的人。约法三章，公正而简明；先封赏憎恶的人，显示自己不心怀猜忌。虽然法网宽大，而百姓却很安定，就是因为能通达天下人的志向，方略得当。治国崇尚宽缓简约，尊儒重教。政令即使有失误，也能容留直言进谏的臣子。政令简约就不会轻率地惩治，政令宽缓民众就会归附；尊儒重教，民众就能笃守信义；能容纳直言进谏的臣子，那么君主即使有失误也不会伤害民众，而民众的忧患君主也能听到。人非圣贤，怎能没有过失呢？有过失能及时改正，失误就会变少。心里认为正确，言行就会表现出来。即使所想的不正确，自己也觉察不到。先王担心人不能觉察出自己的过失，而且对处在尊位的人来说，天下人的命运由自己决定。顺从自己则生，违逆自己则亡。顺从而不讲操守，阿谀谄媚的人就会进用；违逆而又怕被处死，以正直之道事君的人也会屈从。圣明的君主担心对自己阿谀奉承的人太多而不能听到为政的过失，于是敞开谏诤之路，接受批评自己的言论。如果谏言是出于忠诚，即使所言不完全合于事实，也仍然高兴地接受。敞开直言进谏之路，让臣下进谏，不是为搏取好名声，而是认为听不到正直的言论，自己就会耳目闭塞。自己耳目闭塞，阿谀奉承的人又事事都顺从自己，这就是夏、商、周三代末年的君主到灭亡时自己都不知道的原因。周昌把汉高祖比作夏桀、商纣，而高祖还是把爱子刘如意托付给他；周亚夫申明军令，汉文帝的车马因此不在军营中驱驰；朱云不服汉成帝，攀折殿槛，辛庆忌叩头流血相救才免除朱云一死。这都是宽宏简约的政风，是汉朝能够历经四百年的原因。”

天下之福[①]，莫大于无欲；天下之祸，莫大于不知足。

无欲则无求。无求者，所以成其俭也。不知足，则物莫能盈其欲矣；莫能盈其欲，则虽有天下，所求无已，所欲无极矣。海内之物不益，万民之力有尽，纵无已之求以灭不益之物，逞无极之欲而役有尽之力，此殷士所以倒戈于牧野[②]，秦民所以不期而周叛[③]。曲论之好奢而不足者[④]，岂非天下之大祸耶？

【注释】

①天下之福：本段镰仓本篇题作《曲制》。本段谈到君主应节制欲望的问题，认为“天下之祸，莫大于不知足”。

②牧野：古地名。在今河南淇县南。周武王与诸侯会师讨伐商纣王，在牧野与商纣军队相遇。商军临阵倒戈，大败。

③不期：未经约定。周：普遍，全。

④曲论：歪曲事实的议论。

【译文】

天下的福祉，没有比没有欲望更大的了；天下的祸患，没有比不知足更大的了。没有欲望就没有需求。没有需求，就是实现节俭的方法。不知足，就没有什么东西能够满足其欲望；没有什么能满足欲望，那么即使拥有整个天下，需求也没有止境，欲望也没有穷尽。天下的财物不会增益，民众的力量也是有限的，放纵没有止境的欲求来竭尽无法增益的财物，为满足没有穷尽的欲望而役使有限的民力，这就是殷朝的士兵在牧野倒戈，秦朝民众不约而同发起叛乱的原因。那种倡导奢侈而不知满足的谬论，难道不是天下的大祸患吗？

民富则安[①]，贫则危。明主之治也，分其业而壹其事。业分则不相乱，事壹则各尽其力而不相乱，则民必安矣。重亲民之吏而不数迁，重则乐其职，不数迁则志不流于他官。乐其职而志不流于他官，则尽心恤其下。尽心以恤其下，则民必安矣。附法以宽民者赏②，克法以要名者诛③。宽民者赏，则法不亏于下；克民者诛，而名不乱于上，则民必安矣。量时而置官，则吏省而民供④。吏省则精，精则当才而不遗力⑤；民则供顺，供顺则思义而不背上。上爱其下，下乐其上，则民必安矣。笃乡间之教⑥，则民存知相恤，而亡知相救。存相恤而亡相救，则邻居相恃，怀土而无迁志⑦。邻居相恃，怀土无迁志，则民必安矣。度时宜而立制，量民力以役赋。役赋有常，上无横求，则事事有储，而并兼之隙塞。事有储，并兼之隙塞，则民必安矣。图远必验之近，兴事必度之民。知稼穑之艰难⑧，重用其民，如保赤子⑨，则民必安矣。

【注释】

①民富则安：本段及下一段镰仓本篇题作《安民》。节录部分从正反七个方面阐述君主如何才能安民。同时提出，君主要对县令特别留意，因为他们是最接近百姓的官员。

②附法：依从法令。

③克法：指执法苛刻。要名：求取好的名声。

④民供：指民众供应顺畅，易于供应。

⑤当才：才能与所任之事相当。

⑥乡间：古以二十五家为间，一万二千五百家为乡。泛指民众聚居之处。

⑦怀土：安于所处之地。谓安土重迁。

⑧稼穑：种植和收割。泛指农业劳动。

⑨赤子：初生的婴儿。

【译文】

民众富裕就能安定，贫穷就会忧惧不安。英明的君主治理天下，给人们分配一定的职业，让他们专门从事本职工作。职业有分工就不会互相扰乱，职事专一就会各尽其力而不互相扰乱，那么民众必然安定。重视亲近民众的官吏而不频繁调动，重视他们，他们就乐于尽职尽责，不频繁调动，他们的心志就不会转向其他官位。乐于尽职尽责，心志不会转向其他官位，官吏就会尽心抚恤其民众。尽心抚恤其民众，那么民众必然安定。对依法办事而对待民众宽厚的人予以奖赏，对执法苛刻以求名的人进行诛责。对待民众宽厚的人奖赏，那么法令就不会伤害下民；苛刻对待民众的人诛责，那么其名声就不会使君主迷惑，民众就必然安定。衡量时势而设置官员，那么官吏人数少，民众就易于供给。官吏人少就精干，精干就能人尽其才，办事不遗余力；民众的供给合理，供应合理就会怀念君上的恩谊而不背逆君上。君上爱护下民，下民喜欢君上，那么民众就必然安定。重视乡间的教化，那么民众安定时就懂得相互体恤，危急时就知道相互救助。安定时知道相互体恤，危急时知道相互救助，邻居间就会相互依赖，怀恋故土而不愿迁徙到别处。相互依赖，热爱故土而不愿迁徙到别处，民众就必然安定。分析时宜而定立制度，衡量民力来征役收税。徭役赋税都有常规，君上不横征乱求，那么各行各业就都有积储，兼并他人产业的空子就会被堵塞。各行各业都有积储，兼并他人产业的空子被堵塞，民众就必然安定。谋划长远之事一定要用眼前之事检验，兴办各种事业一定要考虑民众的意愿。懂得耕种收获的艰难，慎重使用民力，就像爱护初生的婴儿，如此民众就必然安定。

职业无分[①]，事务不壹，职荒事废，相督不已，若是者民危。亲民之吏不重，有资者无劳而数迁，竞营私以害公，饰虚以求进[②]，仕宦如寄[③]，视用其民如用路人，若是者民危。

以法宽民者不赏，克民为能者必进，下力尽矣，而用之不已，若是者民危。吏多而民不能供，上下不相乐，若是者民危。乡间无教，存不相恤，而亡不相救，若是者民危。不度时而立制，不量民而役赋无常，横求相仍，弱穷迫不堪其命，若是者民危。视远而忘近，兴事不度于民，不知稼穑艰难而转用之，如是者民危。安民而上危，民危而上安者，未之有也。《虞书》曰："安民则惠，黎民怀之④。"其为治之要乎！今之刺史，古之牧伯也⑤。今之郡县，古之诸侯也。州总其统，郡举其纲，县理其目，各职守不得相干，治之经也。夫弹枉正邪⑥，纠其不法，击一以警百者，刺史之职也。比物校成⑦，考定能否，均其劳逸，同其得失，有大不可而后举之者⑧，太守之职也。亲民授业⑨，平理百事⑩，猛以威吏，宽以容民者，令长之职也⑪。然则令长者，最亲民之吏，百姓之命也。国以民为本，亲民之吏，不可以不留意也。

【注释】

①职业无分：本段选自《安民》。无分，没有分工。

②饰虚：弄虚作假。

③如寄：好像暂时寄居。比喻时间短促。

④安民则惠，黎民怀之：见《尚书·皋陶谟》。

⑤牧伯：古时称州的长官。《尚书·立政》："宅乃事，宅乃牧，宅乃准，兹惟后矣。"郑玄注："殷之州牧曰伯，虞、夏及周曰牧。"

⑥弹枉：弹劾枉法者，纠正偏颇。

⑦比物：泛指协调众物，使和谐、配合得当。

⑧不可：指缺点、过错。

⑨授业：授予田业。

⑩平理：谓公平处理。

⑪令长：秦汉时治万户以上县者为令，不足万户者为长。后以“令长”泛指县令。

【译文】

职业没有分工，事务也不专一，以至职事荒废，督察不已，如此民众就会忧惧不安。不看重亲近民众的官吏，倚仗资财的人虽无功绩却多次升迁，官吏竞相谋取私利以危害公家，弄虚作假以求晋升，做官如同暂时寄居，役使民众如同役使路人，如此民众就会忧惧不安。依法行事、宽待民众的人得不到赏赐，以苛刻对待民众为能事的人得到升迁，民力已经耗尽，而征用还不停止，如此民众就会忧惧不安。官吏太多而民众不能供给，上下都不高兴，如此民众就会忧惧不安。乡间闾里不行教化，平时民众不互相体恤，有危险时也不互相救助，如此民众就会忧惧不安。不分析时势就定立制度，不衡量民力而滥加赋役，横征暴敛接连不断，穷弱之民受其逼迫而无法忍受，如此民众就会忧惧不安。只图将来而不顾眼前，兴办事业不估量民力，不知耕作之艰难，轮番役使民众，如此民众就会忧惧不安。民众安定而君主却忧惧不安，民众忧惧不安而君主却安稳，这是从来没有过的事。《虞书》说：“安定百姓就是仁爱，黎民就会归附他。”这就是治国的关键吧！如今的刺史，相当于古代的牧伯。如今的郡县，相当于古代的诸侯国。州刺史总领其大统，郡守掌握其纲要，县令管理其细目，各自恪尽职守而不能彼此干扰，这是治理的原则。弹劾与纠正歪风邪气，检举不法行为，惩一以儆百，这是刺史的职责。协调诸事并检验事情的完成情况，考核评定下属官员能力高低，平衡其辛劳与安闲，总结做事的得失经验，若有特别大的过错再向上举报，这是郡守的职责。亲近民众并授予田业，公正处理各种民事，严肃治理下级官吏，宽容对待百姓，这是县令的职责。如此，则县令是最接近百姓的官吏，关系到百姓的性命。国家以民为本，对最接近百姓的官吏，不可以不留意。

傅子曰[①]："利天下者，天下亦利之；害天下者，天下亦害之。利则利，害则害，无有幽深隐微，无不报也。仁人在位，常为天下所归者，无他也，善为天下兴利而已矣[②]。"

【注释】

①傅子曰：本段镰仓本篇题作《考仁》。节录部分强调君主要为天下人"兴利"。

②兴利：创造利益。

【译文】

傅子说："有利于天下的人，天下也会有利于他；妨害天下的人，天下也会妨害他。有利于人就会有利于自身，妨害他人就会妨害自身，不管多么幽深隐蔽的事，没有不报应的。仁德的人在位，常使天下人都归顺，没有别的原因，就是善于给天下人兴利罢了。"

刘子问政[①]。傅子曰："政在去私。私不去，则公道亡；公道亡，则礼教无所立；礼教无所立，则刑赏不用情[②]；刑赏不用情，而下从之者，未之有也。夫去私者，所以立公道也。唯公然后可正天下。"

【注释】

①刘子问政：本段及下一段镰仓本篇题作《问政》。问政，即咨询或讨论为政之道。节录部分说明为政的关键在于去私欲、行公道。刘子，不详。或以为指刘毅，字仲雄，魏末晋初大臣。以直言敢谏著称，曾面讽晋武帝卖官，甚于东汉桓、灵，还主张废除九品中正制度。

②不用情：指不顾情理。用情，根据情理。

【译文】

刘子咨询为政之道。傅子说："执政在于去除私心。私心不去除，那么公正之道就会消亡；公正之道消亡，那么礼义教化就没有立足之地；礼义教化没有立足之地，那么刑罚赏赐就会不顾情理；刑罚赏赐不顾情理，而下民还能顺从，是从未有过的。去除私心，就是为了树立公正之道。只有公正然后才可以端正天下。"

傅子曰[①]："善为政者，天地不能害也，而况于人乎！尧水汤旱[②]，而人无菜色[③]，犹太平也，不亦美乎！晋饥矣，懈而为秦越禽[④]。人且害之，而况于天地乎！"

【注释】

①傅子曰：本段选自《问政》。

②尧水：相传唐尧时天下水患不断。参见《尚书·尧典》。汤旱：商汤时遭大旱，五年不收，商汤于桑林祈祷。参见《吕氏春秋·季秋纪·顺民》。

③菜色：长期食菜而营养不良所造成的不好的脸色。《礼记·王制》："虽有凶旱水溢，民无菜色。"郑玄注："菜色，食菜之色。民无食菜之饥色。"

④晋饥矣，懈而为秦越禽：严可均《全晋文》作"晋饥吴懈，而为秦、越禽"，似更合理。据《左传》《史记》，晋惠公时，晋国发生饥荒，秦国送粮救济晋国，而秦国闹饥荒时，晋国却不送粮救济。后来晋惠公在韩原之战被秦国俘虏。吴国曾大败越国，以为再无后顾之忧，于是疏于防范。越王勾践表面臣服，暗中积蓄力量，最终灭吴。译文按"晋饥吴懈，而为秦、越禽"。

【译文】

傅子说："善于执政的人，天地都不能伤害他，何况人呢！唐尧时遭水灾,商汤时遭旱灾,可是民众并没有挨饿,犹如处在太平时代,这难道不美好吗！晋国闹饥荒,吴国懈怠,而分别被秦国、越国击败。连人都加害于他,何况天地呢！”

傅子曰[①]:“秦始皇之无道,岂不甚哉！视杀人如杀狗彘[②]。狗彘,仁人用之犹有节;始皇之杀人,触情而已[③],其不以道如是。而李斯又深刑峻法[④],随其指而妄杀人。秦不二世而灭,李斯无遗类。以不道遇人,人亦以不道报之。人仇之,天绝之,行无道未有不亡者也。”或曰:“汉太宗除肉刑[⑤],可谓仁乎?”傅子曰:“匹夫之仁,非王天下之仁也。夫王天下者,大有济者也,非小不忍之谓也。先王之制,杀人者死,故生者惧;伤人者残其体,故终身惩。所刑者寡,而所济者众,故天下称仁焉。今不忍残人之体,而忍杀之,既不类。伤人刑轻,是失其所以惩也。失其所以惩,则易伤人。人易相伤,乱之渐也[⑥]。犹有不忍人心[⑦],故曰匹夫之仁也。”

【注释】

①傅子曰:本段镰仓本篇题作《问刑》。节录部分说明先王制定严刑是为了保护民众,惩恶扬善,而非虐民。

②彘(zhì):猪。

③触情:触动情感,触发情绪。

④李斯:战国末楚国上蔡(今河南上蔡西南)人,秦代政治家。助秦始皇统一天下,任丞相。参与制定法律,统一文字。秦始皇死后,与赵高立少子胡亥。后为赵高所忌,腰斩于市。

⑤肉刑:残害肉体的刑罚,古指墨、劓、刵、宫、大辟等。

⑥渐:开端,起始。

⑦不忍人心：指怜悯、同情他人之心。见《孟子·公孙丑上》：“人皆有不忍人之心。先王有不忍人之心，斯有不忍人之政矣。以不忍人之心，行不忍人之政，治天下可运之掌上。”

【译文】

傅子说：“秦始皇的残暴无道，难道不严重吗？把杀人看作杀狗杀猪一样。狗和猪，仁义的人使用它们还会有所节制；而秦始皇杀人，只是因为它们触动了自己的情绪，他不按道义做事竟达到这样的程度。李斯又使用严刑峻法，随心所欲地胡乱杀人。秦朝不过两代就灭亡，李斯遭到族诛而没有留下后人。以无道的方式对待他人，他人也会以无道的方式来回报。人仇恨他，天灭绝他，推行无道的统治，没有不灭亡的。”有人问：“汉文帝废除肉刑，可以称得上仁爱吗？”傅子说：“这是普通人的仁爱，不是统治天下的王者的仁爱。统治天下的王者，是要施利于广大民众的，而不是出于微小的不忍心。先王的制度，杀人的要判处死刑，因此活着的人感到畏惧；伤害别人身体的，也要残损他的肢体，因此能对他进行终身惩戒。遭受刑罚的人少，但受益的人多，所以天下称之为仁爱。现在不忍心伤害人的肢体，却忍心杀人，就不像是仁爱。伤人肢体的惩罚太轻，就失去了惩戒的作用。失去了惩戒的作用，就更容易出现伤人的事。人们互相伤害的事情容易发生，就是混乱的开始。还有不忍心伤害人的心思，因此称之为普通人的仁爱。”

傅子曰[①]：“古之贤君，乐闻其过，故直言得至，以补其阙。古之忠臣，不敢隐君之过，故有过者，知所以改。其戒不改[②]，以死继之，不亦至直乎！”

【注释】

①傅子曰：本段及下一段镰仓本篇题作《信直》。信直，即伸张直言、直道。信，通“伸”，舒展，伸张。

②戒：镰仓本及《全晋文》作“或”。译文按“或”。

【译文】

傅子说：“古代贤明的君主，乐意听到自己的过失，所以耿直的谏言得以到达，用来补正自己的缺点。古代的忠臣，不敢隐瞒君主的过失，所以有过失的君主，知道改正的方法。君主如果不肯改正，忠臣就会冒死进谏，不是极为正直的吗！”

傅子曰[①]：“至哉，季文子之事君也[②]！使恶人不得行其境内，况在其君之侧乎？推公心而行直道[③]，有臣若此，其君稀陷乎不义矣。”

【注释】

①傅子曰：本段选自《信直》。

②季文子：即季孙行父，春秋时鲁国执政。历仕文公、宣公、成公、襄公四君，长期掌握鲁国国政。宣公时，公孙归父想除去“三桓”，为其所逐。鲁成公二年（前589），率师与齐会战于鞌，败齐军。相传家无衣帛之妾，厩无食粟之马，府无金玉，人称其廉且忠。卒谥文。

③直道：正道。

【译文】

傅子说：“季文子侍奉君主真是达到了最高的境界啊！让恶人都不能在其境内行走，更何况在君主的身边呢？推公正之心而行正直之道，有像这样的臣子，他的君主就很少陷入不义了。”

傅子曰[①]：“正道之不行，常佞人乱之也[②]。故桀信其佞臣推侈以杀其正臣关龙逢[③]，而夏以亡。纣信其佞臣恶来以割其正臣王子比干之心[4]，而殷以亡。”曰：“惑佞之不可用如此，何惑者之不息也？”傅子曰：“佞人善养人私欲也，故多私欲者悦之。唯圣人无私欲，贤者能去私欲也。有见人之私欲，必以正道矫之者，正人之徒也；违正而从之者，佞人之徒也。自察其心，斯知佞正之分矣。”

【注释】

①傅子曰：本段及下一段镰仓本篇题作《矫违》。节录部分说明正道不行是由于君主受到佞人的迷惑，并按照对天下的危害程度将历史上的佞臣进行分类。

②佞人：善于花言巧语、阿谀奉承的人。

③推侈：夏末人，桀之佞臣。助桀作恶，为商汤所诛灭。关龙逢：夏末贤臣。桀为酒池、糟丘，长夜饮乐。龙逢进谏，立而不去，桀拘而杀之。

④恶来：商纣王大臣。善毁谗，诸侯以此益疏纣王。

【译文】

傅子说：“正直的主张无法实行，常常是由于君主受到巧言谄媚之人的迷惑。因此夏桀听信其佞臣推侈之言而杀害了正直之臣关龙逢，夏朝因此灭亡。殷纣王听信其佞臣恶来之言而割下正直之臣王子比干的心，殷朝因此灭亡。”有人说：“蛊惑人的奸佞之徒如此不可任用，为什么受其蛊惑的人还不断出现呢？”傅子说：“巧言谄媚之人善于培养人的私欲，因此私欲强的人喜欢他们。只有圣人没有私欲，贤人能消除私欲。看到别人有私欲，必定用正道去矫正的人，就是正直的人；违背正道而顺从其私欲的人，就是谄佞之徒。自己审察自己的内心，就会明白巧言谄媚之人与正直之人的区别了。”

或问[①]:"佞孰为大?"傅子曰:"行足以服俗[②],辨足以惑众,言必称乎仁义,隐其恶心而不可卒见[③],伺主之欲微合之,得其志敢以非道陷善人。称之有术,饰之有利,非圣人不能别,此大佞也。其次,心不欲为仁义,言亦必称之,行无大可非,动不违乎俗,合主所欲而不敢正也,有害之者然后陷之。最下佞者,行不顾乎天下,唯求主心,使文巧辞,自利而已,显然害善,行之不怍[④]。若四凶,可谓大佞者也;若安昌侯张禹[⑤],可谓次佞也;若赵高、石显[⑥],可谓最下佞也。大佞形隐为害深,下佞形露为害浅。形露犹不别之,可谓至暗也已。"

【注释】

①或问:本段选自《矫违》。

②服俗:让世俗之人信服。

③卒:通"猝",立刻。

④怍:惭愧。

⑤张禹:字子文,河内轵(今河南济源东南)人,西汉大臣。通经学,为博士。元帝时,授太子《论语》。迁光禄大夫,出为东平内史。成帝时任丞相,封安昌侯。为相六年告老,前后得赏赐数千万,内殖货财,买田至四百顷,均为泾、渭间膏腴土地。好音乐,内淫奢,后堂多丝竹管弦。其说《论语》独成一家,号"张侯论"。

⑥石显:字君房,西汉宦官,佞臣。宣帝时,任尚书仆射。元帝即位,与弘恭专权,谮前将军萧望之,迫其自杀。弘恭死后,代为中书令,权倾朝廷。谮杀贾捐之、京房等,为公卿所畏惧。

【译文】

有人问:"什么样的人才算是最大的佞臣呢?"傅子说:"行为足以让

世俗之人信服，诡辩足以迷惑众人，言论必称仁义，隐藏作恶之心而人们不能一下就看透，伺察君主的欲望并巧妙地迎合，得志的时候敢用不合道义的方式陷害好人。通过一定的方法称赞君主，以有利益为由粉饰自己不好的举动，若不是圣人就不能辨别出来，这样的人就是最大的佞臣。其次，内心不想做仁义之事，言谈却必称仁义，行为没有太多值得非议的地方，行动也不违背世俗，迎合君主的私欲却不敢去矫正，有危害自己的人，就会进行陷害。最下等的佞臣，行为不顾忌天下人的看法，只求迎合君主的心意，用一些华美精巧的言辞，只求对自己有利而已，他的言行显然有害于善举，但依旧我行我素而不觉惭愧。像尧舜时的四凶那样，就可以称为最大的佞臣；像汉朝的安昌侯张禹那样，可以称为次一等的佞臣；像赵高、石显那样的，可以称为最下等的佞臣。大佞形迹隐蔽，危害最深；下等佞臣形迹显露，危害较浅。如果佞臣的形迹显露，君主却还是不能辨别，就可以说是昏庸至极了。”

治人之谓治①，正己之谓正。人不能自治，故设法以一之②。身不正，虽有明法，即民或不从，故必正己以先之也。然即明法者，所以齐众也；正己者，所以率人也。夫法设而民从之者，得所故也。法独设而无主即不行，有主而不一则势分③。一则顺，分则争，此自然之理也。

【注释】

①治人之谓治：本段镰仓本篇题作《治正》。治正，文中说“治人之谓治，正己之谓正”，也就是正己化人。

②设法：立法。

③势分：指权势分散。

【译文】

统治别人叫做治，端正自己叫做正。人不能自己管好自己，所以设置法律来统一管理。自身不端正，即使有明确的法令，民众也会有不服从的，所以必须首先端正自己来为民众做表率。然而彰明法令，是为了规范众人的行为；端正自己，是为了给别人做表率。设置法律而民众服从，就符合制定法律的本意。只制定法律而没人主管，就不能推行，有人主管但不能统一，权力就会分散。统一就能顺利，分散就会争斗，这是自然而然的道理。

天地至神①，不能同道而生万物；圣人至明，不能一检而治百姓②。故以异致同者③，天地之道也；因物制宜者④，圣人之治也。既得其道，虽有诡常之变⑤，相害之物，不伤乎治体矣。水火之性，相灭也，善用之者，陈釜鼎乎其间⑥，爨之煮之⑦，而能两尽其用，不相害也，五味以调，百品以成⑧。天下之物，为火水者多矣，若施釜鼎乎其间，则何忧乎相害，何患乎不尽其用也？

【注释】

①天地至神：本段镰仓本篇题作《假言》。假言，义旨深远之言。假，通“遐”。治理国家要灵活采用各种不同的方法、措施，这样才能实现大治。

②一检：同一种法度。检，法度，法式。

③以异致同：指用不同的方法达到相同的目的。

④因物制宜：根据事物的不同情况采用适合的方法。

⑤诡常：违背平常。

⑥釜鼎：釜和鼎，古代两种炊具。

⑦爨（cuàn）：烧火做饭。

⑧百品：指各类食物。

【译文】

天地最为神奇，但也不能用同一种方法生出万物；圣人最为英明，但也不能用一种法度治理百姓。所以用不同的方法达到相同的目的，是天地间的规律；根据事物具体情况制定相应的措施，是圣人治国的法则。既已得到相应的治国方针，即使有异常变故、有伤害性的事物，也不会损害治国的根本。水火的特性是互灭的，善于运用水火的人，把釜鼎放在水火之间，点火煮饭，而水火都能尽其用，两者互不伤害，再用五味来调和，各种各样的食物就都能做成。天下的事物，如同水火般相害的有很多，如果把“釜鼎”放在它们中间，又何必担忧它们互相伤害，何必担忧不能物尽其用呢？

卷五十

袁子正书

袁准

【题解】

《袁子正书》，晋袁准撰。本书以谈论治国之道为主，儒法兼顾，既谈仁义，也说刑法，还提出富民等思想。《隋书·经籍志》子部儒家类载“《袁子正论》十九卷”，注云：“袁准撰。梁又有《袁子正书》二十五卷，袁准撰。”《旧唐书·经籍志》《新唐书·艺文志》记载相同。宋代史志书目多不著录此书。清人严可均从《群书治要》辑录《袁子正书》十七篇，又从它书采录佚文二十五条，合为一卷；马国翰亦辑有佚文一卷。关于作者名字，各书或称“袁准”，或称“袁淮”（《群书治要》镰仓本、活字本、天明本均作“袁淮”），疑“淮”乃“准”之讹，实为一人。

袁准，字孝尼，陈郡阳夏（今河南太康）人。汉司徒袁滂孙，魏郎中令袁涣第四子。荀绰《九州记》称袁准“有俊才”。晋泰始中为给事中。为人忠信公正，不耻下问，唯恐人之不胜己。以世事多险，故常恬退而不敢求进。精读经史，著述丰富，多有个人独到见解。除《正论》《正书》外，还著有《丧服经传》一卷，《集》二卷。袁准与嵇康、阮籍相熟。《世说新语·雅量》记载，袁准曾欲向嵇康学《广陵散》，嵇康吝惜固守，不肯传授。后嵇康临刑，向人要过琴来弹奏《广陵散》，奏罢言道：“袁孝尼尝请学此散，吾靳固不与，《广陵散》于今绝矣！”

《群书治要》从《袁子正书》节录十七篇，七千余字。其内容主要谈论治国之道。包括礼法并重、设官辨能、提倡公心、富民富国思想等诸多方面。袁准提出，治国应当仁义与刑法并举，以仁义为本，以法律为辅，“使两通而无偏重，则治之至也”。他批评当时三公无事或职小的现象以及斩敌牙门将即可封侯的规定，提出“古之尊贵者，以职大故贵”“明主设官，使人当于事”的原则，希望改变官位虚设、无职空贵的现状。此外，袁准还提倡治国要秉持公心，“唯公心而后可以有国，唯公心可以有家，唯公心可以有身”，一国之君若以私心治国，则“国分为万”，是会为国招祸的。袁准的富民富国思想也颇有新义，“夫民者，君子所求用也。民富则所求尽得，民贫则所求尽失”，并提出“富国八政”的一整套具体措施，一些主张在今天看来仍有借鉴意义。

礼政[①]

治国之大体有四[②]：一曰仁义，二曰礼制，三曰法令，四曰刑罚。四本者具，则帝王之功立矣。所谓仁者，爱人者也。爱人，父母之行也。为民父母，故能兴天下之利也。所谓义者，能辨物理者也[③]。物得理，故能除天下之害也。兴利除害者，则贤人之业也。夫仁义礼制者，治之本也；法令刑罚者，治之末也。无本者不立，无末者不成。夫礼教之治，先之以仁义，示之以敬让，使民迁善日用而不知也。儒者见其如此，因谓治国不须刑法，不知刑法承其下[④]，而后仁义兴于上也。法令者赏善禁淫，居治之要会[⑤]。商、韩见其如此[⑥]，因曰治国不待仁义，不知仁义为之体，故法令行于下也。是故导之以德，齐之以礼，则民有耻；导之以政，齐之以刑，则民苟免，是治之贵贱者也[⑦]。先仁而后法，先教而后刑，是治之先后者也。

【注释】

①礼政：镰仓本作“体政”，今依活字本、天明本作“礼政”。本节论述治国的纲领。其中仁义、礼制归于礼，是根本；法令、刑罚归于政，是辅助。所以命名为“礼政”。

②大体：大要，纲领。

③物理：事物的道理、规律。

④承其下：这里指以刑法作为后盾。

⑤要会：主旨，要旨。

⑥商、韩：商鞅、韩非。代指法家学者。

⑦贵贱：高下，高低。

【译文】

治理国家的纲要有四个方面：第一叫仁义，第二叫礼制，第三叫法令，第四叫刑罚。这四个方面都具备了，那么帝王的功业就确立了。所谓仁，就是爱人。爱人，是为人父母的品行。能做民众的父母，所以能兴办有利于天下的事。所谓义，是能辨明事物的规律。能抓住事物的规律，所以能为天下消除祸害。能兴利除害，就是贤人该做的事业。仁义与礼制，是治理国家的根本；法令与刑罚，只是治理国家的手段之一。没有根本国家就不能建立，没有其他手段治国就不会成功。以礼教治国，首先要讲仁义，用恭敬礼让的品行做出示范，使民众每天在不知不觉中改恶向善。儒家学者看到这些，就说治理国家不需要使用刑法，他们却不懂得需要用刑法作为后盾，然后才能使仁义大兴。法令是奖励善行、惩罚恶行的，是治理的要旨。商鞅、韩非看到这些，就说治理国家不需要仁义，他们却不知道仁义是治理国家的根本，因此才用法令来作为后盾。所以用仁德来引导民众，用礼制来管理民众，民众就会有羞耻心；如果以政令来引导民众，用刑罚来整治民众，那么民众就会只求免于刑罚，这就是治国方针的高下之别。先讲仁义而后用法律，先推行教化而后用刑罚，这是治理国家的先后次序。

夫远物难明，而近理易知，故礼让缓而刑罚急，是治之缓急也。夫仁者使人有德，不能使人知禁。礼者使人知禁，不能使人必仁。故本之者仁，明之者礼也，必行之者刑罚也。先王为礼以达人之性理①，刑以承礼之所不足。故以仁义为不足以治者，不知人性者也，是故失教②，失教者无本也。以刑法为不可用者，是不知情伪者也③，是故失威，失威者不禁也。故有刑法而无仁义，久则民忽，民忽则怒也④；有仁义而无刑法，则民慢，民慢则奸起也。故曰：本之以仁，成之以法，使两通而无偏重，则治之至也。夫仁义虽弱而持久，刑杀虽强而速亡，自然之治也。

【注释】

①性理：本性。这里指本性中仁义善良的一面。

②失教：缺乏礼义教化。

③情伪：真诚与虚伪。这里指人性中虚伪欺诈的一面。

④久则民忽，民忽则怒也：忽，严可均《全晋文》据《长短经·政体》改为“怨”。今译文从“怨”。

【译文】

远处的事物不易看清，近处的道理却容易明白，所以使人恭敬礼让的教化要慢慢施行，而刑法的使用则讲究快，这是治理国家的缓急之别。仁德的人可以让人有德行，却不能让人知道禁忌。讲礼法的人能让人知道禁忌，却不一定能让人懂得仁德。所以仁义是教化的根本，显示仁义的是礼制，能使人必须遵守礼制的是刑罚。先王定立礼制来体现人们本性中的仁义，通过刑罚来弥补礼制的不足。所以认为仁义不足以治理国家，是不懂得人性本善，因此缺乏教化，缺乏教化的治理就失去了根本。认为刑罚不可以治理国家的，是不了解人性中的欺诈虚伪，因此失去了威慑，失去威慑就不能禁止恶行。所以只有刑法而没有仁义，时间长了民众就会怨恨，民众怨恨就会愤怒；只有仁义而没有刑法，民众就会怠慢，民众怠慢，就会做奸邪之事。所以说：以仁义为根本，以法律为辅助，使二者结合而无所偏重，这是治国的最高境界。仁义的教化虽然不显著，但是效果持久，刑罚的效果虽然显著，但是会加速灭亡，这是自然而然的治理方式。

经国①

先王之制，立爵五等②，所以立蕃屏、利后嗣者也③，是故国治而万世安。秦以列国之势而并天下，于是去五等之爵而置郡县。虽有亲子母弟，皆为匹夫。及其衰，一夫大呼而天下去④。及至汉家见亡秦之以孤特亡也⑤，于是大封子弟。或连城数十，廓地千里，自关已东皆为王国⑥，力多而权重，故亦有七国之难⑦。魏兴，以新承大乱之后，民人损减，不可则以古治。于是封建侯王⑧，皆使寄地⑨，空名而无其实。王国使有老兵百余人，以卫其国。虽有王侯之号，而力侪于匹夫⑩。县隔千里之外⑪，无朝聘之仪⑫，邻国无会同之制⑬。诸侯游猎，不得过三十里。又为设防辅监国之官以司察之⑭。王侯皆思为布衣不能得，既违宗国蕃屏之义⑮，又亏亲戚骨肉之恩。

【注释】

①经国:治理国家。本节从分封制的利弊谈起,总结了曹魏亡国的经验教训,提出应当因时制宜,推行一定的分封制,使诸侯拥有少量土地,成为朝廷的藩屏,以维护国家政权的稳固。

②爵五等:公、侯、伯、子、男五等爵位。

③蕃屏:屏障,护卫。蕃,通"藩"。

④一夫:这里指陈胜。

⑤孤特:孤单,孤立。

⑥关已东:指函谷关以东地区。

⑦七国之难:亦称七国之乱。汉景帝时吴王刘濞联合楚、赵、胶西、济南、菑川、胶东共七个刘姓诸侯国发动的武装叛乱,后被周亚夫等平定。

⑧封建:指分封土地,建立邦国。

⑨寄地:由国家代管其封地。

⑩侪(chái):等同,并列。

⑪县隔:相隔很远。县,同"悬"。

⑫朝聘:古代诸侯亲自或派使臣按期朝见天子。

⑬会同:诸侯会盟。

⑭防辅:三国魏官名。设于诸王国中,以监察诸王的行动。监国:指监国谒者。三国魏于诸王国、侯国置监国谒者,为皇帝特遣之使者,专门监伺王侯言行。

⑮宗国:同姓诸侯国。因与天子同宗,为其支庶,故称。

【译文】

先王治理国家,建立五等爵位,是为了设立屏障保卫朝廷、有利于后代子孙,因此国家大治,万世平安。秦国趁着列国分立的形势而吞并天下,于是废除五等爵制而推行郡县制。即使自己的儿子、兄弟,也都成为了平民。等到秦朝衰败后,陈胜一人大呼而天下叛离。到了汉朝,看到秦朝是由于孤立无援而灭亡的，于是大封刘氏子弟。有的封地连城几十座，占据土地方圆千里，从函谷关以东全是诸王的封国，他们兵力多权势重，所以又引发了七国之乱。曹魏兴起于东汉末年大乱之后，当时人口减少，不能效法古代的治国方式。于是对分封的诸侯，都由国家代管其封地，空有诸侯之名却没有实权。各王国可以拥有老弱士兵百余人，以护卫其国。虽然有王侯的名号，但是实力却和普通百姓差不多。封地远在都城千里以外，没有朝觐天子的礼仪，相邻的王国间也没有会盟的制度。诸侯游猎，不能超过三十里。又设置了防辅、监国谒者的官职，以监察王侯的行为。王侯们都想做普通百姓，却不能如愿，这样做既违背了分封同姓诸侯藩屏护卫朝廷的本意，又有损亲戚骨肉间的恩情。

昔武王既克殷，下车而封子弟同姓之国五十余[①]，然亦卜世三十、卜年七百[②]。至乎王赧之后[③]，海内无主三十余年。故诸侯之治，则辅车相持[④]，翼戴天子[⑤]，以礼征伐。虽有乱君暴主，若吴、楚之君者，不过恣睢其国[⑥]，恶能为天下害乎！周以千乘之赋封诸侯[⑦]，今也曾无一城之田。何周室之奢泰[⑧]，而今日之俭少也？岂古今之道不同，而今日之势然哉？未之思耳。夫物莫不有弊，圣人者岂能无衰？能审终始之道[⑨]，取其长者而已。今虽不能尽建五等，犹宜封诸亲戚，使少有土地；制朝聘会同之义，以合亲戚之恩；讲礼以明其职业[⑩]，黜陟以讨其不然。如是，则国有常守，兵有常强，保世延祚，长久而有家矣。

【注释】

①下车：指初即位或到任。《礼记·乐记》："武王克殷，反商，未及下车，而封黄帝之后于蓟。"

②卜世：占卜预测传国的世数。泛指国运。卜年：占卜预测统治国家的年数。亦指国运之年数。

③王赧（nǎn）：指周赧王，名延，战国时周王。时周王室微弱，分裂为西周、东周两部，赧王名为天子，实寄居西周。赧王五十九年（前256），秦昭王攻西周，西周尽献其地。赧王卒，周亡。

④辅车相持：辅车相依。比喻关系密切，利害相关。辅车，颊辅与牙床。一说指车夹木与车舆。比喻关系密切、相互依存的两种事物。

⑤翼戴：辅佐拥戴。

⑥恣睢（suī）：肆意妄为。

⑦千乘：这里指千乘之国，拥有千辆兵车的诸侯国。乘，古代兵车，四马一车为一乘。

⑧奢泰：奢侈。

⑨终始：从开头到结局，指事物发生演变、兴盛衰亡的全过程。

⑩职业：职分应做之事。

【译文】

从前周武王战胜殷商后，初登王位就分封了五十多个同姓子弟为诸侯国，但是周朝国运也延续了三十代，享国七百年。到周赧王之后，天下没有君主达三十余年。所以分封诸侯的治理方式，诸侯国与朝廷之间是相互依存的关系，诸侯辅佐拥戴天子，天子按照礼制进行征伐。即使有暴乱的君主，像春秋时吴国和楚国国君那样，也不过就在自己国内肆意妄为，怎么能成为天下的祸害呢？周天子将千乘之国的土地赋税分封给诸侯，而现在的诸侯却连一座城的土地也没有了。为何周王室那么奢侈大方，而如今却这样俭省呢？难道是因为古今世道不同，而今天的形势就是这样吗？其实只是没有仔细思考罢了。事情都有坏的一面，圣人治理国家难道就能永不衰败吗？不过是能够辨察兴亡的规律，从中选择有利的一面而已。如今虽然不能完全恢复五等爵位制度，但也还是应该分封王室亲属，使他们拥有少量的土地；制定朝觐天子、诸侯会盟的礼制，以合乎亲属间的恩情；通过宣讲礼法来明确他们的职责，通过爵位的升降来惩治不守礼法的诸侯。这样，国家就有了稳定的制度，军队就能长期保持强大，政权得以世代延续，长久地拥有国家。

设官[①]

古者三公论王职[②]，六卿典事业[③]。事大者官大，事小者官小。今三公之官，或无事，或职小。又有贵重之官，无治事之实。此官虚设者也。秦、汉置丞相九卿之官[④]，以治万机。其后天子不能与公卿造事，外之而置尚书[⑤]，又外之而置中书[⑥]，转相重累，稍执机事，制百官之本，公卿之职遂轻，则失体矣。又有兵士而封侯者。古之尊贵者，以职大故贵。今列侯无事，未有无职而空贵者也。世衰礼废，五等散亡，故有赐爵封侯之赏。既公且侯，失其制。今有卿相之才，居三公之位，修其治政，以安宁国家，未必封侯也。而今军政之法，斩一牙门将者封侯[⑦]。夫斩一将之功，孰与安宁天下也？安宁天下者不爵，斩一将之功者封侯，失封赏之意矣。夫离古意制，外内不壹，小大错贸[⑧]，转相重累[⑨]，是以人执异端，窥欲无极，此治道之所患也。先王置官，各有分职，使各以其属达之于王，自己职事则是非精练[⑩]，百官奏则下情不塞，先王之道也。

【注释】

①设官：设置官职。本节指出设官的基本原则，即"事大者官大，事小者官小"，官员"各有分职，使各以其属达之于王，自己职事则

是非精练”;并指出授官封爵不当是国家治理中的一个祸患。

②三公:古代朝廷最尊显的三个官职的合称。周代以太师、太傅、太保为三公,一说为司马、司徒、司空。王职:天子的职事。即国家大事。

③六卿:指六官。即天官冢宰,地官司徒,春官宗伯,夏官司马,秋官司寇,冬官司空。后以“六卿”泛称朝廷重臣。

④丞相:古代辅佐君主的最高行政长官,起源于战国。九卿:中央政府的九个高级官职,各代所指不同。秦汉以奉常(太常)、郎中令(光禄勋)、卫尉、太仆、廷尉、典客(大鸿胪)、宗正、治粟内史(大司农)、少府为九卿。魏晋以后,尚书分主各部,九卿职权渐轻。

⑤尚书:官名。始于战国,掌管文书。汉武帝以后地位逐渐重要。东汉正式成为协助皇帝处理政务的官员。

⑥中书:官名。中书令的省称。汉设中书令,掌传宣诏令,以宦官担任,后多任用名望之士。

⑦牙门将:牙门将军,三国时魏文帝曹丕始置,蜀、吴亦置此官,晋沿置。

⑧错贸:指错位。贸,变换,改变。

⑨重累:重叠,重复。

⑩精练:精研熟悉。

【译文】

古代三公讨论国家大事,六卿主管具体政事。职责重的官职大,职责轻的官职小。可如今的三公,或者无事可做,或者职责很轻。还有的位高权重的官员,却不管理实际的事务。这样的官职就是形同虚设了。秦汉设置丞相和九卿之官,以管理国家事务。之后天子就不能再与公卿分担政事,于是在丞相和九卿之外设置尚书,又在尚书之外设置中书,辗转重叠,让他们逐渐执掌机要事务,来制约百官的本职,像公卿这样的官员职责就变轻了,这就违背了设置这些官职的本意。还有士兵被封侯的。古代地位尊贵的人,因为职责重大所以尊贵。如今列侯无事可做,但从来没有无职权而空自尊贵的人。世道衰微礼法废弛，五等爵位形同虚设，所以有了赐爵封侯的奖赏。但是既封公又封侯，就失去了爵位制度的意义。如今有才能可以做公卿宰相的人，身居三公之位，治理国事，安定国家，却也未必能封侯。然而现在军法规定，斩杀敌军一个牙门将就能封侯。斩杀一个敌将的功劳，怎么能与安定天下相比呢？能安定天下的人不赐予爵位，斩杀一个敌将的功劳却可以封侯，这就失去了封赏的意义。背离古代封爵赏赐的意义定立制度，内外标准不统一，大小错位，辗转重复，所以人们都心怀异志，无休止地觊觎权力，这是治理国家的祸患。先王设置官位，各有不同的职权，让他们以各自的职务对君王负责，对自己的本职工作做到是非分明精研熟悉，百官上疏言事下情就不会被堵塞，这就是先王的治理之道。

政略[①]

夫有不急之官，则有不急之禄，国之蟒贼也[②]。明主设官，使人当于事。人当于事，则吏少而民多。民多则归农者众，吏少则所奉者寡。使吏禄厚则养足，养足则无求于民。无求于民，奸轨息矣[③]。禄足以代耕则一心于职，一心于职则政理，政理则民不扰，民不扰则不乱其农矣。养生有制[④]，送终有度；嫁娶宴享[⑤]，皆有分节；衣服食味，皆有品帙[⑥]。明设其礼，而严其禁。如是，则国无违法之民，财无无用之费矣。此富民之大略也。

【注释】

①政略：执政的要领。本节提出应当精简官吏，使其人数与职事相称，这样民众的负担就会减轻；还提出治理国家应当“礼重而刑

轻”“爱施而罚必”。

②蟊（máo）贼：吃禾苗的两种害虫。亦喻坏人。

③奸轨：指违法作乱的事情。

④养生：指供养活着的人。

⑤宴享：指宴请宾客与祭祀祖先。享，供祭品奉祀祖先。

⑥品帙：等第，次序。

【译文】

有不十分需要的官职，就会有不十分需要的俸禄，这是国家的害虫。英明的君主设置官职，会使人数和职事相称。人数和职事相称，就会官吏少而民众多。民众多，回归农耕本业的人就多；官吏少，拿俸禄的人就少。使官吏俸禄优厚，就足以供给家用，足以供给家用，官吏就不会再向民众索求。不向民众索求，违法作乱的事就停息了。俸禄足以代替自己耕种所得，官吏就会专心于职事，官吏专心于职事，政事就能得到治理，政事得到治理，民众就不会被侵扰，民众不被侵扰，农业生产就不会被扰乱。供养活人有定制，为死人送终有法度；男婚女嫁，宴客祭祖，都有名分和礼节；服饰饮食，都有等级标准。明确制定相应的礼法，并严格禁止违礼行为。像这样，国家就没有违法的民众，钱财也就没有不必要的花费了。这是使民众富足的大致方略。

非先王之法行不得行，非先王之法言不得道，名不可以虚求，贵不可以伪得，有天下坦然知所去就矣[①]。本行而不本名，责义而不责功。行莫大于孝敬，义莫大于忠信，则天下之人知所以措身矣[②]。此教之大略也。夫礼设则民贵行，分明则事不错。民贵行则所治寡，事不错则下静壹。此富民致治之道也。礼重而刑轻则士劝，爱施而罚必则民服。士劝则忠信之人至，民服则犯法者寡。德全则教诚，教诚则感神。行深则著厚，著厚则流远。尚义则同利者相覆[③]，尚法则贵公者相刻。相刻则无亲，相覆则无疏。措礼则政平[④]，政平则民诚；设术则政险，政险则民伪。此礼义法术之情也。

【注释】

①去就：取舍。

②措身：安身，置身。这里指行动，行事。

③相覆：相互保护。

④措礼：施行礼法。

【译文】

不符合古代圣王法度的事不能做，不符合古代圣王法度的言论不能说，名声不能靠弄虚作假求得，富贵不能靠虚伪欺骗求得，这样统治天下就自然知道该如何取舍了。依据行为而不依据名声，追求道义而不追求功绩。品行没有比孝敬更好的，道义没有比忠信更好的，这样天下之人就知道该怎么去做了。这是教化百姓的大致方略。礼法制定了民众就会重视自身德行，本分明确了事情就不会错乱。民众重视德行，治民的法令就会减少；事情不错乱，臣民就会专心致志。这是使民众富足、使天下安定的方法。礼义重而刑罚轻，士人就会得到劝勉；施行仁爱而有罪必罚，民众就会服从。士人得到劝勉，忠信之人才会来到；民众服从，犯法的人才会减少。品德齐备教化就会真诚，教化真诚就会感动神灵。德行深厚就会声名显著，声名显著才能流传广远。崇尚道义，那么即使同样好利的人也会相互庇护；崇尚法制，那么即使崇尚公道的人也会变得刻薄。彼此刻薄就不会亲近，相互庇护就不会疏远。施行礼法政事就会平正，政事平正民众就会诚实；玩弄权术政事就会有危险，政事有危险民众就会虚伪欺诈。这就是礼制、道义、法律、权术实施的情况。

论兵[①]

夫为政失道，可思而更也。兵者存亡之机，一死不可复生也。故曰：天下难事在于兵。今有人于此，力举重鼎，气盖三军，一怒而三军之士皆震。世俗见若人者，谓之能用兵矣。然以吾观之，此亡国之兵也。夫有气者，志先其谋，无策而径往，怒心一奋，天下若无人焉。不量其力，而轻天下之物，偏遇可以幸胜[②]，有数者御之[③]，则必死矣。凡用兵，正体不备[④]，不可以全胜。故善用兵者，我谓之死，则民尽死；我谓之生，则民尽生；我使之勇，则民尽勇；我使之怯，则民尽怯。能死而不能生，能勇而不能怯，此兵之半，非全胜者也。

【注释】

①论兵：本节阐述用兵之道。作者总结了作战的四个原则和用人的四个要点。同时指出，礼与法是首和尾的关系，文与武是本和末的关系，“用兵不知先为政，则亡国之兵也”。

②偏遇：指偶然。

③有数者：指有谋略的人。

④正体：主体，本体。

【译文】

执政失去正道，还可以反思改正。用兵是生死存亡的关键，人一死就不能复生了。所以说：天下的难事在于用兵。现在有人在此，能力举重鼎，气势盖过三军，一发怒三军将士都被震慑。世俗之人见到此人，会说他能统兵打仗。但在我看来，这是亡国之兵。有怒气的人，情绪先于谋略，没有定好计策就直接带兵前往，怒气一发，好像全天下都没有敌得过他的人了。不估量自己的实力，而轻视天下，偶然一次或许可以侥幸取胜，如果遇到有谋略的人抵御他，他就必死无疑了。凡是用兵，主体不完备，就不能获得全胜。所以善于用兵的人，想让士兵拼死作战，士兵就都能拼死作战；想让士兵生还，士兵就都能生还；想让士兵勇敢，士兵就都会勇敢；想让士兵胆怯，士兵就都会胆怯。能让士兵拼死却不能让他们生还，能让士兵奋勇作战却不能让他们胆怯，这只知道了用兵的一半，不会获得全胜。

夫用战有四：有大体者①，难与持久；有威刑者②，难与争险；善柔者，待之以重；善任势者③，御之以坚。用兵能使民坚重者④，则可与之赴汤火，可与之避患难。进不可诡，退不可追，所在而民安，尽地而守固⑤，疑间不能入，权谲不能设也⑥。坚重者，备物者也⑦；备物者，无偏形；无偏形，故其变无不之也。故礼与法，首尾也；文与武，本末。故礼正而后法明，文用而后武法。故用兵不知先为政，则亡国之兵也。

【注释】

①大体：指有全局的计划。

②威刑：指严厉的军法。

③任势：指善于利用地形地势。

④坚重：坚定而从容。

⑤尽地：用尽地势之利。

⑥权谲：权谋，诡诈。

⑦备物：指军用物资准备充足。

【译文】

作战的原则有四点：有全局计划的敌人，难以与之久战；有严厉军法的敌人，难以与之争险；善于以柔制胜的敌人，要慎重对待；善于利用地形的敌人，要用坚守来抵御他。用兵若能使己方将士坚定而从容，就可以跟他们一起赴汤蹈火，可以跟他们一起躲避患难。进军时不会被欺诈，退军时敌人也不能追击，所到之处民众安宁，用尽地势之利而防守坚固，猜忌、离间不能入其心，弄权、诡诈的行为也无法施展。坚定而从容，是事先已做好了充足的物资准备；做好充足的物资准备，就不会有太出乎意料的状况发生；没有太出乎意料的状况，所以用兵就能变化自如了。所以礼与法，是首与尾的关系，文与武，是本与末的关系。所以礼义端正了法度就严明，实行了文治武事才有法度规矩。所以用兵如果不知道先治理好政事，那就是亡国之兵。

用人有四：一曰以功业期之，二曰与天下同利，三曰乐人之胜己，四曰因才而处任[①]。以功业期之，则人尽其能；与天下同利，则民乐其业；乐人胜己，则下无隐情；因才择任，则众物备举。人各有能有不能也，是以智者不以一能求众善，不以一过掩众美。不遗小类，不弃小力，故能有为也。夫治天下者，其所以行之在一。一者何也？曰公而已矣。故公者，所以攻天下之邪，屏谗慝之萌[②]。兵者，倾危之物[③]，死生之机，一物不至，则众乱兴矣。故以仁聚天下之心，以公塞天下之隙，心公而隙塞，则民专而可用矣。公心明，故贤才至。一公则万事通，一私则万事闭。兵者死生之机也，是故贵公。

【注释】

①处任：授予职位。

②谗慝（tè）：邪恶奸佞。

③倾危：倾覆。

【译文】

用人的原则有四点：第一是以建功立业相期许，第二是与天下人有相同的利益，第三是乐意看到他人胜过自己，第四是根据才能授予相应的职位。以建功立业相期许，就能人尽其能；与天下人利益相同，民众就会乐守本职；乐意看到别人胜过自己，臣下就不会隐瞒实情；根据才能授予职位，各种事业就都能成功。人各自有能干与不能干的，因此智者不因为一个人具备一种能力而责求他做好所有的事，不因为一个过失而掩盖这个人众多的优点。不忽视小的方面，不放弃小的才能，所以能够有所作为。治理天下的人，之所以能够成功，就在于一点。是哪一点呢？是公而已。公，能够克制天下的邪恶，遏止邪恶奸佞的萌发。军队，是能倾覆天下的东西，是死生存亡的关键，一件事情考虑不周到，各种灾祸都会兴起。所以要用仁德来聚拢天下人心，用公来阻塞天下的嫌隙猜疑，有公心，嫌隙猜疑就会被制止，民众就能够专心用命了。公心显明，贤才就会到来。一用公心，就万事亨通，一用私心，就万事遇阻。用兵是生死存亡的关键，所以要以公为重。

王子主失[1]

有王子者，著《主失》之书[2]，子张甚善之[3]，为袁子称之曰："夫人之所以贵于大人者[4]，非为其官爵也，以其言忠信，行笃敬，人主授之不虚，人臣受之不妄也。若居其位不论其能，赏其身不议其功，则私门之路通[5]，而公正之道塞矣。"凡世之所患，非患人主之有过失也，患有过欲改而不能得也。是何也？夫奸臣之事君，固欲苟悦其心。夫物未尝无似象，似象之言，浸润之谀[6]，非明者不能察也。奸臣因以似象之言而为之容说[7]，人主不能别也，是而悦之，惑乱其心，举动日缪[⑧]，而常自以为得道。此有国之常患也。夫佞邪之言，柔顺而有文；忠正之言，简直而多逆[⑨]。使忠臣之言是也，人主固弗快之矣。今奸臣之言已掩于人主，不自以为非，忠臣以逆迕之言说之，人主方以为诬妄，何其言之见听哉？是以大者刳腹，小者见奴[⑩]。忠臣涉危死而言不见听，奸臣飨荣利而言见悦[⑪]，则天下奚蹈夫危死而不用，去夫荣乐而见听哉？故有被发而为狂，有窜伏于窟穴[⑫]，此古今之常也。凡奸臣者，好为难成之事，以徼幸成功之利，而能先得人主之心。上之人不能审察而悦其巧言，则见其赏而不见其罚矣。

【注释】

①王子主失：主失，指君主的过失。王子写了《主失》这部书，而袁准就此提出："凡世之所患，非患人主之有过失也，患有过欲改而不能得也。"还指出，人主不能辨别臣下的忠直与奸伪，导致奸臣上位，忠臣被诛杀或逃离，这是国家最大的忧患。王子，未详其人。

②《主失》：书名。

③子张，未详，盖其人之字。

④大人：指在高位者，如王公贵族。

⑤私门之路：行私请托的门路。

⑥浸润：指逐渐渗透。

⑦容说：取悦于人。说，同"悦"。

⑧缪：错谬。

⑨简直：简朴质直。

⑩大者刳（kū）腹，小者见奴：指商末比干和箕子。比干被纣王剖心，箕子假装发疯去当奴隶。《史记·殷本纪》："纣愈淫乱不止。

微子数谏不听，乃与大师、少师谋，遂去。比干曰：‘为人臣者，不得不以死争。’乃强谏纣。纣怒曰：‘吾闻圣人心有七窍。’剖比干，观其心。箕子惧，乃详狂为奴，纣又囚之。”刳，剖。

⑪飨：通“享”，享有，享受。

⑫窜伏：逃匿，隐藏。

【译文】

有位王先生，写了《主失》这部书，子张认为写得很好，向我称道说：“民众之所以尊重身居高位者，并不是因为他的官爵，而是因为他说话忠诚信实，行为笃厚敬肃，君王对他没有虚授官爵，他也没有诈领爵禄。如果授予官位而不考虑他的能力，奖赏他而不考虑他的功劳，那么徇私之路就打通了，而公正之路就阻塞了。”大凡世人所担心的，并不是君主有过失，而是担心君主有过失想改正却改不过来。这是什么原因呢？奸臣侍奉君主，本来就想讨君主的欢心。事物都有似是而非之处，看似有道理的话，慢慢渗透的谄媚奉承的话，不是贤明的人就察觉不出来。奸臣于是用看似有道理的话取悦君主，君主不能辨别，认为说得对并心生欢喜，心智惑乱，行为日益错谬，却常认为自己的行为合乎道义。这是有国者的通病。那些奸佞邪恶的言语，温柔顺耳而有文采；忠诚正直的话，简朴直接而大多逆耳。即使忠臣的话是对的，君主心里也不会太高兴。如今奸臣的话已经蒙蔽了君主，君主没认识到自己的错误，忠臣再用忤逆的话劝谏君主，君主就会认为是在诬陷自己，这些话又怎么能被君主听进去呢？所以这些忠臣严重的会被挖心剖腹，轻的也会去做奴隶。忠臣冒着生命危险进言，君主却听不进去；奸臣享受荣华富贵，谗言却受君主的喜爱，那么天下人谁愿再冒着生命危险进言却不被采纳，舍弃荣华富贵仅仅是为了让君主听自己的话呢？所以有人披头散发装疯卖傻，有人逃窜隐匿于山岩洞穴，这是古往今来常有的现象。凡是奸臣，都喜欢做难以成功的事，凭着侥幸成功之利，而能够先获得君主的欢心。如果君主不能明察，而被他们巧妙的言辞所取悦，那么他们就只会被封赏而不会被惩罚了。

为人臣有礼未必尊，无礼未必卑，则奸臣知所以事主矣。虽有今日之失，必知明日所以复之涂也[①]。故人主赏罚一不当，则邪人为巧滋生，其为奸滋甚。知者虽见其非而不敢言，为将不用也。夫先王之道，远而难明；当世之法，近而易知。凡人莫不违其疏而从其亲，见其小而暗其大。今贤者固远主矣，而执远而难明之物；奸人固近主矣，而执近而易知之理。则忠正之言奚时而得达哉？故主蔽于上，奸成于下，国亡而家破。伍子胥为吴破楚[②]，令阖闾霸[③]，及夫差立[④]，鸱夷而浮之江[⑤]。乐毅为燕王破强齐[⑥]，报大耻，及惠王立而驱逐之[⑦]。夫二子之于国家，可谓有功矣。夫差、惠王足以知之矣，然犹不免于危死者，人主不能常明，而忠邪之道异故也。又况于草茅孤远之臣[⑧]，而无二子之功，涉奸邪之门，经倾险之涂[⑨]，欲其身达，不亦难哉！

【注释】

①涂：同“途”，途径，方法。

②伍子胥：春秋末吴国大夫，楚大夫伍奢之子。执政于吴，整治军备，助吴王阖闾一举攻破楚都郢。夫差时，因勾践求和及伐齐事屡次进谏，夫差不听，又遭伯嚭谗毁，最终被赐死。

③阖闾：春秋末吴国国君。执政时，以楚国旧臣伍子胥为相，齐人孙武为将，使国势日益强盛。

④夫差：春秋末吴国国君。阖闾之子。登位之初励精图治，大败勾践，使吴国达到鼎盛。在位后期骄奢自大，对外穷兵黩武，屡次北上与齐、晋争锋。黄池之会，勾践趁虚攻吴，吴国一蹶不振。后勾践灭吴，夫差自杀。

⑤鸱（chī）夷：革囊。据说伍子胥被逼自杀后，夫差取子胥尸体装入革囊，沉入江中。

⑥乐毅：战国时燕国将领。曾率五国联军攻打齐国，连下七十余城。燕王：指燕昭王。

⑦惠王：指燕惠王。因猜忌乐毅，使骑劫代乐毅为伐齐之帅。乐毅被迫逃奔赵国。

⑧草茅：草野，民间。孤远：指远离皇帝，地位低微。

⑨倾险：邪僻险恶。

【译文】

作为臣子，守礼的未必尊贵，不守礼的未必卑下，那么奸臣就知道如何来侍奉君主了。即使今天有失误，也必定知道明天重新讨得君主欢心的办法。所以君主的赏罚一旦失当，奸邪之人的巧诈就会出现，其奸佞行为就会不断滋长。明智的人虽然知道君主的过错却不敢说，因为怕说了也不被采纳。先王的治理之道，遥远而难以明了；当世的方法，切近而容易知晓。普通人没有谁不是违逆与他们疏远的人而听从与他们亲近的人，只看到小的方面而看不到大的方面。如今贤才本来就被君主疏远，而坚持的又是深奥难懂的东西；奸臣本来就和君主接近，而说的又是浅近易知的道理。那么忠正之言什么时候才能被君主听进去呢？所以君主被蒙蔽于上，奸臣就得逞于下，结果只能是国破家亡。伍子胥为吴国攻破楚国，使吴王阖闾称霸诸侯，等到夫差即位，却用革囊装着他的尸体扔到江里。乐毅为燕王攻破了强大的齐国，洗血了奇耻大辱，等到燕惠王即位后，却把乐毅驱逐出境。这两个人对于国家，可以说是有功劳了。吴王夫差、燕惠王完全清楚两人立下的大功，然而两个人仍然免不了被害被杀，是因为君主不能长期保持明智，而忠臣和奸臣处世之道也不同的缘故。更何况是那些身在草野、远离君主地位低微的臣子，又没有像这两个人一样的功劳，要走过奸邪之门，历经险恶之途，想要显贵发达，不是很难吗？

今人虽有子产之贤而无子皮之举[①]，有解狐之德而无祁奚之直[②]，亦何由得达而进用哉！故有祁奚之直而无宣子之听[③]，有子皮之贤而无当国之权，则虽荆山之璞[④]，犹且见瓦耳。故有管仲之贤，有鲍叔之友[⑤]，必遇桓公而后达；有陈平之智[⑥]，有无知之友[⑦]，必遇高祖而后听。桓公、高祖不可遇，虽有二子之才，夫奚得用哉？

【注释】

①子产：即公孙侨，字子产，春秋时郑国大夫。执政期间仁厚慈爱，轻财重德，爱民重民，多有建树。子皮：即罕虎，字子皮，子产之前郑国的执政者。他将政权交给子产，使郑国大治。

②解狐：春秋时晋国人。晋悼公时，中军尉祁奚请告老，悼公问谁可接替，祁奚荐其仇人解狐（解狐曾杀害祁奚父亲）。悼公聘请解狐，狐未任而卒。祁奚：春秋时晋国大夫。年老请退，初荐其仇人解狐，将任之而解狐卒，后又荐其子祁午。时人称为“外举不避仇，内举不避亲”。

③宣子：即赵盾，春秋时晋国人，赵衰之子。衰死，在衰亲信拥戴下，将中军，执掌国政。

④荆山之璞：荆山的璞玉，指和氏璧。荆山，在今湖北南漳西。山有抱玉岩，传为楚人卞和得璞玉处。

⑤鲍叔：即鲍叔牙。曾将管仲推荐给齐桓公。

⑥陈平：汉初大臣，为汉多出奇计。

⑦无知：即魏无知。荐陈平于刘邦。周勃、灌婴等言陈平盗嫂、受诸将金。刘邦责问无知，无知谓当用其能，遂以陈平为护军中尉。后陈平屡立奇功，刘邦厚赏无知引荐之功。

【译文】

如今有人虽然有子产那样的贤能，却没有子皮那样的人举荐，虽然有解狐那样的德行，却没有祁奚那样的正直之人相助，又有什么办法能够进身而被任用呢？所以仅有祁奚的正直，却没有赵宣子的听纳，有子皮的贤德，却没有他执掌国政的权力，那么即使是荆山的璞玉，也只会被当成瓦砾罢了。所以有管仲的贤能，有鲍叔这样的朋友，也必须遇到齐桓公后才能显达；有陈平的智慧，有魏无知这样的朋友，也必须遇到汉高祖后才能被听从。如果没有遇到齐桓公、汉高祖这样的君主，即使有管仲、陈平这样的才能，又怎么能被任用呢？

厚德①

恃门户之闭以禁盗者，不如明其刑也；明其刑，不如厚其德也。故有教禁②，有刑禁③，有物禁④，圣人者兼而用之，故民知耻而无过行也⑤。不能止民恶心，而欲以刀锯禁其外⑥，虽日刑人于市⑦，不能制也。明者知制之在于本，故退而修德。为男女之礼，妃匹之合⑧，则不淫矣。为廉耻之教，知足之分，则不盗矣。以贤制爵，令民德厚矣。故圣人贵恒，恒者德之固也⑨。圣人久于其道而天下化成⑩，未有不恒而可以成德，无德而可以持久者也。

【注释】

①厚德：本节阐述如何教化民众。要通过道德教育“止民恶心”，通过“男女之礼、妃匹之合”使民不淫，通过“廉耻之教”使民不盗，通过“以贤制爵”使民修德，而且要长期这样做，国家才能长治久安。

②教禁：用礼教约束、禁止。

③刑禁：用刑法约束、禁止。

④物禁：用物质约束、禁止。

⑤过行：错误的行为。

⑥刀锯：古代刑具。代指刑罚。

⑦刑人：杀人。

⑧妃匹：配偶。指夫妻、婚配之事。

⑨恒者德之固也：出自《周易·系辞下》。谓持恒方能使德行坚固。

⑩圣人久于其道而天下化成：出自《周易·恒卦》。指圣人长久坚持德教，天下的教化方得成功。化成，教化成功。

【译文】

依靠关门闭户来禁止盗贼，不如明示处理盗贼的刑法；明示刑法，不如加强道德教化。所以有用礼教约束的，有用刑法约束的，有用物质约束的，圣人三者兼用，所以民众知道羞耻而没有错误的行为。不能制止民众作恶的念头，而想要用刑罚从外部禁止，即使每天在街市上处死犯人，也不能制止。明智的人知道治恶要治本，所以回过头来修养德行。制定男女间的礼法，夫妻间的规范，就没有淫邪之事了。进行廉耻的教化，使百姓知道满足，就不会有盗窃的事了。按照贤能的标准制定爵位，就会使民众道德淳厚。所以圣人看重恒常，只有持恒才能使德行坚固。圣人长久地推行此道，天下的教化才能成功，没有不长久坚持而能成就德教的，也没有无德而可以长治久安的。

用贤[①]

治国有四：一曰尚德[②]，二曰考能[③]，三曰赏功，四曰罚罪。四者明，则国治矣。夫论士不以其德而以其旧，考能不以其才而以其久，而求下之贵上，不可得也。赏可以势求，罚可以力避，而求下之无奸，不可得也。为官长非苟相君也[④]，治天下也。用贤非以役之，尚德也。行之以公，故天下归之。

【注释】

①用贤：本节提出治国的四大要点，即崇尚德行、考核能力、奖赏有功、处罚有罪；还讲到明王用人的五点要求，并强调“唯信而后可以使人”。

②尚德：崇尚德行。

③考能：考核能力。

④相：辅佐。

【译文】

治理国家有四个要点：第一叫崇尚德行，第二叫考核能力，第三叫奖赏功劳，第四叫惩罚罪恶。这四点明确，那么国家就太平了。如果评议士人不按照德行而按照资格老，考核能力不按照才能而按照资历久，而要求下级敬重上级，是不可能的。奖赏可以靠威势求得，惩罚可以靠权势逃避，而这样还要求天下没有奸邪之人，是不可能的。为官不是为了随便辅佐君主，而是要治理天下。任用贤才不是为了驱使他，而是因为崇尚其贤德。以公正行事，所以天下才能归附。

故明王之使人有五：一曰以大体期之，二曰要其成功，三曰忠信不疑，四曰至公无私，五曰与天下同忧。以大体期之，则臣自重；要其成功，则臣勤惧[①]；忠信不疑，则臣尽节；至公无私，则臣尽情；与天下同忧，则臣尽死。夫唯信而后可以使人。昔者齐威王使章子将而伐魏[②]，人言其反者三，威王不应也。自是之后，为齐将者无有自疑之心，是以兵强于终始也。唯君子为能信，一不信则终身之行废矣，故君子重之。汉高祖，山东之匹夫也[③]，无有咫尺之土，十室之聚，能任天下之智力，举大体而不苛，故王天下，莫之能御也。项籍[④]，楚之世将，有重于民，横行天下，然而卒死东城者[⑤]，何也？有一范增不能用[⑥]，意忌多疑，不信大臣故也。宽则得众，用贤则多功，信则人归之。

【注释】

①勤惧：勤勉戒惧。

②齐威王：战国时齐国国君。在位期间，齐国国力大增，列战国“七雄”之首。章子：即匡章，战国齐将。初学于魏，是孟子弟子。《战国策·齐策一》记载，秦侵齐，匡章领兵应战，齐威王近臣多次称匡章背齐投秦，但齐威王坚信匡章不会背叛，仍让他领兵。最终匡章击败了秦军。文中言伐魏，或为传言不同，或为作者误记。

③山东：战国、秦、汉时称崤山、函谷关以东地区，又称关东。

④项籍：项羽。

⑤东城：县名。秦置，属九江郡。治所在今安徽定远东南。与项羽自刎之地相邻。

⑥范增：秦末居鄛（今安徽桐城）人，项羽的谋士。秦末归附项梁，劝项梁立楚王族后裔。梁死，属项羽，为羽主要谋士。使羽称霸诸侯，被尊为“亚父”。后刘邦使反间计，增为羽所疑，削职夺权，愤而离去，疽发背，卒于途。

【译文】

所以英明的君主用人有五点：第一叫以识大体相期许，第二叫希望他建功立业，第三叫坚信而不怀疑，第四叫大公无私，第五叫能与天下同忧患。以识大体相期许，那么臣子就会自尊自重；要求他建功立业，那么臣子就会勤奋戒惧；对臣子坚信不怀疑，那么臣子就会尽节效命；能大公无私，那么臣子就会尽心尽力；跟天下同忧患，那么臣子就会舍命报效。只有信任人，然后才可以任用人。从前齐威王让匡章做主将征伐魏国，有人说他反叛说了好几次，威王没有听信。从此之后，作为齐国将领，就没有自我怀疑之心了，因此始终兵力强盛。只有君子才能够守信义，一次不守信义，那么一辈子的品行就完了，所以君子重信。汉高祖，是山东的普通百姓，地无咫尺，人无十家，但他能任用天下贤才的智慧和力量，掌握大义而不苛求小节，所以能够统一天下，没有谁能抵御他。项籍，是楚国将门之后，万众仰慕，横行天下，但是最终死在了东城，这是为什么呢？是因为他有一位贤才范增却不能任用，猜忌多疑，不相信大臣。宽厚就能获得众人的拥护，任用贤才就能成就众多功业，信任人众人就能归附。

悦近[①]

孔子曰：“为上不宽，吾何以观之[②]？”“苛政甚于猛虎[③]。”诗人疾掊克在位[④]，是以圣人体德居简[⑤]，而以虚受人。夫有德则谦，谦则能让；虚则宽，宽则爱物。世俗以公刻为能[⑥]，以苛察为明，以忌讳为深。三物具，则国危矣。故礼法欲其简，禁令欲其约，事业欲其希。简则易明，约则易从，希则有功。此圣贤之务也。

【注释】

①悦近：让身边的人喜悦服从。居于上位的人，应做到宽厚待人，因为“宽则得众”，要信任属下，因为“信则不疑”，同时还不能犯公刻、苛察、忌讳这三种错误。

②为上不宽，吾何以观之：见《论语·八佾》："居上不宽，为礼不敬，临丧不哀，吾何以观之哉？"

③苛政甚于猛虎：见《礼记·檀弓下》。

④诗人疾掊（póu）克在位：诗人痛恨搜刮民财的人居于权位。见《诗经·大雅·荡》："文王曰咨，咨女殷商。曾是强御，曾是掊克。曾是在位，曾是在服。"掊克，聚敛，搜括。亦指搜括民财之人。

⑤体德：指先天的德性。居简：谓持身宽略。

⑥公刻：公正严刻。

【译文】

孔子说："在上位的人不能宽厚待人，我怎么能看得下去呢？""严苛的政治比猛虎还厉害。"诗人痛恨搜刮民财的人居于权位，因此圣人保持先天的德性，持身宽简，而虚心待人。有德行就能谦虚，谦虚就能礼让；虚心就能宽容，宽容就有爱人之心。世俗之人把公正严苛当做有能力，把繁琐苛刻当做明察，把多有忌讳当做高深。这三者如果全都有，那么国家就危险了。所以礼法要简便，禁令要简约，事务要扼要。简便就容易明白，简约就容易听从，扼要就能够见成效。这是圣贤之人所追求的。

汉高祖，山东之匹夫也，起兵之日，天下英贤奔走而归之，贤士辐凑而乐为之用[①]，是以王天下而莫之能御。唯其以简节宽大，受天下之物故也。是故宽则得众，虚则受物，信则不疑，不忌讳则下情达而人心安。夫高祖非能举必当也，唯以其心旷，故人不疑。况乎以至公处物而以聪明治人乎？尧先亲九族，文王刑于寡妻[②]。物莫不由内及外，由大信而结，由易简而上安，由仁厚而下亲。今诸侯王国之制，无一成之田、一旅之众[③]，独坐空宫之中，民莫见其面。其所以防御之备，甚于仇雠。内无公族之辅，外无藩屏之援。是以兄弟无睦亲之教，百姓无光明之德[4]。弊薄之俗兴[5]，忠厚之礼衰，近者不亲，远者不附。人主孤立于上，而本根无庇荫之助[6]，此天下之大患也。圣人者以仁义为本，以大信持之，根深而基厚，故风雨不愆伏也[7]。

【注释】

①辐凑：像辐条聚集在轮毂上。指集中，聚集。

②文王刑于寡妻：见《诗经·大雅·思齐》："刑于寡妻，至于兄弟，以御于家邦。"刑，典范，榜样。寡妻，古代指正妻、嫡妻。

③一成：古谓方十里之地。旅：军队编制单位，五百人为旅。

④光明：指贤者的仪范、风采。

⑤弊薄：鄙陋浇薄。

⑥庇荫：庇护。

⑦愆伏：指气候失常。

【译文】

汉高祖，原是山东的平民百姓，起兵的时候，天下英雄奔走归附，贤士聚集而乐于被他任用，因此统一天下，没有谁能抵御他。就是因为他能够简约宽大，广纳天下贤才的缘故。因此宽厚就能得众心，虚心就能广纳贤才，信任别人，别人就不会有猜疑，无所忌讳，那么下情就能上达，人心就能安定。汉高祖不是事事都能做得恰当，就是因为他心胸豁达，所以人们才不猜疑。何况用大公无私之心处理事务而用聪明智慧管理臣子的圣明君王呢？唐尧先亲睦自己九族内的人，周文王给自己的妻子做榜样。做事情没有不是由内而外才成功的，由于信守诺言而聚合民心，由于持事简明而使君上安定，由于仁德宽厚而使下民亲近。如今诸侯王国的制度，没有一成的田地，没有一旅的军队，独自坐在空空的王宫中，民众没有谁能见到他们。国家对诸侯的防备，比防范仇敌还厉害。

内部没有同族的辅佐，外面没有诸侯王国的援助。因此兄弟间得不到和睦亲近的教化，民众得不到贤者风采的熏陶。鄙陋浇薄的风俗兴起，忠实笃厚的礼义衰微，身边的人不亲近，远方的人不归附。君主在上孤立无援，国家的根本得不到枝叶的庇护，这是天下的大患。圣人把仁义作为根本，用取信于天下来护持仁义，根基深厚，所以才能风调雨顺，国家太平。

贵公[①]

治国之道万端，所以行之在一。一者何？曰：公而已矣。唯公心而后可以有国，唯公心可以有家，唯公心可以有身。身也者，为国之本也；公也者，为身之本也。夫私，人之所欲，而治之所甚恶也，欲为国者一，不欲为国者万。凡有国而以私临之，则国分为万矣。故立天子，所以治天下也；置三公，所以佐其王也。观事故而立制[②]，瞻民心而立法。制不可以轻重[③]，轻重即颇邪[④]；法不可以私倚[⑤]，私倚即奸起。古之人有当市繁之时而窃人金者，人问其故，曰："吾徒见金，不见人也。"故其爱者必有大迷。宋人有子甚丑，而以胜曾上之美[⑥]。故心倚于私者，即所知少也；乱于色者，即目不别精粗；沉于声音，则耳不别清浊[⑦]；偏于爱者，即心不别是非。是以圣人节欲去私，故能与物无尤[⑧]，与人无争也。明主知其然也，虽有天下之大，四海之富，而不敢私其亲。故百姓超然背私而向公[⑨]。公道行，即邪利无所隐矣。向公，即百姓之所道者一[⑩]；向私，即百姓之所道者万。一向公，则明不劳而奸自息；一向私，则繁刑罚而奸不禁。故公之为道，言甚约而用之甚博。

【注释】

①贵公：崇尚公道。秉持公道、公心是治国的根本。君主要“与物无尤，与人无争”，引导民众“背私而向公”，否则人人挟私，将致“国分为万”，不能太平。

②事故：事情，问题。

③轻重：指有所偏重，轻此重彼。

④颇邪：偏颇邪恶。

⑤私倚：偏私。

⑥曾上：不详，盖当时美貌之人。

⑦清浊：音乐的清音与浊音。

⑧尤：怨恨。

⑨超然：豁然。迅速的样子。

⑩道：通“蹈”，赴。

【译文】

治国的方法有千万种，但施行的原则只有一点。这一点是什么呢？回答说：是公罢了。只有秉持公心才能保有国家，只有秉持公心才能保有家族，只有秉持公心才能保全自身。自身，是治国的根本；公，是治身的根本。私，是人的欲望，却是治理国家非常厌恶的，想为国家的念头只有一个，不想为国家而只顾自己的念头却有上万个。凡是拥有国家却用私心统治的，国家就会分裂成一万个。所有设立天子，是用来治理天下的；设置三公，是用来辅佐君王的。观察问题而设立制度，下视民心而制定法律。设立制度不能轻此重彼，轻此重彼就会出现偏颇邪恶；制定法律不可以偏私，偏私就会使奸邪兴起。古代有个人在闹市上偷人家的金子，有人问他为什么要偷，他说：“我只看见了金子，没看见人。”所以人们因为贪爱，必定会鬼迷心窍。有个宋国人儿子很丑，但他却认为自己儿子的美貌胜过曾上。所以心有偏私的人，所知道的就很少；被美色迷惑的人，眼睛就分辨不出事物的精细与粗劣；沉迷于靡靡之音的人，耳朵就分不清清音与浊音；偏于自己所爱的人，心就不能分辨是非黑白。所以圣人节制欲望去除私心，所以才能与物无怨，与人无争。英明的君主知道情况是这样的，即使拥有天下之广大，四海之富有，也不敢偏私自己的亲人。所以百姓都很快地摒弃私心而一心向公。公道实行，那么偏邪的私利就没有藏身之处了。君主一心为公，百姓所追求的就会一致；一心向私，百姓所追求的就千差万别。一心为公，明察不辛劳而奸邪欺诈自然平息；一心向私，就会刑罚繁多而奸邪欺诈不能禁止。所以为公之道，说起来简单而作用却很大。

治乱[①]

治国之要有三：一曰食，二曰兵，三曰信。三者国之急务，存亡之机，明主之所重也。民之所恶者莫如死，岂独百姓之心然？虽尧、舜亦然。民困衣食，将死亡，而望其奉法从教，不可得也。夫唯君子而后能固穷[②]，故有国而不务食，是责天下之人而为君子之行也。伯夷饿死于首阳之山[③]，伤性也；管仲分财自取多[④]，伤义也。夫有伯夷之节，故可以不食而死；有管仲之才，故可以不让而取。然死不如生，争不如让。故有民而国贫者，则君子伤道、小人伤行矣。君子伤道则教亏，小人伤行则奸起。夫民者，君子所求用也。民富则所求尽得，民贫则所求尽失。用而不得，故无强兵；求而皆失，故无兴国。明主知为国之不可以不富也，故率民于农。

【注释】

①治乱：太平与混乱。本节提出“治国三要”与“富国八政”，并强调要想实现太平，应做到足食富民、赏罚必公、礼法并用。

②固穷：指坚守志节，安于贫贱穷困。

③伯夷：殷末周初高士，因不食周粟而饿死于首阳山。

④管仲分财自取多：管仲与鲍叔牙合伙做生意，因贫穷，自己多取钱财。《史记·管晏列传》：“管仲曰：‘吾始困时，尝与鲍叔贾，分财利多自与，鲍叔不以我为贪，知我贫也。’”

【译文】

治理国家的要点有三：第一叫食，第二叫兵，第三叫信。这三点是国家最紧要的事务，是国家存亡的关键，是英明的君主所重视的。民众所厌恶的莫过于死亡，难道只有民众心里这样想吗？即使唐尧、虞舜也是这样。民众衣食困乏，将要死了，而希望他们遵守法律听从教化，是不可能的。只有君子才能在穷困中坚守志节，所以拥有国家却不致力于生产粮食，是要求天下的人都具有君子的品行。伯夷饿死在首阳山，这是有伤人性的行为；管仲分钱财时自己多取，这是损伤道义的做法。有伯夷那样的志节，才能不吃饭而饿死；有管仲那样的才能，才能不谦让而多取。但是死亡不如生存，相争不如相让。所以拥有民众而国家贫困，那么君子就会损伤道义而去谋利，民众就会损伤品行而去犯罪。君子损伤道义，教化就会亏缺；民众损失品行，奸邪欺诈就会兴起。民众，是君主要求满足自己用度的对象。民众富足那么君主所要求的就全能满足，民众贫困那么君主所要求的就全都会落空。想役使民众却做不到，所以国家没有强大的军队；要求的全都落空，所以国家无法兴盛。英明的君主知道治理国家不可以不使民众富裕，所以率领民众发展农业。

富国有八政：一曰俭以足用①，二曰时以生利②，三曰贵农贱商，四曰常民之业，五曰出入有度③，六曰以货均财，七曰抑谈说之士，八曰塞朋党之门。夫俭则能广，时则农修。贵农则谷重，贱商则货轻。有常则民壹，有度则不散，货布则并兼塞。抑谈说之士，则百姓不淫[4]。塞朋党之门，则天下归本。知此八者，国虽小必王；不知此八者，国虽大必亡。

【注释】

①足用：使财用充足。

②时：注重农时。

③出入：支出与收入。

④不淫：不惑，不乱。

【译文】

让国家富裕有八项政策：第一叫靠节俭使财用充足，第二叫注重农时以生利，第三叫重视农业抑制商业，第四叫让民众事业稳定，第五叫收支有节度，第六叫用货币调节财富，第七叫抑制空谈之士，第八叫堵塞朋党之门。节俭就能扩充积蓄，注重农时粮食就能保收。重视农业那么粮食就贵重，抑制商业那么货物就轻贱。民众事业稳定民心就统一，收支有节度财富就不分散，财富平均就能抑制兼并。抑制空谈之士，百姓就不迷惑混乱。堵塞朋党之门，天下就能归顺于君主。懂得这八条，国家即使小也必定能称王；不懂这八条，国家即使大也必定会灭亡。

凡上之所以能制其下者，以有利权也[1]。贫者能富之之谓利，有罪者能罚之之谓权。今为国不明其威禁[2]，使刑赏利禄壹出于己，则国贫而家富，离上而趣下矣。夫处至贵之上，有一国之富，不可以不明其威刑而纳公实之言。此国之所以治乱也。至贵者，人夺之；至富者，人取之。是以明君不敢恃其尊，以道为尊；不敢恃其强，以法为强。亲道不亲人，故天下皆亲也；爱义不爱近，故万里为近也。天下同道，万里一心，是故以人治人，以国治国，以天下治天下，圣王之道也。凡有国者，患在壅塞[3]，故不可以不公；患在虚巧[4]，故不可以不实；患在诈伪，故不可以不信。三者明则国安，三者不明则国危。苟功之所在，虽疏远必赏；苟罪之所在，虽亲近必罚。辨智无所横其辞[5]，左右无所开其说[6]。君子卿大夫，其敬惧如布衣之虑，故百姓蹈法而无儌幸之心[7]。君制而臣从，令行而禁止，壅塞之路闭，而人主安太山矣[8]。

【注释】

①利权：利益和权力。

②威禁：法令，禁令。

③壅塞：阻塞。这里指贤才进用、下情上达之路阻塞。

④虚巧：虚假不实。

⑤辨智：明辨事理，有才智。横：讲歪理，拿不是当理说。

⑥开其说：为其开脱。说，通“脱”。

⑦蹈法：遵守法律。

⑧太山：泰山。

【译文】

君上之所以能够制约臣下，是因为有利和权。能够让贫穷的人富有叫做利，能够惩罚有罪过的人叫做权。如今治理国家不明确法律禁令，让刑罚、奖赏、利禄全部都出于自己，就会导致国家贫穷而私家富裕，民众脱离君上而依附于私人了。处在君主至尊的位置，拥有一国的财富，不可以不严明刑罚而采纳公正朴实的言论。这就是国家有治也有乱的原因。最尊贵的，别人都想抢夺；最富有的，别人都想取得。因此英明的君主不敢依仗自己的尊贵，而是以道义为尊；不敢依仗自己的强大，而是以法律为强。亲近道义而不亲近私人，所以天下人都亲近他；喜爱仁义而不喜爱近臣，所以万里之外的民众也好像在他身边一样。天下同遵道义，万里之外归心，因此用人来治理人，以国家来治理国家，以天下来治理天下，这是圣王之道。凡是拥有国家的君主，祸患在于贤才进用、下情上达之路阻塞，所以不可以不公正；祸患在于弄虚作假，所以不可以不诚实；祸患在于欺诈虚伪，所以不可以不守信。这三点明确了那么国家就安定，这三点不明确那么国家就有危险。只要是立下功劳的人，即使关系疏远也必定要奖赏；只要是犯下罪过的人，即使关系亲近也必定要惩罚。即使明辨事理有才智也没办法讲歪理，即使身边亲近的人也没有办法为其开脱。君主和公卿大夫，像平民百姓一样敬畏法律，所以百姓就会遵守法律而没有侥幸心理。君主制定法律而臣子遵从，有令必行，有禁必止，贤才进用、下情上达之路就打开了，而君主也就安如泰山了。

夫礼者所以正君子也，法者所以治小人也。治在于君子，功在于小人。故为国而不以礼，则君子不让；制民而不以法，则小人不惧。君子不让，则治不立；小人不惧，则功不成。是以圣人之法，使贵贱不同礼，贤愚不同法。毁法者诛，有罪者罚。爵位以其才行，不计本末[①]；刑赏以其功过，不计轻重[②]。言必出于公实，行必落于法理。是以百姓乐义，不敢为非也。太上使民知道[③]，其次使民知心，其下使民不得为非。使民知道者，德也；使民知心者，义也；使民不得为非者，威禁也。威禁者，赏必行、刑必断之谓也。此三道者，治天下之具也。欲王而王，欲霸而霸，欲强而强，在人主所志也。

【注释】

①本末：主次，先后。

②轻重：指尊卑贵贱。

③太上：最上，最高。

【译文】

礼义是用来端正君子的，法令是用来治理民众的。治理好坏在于君子，能否成就功业在于民众。所以治理国家不用礼义，君子就不会谦让；治理民众不用法令，那么民众就不会惧怕。君子不谦让，那么治理就不会有成效；民众不惧怕，那么功业就无法成就。因此圣人治理天下的方法，是让尊贵的人和卑贱的人遵行的礼制不同，让贤才和愚笨的人适用的法令不同。破坏法令的要诛杀，有罪过的要惩罚。爵位按照才能品行授予，不计较主次先后；刑罚奖赏根据功过确定，不计较尊卑贵贱。言论必须合乎公平信实，行为必须合乎礼法事理。因此百姓乐于遵行道义，不敢做坏事。最上之策是让民众懂得道义，其次是让民众懂得仁心，最下是让民众不能做坏事。让民众懂得道义，是靠尊崇道德；让民众懂得仁心，是靠提倡仁义；让民众不能做坏事，是靠威严禁令。威严禁令，就是说有功必赏、有罪必罚。这三点，是治理天下的手段。做到了这三点，想要称王就能称王，想要称霸就能称霸，想要强大就能强大，就在于君主的志向了。

损益[1]

夫服物不称[2]，则贵贱无等。于是富者逾侈，贫者不及。小人乘君子之器，贾竖袭卿士之服[3]。被文绣、佩银黄、重门而玉食其中[4]，左右叱咄[5]，颐指而使[6]。是故有财者光荣，无财者卑辱。上接卿相，下雄齐民[7]，珍宝旁流，而刑放于贿[8]，下而法侵，能无亏乎？

【注释】

①损益：本节主要讲礼制等级不可逾越，否则人各怀私，贿赂公行，法律将会遭到破坏。

②不称：跟身份不相称、不相符。

③贾竖：对商人的贱称。袭：穿。

④文绣：刺绣华美的丝织品或衣服。银黄：指金银饰物。

⑤叱咄（chì duō）：大声呵斥。

⑥颐指：用下巴的动向示意指挥别人。形容指挥别人时的傲慢态度。

⑦齐民：平民百姓。

⑧放：废弃。

【译文】

服饰器物与身份不相称，那么尊贵与卑贱就没有区别了。于是富人更加奢侈，而穷人却达不到一般水平。普通百姓使用官员才能使用的器物，商人穿上公卿才能穿的服装。穿上刺绣华美的衣服，佩戴着金银饰物，住在深宅大院，享用珍馐玉馔，呵斥左右佣人，颐指气使。因此有钱的人就荣耀，没钱的人就卑贱屈辱。富人向上结交公卿宰相，向下在平民百姓中称雄称霸，珍宝财富都流到富人手中，刑法由于贿赂而逐渐废弛，继而法律遭到破坏，国家能不受到损害吗？

世治[1]

天地之道贵大，圣人之道贵宽。无分寸之曲，至直也，以是绳之[2]，则工不足于材矣；无纤分之短，至善也，以是规之，则人主不足于人矣。故凡用人者，不求备于一人。桓公之于甯戚也[3]，知之矣。夫有近会者无远期。今之为法曰："选举之官，不得见人。"曰以绝奸私也[4]。夫处深宫之中，而选天下之人以为明，奚从而知之？夫交接人之道，不可绝也。故圣人求所以治交，而不求绝交。人莫问不交，以人禁人，是以私禁私也。先王之用人不然，不论贵贱，不禁交游，以德底爵[5]，以能底官，以功底禄。具赏罚以待其归，虽使之游[6]，谁敢离道哉！

【注释】

①世治：本节对当时规定的"选举之官，不得见人"提出异议，认为这是"以私禁私"。禁止人与人的交往也不可能禁绝私人请托的现象，最重要的是授官封爵要合理，赏罚要公正。

②绳：衡量。

③甯戚：春秋时卫国人。贫困无资，为人驾车至齐国，宿于城门外，待齐桓公外出，击牛角，发悲歌。桓公闻而异之，命管仲迎见，知其贤，拜为上卿。

④奸私：奸诈营私。

⑤底：同"厎"，达到。

⑥游：交游，交往。

【译文】

天地之道贵在广大，圣人之道贵在宽厚。没有分毫的弯曲，最为笔直，若以这个标准来衡量材料，那么工匠就找不到合适的材料了；没有丝毫的缺陷，尽善尽美，若以这个标准来规范人才，那么君主就找不到合适的人才了。所以凡是用人，不会要求一个人各种才能全都具备。齐桓公对于甯戚，可以算是明白这一道理了。能很快被任用的贤才就不必等到许久之后再任用。可如今制定的法令说："负责选举的官员，不能跟参选的人接触。”说是为了杜绝营私舞弊。住在深宫之中，要从全天下人中选取被认为贤明的人，又该从哪里才能知道贤明的人呢？人与人交际往来之道，是不可以禁绝的。所以圣人寻求完善交往的方法，而不要求断绝交往。没有考察询问过的人就不交往，这样人为地禁止与人交往，就像用私心来禁止私心一样。先王用人就不是这样，不论贵贱，都不禁止往来结交，让人的品德与爵位相当，能力与官职相当，功劳与俸禄相当。完善奖赏惩罚制度来等待人才的归附，即使让他们往来结交，谁又敢偏离正道呢！

刑法[①]

礼法明则民无私虑，事业专则民无邪伪，百官具则民不要功[②]。故有国者，为法欲其正也，事业欲其久也，百官欲其常也。天下之事，以次为爵禄，以次进士，君子以精德显。夫德有次则行修，官有次则人静，事有次则民安。农夫思其疆畔[③]，百工思其规矩[④]，士君子思其德行，群臣百官思其分职，上之人思其一道[⑤]。侵官无所由[⑥]，离业无所至。夫然，故天下之道正而民壹。

【注释】

①刑法：本节主要讲法律的制定与实施。法律是规范社会秩序的重要手段，“能杀而后能生，能断而后仁立”；法律象征君主的权威，“法出而不正，是无法也；法正而不行，是无君也”；还提出“不求可赦之法”的观点。

②要功：邀功。

③疆畔：田界。引申为农田。

④规矩：规和矩，校正圆形和方形的两种工具。

⑤一道：指一以贯之的治理方法。

⑥侵官：超越权限而侵犯其他官员的职权。

【译文】

礼法彰明那么民众就没有私心杂念，事业专一那么民众就没有奸邪诈伪，各种官职设置齐备那么民众就不会邀功。所以拥有国家的人，制作法律是想要它公正，创立事业是想要它久远，设置百官是想要官员恒守其职。治理天下，要按次序授予爵位发放俸禄，按次序招贤纳士，这样君主美好的德行就会显扬。进用贤德有次序，士人就会致力于品行修养；晋升官职有次序，官员就能安分守职；兴办事业有次序，民众就能安定。农夫想着他们田里的活，工匠想着他们的工具技巧，士君子想着修治他们的德行，群臣百官想着他们的职分，君主想着他一以贯之的治国之道。侵犯官员职权的事不会出现，摒弃本业的事也不会发生。像这样，治理天下才能走上正道，民众才能用心专一。

夫变化者，圣人之事也；非常者，上智之任也。此入于权道[①]，非贤者之所窥也。才智至明而好为异事者，乱之端也。是以圣人甚恶奇功。天下有可赦之心，而有可赦之罪；无可赦之心，而无可赦之罪。明王之不赦罪，非乐杀而恶生也，以为乐生之实，在于此物也。夫思可赦之法，则法出入[②]；法出入，则奸邪得容其议；奸邪得容其议，则法日乱。犯罪者多，而私议并兴，则虽欲无赦不可已。夫数赏则贤能不劝，数赦则罪人徼幸。明主知之，故不为也。夫可赦之罪，千百之一也。得之于一而伤之于万，治道不取也。故先王知赦罪不可为也。故所俘虏[③]，壹断之于法。务求所以立法，而不求可赦之法也。

【注释】

①权道：变通之道，临时措施。

②出入：或进或出。比喻变化无定。

③俘虏：此指罪犯。

【译文】

随机变化，是圣人的事；处理非常事件，是有大智慧者的责任。这些已经属于变通之道，不是贤者所能窥见的。才智超群却好做异乎寻常之事的人，是祸乱的源头。因此圣人非常厌恶奇功。天下有了可以赦免罪行的心思，就会出现可以赦免的罪行；没有可以赦免罪行的心思，就不会出现可以赦免的罪行。英明的君主不赦免罪行，不是喜好杀戮而厌恶让人活着，而是认为乐于让人活着的实际措施，就在于严明刑法。如果想着可以赦免罪行的方法，那么法律就会变化不定；法律变化不定，那么奸邪之人就得以参与议论；奸邪之人得以参与议论，那么法律就会一天天混乱。犯罪的人就会变多，同时私议也会兴起，那么即使不想赦免都不可能了。赏赐太频繁，那么贤能的人就不能得到鼓励，赦免频繁，那么有罪的人就会心存侥幸。英明的君主知道这一弊端，所以不去做。可以赦免的罪过，只占千百分之一。获得赦免的只有一个人，却损害了上万人对法律的敬畏，这在治国之道上是不足取的。所以先王知道赦免罪过这种事是不能做的。所以对于罪犯，要统统按照法律进行处置。务求以此建立法律的威信，而不去寻求可以赦免罪过的方法。

法立令行，则民不犯法；法不立，令不行，则民多触死[①]。故曰：能杀而后能生，能断而后仁立。国之治乱，在于定法。定法则民心定，移法则民心移。法者，所以正之事者也，一出而正，再出而邪，三出而乱。法出而不正，是无法也；法正而不行，是无君也。是以明君将有行也，必先求之于心，虑先定而后书之于策，言出而不可易也，令下而不反也。如阴阳之动，如四时之行，如风雨之施，所至而化，所育而长。夫天之不可逆者，时也；君之不可逆者，法也。使四时而可逆，则非天也；法令而可违，是非君也。今有十人，彍弩于百万之众[2]，未有不震怖者也[3]。夫十矢之不能杀百万人，可知也。然一军皆震者，以为唯无向则已，所中必死也。明君正其礼，明其法，严其刑，持满不发[4]，以牧万民[5]，犯礼者死，逆法者诛，赏无不信，刑无不必，则暴乱之人莫敢试矣。故中人必死，一矢可以惧万人；有罪必诛，一刑可以禁天下。是以明君重法慎令。

【注释】

①触死：触犯法律而死，犯死罪。

②彍（guō）：拉满弓、弩。

③震怖：惊恐。

④持满：拉满弓弦。

⑤牧：统御。

【译文】

法律确立，政令执行，那么民众就不会犯法；法律不确立，政令不执行，那么民众就敢于触犯死罪。所以说：能够诛杀然后才能让更多的人生存，能够断除恶行然后仁德才能确立。国家是太平还是混乱，在于是否有固定的法律。有固定的法律那么民心就安定，随意改变法律那么民心就会不安。法律，是用来规范各种事务的，第一次颁布法律是公正合理的，第二次颁布就会出现偏差，第三次颁布就会出现混乱。法律颁布却不公正，就等于没有法律；法律公正却不能执行，就等于没有君主。因此英明的君主将要有所行动，必须先在心中想好，思虑成熟后再写在简册文书上，一言既出就不可以更改，命令下达就不能再反悔。有如阴阳的变化，有如四季的运行，有如布施风雨，所到之处化育万物，使万物生长。天不可逆转的，是季节；君主不可逆转的，是法律。假使四季可以逆转，那就不是天了；法令可以违犯，那就不是君主的。如今有十个人，张满弩对准百万军队，没有人不惊恐害怕。十支箭不可能杀一百万人，这是谁都知道的。但是全军都惊恐，是认为弩箭没有瞄准自己也就罢了，而一旦射中就必定死去。英明的君主端正礼制，明确法令，严明刑罚，就像拉满弓弦而不发射一样，以此来统治民众，违反礼制的处死，违犯法令的诛罚，赏赐无不守信，刑罚无不执行，那么行凶作乱的人就不敢再尝试了。所以说射中的人必死，一支箭就可以让万人恐惧；有罪必定诛罚，一次行刑就可以禁止天下人作恶。因此英明的君主重视法律而慎行政令。

人主①

人主莫不欲得贤而用之，而所用者不免于不肖②；莫不欲得奸而除之，而所除者不免于罚贤。若是者，赏罚之不当，任使之所由也③。人主之所赏，非谓其不可赏也，必以为当矣；人主之所罪，非以为不可罚也，必以为信矣。智不能见是非之理，明不能察浸润之言④，所任者不必智，所用者不必忠，故有赏贤罚暴之名，而有戮能养奸之实。此天下之大患也。

【注释】

①人主：本节指出，人主要想得贤而除奸，就必须赏罚得当，委任得当，不可“戮能养奸”。

②不肖：不贤，不才。

③任使：差遣，委用。

④浸润之言：指日积月累逐渐造成危害的谗言。

【译文】

君主没有谁不希望获得贤才并任用他们，但所任用的人中不免有不贤良的人；没有谁不希望抓到奸邪之人就除去他们，而所除去的人中不免会有贤人。出现这种情况，是奖赏惩罚不恰当，委任的官员不妥当造成的。君主所奖赏的，不是说对其不能奖赏，只是必须十分恰当才可以；君主所惩罚的，不是说对其不可以惩罚，只是必须真该惩罚才可以。智慧不能分辨是非曲直，贤明不能辨察逐渐造成危害的谗言，所委任的人又未必聪明，所使用的人又未必忠诚，所以虽然名义上是奖赏贤能而惩罚暴徒，实际上却是杀戮贤能而姑息奸邪之人。这是天下的大患。

致贤[①]

虽有离娄之目[②]，不能两视而明；夔、旷之耳[③]，不能两听而聪；仲尼之智，不能两虑而察。夫以天下之至明至智，犹不能参听而俱存之，而况于凡人乎！故以目，虽至明，有所不知；以因，虽凡人，无所不得。故善学者，假先王以论道；善因者，借外智以接物[④]。故假人之目以视，奚适夫两见；假人之耳以听，奚适夫两闻；假人之智以虑，奚适夫两察。故夫处天下之大道而智不穷，兴天下之大业而虑不竭，统齐群言之类而口不劳，兼听古今之辨而志不倦者，其唯用贤乎！

【注释】

①致贤：招引贤才。节录部分强调只有任用贤才才能“处大道而智

不穷”“兴大业而虑不竭”“统齐群言而口不劳”“兼听古今而志不倦”，成就天下大业。

②离娄：相传为上古时期视力特别强的人。能于百步之外，见秋毫之末。

③夔：相传为尧、舜时乐官。旷：师旷，春秋时晋国乐官，善于辨音。

④接物：接触、了解事物。

【译文】

即使有离娄那样的眼睛，也不能同时看清两样东西；即使有夔、师旷那样的耳朵，也不能同时听清两种声音；即使有孔子那样的智慧，不能同时考虑两件事情。以天下最贤明最智慧的人，尚且不能同时听察并搞明白多方面的事情，更何况凡人呢！所以只依靠眼睛，即使视力再好，也有看不到的东西；如果有所凭借，即使是凡人，也能无所不知。所以善于学习的人，借助先王来阐述大道；善于凭借外物的人，借助他人的智慧来了解外物。所以借助别人的眼睛去看，又何止看得清两方面的事物；借助别人的耳朵去听，又何止听得清两种声音；借助别人的智慧去思虑，又何止能明察两方面的问题。所以想立足于天下大道而智慧永不穷尽，兴办天下大业而思虑永不枯竭，统一百家之言而口舌不会劳累，兼听古今的论辩而心志不会疲倦，大概只有任用贤能了吧！

明赏罚[①]

夫干禄者唯利所在[②]，智足以取当世，而不能日月不违仁[③]。当其用智以御世，贤者有不如也。圣人明于此道，故张仁义以开天下之门，抑情伪以塞天下之户[④]，相赏罚以随之，赏足荣而罚可畏。智者知荣辱之必至，是故劝善之心生，而不轨之奸息。赏一人而天下知所从，罚一人而天下知所避。明开塞之路，使百姓晓然，知轨疏之所由[5]。是以贤者不忧，知者不惧，干禄者不邪。是故仁者安仁，智者利仁，畏罪者强仁[6]。天下尽为仁，明法之谓。

【注释】

①明赏罚：本节强调君主要明确赏罚，让“赏足荣而罚可畏”，做到“赏一人而天下知所从，罚一人而天下知所避”。仁是法的结果，所以“至刑可为”。

②干禄：求禄位，求仕进。

③日月：每天每月。指任何时候。

④情伪：真诚与虚伪。这里偏指虚伪。

⑤轨疏：天明本眉批云：“‘疏’疑‘迹’。”轨迹，途径，路径。译文按“轨迹”。

⑥强：勉强。

【译文】

求禄位的人追求的是利益，其智慧虽然足够在当世取得成功，却不能每时每刻都做到不违背仁德。当他们运用智慧治理天下时，贤能的人也有不如他们的地方。圣人明白这个道理，所以宣导仁义来打开天下仕进之门，抑制狡诈虚伪来堵塞天下侥幸求利之门，随后用赏罚来辅助，奖赏足以使他们觉得荣耀，而惩罚足以使他们感到畏惧。有智慧的人知道荣耀和耻辱必然会伴随着自己善或恶的行为而来到，因此向善之心就产生了，而图谋不轨的奸邪念头就止息了。奖赏一个人，天下人都知道以他为榜样而跟从他；惩罚一个人，天下人都知道以他为教训而躲避他。明确所提倡的和所反对的，让百姓清楚明白，知道应该走什么样的路。因此贤能的人不忧虑，有智慧的人不恐惧，求官的人不奸邪。所以仁德的人恪守仁德，有智慧的人得益于仁德，害怕罪罚的人也会勉强履行仁德。天下人全都有仁德，这就是法律严明的结果。

死者人之所甚恶也，杀人者仁人之所不忍也。人之于利欲，有犯死罪而为之。先王制肉刑，断人之体，彻膳去乐，咨嗟而行之者[1]，不得已也。刑不断则不威，避亲贵则法日弊。如是，则奸不禁而犯罪者多。惠施一人之身，而伤天下生也。圣人计之于利害，故行之不疑。是故刑杀者，乃爱人之心也。涕泣而行之，故天下明其仁也；虽贵重不得免[2]，故天下知其断也。仁见故民不怨，立断下不犯，圣王之所以禁奸也。先王制为八议赦宥之差[3]，断之以三槐九棘之听[4]，服念五六日至于旬时[5]，全正义也，而后断之。仁心如此之厚，故至刑可为也。

【注释】

①咨嗟：叹息。

②贵重：指位高任重的大臣。

③八议：即八辟。周制规定八种人的犯罪须经特别审议，并可减免刑罚，包括议亲、议故、议贤、议能、议功、议贵、议勤、议宾。

④三槐：相传周朝宫廷外植有三棵槐树，三公上朝时，面对三槐而立，后因以三槐喻指三公。九棘：古代群臣外朝之位，树九棘为标识，以区分等级职位。后因以九棘为九卿的代称。《周礼·秋官·朝士》："朝士掌建邦外朝之法。左九棘，孤、卿、大夫位焉，群士在其后；右九棘，公、侯、伯、子、男位焉，群吏在其后。面三槐，三公位焉，州长、众庶在其后。"郑玄注："树棘以为位者，取其赤心而外刺，象以赤心三刺也。槐之言怀也，怀来人于此，欲与之谋。"

⑤服念：反复考虑。旬时：十天。

【译文】

死亡是人所厌恶的事，杀人是仁德的人不忍心做的事。但是人为了获得利益、满足欲望，有时即使犯死罪也要去做。先王制定肉刑，在伤残人的肢体时，会撤减膳食，不听音乐，叹息着去执行，是因为迫不得已。刑罚不果断就没有威慑力，避开亲戚权贵法律就会一天天败坏。像这样，就会无法禁止奸邪而使犯罪的人增多。恩惠施加在一个人身上，却伤害了天下生灵。圣人衡量其中的利害，所以施用刑罚毫不迟疑。因此用刑杀人，是爱人之心使然。流着眼泪施用刑罚，所以天下都明白他的仁德；即使位高权重者也不能免刑，所以天下人都知道他的果断。刑罚体现仁德，所以民众不怨恨，判罚果断，所以下面的人不会违法，这是圣王之所以能够抑制奸邪的原因。先王制定了“八议”之法，对亲、故、贤、能等八种人予以赦免宽宥，让三公九卿参与审议，反复考虑五六天甚至十天，符合道义了，然后才决断。仁爱之心如此淳厚，所以即使是重刑也可以执行。

抱朴子

葛洪

【题解】

《抱朴子》，东晋葛洪著。“抱朴”一词出自《老子·十九章》：“见素抱朴，少私寡欲。”“见素抱朴”，是说行为单纯、内心淳朴，葛洪恰恰具备道家提倡的这一淳朴品格，因此被乡人称为“抱朴之士”。于是他以“抱朴子”自号，并作为书名。

《抱朴子》包括《外篇》五十卷，《内篇》二十卷。葛洪在《外篇·自叙》中说：“其《内篇》言神仙方药、鬼怪变化、养生延年、禳邪却祸之事，属道家。其《外篇》言人间得失、世事臧否，属儒家。”《内篇》是魏晋时神仙道教的代表作，是集魏晋道教理论、方术之大成的重要典籍。《外篇》言人事，谈治国安民，人生处世，托古刺今，讥评世俗。其言以儒家为宗，兼采道家、法家等思想，以至《隋书·经籍志》《新唐书·艺文志》等都把《外篇》归入杂家。《四库提要》谓其“词旨辨博，饶有名理”，鲁迅赞其“论及晋末社会状态”。《晋书·葛洪传》载，《内篇》《外篇》原共有一百一十六篇。今本仅存七十余篇，已非完帙，亡佚四十余篇。故严可均在《铁桥漫稿·代继莲龛为抱朴子叙》中说：“今本仅《内篇》之十五六，《外篇》之十三四耳。”

葛洪，字稚川，丹阳句容（今江苏句容）人。三国方士葛玄侄孙。洪十三岁丧父，家道中落。十六岁起，始读儒书，并旁涉诸史、百家言。尤好神仙导养之法，从葛玄弟子郑隐学炼丹术，又师事南海太守鲍靓，靓以女妻洪（道书称鲍姑）。晋太安二年（303），义军都督顾祕任葛洪为将兵都尉，破石冰有功，迁伏波将军。事平，弃戈释甲，仍事丹道。后重返故里，隐居不仕。司马睿任丞相，因洪曾有战功，赐爵关内侯。咸和初，司徒王导召补州主簿，转司徒掾，后迁谘议参军，干宝又荐为散骑常侍，领大著作之职，洪固辞不就。闻交趾出产丹砂，为就近炼丹，求为勾漏（今广西北流）令。南行至广州，为刺史邓岳所留，遂止于罗浮山中。在山积年，优游闲养，炼制丹药，著述不辍。某日，端坐日中，安然如睡而卒。葛洪著述甚多，除《抱朴子》外，还有《神仙传》《隐逸传》《金匮药方》《肘后备急方》等。

《群书治要》节录的内容均属于《外篇》，计有《酒诫》《疾谬》《刺骄》《博喻》《广譬》五篇，主要谈为政者修身对治国的影响，以及批评当时一些不良的社会风气。《酒诫》是对饮酒的告诫，生动描绘了纵酒的各种场景，并警告统治者沉溺于酒会殒身亡国。《疾谬》是痛恨错谬丑恶，痛斥了衰乱世道下人们互相嘲讽戏谑的丑恶风俗。《刺骄》是讽刺骄傲，对当时人们骄傲放纵的风气进行描述与批判。《博喻》《广譬》两篇意旨相似，指广泛运用比喻、譬喻来说明道理，比喻精彩，发人深思，主要包括政治对民众的影响、君主用人之道等内容。这些对李唐王朝统治者修养自身、为政治国都有一定的借鉴意义。

酒诫[①]

抱朴子曰：目之所好，不可从也；耳之所乐，不可不慎也；鼻之所喜，不可任也；口之所嗜，不可随也；心之所欲，不可恣也。故惑目者，必逸容鲜藻也[②]；惑耳者，必妍音淫声也[③]；惑鼻者，必芷蕙芬馥也[④]；惑口者，必珍羞嘉旨也[⑤]；惑心者，必势利功名也[⑥]。五者毕惑，则或承之祸为身患者，不亦信哉！

是以其抑情也，剧乎堤防之备决[⑦]；其御性也，过乎腐辔之乘奔[⑧]。故能内保永年[⑨]，外免衅累也[⑩]。

【注释】

①酒诫：对饮酒的告诫。节录部分描绘了纵酒的各种癫狂场景，并警告统治者沉溺于酒会殒身亡国。

②逸容：美貌。鲜藻：华丽的装饰。

③妍音：靡丽之音。淫声：淫邪的乐声。古代以雅乐为正声，以俗乐为淫声。

④芷蕙：白芷和蕙兰，两种香草。芬馥：香气浓郁。

⑤珍羞：珍美的肴馔。嘉旨：指美酒佳肴。

⑥势利：权势和钱财。

⑦备决：防备决口。

⑧腐辔：腐烂的马缰绳。

⑨永年：长寿。

⑩衅（xìn）累：指祸患或事端的牵连。衅，同“衅”。

【译文】

抱朴子说：眼睛所喜好的，不可以依从；耳朵所乐意的，不可以不谨慎；鼻子所喜欢的，不可以放任；口中所嗜好的，不可以追随；心中想要的，不可以放纵。所以迷惑眼睛的，必然是美丽的容貌和华丽的装饰；迷惑耳朵的，必然是靡丽之音与淫邪之乐；迷惑鼻子的，必然是香花香草浓郁的香气；迷惑口舌的，必然是珍美的佳肴和醇美的酒；迷惑内心的，必然是权势钱财与功业名声。如果同时被这五个方面迷惑，那么也许就会遭受灾祸，使自身遭殃了，不是确实如此吗！

因此聪明人抑制情欲，小心得超过了防止堤坝决口；控制性情，小心得超过了用朽烂的缰绳驾驭奔马。所以才能够内保长寿，外免灾祸。

夫酒醴之近味[①]，生病之毒物，无豪锋之细益[②]，有丘山之巨损。君子以之败德，小人以之速罪。耽之惑之，鲜不及祸。世之士人，亦知其然，既莫能绝，又不肯节，纵口心之近欲，轻召灾之根原，似热肠之恣冷[③]，虽适己而身危。小大乱丧，亦罔非酒。

然而俗人是酣是湎[④]：其初筵也，抑抑济济[⑤]，言希容整，咏《湛露》之"厌厌"[⑥]，歌"在镐"之"恺乐"[⑦]，举"万寿"之觞[⑧]，诵"温克"之义[⑨]。日未移晷[⑩]，体轻耳热，流离海螺之器并用[⑪]，满酌罚余之令遂急[⑫]，醉而不出，拔辖投井[⑬]。

【注释】

①酒醴：泛指酒。醴，甜酒。近味：指能够马上带来享受的美味。

②豪锋：毫毛的尖端。极言微小。豪，通"毫"。

③肠：今本《抱朴子外篇》作"渴"。译文按"渴"。

④酣：酒喝得畅快。湎：沉迷于酒。

⑤抑抑：审慎谦谨的样子。济济：整齐美好的样子。

⑥咏《湛露》之"厌厌"：见《诗经·小雅·湛露》："湛湛露斯，匪阳不晞。厌厌夜饮，不醉无归。"厌厌，安静的样子。一说指和乐的样子。

⑦歌"在镐"之"恺乐"：见《诗经·小雅·鱼藻》："王在在镐，岂乐饮酒。"在镐，在镐京。镐，西周国都，在今陕西西安西南。恺乐，欢乐的样子。

⑧举"万寿"之觞：见《诗经·豳风·七月》："称彼兕觥，万寿无

疆。”觞,古代酒器。

⑨诵“温克”之义:见《诗经·小雅·小宛》:“人之齐圣,饮酒温克。”温克,指醉酒后能温雅自持。

⑩日未移晷(guǐ):阳光在日晷上的投影还没有移动。形容很短的时间。晷,按照日影测定时刻的仪器。

⑪流离:即琉璃,一种有色半透明的玉石。

⑫令:酒令。

⑬拔辖投井:拔下车辖扔到井里。指殷勤留客饮酒。《汉书·游侠传》:“(陈)遵耆酒,每大饮,宾客满堂,辄关门,取客车辖投井中,虽有急,终不得去。”辖,车轴两端的键,可以挡住轮子使不脱落。

【译文】

酒这种能马上给人以享受的美味,却是致病的毒药,对人没有一丝一毫的好处,却有山一样巨大的损失。君子因此败坏德行,小人因此招致罪祸。沉溺迷惑于酒,很少有不遭受灾祸的。世上的人,也知道情况如此,但既不能断绝,又不肯节制,放纵嘴巴和内心去满足这眼前的欲望,而轻视招来灾祸的根源,就像天热口渴了想随意喝冷水,虽然自己舒服但对身体有危害。大大小小的动乱丧亡,也无非是酒所引起的。

但是世俗之人却酣饮着酒,沉迷于酒:在宴会刚开始时,宾客们态度谦恭而庄重,言语稀少而仪容整洁,咏唱《湛露》诗中的“夜饮很安静”,歌唱《鱼藻》诗中的“周王在镐京饮酒欢乐”,举起祝福“万寿无疆”的酒杯,吟诵“醉酒后也能温雅自持”的诗句。可是日影还没有移动,喝酒就喝得身体轻了耳朵也热了,琉璃、海螺做的酒具全都用上了,满杯饮酒、剩余要罚的行酒令于是急迫起来,客人喝醉了也不愿意离开,主人为了留住客人,拔下车辖扔到井里。

于是口涌鼻溢,濡首及乱[①],屡舞仙仙[②],舍其座迁。载号载呶[③],如沸如羹[④]。或争辞尚胜,或哑哑独笑[⑤],或无对而谈，或呕吐机筵[⑥]，或颠蹶梁倡[⑦]，或冠脱带解。贞良者流华督之顾盼[⑧]，怯懦者效庆忌之蕃捷[⑨]，迟重者蓬转而波扰[⑩]，整肃者鹿踊而鱼跃。口讷于寒暑者[⑪]，皆抚掌以谐声；谦卑而不竞者，悉裨瞻以高交[⑫]。廉耻之仪毁，而荒错之疢发[⑬]；阘茸之性露[⑭]，而傲狠之态出[⑮]。

【注释】

①濡（rú）首：指酒和呕吐物沾湿了头。谓沉湎于酒而失态。语出《周易·未济卦》："上九，有孚于饮酒，无咎。濡其首，有孚失是。象曰：'饮酒濡首，亦不知节也。'"濡，沾湿。

②仙仙：轻盈、轻举的样子。

③呶（náo）：喧哗，喧嚣叫嚷。

④沸：烧开的水。

⑤哑哑：笑声。

⑥机筵：几案和座席。机，通"几"。

⑦颠蹶（jué）：颠倒失次。梁倡：同"梁昌""良倡"，踉跄，行走不稳的样子。

⑧华督：即华父督。春秋时宋国太宰，宋戴公孙。《左传·桓公元年》："宋华父督见孔父之妻于路，目逆而送之，曰：'美而艳。'"

⑨庆忌：春秋末吴国人。吴王僚子。自幼习武，力量过人，勇猛无畏。《吴越春秋·阖闾内传》言其"走追奔兽，手接飞鸟，骨腾肉飞，拊膝数百里"。蕃捷：多力而敏捷。蕃，多。

⑩迟重：谨慎稳重，不浮躁。蓬转：像蓬草一样随风飞转。

⑪寒暑：寒暄。

⑫裨瞻：应作"裨胆"。增添了胆量。参杨明照《抱朴子外篇校笺》。高交：与地位高的人交往。

⑬疢（chèn）：疾病。

⑭阘（tà）茸：指人品卑劣庸碌无能。

⑮傲狠：倨傲狠戾。

【译文】

于是喝得从口鼻中一起向外呕吐，酒和呕吐物沾湿了头混乱不堪，手舞足蹈十分轻盈，离开座位走到别处。又是嚎叫又是喧嚷，像煮开的水和羹汤一样沸腾。有的言辞辩论争胜负，有的独自一人笑哈哈，有的自言自语，有的吐在几案座席上，有的跌跌撞撞要摔跤，有的掉了帽子衣带解开。这时原本忠良的人会像华督一样左顾右盼，懦弱的人会像庆忌那样强悍敏捷，谨慎稳重的人会像蓬草一样转来转去，像波浪一样不能安宁，严肃端庄的人会像鹿一样蹦，像鱼一样跳。平时连寒暄的话都不善于讲的人，也鼓掌打拍子声韵和谐地唱着歌；平时谦卑从不与人争的人，都增添了胆量跟地位高的人结交。廉耻的礼仪毁弃，而荒唐错乱的疾病发作；庸碌卑劣的本性暴露，倨傲狠戾的丑态出现。

精浊神乱，臧否颠倒[①]。或奔车走马，赴坑谷而不惮，以九折之坂为蚁封也[②]；或登危蹋颓[③]，虽堕坠而不觉，以吕梁之渊为牛迹也[④]。或肆忿于器物[⑤]，或酌菑于妻子[⑥]。加枉酷于臣仆[⑦]，用剡锋乎六畜[⑧]；炽火烈于室庐，迁威怒于路人，加暴害于士友。亵严主以夷戮者有矣[⑨]，犯凶人而受困者有矣。

【注释】

①臧否：好坏，善恶。

②九折之坂：地名，即九折阪，在今四川邛崃山，这里的山路曲折险峻，须曲折盘旋而上。蚁封：即蚁垤、蚁冢，蚂蚁做窝时堆积在洞口周

匝的浮土。

③登危：登高。蹋：踏。颓：崩溃，坍塌。

④吕梁之渊：水名，也称吕梁洪，在今江苏徐州东南。有上下二洪，相去七里，巨石齿列，波流汹涌。牛迹：牛蹄踏出的小水坑。

⑤肆忿：指滥发脾气。

⑥酌蓄（yòng）：应作“酗蓄”。酒醉狂乱。

⑦枉酷：指滥加的酷刑。

⑧剡（yǎn）锋：锐利的锋刃。

⑨夷戮：杀戮。

【译文】

精神混浊错乱，是非好坏颠倒。有的驾车奔驰骑马快跑，冲向沟壑山谷也不惧怕，把九折坂当作蚂蚁窝周围的浮土；有的登到高处或走到将要坍塌的地方，即使掉落下来也未察觉，把吕梁洪当做牛蹄印。有的滥发脾气砸东西，有的对老婆孩子耍酒疯。有的对奴仆滥加酷刑，有的用锐利的刀刃伤害禽畜；有的在居室里燃起熊熊烈火，有的迁暴怒于过路之人，有的严重地伤害士人朋友。亵渎了严厉的君主而惹下杀身之祸的有，冒犯凶恶之人而遭受困窘的也有。

言虽尚辞，烦而叛理；拜伏徒多，劳而非敬。臣子失礼于君亲之前[①]，幼贱悖慢于老宿之座[②]。谓清谈为诋詈[③]，以忠告为侵己。于是白刃抽而忘思难之虑，棒杖奋而罔顾乎先后。构洒血之仇，招大辟之祸[④]。

【注释】

①君亲：指君主。

②老宿：年老资深德高望重的人。

③诋詈（lì）：毁谤詈骂。

④大辟：指死刑。

【译文】

言语虽然注重遣词造句，但是太啰嗦而背离了正理；有很多的跪拜礼节，但也只是徒劳而不是尊敬。臣子在君主面前失了礼，年幼卑贱的人在德高望重的老人座位前傲慢不敬。把清雅的谈论当作毁谤詈骂，把忠告看成是侵犯自己。于是抽出锋利的刀刃而忘记去想将会造成的灾难，挥起了棍棒而不顾及前因后果。结下流血的仇怨，招致杀头的祸患。

以少凌长，则邦党加重责矣①；辱人父兄，则子弟将推刃矣②；发人所讳，则壮士不能堪矣；计数深刻③，则醒者不能恕矣。起众患于须臾，结百痾于膏肓④。奔驷不能追既往之悔⑤，思改而无自反之蹊⑥。盖知者所深防，而庸人所不免也。其为祸败，不可胜载。

【注释】

①邦党：乡党，同乡。

②推刃：指用刀剑刺杀或复仇。

③计数：算计。深刻：苛刻。

④百痾（kē）：各种疾病。比喻各种宿怨。痾，疾病。膏肓：古代医学以心尖脂肪为膏，心脏与膈膜之间为肓。据说此处针药不及。后遂用以称病之难治者。本句比喻仇恨极深而无法化解。

⑤驷：拉一辆车的四匹马。

⑥蹊（xī）：小路。

【译文】

以年少欺凌尊长，那么乡里就会加重责罚；侮辱人家父兄，那么人家的子弟就会拿着刀来报仇;揭发别人忌讳的事,连心胸宽广的壮士都不能忍受;算计过分精明,即使没有醉酒的清醒人也不能宽恕。在片刻之间引起众多祸患,与人结下难以化解的仇怨。即使飞奔的马也不能追回过往的后悔事,想要改过却找不到返回的道路。这大概是聪明人所深深防备,而平庸的人所不能幸免的。饮酒所引起的灾祸与失败,多得无法记载。

然而欢集莫之或释,举白盈耳①,不论能否。料沥霤于小余②,以稽迟为轻己③。倾筐注于所敬④,殷勤变而成薄⑤。劝之不持,督之不尽,恶色丑音,所由而发也。

【注释】

①举白:指罚酒。白,大白,用以罚酒的杯子。

②沥霤(liù):本指屋檐滴下的雨水。这里指杯中没有喝干的点滴残酒。

③稽迟:拖延,耽误。

④倾筐:倾其所有。

⑤殷勤:指情意恳切深厚。

【译文】

但是欢聚宴饮的事,没有人会放弃,举杯罚酒的声音不绝于耳,不管能不能喝。计较对方酒杯中的几滴残酒,把喝慢了当做是轻慢自己。把所有的酒都倒给所尊敬的人,恳切深厚的情意反而变得轻薄。劝酒而没有举杯,监督催促而没有喝完,丑恶的脸色与声音,就由此出现了。

夫风经府藏①,使人忽恍②,或遇斯疾,莫不忧惧,吞苦忍痛,欲其速愈。至于醉之病性,何异于兹?而独居密以逃风，不能割情以节酒。若畏酒如畏风，憎醉如憎病，则荒沉之咎塞[3]，而流连之失止矣[4]。夫风之为病，犹展攻治；酒之为变，在乎呼噏[5]。及其闷乱，若存若亡，视泰山如弹丸，见苍海如盘盂[6]，仰哗天堕，俯呼地陷，卧待虎狼，投井赴火而不谓恶也。夫用身之如此，亦安能惜敬恭之礼，护喜怒之失哉！

【注释】

①风：风邪。中医学名词。府藏：腑脏。五脏六腑的总称。

②忽恍：恍惚，迷迷糊糊。

③荒沉：沉湎。

④流连：伤心流泪的样子。

⑤呼噏（xī）：即呼吸。呼吸之间，形容时间极短。噏，同“吸”。

⑥盂：盛汤浆或饭食的圆口器皿。

【译文】

风邪流经脏腑，让人精神恍惚，如果遇到这种疾病，没有谁不忧虑惧怕，吞下苦药忍受着疼痛，想要让病早点痊愈。至于醉酒对人体的伤害，跟这又有什么不同呢？独自居住于密室以躲避风邪，却不能割舍欲望节制饮酒。如果畏惧喝酒就像畏惧风邪，憎恶喝醉就像憎恶疾病，那么沉湎于酒的过错就杜绝了，而让人痛哭流涕的过失也就可以制止了。风邪致病，尚且要进行医治；酒引起的变故，往往就发生在顷刻之间。等到醉得气闷烦乱，一副半死不活的样子，看泰山如同弹丸，看大海就像盘盂，仰天叫嚷天坠落，伏地呼喊地塌陷，躺着等待虎狼到来，跳井奔火也不认为凶险。对自己身体尚且这样，又哪里能够注重恭敬待人的礼仪，防止喜怒不当造成的过失呢！

昔仪狄既疏[1]，大禹以兴；糟丘酒池[2]，辛、癸以亡[3]。丰侯得罪[4]，以戴樽衔杯[5]。景升荒坏[6]，以三雅之爵[7]。赵武之失众[8]，子反之诛戮[9]，灌夫之灭族[10]，季布之疏斥[11]，子建之免退[12]，徐邈之禁言[13]，皆是物也。世人之好之乐之者甚多，而戒之畏之者至少。彼众我寡，良箴安施[14]？且愿君子节之而已。

【注释】

①仪狄：传说为夏禹时善酿酒者。作酒甚美，禹饮而甘之，遂疏仪狄，绝美酒，并言后世必有以酒亡其国者。

②糟丘：积糟成丘。极言酿酒之多，沉湎之甚。酒池：以酒为池。言酒之多。《文选·西征赋》注引《六韬》佚文："桀、纣王天下之时，积糟为阜，以酒为池。"

③辛：帝辛，即商纣。癸：即夏桀，名履癸。

④丰侯：传说中因喝酒而亡国的诸侯。乡射礼图其形于罚爵上，作为酒戒之用。

⑤樽：盛酒器。

⑥景升：指刘表，字景升，汉皇族远支，汉末群雄之一，曾任荆州牧。荒坏：因放纵而失败。

⑦三雅之爵：刘表的三种酒杯名。曹丕《典论》："刘表有酒爵三，大曰伯雅，次曰仲雅，小曰季雅。"

⑧赵武：即赵文子、赵孟，春秋时晋国贵族。《左传·昭公元年》记载，赵武曾在郑国痛饮，周天子派使者慰劳他，并劝其继承大禹之功而庇护百姓。赵武回答说："老夫罪戾是惧，焉能恤远？吾侪偷食，朝不谋夕，何其长也！"使者据此判断赵武"神怒民叛，何以能久"。

⑨子反：即公子侧，春秋时楚国司马。《韩非子·十过》记载，晋、楚鄢陵之战时，楚王召子反商议战事，子反因酒醉不能出见，楚军当

夜撤退，楚王斩子反。

⑩灌夫：字仲孺，西汉大臣。平定吴楚七国之乱时立有大功。与原丞相窦婴相善，互为依恃。后因酒后侮辱丞相田蚡，被劾为不敬，族诛。

⑪季布：西汉初年楚人。《史记·季布栾布列传》："季布为河东守，孝文时，人有言其贤者，孝文召，欲以为御史大夫。复有言其勇，使酒难近。至，留邸一月，见罢。"

⑫子建：指曹植，字子建，曹操与卞氏所生第三子。才华出众，曹操多次欲立为嗣，然终因任性而行，饮酒不节，没有被立为继承人。

⑬徐邈：字景山，三国时魏国大臣。禁言：不敢说话。实际是不敢直接谈酒。《三国志·魏书·徐邈传》："时科禁酒，而邈私饮至于沉醉。校事赵达问以曹事，邈曰：'中圣人。'"当时醉客不敢直接谈酒，故称浊酒为"贤人"，清酒为"圣人"。

⑭良箴：有益的劝诫。箴，规劝，劝告。

【译文】

从前造酒的仪狄被疏远，大禹因此兴起；酒糟成山，酒液成池，商纣、夏桀因此灭亡。丰侯犯罪，是因为他头顶酒樽嘴叼酒杯酗酒无度。刘表因放纵而失败，是因为他的三雅酒杯。赵武失去众心，子反被诛杀，灌夫被灭族，季布被疏远排斥，曹植没有被立为继承人，徐邈不敢直接谈论酒，都是由于酒这个东西。世上喜好喝酒、乐意喝酒的人很多，而戒酒、怕酒的人很少。那些爱酒的人太多，而赞同我观点的人太少。彼众我寡，我的良好规劝又怎么能够推行呢？姑且希望君子能够有所节制罢了。

疾谬①

抱朴子曰：世故继有，礼教斯颓，敬让莫崇，傲慢成俗。俦类饮会②，或蹲或踞③；暑夏之月，露首袒体。盛务唯在樗蒲弹棋[4]，所论极于声色之间。举足不离绮襦纨袴之侧[5]，游步不去势利酒客之门[6]。不闻清言讲道之言[7]，专以丑辞嘲弄为先。以如此者为高远，以不尔者为骙野[8]。于是驰逐之庸民[9]，偶俗之近人[10]，慕之者犹宵虫之赴明烛，学之者犹轻毛之应飙风[11]。嘲戏之言，或上及祖考[12]，或下逮妇女。往者务其深焉[13]，报者恐不重焉[14]。唱之者不虑见答之后患[15]，和之者耻于言轻之不塞。以不应者为拙劣，以先止者为负败。如此，交恶之辞，焉得嘿哉[16]！

【注释】

①疾谬：痛恨错谬。节录部分痛斥当时人们互相嘲讽戏谑的丑恶风俗，认为这不仅会破坏人际关系，还会招来无妄之灾，提出了"三缄其口"的告诫。

②侪类：朋辈，同辈的人。

③踞：指箕踞，岔开两腿而坐，是一种轻慢的、不拘礼节的坐姿。

④樗（chū）蒲：古代一种类似掷色子的博戏。弹棋：古代棋类博戏之一。

⑤绮襦（rú）纨袴：指富贵之家或其子弟，含贬义。绮，有花纹的丝织品。襦，短衣，短袄。纨袴，纨绔，细绢制的裤，古代贵族子弟所服。

⑥游步：漫游，漫步。

⑦清言：高雅的言论。

⑧骙（ái）野：愚笨鄙陋。

⑨驰逐：为一定的目的而奔走。

⑩偶俗：谓迎合世俗。近人：才识短浅的人。

⑪飙风：狂风。

⑫祖考：祖先。

⑬往者：指先开骂的人。

⑭报者：指回骂的人。

⑮唱：带头，倡导。

⑯嘿（mò）：同“默”。这里指消失。

【译文】

抱朴子说：世间的变故接连不断，礼乐教化随之衰颓，恭敬礼让的精神无人看重，傲慢无礼渐成风俗。朋友间饮酒聚会，有人蹲着有人伸腿而坐；暑热时节，去掉帽子头巾露出脑袋，解开上衣袒露身体。当做大事的只有樗蒲和弹棋游戏，所谈论的全都是淫声女色之事。他们抬脚不离开富家子弟的身旁，漫游离不开权贵酒友的家门。听不到高雅的谈话与论道之言，专门把嘲笑戏弄的丑话放在前面。把有这些行为的人看成是思想境界高远，把不这样做的人看成是愚蠢粗野。于是追名逐利的平庸之人，迎合世俗的浅薄之徒，羡慕这些行为就像黑夜里虫子奔向明亮的灯烛，学习这些行为就像轻轻的羽毛随着狂风飞扬。嘲笑戏弄的言辞，有的向上骂到对方祖先，有的向下骂到妇女。先骂人的只求骂得重，回骂的只怕骂得不重。带头骂的不考虑被回骂的后患，应和的把骂得轻堵不上对方的嘴看作耻辱。认为不回应就是拙劣，把先停止不骂当成失败。如此，这些互相结仇的言辞，怎么能够消失呢！

其有才思者之为之也，犹善于依因机会[①]，言微理举[②]，雅而可笑，中而不伤。若夫疏拙者之为之也，则枉曲直凑[③]，使人愕然。妍之与蚩[④]，其于宜绝，岂唯无益而已哉！乃有使酒之客，及于难侵之性[⑤]，不能堪之，拂衣拔棘[⑥]，而手足相及。丑言加于所尊，欢心变而成仇。绝交坏厚[⑦]，构隙致祸。以栝螺相掷者有矣[⑧]，以阴私相讦者有矣。昔陈灵之被矢[⑨]，灌氏之泯族[⑩]，匪降自天，口实为之。枢机之发[⑪]，荣辱之主，三缄之戒[12]，岂欺我哉！

【注释】

①依因机会：指利用恰当的时机。依因，顺应。

②言微理举：言语含蓄而道理讲得透彻。

③枉曲：不合事实。直凑：指直接说出来。

④蚩：通"媸"，丑陋，丑恶。

⑤难侵之性：难以招惹的性格。

⑥棘：通"戟"，古代兵器。

⑦绝交坏厚：厚，今本《抱朴子外篇》作"身"。据上文，嘲弄辱骂会使关系好的人反目成仇，还会使双方打架，打架则伤害身体，因此"身"更恰当。译文按"身"。

⑧桮（bēi）螺：即螺杯，用螺壳雕制的酒杯。桮，同"杯"。

⑨陈灵：指陈灵公，春秋时陈国国君。与孔宁、仪行父皆私通于大夫御叔之妻夏姬。泄冶谏，被杀。三人饮酒，辱及夏姬子夏徵舒。徵舒怒，伏弩杀之。

⑩灌氏：指灌夫。泯族：灭族。

⑪枢机之发：比喻讲话是非常重要的事情。《周易·系辞上》："言行，君子之枢机。枢机之发，荣辱之主也。"枢，户枢，门轴。机，弩牙。枢、机都比喻事物的关键部分。

⑫三缄之戒：三缄其口的告诫。《孔子家语·观周》："孔子观周，遂入太祖后稷之庙，庙堂右阶之前，有金人焉，三缄其口，而铭其背曰：'古之慎言人也，戒之哉！'"缄，封，闭。

【译文】

那些有才思的人去做这事，尚且善于利用恰当的时机，言语含蓄而道理讲得十分透彻，用辞文雅而引人发笑，说中问题而又不伤害对方。至于粗疏拙劣的人去做这事，就不顾事实信口直言，让人感到吃惊。然而言辞无论是美是丑，都应该禁绝，这些嘲讽戏弄难道仅仅是没有益处而已吗！还有一些借酒使性的狂客，以及性格不能招惹的人，他们不能忍受这些，便撩起衣襟拔出武器，拳脚相加。难听的话辱及平时尊重的人，过去相处甚欢也会变成仇人。断绝了交往伤害了身体，造成矛盾招致灾祸。用螺壳雕制的酒杯互相扔来扔去的事情出现了，用隐私互相揭发攻击的事情出现了。从前陈灵公被箭射死，灌夫被灭族，并不是从天上降下灾祸，实在是因言语不当招致的。讲话是非常重要而关键的问题，是招致荣辱的主要原因，铜人的嘴巴贴上三道封条的告诫，难道是哄骗我们的吗？

激电不能追既往之失辞①，班输不能磨斯言之既玷②。虽不能三思而吐情谈，犹可息谑调以杜祸萌也③。然而迷谬者无自见之明，触情者讳逆耳之规。恢美而无直亮之针艾④，群惑而无指南以自反。谄媚小人，欢笑以赞善；面从之徒，拊节以称功⑤。益使惑者不觉其非，自谓有端、晏之捷⑥，过人之辨⑦，而不寤斯乃招患之旌、召害之符也。岂徒减其方策之令问⑧，亏其没世之德音而已哉⑨！

【注释】

①激电：闪电。失辞：失当的言辞。

②班输：春秋时鲁国的巧匠公输班。玷：白玉上的斑点。亦喻过失、瑕疵。

③谑调：戏笑的口吻。

④恢：应作“疢”，指疾病。参《抱朴子外篇校笺》。直亮：正直信实。这里指正确而有效。针艾：中医治病的方法。针，用针刺经络或穴位。艾，用艾炷薰灸穴位。

⑤拊（fǔ）节：击节。节，一种古乐器，用竹编成，击之成声。

⑥端：端木赐，即子贡。晏：晏子。

⑦辨：通“辩”。

⑧方策：简册，典籍。后亦指史册。令问：令闻，美好的声名。

⑨没世：死。德音：好的声誉。

【译文】

即使快如闪电也无法追回以前说出的失当的言辞，即使是公输班也磨不掉这言辞上的瑕疵。虽然不能再三思考讲出情感真挚的话，但还是可以不用戏谑调笑的口吻来防止祸患的萌生。但是那些被谬误之言所迷惑的人没有自知之明，容易感情用事的人忌讳听到逆耳的规劝。把疾病视作美好的事就不可能得到正确有效的治疗，大家都迷惑了就不可能有人指明方向让他们返回正途。逢迎拍马的小人，总是欢笑着赞扬优点；当面顺从的那群家伙，敲击竹节来称颂功劳。这就更让迷惑的人觉不出自己的错误，却认为自己有子贡、晏子的敏捷思维，有超过别人的口才，而没有觉悟到这些行为就是招来祸患的大旗、引来伤害的令符。这些行为难道仅仅是减损了他们在史册中的美名，损害了他们去世后的声望吗！

然敢为此者，非必笃顽也，率多冠盖之后①，势援之门②，素颇力行善事，以窃虚名。名既粗立，本性便放。或假财色以交权豪，或因时运以叨荣位③，或以婚姻而成贵戚，故弄毁誉以合威柄。器盈志溢④，态发病出，党成交广，道通步高。清论所不能复制⑤，绳墨所不能复弹⑥，遂成鹰头之蝇⑦，庙垣之鼠⑧。所未及者，则低眉扫地以奉望之；其下者，作威作福以鞚御之⑨。故胜己者则不得闻，闻亦阳不知也。减己者则不敢言，言亦不能禁也。

【注释】

①冠盖：古代官员的帽子和车盖。借指达官贵人，官宦之家。

②势援：有权势作为后盾。

③叨（tāo）：获取，窃取。

④器盈：原谓酒量小，后指器局狭小，容易自满。

⑤清论：公正的评论。

⑥绳墨：木工画直线用的工具。比喻规矩法度。弹：弹压，约束。

⑦鹰头之蝇：鹰头上的苍蝇。比喻倚仗权势擅自作威作福的小人。

⑧庙垣之鼠：宗庙墙壁中的老鼠。宗庙是神圣的地方，人们不敢挖掘，所以老鼠藏身于此。后比喻帝王身边得势的小人。

⑨鞚（kòng）御：控制，驾驭。

【译文】

但是敢于这么做的人，不一定就是非常顽固的人，大多是官宦人家的后代，有势力作为后台的家庭，平素很努力地做善事，来窃取虚名。名声大致树立后，便本性毕露。有的利用美色钱财结交权贵豪门，有的凭着时运窃取令名尊位，有的用婚姻手段和权贵结为亲戚，故意操弄毁谤与赞誉来迎合掌权之人。于是志得意满，各种毛病缺点全都显现出来，他们结党营私交往广泛，仕途通畅步步高升。公正的舆论再也不能约束他们，规矩法度也不能再控制他们，他们于是成为老鹰头上的苍蝇，宗庙墙壁中的老鼠了。对那些权势大于自己的人，他们就会脑袋低得眉毛几乎扫在地面地去侍奉尊敬；对那些不如自己的人，他们就作威作福地加以控制驾驭。所以他们无法知道那些德才超过自己的人，知道了也假装不知道。那些地位不如他们的人则不敢说话，说了也约束不了他们。

刺骄[①]

盖劳谦虚己[②]，则附之者众；骄慢倨傲，则去之者多矣。

附之者众，则安之征也；去之者多，则危之诊也[③]。存亡之机，于是乎在。轻而为之，不亦蔽哉！自尊重之道，乃在乎以贵下贱，卑以自牧也[④]。非此之谓也，乃衰薄之弊俗，膏肓之废疾[⑤]，安共为之，可悲者也。不修善事，即为恶人。无事于大，则为小人。纣为无道，见称独夫[⑥]；仲尼陪臣[⑦]，谓为素王[⑧]。即君子不在乎富贵矣。今为犯礼之行，而不喜闻"遄死"之讥[⑨]，是负豕而憎人说其臭[⑩]，投泥而讳人言其污也。夫节士不能使人敬之，而志不可夺也；不能使人不憎之，而道不可屈也；不能令人不辱之，而荣在我也；不能令人不摈之，而操之不可改也。故分定计决，劝沮不能干[⑪]；乐天知命[⑫]，忧惧不能入。困瘁而益坚[⑬]，穷否而不悔[⑭]。诚能用心如此者，亦安肯草靡萍浮[⑮]，效礼之所弃者之所为哉？

【注释】

①刺骄：讽刺骄傲。节录部分对当时人们骄傲的风气进行了批判，认为谦恭与傲慢是关乎人生死存亡的大问题，还特别忠告那些身处高位的人要注意谦恭。

②劳谦：勤劳谦恭。虚己：虚心。

③诊：症状。

④自牧：自我约束。

⑤废疾：指有残疾而不能做事。这里指无法医治的顽疾。

⑥独夫：残暴无道、众叛亲离的统治者。

⑦陪臣：古代天子以诸侯为臣，诸侯以大夫为臣，大夫又自有家臣。大夫对于天子、大夫之家臣对于诸侯，都是隔了一层的臣，称为陪臣。孔子是鲁国大夫，所以是周天子的陪臣。

⑧素王：指具有帝王之德而未居帝王之位者。《论衡·定贤》："孔子不王，素王之业在《春秋》。"

⑨遄（chuán）死：速死。《诗经·鄘风·相鼠》："人而无礼，胡不遄死？"

⑩豕：猪。

⑪沮：阻挠。

⑫乐天知命：指安于自己的处境，听从命运的安排。《周易·系辞上》："乐天知命，故不忧。"

⑬困瘁：困顿劳苦。

⑭穷否：困厄，不亨通。

⑮草靡：草顺风倒伏。

【译文】

一个人勤劳谦恭虚心待人，依附他的人就多了；骄傲轻慢待人无礼，离开他的人就多了。依附的人多，就是平安的征兆；离开的人多，就是危险的症状。存亡的关键，就在这里。轻率地倨傲无礼，不也太糊涂了吗！真正自我尊重的方法，是以尊贵的身份谦卑地对待地位低贱的人，用谦卑的原则进行自我约束。如果说不是这样，那就是衰败浇薄的鄙陋风俗，是病入膏肓的顽疾，而人们却都很安心地做这种事情，真是可悲啊。不行善事，就是恶人。不做大事，就是小人。商纣不行正道，被称为独夫；孔子是周天子的陪臣，却被称为素王。也就是说能否成为君子不在于是否富贵。如今人们做出违犯礼制的行为，却不乐意听到"为什么不快点死掉"的讥刺，这就像背着一头猪却憎恶别人说臭，跳进污泥里却忌讳他人说脏一样。有节操的人不能让别人都尊敬自己，但是他的志向不可被夺走；不能让别人不憎恶自己，但是他所遵循的正道不可被屈抑；不能让别人不侮辱自己，但是能够保持自己的荣耀；不能让别人不排斥自己，但节操是不可改变的。所以一旦认准了原则下定了决心，劝说阻挠都不能干扰；乐于接受天命的安排，忧虑恐惧都不能进入心中。困顿劳苦却更加坚定，困厄艰难也绝不后悔。真能具备这样的坚定信念，又怎么会像草一样随风倒下，像浮萍一样随水漂浮，去效法抛弃礼法之人的所作所为呢！

俗之伤破人伦，剧于寇贼之来，不能经久，其所损坏，一时而已。若夫贵门子孙及在位之士，不惜典刑，而皆科头袒体[①]，踞见宾客[②]，毁辱天官[③]，又移染庸民[④]。后生晚出，见彼或已经清资[⑤]，或叨窃虚名[⑥]，而躬自为之，则凡夫便谓立身当世，莫此之为美也。夫守礼防者苦且难[⑦]，而其人多穷贱焉；恣骄放者乐且易，而为者皆速达焉。于是俗人莫不委此而就彼矣。世间或有少无清白之操业，长以买官而富贵，或亦其所知足以自饰也，其党与足以相引也[⑧]。而无行之子，便指以为证，曰："彼纵情恣欲，而不妨其赫奕矣[⑨]；此整身履道，而不免于贫贱矣。"而不知荣显者有幸，而顿沦者不遇[⑩]，皆不由其行也！

【注释】

①科头：谓不戴冠帽，裸露头髻。

②踞见：指以傲慢无礼的坐姿会见宾客。坐时两脚底和臀部着地，两膝上耸。

③天官：古人认为百官是代天行事，故称"天官"。这里指官职、官位。

④移染：改变，影响。

⑤清资：魏晋至唐时多由士族担任的清贵官职。

⑥叨窃：窃取。

⑦礼防：指礼法。礼法禁乱，就像堤防堵住水流，故称。

⑧党与：同党之人。

⑨赫奕：显赫的样子。

⑩顿沦：困顿沉沦。

【译文】

坏风气对于人伦关系的破坏程度，比强盗入侵还要严重，因为强盗不能长期居住下来，他们的损害，只是一时罢了。至于权贵人家的子孙以及当官的人，不顾及礼法制度，都不戴冠帽露出发髻、裸露着身体，伸腿踞坐会见宾客，这样既辱没了自己的官位，又影响了平民百姓。那些晚辈后生，看见这些人有的已获得清贵官职，有的已窃取了虚名，于是自己也这样做，于是常人也都认为立身处世，没有比这些行为更美好的。坚守礼法的人困苦艰难，而且他们多数穷困卑贱；恣意骄傲放纵的人快乐而又容易，而他们都迅速发达了。于是世俗之人没有谁不放弃守礼而去做违背礼法的事了。世间或许有年少时就没有清白的节操，长大后通过买官而获得富贵的人，或许他们所知道的东西足够用来自我掩饰，他们的同党也足以荐举提拔他们。而那些品行不端的人，就拿这些作为证据，说："那些人肆意放纵情欲，却不妨碍他们显赫；这些人修养自身遵循正道，却不免于贫贱。"但他们却不知道荣华显贵的人如此幸运，困顿沉沦的人没能遇到好的时机，都不是由他们的品行决定的啊！

博喻①

抱朴子曰：民财匮矣，而求不已；下力极矣，而役不休。欲怨叹之不生，规其宁之惟永，犹断根以续枝，剜背以裨腹②，刻目以广明，割耳以开聪也。

抱朴子曰：法无一定，而慕权宜之随时；功不倍前，而好屡变以偶俗。犹刳高马以适卑车③，削跗踝以就褊履④，断长剑以赴短鞞[⑤]，剖尺璧以纳促匣也[⑥]。

抱朴子曰：禁令不明，而严刑以静乱[⑦]；庙筭不精[⑧]，而穷兵以侵邻。犹钐禾以讨蝗虫[⑨]，伐木以杀蛣蝎[⑩]，减食以中蚤虱，撤舍以逐雀鼠也。

【注释】

①博喻：广泛运用比喻。节录部分主要谈论民财民力、法令制度等问题，篇幅虽短，但比喻精彩，发人深思。

②裨：增补，增益。

③刬（tuán）：割断，截断。

④跗（fū）：脚背。褊（biǎn）：狭小。

⑤鞞（bǐng）：剑鞘。

⑥尺璧：直径一尺的玉璧，言其珍贵。促匣：小的匣子。促，狭小。

⑦静乱：平定变乱，使安定宁静。

⑧庙筭（suàn）：朝廷或帝王对战事进行的谋划。筭，同“算”。

⑨钐（shàn）：一种长柄的大镰刀，又叫钐刀。这里用如动词，用钐刀去割。

⑩蛣蝎（hé）：蛣，天明本眉批云：“‘蛣’作‘蠹’。”蠹蝎，指木中的蠹虫。译文按“蠹蝎”。

【译文】

抱朴子说：民众财富已经匮乏了，却搜刮不止；民力已经用到极限了，劳役却没有休止。想要民众不产生怨恨叹息，希望他们永远安宁，就像截断树根接到枝条上，剜出脊背上的肉填补到腹部，刻削眼睛来增强视力，割开耳朵来提高听力一样。

抱朴子说：没有确定的法律，却一味地追求随机应变的权宜之计；功劳没有加倍超过以前，却喜欢不断变化来迎合世俗。就像截断高大马匹的腿来适应低矮的马车，削掉脚背和踝骨来迁就小鞋，折断长剑好插进短鞘，剖开直径一尺的玉璧收纳进小的匣子一样。

抱朴子说：法令不明确，就用严酷的刑罚来平定变乱；朝廷对战争的谋划不精准，就滥用武力入侵邻国。就像用钐刀割掉庄稼来治理蝗虫，砍伐树木来杀死蠹虫，少吃东西来去除跳蚤、虱子，拆掉房子来驱逐鸟雀、老鼠。

广譬[①]

抱朴子曰：三辰蔽于天[②]，则清景暗于地[③]；根茇蹶于此[④]，则柯条瘁于彼[⑤]。道失于近，则祸及于远；政缪于上[⑥]，而民困于下。

抱朴子曰：贵远而贱近者，常人之用情也；信耳而疑目者，古今之所患也。是以秦王叹息于韩非之书[⑦]，而想其为人；汉武慷慨于相如之文[⑧]，而恨不同世。及既得之，终不能拔，或纳谗而诛之[⑨]，或放之乎冗散[⑩]。此盖叶公之好伪形[⑪]，见真龙而失色也。

【注释】

①广譬：广泛地运用譬喻。节录部分说明错误的政令会直接使民众困窘，以及用人不能叶公好龙。

②三辰：指日、月、星。

③清景：清光，清亮的光辉。

④根茇（bá）：植物的根部。茇，草木的根。

⑤柯条：枝条。柯，草木的枝茎。

⑥缪：错误，乖谬。

⑦秦王：指秦王嬴政。秦始皇统一六国前的称号。

⑧相如：司马相如，字长卿，蜀郡成都（今四川成都）人。西汉辞赋家。代表作品有《子虚赋》《上林赋》等，词藻富丽，结构宏大。

⑨纳谗而诛之：指秦王嬴政听信姚贾、李斯等人谗言，将韩非下狱，韩非最终自杀。

⑩冗散：闲散的官职。

⑪叶公：名诸梁，字子高，春秋末期楚国人。因被封于叶邑，故称叶公。《新序·杂事五》："叶公子高好龙，钩以写龙，凿以写龙，屋室雕文以写龙。于是夫龙闻而下之，窥头于牖，拖尾于堂。叶公见之，弃而还走，失其魂魄，五色无主。是叶公非好龙也，好夫似龙而非龙者也。"

【译文】

抱朴子说：日、月、星在天上被遮蔽，本来明亮的光辉就在地上显得暗淡；植物的根部在这里损伤，枝条就会在那里枯萎生病。现在的行为违背了大道，灾祸就会在未来发生；上面的政令有错误，下面的民众就会困窘。

抱朴子说：看重古代的人而轻视现代的人，是一般人的情感；相信听到的而怀疑看到的，是从古到今共有的毛病。因此秦王嬴政对韩非的篇章感叹，而想象他是怎样的人；汉武帝看了司马相如的文章情绪激昂，遗憾不能跟他同一时代。等到得到他们之后，却始终不能重用他们，秦王听信谗言而使韩非自杀，汉武帝把司马相如置于闲散官职。这大概就像叶公喜好的是假的龙形，见到真龙就大惊失色了。

中华经典名著
全本全注全译丛书
（已出书目）

周易
尚书
诗经
周礼
仪礼
礼记
左传
韩诗外传
春秋公羊传
春秋穀梁传
孝经·忠经
论语·大学·中庸
尔雅
孟子
春秋繁露
说文解字
释名
国语
晏子春秋
穆天子传
战国策
史记
吴越春秋
越绝书
华阳国志
水经注
洛阳伽蓝记
大唐西域记
史通
贞观政要
营造法式
东京梦华录
唐才子传
大明律
廉吏传
徐霞客游记

读通鉴论
宋论
文史通义
老子
道德经
帛书老子
鹖冠子
黄帝四经·关尹子·尸子
孙子兵法
墨子
管子
孔子家语
吴子·司马法
商君书
慎子·太白阴经
列子
鬼谷子
庄子
公孙龙子(外三种)
荀子
六韬
吕氏春秋
韩非子
山海经
黄帝内经
素书
新书
淮南子
九章算术(附海岛算经)
新序
说苑
列仙传
盐铁论
法言
方言
白虎通义
论衡
潜夫论
政论·昌言
风俗通义
申鉴·中论
太平经
伤寒论
周易参同契
人物志
博物志
抱朴子内篇
抱朴子外篇
西京杂记
神仙传
搜神记
拾遗记

世说新语
弘明集
齐民要术
刘子
颜氏家训
中说
群书治要
帝范·臣轨·庭训格言
坛经
大慈恩寺三藏法师传
长短经
蒙求·童蒙须知
茶经·续茶经
玄怪录·续玄怪录
酉阳杂俎
历代名画记
化书·无能子
梦溪笔谈
北山酒经(外二种)
容斋随笔
近思录
洗冤集录
传习录
焚书
菜根谭
增广贤文

呻吟语
了凡四训
龙文鞭影
长物志
智囊全集
天工开物
溪山琴况·琴声十六法
温疫论
明夷待访录·破邪论
陶庵梦忆
西湖梦寻
幼学琼林
笠翁对韵
声律启蒙
老老恒言
随园食单
阅微草堂笔记
格言联璧
曾国藩家书
曾国藩家训
劝学篇
楚辞
文心雕龙
文选
玉台新咏
二十四诗品·续诗品

词品

闲情偶寄

古文观止

聊斋志异

唐宋八大家文钞

浮生六记

三字经·百家姓·千字文·弟子规·千家诗

经史百家杂钞